温州大学中文学科建设丛书

上古漢語形態導論

金理新◎著

黄山书社

图书在版编目(CIP)数据

上古汉语形态导论/金理新著.—合肥：黄山书社，2021.8
ISBN 978-7-5461-9755-5

Ⅰ.①上… Ⅱ.①金… Ⅲ.①古汉语–形态(语法)–研究 Ⅳ.①H141

中国版本图书馆 CIP 数据核字(2021)第 206776 号

上古汉语形态导论
SHANG GU HAN YU XING TAI DAO LUN

金理新 著

出品人 贾兴权
选题策划 汤吟菲
责任编辑 刘 春
装帧设计 私书坊–刘 俊
责任印制 李 磊
出版发行 时代出版传媒股份有限公司(http://www.press-mart.com)
黄山书社(http://www.hspress.cn)
地址邮编 安徽省合肥市蜀山区翡翠路 1118 号出版传媒广场 7 层 230071
印 刷 安徽联众印刷有限公司
版 次 2021 年 12 月第 1 版
印 次 2021 年 12 月第 1 次印刷
开 本 700 mm × 1000 mm 1/16
字 数 650 千字
印 张 33.25
书 号 ISBN 978-7-5461-9755-5
定 价 128.00 元

服务热线 0551-63533706
销售热线 0551-63533761
官方直营书店(https://hsss.tmall.com)

目　录

第一章　声母清浊交替 ………… 001

第一节　词性 ………… 001

第二节　动词的体 ………… 038

第三节　自主性 ………… 061

第四节　施事性 ………… 081

第二章　前缀*s- ………… 105

第一节　名谓化 ………… 105

第二节　使动化 ………… 116

第三节　持续 ………… 124

第四节　生命体 ………… 137

第三章　其他词缀 ………… 146

第一节　前缀*k- ………… 146

第二节　前缀*m-（一） ………… 158

第三节　前缀*m-（二） ………… 168

第四节　前缀*p- ………… 175

第五节　中缀*/l/ ………… 182

第六节　中缀*/r/（一） ………… 194

第七节　中缀*/r/（二） ………… 210

第四章　元音松紧交替 …… 224
第一节　标记 …… 224
第二节　派生 …… 238
第三节　动词的体 …… 253
第四节　施事性 …… 272

第五章　去声 …… 284
第一节　动转化 …… 284
第二节　名谓化 …… 308
第三节　既行体 …… 328
第四节　非自主动词 …… 353
第五节　受事动词 …… 369
第六节　施与指向 …… 385
第七节　及物化 …… 399

第六章　上声 …… 415
第一节　小称 …… 415
第二节　指代 …… 426
第三节　现行体 …… 439
第四节　施事动词 …… 454
第五节　内动词 …… 467
第六节　自主动词 …… 482

第七章　后缀 …… 487
第一节　后缀*-t …… 487
第二节　后缀*-n …… 497
第三节　后缀*-k …… 505

参考文献 …… 520

第一章　声母清浊交替

第一节　词性

一

现代汉语一些仍保持辅音清浊对立的方言，比如吴方言温州话，仍有通过辅音清浊交替实现名词、动词之间词性转换的实例。不过，作为一种词性转换的语法手段，辅音清浊交替在现代汉语中已经极其式微了。名词在使用过程中因意义引申而改变词性成了动词，动词也会改变词性成了名词。名词和动词之间并没有不能逾越的鸿沟。

宾载**手**仇，室人入又。(《诗经·宾之初筵》)
从左右，皆**肘**之。(《左传·成公二年》)
叔孙**指**楹曰，虽恶是，其可去乎？(《左传·昭公元年》)
鸟飞反故乡兮，狐死必**首**丘。(《楚辞·九章·哀郢》)
卒中往往语，皆**指目**陈胜。(《史记·陈涉世家》)
寡人若朝于薛，不敢与诸任**齿**。(《左传·隐公十一年》)
朕不**肩**好货。(《尚书·盘庚下》)
顾我复我，出入**腹**我。(《诗经·蓼莪》)
背而走，比至其家，失气而死。(《荀子·解蔽》)
舜使益**掌**火，益烈山泽而焚之，禽兽逃匿。(《孟子·滕文公上》)

夫为人子者，出必告，反必**面**。（《礼记·曲礼上》）

汉字不是表音文字，我们无法知道，名词改变词性，变成动词时，其语音形式是否也跟着改变，如上述例子。首先，我们得承认，汉语有类转（conversion）构词法，即不改变语词的语音形式就可以实现名词、动词之间词性的转化。这种类转构词法即使在形态极其丰富的语言中也相当常见，如英语。随着语音构词功能的渐渐衰微，名词"动用"的类转构词法有趋活跃的趋势（温中兰，1999）。现代汉语这种类转也常见，尤其是单音节名词，上古汉语理应也是如此。不过，上古汉语实现名词、动词之间的词性转变的语法手段不单单只有类转。除了类转，上古汉语也广泛使用屈折，改变语词的声韵调实现名词、动词之间的词性转变。国内的学者走向了一个极端，以为除了类转就已经没有其他构词法。学者编撰的教科书如王力主编的《古代汉语》等，在讨论上古汉语词性转换的时候除了谈类转构词法还是类转构词法，根本不考虑名词、动词之间在词性发生改变时其语音形式是否也跟着发生改变。

背，补妹切，《广韵》："脊背。"背，蒲昧切，《广韵》："弃背，又姓也。""背"《广韵》有两个读音，而动词意义的"背"音"蒲昧切"。背，《康熙字典》："《广韵》《集韵》蒲昧切，《正韵》步昧切。《广韵》'弃背'，《集韵》'违也'，《正韵》'弃也，孤负也，反面也'。"

字虽还是"背"，但随着词性的改变，语音形式已经从"补妹切"变成了"蒲昧切"。如此看来，上古汉语并非单单只有类转。语词改变词性，由名词变成了动词，意义已经跟原先不一样了。于是，古人借用或创造一个文字记录其中一个语词。《礼记·坊记》："先死者而后生者，则民不偝。"《说苑·权谋》："不弃美利而偝约为难不可成之事。"偝，蒲昧切，《广韵》："向偝。"为了区别名词"背"和动词"背"，古人创造了"偝"记录动词"背"。

显然，名词"背"变成动词"背"，语音形式已经不一样。因而，我们不能被文字遮住了眼睛，以为上古汉语只有类转。记录文字未变，不等于语词的语音形式也没有变。为了区别，创造一个新字记录新语词，从而出现了"古今字"。只有一个记录文字的语词因此有了两个或数个记录文字。也可以借用已有的文字记录新语词,从而出现了“假借字”。

旌,《说文》:“游车载旌,析羽注旄首也,所以精进士卒也。”旌,《广韵》:“旌旗。《周礼》云‘析羽为旌’,《尔雅》注云‘旄首曰旌’,子盈切。”《左传·桓公十六年》:“寿子载其旌以先,盗杀之。”段玉裁注:“引申为凡表异之偁。”《左传·僖公二十四年》:“以志吾过,且旌善人。”杜注:“旌,表也。”此意义,字也写作“靖”。《左传·昭公元年》:“不靖其能,其谁从之?”《吕氏春秋·慎大览》:“封比干之墓,靖箕子之宫,表商容之间。”

名词意义的“旌”不能写作“靖”,而动词意义的“旌”可以写作“靖”。很显然,为了区别意义,古人将“旌”写作“靖”。靖,《广韵》“疾郢切”。“旌”和“靖”之间的语音差别就是辅音声母清浊不同。通过对上述这两种材料的考察,我们发现上古汉语除不改变语词语音形式的类转外,还可以通过辅音清浊交替来实现名词、动词之间的转化。

二

朝* t/l/ɯ,《广韵》:“早也,又旦至食时为终朝,陟遥切。”朝,《说文》:“旦也。”《尔雅》:“朝,旦也。”《诗经·蝃蝀》:“朝隮于西,崇朝其雨。”《群经音辨》:“旦日曰朝,陟遥切;旦见曰朝,直遥切。”朝* d/l/ɯ,直遥切。《白虎通义·朝聘》:“朝者,见也。……因用朝时见,故谓之朝。”《左传·成公十二年》:“朝而不夕。”《释文》:“朝,直遥切。”《左传·隐公六年》:“郑伯如周,始朝桓王也,王不礼焉。”《论语·乡党》:“必朝服而朝。”

背* peks,《广韵》:“脊背也,补妹切。”背,《说文》:“脊也。”《左传·庄公八年》:“袒而示之背。”背* beks,《广韵》:“弃背,补妹切。”《左传·桓公七年》:“向求成于郑,既而背之。”《释文》:“背音佩。”《左传·文公七年》:“乃背先蔑而立灵公。”《释文》:“背音佩。”偝* beks,《广韵》:“向偝也,蒲昧切。”《礼记·坊记》:“殷人吊于圹,周人吊于家,示民不偝也。”此意义字也写作“倍”。倍* be^{B}(中古上声标注声调 B,下同),薄亥切,《说文》:“反也。”《孟子·滕文公上》:“子倍子之师而学之。”《史记·秦本纪》:“归而秦倍盟,与翟合谋击晋。”《汉书·贾谊传》:“无倍畔之心。”颜师古注:“倍,读曰偝。”《荀子·大略》:“言而不称师谓之畔,教而不称师谓之倍。”可见,“背叛”意义的“倍”本当音“蒲昧切”。

背*peks,《广韵》:“脊背也,补妹切。”背,《说文》:“脊也。”《庄子·逍遥游》:“背负青天而莫之夭阏者。”负* be̲^{B},房久切,《广韵》:“担也,荷也,又受贷不偿曰负,背恩忘德曰负也。”《释名》:“负,背也,置项背也。”《左传·成公十年》:“负晋侯出诸厕。”《论语·子路》:“夫如是,则四方之民襁负其子而至矣,焉用稼?”《礼记·明堂位》:“天子负斧依南乡而立。”注:“负之言偝也。”《释文》:“偝,本又作背,音倍。”又为“偝”。《战国策·齐策四》:“客果有能也,吾负之。”《史记·魏君子列传》:“以负于魏。”索隐:“负音佩。”

腹*pu̲k,《广韵》:“腹肚,方六切。”《诗经·兔罝》:“赳赳武夫、公侯腹心。”《左传·宣公二年》:“睅其目,皤其腹,弃甲而复。”《庄子·逍遥游》:“偃鼠饮河,不过满腹。”也类转为动词。《诗经·蓼莪》:“顾我复我,出入腹我。”笺:“腹,怀抱也。”“腹”为腹部,腹部贴地则为“伏”。伏*bu̲k,房六切,《广韵》:“匿藏也。”《礼记·曲礼上》:“坐毋箕,寝毋伏。”《庄子·田子方》:“御寇伏地,汗流至踵。”《史记·外戚世家》:“侍御左右皆伏地泣,助皇后悲哀。”伏*bu̲ks,《广韵》:“鸟菢子,扶富切。”《淮南子·说林训》:“乳狗之噬虎也,伏鸡之搏狸也,恩之所加,不量其力。”《史记·淮阴侯列传》:“俛出袴下,蒲伏。”蒲伏,常作“匍匐”。匐*bu̲k,房六切,《广韵》:“匍匐,伏地貌。”《孟子·滕文公上》:“赤子匍匐将入井,非赤子之罪也。”

複*pu̲k,方六切,《广韵》:“重衣。”《说文》:“複,重衣也。”《释名》:“有里曰複,无里曰禅。”《盐铁论·轻重》:“夏不失複,冬不离窟。”《礼记·丧大记》:“小敛,君大夫士皆用複衣複衾。”《释文》:“複音福。”复*bu̲k,房六切,《广韵》:“行故道也。”復*bu̲k,房六切,《广韵》:“返也,重也。”《左传·僖公四年》:“昭王南征而不復。”《论语·学而》:“信近于义,言可復也。”《左传·昭公十六年》:“弗敢復也。”注:“復,重求也。”《左传·桓公五年》:“遂不復。”《释文》:“復,音服。”《史记·秦始皇本纪》:“五帝不相復,三代不相袭。”《左传·桓公十七年》:“復恶已甚矣。”注:“復,重也。”《释文》:“復,扶又反,一音服。”字也写作“複”。複*bu̲ks,扶富切,《广韵》:“重複。”《史记·

秦始皇本纪》:“殿屋複道周阁相属。”《史记·孝武本纪》:“圜宫垣为複道。”

扶* pa̱,甫无切,《广韵》:“《公羊传》云:扶寸而合。注云:侧手曰扶。”《集韵》:“侧手曰扶。”《韩非子·扬权》:“上失扶寸,下得寻常。”注:“四指为扶。”《礼记·投壶》:“堂上七扶。”郑注:“铺四指曰扶。《春秋》传曰:肤寸而合。”《释文》:“扶,方于反。”扶,字也作“肤”。肤* pa̱,音同。《战国策·秦策三》:“肤寸之地无得者。”《公羊传·僖公三十一年》:“触石而出肤寸而合。”《释文》:“肤寸:方于反,侧手为肤,按指为寸。”《群经音辨》:“扶,佐也,防夫切。扶,则四指也,音肤,《礼记·投壶》:‘堂上七扶。’”扶* ba̱,防无切,《广韵》:“扶持也,佐也,防无切。”扶,《说文》:“左也。”《战国策·宋卫策》:“若扶梁伐魏。”注:“扶,助也。”《论语·季氏》:“危而不持,颠而不扶,则将焉用彼相矣。”

半* pans,博漫切,《广韵》:“物中分也。”《说文》:“半,物中分也。”《左传·哀公十四年》:“对曰:陈恒弑其君,民之不与者半,以鲁之众,加齐之半,可克也。”叛* bans,薄半切,《广韵》:“奔他国。”叛,《说文》:“半也。”徐锴系传:“离叛也。《春秋》曰‘弈盈入于曲沃以叛’,使其邑国分半也。”段玉裁注:“反者叛之全,叛者反之半。以半反释叛,如以是少释尟。从半反,半亦声。”《左传·襄公二十六年》:“入于戚以叛,罪孙氏也。”疏:“叛者,判也。欲分君之地以从他国,故以叛名焉。”字也作“畔”,音同。《孟子·公孙丑下》:“周公使管叔监殷,管叔以殷畔。”《庄子·徐无鬼》:“其为人也,上忘而下畔。”

滨* pi̱n,必邻切,《广韵》:“水际。”《诗经·采蘋》:“于以采蘋,南涧之滨。”《孟子·离娄上》:“伯夷辟纣,居北海之滨。”滨,《集韵》或作“濒”。《墨子·尚贤中》:“舜耕历山,陶河濒,渔雷泽。”频* bi̱n,符真切,《广韵》:“数也,急也,比也。《说文》作顮,水厓,人所宾附顮蹙不前而止。”《诗经·召旻》:“池之竭矣,不云自频。”此意义字多写作“濒”,音同“频”,符真切。《汉书·地理志》:“濒洙泗之水,其民涉度,幼者扶老而代其任。”

风* pru̱m,方戎切,《广韵》:“声也。《河图》曰:风者天地之使。《元命包》曰:阴阳怒而为风。”《说文》:“风,八风也。从虫凡声。”《诗经·终风》:“终风且暴,顾我则笑。”《诗经·凯风》:“凯风自南,吹彼棘心。”汎* bru̱m,房戎切,《广韵》:“浮也。”《诗经·邶风·柏舟》:“汎彼柏舟,亦汎其流。”《诗经·鄘风·柏舟》:“汎彼柏舟,在彼中河。”

华*χ/l/a，呼瓜切，《说文》："草木花也。"《群经音辨》："华，荣也，户瓜切；华，草木之华也，呼瓜切。"《诗经·白华》"白华"，《释文》："华，音花。"《诗经·桃夭》："桃之夭夭，灼灼其华。"华*ʁ/l/a，户花切，《广韵》："草盛也。"《说文》："华，荣也。"朱骏声："开花之华与花朵之华微别。"《诗经·出车》："昔我往矣，黍稷方华。"《礼记·月令》："桐始华。"

晶*ȶi̱ŋ，子盈切，《广韵》："光也。"《说文》："晶，精光也，从三日。"曐，《说文》："万物之精，上为列星，从晶生声。"杨树达引孙诒让云："晶，即星本字，象其小而众。"晶字也作"精"。《吕氏春秋·圜道》："精行四时，一上一下各与遇，圜道也。"晴*ȡi̱ŋ，疾盈切，《广韵》："天晴。"字本作"姓"。姓*ȡi̱ŋ，《广韵》音"疾盈切"。《说文》："姓，雨而夜除见星也。"《韩非子·说林下》："荆伐陈，吴救之，军间三十里，雨十日，夜星。"《说苑·指武》："楚庄王伐陈，吴救之，雨十日十夜晴。"

椶*ȶoŋ，子红切，《广韵》："椶榈，一名蒲葵。"《山海经·西山经》："其木多椶，其草多竹。"嵕*ȶoŋ，子红切，《广韵》："九嵕，山名。"《史记·殷本纪》："汤遂伐三嵕，俘厥宝玉。"猣*ȶoŋ，子红切，《广韵》："犬生三子。"《尔雅》："犬生三，猣。"豵*ȶoŋ，子红切，《广韵》："豕生三子。"《诗经·驺虞》："彼茁者蓬，一发五豵。"《释文》："豵，子公反，徐又在容反。"《广雅》："豕之大者谓之豜；小者谓之豵。"鬉*ȶoŋ，子红切，《广韵》："马鬣。"这些名物命名为*ȶoŋ，其理据就是"聚"。从*ȡoŋ，徂红切，《广韵》："聚也。"《史记·司马相如列传》："采色澔旰，丛积乎其中。"《史记·龟策列传》："其丛生满百茎。"

從*ȶo̱ŋ，将容切，《集韵》："东西曰衡，南北曰從。"《史记·苏秦列传》："故從合则楚王，衡成则秦帝。"字多作"縱"。縱*ȶo̱ŋ，即容切，《广韵》："縱横也。"《过秦论》："合從缔交。"注："從，与縱同。"人的眼睛向前看。因而，顺着视线的方向就有了直的意义。再由直引申出南北方向的意义。從*ȡo̱ŋ，疾容切，《广韵》："就也。從，古文，《说文》曰'相听也'。"从，《说文》："相听也。"從，《说文》："随行也。""從"是"从"的繁化字，许慎强分为二。《论语·微子》："子路從而后。"一人前，一人后，前者就给后者留下了可以追踪的踪迹。《史记·刺客列传》："重自刑以绝從。"索隐："從音踪。"《汉书·张汤传》："变事從迹安起？"师古曰："從读曰蹤。"蹤*ȶo̱ŋ，即容切，《广韵》："蹤迹。""蹤"引申之也指车痕，字作"轍"。轍，《广韵》："车迹，即容切。"

嫡 *tik，都历切，《广韵》：“正也，君也。”嫡，《广雅》：“君也。”《说苑·建本》：“舍嫡嗣不立而外求君子。”嫡，字本只作“适(適)”。适 *tik，都历切。《左传·庄公八年》：“衣服礼秩如适。”杜注：“适，大子也。”《释文》：“适，丁历反。”《诗经·大明》：“天位殷适，使不挟四方。”传：“纣居天位而殷之正适也。”《释文》：“适，音的。”《释名》：“嫡，敌也，与相匹敌也。”敌 *dik，徒历切，《说文》：“仇也。”段玉裁注：“相等为敌，因之相角曰敌。”《左传·桓公六年》：“臣闻小之能敌大也。”又《文公二年》：“念德不怠，其可敌乎？”字也只作“适”，《集韵》音“亭历切”，“《说文》‘仇也’，或作‘适’”。《战国策·赵策三》：“秦当时适其锋。”

帝 *tiks，都计切，《广韵》：“《说文》曰‘谛也，王天下之号也’，《尔雅》云‘君也’。”帝本为天帝，后转指人王。《诗经·正月》：“有皇上帝，伊谁云憎。”《诗经·文王》：“有周不显，帝命不时。”《孟子·离娄下》：“可以祀上帝。”禘 *diks，特计切，《广韵》：“大祭，五年一禘。”禘，《说文》：“谛祭也。”《左传·昭公十五年》：“将禘于武公。”《释文》：“禘，大计反。”《左传·僖公三十三年》：“特祀于主，烝尝禘于庙。”《释文》：“禘，大计反。”

颈 *kiŋ^{B}，居郢切，《广韵》：“项也。”《说文》：“颈，头茎也。从页巠声。”《左传·定公十四年》：“使罪人三行，属剑于颈。”《庄子·马蹄》：“喜则交颈相靡，怒则分背相踶，马知已此矣。”刭 *kiŋ^{B}，古挺切，《广韵》：“断首也。”《史记·项羽本纪》集解：“以刀割颈为刭。”《左传·哀公十三年》：“王恶其闻也，自刭七人于幕下。”《释文》：“刭，古项反。”《左传·定公三年》：“刭而裹之。”杜注：“司马已死，刭取其首。”《释文》：“刭，古顶反。”《左传·定公十四年》：“遂自刭也。”《释文》：“刭，古顶反。”颈，《广韵》：“项也，颈在前，项在后，巨成切。”依照音义关系，此音之“颈”应该是“刭”的读音。刑 *giŋ，户经切，《说文》：“刭也。”《孟子·梁惠王上》：“及陷于罪，然后从而刑之。是罔民也。”《论语·公冶长》：“邦无道，免于刑戮。”

甲 *krap，古狎切，《广韵》：“甲兵，又狎也，铠也。”《说文》：“龟，甲虫也。”甲本当为龟甲之甲，仿生而引申为铠甲之甲。铠甲贴身，因而引申之为近，即狎。甲，《尔雅》：“狎也。”《诗经·芄兰》：“虽则佩韘，能不我甲？”传：“甲，狎也。”《释文》：“甲，胡甲反，《韩诗》作‘狎’。狎，户甲反。”狎 *grap，胡甲切，《玉篇》：“近也。”《礼记·曲礼上》：“贤者狎而敬之。”郑注：“狎，习也，近也，谓附而近之，习所行也。”《释文》：“狎，户甲反。”《左传·襄公六年》：“宋华弱与乐辔少相狎。”杜注：“狎，亲习也。”《释文》：“狎，户甲反。”

则*ȶek，子德切，《广韵》：“法则。”《尔雅》：“则，常也。”郭注：“则，谓常法也。”《周礼·天官·冢宰》：“以八则治都鄙。”郑注：“则，法也。”《尚书·盘庚中》：“女有戕则在乃心。”集解：“则，当为‘贼’，古假借字。”贼*ȡek，昨则切，《广韵》：“盗也，《说文》‘则也’。”《左传·文公十八年》：“作《誓命》曰毁则为贼。”《国语·鲁语上》：“毁则者为贼。”《周礼·夏官·司马》：“贼贤害民，则伐之。”《左传·宣公二年》：“贼民之主，不忠。”

亢*kaŋ，古郎切，《说文》：“人颈也。”段玉裁注：“《张耳列传》：‘乃仰绝亢而死。’韦昭曰：‘亢，咽也。’苏林云：‘肮，颈大脉也，俗所谓胡脉。’《娄敬传》：‘搤其亢。’张晏曰：‘亢，喉咙也。’按，《释鸟》曰：‘亢，鸟咙。’此以人颈之偁，为鸟颈之偁也。亢之引申为高也，举也，当也。”《汉书·张耳陈馀传》：“乃仰绝亢而死。”颜注：“亢，总谓颈也。”《史记·刘敬叔孙通列传》：“不搤其亢。”索隐：“亢，颈大脉也，俗所谓胡脉也。”吭*gaŋ，胡郎切，《广韵》：“鸟喉。”吭*gaŋs，下浪切，《广韵》：“鸟咽。”颃*gaŋ，胡郎切，《广韵》：“颉颃。《诗》传云：‘飞而上曰颉，飞而下曰颃。’《说文》音刚，与‘亢’同。”《诗经·燕燕》：“燕燕于飞，颉之颃之。”《释文》：“颃，户郎反。”翃，胡郎切，《广韵》：“飞高下也。”“颃”“翃”不过是同一语词的两个书写文字。抗*gaŋ，胡郎切，《广韵》：“举也。”《荀子·修身》：“卑湿重迟贪利，则抗之以高志。”《诗经·宾之初筵》：“大侯既抗，弓矢斯张。”传：“抗，举也。”

朞*ke̱，居之切，《广韵》：“周年，又复时也。”字本只作“期”。《左传·昭公二十三年》：“叔孙旦而立期焉。”杜注：“从旦至旦曰期。”《释文》：“期，本又作朞，同居其反。”《国语·齐语》注：“期，年也。”《管子·侈靡》注：“匝一月曰期。”期*ge̱，渠之切，《广韵》：“期信也，会也，限也，要也。”期，《说文》：“会也。”段玉裁注：“期者，要约之意。所以为会合也。假借为期年、期月字。其本字作稘。期行而稘废矣。”《诗经·桑中》：“期我乎桑中，要我乎上宫。”《楚辞·九歌·湘夫人》：“与佳期兮夕张。”注：“期，约也。”

侧*ȶrek，阻力切，《广韵》：“傍侧。”侧，《说文》：“旁也。”段玉裁注：“不正曰仄，不中曰侧。二义有别，而经传多通用。”《诗经·棉蛮》：“止于丘侧。”《诗经·殷其雷》：“殷其雷，在南山之侧。”《广雅》：“侧，度也。”此意义字作

“测”。测 * ƫhrek，初力切，《广韵》：“度也。”《广雅》：“测，度也。”《吕氏春秋·论人》：“不可测也。”《说文》“仞”字段注：“扬雄《方言》云‘度广曰寻’，杜预《左传》‘仞沟洫’注‘度深曰仞’，二书皆言人伸两手以度物之名。……同一伸手度物，而广深用之，其势自不得不异。人长八尺，伸手亦八尺。用以度广。其势全伸而不屈。而用之以度深，则必上下其左右手而侧其身焉。《说文》‘测’下云‘深所至也’，《玉篇》云‘度深曰测’，测之为言侧也。”溅 * ɖeks，昨代切，《广韵》：“测也。”溅 * ɖek，昨则切，《广韵》：“《博雅》云：‘溅，测也。’”

洎 * ki̱s，几利切，《广韵》：“肉汁也。”《左传·襄公二十八年》：“则去其肉，而以其洎馈。”洎，《释文》：“其器反，肉汁也。《说文》云：洎，灌釜也。《字林》已莅反。”《吕氏春秋·应言》：“市丘之鼎以烹鸡，多洎之则淡而不可食，少洎之则焦而不熟。”注：“肉汁曰洎。淡者洎多无味，故不可食之也。”洎 * gi̱s，具冀切，《广韵》：“润也，及也。”洎，《说文》：“灌釜也。”《周礼·秋官·司寇》：“祀五帝，则沃尸及王盥，洎镬水。”注：“洎谓增其沃汁。”《释文》：“洎，其器反，或音冀。”《管子·水地》：“越之水浊重而洎。”注：“洎，浸也。”

它 * sar，托何切，《广韵》：“《说文》曰：虫也。从虫而长，象冤曲垂尾形。蛇，《说文》同上，今市遮切。”《说文》：“它，虫也。从虫而长，象冤曲垂尾形。上古草居患它，故相问无它乎。蛇，它或从虫。”蛇 * za̱r，食遮切，《广韵》：“毒虫。”“食遮切”是“蛇”较早时期的读音。依照音变规则，应该归入支韵。《左传·成公二年》：“蛇出于其下，以肱击之。”《左传·襄公二十八年》：“蛇乘龙。”蛇 * za̱r，弋支切，《广韵》：“逶蛇。”《诗经·羔羊》：“退食自公，委蛇委蛇。”《庄子·至乐》：“随行列而止，委蛇而处。”

陬 * ƫo̱，子于切，《广韵》：“陬隅。”郰 * ƫo̱，子于切，《广韵》：“郰嵎。”陬和郰实际是同一语词的两个不同记录文字。陬 * ƫo，子侯切，《广韵》：“隅也，又聚居。”《说文》：“陬，阪隅也。”《吕壬春秋·分职》：“陬隅有灶，是以不寒。”聚 * ɖo̱^{B}，慈庾切，《广韵》：“众也，共也，敛也。《说文》会也，邑落云聚。”《左传·文公十六年》：“群蛮聚焉。”

涕 * sirs，他计切，《广韵》：“涕泪。”《诗经·燕燕》：“瞻望弗及，泣涕如雨。”《诗经·小明》：“念彼共人，涕零如雨。”《左传·襄公二十三年》：“臧孙入哭，甚哀多涕。”《庄子·齐物论》：“涕泣沾襟。”啼*zir，杜奚切，《广韵》：“泣也。”《说文》：“啼，号也。”《庄子·骈拇》：“枝于手者，龁之则啼。”《左传·文公七年》：“穆嬴日抱太子以啼于朝。”

泭*pho̱，芳无切，《广韵》：“小木筏也，《说文》云：编木以渡也。”《说文》：“泭，编木以渡也。”《楚辞·九章·昔往日》：“乘氾泭以下流兮，无舟楫而自备。”泭，也作“桴”。《论语·公冶长》：“乘桴浮于海。”集解引马注：“桴，编竹木也。大者曰筏，小者曰桴也。”《释文》：“桴，芳符反。”泭*bo̱，《广韵》“防无切”。浮*bo̱，缚某切，《广韵》：“泛也。”《论语·公冶长》：“道不行，乘桴浮于海，从我者其由与？”《庄子·逍遥游》：“何不虑以为大樽而浮乎江湖？”《庄子·山木》：“君其涉于江而浮于海，望之而不见其崖。”

瑱*thins，他甸切，《广韵》：“玉名。《说文》曰：以玉充耳也，《诗》曰：玉之瑱也。”《诗经·君子偕老》：“玉之瑱也，象之揥也。”传：“瑱，塞耳也。”《释文》：“瑱，吐殿反，充耳也。”《诗经·淇奥》：“充耳琇莹，会弁如星。”传：“充耳谓之瑱。”《诗经·都人士》：“充耳琇实。”笺：“言以美石为瑱。瑱，塞耳。”《释文》：“瑱，他见反。”填*din，徒年切，《广韵》：“塞也，加也，满也。”字也写作“窴”。窴，《广韵》：“上同（填）。”填*dins，堂练切，《广韵》：“塞填。窴，上同。”《韩非子·扬权》：“填其汹渊，毋使水清。”《吕氏春秋·禁塞》：“填沟洫险阻。”《墨子·杂守》：“外宅沟井填可，塞不可，置此其中。”

斨*ʈha̱ŋ，七羊切，《广韵》：“斧斨。”斨，《说文》：“方銎斧也，从斤爿声，《诗》曰‘又缺我斨’。”《诗经·七月》：“取彼斧斨，以伐远扬。”传：“斨，方銎也。”斨，《释文》：“七羊反。”《诗经·破斧》：“既破我斧，又缺我斨。”传：“斨，方銎也。”斨，《释文》：“七羊反。《说》文云：‘方銎斧也。’”《释名》：“斨，戕也，所伐者皆戕杀也。”戕*ɖa̱ŋ，在良切，《广韵》：“杀也，又他国臣来杀君也。”《说文》：“戕，枪也，他国臣来弑君曰戕。”《左传·宣公十八年》：“邾人戕鄫子于鄫，凡自虐其君曰弑，自外曰戕。”《释文》：“戕，在良反；徐又在精反。”《易·小过》：“从或戕之。”《释文》：“戕，徐在良反。”

土*tha^{B}，他鲁切，《广韵》：“《释名》：‘土，吐也，吐万物也。’”土，《说文》：“地之吐生万物者。”《诗经·日月》：“日居月诸，照临下土。”杜*da^{B}，徒古切，《广韵》：“塞也。”《管子·法法》：“非杜其门而守其户也。”《国语·晋语一》：“谗言益起，狐突杜门不出。”土，引申为丈量土地。《周礼·地官·司徒》:“凡建邦国,以土圭土其地而制其域。”注:“土其地犹言度其地。”俞樾按:“土当读为度。”度*dak,徒落切,《广韵》:“度量也。”《诗经·公刘》:“度其隰原,彻田为粮。”徒*da,同都切,《尔雅》:“步行也。”《慧琳音义》引玄应《一切经音义》“徒跣”注:“徒跣,以足践土也。”《易·贲》:“舍车而徒。”《诗经·黍苗》:“我徒我御。”郑笺:“步行曰徒。”《论语·阳货》:“夫召我者而岂徒哉?”

蜂*pho̲ŋ,敷容切,《广韵》:“《说文》曰:螫人飞虫也。”《道德经》:“比于赤子,蜂虿虺蛇不螫。”《诗经·小毖》:“莫予荓蜂,自求辛螫。”《史记·项羽本纪》:“陈涉首难,豪杰蜂起。”字也写作“锋”。《汉书·谷永传》:“今三年之间,灾异锋起,小大毕具。”锋*pho̲ŋ,敷容切,《广韵》:“剑刃锋也。”《庄子·说剑》:“天子之剑,以石城为锋。”《荀子·议兵》:“兑则若莫邪之利锋。”《淮南子·主术训》:“夫权轻重不差蚊首,扶拨枉桡不失针锋。”峰*pho̲ŋ,敷容切,《广韵》:“山峰也。”缝*bo̲ŋ,符容切,《广韵》:“紩。”《史记·淮南衡山列传》:“一尺布,尚可缝;一斗粟,尚可舂。”《左传·僖公二十六年》:“谋其不协,弥缝其阙。”《荀子·赋》:“既以缝表,又以连里。”

仓*ȶhaŋ,七刚切,《广韵》:“仓廪也。”《说文》:“仓,谷藏也。苍黄取之而藏之,故谓之仓。”段玉裁注:“谷藏者,谓谷所藏之所也。”《礼记·月令》:“农事备收,举五谷之要,藏帝藉之收于神仓。”《诗经·楚茨》:“我仓既盈,我庾维亿。”藏*ȡaŋ,昨郎切,《广韵》:“隐也,匿也。”《礼记·乐记》:“秋敛冬藏,义也。”《诗经·彤弓》:“彤弓弨兮,受言藏之。”

跪*kho̲r^{B},去委切,《广韵》:“拜也。”“跪”字此音对应的意义当为“足”。《韩非子·内储说下》:“门者刖跪请曰:足下无意赐之余沥乎?”王先谦集解:“跪,足也。”《晏子春秋·内篇·杂上》:“刖跪击其马而反之。”孙星衍音义:“跪,足也。”《荀子·劝学》:“蟹六跪而二螯。”注:“跪,足也,《韩子》以刖足为刖跪。”蛫*ko̲r^{B},过委切,《广韵》:“蟹也。”蛫,古委切,《集韵》:“《说文》蟹也,一曰蟹六足者。”蛫,苦委切,《集韵》:“蟹属。”跪*go̲r^{B},渠委切,《广韵》:“跟跪,亦作趑。”《礼记·曲礼上》:“授立不跪,授坐不立。”《释文》:“跪,求委反,本又作危。”《礼记·投壶》:“当饮者皆跪奉觞。”《释文》:“跪,其委反。”《左传·襄公十八年》:“跪而戴之,奉之以走。”《释文》:“跪,其委反。”

赃*ȶaŋ,则郎切,《广韵》:“纳贿曰赃。”《史记·张丞相列传》:“身及子男有奸赃，免为庶人。”字本只作“藏”。《国语·鲁语上》：“毁则者为贼，掩贼者为藏，窃宝者为宄，用宄之财者为奸。”藏*ȡaŋ，昨郎切，《广韵》：“隐也，匿也。”“赃”是由“藏”派生出来的新词。

上述例子中有好几个是通过逆构词由动词派生名词。但是，语音关系并没有改变，名词为清辅音，动词为浊辅音。这种通过辅音声母清浊交替表示名词和动词差别的例子甚多，只是因意义多重引申，本义和引申义之间的关系已经相当隐晦，使得我们难以确信它们之间原本有派生和被派生关系。可见，通过辅音清浊交替表达名词、动词之间词性转换仍然是上古汉语使用相当广泛且重要的语法手段。尽管其中某些是通过逆构词而实现语词派生，但是名词读清辅音这一特征并没有改变。一个读清辅音声母的名词也可以通过类转派生出一个读清辅音声母的动词，再由这个读清辅音声母的动词通过辅音清浊交替派生出一个读浊辅音声母的动词。这样就会扰乱了名词、动词之间辅音清浊的界线。我们在下面将要讨论辅音清浊交替不限于发生在名词和动词之间，也可以在动词和动词之间。不过，从上述例子中已经清楚地看到，词根辅音清浊交替和语词词性之间的关系：其规则都是名词为清辅音声母而动词为浊辅音声母。当然，上古汉语的名词很容易改变词性从而成为动词，而动词也是如此。因而，上古汉语读清辅音声母的名词很可能还存在着一个读浊辅音的动词形式，同样读浊辅音声母的动词也很可能就有读清辅音声母的名词形式存在。正因如此，在谐声系统中，辅音清浊存在广泛的谐声关系，而文字使用过程中也常常出现辅音清浊不同的文字可以替换的现象。

子*ȶe̱^{B}，即里切，《广韵》：“子息。”《诗经·斯干》：“乃生男子，载寝之床。”《论语·阳货》：“唯女子与小人为难养也，近之则不孙，远之则怨。”字*ȡe̱s，疾置切，《广韵》：“《说文》乳也，又爱也。”《易·屯》：“女子贞不字，十年乃字。”孳*ȡe̱s，疾置切，《广韵》：“孳尾乳化曰孳，交接曰尾。”《尚书·尧典》：“厥民析，鸟兽孳尾。”

川*thu̱n，昌缘切，《广韵》：“山川也，蔡邕《月令章句》曰：众流注海曰川。《释名》云：川者，穿也，穿地而流也。”《说文》：“川，贯穿通流水也。”《论语·子罕》：“子在川上曰：逝者如斯夫，不舍昼夜。”顺*du̱ns，食闰切，《广韵》：

"从也。"《左传·襄公八年》:"郑人皆喜,唯子产不顺。"《左传·隐公五年》:"明贵贱,辨等列,顺少长。"

鬼*kur^{B},居伟切,《广韵》:"鬼之为言归也。"《左传·隐公十一年》:"天祸许国,鬼神实不逞于许君。"《论语·为政》:"非其鬼而祭之,谄也。"馈*gurs,求位切,《广韵》:"饷也。"餽*gurs,求位切,《广韵》:"上同(馈)。"《说文》:"吴人谓祭曰餽。从食从鬼,鬼亦声。"《战国策·中山策》:"饮食餔餽。"高注:"吴谓食为餽,祭鬼亦为餽。古文通用,读与馈同。"《礼记·檀弓上》:"颜渊之丧,馈祥肉,孔子出受之。"

干*kan,古寒切,《方言》:"自关而东或谓之干,关西谓之盾。"《诗经·公刘》:"弓矢斯张,干戈戚扬。"笺:"干,盾也。"《诗经·时迈》:"载戢干戈,载櫜弓矢。"此"干"字也写作"戰"。戰,古寒切,《广韵》:"戰盾。"戰,《说文》:"盾也。从戈旱声。"《诗经·兔罝》:"赳赳武夫,公侯干城。"传:"干,扞也。"《释文》:"干,如字。孙炎云:干,楯;所以自蔽扞也。旧户旦反,沈音幹。扞,户旦反。"《尔雅》:"干,扞也。"注:"相扞卫。"《释文》:"扞,户旦反。"扞*gans,侯旰切,《广韵》:"以手扞又卫也。"《荀子·议兵》:"若手臂之扞头目而覆胸腹也。"此字也写作"捍"。捍,《广韵》:"抵捍。"《礼记·祭法》:"能捍大患则祀之。"《史记·五帝本纪》:"舜乃以两笠自捍而下。"

臽*khom^{B},苦感切,《广韵》:"小穽名也。"《说文》:"臽,小阱也。"字也作"埳",音同苦感切。埳*khom^{B},苦感切,《广韵》:"埳,陷。"《墨子·节葬下》:"满埳无封。"《庄子·秋水》:"子独不闻夫埳井之蛙乎?"也作"坎"。坎*khom^{B},苦感切,《广韵》:"险也,陷也,又小罍也,形似壶。"《说文》:"坎,陷也。"《易·坎》:"入于坎窞。"《仪礼·士丧礼》:"甸人掘坎于阶间。"陷*groms,户韽切,《广韵》:"入地隤也。"《左传·成公十年》:"如厕,陷而卒。"《左传·成公十六年》:"栾范以其族夹公行,陷于淖。"《庄子·天下》:"问天地所以不坠不陷。"《韩非子·奸劫弑臣》:"陷于不测之渊而求生也。"

名词变成动词,除了声母辅音清浊交替,声调也由非去声变成去声。单声母清浊交替可以实现名词、动词之间的词性改变,单声调由非去声变成去声也可以实现词性改变。这两种语法手段,后一种汉语更为常见,而且现代汉语的方言也在使用这种语法手段。因而,我们认为声母清浊交替应该是一种更古老的语法手段，即读去声是语法类推的结果。

通过辅音清浊交替，名词派生出动词，也可以派生出形容词。

脊*ʈi̠k，资昔切，“背脊”。脊，《说文》：“背吕也。”“脊是脊骨，人瘦则脊骨显现，所以叫瘠。”（刘均杰，1999：55）瘠*ɖi̠k，秦昔切，《广韵》：“病也，瘦也。”瘠，《说文》：“瘦也。”《左传·襄公二十一年》：“楚子使医视之，复曰：瘠则甚矣。”“瘠，瘦也。”《释文》：“瘠，在亦反。”又《襄公二十九年》：“何必瘠鲁以肥杞？”《释文》：“瘠，在亦反。”塉*ɖik，秦昔切，《广韵》：“薄也。”《管子·地员》：“以臞塉其种雁膳。”

支*ki̠，章移切，《说文》：“去竹之支也。”《诗经·芄兰》：“芄兰之支，童子佩觿。”《诗经·文王》：“文王孙子，本支百世。”王筠句读：“支，即古枝字。”《广韵》：“枝：枝柯，章移切。”支也即“肢”字。《墨子·修身》：“畅之四支。”孙诒让间诂：“支，即肢之省。”《群经音辨》：“枝，木别生条也，章移切；枝，分也，其宜切。”岐*gi̠，巨支切，《集韵》：“分也。”《山海经·海外南经》：“岐舌国在其东。”郭注：“岐舌，其人舌皆岐，或云支舌也。”《吕氏春秋·疑似》：“故墨子见岐道而哭之。”字也作“歧”。歧*gi̠，巨支切，《广韵》：“歧路。”《尔雅》：“歧，道旁出也。”《庄子·骈拇》：“骈拇枝指出乎性哉，而侈于德。”《释文》：“枝指，如字，《三苍》云：枝指，手有六指也；崔云：音歧，谓指有歧。”

冋*qiŋ，古萤切，字也作“坰”，《广韵》：“野外曰林，林外曰坰。”《说文》：“冂，邑外谓之郊，郊外谓之野，野外谓之林，林外谓之冂，象远界也。坰，冂或从土。”《尔雅》：“邑外谓之郊，郊外谓之牧，牧外谓之野，野外谓之林，林外谓之坰。“《诗经·鲁颂·駉》：“在坰之野。”传：“坰，远野也。”迥*ɢiŋ^{B}，户顶切，《广韵》：“远也。”迥，《说文》：“远也。”

奇*ka̠r，居宜切，《广韵》：“不偶也。”奇，《说文》：“一曰不耦也。”《周礼·春官·宗伯》：“七曰奇拜。”郑注：“奇，读为奇偶之奇。”《易·系辞下》：“阳卦奇，阴卦耦。”《释文》：“奇，纪宜切。”《楚辞·招魂》：“丽而不奇兮。”注：“奇，单也。”“奇”为单，不对称，于是引申为不规整、畸形等意义。畸*ka̠r，居宜切，《广韵》：“残田。”《荀子·天论》：“中则可从，畸则不可为，匿则大惑。”《庄子·大宗师》：“畸人者，畸于人而侔于天。”对称是常态，不对称是非常态。于是，“奇”引申为奇异、奇特等意义。奇 * gar，巨羁切，《广韵》：“异也。”《礼记·王制》：“作淫声、异服、奇技、奇器以疑众，杀。”《史记·淮阴侯列传》：“信数与萧何语，何奇之。”

间 * kran，古苋切，《广韵》：“隙也。”《说文》：“间，隙也。”《左传·僖公四年》：“师出于陈郑之间。”《诗经·十亩之间》：“十亩之间兮，桑者闲闲兮。”《庄子·山木》：“周将处夫材不材之间。”间 * gran，《集韵》“何间切”。《荀子·王霸》：“安重间静。”注：“间，或读为闲。”《荀子·王霸》：“则虽幽间隐辟。”注：“间，读为闲。”《左传·僖公三十三年》：“吾子取其麋鹿以间敝邑，若何？”《释文》：“间，音闲。”《诗经·十亩之间》：“桑者闲闲。”《释文》：“闲本亦作间，音闲。”《史记·司马相如列传》：“雍容闲雅，甚都。”韦昭曰：“闲，读曰闲。”字也作“娴”。娴 * gran，户间切，《广韵》：“娴雅。”娴，《说文》：“雅也。”

光 * qaŋ，古黄切，《楚辞·九章·悲回风》王逸注：“日光也。”《孟子·尽心下》：“充实而有光辉之谓大。”《礼记·乡饮酒义》：“三宾，象三光也。”《荀子·天论》：“故日月不高，则光辉不赫；水火不积，则辉润不博。”《诗经·庭燎》：“夜未央，庭燎之光。”“光”由光线、光辉引申出光明、光彩等意义。光，《说文》：“明也。从火在人上，光明意也。”《诗经·南山有台》：“乐只君子，邦家之光。”《康熙字典》引《正韵》：“辉光，玥耀华彩也。”《诗经·韩奕》：“百两彭彭，八鸾锵锵，不显其光。”黄 * ɢaŋ，胡光切，《广韵》：“中央色也。”黄，《说文》：“地之色也。从田从炗，炗亦声。炗，古文光。”黄是光之色而不是地之色。黄，《释名》：“晃也，犹晃晃象日光色也。”《风俗通·皇霸》：“黄，光也。”《诗经·绿衣》：“绿兮衣兮，绿衣黄里。”《诗经·七月》：“载玄载黄，我朱孔阳，为公子裳。”晃 * ɢaŋ^{B}，胡广切，“光也”。光，《释名》：“光，晃也，晃晃然也。”《广雅》：“晃，明也。”《慧琳音义》卷七十九引《文字典说》云：“晃，日明也。”《楚辞·九思·怨上》：“奔电兮光晃，凉风兮怆凄。”

将 * ʦaŋs，子亮切，《广韵》：“将帅。”《周礼·夏官·司马》：“军将皆命卿。”《吕氏春秋·执一》：“军必有将，所以一之也；国必有君，所以一之也。”《孙子兵法·谋攻》：“夫将者，国之辅也。”《尔雅》：“将，大也。”奘 * ʣaŋs，徂浪切，《广韵》：“《说文》曰：驵大也。”《方言》：“奘、将，大也。秦晋之间，凡人之大谓之奘，或谓之壮。”《尔雅》：“奘，驵也。”

甘 * kam，古三切，《广韵》：“美也。”甘，《说文》：“美也，从口含一。”段玉裁注："甘为五味之一，而五味之可口皆曰甘。"《诗经·谷风》："谁谓荼苦，其甘如荠。"《墨子·非攻上》："少尝苦曰苦，多尝苦曰甘，则必以此人为不知甘苦之辩矣。"《孟子·梁惠王上》："为肥甘不足于口与？"也可类转为形容词或动词。《礼记·月令》："其味甘，其臭香。"《诗经·伯兮》："甘心首疾。"传："甘，厌也。"《左传·庄公十年》："管召，雠也。请受而甘心焉。"杜注："甘心言欲快意戮杀之。"《庄子·徐无鬼》："孙叔敖甘寝秉羽而郢人投兵。"甘寝即酣眠。酣*gam，胡甘切，《广韵》："酣饮。"酣，《说文》："酒乐也。从酉从甘，甘亦声。"《管子·小称》："桓、管仲、鲍叔牙、宁戚四人饮，饮酣。"《韩非子·十过》："晋平公觞之于施夷之台，酒酣。"《吕氏春秋·乐成》："魏襄王与群臣饮，酒酣，王为群臣祝。"

公*koŋ，古红切，《广韵》："父也，正也，共也，官也。"《白虎通义·爵》："五等谓公侯伯子男，此周制也。"后来意义渐渐扩大。《通雅》："列子曰'家公执席'，前《汉书·郊祀志》'天子为天下父，故曰巨公'。古人称父祖或曰公。"也指丈夫的父亲。《汉书·贾谊传》："抱哺其子，与公并倨；妇姑不相说，则反唇而相稽。"注："乃与其舅并倨，无礼之甚也。"公也广泛用于尊称。《史记·项羽本纪》："公为我献之。"洪*goŋ，户公切，《广韵》："大也。"《孟子·滕文公上》："洪水横流，泛滥于天下。"仜，户公切，《广韵》："身肥大也。"硔，户公切，《广韵》："大壑，又硔谷寺在相州。"堆，户公切，《广韵》："鸟肥大堆堆然。"訌，户公切，《广韵》："大声。"颫，户公切，《广韵》："大风。"鸿，户公切，《广韵》："《诗》传云：大曰鸿，小曰雁。"文字形式虽然不一样，意义却相同。《史记·夏本纪》："当帝尧之时，鸿水滔天。"《韩非子·饰邪》："昔者舜使吏决鸿水，先令有功而舜杀之。"

根*kɯn，古痕切，《广韵》："根柢也。"《说文》："根，木株也。从木艮声。"《左传·隐公六年》："绝其本根，勿使能殖。"《韩非子·解老》："树木有曼根，有直根。根者，书之所谓柢也。"艮*kɯns，古恨切，《广韵》："卦名也，止也。"《说文》："艮，很也。"段注："很者，不听从也。"《广雅》："艮，坚也。"很*gɯn^{B}，胡垦切，《广韵》："很戾也，俗作狠。"《说文》："很，不听从也。"《左传·襄公二十六年》："大子痤美而很，合左师畏而恶之。"《史记·项羽本纪》："猛如虎，很如羊，贪如狼，强不可使者，皆斩之。"

专*to̱n，职缘切，《说文》："纺专。"段注："今专之俗字作甎、塼。"《诗经·

斯干》:“载衣之裼,载弄之瓦。”传:“瓦,纺砖也。”(转*tron^{B},陟兖切,《广韵》:“动也,运也。”《诗经·邶风·柏舟》:“我心匪石,不可转也。”)团*don,度官切,《广韵》:“团圆。”字本只作“专”。《周礼·地官·司徒》:“其民专而长。”注:“专,圆也。”《释文》:“专,徒丸反。”抟*don,度官切,《广韵》:“《说文》曰圜也。《礼》云无抟饭。”《礼记·曲礼上》:“毋抟饭。”《周礼·冬官·考工记》:“小首而长,抟身而鸿。”注:“抟,圜也。”《释文》:“抟,徒丸反。”

霸*praks,必驾切,《说文》:“月始生,霸然也。”段玉裁注:“《汉志》所引《武成》《顾命》皆作霸,后代魄行而霸废矣。”《汉书·律历志下》:“死霸,朔也。生霸,望也。”字作“魄”。《礼记·乡饮酒义》:“让之三也,象月之三日而成魄也。”《释文》:“魄,普百反,《说文》作霸,云月始生魄然也。”《周书·康诰》:“惟三月哉生魄。”注:“魄,朏也,谓月三日始生兆朏,名曰魄。”《逸周书·谥法》:“维三月既生魄。”魄*phrak,普伯切,《广韵》:“魂魄。”魄,《说文》:“阴神也。”《白虎通义·性情》:“魄者,白也。”《左传·昭公七年》:“人生始化曰魄。既生魄,阳曰魂。用物精多,则魂魄强。”疏引《孝经说》:“魄,白也。”《释文》:“魄,普白反。”白*brak,傍陌切,《广韵》:“西方色。”《诗经·扬之水》:“扬之水,白石皓皓。”《诗经·蒹葭》:“蒹葭苍苍,白露为霜。”《礼记·曲礼上》:“前朱鸟而后玄武,左青龙而右白虎。”

曲*khok,丘玉切,《广韵》:“委曲。”曲,《说文》:“象器曲受物之形,或说:‘曲,蚕薄也。’”《庄子·大宗师》:“或编曲。”《释文》:“李云:蚕薄也。”《礼记·月令》:“具曲植籧筐。”注:“时所以养蚕器也。曲,薄也。”《史记·绛侯周勃世家》:“勃以织薄曲为生,常为人吹箫给丧事,材官引强。”曲,后字作“笛”。笛,《广雅》:“薄也。”王念孙疏证:“曲、笛并同。”《玉篇》:“曲,或作笛。”苖*khok,丘玉切,《广韵》:“蚕薄。《汉书》:周勃织溥苖为生。亦作笛。”段玉裁注:“曲象圜其中受物之形,正视之。引申之为凡委曲之称,不直曰曲。《诗》曰:子发曲局。又曰:乱我心曲。笺云:心曲,心之委曲也。又乐章为曲,谓音宛曲而成章也。”《释名》:“曲,局也,相近局也。”局*gok,渠玉切,《说文》:“促也。”《诗经·正月》:“不敢不局。”传:“局,曲也。”《诗经·采绿》:“予发曲局。”传:“局,卷也。”字也写作“跼”。跼,渠玉切,《广韵》:“踡跼又曲也,俛也,促也。”《说苑·敬慎》引《诗经》:“天盖高,不敢不跼;谓地盖厚,不敢不蹐。”写作“侷”。侷,渠玉切,《广韵》:“侷促短小。”

粥*tu̱k，之六切，《广韵》："糜也。"《孟子·滕文公上》："歠粥，面深墨。"《庄子·让王》："回有郭外之田五十亩，足以给饘粥。"也作"鬻"。《尔雅》："鬻，糜也。"《左传·昭公七年》："饘于是，鬻于是，以餬余口。"注："饘鬻，餬属。"《释文》："鬻，之六反，孙炎云淖糜也。"《仪礼·士丧礼》："夏祝鬻余饭，用二鬲于西墙下。"注："以饭尸余米为鬻也。"《释文》："鬻本又作粥，之六反。"熟*du̱k，殊六切，《广韵》："成也。"《论语·乡党》："必熟而荐之。"《左传·宣公二年》："宰夫胹熊蹯不熟。"字本作"孰"。（享*du̱n，常伦切，《广韵》："《说文》曰：孰也。"《说文》："享，孰也。读若纯。一曰鬻也。"）《左传·宣公二年》："宰夫胹熊蹯不孰。"《礼记·礼运》："荐其血毛，腥其俎，孰其殽。"《荀子·富国》："寒暑和节，而五谷以时孰。"

中*tru̱ŋ，陟弓切，《广韵》："半也。"《说文》："中，内也。"《左传·隐公元年》："公从之。公入而赋：大隧之中，其乐也融融。"《诗经·采蘩》："于以采蘩，于涧之中。"《庄子·养生主》："不蕲畜乎樊中。"仲*dru̱ŋs，直众切，《广韵》："中也。"《说文》："仲，中也。从人从中，中亦声。"《诗经·大明》："挚仲氏任，自彼殷商。"传："挚国任姓之中女也。"

上述例子中，也有个别利用逆构词，由形容词派生出名词。在上古汉语中，名词通过辅音清浊交替派生出形容词的事例很多。通过辅音清浊交替，名词变成动词，变成形容词。动词和形容词不仅语法手段相同，而且语法功能也有共同之处，两者都可以作谓语。因而，形容词和动词归为一类，称为谓词。"动字者，所以言事物之行也。"（马建忠，1983：144）就意义而言，动词可以分为动作（简单和复杂）动词、思想动词、变化动词、趋向动词等。形容词，马建忠名为"静字"。"静字，所以肖事物之形者。"（马建忠，1983：111）"肖"与"不肖"纯属主观判断。"静字言已然之情景，动字言当然之行动。"（马建忠，1983：21）很显然，形容词所指内容是思想活动的结果。因而，我们可以将"肖事物之形"的形容词归入思想动词，属于静态动词的一种，陈述或描写事物的形状、性质和状态等。形容词和动词分别陈述或描写动、静两种状态下的主体，而汉语采用相同的语音形式，声母为浊辅音。

三

增 * ƫeŋ，作滕切，《广韵》："益也，加也，重也。"《说文》："增，益也。"《左传·昭公三十二年》："世增其业，不费旧绩。"《荀子·行法》："鹰鸢犹以山为卑而增巢其上。"增，字本只作"曾"。《孟子·告子下》："所以动心忍性，曾益其所不能。"集注："曾与增同。"《尔雅》："王父之考为曾祖，孙之子为曾孙。"注："曾，犹重也。"层 * ɖeŋ，昨棱切，《广韵》："重屋也。"《淮南子·墬形训》："掘昆仑虚以下地，中有层城九重。"《山海经·海外西经》："乘两龙云盖三层。"郭注："层，犹重也。"字也写作"增"。《楚辞·天问》："增城九重，其高几里？"扬雄《甘泉赋》："增宫参差。"字也作"曾"。《后汉书·张衡传》："登阆风之曾城兮。"《文选》作"层城"。《楚辞·招魂》："曾台累榭。"

肿 * to̱ŋ^{B}，之陇切，《广韵》："疾也。《说文》：痈也。"《左传·定公十年》："公闭门而泣之，目尽月中。"《庄子·逍遥游》："其大本拥肿而不中绳墨，其小枝卷曲而不中规矩。"尰 * do̱ŋ^{B}，时宂切，《广韵》："足肿病，亦作瘇。"《说文》："瘇，胫气足肿。"《新书·大都》："天下之势，方病大尰。"

屏 * pi̱ŋ，必郢切，《广韵》："蔽也。"屏，《说文》："蔽也。"玄应《一切经音义》卷二十五"屏气"注："屏，屏蔽也。"《诗经·桑扈》："君子乐胥，万邦之屏。"传："屏，蔽也。"屏，《释文》："卑郢反。"《吕氏春秋·慎行》："屏王之耳目。"高注："屏，蔽也。"《史记·魏公子列传》："侯生乃屏人间语。"屏 * biŋ，薄经切，《广韵》："《三礼图》云：扆，从广八尺，画斧文，今之屏风，则遗象也。"《尔雅》："门屏之间谓之宁，屏谓之树。"《国语·晋语四》："尔射余于屏内。"注："树谓之屏。"《诗经·板》"大邦维屏"集传："屏，树也，所以为蔽也。"《释名》："屏，自障屏也。"《礼记·月令》："整设于屏外。"軿 * biŋ，薄经切，"四面屏蔽，妇人车"。軿，《说文》："辎车也。"《释名》："軿，屏也。四面屏蔽，妇人所乘牛车也。"軿 * biŋ，部田切，《广韵》："四面屏蔽妇人车。"因受前高元音 i 影响，软腭鼻音韵尾-ŋ前移变成了齿龈鼻音-n。

幾 * kɯ̱r，居依切，《广韵》："庶幾。"《庄子·齐物论》："三子之知幾乎！"《庄子·人间世》："一宅而寓于不得已，则幾矣。"畿 * gɯ̱r，渠希切，《广韵》：

"王畿。"畿,《说文》:"天子千里地。以远近言之,则言畿也。"《诗经·谷风》:"不远伊迩,薄送我畿。"传:"畿,门内也。"《释文》:"畿音祈。"《诗经·玄鸟》:"邦畿千里,维民所止。"传:"畿,疆也。"《周礼·夏官·司马》:"乃以九畿之籍,施邦国之政职。"注:"故书畿为近。郑司农云:近当言畿。"《礼记·大学》:"邦畿千里,惟民所止。"《释文》:"畿,音祈,又音幾。"

过*kor,古禾切,《广韵》:"经也,又过所也。"《诗经·江有汜》:"之子归、不我过;不我过,其啸也歌。"《释文》:"过,音戈。"《左传·庄公六年》:"楚文王伐申,过邓。"《论语·宪问》:"有荷蒉而过孔子之门者。" 过*kors,古卧切,《广韵》:"误也,越也,责也。"《左传·隐公元年》:"都城过百雉,国之害也。"《释文》:"过,古卧反,后不音者皆同。"《左传·宣公二年》:"人谁无过,过而能改,善莫大焉。"祸*gor^B,胡火切,《广韵》:"害也。"《左传·僖公二十四年》:"民未忘祸,王又兴之,其若文武何?"《左传·成公十三年》:"能者养之以福,不能者败以取祸。"《道德经》:"祸兮福之所倚,福兮祸之所伏。"

剖*pho^B,普后切,《广韵》:"判也,破也。"剖,《说文》:"判也,从刀咅声。"《左传·襄公十四年》:"与女剖分而食之。"杜注:"注中分为剖。"《释文》:"剖,普口反,中分也。"《战国策·赵策二》:"愿变心易虑,剖地谢前过以事秦。"部*bo^B,蒲口切,《广韵》:"署也。"(《康熙字典》:"《广韵》署也,六卿之署曰六部。")《玉篇》:"部,分判也。"《荀子·王霸》:"则夫名声之部发于天地之间也。"注:"部当为剖。"《墨子·号令》:"因城中里为八部。"《史记·历书》:"分其天部。"《集解》:"《汉书音义》曰:谓分部二十八宿为距度。"

遭*ʦu,作曹切,《广韵》:"遭逢。"《诗经·还》:"子之还兮,遭我乎猺之间兮。"《左传·昭公十年》:"桓子授甲而如鲍氏,遭子良醉而骋。"杨树达(1983:36)云:"盖行而得其偶谓之遇,行而得其曹谓之遭。"曹*ʣu,昨劳切,《广韵》:"曹局也,又辈也,众也,群也。"曹,《说文》:"狱之两曹也。"段玉裁注:"曹之引申为辈也,群也。"《诗经·公刘》:"乃造其曹。"传:"曹,群也。"《楚辞·招魂》:"分曹并进。"注:"曹,偶也。"《史记·扁鹊仓公列传》:"曹偶四人。"索隐:"曹偶,犹等辈也。"《管子·法法》:"曹党起而乱贼作矣。"

勺*tɯ̱k,之若切,《广韵》:"挹取也。"勺,《说文》:"挹取也。"《汉书·礼乐志》:"勺椒浆,灵已醉。"注:"勺,读曰酌。" 字也作"酌"。酌*tɯ̱k,之若切,《广韵》:"酌酒。"《左传·昭公九年》:"而遂酌以饮。"勺*dɯ̱k,市若切,

《广韵》:“《周礼》梓人:为饮器,勺一升。”《周礼·冬官·考工记》:“黄金勺,青金外,朱中。”《释文》:“勺,上灼反。”《周礼·冬官·考工记》:“勺一升,爵一升,觚三升。”《释文》:“勺,上灼反。”

包*pru,布交切,《广韵》:“包裹。”包,《说文》:“妊也。象人怀妊,巳在中,象子未成形也。”胞*pru,布交切,《广韵》:“胞胎。”胞,《说文》:“儿生裹也。”段玉裁注:“包谓母腹,胞谓胎衣。”就文字使用而言,动词用“包”而名词用“胞”。《慧琳音义》卷八十三引《说文》:“包,裹也,有所包裹也。”《左传·昭公元年》:“而无乃包藏祸心以图之。”字也写作“苞”,音同“布交切”。《诗经·野有死麇》:“白茅苞之。”《释文》:“苞,裹也。”《庄子·天运》“苞裹六极”,《释文》:“苞,本或作包。”匏*bru,薄交切,《广韵》:“瓠也,可为笙竽。”匏,《说文》:“瓠也,从包,从瓠省。包,取其可包藏物也。”段玉裁注:“从包瓠者,能包盛物之瓠也。不入瓠部者,重包也。包亦声。”《诗经·匏有苦叶》:“匏有苦叶,济有深涉。”《左传·襄公十四年》:“穆子赋《匏有苦叶》。”

载*ʦes,作代切,《广韵》:“乘也。”载,《说文》:“乘也。”载,《集韵》:“以舟车运物也。”《易·大有》:“九二:大车以载,有攸往,无咎。”《诗经·彤弓》:“彤弓弨兮,受言载之。”传:“载以归也。”《礼记·檀弓上》:“南宫敬叔反,必载宝而朝。”载*ʣes,昨代切,《广韵》:“运也。”《说文》“载”,段玉裁注:“引申之凡运物之称。如《诗》载输尔载,下载音才再反是也。”《群经音辨》:“载,舟车以致物也,作代切;谓所致物曰载,昨代切。”《诗经·正月》:“载输尔载,将伯助予。”《释文》:“尔载:才再反,注及下同。”

藩*pa̱n,甫烦切,《广韵》:“篱也,亦藩屏也。”藩,《说文》:“屏也。”《左传·哀公十二年》:“吴人藩卫侯之舍。”《左传·定公四年》:“选建明德,以藩屏周。”《释文》:“藩,方元反。”《左传·襄公二十三年》:“齐侯使析归父媵之,以藩载栾盈及其士。”杜注:“藩车之有障蔽者,使若媵妾在其中。”《释文》:“藩,方元反。”藩,古用作动词,也可以用作名词。字也作“蕃”。蕃*pa̱n,甫烦切,《广韵》:“蕃屏。”《左传·僖公二十四年》:“故封建亲戚,以蕃屏周。”《释文》:“蕃,方元反。”《左传·襄公二十九年》:“坚事晋楚,以蕃王室也。”注:“言我固事晋楚,乃所以蕃屏王室。”《释文》:“蕃,芳元反。”棥*ba̱n,附袁切,《广韵》:“藩屏。”棥,《说文》:“藩也。从爻从林。《诗》曰:‘营营青蝇,止于棥。’”字写作“樊”。樊*ba̱n,附袁切,《广韵》:“樊笼。”《诗经·青蝇》:“营营青蝇,止于樊。”传:“樊,藩也。”《诗经·东方未明》:“折柳樊圃,狂夫瞿瞿。”传:“樊,藩也。”

建* kans,居万切,《广韵》:“立也,树也。”《玉篇》:“建,竖立也。”《诗经·出车》:“设此旐矣,建彼旄矣。”《诗经·车攻》:“建旐设旄,搏兽于敖。”引申之为建立、创建。《左传·襄公三年》:“建一官而三物成,能举善也。”楗* gan^B,其偃切,《广韵》:“关楗。”字通写作“键”。《小尔雅》:“键,谓之钥。”《字书》:“横曰关,竖曰键。”《道德经》:“善闭,无关键而不可开。”《周礼·地官·司徒》:“司门掌授管键,以启闭国门。”《礼记·月令》:“修键闭,慎管籥。”字作“建”。《礼记·乐记》:“名之曰建橐。”注:“建,读为键,字之误也。”《史记·天官书》:“建星者,旗也。”正义:“建六星在斗北,临黄道,天之都关也。”

分* pun,府文切,《广韵》:“《说文》别也。”《说文》:“分,别也。从八从刀,刀以分别物也。”《左传·僖公二十八年》:“而分曹卫之田,以赐宋人。”《左传·文公十六年》:“分为二队,子越自石溪,子贝自仞,以伐庸。”分* buns,扶问切,《广韵》:“分剂。”《礼记·曲礼上》:“分毋求多。”《释文》:“分,扶问反。”《汉书·百官公卿表》:“各有徒属职分,用于百事。”颜注:“分音扶问反。”《礼记·礼运》:“礼达而分定。”《释文》:“分,扶问反。”

断* ton^B,都管切,《广韵》:“断绝。”《左传·襄公十八年》:“大子抽剑断鞅,乃止。”《释文》:“断音短。”《左传·昭公二十二年》:“见雄鸡自断其尾,问之侍者。”《释文》:“断,丁管反。”断* don^B,徒管切,《广韵》:“绝也。”《荀子·强国》:“如是,则齐必断而为四。”《墨子·尚贤上》:“政令不断,则民不畏。”《群经音辨》:“断,绝也,都管切;既绝曰断,徒管切。”段* dons,徒玩切,《广韵》:“分段也。”段玉裁《说文》注:“后人以锻为段字。以段为分段字,读徒乱切。分段字自应作断。”《释名》:“断,段也,分为异段也。”

合* kup,古沓切,《广韵》:“合集。”《周礼·冬官·考工记》:“合此四者,然后可以为良。”《释文》:“合,如字,刘音合。”《周礼·冬官·考工记》:“合九而成规。”《释文》:“合九:如字,一音合。”敆* kup,古沓切,《广韵》:“合会也。”《说文》:“敆,合会也。从攴从合,合亦声。”《尔雅》:“敆,合也。”佮* kup,古沓切,《广韵》:“并佮聚。”敆、佮是合的后起区别字。合* gup,侯合切,《广韵》:“合同,亦器名,亦六合。”《诗经·大明》:“文王初载,天作之合。"《庄子·齐物论》:"六合之外,圣人存而不论。"

妆*ʈra̱ŋ,侧羊切,《广韵》:"饰也。"妆,《说文》:"饰也。"粧,侧羊切,《广韵》:"粉饰也。"字本只写作"装"。装*ʈra̱ŋ,侧羊切,《广韵》:"装束。"装,《说文》:"裹也。"《慧琳音义》卷"装治"注引《考声》:"饰也。"《说文通训定声》:"装,假借为妆。"《韩非子·外储说左上》:"昔秦伯嫁其女于晋公子,令晋为之饰装。"《史记·南越列传》:"胡方日夜装入见天子。"状*ɖra̱ŋs,锄亮切,《广韵》:"形状也。"《左传·宣公四年》:"熊虎之状,而豺狼之声。"《荀子·非相》:"仲尼之状,面如蒙倛。周公之状,身如断菑。"

鸠*ku̱,居求切,《广韵》:"又聚也。"《尔雅》:"鸠,聚也。"《左传·隐公八年》:"君释三国之图,以鸠其民。"注:"鸠,集也。"《左传·定公四年》:"若鸠楚竟,敢不听命?"杜注:"鸠,安集也。"此意义《说文》作"勼"。《说文》:"勼:聚也。读若鸠。"逑*gu̱,巨鸠切,《说文》:"敛聚也。"《诗经·民劳》:"惠此中国,以为民逑。"传:"逑,合也。"逑,《广韵》:"匹也。"《诗经·关雎》:"窈窕淑女,君子好逑。"传:"逑,匹也。"字也写作"仇"。郑笺:"怨耦曰仇。"《释文》:"逑音求,本亦作仇,音同。"仇*gu̱,《广韵》:"雠也。"《诗经·兔罝》:"赳赳武夫,公侯好仇。"笺:"怨耦曰仇。"

障*ta̱ŋ,诸良切,《广韵》:"隔也。"《墨子·亲士》:"善议障塞,则国危矣。"《吕氏春秋·三月纪》:"开通道路,无有障塞。"字也写作"墇"。墇,诸良切,《广韵》:"壅也。"《说文》:"墇,拥也。"裳*da̱ŋ,市羊切,《广韵》:"上曰衣,下曰裳。"《诗经·东方未明》:"东方未明,颠倒衣裳。"《释名》:"下曰裳,裳,障也,所以自障蔽也。"《广韵》:"上曰衣,下曰裳。《白虎通义》云:衣者隐也,裳者障也,所以隐形自障蔽也。"

章*ta̱ŋ,诸良切,《广韵》:"明也。"《国语·周语中》:"章怨外利,不义。"《荀子·正名》:"章之以论,禁之以刑。"注:"章,明也。"字写作"彰"。彰*ta̱ŋ,诸良切,《广韵》:"明也。"《庄子·齐物论》:"是非之彰也,道之所以亏也。"常*da̱ŋ,市羊切。《周礼·春官·宗伯》:"司常掌九旗之物名,各有属,以待国事。日月为常,交龙为旗。"《释名》:"九旗之名日月为常,画日月于其端,天子所建,言常明也。"《周礼·夏官·司马》:"王载大常。"

俌*pa̱^{B},方矩切,《广韵》:"俌辅也,出《埤苍》。"《说文》:"俌,辅也。""俌"字现存文献罕见使用。傅*pa̱s,方遇切,《广韵》:"相也。"《说文》:"傅,相也。”《左传·桓公二年》：“靖侯之孙栾宾傅之。”《左传·僖公九年》：“献公使荀息傅奚齐。”《左传·僖公二十八年》：“郑伯傅王。”就意义而言，“傅”字当从寸从俌，是俌的后起区别字。《孟子·滕文公下》：“有楚大夫于此，欲其子之齐语也，则使齐人傅诸？使楚人傅诸？”《左传·成公十八年》：“使士渥浊为大傅。”《左传·襄公十九年》：“夙沙卫为少傅。”《礼记·文王世子》：“立大傅、少傅以养之，欲其知父子、君臣之道也。”辅＊ba̱^{B}，扶雨切，《洪武正韵》：“两旁夹车木也。”《诗经·正月》：“其车既载，乃弃尔辅。”疏：“辅是可解脱之物，若今人缚杖于辐，以防辅车也。”《吕氏春秋·权勋》：“若车之有辅也，车依辅，辅亦依车。”《左传·僖公五年》：“谚所谓辅车相依，唇亡齿寒者，其虞虢之谓也。”注：“辅，颊辅。”《新书·保傅》：“辅者，辅天子之意者也。”《左传·僖公二十年》：“宁武子为辅。”《尔雅》：“辅，俌也。”《左传·僖公四年》：“以夹辅周室。”《左传·僖公五年》：“吾抚女以从楚，辅之以晋。”

判＊phans，普半切，《广韵》：“剖判，又分也。”《说文》：“判，分也。”《左传·庄公三年》：“于是乎始判。”杜注：“判，分也。”《诗经·访落》：“将予就之，继犹判涣。”传：“判分；涣散也。”畔＊bans，薄半切，《广韵》：“田界也。”《说文》：“畔，田界也。”《左传·襄公二十五年》：“如农之有畔，其过鲜矣。”《国语·周语上》：“修其疆畔。”韦注：“畔，界也。”

雪＊sqe̱t，相绝切，《广韵》：“拭也，除也。”《广雅》：“雪，除也。”《战国策·燕策一》：“得贤士与共国，以雪先王之耻，孤之愿也。”《吕氏春秋·观表》：“吴起雪泣而应之。”《吕氏春秋·不苟》：“缪公能令人臣时立其正义，故雪殽之耻。”高注：“雪，除也。”篲＊sɢe̱ts，祥岁切，《广韵》：“埽帚。”彗＊sɢe̱ts，祥岁切，《广韵》：“星名。”《说文》：“彗，扫竹也。篲，彗或从竹。”彗＊sɢe̱ts，徐醉切，《广韵》：“帚也，一曰妖星。”后一读音是前一读音的变异。《左传·昭公十七年》：“彗，所以除旧布新也。”《礼记·曲礼上》：“国中以策彗恤勿驱。”

申＊si̱n，失人切，《广韵》：“伸也。”《荀子·解蔽》：“形可劫而使诎申，心不可劫而使易意。”《说苑·正谏》：“咎犯申其左臂而诎五指。”申，后繁化作“伸”。伸＊si̱n，失人切，《广韵》：“舒也，信也。”《庄子·秋水》：“蹢躅而屈伸。”《礼记·乐记》：“习其俯仰诎伸。”申本“电”字。电，《说文》：“阴阳激耀也，从雨从申。”段玉裁注：“雷自其回屈言，电自其引申言。申亦声也。”《说文》：“虹，螮蝀也。籀文，虹从申。申，电也。”电＊zins，堂练切，《广韵》：“阴阳激曜。”《左传·隐公九年》:“大雨震电。”《诗经·十月之交》:“烨烨震电,不宁不令。”神*zi̱n,食邻切,《广韵》:“灵也。”神,《说文》:“天神,引出万物者也。”《左传·僖公五年》:“吾享祀丰絜,神必据我。对曰:‘臣闻之,鬼神非人实亲,惟德是依。’”

列*tro̱,陟输切,《广韵》:“列杀。”写作“诛”。诛*tro̱,陟输切,《广韵》:“责也。《释名》云:罪及余曰诛,如诛大树枝叶尽落。”《左传·襄公二十五年》:“见不仁者诛之,如鹰鹯之逐鸟雀也。”《孟子·梁惠王下》:“闻诛一夫纣矣,未闻弑君也。”《庄子·胠箧》:“彼窃钩者诛,窃国者为诸侯。”殊*do̱,市朱切,《广韵》:“死也。”《说文》:“殊,死也。汉令曰:‘蛮夷长有罪,当殊之。’”《左传·昭公二十三年》:“武城人塞其前,断其后之木而弗殊。邾师过之,乃推而蹷之。”《释文》:“殊,如字。《说文》云:‘死也,一曰断也。’”殳*do̱,市朱切,《广韵》:“兵器。”《释名》:“殳,殊也。”殳,《说文》:“以杸殊人也。”《左传·昭公二十三年》:“闻乌存执殳而立于道左。”《诗经·伯兮》:“伯也执殳,为王前驱。”字也写作“杸”。杸,市朱切,《广韵》:“《说文》曰:‘军中士所持殳也,司马法曰执羽从杸。’”

披*pha̱r,敷羁切,《广韵》:“开也,分也,散也。”《左传·文公五年》:“今将崇诸侯之奸而披其地。”杜注:“披,犹分也。”《释文》:“披,普皮反。”《左传·昭公五年》:“杀适立庶,又披其邑。”杜注:“披,析也。”《释文》:“披,普皮反。”皮*ba̱r,符羁切,《广韵》:“皮肤也。”《说文》:“剥取兽革者谓之皮。”段玉裁注:“析言则去毛曰革,统言之则不别也。取兽革者谓之皮。皮,柀;柀,析也。取兽革者谓之皮,因之所取谓之皮矣。引申凡物之表皆曰皮,凡去物之表亦皆曰皮。”《战国策·韩策二》:“因自皮面抉眼,自屠出肠,遂以死。”《左传·僖公十四年》:“皮之不存,毛将安傅?”《诗经·羔羊》:“羔羊之皮,素丝五纶。”

係*kiks,古诣切,《广韵》:“连係。”《说文》:“係,絜束也。从人从系,系亦声。”《左传·襄公十八年》:“将济河,献子以朱丝係玉二瑴而祷。”《左传·僖公二十五年》:“隈入而係舆人,以围商密。”注:“係,缚。”《释文》:“係,音计。”繫*kiks,古诣切,《广韵》:“缚繫。”《荀子·劝学》:“编之以发,繫之苇苕。”《左传·成公二年》:“禽之,而乘其车,繫桑本焉。”系*giks,胡计切,《广韵》:“绪也。”《说文》:“系,繫也。”段玉裁注:“系者,垂统于上,而承于下也。系与繫可通用,然经传繫多谓束缚,故繫下曰:‘絜束也。’其义不同系之义。引申为世系。”《史记·五帝本纪》:“孔子所传宰予问五帝德及帝系姓,儒者或不传。”繫*giks,胡计切,《广韵》:“易之繫辞。”

蓋*kaps,古太切,《广韵》:“覆也,掩也。”《左传·襄公十七年》:“大臣不顺国之耻也,不如蓋之。”疏:“蓋,覆蓋之也。”《左传·昭公三十一年》:“或求名而不得,或欲蓋而名章。”(蓋*kap,古盍切,《广韵》:“姓也。”)盍*gap,胡腊切,《说文》:“覆也。”段玉裁注:“今则蓋行而盍废矣。”蓋*gap,胡腊切,《广韵》:“苫蓋。”《左传·昭公二十年》:“乃祖吾离被苫盖,蒙荆棘。”《释文》:“蓋,户猎反。《尔雅》曰:白蓋谓之苫。”

臼*ku̲k,居六切,《广韵》:“两手奉物。”“臼”是象形字,仅依据字形可以知道其意义就是双手屈指捧住。字也写作“匊”。匊*ku̲k,居六切,《广韵》:“物在手。”《说文》:“在手曰匊。”《诗经·采绿》:“终朝采绿,不盈一匊。”传:“两手曰匊。”字也写作“掬”“鞠”。鞠,《广韵》:“居六切,《说文》‘撮也’。掬,上同。”《左传·宣公十二年》:“舟中之指可掬也。”杜注:“两手曰掬。”《释文》:“掬,九六反。”《礼记·曲礼上》:“受珠玉者以掬。”《释文》:“掬,九六反,两手曰掬。”由双手捧住引申出抚养的意义,字写作“鞠”。鞠*ku̲k,居六切,《广韵》:“养也。”《方言》:“台、鞠,养也。晋卫燕魏曰台,陈楚韩郑之间曰鞠。”《诗经·节南山》:“父兮生我,母兮鞠我。”传:“鞠,养。”两手屈指捧住物,形成一个球形,引申出球的意义。鞠*gu̲k,渠竹切,《广韵》:“蹋鞠,以革为之,今通谓之毬子。”《说文》:“鞠,蹋鞠也。”字也写作“毱”。毱,渠竹切,《广韵》:“皮毛丸也。”《史记·苏秦列传》:“斗鸡走狗,六博蹋鞠者。”再引申出弯曲意义。《论语·乡党》:“入公门,鞠躬如也,如不容。”《史记·太史公自序》:“务在鞠躬,君子长者。”

属*to̲k,之欲切,《说文》:“属,连也。”《周礼·地官·司徒》:“正月之吉,各属其州之民而读法。”注:“属犹合也,聚也。”《释文》:“属,音烛。”《左传·僖公二十三年》:“其左执鞭弭,右属櫜鞬,以与君周旋。”注:“属,着也。”《释文》:“属,音烛。”《左传·隐公三年》:“宋穆公疾,召大司马孔父,而属殇公焉。”《释文》:“属,章欲反。”属*do̲k,市玉切,《广韵》:“附也,类也。”《左传·庄公十年》:“忠之属也。”《释文》:“属,音蜀。”《左传·文公二年》:“以其属驰秦师。”《左传·文公六年》:“阳子成季之属也。”

揭*ka̲t,居列切,《广韵》:"揭起。"(揭,居竭切,《广韵》:"揭起。《说文》曰:高举也。")因口语、书面语以及方言差异,揭《广韵》收录了好几个读音。揭*kha̲t,丘谒切,《广韵》:"高举也,又担也。" 揭*ga̲t,渠列切,《广韵》:"高举。"(擖,其谒切,《广韵》:"担擖物也,本亦作揭。")《诗经·大东》:"维北有斗,西柄之揭。"《释文》:"揭,居竭反,徐起谒反。"《庄子·胠箧》:"然而巨盗至,则负匮揭箧担囊而趋。"《释文》:"揭,徐其谒反,又音桀,《三苍》云:举也,担也,负也。"《庄子·庚桑楚》:"若规规然若丧父母,揭竿而求诸海也。"《释文》:"揭,其列、其谒二反。"碣*ga̲t,渠列切,《广韵》:"《说文》曰:特立之石也。东海有碣石山。"楬*ga̲t,渠列切,《广韵》:"有所表识。《说文》'桀也',《春秋》传曰'楬而书之'。"《周礼·秋官·司寇》:"若有死于道路者,则令埋而置楬焉。"桀*ga̲t,渠列切,《广韵》:"磔也。"《诗经·君子于役》:"鸡栖于桀。"《诗经·伯兮》:"邦之桀兮。"后一意义字写作"傑"。傑*ga̲t,渠列切,《广韵》:"英傑,特立也,又俊也。"

鬄*sik,他历切,《说文》:"鬀发也。"鬄*si̲k,施隻切,《广韵》:"鬀发。"其字也写作"鬄"。《汉书·司马迁传》:"其次鬄毛发婴金铁受辱。"颜注:"鬄音吐计反。"也写作"剔"。《文选·〈报任少卿书〉》:"其次剔毛发婴金铁受辱。"注:"剔,他狄反。"《庄子·马蹄》:"烧之剔之,刻之雒之。"也写作"鬀"。鬀*siks,他计切,《说文》:"鬄发也。"髢*ziks,特计切,《广韵》:"髲也。"《诗经·君子偕老》:"鬒发如云,不屑髢也。"笺:"髢,髲也。"《释文》:"髢,徒帝反。"疏:"髢,一名髲。《说文》云:'髲,益发也。'言人发少聚他人发益之。"《左传·哀公十七年》:"公自城上见己氏之妻发美,使髡之,以为吕姜髢。"《释文》:"髢,大计反,又庭计反。"《庄子·天地》:"秃而施髢,病而求医。"《释文》:"髢,大细反。"字也写作"鬄"。《说文》:"髲也。髢,鬄或从也声。"《仪礼·少牢馈食礼》:"主妇被锡。"注:"被锡,读为髲鬄。古者或剔贱者刑者之发以被妇人之紒为饰,因名髲鬄焉。"《释文》:"鬄,大计反。"

伤*sa̲ŋ,式羊切,《广韵》:"伤损。"《说文》:"伤,创也。"《左传·庄公八年》:"队于车,伤足。"《左传·成公二年》:"郤克伤于矢。"疡*za̲ŋ,与章切,《广韵》:"疡伤也。《说文》云:疡,头疮也。《周礼》疗疡以五毒攻之。"《礼记·曲礼上》:"身有疡则浴。"《释文》:"瘍音恙,本或作痒。"《庄子·天地》:"有虞氏之药疡也,秃而施髢,病而求医。"

捶*to̠r^{B}，之累切，《广韵》："击也。"《礼记·内则》："欲干肉则捶而食之。"《荀子·富国》："名声足以暴炙之，威强足以捶笞之。"《庄子·至乐》："庄子之楚，见空髑髅，髐然有形，撽以马捶。"《韩非子·奸劫弑臣》："无捶策之威，衔橛之备，虽造父不能以服马。"字写作"箠"。箠*to̠r^{B}，之累切，《广韵》："策也。"箠，主縈切，《集韵》："《说文》击马也，一曰策也。"《说文》："箠，击马也。"《韩诗外传》卷五："箠笞暴国，一齐天下。"《汉书·司马迁传》："其次关木索被箠楚受辱。"棰*do̠r，是棰切，《集韵》："马策。"《说文》段玉裁注："击马者曰棰。"《管子·枢言》："天下不可改也，而可以鞭箠使也。"《管子·形势》："弱子下瓦，慈母操箠。"《韩非子·外储说右下》："令吏挈壶瓮而走火则一人之用也，操鞭箠指麾而趣使人则制万夫。"

四

上述例子中，也有个别应该是由名词逆构词构成动词，比如"遭"和"曹"。名词可以是动作行为得以完成的工具，也可以是动作行为完成后产生的结果。无论是哪一种，动词和名词之间的语音关系都是清辅音声母和浊辅音声母交替。形容词性质上属于思想动词，陈述或描写事物的形状、性质和状态等。因而，形容词也可以利用辅音清浊交替派生出名词。两者之间的语音关系如同动词和名词，形容词为清辅音而名词为浊辅音。

卑*pi̠，府移切，《广韵》："下也，贱也。"卑，《说文》："贱也，执事也。"《左传·隐公十一年》："王室而既卑矣，周之子孙，日失其序。"《左传·僖公二十二年》："公卑邾，不设备而御之。"注："卑，小也。"陴*bi̠，符支切，《广韵》："城上女墙也。"陴，《说文》："城上女墙，俾倪也。"段玉裁注："凡小者谓之女，女墙即女垣也。"《左传·宣公十二年》："守陴者皆哭。"《释文》："陴，婢支反；徐扶移反。"《左传·成公六年》："卫人登陴。"陴，《释文》："毗支反。"婢*bi̠^{B}，便俾切，《广韵》："女之下也。"婢，《说文》："女之卑者也。从女从卑，卑亦声。"《左传·僖公十五年》："若晋君朝以入，则婢子夕以死。"

皤*par，博禾切，《广韵》："老人白貌。"《说文》："老人白也，从白番声。

《易》曰：贲如皤如。"《周易·贲》："贲如皤如，白马翰如。"《释文》："皤，白波反。"杨树达："番声及音近之字多含白义。《礼记·明堂位》：夏后氏骆马，黑鬣。殷人白马，黑首。周人黄马，蕃鬣。蕃鬣，白鬣也。此一事也。《玉篇》云：⿰鼠番，白鼠也。此二事也。《尔雅·释兽》云：青骊繁鬣，騥。繁鬣，白鬣也。此三事也。《尔雅·释草》云：蘩，皤蒿。孙炎注云：白蒿也。《诗经·豳风·七月》传云：蘩，白蒿也。此四事也。"皤 * bar，薄波切，《广韵》："老人白也。"婆 * bar，薄波切，《广韵》："老母称也。"《说文》："婆，一曰老母称。"

湿 * su̲p，失入切，《广韵》："水沾也。湿，上同，见《经典》。"《说文》："湿，幽湿也。"《孟子·公孙丑上》："是犹恶湿而居下也。"《庄子·齐物论》："民湿寝则腰疾偏死。"《庄子·应帝王》："吾见怪焉，见湿灰焉。"隰 * zu̲p，似入切，《广韵》："原隰。"《说文》："隰，阪下湿也。"《诗经·简兮》："山有榛，隰有苓。"传："下湿曰隰。"《诗经·氓》："淇则有岸，隰则有泮。"《诗经·车邻》："阪有漆，隰有栗。"传："下湿曰隰。"

京 * kra̲ŋ，举卿切，《广韵》："大也。"《说文》："京，人所为绝高丘也。"《诗经·定之方中》："望楚与堂，景山与京。"传："景山，大山。京，高丘也。"《诗经·文王有声》："镐京辟廱。"《尔雅》："京，大也。"段玉裁注："其引申之义也。"《诗经·文王》："殷士肤敏，祼将于京。"传："京，大也。"《公羊传·桓公九年》："京者何？大也。"也作"景"。景 * kra̲ŋ^{B}，居影切，《广韵》："大也。"《尔雅》："景，大也。"《诗经·定之方中》："景山与京。"传："景山，大山。"《诗经·小明》："介尔景福。"传："介、景，皆大也。"《汉书·扬雄传下》："骑京鱼。"字通常写作"鲸"。鲸 * gra̲ŋ，渠京切，《广韵》："大鱼，雄曰鲸，雌曰鲵。"《左传·宣公十二年》："取其鲸鲵而封之。"杜注："鲸、鲵，大鱼名。"《释文》："鲸，其京反。"

黕 * tum^{B}，都感切，《广韵》："滓垢也，黑也。"《楚辞·九辩》："窃不自料而愿忠兮，或黕点而污之。"黮 * thum，他感切，《广韵》："黭黮，黑也。"黮 * dum，徒感切，《广韵》："黭黮，云黑。"黮，《说文》："桑葚之黑也。"《庄子·齐物论》："人固受其黮闇。"《释文》："黮闇，贪闇反。"《淮南子·主术训》："曰：'黑何若？'曰：'黮然。'"葚 * du̲m^{B}，食荏切，《广韵》："《说文》曰：桑实也。"《诗经·氓》："于嗟鸠兮，无食桑葚。"《释文》："葚，本又作椹，音甚，桑实也。"字本也写作"黮"。《诗经·泮水》："食我桑黮，怀我好音。"传：

“黮，桑实也。”《释文》：“黮，《说文》《字林》皆作葚，时审反。”

邃 * su̱ts，虽遂切，《广韵》：“深也，远也。”邃，《说文》：“深远也，从穴遂声。”《墨子·非乐上》：“非以高台厚榭邃野之居，以为不安也。”《楚辞·离骚》：“闺中既以邃远兮，哲王又不寤。”隧 * zu̱ts，徐醉切，《广韵》：“埏隧，墓道也，俗作墜。”《左传·隐公元年》：“若阙地及泉，隧而相见，其谁曰不然？”杜注：“隧若今延道。”《释文》：“隧，音遂。”《庄子·天地》：“凿隧而入井，抱瓮而出灌。”也指道。《左传·襄公十八年》：“夙沙卫连大车以塞隧而殿。”《释文》：“隧音遂，道也。”《庄子·马蹄》：“山无蹊隧，泽无舟梁。”也作“遂”。《史记·苏秦列传》：“禽夫差于干遂。”索隐：“遂者，道也，于江干有遂道，因为名也。”《吕氏春秋·知分》：“荆有次非者，得宝剑于干遂。”也指水道。《周礼·冬官·考工记》：“广二尺、深二尺谓之遂。”《荀子·大略》：“迷者不问路，溺者不问遂，亡人好独。”

兹 * ʦe̱，子之切，《说文》：“黑也。《春秋》传曰：‘何故使吾水兹？’”今本字作“滋”。《左传·哀公八年》：“何故使吾水滋？”注：“滋，浊也。”《释文》：“滋本又作兹，子丝反，《字林》云黑也。”此字《广韵》字也作“黰”。黰，子之切，《广韵》：“染黑。”缁 * ʦre̱，侧持切，《广韵》：“黑色缯也。”《诗经·缁衣》：“缁衣之宜兮，敝予又改为兮。”传：“缁，黑色。”《韩非子·说林下》：“天雨，解素衣，衣缁衣而反，其狗不知而吠之。”《礼记·郊特牲》：“缁布之冠也。”嵫 * ʦe̱，子之切，《广韵》：“崦嵫，山名，日所入处。”《楚辞·离骚》：“吾令羲和弭节兮，望崦嵫而勿迫。”（嵫，《广韵》：“嵫嵫山，日没处。”）鹚 * ʦe̱，子之切，《广韵》：“鸬鹚鸟。”鹚 * ʣe̱，疾之切，《广韵》：“鸬鹚鸟。”鹚《广韵》有清浊两音。《尔雅》：“鹚，鷧。”郭注：“即鸬鹚也。”《释文》：“鹚，音慈，《字林》云似鶂而黑。”（鸬的语源也为黑，《荀子·性恶》注：“卢，黑色也。”）

句 * ko，古侯切，《广韵》：“《说文》曲也。”《说文》：“句，曲也。”段玉裁注：“凡曲折之物，侈为倨，敛为句。《考工记》多言倨句。”（軥 * ko，古侯切，《广韵》：“车軥心木。”《说文》：“軥，轭下曲者。”《左传·襄公十四年》：“射两軥而还。”鉤 * ko，古侯切，《广韵》：“曲也。”《礼记·乐记》：“倨中矩，句中鉤。”钩 * ko，古侯切，《广韵》：“《说文》云：关西呼镰为钩也。”笱 * ko^B，古厚切，《广韵》：“鱼笱，取鱼竹器。”《说文》：“曲竹捕鱼笱也。”《诗经·敝笱》：“敝笱在梁，其鱼鲂鳏。”）枸 * ko，古侯切，《广韵》：“曲木。”《荀子·性恶》：“枸木必将待檃栝烝矫然后直者，以其性不直也。”耇* ko^{B}，古厚切，《广韵》：“耇老，寿也。”《左传·僖公二十二年》：“虽及胡耇，获则取之。”痀* ko̱，举朱切，《广韵》：“曲脊。”《庄子·达生》：“其痀偻丈人之谓乎。”朐* go̱，其俱切，《广韵》：“朐脯也，一曰屈也。”《说文》：“朐，脯挺也。”《吕氏春秋·报更》：“宣孟与脯一朐，拜受而弗敢食也。”《礼记·曲礼上》：“以脯修置者，左朐右末。”注：“屈中曰朐。”軥* go̱，其俱切，《广韵》：“车軛。”

高* kɯ，古劳切，《广韵》：“上也，崇也，远也，敬也。”《说文》：“高，崇也。”《诗经·卷耳》：“陟彼高冈，我马玄黄。”皋* kɯ，古劳切，《广韵》：“高也。”《礼记·明堂位》：“天子皋门。”注：“皋之言高也。”《左传·襄公二十五年》：“牧隰皋，井衍沃。”疏：“《诗》云：鹤鸣于九皋。毛郑皆以皋为泽之坎，是皋为水岸也。”豪* gɯ，胡刀切，《广韵》：“豪侠。”《孟子·滕文公上》：“彼所谓豪杰之士也。”《管子·轻重甲》：“此吾国之豪也。”《史记·郦生陆贾列传》：“县中贤豪不敢役。”毫* gɯ，胡刀切，《广韵》：“长毛。”《庄子·知北游》：“秋毫为小，待之成体。”本写作“豪”。《庄子·齐物论》：“天下莫大于秋豪之末而大山为小。”《荀子·王霸》：“有不理者如豪末，则虽孤独鳏寡必不加焉。”

蓁* ʈri̱n，侧诜切，《广韵》：“草盛貌。”《诗经·桃夭》：“桃之夭夭，其叶蓁蓁。”传：“蓁蓁，至盛貌。”《释文》：“蓁，侧巾反。”《广雅》：“蓁蓁，茂也。”王念孙疏证：“《文选·〈东都赋〉》注引《小雅》‘蓁蓁者莪’，毛诗作菁菁，声近义同。”《诗经·杕杜》：“有杕之杜，其叶菁菁。”传：“菁菁，叶盛也。”《释文》：“菁，本又作青，同子零反。”《诗经·菁菁者莪》：“菁菁者莪，在彼中阿。”传：“菁菁，盛貌。”《释文》：“菁，子丁反。”榛* ɖri̱n，士臻切，《广韵》：“木丛生。”（《广韵》字从草，从榛，作蓁，依《广韵声系》校。）《广雅》：“木丛生曰榛。”《诗经·鸤鸠》：“鸤鸠在桑，其子在榛。”《释文》：“榛，侧巾反，木名也，又仕巾反。《字林》云：‘木丛生也。’”（榛* ʈri̱n，侧诜切，《广韵》：“榛栗。”《诗经·简兮》：“山有榛，隰有苓。”《释文》：“榛，本亦作蓁，同侧巾反。”）《庄子·徐无鬼》：“众狙见之恂然弃而走逃于深蓁。”《释文》：“蓁，徐仕巾反，一音侧巾反。”

通过辅音清浊交替，形容词可以变成名词，名词也可以变成形容词。上古汉语的辅音清浊辅音交替有名物化和名谓化的功能。上述例子中，形容词声母为清辅音而名词声母为浊辅音。上古汉语也有一些形容词，辅音清浊交替之后，依然是形容词。

大*zats，徒盖切，《广韵》："小大也。"《说文》："大，天大，地大，人亦大。故大象人形。"大，甲骨文像人的正面形，其本义应该是大人。《诗经·楚茨》："小大稽首。"笺："小大犹长幼也。"《庄子·则阳》："天地者，形之大者也；阴阳者，气之大者也。"《庄子·逍遥游》："鲲之大，不知其几千里也。"《道德经》："故道大，天大，地大，王亦大。"《论语·微子》："大师挚适齐。"《释文》："大音泰。"《礼记·王制》："天子社稷皆大牢，诸侯社稷皆少牢。"《释文》："大牢：如字，又音泰。"《论语·乡党》："子入大庙。"《释文》："大音泰。"字后写作"太"。太*sats，他盖切，《广韵》："甚也，大也，通也。"字也写作"泰"。泰*sats，他盖切，《广韵》："大也，通也，古作太。"《论语·八佾》："季氏旅于泰山。"《礼记·祭法》："燔柴于泰坛，祭天也；瘗埋于泰折，祭地也。"忲*sats，他盖切，《广韵》："奢也。"《说苑·反质》："此群臣之所奢汰也。"字本只写作"泰"。《国语·晋语八》："及桓子骄泰奢侈。"

辅音清浊交替涉及名词和动词、名词和形容词之间的词性改变。形容词也可以通过辅音清浊交替派生出形容词，如上例中的"大"和"泰"。"大"与"小"相对，形容事物的形体等，如"大山"。《庄子·齐物论》："天下莫大于秋豪之末，而大山为小。"《释文》："大音泰。"此处的"大山"不是普通的"大山"，而是"五岳"之首的东岳。"大"近似于英语的 big 或 bigger，"太"近似于 biggest，需要带定冠词"the"。考察"太(泰)"的使用情况，我们就不难发现，"太(泰)"不能像"大"一样去形容一个普通名词，而只能作为一个语素构成一个有特定意义的名词。"太(泰)"成了名词的有机组成部分。

攸*zu̱，以周切，《说文》："行水也。"戴侗《六书故》："唐本作水行攸攸也。"《汉书·叙传下》："攸攸外寓，闽越、东瓯。"颜师古注："攸攸，远貌。"悠*zu̱，以周切，《广韵》："远也，遐也，思也，忧也。"《国语·吴语》："吾道路悠远。"注："悠，长也。"《诗经·渐渐之石》："山川悠远，维其劳矣。"《诗经·

终风》："莫往莫来，悠悠我思。"修 * su̠，息流切，《广韵》："长也。"《诗经·六月》："四牡修广，其大有颙。"传："修，长。"《诗经·韩奕》："四牡奕奕，孔修且张。"传："修，长。"《庄子·逍遥游》："其广数千里，未有知其修者。"《战国策·齐策一》："邹忌修八尺有余，身体昳丽。"

颢 * gɯ^B，胡老切，《广韵》："《说文》曰：白貌。《楚词》曰：天白颢颢。商山四颢，白首人也。今或作晧。"（晧，胡老切，《广韵》："光也，明也，日出貌也。"）《吕氏春秋·有始》："西方曰颢天，其星胃、昴、毕。西南曰朱天，其星觜巂、参、东井。"杲 * kɯ^B，古老切，《广韵》："日出，又明白也。"《诗经·伯兮》："其雨其雨，杲杲出日。"缟 * kɯ^B，古老切，《广韵》："素也。"《汉书·地理志上》："厥棐玄纤缟。"注："缟，鲜支也，即今所谓素者也。"《诗经·出其东门》："缟衣綦巾，聊乐我员。"传："缟衣，白色男服也。"

五

通过辅音清浊交替实现词性的转变，由名词变成动词，或由动词变成名词。辅音清浊和语词的词性本不存在必然的联系。名词可以读清辅音也可以读浊辅音。当一个名词词根的辅音声母为浊辅音时，要改变其词性，依据辅音清浊交替原则，自然只能向对立的辅音——清辅音改变；动词也然。故此，我们可以把上古汉语词性转换的规则总结为：当一个名词改变词性成为动词或者一个动词改变词性成为名词时，首先要改变此名词或动词语音形式中辅音声母的发音方法，即由清辅音变为浊辅音或由浊辅音变为清辅音。

然而，名词变动词由浊辅音变清辅音的构词规则无疑破坏了名词变动词由清辅音变浊辅音的构词规则。因而，语言系统自身会避免这种选择，而会去选择另外的语法手段。上古汉语更常用的语法手段是附加名词后缀 * [-s]。这个后缀 * [-s]后来失落而代之以去声。从中古的语音形式看，就是改变语词的声调实现由动词到名词的转变。（中古汉语的去声未必一定来自上古汉语的 * [-s]后缀。）对此，我们将在后缀 * [-s]一章中再加以讨论。

夹 * krep，古洽切，《广韵》："持也。"《左传·成公十六年》："栾范以其族夹公行。”《左传·僖公三十三年》:“与晋师夹泜而军。”《诗经·公刘》:“夹其皇涧,溯其过溯。”从左右两旁将事物夹住,于是引申出狭窄的意义。狭*grep,侯夹切,《广韵》:“隘狭。”狭,字也写作“陕”“陿”等。“陕”,《说文》:“隘也。”《荀子·修身》:“狭隘褊小,则廓之以广大。”再引申指峡谷的峡。峡,侯夹切,《广韵》:“巫峡,山名。”《淮南子·原道训》:“仿洋于山峡之旁。”

交*krɯ,古肴切,《广韵》:“戾也,合也。”《说文》:“交,交胫也。”段玉裁注:“交胫谓之交,引申之为凡交之偁。”《庄子·马蹄》:“喜则交颈相靡,怒则分背相踶。”迒,古肴切,《广韵》:“《说文》会也。”佼,古肴切,《广韵》:“交也。”迒、佼不过是交的两个不同形式。类转为名词则为郊。郊*krɯ,古肴切,《广韵》:“邑外曰郊。”城乡交接处为郊。《礼记·曲礼上》:“四郊多垒,此卿大夫之辱也。”殽*grɯ,胡茅切,《广韵》:“溷殽杂也,和也,乱也。”殽,《说文》:“相杂错也。”《庄子·齐物论》:“是非之涂,樊然殽乱。”也写作“淆”。淆,胡茅切,《广韵》:“混淆,浊水。”也写作“肴”。《汉书·五行志中之上》:“乱服共坐,溷肴亡别。”注:“溷肴,谓杂乱也。”肴*grɯ,胡茅切,《广韵》:“骨体也,又葅也。凡非谷而食曰肴,亦啖也。”《尔雅》:“宜,肴也。”郝懿行注:“肴,杂肉也。”《国语·晋语》:“饮而无肴。”

名词通过辅音清浊交替变成动词,动词也可以通过辅音清浊交替变成名词。后者就来源而言实际上来自上古汉语的动词既行体。上古汉语的动词既行体,就是通过辅音清浊交替构成,见下一章。因而,相同的语法手段,上古汉语既可以让名词变成动词,也可以让动词变成名词。上古汉语偶尔也会出现名词变名词而用辅音清浊交替这一语法手段的。

夫*pa̠,甫无切,《广韵》:“丈夫。”《说文》:“夫,丈夫也。”《诗经·东方未明》:“折柳樊圃,狂夫瞿瞿。”《诗经·兔罝》:“赳赳武夫,公侯干城。”《诗经·黄鸟》:“维此奄息,百夫之特。”《左传·隐公四年》:“老夫耄矣,无能为也。”甫*pa̠^{B},方矩切,《说文》:“男子美称也。”《诗经·六月》:“文武吉甫,万邦为宪。”《诗经·烝民》:“吉甫作诵,穆如清风。仲山甫永怀,以慰其心。”《国语·晋语八》:“问于孙林甫。”字也作“父”。父*pa̠^{B},方矩切,《广韵》:“尼父、尚父,皆男子之美称。”《汉书·律历志下》:“燮父、禽父并事康王。”师古注:“父读曰甫。甫者,男子之美称也。”《左传·隐公元年》:“公及邾仪父盟于蔑。”《左传·隐公三年》:“召大司马孔父而属殇公焉。”父 * ba̠^{B},扶雨切,《广韵》:“《说文》曰:父,矩也,家长率教者。”《诗经·日月》:“父兮母兮,畜我不卒。”《论语·学而》:“父在,观其志;父没,观其行。”《左传·隐公三年》:“父慈,子孝,兄爱,弟敬。”

酒 * ȶu̠^{B},子酉切,《广韵》:“酒醴。”《诗经·叔于田》:“叔于狩,巷无饮酒。”《左传·庄公十二年》:“陈人使妇人饮之酒。”酋 * ȡu̠,自秋切,《广韵》:“长也。《说文》曰:绎酒也,礼有大酋,掌酒官也。”《礼记·月令》:“乃命大酋,秫稻必齐,曲蘖必时,湛炽必洁,水泉必香,陶器必良。”注:“酒孰曰酋。大酋者,酒官之长也。”酉 * ȡu̠^{B},与久切,《说文》:“就也。八月黍成,可为酎酒。象古文酉之形。”酒,《说文》:“就也,所以就人性之善恶。从水从酉,酉亦声。”酒,金文字只作“酉”,象酒器形。《释名》:“醳酒,久酿酉泽也。”

土 * tha^{B},他鲁切,《广韵》:“《释名》云:土,吐也,吐万物也。”《诗经·北山》:“溥天之下,莫非王土。”《孟子·梁惠王上》:“欲辟土地,朝秦楚,莅中国而抚四夷也。”《庄子·德充符》:“视丧其足,犹遗土也。”杜 * da^{B},徒古切,《方言》:“根也。”字本作“土”。《诗经·鸱鸮》:“迨天之未阴雨,彻彼桑土。”传:“桑土,桑根也。”《释文》:“土,音杜。韩《诗》作杜,义同。《方言》云:东齐谓根曰杜。”植物的根生土中,引申指根。

胞 * pru,布交切,《广韵》:“胞胎。”胞 * phru,匹交切,《广韵》:“胞胎。”这两个无意义差别的“胞”应该是方言变体,如同“姜”和“羌”。《说文》:“胞,儿生裹也。”《庄子·外物》:“胞有重阆,心有天游。”匏 * bru,薄交切,《广韵》:“瓠也,可为笙竽。”《说文》:“匏,瓠也。包,取其可包藏物也。”《论语·阳货》:“吾岂匏瓜也哉?”《诗经·匏有苦叶》:“匏有苦叶,济有深涉。”匏瓜为匏。《诗经·公刘》:“酌之用匏。”字又作“瓟”。瓟,薄交切,《广韵》:“似瓠,可为饮器。”《楚辞·九怀·思忠》:“抽库娄兮酌醴,援瓟瓜兮接粮。”

巠 * kiŋ,古灵切,《广韵》:“直波为巠。”《说文》:“巠,水脉也。”泾 * kiŋ,古灵切,《广韵》:“水名。”《释名》:“水直波曰泾;泾,径也,言如道径也。”《庄子·秋水》:“泾流之大,两涘渚崖之间,不辩牛马。”《释文》:“泾,音经。司马云:泾,通也。崔本作径,云直度曰径;又云字或作泾。”经 * kiŋ,古灵切,《广韵》:“径也,亦经纬。”《玉篇》:“经,经纬以成缯帛也。”《周礼·冬官·考工记》:“国中九经九纬,经涂九轨。”茎*giŋ,户耕切(音二等当为口语读音),《广韵》:“草木干也。”《荀子·劝学》:“木茎非能长也,所立者然也。”《管子·内业》:“无根无茎,无叶无荣。”胫*giŋ^{B},胡顶切,《广韵》:“脚胫。”又胫*giŋs,胡定切,《广韵》:“脚胫。《释名》云:胫,茎也,直而长似物茎也。”《论语·宪问》:“以杖叩其胫。”《释文》:“胫,户定反。”《庄子·骈拇》:“是故凫胫虽短,续之则忧;鹤胫虽长,断之则悲。”《释文》:“胫,形定反。《释名》云:茎也,直而长如物茎也。本又作踁。”

北*pek,博墨切,《广韵》:“南北,亦奔也。”《说文》:“北,乖也,从二人相背。”《国语·吴语》:“不鼓不噪以袭攻之,吴师大北。”注:“军败奔走曰北。北古之背字。”进攻时面朝敌人,逃跑时背朝敌人。于是,“北”引申战败。《韩非子·五蠹》:“鲁人从君战,三战三北。”古人面南(阳)而居。背朝的方向也就成了北方。《荀子·儒效》:“周公北面而朝之。”邶*beks,蒲昧切,《广韵》:“纣之畿内国名。东曰卫,南曰墉,北曰邶。邶,上同。”《说文》:“邶,故商邑,自河内朝歌以北是也。”《诗经·柏舟》笺:“自纣城而北曰邶,南曰鄘,东曰卫。”《释文》:“邶,蒲对反,本又作邶,《字林》方代反。”

井*ȶi̱ŋ^{B},子郢切,《玉篇》:“穿地取出水也。”《左传·宣公二年》:“郑人入于井,倒戟而出之。”《左传·襄公二十六年》:“塞井夷灶,成陈以当之。”《庄子·天地》:“凿隧而入井,抱瓮而出灌。”穽*ȡi̱ŋ^{B},疾郢切,《广韵》:“坑也。”穽*ȡi̱ŋs,疾政切,《广韵》:“陷阱也。”《焦氏易林》:“避穽入坑,忧患日生。”文献多写作“阱”。《说文》:“阱,陷也。从阜从井,井亦声。”阱*ȡi̱ŋ^{B},疾郢切,《广韵》:“上同(穽)。”《孟子·梁惠王下》:“则是方四十里,为阱于国中。”《礼记·中庸》:“予知驱而纳诸罟擭陷阱之中,而莫之知辟也。”《释文》:“陷阱,才性反,本或作穽。”《韩非子·奸劫弑臣》:“智虑不足以避阱井之陷,又妄非有术之士。”

梯*sir,土鸡切,《说文》:“木阶也。”《墨子·公输》:“公输盘为楚造云梯之械。”《吕氏春秋·爱类》:“公输般为高云梯,欲以攻宋。”《韩非子·外储说左上》:“秦昭王令工施钩梯而上华山。”弟*zir^{B},徒礼切,《说文》:“韦束之次弟也。”《吕氏春秋·原乱》:“乱必有弟,大乱五,小乱三。”后写作“第”。第*zirs,特计切,《广韵》:“次第。”《左传·哀公十六年》:“胜如卵,余翼而长之,楚国第,我死,令尹司马,非胜而谁?”注:“用士之次第。”

这种辅音清浊交替的构词法是否是一种原始的构词法？白一平(1993)认为"朝"清浊两读是由于前缀 * N-造成的，即两者本来都是清辅音声母，而后者由于有前缀 * N-而浊化为浊辅音声母。白一平的假设跟藏语名词变动词附加 ɦ-前缀正好一致。就藏语而言，语词词性的改变主要是通过附加构词词缀来实现，比如附加 ɦ-、s-前缀，等等。不过，词根辅音清浊交替已经是整个汉藏语中一种普遍的形态变化形式。Paul K. Benedict(1984:132)指出，除了前缀和后缀，可以规定为原始藏缅语的唯一的一种一般形态手段就是词根声母的交替。承认上古汉语有辅音清浊交替跟辅音清浊交替作为藏缅语一种形态手段的事实不矛盾。

因无法从字形上确定读音，使得我们只能用《广韵》等中古文献中所收录的文字读音来推断此文字所记录的语词的语音形式。一看到文字使用过程中的清浊辅音替换现象要么置之不理，要么想到后来的浊音清化，我们似乎除了用浊音清化之外已经没有其他办法来解释这种辅音声母之间的清浊变换现象。像《经典释文》《广韵》《集韵》这些文献中记录的文字辅音清浊异读材料，是我们研究上古汉语辅音清浊交替的很有用的材料，可惜我们这方面研究得很不够，也没有得到足够的重视。比如"会"，《广韵》"古外切""黄外切"两音，而读清辅音声母的"古外切"使用范围非常狭窄。根据杨树达的研究，侩、脍、桧、浍、郐、旝等这些从"会"得声且《广韵》读"古外切"的名词，其语源都是"会"。这些字以"会"为声符，选择的是"古外切"而不是"黄外切"。倘若"古外切"一音失落了，那么后人只能用近音来解释它们之间的谐声关系。我们从中可以看出，中古韵书中所记录的清浊异读、文献中的文字清浊通假以及清浊谐声，有相当一部分本就是表示语词的词性不同，只是随着辅音清浊交替表示语词词性不同的功能渐渐丧失，我们已经无法明确确定它们彼此之间原本就是语词词性的不同了。辅音清浊涉及的只是一个语词对词性的选择。随着形态的消失，本来存在辅音清浊异读的语词，中古韵书以及古代注释家并没有完整地保留它的读音。但是，我们有时仍可以在谐声系统中找到它本来就有清浊异读的证据，比如"前"。

前 * ɖin，昨先切，《广韵》："先也。"《诗经·简兮》："日之方中，在前上处。"《庄子·齐物论》："颜成子游立侍乎前。""前"上古广泛用作动词。《说文》："不行而进谓之前。"《广雅》："前，进也。"《庄子·盗跖》："孔子下车而

> 前。”《庄子·寓言》:“膝行而前。”《左传·成公二年》:“韩厥执絷马前,再拜稽首。”“前”和“进”当属同根词。进*ʦi̠ns,即刃切,《广韵》:“前也。”《诗经·桑柔》:“人亦有言,进退维谷。”《左传·成公三年》:“将授玉,郤克趋进。”晋*ʦi̠ns,即刃切,《广韵》:“前也。”晋,《说文》:“进也,日出万物进也。”杨树达认为“晋”为“箭”之本字。箭,字从“前”得声。《周礼·夏官·司马》:“其利金锡竹箭。”郑注:“古书箭为晋。”前,《说文》:“齐断也,从刀歬声。”依《说文》,“前”是“剪”的本字。翦*ʦin^{B},即浅切,《广韵》:“截也,齐也,杀也,勒也,俗作剪。”《左传·成公二年》:“余姑翦灭此而朝食。”此意义《广韵》作“揃”。揃,即浅切,《广韵》:“揃搣。”《周礼·春官·宗伯》:“木路,前樊鹄缨。”注:“前读为缁翦之翦。翦,浅黑也。”

如此看来,“前”本或有清辅音声母一读。依照动名之间的语音关系,动词“前”应该读跟“昨先切”相对的“则前切”,只是“则前切”一读后来消失了。辅音清浊交替是上古汉语运用广泛的表达名词、动词词性转换的语法手段,而这种语法手段后来渐渐衰微了。不过,这种语法手段甚至在现代汉语中也不能说完全消失了。一些保留辅音清浊对立的方言仍有不少遗留的残迹,如吴方言。就现代汉语而言,这种用辅音清浊交替表达名词、动词差别的语法手段已经“失掉了产生力了,现在只成遗迹的现象了”。

第二节 动词的体

一

早在北宋,贾昌朝(998—1065)就已经注意到了汉语动词有既行体和现行体的不同。贾昌朝在《群经音辨》中用“既”来注释动词既行体,比如折。《群经音辨》卷六:“折,屈也,之舌切;既屈曰折,市列切。”先看这两个“折”《广韵》的解释和注音。《广韵》:“折,拗折,旨热切。”《广韵》:“折,断而犹连也,常列切。”这两个“折”,前者是因后者是果,先“拗折”然后才出现“断而犹连”。这种用“既”来解释的例子贾昌朝在《群经音辨》中总共举了十条。贾昌朝所举的这十条例子,四条属于非去声和去声交替,六条属于辅音声母清浊交替。

折,屈也,之舌切;既屈曰折,市列切。

折*te̱t,旨热切,《广韵》:“拗折。”《左传·成公二年》:“自始合,而矢贯余手及肘,余折以御。”《释文》:“折,之设反。”《左传·昭公二十一年》:“张匄抽殳而下,射之,折股,扶伏而击之,折轸,又射之,死。”注:“折城车轸。”《释文》:“折,之设反。”《左传·定公十三年》:“三折肱知为良医。”《释文》:“折,之设反。”折*de̱t,常列切,《广韵》:“断而犹连也。”《左传·襄公三十一年》:“栋折榱崩,侨将厌焉。”《释文》无注。《左传·昭公十一年》:“末大必折,尾大不掉,君所知也。”《释文》无注。

别,辨也,披列切;既辨曰别,皮列切。

别*pra̱t,方别切,《广韵》:“分别。”《说文》:“别,分也。”《左传·僖公二十四年》:“目不别五色之章为昧,心不则德义之经为顽。”《释文》:“别,彼列反。”《礼记·曲礼上》:“别同异,明是非也。”《释文》:“别,彼列反。”《论语·为政》:“不敬,何以别乎?”别,《释文》:“彼列反。”别*bra̱t,皮列切,《广韵》:“异也,离也,解也。”《诗经·谷风》:“行道迟迟,中心有违。”笺:“行于道路之人至将离别,尚舒行其心徘徊然。”《诗经·谷风》:“不远伊迩,薄送我畿。”笺:“言君子与己诀别,不能远,维近耳。”

断,绝也,都管切;既绝曰断,徒管切。

断*ton^{B},都管切,《广韵》:“断绝。”断,《说文》:“截也。”《左传·襄公十八年》:“大子抽剑断鞅。”《释文》:“断音短。”《左传·襄公二十三年》:“或以戟钩之,断肘而死。”《释文》:“断音短。”断*don^{B},徒管切,《广韵》:“绝也。”

尽,极也,即忍切;既极曰尽,慈忍切。

尽*ʦi̱n^{B},即忍切,《广韵》:“曲礼曰虚坐尽前。”《左传·闵公二年》:“尽敌而反。”《释文》:“尽,子忍反。”《左传·僖公三十一年》:“东傅于济,尽曹地也。”《释文》:“尽,津忍反。”《左传·文公十四年》:“而多聚士,尽其家,贷于公有司以继之。”《释文》:“尽,津忍反。”尽*ʣi̱n^{B},慈忍切,《广韵》:“竭也,终也。”《左传·襄公十八年》：“楚师多冻，役徒几尽。”《释文》无注。《左传·昭公十五年》：“鼓人告食竭力尽而后取之。”

分，别也，方云切；既别曰分，扶问切。

分 * pu̲n，府文切，《广韵》：“《说文》别也。”分，《说文》：“别也。从八从刀，刀以分别物也。”《左传·僖公二十八年》：“分曹卫之田，以赐宋人。”《左传·文公十八年》：“不分孤寡，不恤穷匮。”分 * bu̲ns，扶问切，《广韵》：“分剂。”《礼记·曲礼上》：“很毋求胜，分毋求多。”《释文》：“分，扶问反。”《礼记·乐记》：“各归其分。”《释文》：“分，扶问反。”

解，释也，古买切；既释曰解，胡买切。

解 * kri^{B}，佳买切，《广韵》：“讲也，说也，脱也，散也。”解，《说文》：“判也。”《庄子·田子方》：“公使人视之，则解衣般礴。”《易·解》注：“解之为义，解难而济厄者也。”《释文》：“解，佳买反。”解 * gri^{B}，胡买切，《广韵》：“晓也。”《庄子·徐无鬼》：“市南宜僚弄丸而两家之难解。”《释文》：“解，音蟹。”《易·解》孔疏：“解有两音，一音古买反，一音胡买反。解为解难之初，解为既解之后。”《易·蹇》注：“以难之平，则难解。”《释文》：“解音蟹。”

动词现行体声母为清辅音，而既行体声母为浊辅音，即通过辅音声母清浊交替实现动词现行体和既行体之间的转换。这一规则跟上一节我们讨论过的动词派生名词的规则相同。动词原形为清辅音声母，派生出来的名词为浊辅音声母。就意义而言，名词所指事物就是动词所指动作行为完成之后产生的结果。显然，动词在前，名词在后。此外，动词也可以派生出形容词，其规则也是辅音清浊交替，动词为清辅音声母，形容词为浊辅音声母，详见下。“静字言已然之情景，动字言当然之行动。”（马建忠，1983：21）它们之间的先后顺序也是动作行为或变化在前，状态在后。没有动作行为或变化，就没有眼前的状态。动作行为或变化是因，状态是果。动作行为已经完成或变化已经发生了，意味着事件已经结束。因而，动词既行体往往没有动词原形所表示的动作行为或变化。“折$_{\text{旨热切}}$”是一种动作行为，“折$_{\text{常列切}}$”却已经是一种状态。因此，动词既行体具有形容词的特点。

释 * sa̲k，施只切，《说文》：“解也。”段注：“《广韵》曰：舍也，解也，散也，消也，废也，服也。其实一解字足以包之。”《左传·僖公六年》：“武王亲释其缚。”《左传·僖公三十三年》：“释左骖，以公命，赠孟明。”《左传·襄公二十八年》：“士皆释甲束马而饮酒。”《穀梁传·昭公二十九年》：“昭公出奔，民如释重负。”受事者由具体扩张到抽象。《左传·隐公五年》：“请君释憾于宋。”《庄子·在宥》：“解心释神，莫然无魂。”由“解开”引申为“消融”等意义。《礼记·月令》：“则水潦败国，时雪不降，冰冻消释。”《庄子·庚桑楚》：“庚桑子闻之，南面而不释然。”身心没负担了。于是，“释”就由“释然”引申出悦服的意义。怿*za̠k，羊益切，《广韵》：“悦也，乐也。”《诗经·节南山》：“既夷既怿，如相酬矣。”传：“怿，服也。”《诗经·頍弁》：“既见君子，庶几说怿。”《释文》：“怿音亦，本又作绎。”《说文》：“怿，说也。”段玉裁注：“经典通用释。”

坏*krurs，古坏切，《广韵》：“毁也。”《左传·成公十年》：“晋侯梦大厉，坏大门及寝门而入。公惧，入于室，又坏户。”《释文》：“坏音怪。”《左传·襄公三十一年》：“子产使尽坏其馆之垣，而纳车马焉。”《释文》：“坏音怪。”坏*grurs，胡怪切，《广韵》：“自破也。”《左传·文公十三年》：“大室之屋坏，书不共也。”《释文》无注。

校*krɯs，古孝切，《广韵》：“检校，又考校。”《国语·齐语》：“合群叟，比校民之有道者。”《周礼·地官·司徒》：“以岁时莅校比。”《礼记·学记》：“比年入学，中年考校。”效*grɯs，胡教切，《广韵》：“效力，效验也。”《广雅》：“效，考也。”王念孙疏证：“效之言校也。”《韩非子·二柄》：“故人主好贤则群臣饰行以要君欲，则是群臣之情不效。”

属*to̠k，之欲切，《说文》：“连也。”（属字从尾，杨树达认为本义是“尾下窍”。《尚书·尧典》：“鸟兽孳尾。”注：“乳化曰孳，交接曰尾。”我们认为，属本义应该是交接。）《国语·晋语四》：“齐、秦不得其请，必属怨焉。”《左传·襄公四年》：“公请属鄫。”杜注：“鄫，小国也，欲得使属出贡赋。”《左传·僖公十九年》：“欲以属东夷。”《释文》：“属，朱欲反。”《左传·僖公二十三年》：“左执鞭弭，右属櫜鞬，以与君周旋。”杜注：“属，著也。”《释文》：“属，音烛。”字后作“韣”。韣，之欲切，《广韵》：“缀带。”《左传·隐公三年》：“召大司马孔父而属殇公焉。”《释文》：“属，章欲反。”《左传·僖公十七年》：“公与管仲属孝公于宋襄公，以为大子。”《释文》：“属，音烛。”后字写作“嘱”。嘱，之欲切，《广韵》：“托也。”属由连属引申为聚集。属，《广韵》：“会也。”《孟子·梁惠王下》:“乃属其耆老而告之。”孙奭音义:“属音烛,会聚也。”也指聚集目光。《左传·定公十四年》:“师属之目,越子因而伐之。”《国语·晋语五》:“则恐国人之属耳目于我也。”后字写作“瞩”。瞩,之欲切,《广韵》:“视也。”属*do̱k,市玉切,《广韵》:“附也,类也。”《左传·桓公五年》:“周公黑肩将左军,陈人属焉。”《左传·成公七年》:“蛮夷属于楚者吴尽取之。”类转为名词为“种属”之“属”。《左传·庄公十年》:“忠之属也,可以一战。”也指部属。《左传·文公十二年》:“乃以其属出。”

合*kup,古沓切,《广韵》:“合集。”敆,古沓切,《广韵》:“合会也。”佮,古沓切,《广韵》:“并佮聚。” 合,《说文》:“合口也。”敆,《说文》:“合也。”佮,《说文》:“合也。”《尔雅》:“敆、合,合也。”合、敆、佮不过是同一语词的不同文字形式。《尚书·益稷》:“下管鼗鼓,合止柷敔。”《释文》:“合,如字,徐音閤。”《周礼·天官·冢宰》郑注:“其治合之齐则存乎神农。”《释文》:“合,如字,又音閤。”《礼记·文王世子》:“凡祭与养老乞言合语之礼。”《释文》:“合,如字,徐音閤,注同,下大合乐放此。”《礼记·昏礼》郑注:“昏礼者,将合二姓之好,上以事宗庙而下以继后世也。”《释文》:“合,如字,徐音閤。”合*gup,侯閤切,《广韵》:“合同。”又詥,侯閤切,《广韵》:“谐也,亦作合。”《诗经·常棣》:“妻子好合,如鼓瑟琴。”笺:“好合,志意合也。”《诗经·大明》:“文王初载,天作之合。”《周礼·地官·司徒》注:“得耦为合。主合其半,成夫妇也。”

脱*sot,他括切,《广韵》:“骨去肉。”“骨去肉”就是将骨头上的肉分离下来。《礼记·内则》:“肉曰脱之,鱼曰作之。”《尔雅》:“肉曰脱之。”引申为分离、脱离、脱落等。《庄子·胠箧》:“鱼不可脱于渊,国之利器不可以示人。”脱*zot,徒活切,《广韵》:“肉去骨。”“肉去骨”,就是肉已除去了骨。《庄子·天道》:“吾自以为脱焉。”郭象注:“脱,过去也。”《释文》:“脱,徒活反。”《庄子·徐无畏》:“夫民死已脱矣。”《释文》:“脱,音夺。”《群经音辨》:“脱,解也,吐活切;脱,坏断也,音夺,郑康成说《礼》编简烂脱。”

失*si̱t,式质切,《广韵》:“错也,纵也。”《说文》:“失,纵也。”段玉裁注:“在手而逸去为失。”《左传·庄公十二年》:“得一夫而失一国,与恶而弃好,非谋也。”《左传·僖公三十三年》:“奉不可失,敌不可纵。”失的对象由具体到抽象。《礼记·表记》:“君子不失足于人,不失色于人,不失口于人。”注:

“失谓失其容止之节也。”《论语·颜渊》:“君子敬而无失,与人恭而有礼。”《韩非子·说难》:“又非吾敢横失,而能尽之难也。”《汉书·五行志》:“鲁夫人淫失于齐。”师古注:“失读曰佚。”《汉书·地理志》:“汉中淫失。”师古注:“失读曰泆。”字写作“佚”,也写作“泆”。佚*zi̱t,夷质切,《广韵》:“佚乐。”泆*zi̱t,夷质切,《广韵》:“淫泆。”《左传·成公六年》:“国饶,则民骄佚。”《左传·哀公二年》:“蒯聩不敢自佚,备持矛焉。”《左传·隐公三年》:“骄奢淫泆,所自邪也。”字也写作“逸”。逸*zi̱t,夷质切,《广韵》:“过也,纵也,奔也。”《左传·襄公十八年》:“人其以不谷为自逸而忘先君之业矣。”

结*kit,古屑切,《广韵》:“缔也。”《庄子·胠箧》:“民结绳而用之。”《左传·成公十七年》:“抽戈结衽而伪讼者。”引申为结交、联结等意义。《左传·文公十二年》:“所以藉寡君之命,结二国之好。”《左传·昭公四年》:“寡人愿结欢于二三君。”絜*git,胡结切,《广雅》:“束也。”《广韵》字作“挈”,胡结切,“缚也”。《礼记·大学》:“是以君子有絜矩之道也。”注:“絜,犹结也,挈也。”《释文》:“絜,音结。”《韩非子·五蠹》:“今之县令一日身死,子孙累世絜驾。”段玉裁《说文》注:“人部系下云:絜束也。是知絜为束也。束之必围之,故引申之围度曰絜。”《庄子·人间世》:“其大蔽数千牛,絜之百围。”

顿*tuns,都困切,《说文》:“下首也。”《左传·文公七年》:“出朝则抱以适赵氏,顿首于宣子。”《左传·定公四年》:“九顿首而坐。”顿*duns,徒困切(《释文》)。《礼记·表记》:“乡道而行,中道而废。”郑注:“废喻力极罢顿,不能复行则止也。”《释文》:“顿,如字,又徒困反。”《群经音辩》:“顿,下首也,都困切;顿,困也,徒困切,郑康成说《礼》中道而废谓力极罢顿。”《韩非子·初见秦》:“兵甲顿,士民病。”

劊*ȶo̱t,子悦切,《广韵》:“断物也。”“劊”是“绝”的后起区别字。《集韵》:“绝,租悦切,断也,或从刀。”《龙龛手鉴》:“绝,子悦反,断物也。”绝,《说文》:“断丝也。”段玉裁注:“断之则为二,是曰绝。引申之凡横越之曰绝,如绝河而渡是也。”绝,《释名》:“截也,如割截也。”《左传·隐公六年》:“绝其本根,勿使能殖。”藏语 g-tɕod-pa“砍伐、切割、杀戮、断绝、跨越、飞渡”正是汉语“绝”的同源关系词。绝*ȡo̱t,情雪切,《广韵》:“断也。”《左传·文公十年》:“子西缢而县绝。”《左传·昭公十九年》:“子占使师夜缒而登,登者六十人,缒绝。”《汉书·扬雄传下》:“是以遐方疏俗殊邻绝党之域。”

降*kruŋs，古巷切，《广韵》：“下也，归也，落也。”《说文》：“下也。”《左传·僖二十三年》：“公子降，拜稽首；公降一级而辞焉。”杜注：“下阶一级。”《左传·桓公二年》：“俭而有度，登降有数。”杜注：“登降谓上下。”《诗经·节南山》：“昊天不佣，降此鞠讻；昊天不惠，降此大戾。”降*gruŋ，下江切，《广韵》：“降伏。”夅，下江切，《广韵》：“服也。”《说文》：“夅，服也。”“降”和“夅”是一个语词的两个不同形式的文字。《诗经·草虫》：“亦既觏止，我心则降。”《释文》：“降，下江反。”《左传·隐公三年》：“夫宠而不骄，骄而能降，降而不憾，憾而能眕者，鲜矣。”疏：“亦既骄矜必不能自降其心，强降其心未有不恨。”《左传·隐公十一年》：“其能降以相从也。”杜注：“降，降心也。”

裨*pi̱，府移切，《广韵》：“裨补也，增也，与也，附也。”《说文》：“裨，接益也。”《国语·晋语四》：“裨辅先君而成霸者也。”注：“裨，补也。”《国语·郑语》：“若以同裨同，尽乃弃矣。”注：“裨，益也。”《国语·晋语八》：“而裨诸侯之阙。”注：“裨，补也。”埤*bi̱，符支切，《广韵》：“附也，增也。”《说文》：“埤，增也。”《管子·度地》：“岁埤增之，树以荆棘，以固其地。”《诗经·北门》：“王事适我，政事一埤益我。”传：“埤，厚也。”

败*prats，补迈切，《广韵》：“破他曰败。”《诗经·桑柔》：“大风有隧，贪人败类。”《释文》：“败，伯迈反。”《左传·隐公元年》：“惠公之季年，败宋师于黄。”《释文》：“败，必迈反，败他也。”败*brats，薄迈切，《广韵》：“自破曰败。”《诗经·小旻》：“如彼泉流，无沦胥以败。”《释文》无注。《左传·隐公十一年》：“息侯伐郑，郑伯与战于竟，息师大败而还。”《释文》无注。《左传·桓公五年》：“郑师合以攻之，王卒大败。”《释文》无注。

败，《说文》：“毁也。从攴贝。”“败”是一个会意字。就文字而言，“败”的本义应该是音“补迈切”的“败”而不是音“薄迈切”的“败”。前一个“败”固然可以像《广韵》那样解释为“破他”，后一个“败”却不能解释为“自破”。“息师败”是结果，不是原因。两个败之间存在着因果、先后关系。比较两个“败”，不难看出，前一个“败”是动词，而后一个“败”是形容词（静词），即“已然”的状态。这一点也可以从“败”的引申意义中看出。

败，《诗经·民劳》传：“坏也。”《论语·乡党》：“鱼馁而肉败，不食。”《尔雅》："肉谓之败，鱼谓之馁。"注："败，臭也。"《韩诗外传》卷八："民无冻馁，食无腐败。"《春秋繁露·天地阴阳》："因天地之化，以成败物。"《国语·晋语八》："军无败政。"此"败"已经完全是一个形容词。《韩非子·主道》："是以明君守始以知万物之源，治纪以知善败之端。"《韩非子·难一》："舜之救败也，则是尧有失也。"此"败"已经是名词。

动词的清辅音形式和浊辅音形式，有着明显的时间先后关系和因果关系。动作行为已经完成或变化已经发生，会产生一个结果或形成一个状态。比较这两个形式的动词，我们不难发现，浊辅音形式往往兼任名词和形容词。就意义而言，清辅音形式的动词往往是"当然"的动态动词，而浊辅音形式的动词往往是"已然"的状态动词，不再具有动作性。

解 $^*kri^B$，佳买切，《说文》："判也。"《礼记·曲礼上》："解屦不敢当阶。"《庄子·田子方》："公使人视之，则解衣般礴，赢。"《庄子·大宗师》："故明已之无异于金，则所系之情可解。可解则无不可也。"《释文》："解，如字，下同。""解"的受事者由具体的物延展至抽象的事。《战国策·燕策三》："解燕国之患。"《荀子·君道》："其辩说足以解烦，其知虑足以决疑。"《群经音辨》："解，判也，工买切；解，散也，户买切。"《庄子·徐无鬼》："市南宜僚弄丸而两家之难解。"《释文》："解音蟹。"《庄子·秋水》："奭然四解，沦于不测。"《释文》："解，户买反。"《庄子·庚桑楚》："是乃所谓冰解冻释者能乎？"两个意义的前后、因果关系清晰。"判"是"散"的因，"散"是"判"的果。《庄子·养生主》："古者谓是帝之县解。"《释文》："解，音蟹。"《礼记·月令》："鹿角解，蝉始鸣。"《释文》："解，户买反。"

解 $^*kri^B$，佳买切，《广韵》："讲也，说也。"《礼记·檀弓上》郑注："解时人之惑。"《释文》："解，佳买反。"解 $^*gri^B$，胡买切，《广韵》："晓也。"解 $^*kri^B$ 是解决，是寻找答案的过程，解 $^*gri^B$ 为晓，已经找到了答案。《论语·八佾》集解："孔安国曰：孔子言绘事后素，子夏闻而解。"《释文》："解，音蟹。"《礼记·学记》郑注："师说之明则弟子好述之，其言少而解。"《释文》："解，胡买反。"《公羊传·隐公五年》注："弟子未解其言。"《释文》："解，户买反，或佳买反。"又《桓公二年》注："弟子未解。"《释文》："解，音蟹。"

黄坤尧(1992:125—127)也讨论过“解”两读之间的关系,并云:“周法高将 B 音(胡买反)列作既事式,是也。”就动词“解”而言,除了“解胡买反”一式,还有“解”(懈)一式与之配对。懈,《广韵》:“懒也,怠也,古隘切。”“解”与“懈”的差别在于非去声与去声的不同。我们在第七章中将要讨论,上古汉语的后缀 *-s 也是动词既行体的语音标记。我们推测,上古汉语动词既行体的上述两个语音标记或可能不属于同一层次。具体情况如何,还需要进一步做深入的研究。

二

一个动作完成或一种变化发生之后自然会产生一个结果或形成一种状态,而状态则正是形容词、副词的特性,不论是物质的或是行为的。比如变化动词“长”,作物或动物生长之后相对于原先则变长了。《吕氏春秋·圜道》:“物动则萌,萌则生,生则长,长则大。”恰当地解释了动词“长”和形容词“长”之间的先后因果关系。动词派出名词,也派出形容词。动词和形容词之间的语音关系是清辅音声母和浊辅音声母之间的交替。

张 *traŋ,陟良切,《广韵》:“张施也。”《广雅》:“张,大也。”《道德经》:“天之道,其犹张弓与?”《战国策·西周策》:“薛公必破秦以张韩、魏。”鲍彪注:“张,大之也。”《庄子·山木》:“有一人在其上,则呼张歙之。”《释文》:“张,开也。”弓可以张开,而可以张开的未必就是弓。《史记·陈涉世家》:“陈涉乃立为王,号为张楚。”索隐:“李奇云:欲张大楚国,故称张楚也。”张本只写作“长”。《左传·哀公五年》:“范氏之臣王生恶张柳朔。”惠栋《左传补注》:“《墨子·所染》云范吉射染于长柳朔。……古张字省作长,见楚相孙叔敖碑,此古文也。”《墨子·所染》:“知伯摇染于智国、张武。”孙诒让:“智国、张武盖即知伯国、长武子也。长、张字通。”涨,陟良切,《广韵》:“水大貌。”涨,知亮切,《广韵》:“大水。”涨是后起区别字。《水经注·河水》:“潭水斯涨,溢而为海。”长 *traŋ[B],知丈切,《广韵》:“大也。”《孟子·公孙丑上》:“宋人有闵其苗之不长而揠之者。”《庄子·马蹄》:“禽兽成群,草木遂长。”《孟子·告子上》:“故苟得其养,无物不长;苟失其养,无物不消。”由生长引申出滋长、助长、增长等意义。《左传·隐公六年》:“善不可失,恶不可长。”《左传·僖公三十三年》:“堕军实而长寇雠,亡无日矣。”长*dra̱ŋ,直良切,《广韵》:“久也,远也,常也,永也。”《诗经·蒹葭》:“溯洄从之,道阻且长。”《左传·宣公十五年》:“古人有言曰,虽鞭之长,不及马腹。”长既指空间距离,也指时间长短。《说文》:“长,久远也。”《左传·文公十三年》:“死之短长,时也。”引申为时间长久,字写作“常”。《广雅》:“长,常也。”常*da̱ŋ,市羊切,《集韵》:“久也。”《诗经·文王》:“侯服于周,天命靡常。”用作副词,指常常、经常等。《庄子·天下》:“未尝先人而常随人。”

比*pi̱r^{B},卑履切,《广韵》:“校也,并也。”《诗经·谷风》:“既生既育,比予于毒。”《左传·桓公十五年》:“人尽夫也,父一而已,胡可比也?”俞敏(1984):“比是比较。凡比较都得靠近,近引申成密的意思。”比*bi̱rs,毗至切,《广韵》:“近也。”《群经音辨》:“比,密也,毗至切;比,方也,必以切。”《诗经·正月》:“洽比其邻,昏姻孔云。”《释文》:“比,毗志反。”《论语·为政》:“君子周而不比,小人比而不周。”《释文》:“比,毗志反。”《战国策·秦策一》:“天下有比志而军华下。”鲍注:“比,密也。”

裨*pi̱,府移切,《广韵》:“裨补也,增也,与也,附也,助也。”《国语·晋语四》:“裨辅先君而成霸者也。”裨*bi̱,符支切,《广韵》:“副将。”裨,《说文》:“接益也。”《礼记·玉藻》:“诸侯玄端以祭,裨冕以朝。”《释文》:“裨,婢支反。”《汉书·项籍传》:“梁为会稽将,籍为裨将。”颜注:“裨,助也,相副助也。裨音频移反。”

尸*si̱r,式脂切,《广韵》:“陈也。”《说文》:“尸,陈也,象卧之形。”《诗经·小雅·祈父》:“有母之尸饔。”传:“尸,陈也。”《左传·成公十七年》:“以戈杀之,皆尸诸朝。”《左传·昭公十四年》:“乃施邢侯,而尸雍子。”夷*zi̱r,以脂切,《广韵》:“《说文》平也。”《道德经》:“大道甚夷,而人好径。”《诗经·桑柔》:“乱生不夷,靡国不泯。”也指心平。《诗经·草虫》:“亦既见止,亦既觏止,我心则夷。”传:“夷,平也。”

舒*sa̱,伤鱼切,《广韵》:“缓也,伸也,徐也,叙也。”《说文》:“舒,伸也。”《诗经·江汉》:“匪安匪舒,淮夷来铺。”《韩非子·十过》:“三奏之,延颈而鸣,舒翼而舞。”《管子·内业》:“凡道必周必密,必宽必舒,必坚必固。”字也写作“纾”。纾 *sa̲,伤鱼切,《广韵》:“缓也。”《说文》:“纾,缓也。”段玉裁注:“《左传》多用‘纾’字。其义皆同。”《左传·庄公三十年》:“自毁其家,以纾楚国之难。”杜注:“纾,缓也。”《左传·襄公八年》:“姑从楚以纾吾民。”《释文》:“纾,音舒。”《左传·昭公三十二年》:“从王命以纾诸侯。”《释文》:“纾,音舒。”徐 *za̲,似鱼切,《说文》:“缓也。”字写作“徐”。徐 *za̲,似鱼切,《广韵》:“缓也。”《庄子·天道》:“不徐不疾,得之于手而应于心。”《战国策·宋卫策》:“徐其攻而留其日。”

释 *sa̲k,施只切,《广韵》:“舍也,解也,散也,消也,废也,服也。”《说文》段玉裁注:“其实一解字足以包之。”《左传·僖公六年》:“武王亲释其缚,受其璧而祓之。”《左传·僖公三十三年》:“释左骖,以公命,赠孟明。”引申为释放、舍弃、放下等意义。《左传·成公三年》:“两释累囚,以成其好。”引申为消释、消融等意义。《国语·晋语一》:“虽欲爱君,惑不释也。”《道德经》:“涣兮若冰之将释。”《尔雅》:“悦,怿,释,服也。”疏:“释者,释去恨怨而服也。”《庄子·齐物论》:“南面而不释然。”疏:“释然,怡悦貌也。”字写作“怿”。《尚书·顾命》:“惟四月哉生魄,王不怿。”《考异》:“古文乃改作不怿。”怿 *za̲k,羊益切,《广韵》:“悦也,乐也。”《诗经·节南山》:“既夷既怿,如相酬矣。”传:“怿,服也。”《诗经·頍弁》:“既见君子,庶几说怿。”《释文》:“怿音亦,本又作绎。”

说 *so̲t,失爇切,《广韵》:“告也。”《说文》:“说,释也。”《释名》:“说,述也,序述之也。”《左传·襄公二十八年》:“小适大有五恶,说其罪戾。”注:“自解说也。”《左传·昭公七年》:“说也,为身无义而图说,从政有所反之以取媚也。”注:“后者以解说民心。”《释文》:“说,如字,下及注同。徐,始锐反。”说 *so̲ts,舒芮切,《广韵》:“说诱。”“说”本解说、游说、说服等意义,引申之则为服、悦服等。说 *zo̲t,弋雪切。《左传·僖公四年》:“齐侯说,与之虎牢,执辕涛涂。”《释文》:“说,音悦。”《左传·僖公二十八年》:“公说,乃拘宛春于卫,且私许复曹卫。”《释文》:“说,音悦。”说,后字写作“悦”。悦 *zot,弋雪切,《广韵》:“喜也,脱也,乐也,服也,《经典》通用‘说’。”《韩非子·十过》:“使者还报韩君,韩君大悦。”《韩非子·喻老》:“扁鹊出,桓侯又不悦。”

焦 *ȶɯ̲,即消切,《说文》:“火所伤也。”《庄子·徐无鬼》:“而已与豕俱焦也。”《庄子·逍遥游》:“大旱金石流、土山焦而不热。”火伤则物缩,引申为卷缩。《战国策·魏策四》:“中道而反,衣焦不申。”注:“焦,卷也。”憔 * ȡɯ̱,昨焦切,《广韵》:“憔悴,瘦也。”《国语·吴语》:“民人离落而日以憔悴。”《孟子·公孙丑上》:“民之憔悴于虐政。”

卒 * ȶu̱t,子聿切,《广韵》:“终也,尽也。”《诗经·七月》:“无衣无褐,何以卒岁?”《诗经·蓼莪》:“民莫不穀,我独不卒。”笺:“卒,终也。”“卒”后来成了“死”的委婉语。《公羊传·隐公三年》:“大夫曰卒。”悴 * ȡu̱t,秦醉切,《广韵》:“憔悴,忧愁。”《左传·昭公七年》:“或燕燕居息,或憔悴事国。”

均 * qi̱n,居匀切,《广韵》:“平。”《周礼·天官·冢宰》:“掌邦治以佐王均邦国。”《周礼·天官·冢宰》:“以正百官,以均万民。”《论语·季氏》:“不患寡而患不均,不患贫而患不安。”《说文》:“均,平遍也。从土从匀,匀亦声。”均是后起区别字,本只作“匀”。均,规伦切,《集韵》:“《说文》平遍也,《周礼》作旬,或作匀,通作均。”匀 * ɢi̱n,羊伦切,《广韵》:“遍也,齐也。”《玉篇》:“匀,齐也。”《一切经音义》引《说文》:“匀,调匀也。”《素问·调经论》:“阴阳匀平,以充其形。”《素问·脉要精微论》:“络脉调匀,气血未乱。”

夹 * krep,古洽切,《广韵》:“持也。”《说文》:“夹,持也。”《左传·成公十六年》:“栾范以其族夹公行。”注:“在公左右。”《释文》:“夹,古洽反。”《周礼·地官·司徒》:“王巡守,则夹王车。”左右受夹则狭。狭 * grep,侯夹切,《广韵》:“隘狭。”《荀子·王制》:“短而长,狭而广。”《战国策·齐策五》:“地狭而好敌大,事败而好长诈。”

并 * pi̱ŋ,府盈切,《广韵》:“合也。”《说文》:“并,相从也。”也作“併”。併 * pi̱ŋ^{B},必郢切,《广韵》:“并合,和也。”《说文》:“併,並也。”《韩非子·说疑》:“吴并于越。”《史记·晋世家》:“于是尽併晋地而有之。”并 * pi̱ŋs,畀政切,《广韵》:“专也。”併 * pi̱ŋs,畀政切,《广韵》:“兼也,並也,皆也。”《左传·成公二年》:“左并辔,右援枹而鼓。”《释文》:“并,必政反。”《诗经·正月》:“民之无辜,并其臣仆。”《释文》:“并,必正反。”《左传·襄公十四年》:“并帑于戚,而入见蘧伯玉。”《释文》:“并,必政反。”并 * biŋ^{B},蒲迥切,《广韵》:“立并。”也作“並”。並 * biŋ^{B},蒲迥切,《广韵》:“比也。”《尔雅》:“並,併也。”《诗经·还》:“並驱从两肩兮。”笺:“並,併也。”《释文》:“併,步顶反。”《孟子·滕文公上》:“贤者与民並耕而食。”骿 * biŋ,部田切,《广韵》:“骿肋。”骿,《说文》:“并胁也。”《国语·晋语四》:“闻其骿胁,欲观其状。”也作“骈”。《左传·僖公二十三年》:“曹共公闻其骈胁,欲观其裸。”《释文》:“骈,薄贤反。”骈*biŋ,部田切,《广韵》:“并驾二马。”骈,《说文》:“驾二马也。”《说苑·修文》:“然后得乘饬舆骈马。”《庄子·骈拇》:“骈拇枝指,出乎性哉。”

丩*kru̠,居求切,《说文》:“相纠缭也。”王筠句读:“以纠说丩,以见纠为丩之分别文也。”纠*kru̠^{B},居黝切,《玉篇》:“缭也。”《史记·孙子吴起列传》:“夫解杂乱纷纠者不控卷。”引申为纠合、纠集。《左传·僖公二十四年》:“纠合宗族于成周。”《左传·僖公二十六年》:“桓公是以纠合诸侯,而谋其不协。”纠缠、纠结则弯曲,引申之为曲。《文选·宋玉〈高唐赋〉》注:“纠枝,枝曲下垂也。”樛*kru̠,居虬切,《广韵》:“《说文》曰:下句曰樛。《诗》曰:南有樛木。传云:木下曲也。”《汉书·五行志中之下》:“叶相樛结,大如弹丸。”注:“樛,绕也。樛音居蚪反。”字也写作“缪”。《礼记·檀弓下》:“衣衰而缪绖。”郑注:“缪读为木樛垂之樛。”《释文》:“缪,依注读曰樛,音居虬反。”觓*gru̠,巨幽切,《广韵》:“角貌。”《诗经·桑扈》:“兕觥其觩,旨酒思柔。”《释文》:“觓,音虬,本又作觩。”

青*ʦhiŋ,仓经切,《广韵》:“东方色也。”《左传·僖公二十六年》:“室如县罄,野无青草。”《荀子·劝学》:“青取之于蓝,而青于蓝。”通过元音交替派生出“清”。清*ʦhi̠ŋ,七情切,《说文》:“澄水之貌。”《释名》:“清,青也,去浊远秽色如青也。”《诗经·伐檀》:“河水清且涟猗。”《孟子·离娄上》:“沧浪之水清兮,可以濯我缨。”《诗经·黍苗》:“原隰既平,泉流既清。”传:“水治曰清。”《周礼·冬官·考工记》:“清其灰。”郑注:“清,澄也。”《汉书·晁错传》:“请诛晁错,以清君侧。”清*ʣi̠ŋ,疾郢切,《集韵》:“洁也。”字写作“净”。净*ʣi̠ŋs,疾政切,《广韵》:“无垢也。”《说文》:“净,无垢秽也。”《墨子·节葬下》:“是粢盛酒醴不净洁也。”《史记·秦始皇本纪》:“昭隔内外,靡不清净,施于后嗣。”

贮*tra̠^{B},丁吕切,《广韵》:“居也,积也。宁者,上同。”贮,《说文》:“积也。”《管子·大匡》:“毋贮粟,毋禁材。”《吕氏春秋·乐成》:“我有衣冠而子产贮之。”储*dra,直鱼切,《广韵》:“储副。”《一切经音义》:“储,贮也。储亦备也,谓蓄物以为备曰储也。”《韩非子·十过》:“仓无积粟,府无储钱,库无甲兵,邑无守具。”《韩非子·右经》:“前有老主而不逾,后有储主而不属。”也为名词。《管子·臣乘马》:“国无储,在令。”

分*pu̱n，府文切，《广韵》："赋也，施也，与也。"《左传·庄公十年》："衣食所安，弗敢专也，必以分人。"《庄子·天地》："富而使人分之，则何事之有？"贫*bu̱n，符巾切，《广韵》："乏也，少也。"《说文》："贫，财分少也，从贝从分，分亦声。"段玉裁注："合则见多，分则见少。"《左传·成公六年》："公室乃贫，不可谓乐。"《论语·学而》："贫而无谄，富而无骄，何如？"

飘*phɯ̱，抚招切，《广韵》："飘摇。"《楚辞·九歌·山鬼》："东风飘兮神灵雨。"王逸注："飘，风貌。"玄应《一切经音义》卷二十五"飘鼓"注："飘，吹也。"漂*phɯ̱，抚招切，《广韵》："浮也。"《诗经·鸱鸮》："予室翘翘，风雨所漂摇。"《释文》："漂，匹遥反。" 水漂与风漂实同一词，其字本只作"票"。票*phɯ̱，抚招切，《说文》："火飞也。"《汉书·五行志中之上》："崇聚票轻无谊之人以为私客。"《汉书·礼乐志》："票然逝，旗逶蛇。"

飆，甫遥切，《广韵》："风也，俗作飙。"（《说文》："飆，扶摇风也。"）

熛，甫遥切，《广韵》："飞火。"（《说文》："熛，火飞也。"）

趮，甫遥切，《广韵》："轻行。"（《说文》："趮，轻行也。"）

旚，甫遥切，《广韵》："旌旗飞扬貌。"（《说文》："旚，旌旗飞扬貌。"）

驫，甫遥切，《广韵》："众马走貌。"（《说文》："驫，众马（走貌）。"）

猋，甫遥切，《广韵》："群犬走貌。"（《说文》："猋，犬走貌。"）

飄，抚招切，《广韵》："飄飘，风吹貌。"（《说文》："飄，回风也。"）

嫖，抚招切，《广韵》："身轻便貌。"（《说文》："嫖，轻也。"）

旚，抚招切，《广韵》："旌旗动貌。"（《说文》："旚，旌旗旚繇也。"）

僄，抚招切，《广韵》："轻也。"（《说文》："僄，轻也。"）

慓，抚招切，《广韵》："急也。"（《说文》："慓，疾也。"）

鷅，抚招切，《广韵》："鸟飞。"

翲，抚招切，《广韵》："高飞。"

嘌，抚招切，《广韵》："疾吹之貌。"

以上这些都是后来根据具体意义创造出来的区别字。飘*bɯ̱，符宵切，《说文》："回风也。"《道德经》："飘风不终朝。"注："疾风也。"《释文》："鼻遥反，又符遥反。"《诗经·何人斯》："彼何人斯，其为飘风。"《释文》："飘，避遥反，疾风也。沈又方消反。"《诗经·蓼莪》："南山烈烈，飘风发发。"《释文》："飘，避遥反。"

交 * krɯ，古肴切，《广韵》：“戾也，共也，合也。”《庄子·马蹄》：“喜则交颈相靡，怒则分背相踶。”《庄子·秋水》：“白刃交于前，视死若生者，烈士之勇也。”《左传·昭公二十七年》：“铍交于胸。”殽 * grɯ，胡茅切，《广韵》：“溷殽，杂也，和也，乱也。”《说文》：“殽，相杂错也。”《庄子·齐物论》：“是非之涂，樊然殽乱。”淆 * grɯ，胡茅切，《广韵》：“混淆，浊水。” 淆是后起区别字。《后汉书·杨震列传》：“白黑溷淆，清浊同源。”

繫 * kiks，古诣切，《广韵》：“缚繫。”《周礼·天官·冢宰》：“以九两繫邦国之民。”郑注：“繫，联缀也。”《释文》：“繫，音计。”《左传·春秋序》：“记事者以事繫日，以日繫月，以月繫时，以时繫年。”《释文》：“繫，工帝反。”繫 * giks，胡计切，《广韵》：“易之繫辞。”《易·繫辞上》《释文》：“繫，徐胡计反，本系也。”《周礼·春官·宗伯》：“小史掌邦国之志，奠繫世，辨昭穆。”郑注：“繫世谓帝繫世本之属是也。”《释文》：“繫，胡计反，注同。”

检 * kra̱m^{B}，居奄切，《广雅》：“束也。”《说文通训定声》：“检，敛也。”《孟子·梁惠王上》：“狗彘食人食而不知检，涂有饿莩而不知发。”《说苑·修文》：“修德束躬以自申饬，所以检其邪心，守其正意也。”俭 * gra̱m^{B}，巨险切，《广韵》：“约也，少也。”《左传·僖公二十三年》：“晋公子广而俭。”《左传·襄公二十六年》：“子展俭而壹。”

军 * qu̱n，举云切，《说文》：“圜围也。”段玉裁注：“勹，裹也。勹车，会意也。”《左传·桓公六年》：“军于瑕以待之。”《左传·桓公八年》：“楚子伐随，军于汉淮之间。”“军”本为动词，后类转为名词。军，《广韵》：“军旅。”《左传·桓公五年》：“王为中军，虢公林父将右军，蔡人，卫人，属焉，周公黑肩将左军。” 军，《玉篇》：“众也。”员 * Gu̱n，王分切，《说文》：“物数也。”《孟子·离娄上》：“不以规矩，不能成方员。”《淮南子·原道训》：“员不中规，方不中矩。”《史记·礼书》：“规矩诚错，则不可欺以方员。”“员”是“圆”的本字，后字写作“圆”。《礼记·经解》：“规矩诚设，不可欺以方圆。”

乾 * kan，古寒切，《广韵》：“《字样》云本音虔，今借为乾湿字。”《庄子·田子方》：“老聃新沐，方将被发而乾。”《左传·襄公九年》：“与大国盟，口血未乾而背之，可乎?”《说苑·权谋》：“乾泽而渔，得鱼虽多。”“乾”上古多用作形容词。《韩非子·十过》：“灵王饿而死乾溪之上。”旱 * gan^{B}，胡笴切，《广韵》:"不雨。"《左传·僖公十九年》:"于是卫大旱,卜有事于山川,不吉。"《庄子·秋水》:"汤之时,八年七旱,而崖不为加损。"

僵*ka̠ŋ,居良切,《广韵》:"仆也。"《说文》:"僵,偃也。"《吕氏春秋·贵卒》:"鲍叔御,公子小白僵。"《越绝书·计倪内经》:"前顿后僵。"殭*ka̠ŋ,居良切,《广韵》:"死不朽也。"《金匮要略·杂疗方》:"若已殭,但渐渐强屈之,并按其腹。"彊*ka̠ŋs,居亮切,《广韵》:"尸劲硬也。"《集韵》:"彊,死不朽也。"强*ga̠ŋ,巨良切,《广韵》:"健也,暴也。"字也写作"彊"。彊*ga̠ŋ,巨良切,《广韵》:"与强通用。《说文》曰:弓有力也。"《孟子·梁惠王上》:"然则小固不可以敌大,寡固不可以敌众,弱固不可以敌强。"《韩非子·问田》:"楚不用吴起而削乱,秦行商君而富强。"《荀子·不苟》:"坚强而不暴,柔从而不流。"

久*qe̠^{B},举有切,《广韵》:"长久也。"《左传·僖公三十三年》:"吾子淹久于敝邑,唯是脯资,饩牵竭矣。"(《左传·僖公三十三年》:"不腆敝邑,为从者之淹,居则具一日之积,行则备一夕之卫。"注:"淹,久也。")《左传·宣公十二年》:"二三子无淹久。"《左传·襄公十年》:"诸侯之师,久于偪阳。"《左传·昭公二十四年》:"寡君以为盟主之故,是以久子。"久为滞留、扣留,引申指时间长。《左传·襄公二十六年》:"秦晋不和久矣。"《左传·襄公二十年》:"弗能久矣。"旧*ɢe̠s,巨救切,《广韵》:"故也。"《左传·桓公二年》:"公及戎盟于唐,修旧好也。"引申为故旧。《左传·隐公三年》:"远间亲,新间旧,小加大。"

周*tu̠,职流切,《广韵》:"周币也,至也,备也,遍也,密也。"《左传·成公二年》:"逐之,三周华不注。"《左传·僖公十五年》:"进退不可,周旋不能。"《庄子·庚桑楚》:"观室者周于寝庙。"《淮南子·原道训》:"与万物回周旋转。"《吕氏春秋·圜道》:"日夜一周,圜道也。"也为名词。《管子·八观》:"郭周不可以外通,里域不可以横通。"引申指遍。《左传·隐公十一年》:"瑕叔盈又以蝥弧登,周麾而呼。"注:"周,遍也。"《说文》:"周,密也。"《左传·襄公二十七年》:"具车徒以受地,必周。"注:"周,密也。"《左传·昭公四年》:"其藏之也周,其用之也遍。"注:"周,密也。"稠*dru̠,直由切,《广韵》:"概也,多也。"《说文》:"稠,多也。"《战国策·秦策一》:"书策稠浊,百姓不足。"注:"稠,多。"《史记·魏其武安侯列传》:"稠人广众,荐宠下辈。"字也写作“绸”，音同直由切。《诗经·都人士》：“彼君子女，绸直如发。”传：“密直如发也。”《释文》：“绸，直留反，密也。”

这种通过辅音清浊交替由动词变成形容词的例子甚多。从上述例子中，我们可以知道上古汉语动词和形容词之间的词性转变，并不是像以往想的那样，不改变语词的语音形式，只是不标音的汉字遮盖住了隐藏在后面的本质。前一节已经讨论了名词和动词之间的词性转化问题。声母为清辅音的名词可以派生出声母为浊辅音的动词，而声母为清辅音动词也可以派生出声母为浊辅音的名词。动词、名词所选择的辅音声母却不一致。动作行为已经完成则必然产生一个结果或形成一种状态。这种动作行为与结果或状态，表现在词性上则是动词与名词或形容词的不同。动词投射到语法句子则不能充当本由形容词或名词充当的成分。动词的派生形式则可以充当本由形容词、名词充当的句子成分，比如“繫”。作谓语时“繫”的声母是清辅音，作定语时“繫”的声母是浊辅音。显然，此时的“繫”已经改变词性由动词变成了形容词。同样，作谓语的动词是清辅音，作主语或宾语的名词是浊辅音。也就是说，声母为清辅音声母的动词，其派生形式既可以是形容词也可以是名词。如此看来，声母为浊辅音的名词，也应该来自更早时期的动词的既行体。动词通过辅音清浊交替派生出形容词，形容词也可以派生出动词。无论是动词派生形容词，还是形容词派生动词，手段并没有改变，都是辅音声母清浊交替。动词为清辅音声母，形容词为浊辅音声母。

全*ɖo̱n，疾缘切，《广韵》：“完也，具也。”《庄子·德充符》：“人以其全足笑吾不全足者众矣。”《庄子·养生主》：“三年之后未尝见全牛也。”引申为纯粹等。《荀子·劝学》：“君子知夫不全不粹之不足以为美也。”“全”上古也可作动词。《庄子·养生主》：“可以保身，可以全生，可以养亲。”《荀子·王制》：“虑以王命，全其力，凝其德。”痊*ʈho̱n，此缘切，《广韵》：“病瘳。”《庄子·徐无鬼》：“今予病少痊，予又且复游于六合之外。”字本只作“全”。《周礼·天官·冢宰》：“十全为上，十失一次之。”注：“全犹愈也。”

乔*gɯ̱，巨娇切，《广韵》：“高也。”《说文》：“乔，高而曲也。……《诗》曰：‘南有乔木。’”《诗经·伐木》：“出自幽谷，迁于乔木。”传：“乔，高也。”《释文》：“本亦作桥，渠骄反，徐又纪桥反，木支上耸也。”侨*gɯ̱，巨娇切，《说文》:“高也。”挢*kɯ̱,举乔切,《说文》:“举手也。”《文选·扬雄〈甘泉赋〉》:“仰挢首以高视兮,目冥眴而亡见。”注:“挢,举也。挢与矫同。”《楚辞·九章·惜诵》:“矫兹媚以私处兮,愿曾思而远身。”注:“矫,举也。”《广韵》矫音居夭切。蹻*khɯ̱,去遥切,《广韵》:“举足高也。”《汉书·高帝纪下》:“亡可蹻足待也。”注:“文颖曰:蹻,犹翘也。如淳曰:蹻音如今作乐蹻行之蹻。晋灼曰:许慎云‘蹻举足小高也’,音侨。师古曰,晋说是也。”

极*gre̱k,渠力切,《广韵》:“穷也,高也,远也。”《说文》:“极,栋也。”《左传·昭公三年》:“此其极也,能无退乎?”《左传·僖公二十四年》:“女德无极,妇怨无终。”“极”可以为名词也可以为形容词。《楚辞·离骚》:“相观民之计极。”注:“极,穷也。”《吕氏春秋·大乐》:“极则复反。”注:“极,穷也。”殛*kre̱k,《广韵》:“诛也。”《说文》:“殛,殊也。”《尔雅》:“殛,诛也。”《左传·襄公十一年》:“明神殛之。”杜注:“殛,诛也。”《释文》:“殛,纪力反,本亦作极。”殛,字本也只作“极”。《左传·昭公七年》:“昔尧殛鲧于羽山。”《释文》:“殛,纪力切,诛也,本又作极,音义同。”《韩非子·用人》:“故至治之国,有赏罚而无喜怒,故圣人极;有刑法而死,无螫毒,故奸人服。”

硕*da̱k,常只切,《广韵》:“大也。”《方言》:“硕,大也,齐宋之间曰巨,曰硕。”《诗经·硕鼠》:“硕鼠硕鼠,无食我黍。”《左传·桓公六年》:“故奉牲以告曰,博硕肥腯,谓民力之普存也,谓其畜之硕大蕃滋也。”斥*tha̱k,昌石切,《小尔雅》:“开也。”《汉书·武五子传》:“斥地且倍。”注:“斥,开也。”《史记·司马相如列传》:“除边关,关益斥。”索隐:“张揖曰:斥,广也。”字后写作“拓”。拓*thak,他各切,《小尔雅》:“开也。”《汉书·扬雄传上》:“拓迹开统。”注:“拓,广也。”

齐*ɖir,徂奚切,《广韵》:“整也。”《国语·周语上》:“其君齐明衷正。”注:“齐,一也。” 斋*ʈ/r/ir,侧皆切,《广韵》:“斋洁也,亦庄也,敬也。”《墨子·天志中》:“必斋戒沐浴。”斋,字本也只作“齐”。《左传·昭公十三年》:“使五人齐,而长入拜。”《释文》:“齐,侧皆反,本又作齐。”《礼记·月令》:“某日立春,盛德在木,天子乃齐。”《吕氏春秋》作“天子乃斋”。《庄子·人间世》:“斋,吾将语若。”《释文》:“斋,本亦作齐,同则皆反。”

迢*dɯ,徒聊切,《广韵》:“迢递。”超* th/r/ɯ,敕宵切,《说文》:“跳也。”《孟子·梁惠王上》:“挟泰山以超北海。”引申为超越等。《韩非子·五蠹》:

“超五帝侔三王者,必此法也。”《庄子·徐无鬼》:“超轶绝尘,不知其所。”再引申为远。《楚辞·九歌·国殇》:“平原忽兮路超远。”《方言》:“超,远也。”《广雅》:“超,远也。”王念孙疏证:“超之言迢也。”

奘*ɖaŋ^B,徂朗切,《广韵》:“大也。”奘*ɖaŋs,又音徂浪切,《广韵》:“《说文》曰:驵大也。”《尔雅》:“奘,驵也。”《方言》:“奘、将,大也。秦晋之间凡人之大谓之奘,或谓之壮。燕之北鄙齐楚之郊或曰京,或曰将。”壮ȶ/r/a̱ŋs,侧亮切,《广韵》:“大也。”《左传·僖公二十八年》:“师直为壮,曲为老,岂在久乎?”《左传·宣公十二年》:“楚师方壮,若萃于我,吾师必尽。”奖*ȶa̱ŋ^B,即两切,《广韵》:“劝也,助也,成也,誉也,厉也。”《左传·昭公二十二年》:“无亢不衷,以奖乱人。”疏:“奖,劝也。”《左传·僖公二十八年》:“皆奖王室,无相害也。”注:“奖,助也。”疏:“劝奖者,佐助之意,故为助也。”

动词可以派生出形容词,形容词也可以派生出动词。无论是动词派生出形容词,还是形容词派生出动词,构词规则没有改变。动词声母为清辅音,形容词声母为浊辅音。由动词派生出来的名词,前一节已经讨论过,我们就不再重复了。

三

动词、名词都可以变成副词,只是许多名词变副词,首先要经过动词或形容词这一个阶段,即名词先变成动词或形容词,再变成副词。因汉字不是标音文字,使得人们以为动词变成副词的过程中只改变了语词原本的意义以及句法功能。实际上,动词和副词的语音形式并不一样。动词为清辅音声母,副词为浊辅音声母。

拱*ko̱ŋ^B,居悚切,《广韵》:“手抱也,又斂手也。”此语词文字形式有好几个。廾,居悚切,《广韵》:“《说文》曰:竦手也。”拲,居悚切,《广韵》:“抱持,《说文》:拥也。”巩,居悚切,《广韵》:“抱也。”《左传·僖公三十二年》:“中寿,尔墓之木拱矣。”杜注:“合手曰拱。”其本字写作“共”。《论语·为政》:“居其所而众星共之。”刘宝楠正义:“共是拱省。”实际上,“拱”当是“共”之繁化,而非“共”是“拱”省,正义先后颠倒。《释文》:“共,郑作拱。”拱为两手合抱，为古人之礼节。《论语·乡党》:“子路共之，三嗅而作。”引申为恭敬之恭。《左传·昭十一年》:“不道不共。”杜注:“貌正曰共。”共*go̱ŋs，渠用切，《广韵》:“同也。”《礼记·曲礼上》:“共食不饱，共饭不泽手。”《庄子·盗跖》:“与麋鹿共处。”

别*pra̱t，方别切，《广韵》:“分别。”《孟子·滕文公上》:“公事毕，然后敢治私事，所以别野人也。”《韩非子·解老》:“耳不聪则不能别清浊之声，智识乱则不能审得失之地。”别*bra̱t，皮列切，《广韵》:“异也。”《荀子·正名》:“状变而实无别而为异者，谓之化。”《楚辞·离骚》:“余既不难夫离别兮，伤灵修之数化。”《左传·隐公十一年》杜注:“不欲复居鲁朝，故别营外邑。”《左传·闵公二年》杜注:“别立庙，庙成而吉祭。”

尽*ȶi̱n^{B}，即忍切，《广韵》:“《曲礼》曰:虚坐尽前。”《礼记·曲礼上》:“虚坐尽后，食坐尽前。”《释文》:“尽，津忍反。”《左传·成公十三年》:“君子勤礼，小人尽力;勤礼莫如致敬，尽力莫如敦笃。”《释文》:“尽，津忍反。”“尽力”“尽心”等《释文》都注音“津忍反”。尽*ȡi̱n^{B}，慈忍切，《广韵》:“竭也，终也。”《左传·庄公四年》:“王禄尽矣。”《左传·庄公二十五年》:“晋侯围聚，尽杀群公子。”“尽”可以是动词，也可以是副词。

通*soŋ，他红切，《说文》:“达也。”《左传·隐公元年》:“及宋人盟于宿，始通也。”《左传·闵公二年》:“共仲通于哀姜，哀姜欲立之。”同*zoŋ，徒红切，《广韵》:“共也。”《左传·文公十五年》:“情虽不同，毋绝其爱亲之道也。”《山海经·海内经》:“伯陵同吴权之妻。”郭注:“同，犹通也。”也多用作副词。《左传·僖公十一年》:“同伐京师，入王城。”《诗经·北风》:“惠而好我，携手同行。”《孟子·梁惠王上》:“不与民同乐也。”

媅*tum，丁含切，《说文》:“乐也。”字也写作“耽”。耽*tum，丁含切，《广韵》:“又耽乐也，《诗》曰:无与士耽。”《诗经·氓》:“于嗟女兮，无与士耽。”传:“乐也。”《释文》:“耽，都南反。”《礼记·中庸》:“和乐且耽。”字也写作“湛”。湛*tum，丁含切，《广韵》:“湛乐，亦见《诗》。”《诗经·宾之初筵》:“锡尔纯嘏，子孙其湛。”传:“湛，乐之久也。”字《尔雅》写作“妉”。妉，丁含切，《广韵》:“妉乐。”其本字写作“甚”。甚*du̱m^{B}，常枕切，《广韵》:“剧过也。《说文》曰:尤安乐也。”《说文》:“甚，尤安乐也，从甘，从匹。”段玉裁注:“引申凡殊尤皆曰甚。”《孟子·梁惠王下》:“王之好乐甚。”《庄子·田子方》:“吾服女也甚忘。”

哉 * ʦe,祖才切,《尔雅》:“始也。”《诗经·大雅·文王》:“陈锡哉周。”郑笺:“哉,始也。”菑 * ʦre,侧持切,《说文》:“不耕田也。”段玉裁注:“不,当为才。才耕田,谓始耕田也。”《尔雅》:“田,一岁曰菑,二岁曰新田,三岁曰畲。”《易·无妄》:“不菑畲。”字也作“甾”。《广雅》:“甾,孽也。”王念孙疏证:“甾之言才生也。”才 * ʣe,昨哉切,《说文》:“草木之初也。”段玉裁注:“《释诂》曰:初、哉,始也。哉即才。故哉生明亦作才生明。”才 * ʣe,昨哉切,《广韵》:“仅也。”才 * ʣes,昨代切,《广韵》:“仅也。”《汉书·贾山传》:“然身死才数月耳,天下四面而攻之,宗庙灭绝矣。”

几 * kɯ̱r,居依切,《广韵》:“庶几。”《左传·襄公十六年》:“引领西望曰庶几乎!”《释文》无注,以为如字。《庄子·齐物论》:“适得而几矣。”注:“几,尽也。”《释文》:“几,音机,尽也。”又《齐物论》:“三子之知几乎。”注:“几,尽也。”几 * gɯ̱r,渠希切,《广韵》:“近也。”《庄子·养生主》:“且予求无所可用久矣!几死,乃今得之。”《释文》:“几,音祈,又音机,下同。”《庄子·山木》:“子几死乎?”《释文》:“几,音祈,又音机。”《左传·襄公二十六年》:“几亡室矣。”《释文》:“几,其依切。”《左传·僖公十四年》:“期年将有大咎,几亡国。”《释文》:“几,音祈,又音机。”又《左传·襄公十八年》:“楚师多冻,役徒几尽。”《释文》:“几,音祈。”《左传·昭公二十七年》:“吾几祸子。”《释文》:“几,音祈。”

并 * pi̱ŋ,府盈切,《广韵》:“合也。”并 * pi̱ŋs,畀政切,《广韵》:“专也。”併 * pi̱ŋ^{B},必郢切,《广韵》:“併合也。”併 * pi̱ŋ^{C},畀政切,《广韵》:“兼也,并也,皆也。”《左传·成公二年》:“左并辔,右援枹而鼓。”《释文》:“并,必政切,徐方聘切。”並 * biŋ^{B},薄迥切,《广韵》:“比也。”併 * biŋ^{B},薄迥切,《广韵》:“立並。”《说文》:“並,併也。”《左传·襄公十三年》:“是以上下无礼,乱虐並生。”《广雅》:“並,具也。”《诗经·车邻》:“既见君子,並坐鼓瑟。”《诗经·宾之初筵》:“既醉而出,並受其福。”《汉书·贾谊传》:“天下殽乱,高皇帝与诸公并起。”注:“并音步鼎反。”竝 * biŋ,蒲幸切,《广韵》:“俱也,或作并,罗列也。”

走 * ʦo^{B},子苟切,《广韵》:“趋也。”《左传·宣公十二年》:“王乘左广以逐赵旃,赵旃弃车而走。”《左传·庄公八年》:“走出遇贼于门。”趋 * ʦho̱,七逾切,《广韵》:“走也。”《论语·季氏》:“鲤趋而过庭。”趣*ʦho^{B},仓苟切,《广韵》:“趣马。《书》传云:‘趣马,掌马之官也。’” 趣*ʦho̱s,七句切,《广韵》:“趣向。”《说文》:“趣,疾也。”《诗经·棫朴》:“济济辟王,左右趣之。”《释文》:“趣,七喻反。”骤*ʣro̱s,锄佑切,《广韵》:“马疾步也,奔也。”《庄子·齐物论》:“鸟见之高飞,麋鹿见之决骤。”《释文》:“骤,士救反,又在遘反。”《左传·宣公二年》:“骤谏而不入,故不竞于楚。”《释文》:“骤,仕救反。”

单*tan,都寒切,《广韵》:“单复也。”单由单一引申为单独、孤单等意义。《荀子·正名》:“单足以喻则单,单不足以喻则兼。”再引申为尽。《荀子·宥坐》:“若不可废不能以单之。”注:“单,尽也。”《汉书·韩信传》:“欲战不拔,旷日持久,粮食单竭。”师古注:“单亦尽。”《礼记·祭义》:“岁既单矣。”《释文》:“单,音丹。”但*dan,徒干切,《广韵》:“语辞也。”但*dan^{B},徒旱切,《广韵》:“语辞,又空也,徒也。”但*dans,徒案切,《广韵》:“辞也。”《史记·秦始皇本纪》:“臣但恐诸侯合从,翕而出不意。”

氾*phru̱m,孚梵切,《广韵》:“滥也。”《孟子·滕文公上》:“洪水横流,氾滥于天下。”汎*phru̱m,孚梵切,《广韵》:“浮貌。”《说文》:“浮貌。”《诗经·邶风·柏舟》:“汎彼柏舟,亦汎其流。”《国语·晋语三》:“汎舟于河。”《左传·僖公十三年》:“命之曰汎舟之役。”字也写作“泛”。《汉书·武帝纪》:“河水决濮阳,泛郡十六。”凡*bru̱m,符咸切,《广韵》:“常也,皆也,轻也,非一也。”《说文》:“凡,最括也。”段玉裁注:“凡之言氾也。”“凡”字也可以写作“汎”。《左传·隐公七年》:“天王使凡伯来聘。”《释文》:“凡字本作汎,音凡。”

喘*tho̱n^{B},昌兖切,《广韵》:“喘息。《说文》曰:疾息也。”《史记·扁鹊仓公列传》:“窃闻文王病喘,头痛,目不明。”《荀子·臣道》:“喘而言,臑而动。” 遄*do̱n,市缘切,《广韵》:“速也,疾也。”《诗经·相鼠》:“人而无礼,胡不遄死。”传:“遄,速也。”《诗经·巧言》:“君子如怒,乱庶遄沮。”传:“遄,疾。”《诗经·泉水》:“遄臻于卫,不瑕有害。”

俱*ko̱,举朱切,《广韵》:“皆也,具也。”《说文》:“俱,偕也。”《庄子·天运》:“道可载而与之俱也。”《庄子·则阳》:“方且与世违而心不屑与之俱。”《吕氏春秋·荡兵》:“与始有民俱。”具*go̱s,其遇切,《广韵》:“备也。”《诗经·楚茨》:“神具醉止,皇尸载起。”《诗经·大叔于田》:“叔在薮,火烈具举。”字也作“俱”。《庄子·骈拇》:“二人相与牧羊,而俱亡其羊。”《左传·定公八年》:“与一人俱毙。”王力(1982:185):“作动词用时,只能用‘俱’,不能用‘具’。作副词用时,‘俱’‘具’通用。但到了后来,作副词用时,‘俱’‘具’也有了区别:解作‘皆’时用‘俱’;解作‘尽’‘全’时用‘具’。”《史记·项羽本纪》:“项伯乃夜驰之沛公军,私见张良,具告以事。欲呼张良与俱去,曰:‘毋从俱死也。’”

诛*tro̠,陟输切,《玉篇》:“杀也。”此意义《广韵》字也作“列”。《广韵》:“列杀,字从歹。栽:上同。”《战国策·秦策五》:“乃可复使姚贾而诛韩非。”注:“诛,杀也。”殊*do̠,市朱切,《广韵》:“死也。”殊,《说文》:“死也。汉令曰:蛮夷长有罪,当殊之。”《左传·昭公二十三年》:“断其后之木而弗殊。”《释文》:“殊,如字,《说文》云:死也。”《史记·苏秦列传》:“而使人刺苏秦,不死,殊而走。”集解:“殊者,死也,与‘诛’同指,苏秦虽不即死,然是死创,故云殊。”《庄子·在宥》:“今世殊死者相枕也。”《释文》:“殊死:如字。《广雅》云:殊,断也。司马云:决也。一云:诛也。《字林》云:死也。”《汉书·高帝纪下》:“其赦天下殊死以下。”注:“韦昭曰:‘殊死,斩刑也。’师古曰:‘殊,绝也,异也,言其身首离绝而异处也。’”《诗经·汾沮洳》:“美无度,殊异乎公路。”《史记·廉颇蔺相如列传》:“廉君宣恶言而君畏匿之,恐惧殊甚。”《战国策·赵策四》:“老臣今者殊不欲食。”

戡*khum,口含切,《广韵》:“胜也,克也。”《尔雅》:“戡,刘,杀,克也。”《逸周书·祭公解》:“维武王申大命,戡厥敌。”《尚书·西伯戡黎》:“西伯既戡黎,祖伊恐。”字也写作“㦰”。㦰,口含切,《广韵》:“杀也,刺也。”《说文》:“㦰,杀也。从戈今声。《商书》曰:西伯既㦰黎。”《汉书·五行志下之上》:“王心弗㦰,其能久乎?”注引孟康:“古堪字。”《左传·昭公二十一年》:“王心弗堪,其能久乎?”堪*khum,口含切,《广韵》:“任也,胜也,克也。”《说文》段玉裁注:“凡胜任皆曰堪,古假戡,𢦏为之”咸*grum,胡谗切,《广韵》:“皆也,同也,悉也。” 朱骏声《说文通训定声》:“为㦰。《书·君奭》‘咸刘厥敌’,《周书·世俘》‘咸刘商王纣’,皆杀也。”用作副词。《诗经·崧高》:“周邦咸喜,戎有良翰。”《诗经·玄鸟》:“殷受命咸宜,百禄是何。”

动作已经完成或变化已经发生则必然产生一种结果或状态,而副词最常见的功能是说明动词的行为方式。因而,在有形态的语言中,既行体动词常常转化为副词。在辅音对立的同族词中,动词选择清辅音声母而副词选择浊辅音声母。仅就副词而言,我们发现上古汉语中的副词有一个明显的倾向就是选择浊辅音为声母,如限制副词“但”“特”“独”“第”等都是浊辅音声母,综总括副词“尽”“咸”“具”“共”“凡”“并”等也是以浊辅音为声母,其他如“已”“尚”“曾”“极”“甚”“绝”“殊”等也是以浊辅音为声母。上古汉语的副词其语音形式有两个显著的特点:(1)浊辅音声母;(2)去声,即带 * -s 后缀。我们在-s 后缀一章中将要论述,附加-s 后缀正是上古汉语动词既行体的一个重要构成形式。

第三节　自主性

一

马建忠(1983:144)云:“一其动而仍止乎内也,曰内动字。一其动而直接乎外也,曰外动字。而凡受其行之所施者,曰止词.言其之所自发者,曰起词。”学界大体上遵循马建忠的划分,只是将术语外动词和内动词分别改名为及物动词和不及物动词。不过,汉语及物动词和不及物动词之间并没有清晰的界线,很多动词既是及物动词,又是不及物动词。

曰:既庶矣,又何加焉?曰:富之。(《论语·子路》)

上古汉语的形容词描写或修饰名词(代词),作谓语时不带宾语。上述句中的形容词“富”却带上宾语“之”。这也就是普通古代汉语教科书中所说的形容词或不及物动词的使动用法。形容词或不及物动词因使动用法而带上宾语成为形式上的及物动词,在一些有使动范畴的语言中也存在。只是有态范畴的语言,往往通过一定的形式,区别使动态和自动态。

败*prats，补迈切，《广韵》："破他曰败。"《说文》："败，毁也。从攴贝。"《左传·昭公十年》："《书》曰：欲败度，纵败礼。"《释文》："败，必迈反。"《左传·隐公元年》："惠公之季年，败宋师于黄。"《释文》："败，必迈反，败他也。"《左传·僖公二十三年》："怀与安实败名。"《释文》："败，必迈反。"《礼记·缁衣》："毋以小谋败大作，毋以嬖御人疾庄后。"《释文》："败，补迈反。"

败*brats，薄迈切，《广韵》："自破曰败。"《左传·桓公五年》："郑师合以攻之，王卒大败。"《左传·僖公二十二年》："我师败绩，邾人获公胄，县诸鱼门。"《经典释文》"破他"的"败"注音，"自破"的"败"不注音。

败，《广韵》有"薄迈切"和"补迈切"两音，许多学者认为是自动和使动关系。《左传·隐公十一年》："息侯伐郑，郑伯与战于竟，息师大败而还。"当"败$_{薄迈切}$"充当句子谓语时，尽管主体是生物，但在这种变化、状态中，主体对这种变化不能控制，是不自主的，是主体所不情愿的（李佐丰，2003：163）。主体（息师）之所以有这种变化、状态是外置于句子的客体（郑伯）造成，即主体（息师）是受者，而客体（郑伯）是施者。"郑伯以虢师伐宋。壬戌，大败宋师。"（《左传·隐公十一年》）这一例中的客体（宋师）有这种变化、状态由主体（郑伯）造成，不是自虐的结果。"败$_{薄迈切}$"所代表的状态主体无法控制，尽管古代的注释家将此意义的"败$_{薄迈切}$"解释为"自败"。"息师大败"是"郑伯大败息师"的结果，两者有时间的先后关系。"败$_{薄迈切}$"是动词"败$_{补迈切}$"完成之后的状态。很显然，我们不能将"败$_{补迈切}$"和"败$_{薄迈切}$"的关系强解为使动词和自动词之间的变音。败，《说文》："毁也。从攴贝。"明确告诉我们，先有"败$_{补迈切}$"后有"败$_{薄迈切}$"，而不是相反。

公若曰，尔欲吴王我乎？（《左传·定公十年》）
项羽背约而王君王于南郑，是迁也。（《汉书·高帝纪上》）
纵江东父兄怜而王我，我何面目见之？（《史记·项羽本纪》）
欲以力臣天下之主，臣恐有后患。（《战国策·秦策四》）
不敢复言帝秦。（《战国策·赵策三》）
食之饮之，君之宗之。（《诗经·公刘》）
妻帝之二女，而不足以解忧。（《孟子·万章上》）

庄公令夫人齐女子之，立为太子。(《史记·卫康叔世家》)

名词在句子中带宾语，而且有使动意义，是不是认为这些名词是使动词？很显然，我们不会将这些名词看成是使动词，如同我们不会将“富”这类形容词看成是使动词一样。有使动意义并非一定就是使动词。是否是使动词，除了看词汇意义以及语法功能，语词的语音形式极其重要。没有语音关系的语词，即使从词汇意义以及语法功能上两者都可以解释为自动和使动，也不属于自动词跟使动词之间的关系，如“死”和“杀”。上古汉语形容词常可以有使动用法，但形容词使动用法时并没有证据表明改变了其语音形式，如“富”。

二

有使动意义不等于有使动范畴。据学者研究，藏缅语有使动范畴。孙宏开(1998)认为原始时期使动词的构成形式是附加 * s-前缀，后发展成多前缀以及辅音清浊交替等多种表达形式。不过，使动词带 * s-前缀并不等于自动词就是一个零形式。这一点在藏语中表现得十分清楚。藏语使动词带前缀 s-而自动词带前缀 ɦ-。使动词跟自动词之间的转换通过彼此前缀的替换来实现。这种不同前缀之间的对立后来演变成了声母辅音清浊的对立。

学者们发现上古汉语一对有语音关系且声母刚好是清浊不同的动词，其所表达的语法意义跟藏缅语的使动、自动非常相似。周法高(1962)明确提出辅音清浊交替是上古汉语使动词和自动词之间转换的形式标记。王力(1965)分析上古汉语使动词和自动词语音关系时也说，特别值得注意的是：自动词一般读浊音，使动词一般读清音。潘悟云师(1987)也认为辅音清浊交替是使动词和自动词转换的形式标记，并以此为基础证明上古汉语的辅音清浊谐声实质上是一种形态关系。此后，潘悟云师(1991)进一步详细讨论了上古汉语辅音清浊交替所表现出来的语法意义，其中之一就是使动词和自动词之间的转换。梅祖麟(1988)也同意辅音清浊交替是上古汉语使动词和自动词的构成形式，并以此构成形式作为依据利用内部拟构法证明中古汉语的匣母上古汉语应该是 k-的浊音，即舌根浊塞辅音 * g-。

败，薄迈切，《广韵》："自破曰败。" 败，补迈切，《广韵》："破他曰败。"

折，常列切，《广韵》："断而犹连也。"折，旨热切，《广韵》："拗折。"

别，皮列切，《广韵》："离也，解也。"别，方别切，《广韵》："分别。"

尽，慈忍切，《广韵》："竭也，终也。" 尽，即忍切，《广韵》："《曲礼》曰虚坐尽前。"

属，市玉切，《广韵》："附也，类也。" 属，之欲切，《广韵》："付也。"

断，徒管切，《广韵》："绝也。"断，都管切，《广韵》："断绝。"

坏，胡怪切，《广韵》："自破也。"坏，古坏切，《广韵》："毁也。"

著，直略切，《广韵》："附也。"著，张略切，《广韵》："服衣于身。"

除了几个为潘悟云师所增，上述例子大部分周祖谟在《四声别义释例》、周法高在《中国古代语法・构词编》以及王力《古汉语自动词和致使动词的配对》中也多有过讨论。宋贾昌朝《群经音辨》中也提到这些例子，比如"著"。《群经音辨》："著，置也，陟略切；置定曰著，直略切。著，置也，陟略切；箸，附也，直略切。"此外，周祖谟、周法高、梅祖麟等还提及了"降"、"会"、"检"和"俭"、"偕"和"谐"、"系"、"合"等。学者所举的例子中许多根本无法用自动、使动解释，比如"偕"和"谐"。

偕 *krir，古阶切，《广韵》："俱也。"《左传・庄公七年》："夜明也，星陨如雨，与雨偕也。"注："偕，俱也。"《释文》："偕，音皆。"《诗经・陟岵》："予弟行役，夙夜必偕。"毛传："偕，俱也。"谐 *grir，户皆切，《广韵》："和也，合也，调也，偶也。"《左传・襄公十一年》："如乐之和，无所不谐。"注："谐亦和也。"《周礼・地官・司徒》："调人掌司万民之难而谐和之。"注："难，相与为仇雠；谐，犹调也。"《周礼・春官・宗伯》："以事鬼神，以谐万民，以致百物。"《汉书・律历志上》："所以作乐者，谐八音，荡降人之邪意，全其正性，移风易俗也。"字也写作"龤"。龤，户皆切，《广韵》："《说文》曰：乐和龤也。"

显然，我们不能认为"偕"是"谐"的使动形式，也不能认为"谐"是"偕"的使动形式。"偕"是一个不及物动词，"谐"是一个形容词（"偕"的既行体）。《礼记·礼器》:“君子有礼,则外谐而内无怨。”跟其他形容词一样,“谐”在上古汉语中常常可以使动用法,带宾语。《汉书·律历志上》:“所以作乐者,谐八音。”形容词使动用法是上古汉语常见的语言现象,比如下面这些例子。

以正君臣,以笃父子,以睦兄弟,以和夫妇。(《礼记·礼运》)
正颜色,斯近信矣。(《论语·泰伯》)
致反始,以厚其本也;致鬼神,以尊上也。(《礼记·祭义》)
君子信而后劳其民。(《论语·子张》)
上贤以崇德,简不肖以绌恶。(《礼记·王制》)
封之有庳,富贵之也。(《孟子·万章上》)
君子贵人而贱己,先人而后己,则民作让。(《礼记·坊记》)
高其闬闳,厚其墙垣。(《左传·襄公三十一年》)
为人臣者尽民力以美宫室台池。(《韩非子·八奸》)
放郑声,远佞人。(《论语·卫灵公》)
若君欲夺之,则近贤而远不肖。(《韩非子·外储说右上》)
请轻之,以待来年,然后已。(《孟子·滕文公下》)
匠人斫而小之,则王怒,以为不胜其任矣。(《孟子·梁惠王下》)

形容词带宾语作动词时,其中个别形容词经师可能会注出一个变音。变音跟形容词变动词有关,而跟使动用法没有关系,如“重”。重,直容切,《广韵》:“复也,迭也。”重,直陇切,《广韵》:“多也,厚也。”重,柱用切,《广韵》:“更为也。”形容词音直陇切,动词音直容切和柱用切。但是,我们没有发现形容词使动用法时变声母,由浊辅音变成清辅音。这也从一个侧面说明上古汉语有使动用法而未必一定有使动范畴。

故远人不服,则修文德以来之。(《论语·季氏》)
臣出晋君,君纳重耳,蔑不济矣。(《左传·僖公十年》)
古公亶父,来朝走马。(《诗经·绵》)
庄公寤生,惊姜氏,故名曰寤生。(《左传·隐公元年》)

亡邓国者，必此人也。(《左传·庄公六年》)

形容词可以有使动用法，不及物动词也有使动用法。无论是不及物动词还是形容词，使动用法都是特殊用法。倘若辅音清浊对立的两个形式分别是使动词和自动词(原形)，声母为浊辅音的动词形式应该是无标记的动词形式，而声母为清辅音的动词应该是有标记的动词形式。这跟语言中清辅音为无标记辅音而浊辅音为有标记辅音的基本规则有矛盾。有标记的使动词选择清辅音声母而无标记的非使动词选择浊辅音声母。动词"断"，学者几乎都认为清浊两音是使动、自动关系。断，都管切，《广韵》："断绝。"断，徒管切，《广韵》："绝也。"动词"断"上古汉语一般用作带直接宾语的及物动词，而罕见用作不带直接宾语的不及物动词。我们要想从上古文献中找到几个非使动词"断"却十分困难。

大子抽剑断鞅，乃止。《释文》："断，音短。"(《左传·襄公十八年》)

或以戟钩之，断肘而死。《释文》："断，音短。"(《左传·襄公二十三年》)

赋诗断章，余取所求焉。《释文》："断，端缓反。"(《左传·襄公二十八年》)

冯简子能断大事。《释文》："断，丁乱反，下同。"(《左传·襄公三十一年》)

莅之以强，断之以刚。(《左传·昭公六年》)

芋尹无宇断之。《释文》："断，音短。"(《左传·昭公七年》)

请断三尺焉而用之。《释文》："断，丁管反，注同。"(《左传·昭公十年》)

韩宣子命断旧狱。《释文》："断，丁乱反。"(《左传·昭公十四年》)

宗鲁以背蔽之，断肱。《释文》："断，丁管反。"(《左传·昭公二十年》)

见雄鸡自断其尾。《释文》："断，丁管反。"(《左传·昭公二十二年》)

断其后之木而弗殊。《释文》："断，丁管反。"(《左传·昭公二十三年》)

苑子刜林雍，断其足。《释文》："断，丁管反。"(《左传·昭公二十六年》)

梗阳人有狱，魏戊不能断。《释文》："断，丁乱反。"(《左传·昭公二十八年》)

徐子章禹断其发，携其夫人，以逆吴子。《释文》："断，丁管反。"(《左传·昭公三十年》)

断发文身，臝以为饰。《释文》："断，丁管反。"(《左传·哀公七年》)

以戈击之，断缨。《释文》："断，丁管反。"(《左传·哀公十五年》)

同盟于断道。……会于断道，讨贰也。《释文》："断，直管反，一音短。"（《左传·宣公十七年》）

带其断以徇于军三日。《释文》："断，徒乱反。"（《左传·襄公十年》）

在《左传》中，"断"总共出现19次，只有三次读浊辅音，而且这三个"断"全都不是动词。可见，动词"断"用作使动词是常态而用作非使动词是非常态。也就是说，读清辅音声母的"断"是无标记形式而读浊辅音声母的"断"是有标记形式。这跟使动词在语言中只是少数动词而且是有标记的动词形式的事实有矛盾。金理新（2002:46）认为两者之间的关系是动作行为和动作行为结果之间的关系，并不是使动词和自动词之间的关系。《群经音辨》："断，截也，音短；断，绝也，徒旱切。"显然，与其认为"断都管切"是"断徒管切"的派生形式，不如认为"断徒管切"是"断都管切"的派生形式更符合语言实际。动词"断都管切"的使动意义通过派生词"断徒管切"的比较而获得。我们将这种声母清浊交替的动词看成是使动和自动关系，实际上颠倒了它们之间的因果关系，比如动词"败"。"息侯伐郑，郑伯与战于竟，息师大败而还。"（《左传·隐公十一年》）"郑伯以虢师伐宋。壬戌，大败宋师。"（《左传·隐公十一年》）事件"大败息师"发生在前，事件"息师大败"发生在后。两者之间存在着时间的先后，而且有着因果关系。就动词"断"清浊两音的句法功能而言，极为明显的是"断徒管切"不带直接宾语而"断都管切"带直接宾语。

召大司马孔父而属殇公焉。《释文》："属，章欲反。"（《左传·隐公三年》）

生急子，属诸右公子……生寿，及朔，属寿于左公子。《释文》："属音烛。"（《左传·桓公十六年》）

属诸周公。《释文》："属音烛。"（《左传·桓公十八年》）

成风闻成季之繇，乃事之，而属僖公焉。《释文》："属，章欲反。"（《左传·闵公二年》）

秦穆姬属贾君焉。《释文》："属音烛。"（《左传·僖公十五年》）

公与管仲属孝公于宋襄公，以为大子。《释文》："属音烛。"（《左传·僖公十七年》）

欲以属东夷。《释文》："属，朱欲反。"（《左传·僖公十九年》）

其左执鞭弭，右属櫜鞬。《释文》："属音烛。"（《左传·僖公二十三年》）

而属诸子曰……《释文》:“属音烛。”(《左传·文公七年》)

宣公长,而属诸襄仲。《释文》:“属音烛。”(《左传·文公十八年》)

先入,必属耳目焉。《释文》:“属,章欲反。”(《左传·成公二年》)

且先君庄王属之曰……(《左传·成公二年》)

君以礼与信属诸侯,而以奸终之,无乃不可乎?(《左传·僖公七年》)

公请属鄫,晋侯不许。(《左传·襄公四年》)

穆叔觌鄫大子于晋,以成属鄫。(《左传·襄公五年》)

穆叔以属鄫为不利,使鄫大夫听命于会。(《左传·襄公五年》)

奄征南海,以属诸夏。(《左传·襄公十三年》)

仲子生牙,属诸戎子。《释文》:“属,之蜀反。”(《左传·襄公十九年》)

属诸参而蕃育其子孙。《释文》:“属,之玉反。”(《左传·昭公元年》)

属有宗祧之事于武城。《释文》:“属,章玉反。”(《左传·昭公四年》)

使罪人三行,属剑于颈。《释文》:“属,之欲反。”(《左传·定公十四年》)

师属之目,越子因而伐之,大败之。(《左传·定公十四年》)

蔡人,卫人属焉,周公黑肩将左军,陈人属焉。(《左传·桓公五年》)

弁纠御戎,校正属焉……荀宾为右,司士属焉。(《左传·成公十八年》)

蛮夷属于楚者,吴尽取之。(《左传·成公七年》)

城外属焉。(《左传·昭公十三年》)

不属者,非鲁人也。(《左传·哀公十一年》)

则将半邾,以属于吴。(《左传·哀公十三年》)

国内不少学者认为动词“属$_{市玉切}$”和动词“属$_{之欲切}$”是使动、非使动关系。《左传》29个用例中,非使动用例只有8条,使动用例竟然有21条。显然,声母为清辅音的“属”是常态,而声母为浊辅音的“属”是非常态。就“属”某一个义项而言,声母清浊两音或许可以解释为使动、非使动关系。但是,我们不能用使动、非使动解释“属”清浊两个形式。更重要的是,“属$_{市玉切}$”是“属$_{之欲切}$”的派生形式而不是相反。我们不能认为“属$_{之欲切}$”是“属$_{市玉切}$”的使动词,却可以认为前者是及物动词,后者是不及物动词(静词)。及物动词必须带直接宾语才能自足,而不及物动词不带直接宾语或间接宾语就可以自足。因而,使动词一定是及物动词,而非使动词是不带直接宾语的不及物动词(陈承泽,1982)。

> 著*tra̱k，张略切，《广韵》："服衣于身。"（著，《广韵》共有五音。著*dra̱，直鱼切，《广韵》："《尔雅》云太岁在戊曰著雍。"著*tra̱^{B}，丁吕切，《广韵》："著任。"著*tra̱s，陟虑切，《广韵》："明也，处也，立也，补也，成也，定也。"《礼记·乐记》："奋至德之光，动四气之和，以著万物之理。"《释文》："著，张虑反。"）《周礼·夏官·司马》注："玄谓抉挟矢时所以持弦饰也，著右手巨指。"《释文》："著，丁略切。"《左传·定公十三年》注："卫人惧，贡五百家，鞅置之邯郸，今欲徙著晋阳。"《释文》："著，丁略反。"《左传·襄公二十八年》注："崔氏弑庄公，又葬不如礼，故以庄公棺著崔杼尸边，以章其罪。"《释文》："著，丁略切。"著*dra̱k，直略切，《广韵》："附也。"《群经音辨》："著，置也，陟略切；著，附也，直略切。"《左传·庄公二十二年》："风行而著于土，故曰其在异国乎。"《释文》："著，直略反。"《左传·宣公四年》："著于丁宁。"

动词"著"跟我们前面分析的相同，声母为清辅音的形式在上古是常态，而声母为浊辅音的形式是非常态。用使动、非使动解释两者之间的关系，不仅难以符合辅音清浊两读之间的派生与被派生关系，而且就意义而言也十分牵强。但是，我们可以简单地处理为及物动词和不及物动词之间的关系。又比如"败"的清浊两读，不少学者认为是使动、非使动关系。据李左丰（2003：164）对先秦主要典籍的统计，"败"用作谓语 147 次，其中使动用法 111 次，而非使动用法只有 36 次。很显然，前者是常态而后者是非常态。

就辅音清浊交替的实际情况来看，浊辅音形式由清辅音形式派生而来而不是相反。浊辅音形式的来源，我们认为就是动词的既行体，比如动词"尽"。《群经音辨》："尽，极也，即忍切；既极曰尽，慈忍切。"贾昌期对"尽"清浊两读的解释，我们认为是恰当的。这一点我们前一节已经讨论过。动词所指的行动已经结束，自然会产生一种结果或形成一种状态，即后者是前者燃烧后剩下的余烬。这时，动词已经没有了动作性。其性质已经非常接近形容词，可以作谓语，但不能带直接宾语。学者为证明辅音清浊交替是使动词、自动词之间关系的例子实质上属于金理新（2002）所讨论的动作行为与动作行为结果的关系。因而，名词采用浊辅音形式，和非动作性动词同形，而跟动作性动词对立，如上例中的"属"。

三

早在 19 世纪末叶,德国康拉迪就认为中国语的动词有及物和不及物(外动和内动)两种形态的分别。分别条件是声母的清浊:清者为及物动词,是前加成分所留下的痕迹;浊者为不及物动词,本来没有前加成分。此后,Maspero、Schuessler、Pulleyblank 等都认为及物动词和不及物动词的清浊交替是上古汉语显著的形态现象。可以说,辅音清浊交替和及物动词、不及物动词之间的关系早就已经引起了人们广泛的兴趣。考察上古汉语,我们就不难发现,一对辅音清浊的同根动词往往一个带受事宾语而另一个不带宾语。

折*te̱t,旨热切,《广韵》:“拗折。”《左传·成公十六年》:“中车折轼,晋师乃止。”《释文》:“折,之设反。”《左传·成公二年》:“余折以御。”《释文》:“折,之设反。”《左传·哀公六年》:“而折其齿乎?”《释文》:“折,之舌切。”折*de̱t,常列切,《广韵》:“断而犹连也。”《群经音辨》:“既屈曰折,市列切。”《左传·襄公三十一年》:“栋折榱崩,侨将厌焉。”《左传·昭公十一年》:“末大必折,尾大不掉,君所知也。”《庄子·人间世》:“大枝折,小枝泄。”

傅*pa̱s,方遇切,《广韵》:“相也。”《左传·桓公二年》:“封桓叔于曲沃,靖侯之孙栾宾傅之。”注:“傅,相。”《左传·僖公二十八年》:“郑伯傅王。”注:“傅,相也。”傅*ba̱s,《释文》音“附”,《慧琳音义》卷二十五注:“附也。”《左传·僖公十四年》:“皮之不存,毛将安傅?”《释文》:“傅音附。”《左传·宣公十二年》:“遂傅于萧。”《释文》:“傅音附。”《礼记·祭统》“酌之祭器”,郑注:“傅着于钟鼎也。”《释文》:“傅,音附。”《左传·僖公二十五年》:“昏而傅焉。”《释文》:“傅,音附。”《史记·袁盎晁错列传》:“袁盎虽不好学,亦善傅会。”《汉书·高帝纪》:“从陈以东傅海。”注:“傅读曰附。”

吊*tɯks,多啸切,《广韵》:“吊生曰唁,吊死曰吊。”《左传·昭公二十年》:“琴张闻宗鲁死,将往吊之。《左传·隐公元年》:“吊生不及哀。”《左传·文公八年》:“穆伯如周吊丧不至,以币奔莒从己氏焉。”悼*dɯks,徒到切,《广韵》:“伤悼。”《诗经·氓》:“静言思之,躬自悼矣。”传:“悼,伤也。”

《史记·万石张叔列传》:“其执丧,哀戚甚悼。”

覯* kos,古侯切,《广韵》:“见也。”《说文》:“覯,遇见也。”《诗经·伐柯》:“我覯之子,笾豆有践。”郑笺:“覯,见也。”《诗经·召南·草虫》:“亦既见止,亦既覯止,我心则降。”《释文》:“覯,古豆反,遇也。”遘* kos,古侯切,《广韵》:“遇也。”《说文》:“遘:遇也。”《汉书·叙传下》:“遘闵既多,是用废黜。”逅* gos,胡覯切,《广韵》:“邂逅。”《说文》新附:“逅,邂逅也。”(《说文》:“邂,邂逅,不期而遇也。”)《诗经·绸缪》:“今夕何夕,见此邂逅。”《释文》:“逅,亦作覯,同胡豆反,一音户沟反。”《诗经·野有蔓草》:“邂逅相遇,适我愿兮。”传:“邂逅,不期而会。”《释文》:“逅,本亦作遘,胡豆反。”

渐* ʦa̠m,子廉切,《广韵》:“入也,渍也。”《诗经·氓》:“淇水汤汤,渐车帷裳。”《释文》:“渐,子廉反,注同,渍也。”《荀子·劝学》:“兰槐之根是为芷,其渐之滫,君子不近,庶人不服。”渐* ʣa̠m^{B},慈染切,《广韵》:“渐次也,进也,稍也,事之端也”。《诗经·渐渐之石》:“渐渐之石,维其高矣。”《释文》:“渐,士衔反。”《左传·文公五年》:“《商书》曰:沉渐刚克,高明柔克。”《释文》:“渐,似廉反,注同。”

驻* t/r/o̠s,中句切,《广韵》:“止马。”《史记·太史公自序》:“亚夫驻于昌邑。”《汉书·朱买臣传》:“买臣驻车,呼令后车载其夫妻。”《汉书·诸葛丰传》:“丰驻车举节诏章。”《汉书·朱博传》:“博驻车决遣,四五百人皆罢去,如神。”字也写作“軴”,音同。軴,《广韵》:“车軴。”逗* dos,田候切,《广韵》:“逗遛,又住也,止也。”《史记·韩长儒列传》:“廷尉当恢逗桡,当斩。”索隐:“如淳云:军法行而逗留畏桡者要斩。逗音豆,又音住,逗留也。”《汉书·匈奴传上》:“祁连知虏在前,逗遛不进。”颜注:“逗读与住同,又音豆。”住* d/r/o̠s,持遇切,《广韵》:“止也。”《史记·田敬仲完世家》:“住建共者客耶?”《汉书·沟洫志》:“民居金堤东,为庐舍,住十余岁更起堤。”《汉书·高五王传》:“发兵住其西界。”

堕* so̠r,许规切,《广韵》:“毁也。”(中古本当归书母,归晓母是例外。)《说文》:“败城阜曰隓。”《左传·僖公三十三年》:“堕军实而长寇雠,亡无日矣。”杜注:“堕,毁也。”《释文》:“堕,许规反。”《左传·定公十二年》:“叔孙州仇帅师堕郈。”杜注:“堕,毁也。”《释文》:“堕,许规反。”堕* zor,徒果切,《广韵》:“落也。”《广雅》:“坠,堕也。”《荀子·宥坐》:“其民迷惑而堕焉。”

《说苑·杂言》:“渡河而遽堕水中,船人救之。”

挻*sa̱n,式连切,《广韵》:“柔也。”《说文》:“挻,长也,从手从延,延亦声。”《说文通训定声》:“凡柔和之物,引之使长,抟之使短,可析可合,可方可圆,谓之挻。”《道德经》:“挻埴以为器。”《释文》引《字林》:“挻,长也。”《淮南子·说山训》:“譬犹陶人为器也,揲挻其土而不益厚,破乃愈疾。”字作“埏”。埏*sa̱n,式连切,《广韵》:“打瓦也,老子注云和也。”《荀子·性恶》:“故陶人埏埴而为器。”《管子·任法》:“昔者尧之治天下也,犹埴之在埏也。”延*za̱n,以然切,《广韵》:“长也。”《说文》:“延,长行也。”《左传·成公十三年》:“君亦悔祸之延。”注:“延,长也。”《吕氏春秋·知分》:“莫莫葛藟,延于条枚。”《尚书·吕刑》:“蚩尤惟始作乱,延及于平民。”也带宾语。《庄子·胠箧》:“今遂至使民延颈举踵。”《韩非子·十过》:“延颈而鸣,舒翼而舞。”

输*so̱,式朱切,《广韵》:“堕也。”《广雅》:“输,毁也。”《公羊传·隐公六年》:“六年春,郑人来输平。输平者何?输平,犹堕成也。”《穀梁传·隐公六年》:“六年春,郑人来输平。输者,堕也。”《释文》:“输平:失朱反,堕也,左氏作渝平。”《左传·隐公六年》:“郑人来渝平。”《释文》:“渝,羊朱反,变也。”《国语·周语上》:“弗震弗渝。”注:“渝,变也。”王引之:“渝,读为输。”渝*zo̱,羊朱切,《广韵》:“渝变也。”《说文》:“渝,变污也。”《诗经·羔裘》:“彼其之子,舍命不渝。”传:“渝,变也。”《墨子·非命中》:“武王治之,此世不渝。”《战国策·楚策一》:“以财交者,财尽而交绝;以色交者,华落而爱渝。”

施 sa̱r,式支切,《广韵》:“施设。”《诗经·兔罝》:“肃肃兔罝,施于中逵。”《左传·昭公二十年》:“残则施之以宽。”《孟子·梁惠王上》:“今王发政施仁,使天下仕者皆立于王之朝。”《庄子·大宗师》:“利泽施于万物,不为爱人。”《论语·颜渊》:“己所不欲,勿施于人。”《吕氏春秋·应同》:“均薪施火,火就燥。”移*za̱r,弋支切,《广韵》:“延也。”字也只写作“施”。《荀子·儒效》:“若夫充虚之相施易也。”注:“施读曰移。”《读书杂志》:“《荀子·儒效》‘虚实之相施易也’,《汉书·卫绾传》‘剑人之所施易’,施字并读为移。”《庄子·人间世》:“哀乐不易施乎前。”集释:“施,读曰移。”施*za̱rs,以豉切,《集韵》:“及也。”《诗经·葛覃》:“葛之覃兮,施于中谷,维叶萋萋。”传:“施,移也。”《释文》:“施,毛以豉反,郑如字。”《诗经·葛覃》:“葛之覃兮,施于中谷。”传:“施,移也。”《释文》:“施,毛以豉反。”《诗经·頍弁》:“茑与女萝，施于松柏。”《释文》：“施，以豉反。”《诗经·东山》：“果蠃之实，亦施于宇。”《释文》：“施，羊豉反。”

说*so̱t，失绝切，《广韵》：“告也。《释名》曰：说者，述也，宣述人意也。”《论语·八佾》：“成事不说，遂事不谏，既往不咎。”《左传·襄公二十八年》：“说其罪戾。”注：“自解说也。”《庄子·逍遥游》：“客得之，以说吴王。”《释文》：“说，始锐反，又如字。”《庄子·徐无鬼》：“今先生何以说吾君，使吾君说若此乎？”《庄子·盗跖》：“丘之所以说我者，若告我以鬼事，则我不能知也。”《释文》：“说，如字，又始锐反。”悦*zo̱t，弋雪切，“喜也，脱也，乐也，服也，经典通用‘说’”。《诗经·草虫》：“亦既见止，亦既觏止，我心则说。”毛传：“说，服也。”《释文》：“说，音悦。”《诗经·頍弁》：“既见君子，庶几说怿。”

失*si̱t，式质切，《广韵》：“错也，纵也。”《说文》：“失，纵也。”《诗经·伐木》：“民之失德，干糇以愆。”《论语·阳货》：“好从事而亟失时。”《论语·卫灵公》：“可与言而不与之言，失人；不可与言而与之言，失言。知者不失人，亦不失言。”《荀子·哀公》：“是舜无失民，造父无失马也。”逸*zit，夷质切，《广韵》：“纵也，奔也。”《说文》：“逸，失也。”段玉裁注：“引申之为逸游，为暇逸。”《左传·成公二年》：“马逸不能止，师从之。”逸，字本也作“失”。《荀子·哀公》：“其马将失。”注：“失读为逸。”佚*zi̱t，夷质切，《广韵》：“佚乐。”《孟子·公孙丑上》：“遗佚而不怨，阨穷而不悯。”又泆*zit，夷质切，《广韵》：“淫泆。”《礼记·坊记》：“民犹淫泆而乱于族。”字本作“失”。《国语·周语下》：“虞于湛乐，淫失其身。”

会*kops，《集韵》：“总合也。”《周礼·天官·冢宰》孙诒让云：“一岁之计多，则总聚考较，故谓之会也。”《周礼·天官·冢宰》：“岁终则各以其物会之。”《释文》：“会，古外反，又户外反。”《周礼·地官·司徒》：“岁终则令六卿之吏皆会政致事。”注：“会，计也。”《周礼·夏官·司马》：“王之皮弁会五采玉璂。”《释文》：“会，古外反。”会*gops，黄外切，《广韵》：“合也。”《左传·桓公三年》：“会于嬴，成昏于齐也。”《左传·桓公元年》：“蔡侯、郑伯会于邓。”《左传·桓公元年》：“公会郑伯于垂。”《论语·颜渊》：“君子以文会友，以友辅仁。”《礼记·月令》：“以会天地之藏。”注：“会犹聚也。”

括*kot，古活切，《广韵》：“检也，结也。”《礼记·丧服小记》：“斩衰，括发以麻；为母，括发以麻。”《释文》：“括，古活反。”《庄子·寓言》：“若向也俯而今也仰，向也括而今被发。”髻，古活切，《广韵》：“结髻。”《说文》：“髻，絜发也。”《仪礼·士丧礼》：“主人髻发，袒。”郑注：“髻古文作括。”《释文》：“髻，音括。”“髻”是“括”的后起区别字。《史记·秦始皇本纪》：“囊括四海之意，并吞八荒之心。”佸*kot，古活切，《广韵》：“会计曰佸。”佸*got，户括切，《广韵》：“佸会。”《说文》：“佸，会也。《诗》曰：‘曷其有佸？’”《诗经·君子于役》：“不日不月，曷其有佸？”传：“佸，会也。”《释文》：“佸，户括反。”字也写作“括”。括*got，户栝切，《集韵》：“会也。”《诗经·车舝》：“匪饥匪渴，德音来括。”传：“括，会也。”《释文》：“括，本又作佸，音活，徐古阔反。”

训*thuns，许运切（本当入昌母，中古入晓母属于例外），《广韵》：“诫也，男曰教，女曰训。”《左传·成公十八年》：“使训卿之子弟，共俭孝弟。”《左传·文公十五年》：“训民事君，示有等威，古之道也。”《左传·桓公十三年》：“君抚小民以信，训诸司以德，而威莫敖以刑也。”顺*duns，食闰切，《广韵》：“从也。”《论语·为政》：“五十而知天命，六十而耳顺，七十而从心所欲。”《论语·子路》：“名不正，则言不顺；言不顺，则事不成。”《孟子·公孙丑下》：“多助之至，天下顺之。”《管子·牧民》：“顺民之经，在明鬼神祇山川。”

这些声母分清浊的动词，其中一些可以勉强用使动、自动解释，但是许多例子不能用使动、自动解释。除了个别例子，那些所谓的自动词来自使动词，而不是相反。使动说颠倒了它们之间的先后、因果关系。可以肯定，辅音清浊交替跟使动词、自动之间的交换无关。就句法功能而言，上述例子中声母为清辅音的动词是带宾语的及物动词，而声母为浊辅音的动词是不带宾语的不及物动词。这是国内外一些学者将辅音清浊交替和及物、不及物动词之间交换联系在一起的根本原因。然而，上古汉语辅音清浊交替所包含的内容要广得多。清辅音未必一定是及物动词，浊辅音也未必一定是不及物动词。辅音清浊交替跟动词及物、不及物并没有必然的联系，尽管清辅音声母的动词相当大一部分是及物动词。

四

鲁襄公二十二年而孔子生。（《史记·孔子世家》）

纥与颜氏女野合而生孔子。(《史记·孔子世家》)

上古汉语很多动词有双重身份,既是及物动词又是不及物动词。这些动词,时而以不及物动词的身份出现,时而以及物动词的身份出现。及物动词和不及物动词之间很容易灵活转换。这种动词不包括那些看起来像及物动词而实际不是及物动词的不及物动词。

然而黄帝不能致德,与蚩尤战于涿鹿之野,流血百里。(《庄子·盗跖》)

黄帝尚不能全德而战涿鹿之野,流血百里。(《庄子·盗跖》)

这是上古汉语的语法手段介词缺省(default)造成。这一点李佐丰有过详细的论述,我们就不重复了。单单就形式而言,及物动词有时候也不带宾语,而不及物动词有时候倒反带上宾语。只要将缺省的成分重新添上,就能看出是及物动词还是不及物动词。

前面已经讨论了,辅音清浊交替并不是表使动、自动的语法手段。同样,也不单单表及物、不及物之间语法差别。辅音清浊交替所包含的内容远要比及物、不及物宽广。我们第二节已经列举大量动词通过辅音清浊交替变成形容词的例子。形容词固然不带宾语,但原词不一定就是带宾语的及物动词,如前面已经列举的“偕”和“谐”。显然,我们不能将它们之间的关系看成是及物动词和不及物动词之间的关系。“谐”是已然的状态,显然“我”已经不能控制。但是,“偕”是“我”能控制的动作行为。它们之间可以解释为自主、非自主。汉语很多清浊两音的动词,清辅音不一定是及物动词,却是一个自主动词。

降*kruŋs,古巷切,《广韵》:“下也,归也,落也。又音缸,伏也。”《左传·庄公三十二年》:“有神降于莘。”《左传·僖公二十三年》:“公子降拜稽首,公降一级,而辞焉。”《左传·僖公十五年》:“上天降灾,使我两君匪以玉帛相见,而以兴戎。”降*gruŋ,下江切,《广韵》:“降伏。”《诗经·出车》:“既见君子,我心则降。”《释文》:“降,户江反。”《左传·庄公三十年》:“七月,齐人降鄣。”《释文》:“降,户江反。”《左传·襄公二十六年》:“晋降彭城,而归诸宋。”《释文》:“降,户江反。”《左传·庄公八年》:“夏,师及齐师围郕,郕降于齐师。”《释文》:“降,户江反。”《左传·昭公十五年》:“鼓人或请降。”《释文》:“降,户江反。”《左传·襄公元年》:“彭城降晋。”《释文》:“降,户江反。”

降,《说文》:“下也。”段玉裁注:“此下为自上而下。”“降”本义是从高处往下,下啊下,就下到了下面。《诗经·草虫》传:“降,下也。”很显然,“降$_{\text{下江切}}$”是“降$_{\text{古巷切}}$”的动词既行体形式。动作完成或者过程结束,原有的动词已经没有了动词性,而变成了名词或者形容词,详见前一节。“我心则降”中的“降”已经不是动作动词。形容词有使动用法,动词既行体也可以有使动用法。因而,动词的既行体也可以带宾语。显然,我们不能认为“降$_{\text{古巷切}}$”是“降$_{\text{下江切}}$”的使动形式,或者相反。两者都可以是及物动词,也都可以是不及物动词。“凡行之留於施者之内者,曰内动字。内动者之行不及乎外,故无止词以受其所施,内动之不得转为受动者此也。”动词“降$_{\text{古巷切}}$”和“降$_{\text{下江切}}$”虽可以带宾语,但两者都不可以转为“受动”(被动),跟可以转为受动的及物动词不同。《左传·襄公元年》:“彭城降晋。”可见,也不能用及物、不及物解释“降$_{\text{古巷切}}$”和“降$_{\text{下江切}}$”。

歇*kha̱t,许竭切,《广韵》:“气泄也,休息也,又竭也。”《左传·宣公十二年》:“得臣犹在,忧未歇也。”注:“歇,尽也。”《释文》:“歇,许竭反。”《左传·襄公二十九年》:“未获所归,难未歇也。”注:“歇,尽也。”愒*kha̱ts,去例切,《广韵》:“《说文》息也。”《诗经·菀柳》:“有菀者柳,不尚愒焉。”传:“愒,息也。”《释文》:“愒,欺例反,徐丘丽反。”《诗经·民劳》:“民亦劳止,汔可小愒。”传:“愒,息也。”《释文》:“愒,起例反,徐丘丽反。”字通常写作“憩”。憩*kha̱ts,去例切,《广韵》:“息也。”《诗经·甘棠》:“蔽芾甘棠,勿翦勿败,召伯所憩。”传:“憩,息也。”《释文》:“憩,本又作揭,起例反,徐许罽反。”竭*ga̱t,渠列切,《广韵》:“尽也。”《左传·庄公十年》:“一鼓作气,再而衰,三而竭。”《左传·僖公三十二年》:“师劳力竭,远主备之,无乃不可乎?”《论语·学而》:“事父母能竭其力,事君能致其身。”《礼记·月令》:“毋竭川泽。”《尔雅》:“涸,竭也。”字也写作“渴”。渴*ga̱t,渠列切,《广韵》:“水尽也。”《说文》:“渴,尽也。”段玉裁注:“渴竭古今字,古水竭字多用渴。”

趒*sɯ,吐彫切,《广韵》:“雀行。”《说文》:“趒,雀行也。”段玉裁注:“今人概用跳字。”趒*sɯs,他吊切,《广韵》:“越也。”此今之“跳”字。趒*zɯ,徒聊切，《广韵》:“《说文》曰：雀行也。”跳 *zɯ，徒聊切，《广韵》:“跃也。”《说文》:“跳，一曰跃也。”《庄子·逍遥游》:“东西跳梁，不避高下。”《释文》:“跳，音条。”《庄子·秋水》:“出跳梁乎井干之上，入休乎缺甃之崖。”《释文》:“跳，音条。”《史记·高祖本纪》:“汉王跳，独与滕公共车出成皋玉门。”集解：“徐广曰音逃。”索隐：“如淳云：跳，走也。”《史记·项羽本纪》作“汉王逃”。逃 *zɯ，徒刀切，《广韵》:“去也，避也，亡也。”《左传·庄公十七年》:“郑詹自齐逃来。”《左传·僖公二十二年》:“晋大子圉为质于秦，将逃归。”

如同“偕”和“偕”，辅音清浊两个形式断然不能解释为使动和自动。清辅音形式可以是带宾语的及物动词，也可以是不带宾语的不及物动词；而浊辅音形式一般是不带宾语的不及物动词。显然，我们不能用及物、不及物来解释它们之间的差别。前一节我们已经讨论了动词通过辅音清浊交替派生出形容词，这些形容词实际上是动词既行体。已然的状态或已成的结果已经无法改变。但是，与形容词相对的动词则是自主的动作。同样，前面所举的例子中，清辅音的动词是自主、可控的动词，而浊辅音的动词是非自主、不可控的动词。我们完全可以用自主、非自主解释它们之间的差别，比如“折$_{\text{旨热切}}$”和“折$_{\text{常列切}}$”。辅音声母由清辅音向浊辅音转变时有削弱动词施事性的作用，使动词渐渐丧失动词的施事性和自主性，转化成非自主动词，甚至形容词。相反，辅音声母由浊辅音转换为清辅音声母则有增强动词施事性的作用，使形容词、非自主动词转化为动作动词、自主动词。

展 *tra̠n^{B}，知演切，《广韵》:“舒也。”《说文》段玉裁注：“展布四体之意。”《庄子·盗跖》:“盗跖大怒，两展其足，案剑瞋目。”《仪礼·聘礼》:“有司展群币以告。”《左传·成公十六年》:“缮甲兵，展车马。”袒 *drans，丈苋切，《广韵》:“衣缝解。”《说文》:“袒，衣缝解也。”字也写作“绽”。《礼记·内则》:“衣裳绽裂。”《释文》:“绽，字或作綻，直苋反，徐治见反。”袒 *dan^{B}，徒旱切，《广韵》:“袒裼。”《左传·昭公二十年》:“使华寅肉袒执盖。”《释文》:“袒，徒旱反。”《左传·庄公八年》:“袒而示之背。”《释文》:“袒，音但。”

贮 *tra̠^{B}，丁吕切，《广韵》:“居也，积也。”《管子·大匡》:“毋曲堤，毋贮粟。”字写作“著”。《史记·货殖列传》:“积著之理，务完物，无息币。”索隐：“著，音张吕反。”著 *tra^{B}，丁吕切，《广韵》:“著任。”《史记·货殖列传》:“子赣既学于仲尼，退而仕于卫，废著鬻财于曹鲁之间。”集解：“徐广曰：子贡传云‘废居’。著，犹居也。著读音如貯。”《史记·乐书》：“乐著太始而礼居成物。著不息者天也，著不动者地也。”正义：“著，犹处也。”《诗经·著》：“俟我于著乎而。”传：“门屏之间曰著。”疏：“孙炎曰：门内屏外，人君视朝所宁立处也。著与宁音义同。”宁*dra̱^{B}，直吕切，《广韵》：“门屏之间。《礼》云天子当宁而立。”《礼记·曲礼下》：“天子当宁而立。”《释文》：“宁，徐珍吕反，又音储，门屏之间曰宁。”动词意义字多写作“伫”或“竚”。伫*dra̱^{B}，直吕切，《广韵》：“久立也。”《诗经·燕燕》：“瞻望弗及，伫立以泣。”《释文》：“伫，直吕反。”《楚辞·离骚》：“延伫乎吾将反。”

交*krɯ，古肴切，《广韵》：“共也，合也。”《易·泰》：“是天地交而万物通也，上下交而其志同也。”《庄子·马蹄》：“喜则交颈相靡，怒则分背相踶。”《庄子·山木》：“君子之交淡若水，小人之交甘若醴。”殽*grɯ，胡茅切，《广韵》：“溷殽。”《国语·周语下》：“如是而加之以无私，重之以不殽。”《庄子·齐物论》：“仁义之端，是非之涂，樊然殽乱。吾恶能知其辩？”淆*grɯ，胡茅切，《广韵》：“混淆，浊水。”《尔雅》：“河出昆仑虚，色白；所渠并千七百一川，色黄。”郭注：“所受渠多，众水溷淆，宜其浊黄。”《释文》：“淆，胡交反。”

攻*koŋ，古红切，《广韵》：“攻击。”《说文》：“攻，击也。”《左传·桓公二年》：“宋督攻孔氏，杀孔父而取其妻。”《左传·桓公五年》：“王卒乱，郑师合以攻之，王卒大败。”《左传·宣公二年》：“攻灵公于桃园。”讧*goŋ，户公切，《广韵》：“溃也。”《诗经·召旻》：“天降罪罟，蟊贼内讧。”传：“讧，溃也。”笺云：“讧，争讼相陷入之言也。”字也写作“鬨”。《说文》：“鬥也。从鬥共声。《孟子》曰：‘邹与鲁鬨。’”音义：“鬨，胡弄反。”字也写作“閧”。《吕氏春秋·慎行》：“崔杼之子相与私閧。”高注：“閧读近鸿，缓气言之。”

一般情况，自主动词（volitional verbs）是及物动词，带宾语；非自主动词（non-volitional verbs）是不及物动词，不带宾语。但是，自主动词也可以是不及物动词，非自主动词也可以是及物动词。动词自主、非自主跟及物、不及物的划分标准不同。因而，辅音清浊交替跟及物、不及物并不完全匹配。国外学者将辅音清浊交替看成是及物动词和不及物动词之间的交换只看到辅音清浊交替的一个趋势，并没有到清浊交替的实质。辅音清浊交替实质内容并不是表示及物动词和不及物动词之间的差别，而是区别自主动词和非自主动词。

挂*qris，古卖切，《广韵》："悬挂。"《六书故》引唐本《说文》："挂，县也。"《吴越春秋·夫差内传》："挂吾目于门，以观吴国之丧。"《楚辞·招魂》："挂曲琼些。"注："挂，县也。"《庄子·渔父》："变更易常，以挂功名。"结*ɢris，胡卦切，《广雅》："悬也。"《左传·桓公三年》："逐翼侯于汾隰，骖结而止。"《释文》："结，户卦反。"《左传·成公二年》："将及华泉，结于木而止。"《释文》："结，户卦切。"《史记·齐太公世家》："车结于木而止。"

显然，前者是自主、可控动词，后者是非自主、不可控动词，而两者的语音差别仅辅音声母清浊不同。"败$_{\text{补迈切}}$"和"败$_{\text{薄迈切}}$"之间的关系等同于"挂"和"结"之间的关系。清辅音变成浊辅音削弱动词的自主性，由自主动词变成非自主动词，而浊辅音变成清辅音则增强动词的自主性，由非自主动词变成自主动词。因自主动词往往是及物动词，而非自主动词往往是不及物动词，原本表示自主动词和非自主动词差别的清浊交替被误认为是区别及物动词和不及物动词。

被*pha̱r，攀糜切（《集韵》）。《左传·襄公十四年》："乃祖吾离被苫盖，蒙荆棘，以来归我先君。"《释文》："被，普皮反。"《国语·周语下》："被羽先升，遂克之。"《汉书·扬雄传上》："衿芰茄之绿衣兮，被夫容之朱裳。"颜师古注："被音披，又音皮义反。"《庄子·知北游》："啮缺问道乎被衣。"《释文》："被，音披，本亦作披。"被*ba̱rs，平义切，《广韵》："被服也，覆也。《书》曰'光被四表'。又平彼切，寝衣也。"被，《集韵》："部靡切，寝衣，一曰及也。"（《说文》："被，寝衣。"此意义上古早期不见。《论语·乡党》："必有寝衣，长一身有半。"孔安国曰：今被也。）《左传·成公十年》："晋侯梦大厉，被发及地。"《释文》："被，皮寄反。"《庄子·田子方》："老聃新沐，方将被发而干。"《释文》："被，皮寄反。""被发"一语，《左传》等经典多见，《释文》一律注音"皮寄反"。《韩非子·形势解》："故身贵显，而子孙被其泽。"

烝*te̱ŋ，煮仍切，《广韵》："《说文》曰：火气上行也。"《国语·周语上》："阳伏而不能出，阴迫而不能烝。"《韩非子·难一》："易牙烝其子首而进之。"后字也写作"蒸"，音同。《墨子·辞过》："蒸炙鱼鳖。"《管子·轻重丁》："猎渔取薪，蒸而为食。”爯 *theŋ，处陵切，《广韵》：“并举也。”《说文》：“爯，并举也。”字通写作“称”。称 *theŋ，处陵切，《广韵》：“知轻重也。《说文》曰：铨也。”《诗经·七月》：“称彼兕觥，万寿无疆。”《左传·襄公八年》：“女何故称兵于蔡？”偁 *theŋ，处陵切，《广韵》：“宣扬美事，又言也。”字也写作“称”。《左传·宣公十六年》：“禹称善人，不善人远。”《论语·子路》：“宗族称孝焉，乡党称弟焉。”《左传·隐公元年》：“称郑伯，讥失教也。”承 *deŋ，署陵切，《广韵》：“奉也，受也。”《左传·僖公十五年》：“女承筐，亦无贶也。”《左传·襄公二十五年》：“再拜稽首，承饮而进献。”由两手向上高举着物，引申出承受、侍奉等意义。《左传·隐公八年》：“敢不承受君之明德。”《左传·文公十五年》：“臣承其祀，其敢辱君。”丞 *deŋ，署陵切，《广韵》：“佐也。”《汉书·百官公卿表上》：“相国、丞相，皆秦官，金印紫绶，掌丞天子助理万机。”应劭曰：“丞者，承也。相者，助也。”《汉书·佞幸传》：“晨夜扶丞左右，甚有甥舅之恩。”丞，字也写作“承”。《左传·哀公十八年》：“使帅师而行，请承。”注：“承，佐。”

捧 *phoŋ^{B}，敷奉切，《广韵》：“两手承也。”《庄子·天运》：“归亦捧心而矉其里。”《史记·日者列传》：“司马季主捧腹大笑。”本字写作“奉”。《说文》：“奉，承也。”《史记·项羽本纪》：“沛公奉卮酒为寿，约为婚姻。”奉 *boŋ^{B}，扶陇切，《广韵》：“与也，献也。”由双手捧着引申出遵奉、拥戴、侍奉等意义。《左传·隐公十一年》：“郑伯使许大夫百里，奉许叔以居许东偏。”《左传·庄公八年》：“召忽奉公子纠来奔。”

非自主动词指“我”主观上无法控制（中止）的动作行为。在“你”“我”“他”构成的世界里面，“他者”的行为“我”主观上无法控制。此外，动作行为是否可以控制，还需要考虑“我”所处的时代环境以及社会习俗。比如“婚嫁”，在封建时代则往往是“我”所无法控制的动作行为。因而，卑者对于尊者，或者出于对对方的尊敬，“我”也会选择非自主动词的形式。“称”只是一般的举起，而“承”是用两手高高捧着献给尊者或者高举双手接住，因而往往表示服侍尊者的动作行为，其直接宾语往往是“天”“君”等。“捧”和“奉”都是及物动词，但辅音清浊交替。显然，辅音清浊交替表示的不是及物、不及物，而是自主、非自主。

第四节　施事性

一

见，视也，古电切。（《广韵》）

见，露也，胡甸切。（《广韵》）

周法高（1962）、王力（1965）、俞敏（1984）、梅祖麟（1988）等都认为动词“见”的清浊异读是自动词和使动词之间的变音。动词“见”为“谒见”义时音“胡甸切”。《左传·桓公十三年》：“遂见楚子。”《释文》：“见，贤遍反。”俞敏说：“见的使动用法用 g-型的音，‘孟子见梁惠王’。‘见（g-）于王’是出现在王前面，换句话说，就是‘使王见’。这也是使动词。”使动的意思是客体实施某一动作行为或产生某一状态主体是其原因。因而，使动句中动作行为的实施者一定是客体而不是主体，而且主体对客体实施某一动作行为有支配、决定作用。很显然，“孟子使梁惠王见古电切”不成立。“见”的做者不是梁惠王而是孟子。勉强说“孟子见梁惠王”中的“见”是一个使动词，也只能理解为“孟子使梁惠王被见古电切”。梁惠王是魏国国君，完全有理由拒绝孟子的要求。由此，“孟子使梁惠王被见古电切”同样不成立。

见龙在田，利见大人。《释文》：“见龙，贤遍反；利见，如字。”（《易·乾》）

前一个“见”的声母是浊辅音，后一个声母是清辅音。要是“见胡甸切”是“见古电切”的使动词，“见胡甸切龙”岂不成了“使龙见古电切”？自动词不一定是不及物动词，而使动词一定是带直接宾语的及物动词。客体“龙”既不是“见”的施事者也不是主体可以支配的受事对象。显然，我们不能用使动、自动解释动词“见”的清浊变音。使动在上古汉语研究中被泛用了。（黄坤尧，1997：142）一些本不属于非使动（自动）和使动配对的动词也被认为是非使动（自动）和使动配对，如清浊两读的“见”。就动词“见”学者们的处理而言，黄昆尧的看法无疑是恰当的。《论语·季氏》：“季路见于孔子。”《释文》：“见，贤遍反。”音“贤遍反”的“见”连宾语都没有。动词“见胡甸切”断然不能处理为“见古电切”的使动词。我们先来看一看《左传》中一些读“贤遍反”的“见”。

凡祀，启蛰而郊，龙见而雩。《释文》：“见，贤遍反。”（《桓公五年》）

夜，恒星不见。《释文》：“见，贤遍反。”（《庄公七年》）

公怒曰，彭生敢见。《释文》：“见，贤遍反。”（《庄公八年》）

比及宋，手足皆见。《释文》：“见，贤遍反。”（《庄公十二年》）

凡土功，龙见而毕务。《释文》：“见，贤遍反。”（《庄公二十九年》）

卜，桑林见。《释文》：“见，贤遍反。”（《襄公十年》）

鼓人或请降，使其民见。《释文》：“见，贤遍反。”（《昭公十五年》）

五月，火始昏见。《释文》：“见，贤遍反。”（《昭公十八年》）

以其良马见。《释文》：“见，贤遍反。”（《昭公二十年》）

请使重见。《释文》：“见，贤遍反。”（《昭公二十七年》）

秋，龙见于绛郊。《释文》：“见，贤遍反。”（《昭公二十九年》）

见于尝酎，与执燔焉。《释文》：“见，贤遍反。”（《襄公二十二年》）

乃遍以璧见于群望。《释文》：“见，贤遍反。”（《昭公十三年》）

寡君将承质币而见于蜀。《释文》：“见，贤遍反。”（《昭公七年》）

这些读“贤遍反”的“见”都是不及物动词或非自主动词。动词“见胡甸切”连宾语都没有，何来使动？王力（1965）在《古汉语自动和使动词的配对》中认为“见”声母清浊辅音两读是自动和使动关系，而王力（1980）在《汉语滋生词的语法分析》中则认为是主动和被动的关系。王力之所以后来改变了主意，显然看到了“见”之清浊两个形式确实难以用自动词和使动词之间的关系加以解释。潘悟云师（1991）对此也持怀疑的态度，因为“这里的浊声母表示使动，和清声母表使动相反，而且在语义也有问题”。

宋公请先,见于齐侯。《释文》:“见,贤遍反,又如字。”(《庄公三十二年》)

而再见于君。《释文》:“见,贤遍反。”(《文公十七年》)

仲见于齐侯而请之。《释文》:“见,贤遍反。”(《文公十八年》)

寡君将帅诸侯以见于城下。《释文》:“见,贤遍反,或如字。”(《襄公八年》)

公使代之,见于左师。《释文》:“见,贤遍反,又如字。”(《昭公六年》)

仲尼闻之,见于郯子而学之。《释文》:“见,贤遍反。”(《昭公十七年》)

皆受县而后见于魏子。《释文》:“见,贤遍反。”(《昭公二十八年》)

贾辛将适其县,见于魏子。《释文》:“见,贤遍反。”(《昭公二十八年》)

王合诸侯,则伯帅侯牧以见于王。《释文》:“见,贤遍反。”(《哀公十三年》)

伯合诸侯,则侯帅子男以见于伯。《释文》:“见,贤遍反。”(《哀公十三年》)

以上这些《左传》中的“见”《释文》都注音“贤遍反”。这些音“贤遍反”的“见”甚至不直接带宾语,而需要加介词“于”。相反,音“古甸切”的“见”却是一个直接带宾语的及物动词,比如《桓公元年》“宋华父督见孔父之妻于路”中的“见”。很清楚,音“胡甸切”的“见”不可能是音“古电切”的“见”的使动形式。

那么,动词“见”之声母清浊两读属于什么关系?黄昆尧(1997:142)认为表示尊卑关系。黄昆尧的这一观点来自陆德明。《仪礼·士相见礼》:“某也愿见,无由达。某子以命命某见。”《释文》:“愿见:贤遍反。凡卑于尊曰见,敌而曰见,谦敬之辞也。下以意求之,他皆放此。”“看见”的“见”声母固然是清辅音,而“谒见”的“见”声母是浊辅音,但是声母是浊辅音的“见”则未必一定是卑者见尊者,而且就是卑者“见”尊者也不一定声母就是浊辅音。上面所举的“见”,《释文》全部音“贤遍反”。像“恒星不见”中的“见”,后字也写作“现”。作“现”解的“见”何来尊卑?不过,黄昆尧的“尊卑说”确实从另一个角度看出主体实施动作行为“见”难易程度的不同:尊者“见”卑者容易,而卑者“见”尊者难。主体容易实施动作行为“见$_{古电切}$”而不容易实施动作行为“见$_{胡甸切}$”。

汉语许多动词本身就隐含着一个有定的施事者和受事者,动词“见”就是其中一个。动词“见$_{古电切}$”的行为主体已经限定是有此行为能力的生命体,而其受事者则一定是可见之事物,比如“吾未见好德如好色者也”(《论语·卫灵公》)。动词“见$_{古电切}$”的受事者无论处于句子的主语位置还是宾语位置都是受事者,如“手足皆见”中的“手足”。当受事者充当句子主语时,动词“见”的读音由“古电切”

变成了“胡甸切”，后字作“现”，如“夜恒星不见”。王力(1980)之所以将清浊两读的“见”由原先的非使动、使动配对改为主动和被动配对，显然是看到了作被动动词时“见”读浊辅音声母。白一平(1992:218)同样因此而认为“见”清浊两读表示主动、被动关系。“外动字之行，有施有受。受者居宾次常也。如受者居主次，则为受动字，明其以受者为主也。”(马建忠，1983:160)当受事者居于主语位置时，用主动和被动或许可以解释“见”的清浊两读。《广韵》以“露”解释“见”，可以是“给别人看”或“让别人看”等，意义上主语和动词“见”有被动关系。但是，主动、被动显然不能解释当主体是施事者时，动词“见”也可以有清浊两读。

遂见楚子曰，必济师。《释文》:“见，贤遍反。”(《桓公十三年》)

周史有以周易见陈侯者，陈侯使筮之。《释文》:“见，贤遍反。”(《庄公二十二年》)

蔡穆侯将许僖公以见楚子于武城。《释文》:“见，贤遍反。”(《僖公六年》)

公孙敖闻其能相人也，见其二子焉。《释文》:“见，贤遍反。”(《文公元年》)

卫侯如晋，晋侯强见孙林父焉。《释文》:“见，贤遍反。”(《成公十四年》)

臧孙闻之，见齐侯，与之言伐晋。《释文》:“见，贤遍反。”(《襄公二十三年》)

王儋季卒，其子括将见王而叹。《释文》:“见，贤遍反。”(《襄公三十年》)

见诸王而命之以蔡。《释文》:“见，贤遍反。”(《定公四年》)

主体是动词“见”的施事者而不是受事者。但是，上述句子中的动词“见”跟“恒星不见”中的“见”语音形式相同，《释文》都注音“贤遍反”。“秋，龙见于绛郊。”(《左传·昭公二十九年》)《释文》:“见，贤遍反。”“见龙在田。”(《易·乾》)《释文》:“见，贤遍反。”两个“见”读音相同。前一句中的“龙见”或许可以理解为被动，而后一句的“见龙”却显然不是被动。可见，我们同样不能用主动和被动解释动词“见”的清浊两读。王力、白一平等学者用主动、被动解释“见”清浊两个形式，显然只注意到主语是施者和受者时动词“见”有清浊两音，而没有注意到主语同为施者时动词“见”也有清浊两音。

二

辅音声母清浊对立的一对动词，清辅音形式是动词的现行体，而浊辅音形式是动词的既行体。动词既行体兼有动词和形容词的双重特性。因而，动词既行体作谓语时，一般不带直接宾语。动词的现行体是及物动词，动词既行体作谓语常表示被动；动词的现行体是不及物动词，动词的既行体作谓语时常表示主语的状态。“见古电切”是及物动词。因而，当“见胡甸切”作谓语时，主语就成了“见”的受事者。这是王力、白一平等为什么会将清浊两音的“见”解释为主动和被动关系的根本原因。不过，动词既行体作谓语时也常常可以带直接宾语。

天子降心以逆公，不亦可乎？（《左传·僖公二十五年》）

颍考叔挟辀以走，子都拔棘以逐之。（《左传·隐公十一年》）

楚子合诸侯于沈鹿，黄随不会。（《左传·桓公八年》）

宰夫将解鼋，相视而笑。《释文》：“解，如字，一音蟹。”（《左传·宣公四年》）

此车一人殿之，可以集事。（《左传·成公二年》）

为之调谐八音以荡其心。（《史记·礼书》）

郑伯使许大夫百里奉许叔以居许东偏。（《左传·隐公十一年》）

寡君无适与也，而传诸君。（《左传·昭公七年》）

吴人将以公见晋侯。（《左传·哀公十三年》）

上古汉语的动词既行体作谓语动词时带宾语常见，而其中不少动词既行体已经被看成了及物动词。这跟形容词相似。形容词作谓语时本不带宾语，但上古汉语的形容词常常可以带宾语。因而，一些学者将这种带宾语的动词既行体看成是动词现行体的使动形式。如同我们前面说的那样，很多情况根本不能用使动解释。动词既行体原本不带直接宾语，现在却带上了宾语。这是主体将陈述对象让渡给了客体。客体由受事者变成了施事者、当事者或者受事者。

秋，龙见于绛郊。《释文》：“见，贤遍反。”（《左传·昭公二十九年》）

其同人曰，见龙在田。《释文》："见，贤遍反。"（《左传·昭公二十九年》）

前一句"龙"是动词"见古电切"的受事者，后一句"龙"也是动词"见古电切"的受事者。如同"风吹草低见牛羊"中的"见"，后一句中的"见"依然不能读"古电切"而只能读"胡甸切"。说话者将陈述对象让渡给客体，只是要表达"龙"是动词"见古电切"的受事者。至于谁是动词"见古电切"的施事者，不是说话者说话的焦点。

金鹏（1986）提到藏语中一种鲜为学者所讨论的语法现象：主方动词跟宾方动词对立。此后，金鹏（1988）进一步对藏语这种主方动词跟宾方动词进行了较为详细的分析：一种是与作者（或主动者）联系的动作，也就是由作者能发出的动作，藏文文法叫作 bdag，可译为主方；一种是与动作对象联系的动作，也就是动作对象所接受的动作，藏文文法叫作 gzhan，可译为宾方。例如 gtçod 和 gtçad 都是"砍"和"断"，而前者是与能砍者联系的动作，后者是与被砍对象联系的动作。如果说"砍木者"，要用前者说 i gtçod pa（能砍）po（者）。如果说"所砍的木"，要用后者说 gtçad pa i（所砍的）i。这种语法现象没有适当的术语，所以也称之为态，但如果简单地把与作者联系的动作称为主动态，把与动作对象联系的动作称为被动态，是不大合适的，与古藏文文法《sum rtags》所说的 bdag 主方和 gzhan 宾方的语法本质不完全符合，还是以称主方和宾方为宜。主方和宾方常常涉及名词，因而我们将金鹏所说的主方动词和宾方动词改称为施事动词（agentive verbs）和受事动词（accusative verbs）。上古汉语动词"见"清浊两读正是金鹏所说的主方动词跟宾方动词之间的差别。

为国家者见恶如农夫之务去草焉，芟夷蕴崇之。（《左传·隐公六年》）
宋华父督见孔父之妻于路，目逆而送之。（《左传·桓公元年》）
齐侯游于姑棼，遂田于贝丘，见大豕。（《左传·庄公八年》）
见公之足于户下，遂弑之。（《左传·庄公八年》）
辛有适伊川，见被发而祭于野者。（《左传·僖公二十二年》）

音"古电切"的"见"是及物动词。当受事者以主语的身份出现时，"见"的语音形式由"古电切"转换成"贤遍切"，即采用动词既行体形式。因而，主语和动词之间有着语义上的被动关系。但是，当主语是施事者时，动词"见"既可以音"古电切”,也可以音“贤遍切”,也即音“古电切”的“见”不能出现在被动句中而音“贤遍反”的“见”却可以出现在被动句中。被动句中主体是动作行为的受事者,而施事者则完全可以外置。此时,动词所联系的只是受事者,尽管有时候为了明确动作的施事者句子也可以引入施事者,构成带施事被动形式(agentive passive)。音“古电切”的“见”作谓语时,主体是施事者,与受事者无关;音“贤遍反”的“见”作谓语时,主体不一定是动作“见”的施事者,但与受事者有关。《论语·颜渊》:“樊迟退,见子夏。”《释文》:“见,贤遍反。”动词“见”不论音“古电切”还是音“胡甸切”,“子夏”都是“见”的受事者。只不过音“胡甸切”时,最后能不能“见”,由“子夏”决定。《论语·泰伯》:“天下有道则见,无道则隐。”《释文》:“见,贤遍反,又音现。”其字后写作“现”,以别于“见”。《论语·阳货》:“阳货欲见孔子,孔子不见,归孔子豚。”主体(阳货)将陈述对象让渡给客体(孔子)。前面已经提到,当主体是受事者时,“见”音“贤遍切”。因而,当动词的受事者出现在客体位置上而动作行为的施事者不是主体而是外置第三者时,动词“见”则读“贤遍反”,比如下面几个例子:

> 公孙敖闻其能相人也,见其二子焉。(《左传·文公元年》)
> 止子路宿,杀鸡为黍而食之,见其二子焉。(《论语·微子》)
> 令相两子,见孝惠。(《史记·高祖本纪》)
> 初,齐豹见宗鲁于公孟,为骖乘焉。(《左传·昭公二十年》)

上述四个句子中,动作行为“见$_{\text{古电切}}$”的真正施事者不是主语,也不是宾语,而是外置的第三者。“齐豹见宗鲁于公孟。”(《左传·昭公二十年》)这句话中动作行为“见”的真正施事者是“公孟”。齐豹将宗鲁引荐给公孟,公孟看了宗鲁。受事者宗鲁和第三者公孟之间构成被动关系。前面已经提到,不及物动词上古汉语常常带直接宾语。

> 故远人不服,则修文德以来之。(《论语·季氏》)
> 盗跖从卒九千人,横行天下。(《庄子·盗跖》)
> 入其社稷之臣于秦,即韩、魏从。(《战国策·秦策四》)
> 死吾父而专于国,有死而已。(《左传·襄公二十一年》)

期年将有大咎，几亡国。（《左传·僖公十四年》）

齐人以为讨而止公。（《左传·僖公十七年》）

项王即日因留沛公与饮。（《史记·项羽本纪》）

宋武公生仲子，仲子生而有文在其手。（《左传·隐公元年》）

晋侯饮赵盾酒，伏甲将攻之。（《左传·宣公二年》）

传统将这种不及物动词带上宾语称之为不及物动词使动用法。显然，我们不能将“王冕死了父亲”中的“死”看成是动词“死”的使动用法。不及物动词带宾语不过是将主语的施事者让渡给了宾语。不带宾语时，主语是动作行为的直接施事者；带上宾语时，宾语成了动作行为的施事者。此时，主语成了宾语和谓语的牵线搭桥之人。动词既行体兼有形容词的特点。因而，动词既行体作谓语时，一般不带宾语。跟不及物动词一样，动词既行体作谓语而且带宾语时，宾语成了意义上的主语。当动词现行体是及物动词时，宾语和谓语动词之间有意义上的被动关系；当动词现行体是不及物动词时，宾语就是谓语动词要陈述的对象。

王力（1980：377）注意到，外动词所表示的行为既不是主语也不是宾语，“而是第三者所发出的”。但是，王力把这种由第三者发出的动作也归入到使动之中。谢质彬（1996）也注意到了，并称之为“使动性的述语”。《韩非子·人主》：“昔关龙逢说桀而伤其四肢，王子比干谏纣而剖其心，子胥忠直夫差而诛于属镂。”谢质彬说，“伤其四肢”等于说“使其四肢被伤”，“剖其心”等于说“使其心被剖”，“伤”“剖”都是被动用法。正如谢质彬所说，能不能带宾语，是区分外动词的主动用法和被动用法的主要标志。谢质彬用“使……被”来解释显然杂糅了使动、被动。动作既然是由第三者发出的，何来使动？《论语·微子》：“（丈人）止子路宿，杀鸡为黍而食之，见其二子焉。”动词“见”的施事者既不是丈人，也不是丈人的两个孩子，而是外置的第三者子路。这一事件中子路是动作行为“见”的施事者，而（丈人的）二子则是受事者。《左传·文公元年》：“公孙敖闻其能相人也，见其二子焉。”《释文》：“见，贤遍反。”（内史叔服）看了公孙敖的二子，而不是公孙敖。（内史叔服）是动词“见”的施事者，而二子是受事者。动词“见”是一个及物动词，隐含着主体是施事者和客体是受事者。当主体不是施事者或施事者是外置的第三者时，动词“见”就换成既行体形式，即受事动词。

音“古电切”的“见”是一个与施事者所施的施事动词，而音“贤遍切”的“见”

是一个与受事者所受的受事动词。“见”是一个及物动词。但是,受事者对于主体而言完全是外置的。不论受事者是否愿意,主体在可能的情况下都可以实施“见”这一动作行为。我们将“孟子见梁惠王”中“见”读成“古电切”,意思是指“孟子看见了梁惠王”,而“梁惠王”则不一定知道自己已经被孟子看见了。客体“梁惠王”对孟子而言完全是外置的。说话者只告诉我们一个事实,“孟子看见了(梁惠王)”。将“见”读成“贤遍切”,意思是指“梁惠王被(孟子)看见了”。这时,受事者“梁惠王”不再是外置的。主体(孟子)能否实施这一动作行为,受事者是关键,即受事者对主体而言是内在的。

> 寺人披请见,公使让之,且辞焉。《释文》:“见,贤遍反。”(《左传·僖公二十四年》)

主体(寺人披)要“见”晋侯,客体(晋侯)不愿意,结果“见”不着。正因为客体愿意不愿意被“见”的决定权在客体,故上古典籍中出现“请见”的形式。动词“见古电切”所指的是“谁见”,而“见贤遍反”所指的则是“见谁”。“见恶,如农夫之务去草焉。”(《左传·隐公六年》)“见”是由主体所施的动作行为,是一个施事动词。“见楚子于武城。”(《左传·僖公六年》)“见”是受事者所受的动作行为,是一个受事动词。比如“风吹草地见牛羊”中,“见”所联系的只有受事者,而动作行为的施事者则可以是外置的。正因为施事动词与施事者联系而受事动词与受事者联系,当主体不是动作行为的施事者而是受事者时,施事动词换成受事动词。

三

解 $^{*}kri^{B}$,佳买切,《玉篇》:“释也。”《礼记·曲礼上》:“解屦不敢当阶。”《淮南子·原道训》:“故禹之裸国,解衣而入,衣带而出。”《群经音辨》:“解,判也,工买切;解,散也,户买切。”俞敏(1999:310):“《战国策·齐策六》说:‘齐多知,而解此环不?’这是个 k-型的动词。到今天还通用。从中古的‘衣不解带’到近代的‘解铃’都保持不变。……后来又派生出一个当‘拆散’讲的动词,用 g-音。《左传·宣公四年》说:‘宰夫将解鼋。’还有《庄子·养生主》的‘庖丁解牛’都用这个音。”

解 $^{*}gri^{B}$，胡买切，《广雅》："散也。"

古者谓是帝之县解。《释文》："解，音蟹，注同。"（《庄子·养生主》）

吾形解而不欲动，口钳而不欲言。《释文》："解，户买反。"（《庄子·田子方》）

是乃所谓冰解冻释者。《释文》："解，音蟹。"（《庄子·庚桑楚》）

麋角解，水泉动。《释文》："解，音蟹。"（《礼记·月令》）

无南无北，奭然四解。《释文》："解，户买反。"（《庄子·秋水》）

謋然已解，如土委地。《释文》："解音蟹，下皆同。"（《庄子·养生主》）

大惑者，终身不解。《释文》："解音蟹，又佳买反。"（《庄子·天地》）

这一读音后来渐渐被"佳买切"一音覆盖。"解"是动作行为，"散"是动作行为完成之后形成的状态。清浊两音是动词"解"的两个形式。清辅音为动词现行体，浊辅音为动词既行体。既行体作谓语不带宾语时，主体是意义上的受事者，但主要是表示主语的变化。既行体作谓语带宾语时，主体是施事者，而客体和"解"之间有被动关系，即主体将陈述对象让渡给客体。

庖丁为文惠君解牛。《释文》："解，音蟹。"（《庄子·养生主》）

故君子苟能无解其五藏，无擢其聪明。《释文》："解，如字。一音蟹，散也。"（《庄子·在宥》）

宰夫將解黿。《释文》："解，如字，一音蟹。"（《左传·宣公四年》）

未解裙襦，口中有珠。（《庄子·外物》）

推而强之，解朝服而幕之。（《庄子·则阳》）

使子路去其危冠，解其长剑，而受教于子。（《庄子·盗跖》）

前三例"解"字音"胡买切"，后三例"解"字音"佳买切"。撇开语音形式，两者都构成动宾关系。但是，两者的意义差别巨大。"解$_{佳买切}$"后客体依然如故；而"解$_{户买切}$"后客体已经面目全非。就意义而言，当动词"解$_{佳买切}$"作谓语时，主体和客体构成施受关系；而当动词"解$_{户买切}$"作谓语时，主体将这种施受关系让渡给客体。客体既是动词"解$_{户买切}$"的意义上的主语又是受事者。"解$_{佳买切}$"是动词原形，而“解户买切”来自动词既行体，带上宾语后，当事者由主体变成了客体。因而，前者的意义是指两样事物分开，而后者的意思则是将一个事物拆散。

闸 * kap，古盍切，《广韵》：“闭门。”《说文》：“闸，开闭门也。”马王堆出土《道德经》甲本：“毋闸其所居，毋猒其所生。”阖 * gap，胡腊切，《说文》：“一曰闭也。”《礼记·曲礼上》：“户开亦开，户阖亦阖；有后入者，阖而勿遂。”《荀子·儒效》：“故外阖不闭，跨天下而无蕲。”也为名词。《礼记·月令》：“乃修阖扇，寝庙毕备。”

夹 * krep，古洽切，《说文》：“持也。”段玉裁注：“俾持，谓俾夹而持之也。”《周礼·夏官·司马》：“夹王车而趋，左八人，右八人。”《释文》：“夹，古洽反，刘古协反，后仿此。”《周礼·秋官·司寇》：“帅其属夹道而跸。”《释文》：“夹，古洽反，刘古协反。”《左传·哀公六年》：“有云如众，赤鸟夹日以飞三日。”《释文》：“夹，古洽反，刘古协反。”夹，刘昌宗读为古协反。中古汉语洽韵音-ɛp，怗韵音 ep，非常接近。《左传·僖公三十三年》：“与晋师夹泜而军。”《释文》：“夹，古洽切，一音古协切。”挟 * gep，胡颊切，《广韵》：“持也。”《说文》：“挟，俾持也。”段玉裁注：“俾持，谓俾夹，而持之也。”《释名》：“挟，夹也，在旁也。”《国语·齐语》：“时雨既至，挟其枪刈耨镈，以旦暮从事于田野。”注：“在掖曰挟。”《左传·隐公十一年》：“颍考叔挟辀以走。”《释文》：“挟，音协。”《左传·襄公二十四年》：“搏人以投，收禽挟囚。”《释文》：“挟，音协。”

擘 * pik，博厄切，《广韵》：“分擘。”《说文》：“擘，㧗也。从手辟声。”“擘”字归入麦韵，是口语读音。《礼记·内则》：“涂皆干，擘之。”《释文》：“擘，必麦反。”字也写作“捭”。《礼记·礼运》：“其燔黍捭豚。”《释文》：“捭，卜麦反，注作擗，又作擘。”字也只写作“辟”。《礼记·丧大记》：“绞一幅为三，不辟。”疏：“辟，擘也。”劈 * phik，普击切，《广韵》：“剖也，裂也，破也。”闢 * bik，房益切，《广韵》：“启也，开也。”《左传·宣公二年》：“晨往，寝门闢矣。”《释文》：“闢，婢亦反。”《汉书·王莽传中》：“虞帝闢四门，通四聪。”也作“辟”。《孟子·梁惠王上》：“欲辟土地，朝秦楚，莅中国而抚四夷也。”

加 * krar，古牙切，《广韵》：“增也，上也，陵也。”《孟子·梁惠王上》：“邻国之民不加少，寡人之民不加多，何也？”《说文》：“加，语相增加也。”段玉裁

注："引申之，凡据其上曰加。"《论语·公冶长》："我不欲人之加诸我也，吾亦欲无加诸人。"《庄子·马蹄》："加之以衡扼，齐之以月题。"嘉*krar，古牙切，《广韵》："善也。"《左传·桓十七年》："蔡人嘉之也。"《论语·子张》："君子尊贤而容众，嘉善而矜不能。"《庄子·天道》："嘉孺子而哀妇人。"《仪礼·觐礼》："予一人嘉之。"郑注："今文嘉作贺。"贺*gars，胡个切，《广韵》："加也。"《说文》："贺，以礼相奉庆也。"段玉裁注："贺之言加也，犹赠之言增也。"《仪礼·士丧礼》："贺之。"注："贺，加也。"杨树达（1983:3）云："加训曾加，贺从加声，亦有增加义矣。"《左传·僖公二十七年》："国老皆贺子文。"

揭*ka̱t，居竭切，《广韵》："揭起。《说文》曰：揭，高举也。"《诗经·大东》："维北有斗，西柄之揭。"《释文》："揭，居竭反，徐起谒反。"《诗经·荡》："人亦有言，颠沛之揭。"传："揭，见根貌。"《释文》："揭，纪竭反。"《战国策·韩策二》："唇揭者其齿寒。"引申为揭发、揭露等意义。《尉缭子·伍制令》："伍有干令犯禁者，揭之免于罪，知而弗揭，全伍有诛。"讦*ka̱t，居竭切，《广韵》："面斥人以言。《论语》注云：讦谓攻发人阴私也。"《论语·阳货》："恶讦以为直者。"《汉书·刑法志》："化行天下，告讦之俗易。"颜师古注："讦，面相斥罪也，音居谒反。""讦"是"揭"的训读字。揭*kha̱ts，去例切，《广韵》："褰衣渡水，由膝已下曰揭。"《尔雅》："揭者，揭衣也。"《释文》："揭，起例反，褰衣渡水也。下揭者为揭同，或丘竭反，《说文》云高举也。"《诗经·匏有苦叶》："深则厉，浅则揭。"传："揭，褰衣也。"《释文》："揭，苦例反。"揭*ga̱t，其竭切，《广韵》："担揭物也。"《庄子·胠箧》："巨盗至，则负匮揭箧担囊而趋。"《释文》："揭，徐其谒反，又音桀，《三苍》云：举也，檐也，负也。"《庄子·庚桑楚》："揭竿而求诸海也。"《释文》："揭，其列、其谒二反。"

说*so̱t，失雪切，《广韵》："告也。《释名》云：说者，述也，宣述人意也。"《孟子·万章上》："故说《诗》者，不以文害辞，不以辞害志。"《大戴礼记·曾子立事》："弗知而不问焉，固也；说而不能，穷也。"王聘珍解诂："说，谓分别解说事理也。"阅*zo̱t，弋雪切，《广韵》："简阅也。"《说文》："阅，具数于门中也。"陆宗达（1981:57）："述说的说，就是一件一件的陈述，也就是具数而陈之的意思，且认为述说的说和阅读的阅属于'同一语源的派生词字'。"《左传·桓公六年》："大阅，简车马也。"《穀梁传·桓公六年》："大阅者何？阅兵车也。"《左传·襄公九年》："商人阅其祸败之衅，必始于火。"注："阅犹数也。”《管子·度地》:“常以秋岁末之时阅其民。”《荀子·王制》:“案谨募选阅材伎之士。”

施 sar,式支切,《楚辞·天问》朱熹注:“谓刑杀之也。”《左传·昭公十四年》:“三人同罪,施生戮死,可也。”注:“施,行罪也。”《左传·昭公十四年》:“乃施刑侯而尸雍子与叔鱼于市。”《释文》:“施,如字,服云:施罪于邢侯也。”《国语·晋语三》:“及文公入,秦人杀冀芮而施之。”胣 * zar^{B},移尔切,《广韵》:“《庄子》云:苌弘施。崔云:胣,裂也。”《庄子·胠箧》:“苌弘胣,子胥靡。”《释文》:“胣,本又作胣,徐敕纸反,郭诗氏反,崔云读若施,或作胣字。胣,裂也。《淮南子》曰:苌弘铍裂而死。司马云:胣,剔也。一云刳肠曰胣。”

转 * tron^{B},陟兖切,《说文》:“运也。”《诗经·邶风·柏舟》:“我心匪石,不可转也。”《诗经·关雎》:“悠哉悠哉,辗转反侧。”朱熹注:“辗者转之半,转者辗之周。”《管子·法法》:“引而使之,民不敢转其力。”传 * dron,直挛切,《广韵》:“转也。”《左传·僖公二十七年》:“子之传政于子玉。”《释文》:“传,直专反。”《左传·襄公十四年》:“大夫规诲,士传言,庶人谤。”《释文》:“传,直专反。”《左传·昭公四年》:“山人取之,县人传之,舆人纳之,隶人藏之。”《释文》:“传,直专反。”《左传·定公八年》:“颜高之弓六钧,皆取而传观之。”《释文》:“传,直专反。”“转”是主体“转”,“传”是客体“转”。

比 * pir^{B},卑履切,《广韵》:“校也,并也。”《左传·桓公十五年》:“人尽夫也,父一而已,胡可比也?”《孟子·公孙丑上》:“尔何曾比予于管仲?”《孟子·滕文公上》:“子比而同之,是乱天下也。”《史记·天官书》:“魁下六星,两两相比者,名曰三能。”比 * birs,毗至切,《广韵》:“近也,又阿党也。”《说文》:“比,密也。”《尔雅》:“比,俌也。”《史记·汲郑列传》:“家人失火,屋比延烧。”索隐:“比音鼻。”《汉书·公孙弘传》:“气同则从,声比则应。”颜师古注:“比亦和也,音频寐反。”《左传·昭公元年》:“吾兄弟比以安,尨也可使无吠。”《释文》:“比,毗志反。”《左传·昭公十四年》:“楚令尹子旗有德于王,不知度与养氏比,而求无厌。”《释文》:“比,毗志反。”《诗经·正月》:“洽比其邻,昏姻孔云。”《释文》:“比,毗志反。”(《左传·僖公二十二年》:“协比其邻,昏姻孔云。”《释文》:“比,毗志反。”)《周礼·夏官·司马》:“使小国事大国,大国比小国。”注:“比犹亲也。”

脱 * sot,他括切,《广韵》:“骨去肉。”《礼记·内则》:“肉曰脱之,鱼曰作之。"《庄子·胠箧》:"故曰鱼不可脱于渊,国之利器不可以示人。"挩 * sot,他括切,《广韵》:"除也,误也,遗也,又解挩,或作脱。"《说文》:"挩,解挩也。"段玉裁注:"今人多用脱,古则用挩,是则古今之异也。"挩 * zot,徒活切,《广韵》:"解挩。"敓 * zot,徒活切,《广韵》:"强取也,古夺字。"《说文》:"敓,强取也。"夺 * zot,徒活切,《广韵》:"《左传》曰:一与一夺。"《说文》:"夺,手持隹,失之也。"段玉裁注:"今乃用脱为之,而用夺为争敓字。"《左传·宣公十一年》:"牵牛以蹊人之田,而夺之牛。"《左传·成公十一年》:"声伯夺施氏妇以与之。"《左传·宣公十五年》:"弃仲章而夺黎氏地。""夺"在《左传》中带双宾语。"脱"是主体与某物分离,"夺"是客体(受事者)与某物分离。

上述动词中,受事动词也往往带 * -s 后缀。上古汉语的 * -s 后缀,我们在第六章中将要讨论。动词"夹"的意思是"在……旁",而"夹"所带的宾语往往是处所名词或意念上可以看成是处所的名词。引申之则为夹住、夹着等意义。动词"挟"则是"旁持",引申之则为挟持。很显然,动词"挟"重在受事者的被动性。如同动词"见",它们本属于施事动词和受事动词。受事动词是与受事者联系的动词。动词的施事者不一定就是主体,可以是受事者本身,也可以是外置的第三者。金鹏(2002:326)指出:主方和宾方的态与动作的时间密切联系(金鹏所指的时间实际是体)。动词表时间的屈折形态仅限于为一个指定的态的动作服务。所以表时的屈折成分常与表态的屈折成分相一致。因此出现同一个形态成分有表达两种语法范畴的现象。比如前置辅音 b-以及与之相呼应的在重后置辅音 s 或 d,既表示宾方的动作,还表示过去时。受事动词和既行体的形式相同,对我们理解上古汉语的受事动词有重要的参考价值。周法高在《中国古代语法·构词编》中把"见"等辅音声母为浊辅音的语词以及去声词看成是动词的既事式,而另外一些学者则把这些动词看成是使动词。去声来自上古汉语的辅音韵尾-s 的脱落,正好和藏语的受事动词和既行式形式相同一致。

盥 * kon^B,古满切,《广韵》:"洗也。"盥 * kons,古玩切,《广韵》:"《说文》曰:'澡手也,从臼水临皿也,《春秋传》曰"奉匜沃盥"。'"段玉裁注:"凡洒手曰澡、曰盥,洒面曰颒,濯发曰沐,洒身曰浴,洒足曰洗。"《左传·僖公二十三年》:"奉匜沃盥,既而挥之。"疏:"盥谓洗手也。"《释文》:"盥,古缓切。"《礼记·内则》:“鸡初鸣,咸盥漱。”《释文》:“盥,音管。”《左传·襄公十九年》:“宣子盥而抚之。”《释文》:“盥,音管。”《论衡·死伪》:“范宣子浣而抚之。”浣 *gon[B],胡管切,《广韵》:“濯也。”《说文》:“浣,濯衣垢也。”《公兰传·庄公三十一年》:“临民之所漱浣也。”注:“去垢曰浣,齐人语也。”浣,字也写作“澣”。《诗经·葛覃》:“薄污我私,薄澣我衣。害澣害否,归宁父母。”《诗经·邶风·柏舟》:“如匪澣衣。”《礼记·礼器》:“澣衣濯冠以朝,君子以为隘矣。”《释文》:“澣,又作浣,户管切。”

王力(1982:553)列“盥”和“浣”为同源词。“盥”特指“洗手”,已经隐含了受事对象,为不带显性受事者的准不及物动词。“浣”是用手“洗(物)”,为带受事者的及物动词。就“去污”这一点而言,动词“盥”和“浣”相同。因而,王充《论衡》用动词“浣”代替动词“盥”。《说文》:“浣,濯衣垢也。”经过洗涤,衣服上的污垢没了。“盥”是准不及物动词,只与施事者联系;“浣”是及物动词,与施事者、受事者都有联系,但聚焦在受事者。《周礼·冬官·考工记》:“革欲其荼白而疾澣之。”《释文》:“澣,户管反。”主体将陈述对象让渡给客体。谁“浣”不关心,关心的是“浣”的对象,衣服没了污垢。

四

受事动词(accusative verbs)是受事者所受的动词。如金鹏所说,藏语的受事动词极容易被误解为被动态。潘悟云(1991)也指出,《论语·微子》“见胡甸切其二子焉”并不等于使其二子见古电切,而是等于使其二子被见古甸切,而卖酒不等于使酒买,而等于使酒被买。潘悟云师对“见”等意义解释正十分恰当地描述了受事动词所展现出来的语法意义,客体是动词的受事者,其作者却不一定就是主体。前面我们已经提到,王力就认为动词“见”清浊两读是主动和被动关系,比如“手足皆见”。何为被动?“外动词之行,有施有受。受者居宾次,常也。如受者居主次,则为受动字,明其以受者为主也。”(马建忠,1983:160)“见胡甸切其二子焉”中的受事者并不是“丈人”而是“其二子”。用主动和被动来解释动词“见”清浊两读存在着明显的缺陷。同样,也不是使动和非使动关系。使动词充当句子谓语动词时，主体支配客体的动作或状态，是客体实施此动作的外在动力来源。动词“见”所联系的不是一个使事客体。

宋华父督见孔父之妻于路，目逆而送之。(《左传·桓公元年》)

凡土功，龙见而毕务，戒事也。(《左传·庄公二十九年》)

王使内史叔服来会葬，公孙敖闻其能相人也，见其二子焉。(《左传·文公元年》)

上述三个“见”，后两个《经典释文》音“贤遍反”。“见”是及物动词。因而，其既行体作谓语时，主语和谓语“见”之间有意义上的被动关系，比如“手足皆见”。最后一个例子中，“其二子”是受事者，而“见古电切”的施事者却不是“公孙敖”而是“内史叔服”。“公孙敖”不过是“其二子”和“内史叔服”的牵线人。显然，主体(公孙敖)将动词“见古电切”的受事主语让渡给了客体(其二子)，即“其二子”和“见古电切”的既行体“见贤遍反”构成主谓关系。受事动词实际就是动词既行体的及物化。因而，受事动词和动词既行体同形。

緁 *ȶu̠p，子入切，《广韵》：“合也。”緁，《说文》：“合也。从糸从集。读若捷。”段玉裁注：“会意亦形声也。”“緁”当是“集”的后起区别字。戢 *ȶru̠p，阻立切，《广韵》：“止也，敛也。”《说文》：“戢，藏兵也。”《尔雅》：“戢，聚也。”《诗经·时迈》：“载戢干戈，载櫜弓矢。”传：“戢，聚。”《释文》：“戢，侧立反。”《诗经·鸳鸯》：“鸳鸯在梁，戢其左翼。”郑笺：“戢，敛也。”《释文》：“戢，侧立反。”《左传·襄公二十四年》：“夫兵犹火也，弗戢，将自焚也。”《释文》：“戢，庄立切。”缉 *ȶhu̠p，七入切，《广韵》：“绩也。”《管子·事语》：“女勤于缉绩徽织。”集 *ȡu̠p，秦入切，《广韵》：“聚也，会也，同也。”《说文》：“集，群鸟在木上也，从雥，从木。”《尔雅》：“集，会也。”《诗经·葛覃》：“黄鸟于飞，集于灌木。”《国语·晋语二》：“人皆集于苑，己独集于枯。”(又雜 *ȡup，徂合切，《广韵》：“集也。”《国语·郑语》：“先王以土与金木水火杂，以成百物。”《礼记·曲礼上》：“男女不杂坐。”)《孟子·梁惠王上》：“海内之地方千里者九，齐集有其一。”《史记·十二诸侯年表》：“集六国时事。”

割 *kat，古达切，《广韵》：“剥也，害也，断也。”《尔雅》：“割，裂也。”《左传·定公四年》:“王割子期之心,以与随人盟。”《左传·庄公三十二年》:“而以夫人言许之,割臂盟公,生子般焉。”害* gats,胡盖切,“伤也”。《广雅》:“害,割也。”《释名》:“害,割也,如割削物也。”《说文》段注:“《尚书》多假借割为害,古二字音同也。”(《诗经·葛覃》:“害澣害否,归宁父母。”传:“害,何也。”《释文》:“害,户葛反,与曷同。”)《孟子·滕文公上》:“害于耕。”《左传·僖公五年》:“晋吾宗也,岂害我哉!”《左传·襄公九年》:“不靖国家,不可谓亨,作而害身,不可谓利。”《左传·哀公十五年》:“庄公害故政,欲尽去之。”

歇* kha̱t,许竭切,《广韵》:“气泄也,休息也,又竭也。”《左传·宣公十二年》:“得臣犹在,忧未歇也。”注:“歇,尽也。”《释文》:“歇,许竭反。”《左传·襄公二十九年》:“未获所归,难未歇也。”注:“歇,尽也。”《释文》:“歇,许谒反。”歇息之歇,也写作“愒”。《说文》:“愒:息也。”愒* kha̱t,丘谒切,《广韵》:“息也。”《诗经·民劳》:“民亦劳止,汔可小愒。”传:“愒,息。”《释文》:“愒,起例反,徐丘丽反。”憩* kha̱ts,去例切,《广韵》:“息也。”《诗经·甘棠》:“蔽芾甘棠,勿翦勿败,召伯所憩。”传:“憩,息也。”《释文》:“憩本又作揭,起例反,徐许罽反,息也。”竭* ga̱t,其谒切,《广韵》:“尽也。”(韵母 iat 受到语流影响变成-iɛt,《切韵》强分月韵 iat 和薛韵 iɛt。竭,渠列切,《广韵》:“尽也。”)《左传·庄公十年》:“一鼓作气,再而衰,三而竭。”《左传·昭公十五年》:“鼓人告食竭力尽,而后取之。”《庄子·齐物论》:“酌焉而不竭。”《左传·僖公九年》:“臣竭其股肱之力。”《论语·学而》:“事父母能竭其力。”《礼记·月令》:“毋竭川泽,毋漉陂池,毋焚山林。”

降* kruŋs,古巷切,《广韵》:“下也。”(降,《诗经》入韵四次,全韵平声;《楚辞》入韵四次,也全是平声。顾炎武《唐韵正》:“凡降下之降,与降服之降,俱读为平声。故自汉以上之文无读为去声者。”去声应该是及物动词用法派生出来的读音。)《管子·心术上》:“登降揖让,贵贱有等,亲疏之体,谓之礼。”《管子·度地》:“雨下降,山水出。”《管子·轻重乙》:“千人之长,必拜而送之,降两级。”《孟子·告子下》:“天将降大任于是人也,必先苦其心志。”降* gruŋ,下江切,《广韵》:“降伏。”《玉篇》:“降,伏也。”《诗经·出车》:“既见君子,我心则降。”传:“降,下也。”《释文》:“降,户江反。”《左传·庄公八年》:“师及齐师围郕,郕降于齐师。”《释文》:“降,户江反。”《左传·襄公二十六年》:“晋降彭城,而归诸宋。”《释文》:“降,户江反。”《史记·高祖本纪》:“破秦将王离军,降章邯,诸侯皆附。”

取*ʈho̱^{B},七庾切,《广韵》:“收也,受也。”《左传·隐公三年》:“四月,郑祭足帅师取温之麦;秋,又取成周之禾。”《左传·庄公二十年》:“遂入成周,取其宝器而还。”《左传·僖公十五年》:“我落其实,而取其材。”聚*ɖo^{B},慈庾切,《广韵》:“众也,共也,敛也。”《左传·文公十六年》:“庸师众,群蛮聚焉。”《左传·成公十六年》:“皆聚于中军矣。”《左传·襄公二十年》:“夫诸侯之贿,聚于公室,则诸侯贰。”《左传·襄公二十年》:“予之朱方,聚其族焉而居之。”《左传·僖公二十年》:“郑子华之弟子臧出奔宋,好聚鹬冠。”

感*kum^{B},古禫切,《广韵》:“动也。”《说文》:“感,动人心也。”《易·系辞上》:“感而遂通,天下之故。”虞注:“感,动也。”《荀子·解蔽》:“必以其感忽之间疑玄之时正之。”注:“感,惊动也。”感是一个不及物动词。《礼记·学记》:“感于物而动,故形于声。”《左传·昭公二十一年》:“总则不容,心是以感。”《诗经·野有死麕》:“无感我帨兮,无使尨也吠。”传:“感,动也。”《释文》:“感,如字,又胡坎反。”字后写作“撼”。撼*gum^{B},胡感切,《广韵》:“撼动也。”《说文》:“撼,摇也。”《焦氏易林》:“雨惊我心,风撼我肌。”

覆*phu̱ks,敷救切,《广韵》:“盖也。”《说文》:“覆,一曰盖也。”《诗经·生民》:“诞寘之寒冰,鸟覆翼之。”《礼记·檀弓上》:“见若覆夏屋者矣,见若斧者矣。”注:“覆谓茨瓦也。”《庄子·德充符》:“夫天无不覆,地无不载。”《荀子·王制》:“故天之所覆,地之所载,莫不尽其美。”覆*bu̱ks,扶富切,《广韵》:“伏兵曰覆。”《左传·桓公十二年》:“楚人坐其北门,而覆诸山下,大败之。”注:“覆,设伏兵而待之。”《释文》:“覆,扶又反。”《左传·成公三年》:“使东鄙覆诸鄍,败诸丘舆。”注:“覆,伏兵也。”《释文》:“覆,扶又反。”

矢*si̱r^{B},式视切,《广韵》:“陈也。”《左传·隐公五年》:“公矢鱼于棠。”注:“书陈鱼以示非礼也。”《诗经·江汉》:“矢其文德,洽此四国。”传:“矢,施也。”此意义字本写作“尸”。尸*si̱r,式脂切,《广韵》:“陈也。”《说文》:“尸,陈也。”《左传·桓公十五年》:“祭仲杀雍纠,尸诸周氏之汪。”《左传·成公十七年》:“以戈杀之,皆尸诸朝。”《白虎通义·崩薨》:“尸之为言失也,陈也,失气亡神,形体独陈。”夷*zi̱r,以脂切,《说文》:“平也。”《道德经》:“大道甚夷而人好径。”《庄子·胠箧》:“丘夷而渊实。”《左传·成公十六年》:

“将塞井夷灶而为行也。”由平引申为铲平、铲除等意义。《国语·周语下》：“是以人夷其宗庙。”

愦*kuts，古对切，《广韵》：“心乱也。”《说文》：“愦，乱也。”《战国策·齐策四》：“文倦于事，愦于忧，而性懦愚。”《庄子·大宗师》：“彼又恶能愦愦然为世俗之礼。”《汉书·食货志下》：“百姓愦乱，其货不行。”字也写作“溃”。《诗经·召旻》：“溃溃回遹。”传：“溃溃，乱也。”《释文》：“溃，户对反。”溃*guts，胡对切，《广韵》：“逃散，又乱也。”《左传·文公三年》：“凡民逃其上曰溃，在上曰逃。”《左传·闵公二年》：“师溃而归，高克奔陈。”《国语·周语上》：“川壅而溃，伤人必多。”《史记·项羽本纪》：“直夜溃围南出，驰走。”《墨子·非攻下》：“燔溃其祖庙，劲杀其万民。”《史记·河渠书》：“河决酸枣，东溃金堤。”

动词现行体可以带宾语，也可以不带宾语，动词既行体作谓语通常是不带宾语。如同形容词，动词既行体也可以带宾语，即主体将当事者或施事者让渡给受事者。但是，不带宾语是动词既行体作谓语时的常态，比如“集”。受事动词和动词既行体同形。受事动词是及物动词，带宾语。这是受事动词跟动词既行体很不同的地方。“夹”是及物动词，“挟”也是及物动词。但是，前者是施事动词，而后者是受事动词。受事动词是跟施事动词对立的动词形式。有施事动词不一定有受事动词，有受事动词则一定有与之相对的施事动词。

教*krɯs，古孝切，《广韵》：“教训也。”《说文》：“教，上所施下所效也。”《释名》：“教，效也，下所法效也。”《元命苞》：“教之言效也，上行之下效之。”《诗经·小雅·角弓》：“尔之教矣，民胥效矣。”《左传·隐公三年》：“臣闻爱子，教之以义方，弗纳于邪。”《左传·僖公二十七年》：“晋侯始入而教其民。”效*grɯs，胡教切，《广韵》：“具也，学也，象也。”《说文》：“像也。”《左传·隐公三年》：“去顺效逆，所以速祸也。”《左传·庄公二十年》：“郑伯效尤，其亦将有咎。”《左传·昭公二十五年》：“以效天之生殖。”

动词“教”是一个及物动词，尽管有时“教”后面也可以不出现直接宾语，那只是一个假不及物动词。《左传·文公十八年》：“子不可教训，不知话言。”同样，

“效”也是带直接宾语的及物动词。显然,我们不能将“教”看成是“效”的使动形式。“教”就是示范。有人在“教”,有人在“效”。“教”是教者(施事者)的动作而“效”是学者(受事者)的动作。

觉*kruk,古岳切,《广韵》:“晓也,寤也,知也。”《论语·宪问》:“抑亦先觉者,是贤乎!”《左传·哀公二十一年》:“数年不觉,使我高蹈。”《释文》:“觉,音角,又古孝反。”《荀子·富国》:“君人者亦可以觉矣。”觉*kruks,古孝切,《广韵》:“睡觉。”入声是醒悟,去声是睡醒。《庄子·齐物论》:“其寐也魂交,其觉也形开。”学*gruk,胡觉切,《广韵》:“觉悟也。”《说文》:“学,觉悟也。”《白虎通义·辟雍》:“学之为言觉也,悟所不知也。”《论语·阳货》:“君子学道则爱人,小人学道则易使也。”邢昺疏:“学者,觉也,所以觉悟未知也。”《左传·襄公十四年》:“尹公佗学射于庾公差,庾公差学射于公孙丁。”《左传·昭公二十九年》:“其后有刘累学扰龙于豢龙氏。”

就句法功能而言,动词“觉”通常是一个不带宾语的不及物动词,没有受事对象,但可以有使动宾语。《孟子·万章上》:“使先知觉后知,使先觉觉后觉也。”动词“学”不同,通常是一个带宾语的及物动词,有受事对象。这跟我们前面已经讨论过的及物动词和不及物动词的语音关系正好相反。可见,它们彼此之间的关系不能处理为及物动词和不及物动词之间的关系。《礼记·曲礼上》:“礼闻来学,不闻往教。”“学”与“教”相对。《礼记·学记》:“《兑命》曰:学学半。”《释文》:“学学,上胡孝反,下如字。”前一字后繁化为“斅”。斅,胡教切,《广韵》:“学也,《书》曰惟斅学半。”通过声调交替区别“学”与“斅”。《孟子·离娄下》:“逢蒙学射于羿,尽羿之道。”“觉”是主体(施事者)明白,是先觉,“学”是弄明白受事者,是后觉。跟“教”和“效”一样,“觉”是施事动词,“学”是受事动词。

逋*pa,博孤切,《说文》:“亡也。”《左传·僖公十五年》:“六年其逋,逃归其国,而弃其家。”注:“逋,亡也。”《左传·哀公十六年》:“逋窜于晋。”《周易·讼》:“不克讼,归而逋。”捕*bas,薄故切,《广韵》:“捉也。”《说文》:“捕,取也。”《康熙字典》:“其人在而直追取之曰逮,其人亡而讨捕之曰捕。”《左传·襄公十四年》:“譬如捕鹿,晋人角之,诸戎掎之。”《庄子·秋水》:“骐骥骅骝，一日而驰千里，捕鼠不如狸狌。”

保 $^{*}pu^{B}$，博抱切，《广韵》：“任也，安也，守也。”《说文》：“保，养也。”《孟子·滕文公上》：“若保赤子。”《礼记·大学》：“《康诰》曰：如保赤子。”《荀子·王霸》：“上之于下，如保赤子。”引申之，为保护等。《孟子·梁惠王上》：“保民而王，莫之能御也。”类转为名词。《礼记·檀弓下》：“公叔禺人遇负杖入保者息。”注：“保，县邑小城。”字后作“堡”。堡 $^{*}pu^{B}$，博抱切，《广韵》：“堡障小城。堡，上同。”褓 $^{*}pu^{B}$，博抱切，《广韵》：“襁褓。”《吕氏春秋·直谏》：“不谷免衣襁褓而齿于诸侯，愿请变更而无答。”《史记·外戚世家》：“青三子在襁褓中，皆封为列侯。”緥 $^{*}pu^{B}$，博抱切，《广韵》：“《说文》曰：小儿衣。”《史记·三王世家》：“皇子或在襁緥而立为诸侯王。”抱 $^{*}bu^{B}$，薄浩切，《广韵》：“持也。”《礼记·曲礼上》：“君子抱孙不抱子。”《礼记·内则》：“妻抱子出自房，当楣立东面。”《诗经·抑》：“借曰未知，亦既抱子。”《韩非子·和氏》：“和乃抱其璞而哭于楚山之下。”

包 $^{*}pru$，布交切，《广韵》：“包裹。”《诗经·野有死麕》：“野有死麕，白茅包之。”《礼记·乐记》：“倒载干戈，包之以虎皮。”炮 $^{*}bru$，薄交切，《广韵》：“合毛炙物也，一曰裹物烧。”《说文》：“炮，毛炙肉也。”《诗经·瓠叶》：“有兔斯首，炮之燔之。……有兔斯首，燔之炮之。”传：“毛曰炮。”《释文》：“炮，本作炰，白交反。”《礼记·礼运》：“以炮以燔，以亨以炙。”注：“炮，裹烧之也。”《释文》：“炮，薄交反，徐扶交反。”

输 $^{*}s\underline{o}$，式朱切，《说文》：“委输也。”段玉裁注：“以车迁贿曰委输。亦单言曰输。引申之，凡倾写皆曰输。输于彼，则彼赢而此不足，故胜负曰赢输。”《左传·僖公十三年》：“秦于是乎输粟于晋。”《左传·襄公二十年》：“昔陪臣书能输力于王室。”《韩非子·十过》：“输之于宫以为食器。”逾 $^{*}z\underline{o}$，羊朱切，《广韵》：“越也。踰，上同。”《诗经·正月》：“终踰绝险，曾是不意。”《左传·僖公二十二年》：“妇人送迎不出门，见兄弟不踰阈。”

输 $^{*}s\underline{o}$，式朱切，《广韵》：“尽也，写也，堕也。”《诗经·正月》：“载输尔载，将伯助予。”笺：“输，堕也。”《公羊传·隐公五年》：“郑人来输平。”注：“输平，犹堕成也。”《释文》：“输，式朱反，堕也，《左氏》作渝平。”渝 $^{*}z\underline{o}$，羊朱切，《广韵》：“渝变也。”《庄子·天运》：“是以道不渝。”《管子·侈靡》：“犯诅渝盟伤言。”《左传·成公十二年》：“有渝此盟，明神殛之。”注：“渝，变也。”

《左传·隐公六年》:“郑人来渝平。”

餔*pa,博孤切,《说文》:“申时食也。”《庄子·盗跖》:“盗跖乃方休卒徒太山之阳,脍人肝而餔之。”《释文》:“餔,布吴反,徐甫吴反,《字林》云:日申时食也。”《吕氏春秋·介立》:“爰旌目三餔之而后能视。”哺*bas,薄故切,《广韵》:“食在口也。”《说文》:“哺,哺咀也。”段玉裁注:“凡含物以饲曰哺。”《尔雅》:“生哺,鷇。”《释文》:“哺,蒲路反,《说文》云口中嚼食也。”《庄子·马蹄》:“含哺而熙,鼓腹而游。”《释文》:“哺,音步。”《淮南子·俶真训》:“含哺而游,鼓腹而熙。”《吕氏春秋·谕大》:“燕雀争善处于一屋之下,子母相哺也。”《国语·越语上》:“国之孺子之游者,无不哺之也。”

阙*kho̱t,去月切,《国语·周语下》注:“缺也。”《国语·晋语一》:“阙从补之,成而不知,是以寡败。”注:“阙,缺也。”《左传·昭公三年》:“事谋阙而已,无加命矣。”引申为“损”。《左传·僖公三十年》:“若不阙秦,将焉取之?”鱖*go̱t,其月切,《广韵》:“以角发物。”掘*go̱t,其月切,《广韵》:“穿也。”撅*go̱t,其月切,《广韵》:“采撅。”撅*ko̱t,居月切,《广韵》:“撅拨物也。”《逸周书·周祝解》:“貐有爪而不敢以撅。”撅、鱖、掘是同一语词的不同文字形式。字本只写作“阙”。《左传·隐公元年》:“若阙地及泉,隧而相见,其谁曰不然?”《释文》:“阙,其月反。”《左传·襄公二十一年》:“方暑,阙地下冰而床焉。”《释文》:“阙,求月反。”《国语·吴语》:“阙为深沟,通于商、鲁之间。”注:“阙,穿也。”字也写作“厥”。《山海经·海外北经》:“相柳之所抵,厥为泽溪。”注:“厥,掘也,音撅。”

餐*ƫhan,七安切,《说文》:“吞也。”《诗经·狡童》:“维子之故,使我不能餐兮。”《释文》:“餐,七丹反。”《诗经·伐檀》:“彼君子兮,不素餐兮。”《释文》:“餐,七丹反,《字林》云吞食也。”饯*ɖa̱n^{B},慈演切,《广韵》:“酒食送人。”饯*ɖa̱ns,才线切,《广韵》:“酒食送人。”《说文》:“饯,送去食也。《诗》曰:显父饯之。”《诗经·泉水》:“出宿于泲,饮饯于祢。”《释文》:“饯,音践,徐又在箭反。”《左传·成公八年》:“季文子饯之。”注:“饯,送行饮酒也。”《释文》:“饯,钱浅反,《说文》云:送去食也。《字林》子扇反。”

招*tɯ̱,止遥切,《广韵》:“招呼也,来也。”《说文》:“招,手呼也。”《劝学》:“登高而招,臂非加长也,而见者远。”《诗经·君子阳阳》:“左执簧,右招我由房。”《左传·昭公二十年》:“旃以招大夫,弓以招士,皮冠以招虞人。”

《荀子·劝学》："言有召祸也，行有招辱也，君子慎其所立乎。"召 *dɯ̱s，直照切，《广韵》："呼也。"（"招"和"召"是一对同族派生词，而"召"又音寔照切。《广韵》："邵，邑名，又姓，寔照切。召，上同。" 邵，早期文献只作"召"。《释文》："召，本亦作邵，同上照反，后召南、召公皆同。"《诗经·甘棠》："勿翦勿伐，召伯所茇。"由此，"直照切"应该是"召"的滞古读音。）《诗经·出车》："召彼仆夫，谓之载矣。"《左传·隐公三年》："宋穆公疾，召大司马孔父而属殇公焉。"《左传·桓公十七年》："蔡桓侯卒，蔡人召蔡季于陈。"

颤 *ta̱ns，之膳切，《广韵》："四支寒动。"《淮南子·说山训》："故寒颤，惧者亦颤，此同名而异实。"《吕氏春秋·慎大》："桀为无道，暴戾顽贪，天下颤恐而患之。"战 *ta̱ns，之膳切，《广韵》："惧也，恐也。"《诗经·小宛》："战战兢兢，如履薄冰。"《论语·八佾》："周人以栗，曰使民战栗。"惮 *dans，徒案切，《广韵》："难也，又忌恶也。"《说文》："惮，忌难也。"段玉裁注："凡畏难曰惮，以难相恐吓亦曰惮。"《礼记·表记》："色足惮也，言足信也。"《论语·学而》："过则勿惮改。"《左传·昭公二十年》："不思谤讟，不惮鬼神。"《左传·昭公十三年》："若惮之以威，惧之以怒，民疾而叛。"

动词"餔博孤切"是施事者（主语）的动作行为。而"餔薄故切"是受事者（宾语）的动词行为。即主体将陈述对象让渡给客体。两者之间的语音差异，除了辅音清浊交替，还有非去声和去声的不同。"招"和"召"之间的语音关系也是如此。我们在第五章将要讨论，去声也是上古汉语受事动词的标记之一。《说文》："招，手呼也，从手召。"《楚辞·招魂》王逸注："以手曰招，以口曰召也。"动词"招"和"召"意义差别极其明显。《荀子·劝学》："言有召祸，行有招辱，君子慎其所立焉。""召祸"是受事者"祸"被召，"招辱"是施事者被辱。动词"召"的受事者有强烈的被动意义。《左传·僖公二十八年》："以臣召君，不可以调。""招"是施事者的动作，可以及物，也可以不及物；"召"是受事所受的动作，一定及物。当以不及物动词的形式出现时，主语就是受事者，如"鬭"。

施事动词是施事者所施的动词，如"餐"；受事动词是受事者所受的动词，如"饯"。"郑六卿饯宣子于郊。"（《左传·昭公十六年》）"宣子"既是"饯"的受事者又是根词"餐"的施事者，即"郑六卿"将"餐"的施事者让渡给了"宣子"。受事动词带宾语，只是陈述者将陈述对象让渡给宾语（受事者）而已。正因施事者在主语和宾语之间转换，容易将他们之间的关系看成是及物动词和不及物动词关系。但是，施事动词未必是不及物动词，而受事动词也未必是及物动词，比如音“贤遍反”的“见”。清浊交替的一对动词中，清辅音声母的动词多为及物动词，浊辅音声母的动词多为不及物动词。但是，上古汉语的辅音清浊交替与动词的及物、不及物没有必然的联系，详细情况见前，我们就不再重复了。

第二章　前缀 * s-

第一节　名谓化

一

藏语 s-前缀有名谓化(denominative)功能,附加在名词词根之前使名词改变词性而成为动态动词或状态动词,并可以在句子中充当谓语。上古汉语的 * s-前缀是否也有相同的功能? 李方桂(1971)虽然没有明言,但李方桂当时所举的例子后来都为梅祖麟(1988)所引用作为证明上古汉语 * s-前缀有名谓化功能的证据。舒志武(1988)明确指出,上古汉语的 * s-前缀有“将名词转化为动词的功能”。梅祖麟(1988)在 Conrady 的基础上,利用内部拟构法,得出和舒志武相同的结论,认为上古汉语 * s-前缀有名谓化的功能。此后(1989),梅祖麟在原先的基础上,进一步讨论了上古汉语的 * s-前缀,并补充了一些证明材料。

梅祖麟(1988)提供的例子共有 14 条。7 条是名词变动词,7 条是名词变形容词。梅祖麟提供的这些例子,名词和动词之间的语音差异好些并不仅仅局限于有无 * s-前缀,还有其他方面的语音差异。对此,梅祖麟并没有加以解释。因而,这使人怀疑是否是 * s-前缀在起作用。单就名词变动词的 7 例而言,只有“途”和“徐”这一条牵涉声母和等,其他都牵涉去声和非去声的不同。去声和非去声交替是上古汉语重要的构词手段,而且非去声变成去声,词性正由名词变成动词或者形容词。研究上古汉语的形态,切莫忽略了声调。我们不能把可能本不属于 * s-前缀造成的名谓化动词而拉郎配式强制加给 * s-前缀。比如梅祖麟所举的“術”

和“遂”,我们认为两者的差别由上古汉语的*-s后缀造成。中古汉语的神母和邪母本是同一个辅音声母,后因韵母的不同而分化。術韵只有神母,至韵合口只有邪母。上古汉语由*-s后缀构成的动词不少,并非只有零星的几个特例。

二

墨*mek,莫北切,《广韵》:“笔墨。”《孟子·尽心上》:“大匠不为拙工改废绳墨,羿不为拙射变其彀率。”《庄子·田子方》:“舐笔和墨,在外者半。”《左传·昭公十五年》:“其有咎乎,吾见赤墨之祲。”黑*s-mek,呼北切,《广韵》:“北方色。”《左传·昭公四年》:“顾而见人,黑而上偻,深目而豭喙。”《礼记·檀弓上》:“夏后氏尚黑;大事敛用昏,戎事乘骊,牲用玄。”《庄子·天运》:“夫鹄不日浴而白,乌不日黔而黑。”

茻*maŋ^{B},模朗切,《广韵》:“《说文》曰:众草也。”莽* maŋ^{B},模朗切,《广韵》:“草莽。”玄应《一切经音义》卷十一引《说文》:“木丛生曰榛,草丛生曰莽也。”《孟子·万章下》:“在野曰草莽。”注:“莽,草也。”《方言》:“莽,草也。”《左传·昭公元年》:“是委君贶于草莽也。”《左传·哀公元年》:“吴日敝于兵,暴骨如莽。”《左传·哀公十五年》:“是我寡君之命委于草莽也。”荒*s-maŋ,呼光切,《广韵》:“荒芜。”《周礼·夏官·司马》:“野荒民散则削之。”《礼记·曲礼上》:“地广大荒而不治。”郑注:“荒,秽也。”《庄子·渔父》:“田荒室露,衣食不足,征赋不属,妻妾不和,长少无序,庶人之忧也。”《孟子·告子下》:“入其疆,土地荒芜。”《左传·桓公十三年》:“莫敖缢于荒谷。”《说文》:“荒,芜也,一曰草掩地也。”《诗经·閟宫》:“奄有龟蒙,遂荒大东。”传:“荒,有也。” 笺:“荒,奄也。”《诗经·樛木》:“南有樛木,葛藟荒之。”传:“荒,奄。”《诗经·天作》:“天作高山,大王荒之。”

姥*ma^{B},莫补切,《广韵》:“老母,或作姆,女师也。”妈*ma^{B},莫补切,《广韵》:“母也。”峔,莫补切,《广韵》:“慈母,山名,在丹阳,亦作姥,俗从山。”母上古汉语有之部和鱼部两个语音形式,之部中古入“厚”韵,鱼部入“姥”韵,而口语一直保留着鱼部的读音。引申出大的意义,用作词头,写作“马”。《尔雅》:“蝒,马蜩。”郭注:“蜩中最大者为马蝉。”《说文》:“蝒,马蜩也。”段玉裁注:“凡言马者谓大。马蜩者,蜩之大者也。”桂馥《札朴》卷九:“马蚁,蚁蝆,皆蚁之大者。”幠 *s-ma,荒乌切,《广韵》:“大也。”《尔雅》:“幠,大也。”《诗经·巧言》:“无罪无辜,乱如此幠。”传:“幠,大也。”

梦 *me̱ŋ,莫中切,《广韵》:“《说文》曰:不明也。”梦 *me̱ŋs,莫凤切,《广韵》:“寐中神游。《说文》云:寐而有觉。”《庄子·齐物论》:“方其梦也,不知其梦也。梦之中又占其梦焉,觉而后知其梦也。”《庄子·人间世》:“匠石觉而诊其梦。”薨 *s-meŋ,呼肱切,《广韵》:“《说文》云:公侯卒也。”《礼记·曲礼下》:“天子死曰崩,诸侯曰薨,大夫曰卒,士曰不禄,庶人曰死。”《礼记·曾子问》:“君薨而世子生,如之何?”

午 *ŋa^{B},疑古切,《说文》:“啎也。”林义光:“午像杵形,实杵之古文。”杵 *t-ŋa̱^{B},昌与切,《广韵》:“《世本》曰:罗父作杵臼。”《说文》:“杵,舂杵也,从木午声。”《孟子·尽心下》:“何其血之流杵也?”《周易·系辞下》:“断木为杵,掘地为臼,臼杵之利,万民以济。”《盐铁论·散不足》:“邻有丧,舂不相杵,巷不歌谣。”许 *s-ŋa̱^{B},虚吕切,《广韵》:“许可也,与也,听也。”杨树达(1983:23):“许从午声,午即杵之象形字。字从言从午,谓舂者送杵之声也。”《淮南子·道应训》:“今夫举大木者,前呼邪许,后亦应之。此举重劝力之歌也,岂无郑、卫激楚之音哉?”《诗经·伐木》:“伐木许许。”集传:“众人共力之声。”《说文》:“许,听也。”《左传·隐公元年》:“亟请于武公,公弗许。”《左传·僖公二十一年》:“以求诸侯于楚,楚人许之。”

兒 *ŋi̱,汝移切,《广韵》:“婴兒。”《说文》:“兒,孺子也。”《左传·宣公十五年》:“晋师灭赤狄潞氏,以潞子婴兒归。”《庄子·人间世》:“彼且为婴兒,亦与之为婴兒。”《礼记·杂记下》:“中路婴兒失其母焉,何常声之有?”阋 *s-ŋik,许激切,《广韵》:“阋斗也,很也,戾也,又相怨也。”《说文》:“阋,恒讼也。《诗》云:兄弟阋于墙。从斗从兒。儿,善讼者也。”《诗经·常棣》:“兄弟阋于墙,外御其务。”《左传·僖公二十四年》:“兄弟阋于墙,外御其侮。”注:“阋,讼争貌。”《新书·修政语下》:“民不私相斗,阋不私相煞也。”

内 *nups,奴对切,《广韵》:“入也。”《左传·僖公二十七年》:“靖诸内而败诸外,所获几何?”《左传·文公七年》:“兵作于内为乱,于外为寇。”《左传·僖公二十四年》:“惠怀无亲,外内弃之。”《易·比》:“六二,比之自内,贞,吉。”《象》曰:“比之自内,不自失也。”退 *s-nups,他内切,《广韵》:“却也。”《说文》:“退,却也。退,或从内。”《诗经·桑柔》:“人亦有言,进退维谷。”《左传·宣公二年》:“问其名居,不告而退。”

壤*na̱ŋ^{B},如两切,《广韵》:“土也。”《说文》:“壤,柔土也。”《左传·成公五年》:“山有朽壤而崩。”《吕氏春秋·高义》:“败王师,辱王名,亏壤土,忠臣不忍为也。”《淮南子·兵略训》:“攻者非以禁暴除害也,欲以侵地广壤也。”襄*s-na̱ŋ,息良切,《说文》:“解衣而耕谓之襄。”《逸周书·谥法解》:“辟地为襄。”《广韵》:“襄,除也。”《诗经·墙有茨》:“墙有茨,不可襄也。”传:“襄,除也。”《诗经·出车》:“猃狁于襄。”传:“襄,除也。”

林*ri̱m,力寻切,《广韵》:“林木。《尔雅》云:野外谓之林。《说文》曰:平土有丛木曰林。”《释名》:“山中丛木曰林。林,森也,森森然。”《诗经·击鼓》:“于以求之,于林之下。”传:“山木曰林。”《诗经·野有死麇》:“林有朴樕,野有死鹿。”森*s-ri̱m,所今切,《广韵》:“长木貌。”《说文》:“森,多木貌。”《玉篇》:“森,长木貌。”

龙*ro̱ŋ,力钟切,《广韵》:“鳞虫之长也。”《说文》:“龙,鳞虫之长。”《大戴礼记·曾子天圆》:“鳞虫之精者曰龙。”《礼记·曲礼上》:“前朱鸟而后玄武,左青龙而右白虎。”《诗经·商颂·长发》:“何天之龙。”笺:“龙,当作宠。”龙,《广雅》:“宠也。”王念孙:“昭十二年左传引蓼萧诗龙光作宠光。”宠*s-ro̱ŋ^{B},丑陇切,《说文》:“尊居也。”《诗经·商颂·长发》:“何天之宠。”笺:“龙当作宠,宠,荣名之谓。”《国语·晋语八》:“使至于生疾,又不自退而宠其政。”注:“宠,荣也。”《国语·晋语四》:“尊贵宠,赏功劳。”

力*re̱k,林直切,《广韵》:“筋也。”《诗经·简兮》:“有力如虎,执辔如组。”《左传·隐公十一年》:“度德而处之,量力而行之。”《左传·桓公六年》:“是以圣王先成民,而后致力于神。”《史记·外戚世家》:“上之得为嗣,大长公主有力焉。”《周礼·夏官·司马》:“事功曰劳,治功曰力。”勑*s-re̱k,耻力切,《广韵》:“劳也。”《尔雅》:“敕,劳也。”注:“敕者,相约敕也,亦为劳苦。”《史记·乐书》:“余每读虞书,至于君臣相敕。”

士*g-re̱^{B},锄里切,《说文》:“事也。”士本义为男性的性器官,引申指男子。《诗经·摽有梅》:“求我庶士,迨其吉兮。”《诗经·野有死麇》:“有女怀春,吉士诱之。”《诗经·匏有苦叶》:“士如归妻,迨冰未泮。”也指帮君王做事的男子,写作“仕”。仕*g-re̱^{B},锄里切,《广韵》:“仕官。”《孟子·公孙丑下》："有仕于此，而子悦之。"《韩非子·说难》："此非能仕之所耻也。"《诗经·文王有声》："武王岂不仕?"传："仕，事。"先秦文献中"仕"多指帮君王做事。《孟子·滕文公下》："士之仕也，犹农夫之耕也。"《论语·公冶长》："子使漆雕开仕。"《论语·子张》："仕而优则学，学而优则仕。"字也写作"士"。《荀子·大略》："古者匹夫五十而士。"也指掌管刑狱的官员。《周礼·地官·司徒》："其附于刑者归于士。"注："士谓主断刑之官。《春秋传》曰：士荣为大士。"《左传·僖公二十八年》："针庄子为坐，士荣为大士。"注："大士，治狱官也。"字也写作"李"。李 * re̱^{B}，良里切，《广韵》："亦行李。"《管子·法法》："契为司徒，皋陶为李。"(《孟子·尽心上》："皋陶为士。")注："古治狱之官，作此李官。"《管子·五行》："后土辨乎北方，故使为李，是故春者土师也，夏者司徒也，秋者司马也，冬者李也。"注："李，狱官也。"李也指使者。《左传·僖公三十年》："行李之往来，共其乏困。"注："行李，使人。"《左传·襄公八年》："亦不使一介行李，告于寡君。"注："行李，行人也。"使 * s-re̱^{B}，疏士切，《广韵》："役也，令也。"《说文》："使，令也。"《论语·八佾》："君使臣，臣事君，如之何?"《论语·八佾》："君使臣以礼，臣事君以忠。"

帜 * te̱ks，职吏切，《集韵》："旗也，或从志，通作织。"《说文》："帜，旌旗之属。"《史记·高祖本纪》："祭蚩尤于沛庭，而衅鼓旗，帜皆赤。"索隐："《字诂》云：帜，标也。帜，或作识，或作志。"《史记·淮阴侯列传》："拔赵帜，立汉赤帜。"《汉书·高帝纪上》："帜皆赤。"颜师古注："帜，幖也。"《史记·张丞相列传》："沛公以周昌为职志。"集解："徐广曰：主旗帜之属。"索隐："官名也。职，主也；志，旗帜也，谓掌旗帜之官也。"《史记·刘敬叔孙通列传》："设兵张旗志。"集解："一作帜。"字也写作"织"。《诗经·六月》："织文鸟章，白旆央央。"笺："织，徽织也。"《释文》："织，音志，又尺志反。"《汉书·陈汤传》："望见单于城上立五采幡织。"颜师古注："织读曰帜。"识 * te̱ks，职吏切，《广韵》："标识，见礼，本音式。"识 * s-te̱k，赏职切，《说文》："常也，一曰知也。"《释名》："识，帜也，有章帜可按视也。"《礼记·檀弓下》："以死者为不可别已，故以其旗识之。"《释文》："识，式至反，皇如字。"《周礼·冬官·考工记》："为规，识日出之景，与日入之景。"《汉书·王莽传下》："讫无文号旌旗表识。"(帜 * s-teks，式吏切，《广韵》："旗帜。")

嫡 * tik，都历切，《广韵》："正也，君也。"《释名》："嫡，敌也，与匹相敌也。”《左传·桓公十八年》:“并后,匹嫡,两政,耦国,乱之本也。”本只写作“适”。《左传·庄公八年》:“衣服礼秩如适。”注:“适,太子。”《释文》:“适,丁历反。”《左传·文公十八年》:“仲为不道,杀适,立庶。”《释文》:“适,丁历反。”《左传·襄公二十三年》:“不听公命,杀适立庶。”《释文》:“适,丁历反。”适 * s-ti̱k,施只切,《广韵》:“乐也,善也。”《吕氏春秋·大乐》:“寒暑适,风雨时。”《吕氏春秋·明理》:“其风雨则不适。”《庄子·大宗师》:“适人之适,而不自适其适者也。”《诗经·伯兮》:“岂无膏沐,谁适为容?”

颂 * Go̱ŋ,余封切,《广韵》:“形颂。”《说文》:“颂,貌也。”《汉书·儒林传》:“抠衣登堂,颂礼甚严。”颜师古注:“颂读曰容。”字多写作“容”。容 * Go̱ŋ,余封切,《广韵》:“仪也。”《左传·宣公十四年》:“于是有容貌,采章,嘉淑。”《左传·襄公三十一年》:“居丧而不哀,在戚而有嘉容,是谓不度。”容由容貌渐渐指仪容等意义。《礼记·冠义》:“礼义之始,在于正容体。”颂 * s-Go̱ŋs,似用切,《广韵》:“歌也。”《礼记·少仪》:“颂而无谄,谏而无骄。”《孟子·万章下》:“颂其诗,读其书,不知其人,可乎?”也为名词。《释名》:“颂,容也,序说其成功之形容也。”《左传·宣公十二年》:“武王克商,作颂曰……”《礼记·乐记》:“故听其雅、颂之声,志意得广焉。”

帚 * tu̱^{B},之九切,《广韵》:“《少康》作箕帚。”《仪礼·既夕礼》:“朔月,童子执帚。……卒奠,埽者执帚。”《管子·弟子职》:“执帚下箕,倚于户侧。”《吕氏春秋·顺民》:“执箕帚而臣事之。”埽 * s-tu^{B},苏老切,《广韵》:“埽除。”《礼记·曾子问》:“父没而冠,则已冠埽地而祭于祢。”《礼记·礼器》:“至敬不坛,埽地而祭。”《礼记·郊特牲》:“埽地而祭。……祭天,埽地而祭焉。”埽 * s-tus,苏到切,《广韵》:“埽洒。”《说文》:“埽,弃也。”《礼记·内则》:“敛枕簟,洒埽室堂及庭。”《释文》:“埽,苏报反。”《诗经·东山》:“洒埽穹窒,我征聿至。”《释文》:“埽,苏报反。”《礼记·丧大记》:“疾病,外内皆埽。”《释文》:“埽,悉报反。”《礼记·少仪》:“泛埽曰埽,埽席前曰拚。”《释文》:“埽,索报反。”

州 * tu̱,职流切,《尔雅》注:“窍也。”《尔雅》:“白州,驠。”《山海经·北山经》:“有兽焉,其状如麋,其州在尾上。”注:“州,窍也。”醜 * thu̱^{B},昌九切,《广韵》:“窍也。”《礼记·内则》:“鱼去乙,鳖去醜。”注:“醜,谓鳖窍也。”䰩 * thu̱^{B},昌九切,《广韵》:“弃也,恶也。”䰩 * du̱,市流切,《广韵》:“恶也,弃也。"《诗经·遵大路》:"无我魗兮,不寁好也。"传:"魗,弃也。"笺:"魗,亦恶也。"《释文》:"魗,市由反,或云郑音为丑。"《说文》:"醜,可恶也。"《诗经·墙有茨》:"所可道也,言之醜也。"《庄子·天运》:"其里之醜人见而美之。"《庄子·则阳》:"华子闻而醜之。"羞 *s-tu̱,息流切,《广韵》:"耻也。"《左传·定公十四年》:"大子羞之。"《庄子·天地》:"吾非不知,羞而不为也。"《庄子·渔父》:"先生不羞而比之服役,而身教之。"《吕氏春秋·离俗》:"欲以其辱行漫我,我羞之。"

爪 *ƫlu^{B},侧绞切,《说文》:"丮也,覆手曰爪。"《六书故》:"爪,人之指叉,或亦通作爪。"叉,侧绞切,《广韵》:"古文(爪)。《说文》曰:手足甲也。"《庄子·德充符》:"为天子之诸御,不爪翦,不穿耳。"《诗经·祈父》:"祈父,予王之爪牙。"字也写作"蚤"。《荀子·大略》:"争利如蚤甲,而丧其掌。"注:"蚤与爪同。"《礼记·曲礼下》:"不蚤鬋。"注:"蚤读为爪。"《墨子·天志下》:"是以差论蚤牙之士,比列其舟车之卒,以攻罚无罪之国。"(《墨子·非攻中》:"故差论其爪牙之士,皆列其舟车之众,以攻中行氏而有之。")《周礼·冬官·考工记》:"去一以为蚤围。"注:"蚤当为爪。"《周礼·冬官·考工记》:"欲其蚤之正也。"注:"蚤当为爪。"《管子·地数》:"吾谨逃其蚤牙。"《庄子·秋水》:"鸱鸺夜撮蚤。"《释文》:"崔本作爪。"搔 *s-ƫu,苏遭切,《说文》:"刮也。从手蚤声。"《诗经·静女》:"爱而不见,搔首踟蹰。"《韩非子·奸劫弑臣》:"是犹以足搔顶也。"《礼记·内则》:"寒不敢袭,痒不敢搔。"

宰 *ƫe^{B},作亥切,《广韵》:"冢宰。"《说文》:"宰,辠人在屋下执事者。"《论语·公冶长》:"求也,千室之邑,百乘之家,可使为之宰也。"《论语·雍也》:"游为武城宰。"《左传·桓公二年》:"孔父嘉为司马,督为大宰。"《左传·襄公十七年》:"使贼杀其宰华吴。"《庄子·德充符》:"国无宰,寡人传国焉。"司 *s-ƫe̱,息兹切,《广韵》:"主也。"《礼记·曲礼上》:"进退有度,左右有局,各司其局。"疏:"凡言司者,总其领也。"《左传·僖公二十一年》:"实司大皞与有济之祀,以服事诸夏。"《庄子·齐物论》:"其司是非之谓也。"

禮 *lir^{B},卢启切,《说文》:"履也,所以事神致福也。"《论语·学而》:"礼之用,和为贵。"《论语·为政》:"生事之以礼;死葬之以礼,祭之以礼。"《礼记·礼器》:"礼也者,犹体也。"《释名》:"礼,体也,得事体也。"體 *s-lir^{B},他礼切,《说文》:"总十二属也。"《论语·微子》:"四体不勤,五谷不分。"体多用作动词，即礼。《管子·君臣上》："则君体法而立矣。"《礼记·学记》："就贤体远，足以动众，未足以化民。"注："体，犹亲也。"《礼记·文王世子》："外朝以官，体异姓也。"《礼记·中庸》："敬大臣也，体群臣也，子庶民也，来百工也，柔远人也，怀诸侯也。"《左传·隐公六年》："郑伯如周，王不礼焉。"

荛*nɯ̱，如招切，《广韵》："刍荛。"《说文》："荛，薪也。从草尧声。"《诗经·板》："先民有言，询于刍荛。"传："刍荛，薪采者。"《释文》："荛，如谣反，《说文》云：荛，草薪也。"《左传·昭公十三年》："叔鲋求货于卫，淫刍荛者。"《释文》："荛，如遥反，饲牲曰刍，草薪曰荛。"疏："荛者，共燃火之草也。"《管子·轻重甲》："今北泽烧，则是农夫得居装而卖其薪荛。"注："大曰薪，小曰荛。"烧*s-nɯ̱，式招切，《广韵》："火也，然也。"《礼记·月令》："令民毋艾蓝以染，毋烧灰，毋暴布。"《荀子·富国》："不时焚烧，无所臧之。"《韩非子·内储说上》："鲁人烧积泽，天北风，火南倚，恐烧国，哀公惧。"

子*ȶe̱ᴮ，即里切，《广韵》："子息。"《诗经·何彼襛矣》："平王之孙，齐侯之子。"《诗经·生民》："不康禋祀，居然生子。"嗣*s-ȡe̱s，祥吏切，《广韵》："继也。孠，古文。"《说文》："嗣，诸侯嗣国也。"段玉裁注："引申为凡继嗣之称。"《尔雅》："嗣，继也。"王引之："嗣与息，皆谓子也。嗣，继也。故子继父者谓之嗣。"《左传·僖公五年》："大伯不从，是以不嗣。"《左传·襄公三十年》："子产而死，谁其嗣之。"也为名词。《左传·隐公十一年》："序民人，利后嗣者也。"《国语·周语上》："夫晋侯非嗣也。"注："嗣，适嗣也。"

鑯*ȶo̱m，子廉切，《广韵》引《说文》："铁器也，一曰镌也。"《说文》段玉裁注："盖锐利之器。"櫼*ȶo̱m，子廉切，《广韵》："《说文》音尖，楔也。"（《说文》："楔，櫼也。"）籤*ȶho̱m，七廉切，《广韵》："《说文》：验也，一曰锐也，贯也。"《玉篇》："竹籤，用以卜者。"《广雅》："籤，利也。"王念孙疏证："籤之言鑯也。"幨*ȶho̱m，七廉切，《广韵》："幖幨，出《字林》。"韱*s-ȶo̱m，息廉切，《广韵》："韱细。"纖*s-ȶo̱m，息廉切，《广韵》："细也，微也。"《吕氏春秋·本味》："鼎中之变，精妙微纖。"《周礼·冬官·考工记》："欲其掣尔而纤也。"孅*s-ȶo̱m，息廉切，《广韵》："锐也，细也。"《说文》："孅，锐细也。"《汉书·食货志上》："古之治天下，至孅至悉也，故其畜积足恃。"韱、纖、孅同一词。

三

这种由名词附加前缀 *s-派生而来的动词(形容词)依理应该很多。但是,我们能够确定上古汉语带前缀 *s-的语词已经不多。舒志武(1988)、梅祖麟(1989)用来证明上古汉语前缀 *s-有名谓化功能的语词,其中绝大部分上古汉语并不带前缀 *s-。错误的构拟导致了这些语词被带上了前缀 *s-,比如中古汉语的擦音。跟塞音、塞擦音谐声并不等于擦音上古汉语一定带前缀 *s-。依据谐声关系,我们只能确定附加在次浊音、齿龈塞音前的 *s-前缀。其他语音条件下,我们已经无法依据中古的语音形式反推上古有无前缀 *s-。

郭 *qak,古博切,《广韵》:"城郭也。《释名》云:郭,廓也,廓落在城外也。"《左传·成公九年》:"莒恃其陋,而不修城郭。"《孟子·公孙丑下》:"三里之城,七里之郭,环而攻之而不胜。"椁 *qak,古博切,《广韵》:"《礼》曰殷人棺椁。椁,上同。"《礼记·檀弓上》:"殷人棺椁。"注:"椁,大也,以木为之,言椁大于棺也。"《释名》:"椁,廓也。"《左传·定公元年》:"范献子去其柏椁。"《论语·先进》:"颜渊死,颜路请子之车以为之椁。"《孟子·公孙丑下》:"古者棺椁无度,中古棺七寸,椁称之。"廓 *qhak,苦郭切,《广韵》:"空也,大也,虚也。"《尔雅》:"廓,大也。"《方言》:"张小使大谓之廓,陈楚之间谓之摸。"《礼记·檀弓上》:"练而慨然,祥而廓然。"《荀子·修身》:"狭隘褊小,则廓之以广大。"

弓 *ku̱ŋ,居戎切,《广韵》:"弓矢。"《说文》:"弓,穷也,以近穷远。"《释名》:"弓,穹也,张之穹穹然也。"许慎以"穷"声训"弓",而刘熙以"穹"声训"弓"。《周礼·冬官·考工记》:"弓人为弓,取六材必以其时。"躳 *ku̱ŋ,居戎切,《广韵》:"身也。躬,上同。"《说文》:"躳,身也。从身从吕。躬,躳或从弓。"段玉裁注:"弓身者,曲之会意也。"《论语·乡党》:"入公门,鞠躬如也,如不容。"引申之,指自身。《论语·卫灵公》:"躬自厚而薄责于人,则远怨矣。"人的身体如一张弓,故名之曰躬。(《论语·子路》:"吾党有直躬者,其父攘羊,而子证之。"《释文》:"郑本作弓,云直人名弓。"《左传·昭公十三年》:“使枝如子躬聘于郑。”《广韵》:“枝,枝柯,又汉复姓,《左传》楚大夫枝如子弓。”)穹*khu̲ŋ,去宫切,《广韵》:“高也。”《说文》:“穹,穷也,从穴弓声。”古人眼里,天空由中间向两边弯曲如同弓而名之为穹。《尔雅》:“穹苍,苍天也。”《诗经·桑柔》:“靡有旅力,以念穹苍。”传:“穹苍,苍天。”引申为“穷”。《诗经·七月》:“穹窒熏鼠,塞向墐户。”传:“穹,穷。”《诗经·东山》:“洒扫穹窒,我征聿至。”笺:“穹,穷。”穷*gu̲ŋ,渠弓切,《广韵》:“穷极也。”《说文》:“穷,极也。”段玉裁注:“鞠躬古作鞠穷。”《孟子·尽心上》:“穷则独善其身,达则兼善天下。”《庄子·养生主》:“指穷于为薪,火传也,不知其尽也。”《韩非子·主道》:“君因以断事,故君不穷于智。”

奇*ka̲r,居宜切,《广韵》:“不偶也。”《说文》:“奇,一曰不耦。”《礼记·投壶》:“一算为奇。”《释文》:“奇,纪宜反。”引申之,为不对称。觭*kha̲r,去奇切,《广韵》:“角一俯一仰也。”《说文》:“觭,角一俯一仰也。”也为奇偶之奇。《庄子·天下》:“以觭偶不仵之辞相应。”崎*kha̲r,去奇切,《广韵》:“崎岖。”《史记·郦生陆贾列传》:“崎岖山海间,譬若汉一郡。”字也作𢻫。𢻫*kha̲r,去奇切,《广韵》:“不正也。”《说文》:“𢻫,𢻫[阝区]也。”也作“踦”。踦*kha̲r,去奇切,《广韵》:“脚跛。”《说文》:“踦,一足也。”《方言》:“倚、踦,奇也。自关而西秦晋之间凡全物而体不具谓之倚,梁楚之间谓之踦。雍梁之西郊凡兽支体不具者谓之踦。”《说苑·奉使》:“踦[足区]山海之间,譬若汉一郡。”

亢*kaŋ,古郎切,《广韵》:“《说文》人颈也。”《说文》:“亢,人颈也。”段玉裁注:“亢之引申为高也。”亢*khaŋs,苦浪切,《广韵》:“高也。”《庄子·人间世》:“解之以牛之白颡者,与豚之亢鼻者,与人有痔病者。”《左传·僖公二十八年》:“背惠食言,以亢其雠。”《左传·宣公十五年》:“颗见老人,结草以亢杜回。”后作“抗”。抗*khaŋs,苦浪切,《广韵》:“以手抗举也。”《说文》:“抗,扞也。”《礼记·文王世子》:“周公抗世子法于伯禽。”《墨子·非攻中》:“欲以抗诸侯,以为英名。”《国语·晋语四》:“未报楚惠而抗宋。”

管*kon^{B},古满切,《广韵》:“乐器也。筦,上同。”《说文》:“管,如篪,六孔。”管本为竹管之管,引申为管乐之管。《庄子·秋水》:“是直用管窥天,用锥指地也。”《庄子·则阳》:“夫吹筦也,犹有嗃也。”《诗经·有瞽》:“既备乃奏,箫管备举。”窾*khon^{B},苦管切,《广韵》:“空也。”《庄子·养生主》:“依乎天理,批大郤,导大窾,因其固然。”《淮南子·说山训》:“见窾木浮而知为舟,见飞蓬转而知为车。”《汉书·杨王孙传》:“昔帝尧之葬也,窾木为椟。”《新书·匈奴》:“赏均则国窾,而赏薄不足以动人。”

半 *pans,博慢切,《广韵》:“物中分也。”《左传·宣公二年》:“食之,舍其半。”《左传·襄公二十七年》:“受其半以为少师。”《论语·乡党》:“必有寝衣,长一身有半。”《孟子·公孙丑上》:“事半古之人,功必倍之。”判 *phans,普半切,《广韵》:“剖判,又分也。”《韩非子·解老》:“自天地之剖判以至于今。”《墨子·备穴》:“长二尺五寸六围,中判之。”

膏 *kɯ,古劳切,《广韵》:“脂也,又泽也,肥也。”《说文》:“脂,戴角者脂,无角者膏。”《诗经·羔裘》:“羔裘如膏,日出有曜。”《管子·度地》:“民得其饶,是谓流膏。”也用作动词。膏 *kɯs,古到切,《广韵》:“膏车。”《礼记·内则》:“脂膏以膏之。”《释文》:“膏之,古报反。”《诗经·下泉》:“芃芃黍苗,阴雨膏之。”《释文》:“膏,古报反。”槁 *khɯ^{B},苦浩切,《广韵》:“木枯也。”《说文》:“槁,木枯也。”段玉裁注:“凡润其枯槁曰槁,如慰其劳苦曰劳,以膏润物曰膏。《尚书》‘槁饫’,《周礼》‘槁人’,《小行人》‘若国师役则令槁禬之’,义皆如是。”《周礼·地官·司徒》郑注:“郑司农云:稾读为犒师之犒,主冗食者故谓之犒。”《释文》:“槁注音犒,同苦报反。”《周礼·秋官·司寇》:“若国师役,则令槁禬之。”注:“槁当为犒,谓犒师也。”《释文》:“槁,苦报反。”犒 *khɯs,苦到切,《广韵》:“饷军。”《春秋左传要义·释犒劳》:“以师枯槁劳之。犒者以酒食饷馈军师之名也。服虔云:以师枯槁故馈之饮食,劳苦谓之劳也。”《国语·鲁语上》:“展禽使乙喜以膏沐犒师。”《左传·成公二年》:“以犒从者,畏君之震。”《左传·昭公五年》:“吴子使其弟蹶由犒师。”

上古汉语有时候清音不送气、送气交替也有名谓化功能,跟前缀 *s-的功能相似。我们可以用前缀 *s-解释它们原先的区别。不过,上古汉语并非只有前缀 *s-有名谓化功能,其他词缀也有相同的语法功能,比如前缀 *m-。因而,是不是前缀 *s-造成这种清辅音不送气、送气交替还需要进一步论证。我们将这些材料列在此处只表明上古汉语有这种可能。

第二节　使动化

一

藏语使动词的典型构成形式是动词词根附加*s-前缀。

ɦ-gag-pa	阻滞、不通	s-gag-pa	勒、绞紧
ɦ-gul-ba	动、摇摆	s-gul-ba	摇撼、撼动
ɦ-go-ba	传染、沾染、感染	s-go-ba	沾染上、使习染、污染
ɦ-gjur-ba	更动、变异	s-gjur-ba	更改、变动、移动
ɦ-gjel-ba	跌到、倒下	s-gjel-ba	推倒、推翻、颠覆
ɦ-gril-ba	合一、团拢、卷拢	s-gril-ba	连接、纠集、综合
ɦ-grub-pa	完成、成功、成就	s-grub-pa	办理、完成
ɦ-greŋ-ba	立起、站起	s-greŋ-ba	竖起、举起、升起
ɦ-grol-ba	放松、解开、释放	s-grol-ba	救度、拯救、释放、放脱
ɦ-khum-ba	蜷缩、皱缩	s-kum-ba	收缩、蜷曲
ɦ-khur-ba	携带、负荷	s-kur-ba	托人投送
ɦ-khor-ba	运转、回旋、周旋	s-kor-ba	开动、旋转、扭转
ɦ-khol-ba	水沸	s-kol-ba	煮、煮沸
ɦ-khjil-ba	潴聚、汇聚	s-kjil-ba	汇集、收藏
ɦ-khjog-pa	弯、不直	s-kj og-pa	勒转、扭转
ɦ-khjom-ba	颠簸、摇动、动荡	s-kjom-ba	摇荡、震荡

相对自动词则词根附加ɦ-前缀(根据词头的不同,藏语的清塞音和清塞擦音分送气和不送气)。自动词和使动词通过ɦ-和 s-前缀交替实现转换。藏语表使动意义的 s-前缀来自藏缅语。那么,上古汉语是否也有表使动意义的*s-前缀?

沙加尔(Laurent Sagart,1999)说:“尽管保险的例子的数量并不多,*s-前缀的使动功能看来可以得到很好的证明。”藏缅语族的许多语言往往用附加*s-前缀的方式表达使动意义(孙宏开,1998:6)。这一点在书面藏语中表现得仍十分清楚,尽管书面藏语除了附加 s-前缀之外还有其他一些表达方式(黄布凡,1981;孙宏开,1998)。通过藏缅语诸语言使动范畴表达方式的比较,孙宏开(1998)认为原始藏缅语“以*s-前缀为使动语法范畴的唯一表达方式”,而其他有使动意义的表达形式是发展的结果。藏缅语前缀 s-的语法功能让人联想起上古汉语。包拟古(1973)在讨论有关上古汉语带*s-复辅音声母时所列举的一些上古汉语语词不少就是后来学者所论述的使动词,而且注意到了“藏文的*s-型致使动词在上古汉语中的一种反映形式”,只是包拟古认为,“在藏文中,自动式跟带 s-前缀的致使式配对的动词是很容易找到的,但这样的配对词在汉语中的反映形式的确很罕见”。

除了包拟古,舒志武算是国内较早认识到上古汉语*s-前缀有使动意义的学者之一。舒志武(1988)详细地分析了上古汉语*s-前缀,并明确提出使动化是上古汉语*s-前缀的重要构形功能之一。据舒志武的导师严学宭说,舒志武此文成于 1987 年。严学宭的评价是“证据确切,令人信服”。梅祖麟(1988)也提出上古汉语的前缀*s-是一个使动化前缀,并在次年(1989)撰文讨论上古汉语*s-前缀的意义,其中之一就有使动化。郑张尚芳(1990)也认为上古汉语的*s-是“表使动式的词头”。潘悟云师(1991)专文论述上古汉语使动词的屈折形式,而使动词的构成形式之一就是附加*s-前缀。看来,上古汉语的*s-前缀有使动化意义似乎确实如沙加尔所说“得到了很好的证明”。

不过,证明上古汉语前缀*s-有使动化功能的证明材料并不充分,所引用的例子有相当一部分彼此相同,而不少例子现在看来可能是错误的。梅祖麟提供证明上古汉语前缀*s-有使动化功能的例子共有 8 例。这 8 例分别是顺/驯、食/饲、灭/威、讹/化、丽/洒、吏/使、陨/损、桓/宣。其中“陨”和“损”之关系,舒志武(1987)也已经讨论过。这 8 例中,有些使动词的构成并不是附加了*s-前缀,而是其他语音形式,比如食和饲。沙加尔(1999)就认为“尚不能肯定‘饲’的使动义是否是*s-前缀所致,*-s 后缀有时也具有使动功能”。梅祖麟提供的 8 例,两者声调(即构词后缀)完全相同的只有 1 例。

食*jak,乘力切,《广韵》:“饮食。”《诗经·氓》:“于嗟鸠兮,无食桑葚。”《左传·庄公六年》:“人将不食吾余。”飤*jaks,祥吏切,《广韵》:“食也。”字本只写作“食”。《左传·桓公六年》:“卜士负之,士妻食之。”《释文》:“食音嗣。"《左传·宣公二年》:"将战,华元杀羊食士。"《释文》:"食音嗣。"《左传·宣公二年》:"食之。"《释文》:"食音嗣。""食"也为名词。《左传·桓公二年》:"大羹不致,粢食不凿,昭其俭也。"《释文》:"食音嗣。"

这可以跟"饮"比较。《诗经·有杕之杜》:"中心好之,曷饮食之。"《释文》:"饮,于鸩反;食,音嗣。"饮,《广韵》有"於锦切"和"於禁切"两音(去声一音《广韵》无释义)。"饮"两音等同"食"两音。中古汉语的齿龈浊擦音 z-和舌面浊擦音 ʑ-并不真正对立,上古来源相同。很显然,用声调不同解释"食"和"飤"更符合实际。上古汉语的 * -s 后缀有非常丰富的意义,其中之一就是所谓的使动。因而,我们断不能对上古汉语这个有丰富语法意义的 * -s 后缀视而不见。总之,我们认为,梅祖麟用来证明的例子并不完全可靠,其结论如沙加尔所说却可以肯定。

二

慴 * dep,徒协切,《广韵》:"慑也。《说文》惧也。"《说文》:"慴,惧也。从心习声,读若迭。"字写作"叠"。《诗经·时迈》:"薄言震之,莫不震叠。"毛传:"迭,惧。"《释文》:"叠,徒协反。"慴 * tep,之涉切,《广韵》:"伏也,惧也,怯也。"《庄子·达生》:"死生惊惧不入乎其胸中,是故遻物而不慴。"《释文》:"慴,之涉反,惧也;李、郭音习。"《史记·项羽本纪》:"一府中皆慴伏,莫敢起。"索隐:"《说文》云:詟,失气也。慴,音之涉反。"《史记·刺客列传》:"未尝见天子,故振慴。"詟 * tep,之涉切,《说文》:"失气言。"《汉书·项籍传》:"府中皆詟伏,莫敢复起。"颜师古注:"詟,失气也,音章涉反。"《汉书·项籍传》:"诸将詟服。"慑 tep,之涉切,《广韵》:"怖也,心伏也,失常也,失气也,亦作慴。"《礼记·曲礼上》:"贫贱而知好礼,则志不慑。"注:"慑犹怯。"《释文》:"慑,之涉反。"慑 * s-tep,书涉切,《集韵》:"慑、慑,恐惧也。"《淮南子·泛论训》:"威动天地,声慑四海,可谓能武矣。"《吕氏春秋·论威》:"威,所以慑之也。"字也写作"摄",音同书涉切。《左传·襄公十一年》:"则武震以摄威之。"《墨子·亲士》:"越王勾践遇吴王之丑,而尚摄中国之贤君。"

敦 * tun,都昆切,《广韵》:"亦厚也。"《礼记·经解》:"温柔敦厚,《诗》教也”《礼记·中庸》:“温故而知新,敦厚以崇礼。”写作“惇”。惇 *tun,都昆切,《广韵》:“厚也。”惇,又音章伦切。惇 *tu̱n,章伦切,《广韵》:“心实也。”《国语·晋语四》:“郤谷可,行年五十矣,守学弥惇。”注:“惇,厚也。”《国语·楚语上》:“务慎惇笃以固之。”谆 *tu̱n,章伦切,《广韵》:“至也,诚恳貌也。”谆 *tu̱ns,之闰切,《广韵》:“告之丁宁。”《诗经·抑》:“诲尔谆谆,听我藐藐。”《释文》:“谆,字又作讷,之纯反,又之闰反。”《孟子·万章上》:“天与之者,谆谆然命之乎?”醇 *du̱n,常伦切,《广韵》:“厚也,醲也。”《史记·宋微子世家》:“陈人使妇人饮之醇酒。”《道德经》:“其政闷闷,其民醇醇。”又淳 *du̱n,常伦切,《广韵》:“朴也。”《三苍》:“淳,浓也。”《墨子·所染》:“其友皆好仁义,淳谨畏令。”《潜夫论·本训》:“以淳粹之气,生敦庞之民。”纯 *du̱n,常伦切,《广韵》:“笃也。”《左传·隐公元年》:“颍考叔纯孝也,爱其母,施及庄公。”钝 *duns,徒困切,《广韵》:“不利也。”《荀子·性恶》:“钝金必将待砻厉然后利。”《国语·吴语》:“使吾甲兵钝弊,民人离落。”驯 *s-du̱n,食伦切,玄应《一切经音义》引《说文》:“养鸟兽使服谓之驯。”《诗经·巧言》笺:“犬之驯者谓田犬也。”《释文》:“驯音旬,又音唇。”《墨子·兼爱中》:“昔越王句践好士之勇,教驯其臣。”《韩非子·外储说右上》:“夫驯乌者断其下翎焉,断其下翎则必恃人而食,焉得不驯乎?”

章 *ta̱ŋ,诸良切,《广韵》:“又明也。”《左传·桓公二年》:“官之失德,宠赂章也。”《左传·昭公十七年》:“今兹火出而章,必火入而伏。”《韩非子·问辩》:“坚白无厚之词章,而宪令之法息。”《荀子·子道》:“出而名不章,友之过也。”字后作“彰”。彰 *ta̱ŋ,诸良切,《广韵》:“明也。”《荀子·劝学》:“顺风而呼,声非加疾也,而闻者彰。”《庄子·齐物论》:“是非之彰也,道之所以亏也。”《韩非子·有度》:“威制共则众邪彰矣,法不信则君行危矣,刑不断则邪不胜矣。”赏 *s-ta̱ŋ^{B},书两切,《广韵》:“赐也。”《说文》:“赐有功也。”徐锴:“赏之言尚也,尚其功也。”《左传·僖公二十四年》:“下义其罪,上赏其奸。”《左传·襄公十四年》:“善则赏之,过则匡之,患则救之,失则革之。”注:“赏谓宣扬。”

离 *ra̱r,吕支切,《广韵》:“近曰离,远曰分。”《左传·桓公十一年》:“若败郧师,四邑必离。”《论语·季氏》:“邦分崩离析而不能守也。”《孟子·梁惠王上》:“父母冻饿,兄弟妻子离散。”洒 *s-ra̱r^{B},所绮切,《广韵》:“洒扫。”

（洒*s-rar^{B}，所蟹切，《广韵》："洒水。"）《慧林音义》卷十一引《声考》："洒，散水也。"《礼记·内则》："屑桂与姜以洒诸上而盐之，干而食之。"《墨子·兼爱中》："洒为九浍。"孙诒让间诂："洒、釃同，分也。"釃*s-rar^{B}，所绮切，《广韵》："分也，见《汉书·沟洫志》。"《汉书·沟洫志》："乃釃二渠以引其河。"字本当作"洒"。《史记·河渠书》："九川既疏，九泽既洒，诸夏艾安。"

离*rar，吕支切，《广韵》："近曰离，远曰分。"《庄子·山木》："合则离，成则毁。"《吕氏春秋·慎大》："身体离散，为天下戮。"釃*s-rar，所宜切，《广韵》："下酒也。"釃，《说文》："下酒也。"《诗经·伐木》："伐木许许，釃酒有萸。"传："以筐曰釃，以薮曰湑。"《释文》："釃，徐所宜反，又所余反，葛洪所寄反，谓以篚蓏酒。"（音"所余切"是"醑"的训读。）

陨*ɢun，于敏切，《广韵》："坠也，落也。"《说文》："陨，从高下也。"《诗经·氓》："桑之落矣，其黄而陨。"《诗经·小弁》："心之忧矣，涕既陨之。"《左传·庄公七年》："星陨如雨。"《左传·昭公三年》："早世陨命。"《韩非子·说疑》："四拟不破，则陨身灭国矣。"后字写作殒。殒*ɢun，于敏切，《广韵》："殁也。"《荀子·赋》："列星殒坠，旦暮晦盲。"《盐铁论·论诽》："此秦所以失天下而殒社稷也。"损*s-qun，苏本切，《广韵》："减也，伤也。"《说文》："损，减也。"《庄子·骈拇》："若其残生损性，则盗跖亦伯夷已。"《韩非子·喻老》："君见赏，臣则损之以为德；君见罚，臣则益之以为威。"《管子·乘马》："重而后损之，是不知任也；轻而后益之，是不知器也。"《吕氏春秋·情欲》："又损其生以资天下之人，而终不自知。"

怯*khrap，去劫切，《广韵》："畏也。"《左传·襄公二十四年》："曩者志入而已，今则怯也。"《管子·枢言》："勇胜怯，智胜愚，善胜恶。"《荀子·不苟》："与时屈伸，柔从若蒲苇，非慑怯也；刚强猛毅，靡所不信，非骄暴也。"劫*krap，居怯切，《广韵》："强取也。《说文》曰：人欲劫以力胁止曰劫。"《左传·昭公十四年》："请朝众而盟，遂劫南蒯。"《左传·昭公二十一年》："杀多僚，劫司马以叛。"《左传·定公十年》："若使莱人以兵劫鲁侯，必得志焉。"《礼记·儒行》："劫之以众，沮之以兵。"愶*s-khrap，虚业切，《广韵》："以威力相恐也。"字本只作"胁"。《左传·昭公三十一年》："众从者胁公不得归。"《管子·君臣下》："讹言于外者，胁其君者也。"《史记·乐书》："是故强者胁弱，众者暴寡，知者诈愚。"

耄 * mɯɯs,莫报切,《广韵》:“老耄,亦作“耄”,见经典。”《左传·隐公四年》:“老夫耄矣,无能为也。”注:“八十曰耄。”《释文》:“耄,毛报反。”《礼记·曲礼上》:“八十、九十曰耄。”注:“耄,惛忘也。”《释文》:“耄,本又作旄,同忘报反。”《国语·周语下》:“尔老耄矣!”注:“八十曰耄。耄,昏惑也。”也写作旄。《孟子·梁惠王下》:“王速出令,反其旄倪。”《周礼·秋官·司寇》:“壹赦曰幼弱,再赦曰老旄,三赦曰蠢愚。”《释文》:“耄本又作旄,同亡报反。”眊 * mɯɯs,莫报切,《广韵》:“目少睛。”《释文》:“眊,目少精也。从目毛声。《虞书》耄字从此。”《孟子·离娄上》:“胸中不正,则眸子眊焉。”《汉书·刑法志》:“周道既衰,穆王眊荒。”《汉书·刑法志》:“一曰幼弱,二曰老眊,三曰惷愚。”秏 * s-mɯɯs,呼到切,《广韵》:“减也。”《庄子·达生》:“未尝敢以耗气也,必齐以静心。”《韩非子·外储说左下》:“夫美下而耗上,妨义之本也。”《韩非子·孤愤》:“亏法以利私,耗国以便家。”

柳 * $r\underline{u}^{B}$,力久切,《集韵》:“聚也。”《尔雅》:“羽谓之柳。”《释文》:“柳,聚也。”《周礼·天官·冢宰》:“衣翣柳之材。”注:“柳之言聚,诸饰之所聚。”《汉书·季布传》:“置广柳车中。”注引晋灼:“柳,聚也,众饰之所聚也。”蒐 * s-r$\underline{u}$,所鸠切,《尔雅》:“聚也。”郭注:“春猎为蒐。蒐者,以其聚人众也。”《左传·成公十六年》:“蒐乘补卒,秣马利兵。”《左传·襄公二十四年》:“齐社蒐军实,使客观之。”《左传·文公十八年》:“服谗蒐慝,以诬盛德。”《谷梁传·桓公四年》:“春曰田,夏曰苗,秋曰蒐,冬曰狩。”

三

能够确定上古汉语带前缀 * s-的语词已经非常有限。从这有限的语词里面仍能找到上古汉语前缀 * s-有使动化功能的例子。看来,上古汉语原本这种带前缀 * s-的语词应该很多,只是随着语音演变,前缀 * s-失落了。只有在特定的条件下,前缀 * s-影响了词根辅音,比如跟次浊音谐声的擦音。这种情况跟藏缅语非常相似。缅语、阿昌语等非清化次浊音表自动,清化次浊音表使动,而后者来自前缀 * s-的失落。前缀 * s-可以使次浊音清化,自然也可以使全浊音清化。因而,缅语、阿昌语等用送气不送气声母交替表示自动、使动。或许是受到了藏缅语的启发,龚煌城(2001)认为上古汉语自动和使动就是 * ɴ-前缀和 * s-前缀的对立,即自动附加 * ɴ-前缀而使动附加 * s-前缀,而其词根辅音则为浊辅音声母。龚煌城先生的这一假设跟藏缅语尤其是藏语自动、使动词的构成完全一致,见前。

骇 * gre^B,侯楷切,《广韵》:"惊也。"《左传·昭公十三年》:"国每夜骇曰:王入矣。"《左传·定公十年》:"郈人大骇。"《庄子·天运》:"是以天下大骇,儒墨皆起。"《韩非子·内储说上》:"人见蛇则惊骇,见蠋则毛起。"戒 * kres,古拜切,《广韵》:"备也,警也。"《易·系辞上》注:"防患曰戒。"《左传·桓公二年》:"百官于是乎戒惧,而不敢易纪律。"《左传·成公十五年》:"伯宗每朝,其妻必戒之曰:盗憎主人,民恶其上,子好直言,必及于难。"《左传·文公十二年》:"秦行人夜戒晋师曰……"《左传·襄公十四年》:"卫献公戒孙文子。"字也写作"诫",音同古拜切。《广韵》:"诫,言警也。"《墨子·号令》:"必时素诫之。"《韩非子·内储说下》:"袖因先诫御者曰:王适有言,必亟听从。"

狂 * ɢa̠ŋ,巨王切,《广韵》:"病也。《韩子》曰:心不能审得失之地则谓之狂也。"《诗经·载驰》:"许人尤之,众稚且狂。"《左传·文公一二年》:"好勇且狂。"《左传·昭公二十三年》:"胡沈之君幼而狂,陈大夫啮壮而顽。"注:"狂,无常。"《庄子·人间世》:"嗅之,则使人狂酲三日而不已。"诳 * qa̠ŋs,居况切,《广韵》:"欺也。"《礼记·曲礼上》:"幼子常视毋诳。"《释文》:"诳,九况反,欺也。"字本只作"狂"。《韩非子·显学》:"使子必智而寿,则世必以为狂。"《庄子·逍遥游》:"吾以是狂而不信也。"集解:"音读如诳,言以为诳。"字也写作"迂"。《左传·定公十年》:"是我迂吾兄也。"注:"迂,欺也。"《释文》:"迂,求往反,又古况反。"《诗经·扬之水》:"无信人之言,人实迂女。"传:"迂,诳也。"《释文》:"廷,求往反,徐又居望反。"

藏 * ɖaŋ,昨郎切,《广韵》:"隐也,匿也。"《左传·襄公十一年》:"国之典也,藏在盟府。"《左传·僖公五年》:"勋在王室,藏于盟府。"《左传·昭公四年》:"古者日在北陆,而藏冰西陆。"《左传·昭公二十一年》:"故和声入于耳,而藏于心。"葬 * ʈaŋs,则浪切,《广韵》:"藏也。"《说文》:"葬,藏也。"《礼记·檀弓上》:"葬也者,藏也;藏也者,欲人之弗得见也。"《左传·隐公元年》:"庚申,改葬惠公。"《左传·隐公五年》:"葬之加一等。"

或许可以用龚煌城*s-前缀的假设解释上述语词。前缀*s-不能只出现在浊辅音前，也可以出现在清辅音前，比如*sp-。但是，中古汉语的唇塞音大抵跟唇塞音谐声而不跟非唇塞音谐声，即唇塞音跟唇塞音组成一个谐声集合。因而，即便上古汉语有*sp-，我们也已经从中古汉语的语音形式中找到证据了。清塞音之前的前缀*s-消失之后并没有留下痕迹。

貣*zek，徒得切，《广韵》："假貣谓从官借本贾也，亦从人求物也。"《说文》："貣，从人求物也。"貣*sek，他德切，《广韵》："从人求物也。"《荀子·儒效》："虽行貣而食，人谓之富矣。"注："行貣，行乞也。貣，土得反。"《汉书·韩王信传》："今仆亡匿山谷间，旦暮乞貣蛮夷。"颜师古注："貣，音吐得反。"字也作"贷"。《庄子·外物》："庄周家贫，故往贷粟于监河侯。"《释文》："贷，音特，或一音他得反。"《左传·文公十四年》："而多聚士，尽其家，贷于公有司以继之。"《释文》："贷，音待，又音忒。"贷*seks，他代切，《广韵》："借也，施也，假也。"《左传·文公十六年》："宋饥，竭其粟而贷之。"《左传·襄公二十九年》："出公粟以贷。"《释文》："贷，他代反。"《庄子·天运》："食于苟简之田，立于不贷之圃。"《释文》："贷，敕代反，司马云：施与也。"

糴*zɯk，徒历切，《广韵》："市谷米。"《说文》："籴，市谷也。"《左传·隐公六年》："京师来告饥，公为之请籴于宋。"《释文》："籴，直历反。"《左传·僖公十三年》："晋荐饥，使乞籴于秦。"《释文》："籴，直历反。"糶*sɯks，他吊切，《广韵》："卖米也。"《韩非子·内储说下》："吏果窃黍种而粜之甚多。"《管子·治国》："秋籴以五，春粜以束，是又倍贷也。"

声调由非去声变成了去声，声母辅音也由浊辅音变成了清辅音。声调交替跟辅音清浊交替可能不属于同一时代的产物。上述两个语词的词根辅音本就是擦音，相对而言不再附加前缀*s-更加合理音节结构。没必要为了解释上古汉语的辅音清浊交替构拟一个前缀*s-。总而言之，依据目前所能得到的材料，我们已经无法证明出现在唇塞音前的前缀*s-。

第三节　持续

一

藏语的 s-既是一个使动动词前缀,也是一个启动动词(inchoative verbs)前缀。启动动词表示一个动作行为、一种状态或一个过程的开始。沃尔芬登(1929)认为,藏语 s-前缀最原始的意义只是简单的指向性陈述(directive indicating),后 s-前缀延伸出:(a)用来表示动词词根本身所指出的条件或状态(condition or state)的一般趋向,(b)指向某一不直接的宾语的动作或行为,(c)最后发展成所谓的及物或使动动词。沃尔芬登说,就(a)这一意义而言,动词前缀可以看成是某一起终结性的要素,帮助动词词根由主语进入由动词词根自身所指出的状态或条件,或指向不直接的宾语。属于这一类动词的,沃尔芬登列举了藏语的 skraŋ-ba"肿"、sŋo-ba"变青"、stor-ba"遗失、迷失"、sbrid-pa"麻痹、麻木"等。这一类动词在藏语中往往是不带直接宾语的不及物动词,也往往是非自主动词。

二

梅祖麟(1989)认为上古汉语前缀 * s-有"方向化"(directive)的作用。梅祖麟 * s-前缀有方向化作用的观点似乎跟沃尔芬登有关藏语 s-前缀的观点有某些内在的联系。什么是"方向化"? 梅祖麟解释是"就是更深入,更有方向性","加 * s-前缀而形成的派生动词比基本动词更有方向性"。我们并不清楚梅祖麟所谓的"方向化"到底指什么。这种有"方向性"的例子,梅祖麟列举了 11 例。令人感到遗憾的是,读了梅祖麟所举用于证明上古汉语 * s-前缀有"方向化"意义的例子,我们并没有看出这些上古汉语带 * s-前缀动词确实如梅祖麟所说有"方向化"功能。

就梅祖麟所提供的例子来看，梅祖麟所谓的方向化功能几乎等同于舒志武(1988)的区别意义的不同。梅祖麟几乎把所有同根词中无法解释的*s-前缀都放到"方向化"这一意义之下，比如"二"和"次"。"方向化"在梅祖麟那里似乎是一个极其模糊的概念。沙加尔(Sagart，1999)也提到上古汉语有指向性(directives)意义，但基本上是接受了梅祖麟的看法，而用的例子也是梅祖麟所提供的例子，他自己并没有对此加以论证。

动词，尤其是带直接宾语的及物动词则往往有指向，而其所指向的方向则是受事宾语。因而，一些语法著作往往把及物动词解释为动作行为支配或指向主语之外的某个人或物。我们从梅祖麟所举的例子中可以肯定梅祖麟所谓的"方向性"显然不是及物动词的动作指向，同样也不应该是如一些藏缅族语言如戎语支语言的方向范畴。我们下面将要讨论上古汉语并不是没有方向范畴。沃尔芬登所说的藏语s-前缀的指向是指"指向一个外在的间接宾语"，而不是指向一个直接宾语。但是，我们应该清楚，沃尔芬登所谓的动词"指向"(directives)是一个意义广泛且模糊的概念。许多藏语动词前缀，沃尔芬登都认为有"指向"意义。因而，我们套用沃尔芬登"指向"概念不能解释上古汉语前缀*s-的意义。

登*teŋ，都滕切，《广韵》："升也。"《说文》："登，上车也。"《左传·僖公五年》："公既视朔，遂登观台以望。"《左传·僖公十六年》："有夜登丘而呼曰：齐有乱。"《左传·襄公二十五年》："吴师奔，登山以望，见楚师不继，复逐之。"《左传·成公十六年》："楚子登巢车以望晋军。"升*s-t̠eŋ，识蒸切，《广韵》："登也，跻也。"《诗经·定之方中》："升彼虚矣，以望楚矣。"《诗经·吉日》："升彼大阜，从其群丑。"《论语·先进》："由也，升堂矣，未入于室也。"《诗经·天保》："如月之恒，如日之升。"升，字后作"昇"。昇，《广韵》："日上，本亦作升，《诗》曰'如日之升'。"《说文》："昇，日上也。"

动词"升"和"登"的动作行为都有方向，而所指向的方向是"向上"。这可以跟同动词"降"比较。《左传·襄公二十九年》："其以宋升降乎？"《左传·桓公二年》："夫德俭而有度，登降有数。"动词"降"是"向下"，而动词"升""登"是"向上"。可见，我们难以从"方向"来解释动词"登""升"之间的不同。动词"升"跟"登"非常接近，比如"升车"和"登车"，等等。因而，两者有时甚至互用，而古注释家也常常以“升”训“登”或者以“登”训“升”。《荀子·劝学》:“故不登高山不知天之高也。”《大戴礼记·劝学》作“故不升高山不知天之高也”。《汉书·五行志中之下》:“有飞雉集于庭,历阶登堂而雊。”《礼记·杂记上》:“吊者入,主人升堂,西面。”“升”和“登”甚至在“作物成熟”这一意义上也可以互换。《孟子·滕文公下》:“五谷不登。”《论语·阳货》:“旧谷既没,新谷既升。”《仪礼·丧服》郑注:“升,字当为登。登,成也。”《吕氏春秋·七月纪》:“是月也,农乃升谷。”《吕氏春秋·四月纪》:“农乃升麦。”毕沅曰:“《月令》作‘农乃登麦’,升犹登也。”《礼记·月令》:“农乃登麦,天子乃以彘尝麦,先荐寝庙。”注:“登,进也。”《说文》段注:“升,登之假借。”动词“升”和“登”所联系的主体都可以是施事主语,其所联系的客体也都可以是处事宾语。动词“登”和“升”意义固然接近,但我们是不能认为两者是同一词的两个不同文字形式。段玉裁竟直指“升”是“登”的假借字无疑是不妥当的。不过,我们从古注释家的注释中可知动词“登”和“升”是不一样的。“升”跟“登”有明显的不同:“登”是一个涉及具体动作的动作性动词,而“升”是一个不涉及具体动作的运动性动词。动词“登”是从底处一步一步走向高处,重在动作;而动词“升”主要是跟动词“降”相对,意指向上,重在持续过程。《荀子·劝学》:“登高而招,臂非加长也而见者远。”《荀子·儒效》:“是犹伛身而好升高也。”“登”表达的是一个个离散的动作,而“升”则是一个连续而不间断的运动过程。或者,我们可以说,动词“登”所表示的是离散的动作,而动词“升”所表示的是连续的过程,即前者可以分解成一个个离散的动作,而后者不能。我们或可以说,“登”是一个离散动词,而“升”是一个连续动词。因而,太阳、月亮只用升而不用登。《诗经·天保》:“如月之恒,如日之升。”古人还因此而创造了“昇”字。《说文》新附:“昇,日上也。”日月从东方到西方显然是一个连续不间断的过程。这一“连续不间断地向上运动”的意义后来得以突出而引申出“升迁”意义。可见,动词“升”强调向上运动的持续性而“登”强调向上运动的离散性。这一点,我们还可以从“升”跟“称”的比较中看出:

拯 *te̠ŋ^{B},蒸上声,《广韵》:“救也,助也。”字也写作“抍”。《说文》:“抍,上举也。”《左传·宣公十二年》:“目于眢井而拯之。”《庄子·达生》:“使弟子并流而拯之。”《吕氏春秋·察微》:“子路拯溺者,其人拜之以牛,子路受之。”《孟子·梁惠王下》:“民以为将拯己于水火之中也,箪食壶浆,以迎王师。"《淮南子·齐俗训》:"游者不能拯溺,手足有所急也。"

爯*the̱ŋ,处陵切,《广韵》:"并举也。"《说文》:"爯,并举也。"字写作"稱(称)",音同。《广韵》:"稱,知轻重也。"《诗经·七月》:"跻彼公堂,称彼兕觥。"《吕氏春秋·正月纪》:"是月也,不可以称兵,称兵必有天殃。"《管子·枢言》:"量之不以少多,称之不以轻重,度之不以短长。"偁*the̱ŋ,处陵切,《广韵》:"宣扬美事,又言也,扬也,举也,足也。"字本只写作"称"。《论语·子路》:"宗族称孝焉,乡党称弟焉。"

承*de̱ŋ,署陵切,《广韵》:"奉也,受也。"《说文》:"承,奉也。受也。"承是举双手捧住。《易·归妹》:"女承筐无实,士刲羊无血。"虞注:"自下受上称承。"《左传·成公十六年》:"使行人执榼承饮。"注:"承,奉也。"《礼记·丧大记》:"凡哭尸于室者,主人二手承衾而哭。"《论语·子路》:"不恒其德,或承之羞。"

升*s-te̱ŋ,识蒸切,《广韵》:"登也,跻也。"《诗经·吉日》:"升彼大阜。"《尚书·高宗肜日》:"有飞雉升鼎耳而雊。"《礼记·曲礼上》:"升降不由阼阶,出入不当门隧。"《易·同人》:"伏戎于莽,升其高陵,三岁不兴。"《论语·先进》:"由也升堂矣,未入于室也。"

乘*s-de̱ŋ,食陵切,《广韵》:"驾也,登也。"《释名》:"乘,升也,登亦如之也。"乘指向上攀爬。《国语·晋语一》:"郄叔虎将乘城。"注:"乘,升也。"《诗经·七月》:"亟其乘屋,其始播百谷。"传:"乘,升也。""乘"的对象渐渐指舟车。《诗经·二子乘舟》:"二子乘舟,泛泛其景。"《左传·僖公三年》:"齐侯与蔡姬乘舟于囿。"《左传·成公十七年》:"齐庆克通于声孟子,与妇人蒙衣乘辇,而入于闳。"《左传·襄公二十年》:"乘驲而见宣子。"

这是一组同族词,它们之间的意义差别十分明显,比如"称"和"升"就动词所联系的主体而言,两者的主体都是施事主语;但所联系的客体则显然不同。动词"升""乘"的客体是运动趋向的目标(处所),而动词"称""承"的客体是动作行为的受事者。因而,虽然在句子中都可以带宾语,但"升"和"称"带处所宾语,而"称""承"则带受事宾语。

登*teŋ,都滕切,《广韵》:"升也。"《说文》:"登,上车也。"《尒雅》:"登,升也。”《左传·庄公十年》:“登轼而望之。”《庄子·让王》:“王子搜援绥登车,仰天而呼。”《左传·僖公五年》:“公既视朔,遂登观台以望。”《左传·僖公十六年》:“有夜登丘而呼。”《孟子·尽心上》:“孔子登东山而小鲁,登太山而小天下。”《礼记·玉藻》:“登席不由前。”

动词“登”跟“升”“乘”一样,都是自主动词,带处事宾语。不过,它们之间的意义差别还是很明显。“登”是一个具体的脚部动作,“升”和“乘”是持续向上行的过程,只不过动词“乘”重在表示向上攀爬,而动词“升”只是表示向上而行。随着意义引申,“乘”由“向上攀爬”演变成“攀上”,最后变成了“在上面”(乘坐)。“升”和“乘”是附加前缀*s-的动词形式。如此看来,前缀*s-有表示动作行为持续、反复的意义。

乘*s-deŋ,食陵切,《广韵》:“登也。”《诗经·氓》:“乘彼垝垣,以望复关。”《诗经·七月》:“亟其乘屋。”传:“乘,升也。”《国语·晋语一》:“郄叔虎将乘城。”后渐渐指登上舟车,引申为乘坐。《左传·庄公十年》:“公与之乘,战于长勺。”《左传·昭公十七年》:“丧先王之乘舟,岂唯光之罪,众亦有焉。”拯*teŋ^{B},音蒸上声,《广韵》:“救也,助也。”“拯”是后起区别字,本只写作“丞”。字也写作“抍”“撜”等。《说文》:“抍,上举也。”《左传·宣公十二年》:“目于眢井而拯之。”《释文》:“拯,拯救之拯。”《史记·司马相如列传》:“拯民于沈溺。”字也写作“承”。《列子·黄帝篇》:“使弟子并流而承之。”注:“音拯。《方言》:出溺为承。诸家直作拯,又作撜。”《庄子·达生》:“使弟子并流而拯之。”《释文》:“拯救之拯。”

環*glon,户关切,《广韵》:“玉环。”《诗经·卢令》:“卢重环,其人美且鬈。”《左传·昭公四年》:“公与之环而佩之矣。”《左传·昭公十六年》:“吾子何爱于一环?”环也类转为动词。《左传·襄公二十八年》:“庆氏以其甲环公宫。”《释文》:“环,如字,徐音患。”

寰*glon,户关切,《广韵》:“王者封畿内县。”

圜*glon,户关切,《广韵》:“圜围。”

镮*glon,户关切,《广韵》:“指镮。”

阛*glon,户关切,《说文》:“市垣也。”

圜*glon，王权切，《广韵》："天体。"

還*glon，户关切，《广韵》："反也，退也，顾也，复也。"《左传·隐公四年》："败郑徒兵，取其禾而还。"《左传·隐公十一年》："息师大败而还。"《左传·庄公四年》："随侯且请为会于汉汭而还。""还"是往而返回，从起点回到起点，转了一个圈。故动词"还"往往跟"归"合用。《诗经·采蘩》："被之祁祁，薄言还归。"《左传·哀公三年》："道还公宫。"《释文》："还，本又作环，户关反，又音患。"《左传·襄公十年》："诸侯之师还郑，而南至于阳陵。"注："还，绕也。"《释文》："还，本又作环，户关切，徐一音患，注同，绕也。"段玉裁《说文》注："今人还绕字用环，古经传只用还。"还*s-glon，似宣切，"旋也"。《礼记·玉藻》："周还中规，折还中矩。"《释文》："还，音旋，本亦作旋。"《礼记·内则》："遂左还授师。"《释文》："还，音旋，转也。"《庄子·庚桑楚》："夫寻常之沟，巨鱼无所还其体。"《释文》："还，音旋，回也。"《国语·吴语》："将还玩吴国于股掌之上。"注："还，转也。"字写作"旋"。旋*s-glon，似宣切，《广韵》："还也，疾也。"《庄子·秋水》："于是焉河伯始旋其面目，望洋向若而叹。"《庄子·达生》："进退中绳，左右旋中规。"

梅祖麟(1989)等学者认为"还似宣切"是"还户关切"的使动词。这一看法显然不妥当。"还似宣切"上古也多用作不及物动词，而"还户关切"也不是不带直接宾语的不及物动词。《左传·隐公二年》："夏莒人入向以姜氏还。"《释文》："还，音旋，后皆同。"《僖公十六年》："不果城而还。"《释文》："还，音旋。"又《文公十三年》："既济，魏人噪而还。"《释文》："还，音旋。"很显然，这些"还音旋"不可能是"还户关反"的使动词。《左传》一书"还"，《释文》或注音或不注并非是自动、使动关系。相反，动词"还"带宾语，《释文》同样不注音。《左传·僖公十五年》："晋戎马还泞而止。"此"还"实质就是"环"。同样，"还似宣切吴国"不可以解释为"使吴国还户关切"。"还户关切"作谓语时主体可以是施事主语也可以是当事主语，如"道还公宫"，但是动词"还似宣切"充当句子谓语时主体一定是施事主语。《庄子·山木》："颜回端拱，还目而窥之。"《释文》："还，音旋。""还目"等于"使目还似宣切"而不等于"使目还户关切"。通过两者比较，我们可以看出，动词"还似宣切"所突出的是动词词根"还"的"环形运动"的特征，主体以"环形"运转。"环形运动"是一个连续、重复的运动过程，即"旋转"是"还"音"旋"的关键所在。再由"旋转"引申为疾速返回。

叠*dep，徒协切，《广韵》："重也，累也，积也。"《汉书·翟方进传》："观者重叠。"《汉书·王莽传上》："嘉瑞叠累。"《盐铁论·散不足》："今民间酒食，殽旅重叠。"折*te̱p，之涉切，《广韵》："折叠也。"袭*s-de̱p，似入切，《广韵》："因也，及也，重也，合也，入也，又掩袭。"《左传·哀公十年》："事不再令，卜不袭吉。"注："袭，重也。"引申为因袭、继承等意义。《庄子·大宗师》："伏牺氏得之，以袭气母。"《韩非子·孤愤》："今袭迹于齐、晋，欲国安存，不可得也。"习*s-de̱p，似入切，《广韵》："学也，因也。"《易·坎》象："习坎，重险也。"《释文》："习，重也。"《说文》："习，数飞也。"习不是飞，而是反复飞。《吕氏春秋·六月纪》："鹰乃学习。"《礼记·月令》："是月也，命乐正入学习舞。……命乐正入学习吹。"《论语·学而》："学而时习之，不亦说乎？"《论语·阳货》："性相近也，习相远也。"《吕氏春秋·审己》："退而习之三年。"《诗经·谷风》："习习谷风，以阴以雨。"

摸*ma，莫胡切，《广韵》："以手摸也，亦作摹。又音莫。"《释名》："门，扪也，在外为人所扪摸也。""摸"是后起字。摩*mar，莫婆切，《广韵》："研摩。"《庄子·外物》："木与木相摩则然，金与火相守则流。"《周礼·冬官·考工记》："刮摩之工五，搏埴之工二。……已上则摩其旁，已下则摩其端。"《礼记·内则》："濯手以摩之。"字也写作"磨"。磨*mar，莫婆切，《广韵》："磨砺。《尔雅》云：石谓之磨。"《诗经·淇奥》："有匪君子，如切如磋，如琢如磨。"《诗经·抑》："白圭之玷，尚可磨也。"抚*s-ma̱^{B}，芳武切，《广韵》："安存也，又持也，循也。"《释名》："抚，敷也，敷手以拍之也。"《国语·晋语八》："叔向见司马侯之子，抚而泣之。"注："抚，拊也。"《吕氏春秋·举难》："桓公闻之，抚其仆之手曰：异哉！歌者非常人也。"《仪礼·乡射礼》："左右抚矢而乘之。"注："抚，拊之也。"

屡*ro̱s，良遇切，《广韵》："数也，疾也。"《论语·先进》："回也其庶乎，屡空。赐不受命，而货殖焉，亿则屡中。"《论语·公冶长》："御人以口给，屡憎于人。"字也作"娄"。《左传·桓公十二年》："君子屡盟，乱是用长。"《释文》："屡，力具反，本又作屢，音同。"《集韵》："屡，龙遇切，数也，或作娄。"《汉书·公孙弘传》："时上方兴功业，娄举贤良。"颜注："娄，古屡字。"数*s-ro̱^{B}，所矩切，《说文》："计也。"《道德经》："善数不用筹策。"《左传·僖公十五年》:"先君之败德,及可数乎?"《释文》:"数,色主反。"《礼记·儒行》:"其过失可微辨而不可面数也。"《释文》:"数,所具反。"引申为数落。《左传·昭公二年》:"使吏数之。"注:"责数其罪。"《左传·襄公十四年》:"范宣子数吴之不德也。"

喧*χa̠n,况袁切,《广韵》:"大语也。"《汉书·外戚传上》:"悲愁于邑,喧不可止兮。"字也作"諠",音同。諠,《广韵》:"諠哗,亦作喧、讙。"《吕氏春秋·乐成》:"众虽諠哗而弗为变。"《史记·淮阴侯列传》:"燕已从,使諠言者东告齐,齐必从风而服。"宣* s-χa̠n,须缘切,《广韵》:"布也,明也,遍也,通也,缓也,散也。"《说文》:"宣,天子宣室也。"段玉裁注:"盖谓大室,如璧大谓之瑄也。"《左传·宣公九年》:"公卿宣淫,民无效焉。"《左传·襄公二十六年》:"晋君宣其明德于诸侯。"《国语·周语上》:"夫民虑之于心而宣之于口,成而行之,胡可壅也?"《左传·昭公元年》:"于是乎节宣其气,勿使有所壅闭。"

顺*du̠ns,食闰切,《广韵》:"从也。"《论语·子路》:"名不正,则言不顺;言不顺,则事不成。"《孟子·离娄上》:"顺天者存,逆天者亡。"《左传·文公六年》:"置善则固,事长则顺。"巡* s-du̠n,详遵切,《说文》:"视行也。"《左传·僖公二十四年》:"臣负羁绁,从君巡于天下。"《礼记·月令》:"命司徒巡行县鄙,命农勉作,毋休于都。"《韩非子·外储说右下》:"齐桓公微服以巡民家。"循*s-du̠n,详遵切,《广韵》:"善也。"《礼记·月令》:"循行国邑,周视原野。"《说文》:"循,行顺也。"《左传·昭公元年》:"循而行之。"《左传·昭公七年》:"循墙而走,亦莫余敢侮。"《庄子·天道》:"夫子亦放德而行,循道而趋,已至矣。"又揗* s-du̠n,详遵切,《广韵》:"手相安慰。"《说文》:"揗,摩也。"字本只写作"循"。《汉书·李陵传》:"数数自循其刀环。"注:"循谓摩顺也。"《荀子·王制》:"我将修饰之,拊循之。"

冲*tho̠ŋ,尺容切,《广韵》:"突也。"《墨子·备穴》:"命有力者三人用颉皋冲之。"《墨子·号令》:"皆以冲冲之。"《庄子·秋水》:"梁丽可以冲城,而不可以窒穴,言殊器也。"《孙子兵法·虚实》:"进而不可御者,冲其虚也。"《吕氏春秋·贵卒》:"所击无不碎,所冲无不陷。"《战国策·齐策一》:"使轻车锐骑冲雍门。"舂* s-to̠ŋ,书容切,《说文》:"捣粟也。"《释名》:"舂,撞也,以舂筑地为节也。"《诗经·生民》:"或舂或揄,或簸或蹂。"《释文》:"舂,伤容反。”《荀子·劝学》：“譬之犹以戈舂黍也。”《吕氏春秋·审时》：“抟米而薄糠，舂之易而食之香。”《国语·楚语下》：“王后必自舂其粢。”也泛指撞。《史记·鲁周公世家》：“富父终甥舂其喉以戈，杀之。”字也作“摏”。摏*s-to̱ŋ，书容切，《广韵》：“撞也。”《左传·文公十一年》：“富父终甥摏其喉以戈，杀之。”注：“摏犹冲也。”《释文》：“摏，舒容反。”

著*tra̱s，陟虑切，《广韵》：“明也，处也，立也。”《管子·立政》：“三月一复，六月一计，十二月一著。”注：“著，标著也。”《韩非子·守道》：“书不著子胥，不明夫差。”《韩非子·大体》：“豪杰不著名于图书。”又《韩非子·八说》：“是以圣人之书必著论，明主之法必详事。”《管子·宙合》：“是故圣人著之简筴，传以告后进。”司马迁《报任安书》：“仆诚已著此书，藏之名山。”《庄子·田子方》：“女殆著乎吾所以著也。”做了表著，自然就醒目，引申为明。《孟子·滕文公下》：“杨墨之道不息，孔子之道不著。”《礼记·中庸》：“诚则形，形则著。”《韩非子·功名》：“故太山之功长立于国家，而日月之名久著于天地。”《礼记·大传》：“名著，而男女有别。”署*da̱s，常恕切，《广韵》：“书也，又部署也。”《墨子·杂守》：“守节出入，使主节必疏书，署其情。”《汉书·礼乐志》：“孝道随世，我署文章。”注：“署犹分部也，一曰表也。”（《国语·鲁语上》：“夫位，政之建也；署，位之表也。”）《汉书·苏建传》：“法其形貌，署其官爵姓名。”书*s-ta̱，伤鱼切，《广韵》：“《释名》云：书，庶也，纪庶物也，亦言著也，著之简纸求不灭也。”《说文》：“书，箸也。”《论语·卫灵公》：“子张书诸绅。”《左传·隐公元年》：“不书即位，摄也。”《左传·隐公十一年》：“胜不告克，不书于策。”《礼记·玉藻》：“动则左史书之，言则右史书之。”

属*do̱k，市玉切，《广韵》：“附也。”《左传·桓公五年》：“虢公林父将右军，蔡人、卫人属焉。”《左传·成公七年》：“蛮夷属于楚者，吴尽取之。”《荀子·王制》：“不能属于礼义，则归之庶人。”续*s-do̱k，似足切，《广韵》：“继也，连也。”“续”是后起字，本作“赓”。《说文》：“续，连也。从糸，卖声。赓，古文续从庚贝。”段玉裁注：“赓，《唐韵》以下皆谓形声字，从贝，庚声。……其误起于孔传以续释赓。……庚有续义。故古文续字，取以会意也。”《荀子·礼论》：“礼者，断长续短，损有余，益不足。”《庄子·骈拇》：“是故凫胫虽短，续之则忧；鹤胫虽长，断之则悲。”《韩非子·观行》：“故以有余补不足、以长续短之谓明主。”

职*tek，之翼切，《说文》："记微也。"《大戴礼·哀公问》："若天之司，莫之能职；百姓淡然，不知其善。"《史记·屈原贾生列传》："章画职墨兮，前度未改。"此意义"职"通写作"识"。《论语·子张》："贤者识其大者，不贤者识其小者，莫不有文武之道焉。"字也写作"志"。志*teks，职吏切，《说文》："意也。"《周礼·春官·宗伯》："保章氏掌天星，以志星辰日月之变动，以观天下之迁，辨其吉凶。"注："志，古文识。识，记也。"《左传·僖公二十四年》："以志吾过，且旌善人。"后字也作"誌"。誌，职吏切，《说文》："记誌。"《列子·杨朱》："太古之事灭矣，孰誌之哉？"识*s-tek，赏职切，《说文》："常也，一曰知也。"《论语·阳货》："多识于鸟兽草木之名。"《礼记·王制》："关执禁以讥，禁异服，识异言。"

懋*muks，莫候切，《广韵》："美也，勉也。"《说文》："懋，勉也。《虞书》曰：'时惟懋哉。'"《国语·周语上》："先王之于民也，懋正其德而厚其性。"《国语·周语中》："叔父其懋昭明德，物将自至。"《荀子·富国》："《书》曰：乃大明服，惟民其敕懋，和而有疾。"也写作"茂"。《尔雅》："茂，勉也。"《国语·周语上》："先王之于民也，茂正其德而厚其性"韦昭注："茂，勉也。"勖*s-muk，许玉切，《广韵》："勉也。"《说文》："勖，勉也。《周书》曰：勖哉，夫子。"《诗经·燕燕》："先君之思，以勖寡人。"传："勖，勉也。"

挼*nur，乃回切，《广韵》："手摩物也。"《说文》："挼，一曰两手相切摩也。"段注："从手，妥声。各本作委声，今正。""妥"和"委"字形近而混淆。挼*nur，儒隹切，《集韵》："两手相切摩，或作捼。"挼*nur，儒隹切，《广韵》："摧也，俗作捼。""捼"是"妥"的后起字。妥*s-nur，他果切（入果韵是例外音变），《广韵》："安也。"《尔雅》："妥，安坐也。"《诗经·楚茨》："以妥以侑，以介景福。"传："妥，安坐也。"《仪礼·士虞礼》："主人及祝拜妥尸。"注："妥，安坐也。"《释文》："妥，他果反，刘汤回切。"又《仪礼·士相见礼》："凡言，非对也，妥而后传言。"注："妥，安坐也。"《汉书·武五子传》："北州以妥。"

前缀*s-显然有表示动作持续、重复的意义。不过，随着意义的引申以及再引申，这种持续、重复的意义会渐渐淡化，如"旋"。藏语的前缀s-表示动词词根本身所指出的条件或状态（condition or state）的一般趋向。上古汉语的前缀*s-跟藏语的前缀s-非常相似，两者极可能有发生学关系。动作持续、重复，近似于一种状态，而形容词正表示事物“已然”的形状、性质和状态。因而，前缀 s-也附加在动词（形容词）词根前构成表状态的形容词或者非动作性的状态动词。

三

煮 *ta̲^{B}，章与切，《说文》：“亨也。”《管子·地数》：“君伐菹薪，煮泲水为盐。”《礼记·丧大记》：“管人受沐，乃煮之。”暑 *s-ta̲^{B}，舒吕切，《广韵》：“热也。”《释名》：“暑，煮也，热如煮物也。”《左传·襄公十七年》：“吾侪小人，皆有阖庐，以辟燥湿寒暑。”《左传·襄公二十年》：“方暑，阙地下冰而床焉。”《礼记·曲礼上》：“劳毋袒，暑毋褰裳。”

诸 *ta̲，章鱼切，《广韵》：“非一也。”《诗经·泉水》：“娈彼诸姬，聊与之谋。”《论语·八佾》：“夷狄之有君，不如诸夏之亡也。”《庄子·胠箧》：“彼窃钩者诛，窃国者为诸侯，诸侯之门，而仁义存焉。”奢 *s-ta̲，式车切，《广韵》：“张也，侈也，胜也。”（奢保存了上古汉语鱼部的读音。）《论语·八佾》：“礼，与其奢也，宁俭。”《左传·隐公三年》：“骄奢淫泆，所自邪也。”《管子·形势解》：“故贵而不骄，富而不奢，行理而不惰。”

如 *na̲，人诸切，《说文》：“从随也。”《左传·宣公十二年》：“众散为弱，川壅为泽，有律以如己也。”注：“如，从也。”《史记·郦生陆贾列传》：“令比诸侯，皆如意旨。”《左传·僖公十五年》：“唯所纳之，无不如志。”《左传·襄公二十八年》：“从子，如志，礼也。”《墨子·号令》：“不如令，及后缚者，皆断。”恕 *s-na̲s，商署切，《广韵》：“仁恕。”《说文》：“恕，仁也。”《韩非子·显学》：“今宽廉、恕暴俱在二子，人主兼而礼之。”《孟子·尽心上》：“强恕而行，求仁莫近焉。”《左传·隐公十一年》：“恕而行之，德之则也。”

匿 *ne̲k，女力切，《广韵》：“藏也，微也，亡也，隐也，阴奸也。”《论语·公冶长》：“匿怨而友其人，左丘明耻之，丘亦耻之。”《左传·襄公十八年》：“吾知子敢匿情乎。”《左传·成公二年》：“蛇出于其下，以肱击之，伤而匿之。”《荀子·修身》：“窃货曰盗，匿行曰诈，易言曰诞。”慝 *s-nek，他德切，《广韵》：“恶也。”《礼记·乐记》：“气衰则生物不遂，世乱则礼慝而乐淫。”《孟子·尽心下》：“庶民兴，斯无邪慝矣。”

凉*ra̱ŋ，吕张切，《广韵》："薄也，亦寒凉也。"《诗经·北风》："北风其凉，雨雪其雱。"《吕氏春秋·七月纪》："凉风至，白露降，寒蝉鸣，鹰乃祭鸟。"《管子·五行》："凉风至，白露下。"《说文》："凉，薄也。"《诗经·桑柔》："民之罔极，职凉善背。"传："凉，薄也。"《左传·庄公三十年》："虢多凉德，其何土之能得。"注："凉，薄也。"爽*s-ra̱ŋ^{B}，疏两切，《广韵》："差也。"《诗经·氓》："女也不爽，士贰其行。"传："爽，差也。"《左传·昭公十五年》："率义不爽，好恶不愆。"注："爽，差也。"《国语·周语下》："言爽，日反其信；听淫，日离其名。"《庄子·天地》："五味浊口，使口厉爽。"

朗*raŋ^{B}，卢党切，《广韵》："明也。"《诗经·既醉》："昭明有融，高朗令终。"《国语·楚语下》："其圣能光远宣朗，其明能光照之。"《吕氏春秋·尽数》："集于珠玉与为精朗，集于树木与为茂长。"明*m-ra̱ŋ，武兵切，《广韵》："光也，昭也。"《左传·庄公七年》："夏，恒星不见，夜明也，星陨如雨，与雨偕也。"《诗经·鸡鸣》："东方明矣，朝既昌矣。匪东方则明，月出之光。"爽*s-ra̱ŋ^{B}，疏两切，《广韵》："明也。"《说文》："爽，明也。"《左传·昭公三年》："二惠竞爽犹可。"注："爽，明也。"《左传·昭公元年》："兹心不爽，而昏乱百度。"注："爽，明也。"《礼记·内则》："昧爽而朝，问何食饮矣。"

欲*ɢo̱k，余蜀切，《广韵》："贪欲也。"《论语·为政》："七十而从心所欲，不逾矩。"《论语·公冶长》："我不欲人之加诸我也，吾亦欲无加诸人。"《庄子·天地》："寿富多男子，人之所欲也。女独不欲，何邪？"字也作"俗"。《荀子·解蔽》："由欲谓之道，尽嗛矣。"注："俗当为欲。"（《绎史》："由欲谓之道，尽嗛也。"）俗*s-ɢo̱k，似足切，《广韵》："风俗。"《释名》："俗，欲也，俗人所欲也。"《礼记·乐记》："移风易俗，天下皆宁。"疏："俗谓君上之情欲，谓好恶趣舍。"《荀子·性恶》："上不循于乱世之君，下不俗于乱世之民。"《荀子·儒效》："故有俗人者，有俗儒者，有雅儒者，有大儒者。"俗多用作名词。《曲礼上》："入竟而问禁，入国而问俗，入门而问讳。"《孟子·尽心下》："同乎流俗，合乎污世。"

没*mut，莫勃切，《广韵》："沈也。"《庄子·大宗师》："汝梦为鸟而厉乎天，梦为鱼而没于渊。"《庄子·列御寇》："其子没于渊，得千金之珠。"引申为隐没、湮没等意义。《礼记·坊记》："故君子不以菲废礼，不以美没礼。"（《释文》："菲，芳鬼反，薄也。"）也委婉指死。《论语·学而》："父在，观其志；父没，观其行。”后字写作“殁”。殁，莫勃切，《广韵》：“死也。”忽* s-mut，呼骨切，《广韵》：“倏忽，又灭也，忘也，轻也。”《说文》：“忽，忘也。”《诗经·皇矣》：“是伐是肆，是绝是忽。”传：“忽，灭也。”《庄子·天下》：“芒乎何之？忽乎何适？”《庄子·达生》：“不厌其天，不忽于人，民几乎以其真。”《道德经》：“忽兮恍兮，其中有象；恍兮忽兮，其中有物。”《左传·庄公十一年》：“禹汤罪己，其兴也悖焉；桀纣罪人，其亡也忽焉。”

崇* ɖru̱ŋ，锄弓切，《广韵》：“高也。”《说文》：“崇，山大而高也，从山，宗声。”段玉裁注：“《大雅》：‘崧高维岳。’《释山》、毛传皆曰：‘山大而高曰崧。’《孔子闲居》引《诗》，崧作‘嵩’，《释名》作‘山大而高曰嵩’。崧、嵩二形，皆即崇之异体。”《国语·周语上》：“昔夏之兴也，融降于崇山。”注：“崇，崇高山也。”引申之，为推崇、尊崇等动词意义。《荀子·修身》：“君子崇人之德，扬人之美，非谄谀也”《左传·僖公二十四年》：“弃德崇奸，祸之大者也。”嵩* ɕu̱ŋ<* s-ʈu̱ŋ，息弓切，《广韵》：“山高也。”《说文》：“嵩，中岳，嵩高山也。从山从高。崧，亦从松。”《尔雅》：“山大而高曰崧。”《释名》：“山大而高曰嵩。嵩，竦也，亦高称也。”《诗经·崧高》：“崧高维岳，骏极于天。”传：“崧，高貌，山大而高曰崧。”《风俗通义》：“中央曰嵩高。嵩者，高也。”《史记·封禅书》：“中岳，嵩高也，五载一巡狩。”《说文》“崇”，段玉裁注：“浅人以崇为泛称，嵩为中岳，强生分别。”耸* s-ʈo̱ŋ，息拱切，《广韵》：“高也。《说文》曰：生而聋曰耸。”（《说文》：“生而聋曰耸。从耳，從省声。”）《国语·楚语上》：“昔殷武丁能耸其德。”注：“耸，敬也。”《国语·楚语上》：“为之耸善而抑恶。”注：“耸，奖也。”这两例中的“耸”实际就是“崇”。《说文通训定声》：“耸假借为崇。”

懆* ʈhɯ^{B}，采老切，《广韵》：“忧心。”《说文》：“懆，愁不安也。”《诗经·白华》：“念子懆懆，视我迈迈。”段玉裁注：“懆训愁，惨训毒，音义皆殊，而写者多乱之。”《诗经·月出》：“舒夭绍兮，劳心懆（惨）兮。”《诗经·正月》：“忧心懆懆（惨惨），念国之为虐。”《诗经·抑》：“视尔梦梦，我心懆懆（惨惨）。”悄* ʈhu^{B}，亲小切，《广韵》：“忧貌。”《说文》：“悄，忧也。”《诗经·月出》：“舒窈纠兮，劳心悄兮。”传：“悄，忧也。”《释文》：“悄，七小反。”《诗经·柏舟》：“忧心悄悄，忧貌。”《释文》：“悄，七小反。”慅* ʈhu^{B}，采老切，《广韵》：“慅恅，心乱。”字本只写作“草”。《诗经·巷伯》：“骄人好好，劳人草草。”传：“草草，劳心也。”慅* ʈhu^{B}，采老切，《广韵》：“上同（懆）。”《诗经·月出》：“舒忧受兮，劳心慅兮。"《释文》："慅，七老反，忧也。"骚 * s-ṭu，苏遭切，《广韵》："愁也。"《国语·楚语上》："德义不行，则迩子骚离而远者距违。"注："骚，愁也。"《史记·屈原贾生列传》："离骚者，犹离忧也。"

根词可以是动词，也可以是形容词，而附加 * s-词缀派生出来的新词也是形容词。两者相比，甚至连意义也差不多。考察这些带 * s-词缀的形容词，我们就不难看出这些形容词大多表示人或事物的状态，而不是人或事物的性质、特征、属性，比如"骚"。这跟 * s-前缀表示反复、持续意义一致。动词前缀 * s-出现在形容词之前应该是使用范围的扩张。

第四节　生命体

一

我们先人把动物分为五类，称之为五虫：羽虫、毛虫、甲虫、鳞虫和倮虫，而人属于倮虫。《孔子家语》："倮虫，三百又六十，而人为之长。"对事物有无生命的看法以及对生命本身的理解，不同的民族或不同的时代也不完全相同。我们不能单纯地以生物学的角度来界定我们在本书中所要讨论的生命名词，尽管两者之间一定存在着某种联系。我们所说的生命名词的范围要比生物学上的生命范围要广，可以包括一些生物学上认为无生命的事物，比如自然现象。许多自然现象，不少民族就认为是有生命的，如星星。星星，藏语 skar，带生命体前缀 s-，和动植物名词所带的前缀相同。显然，古藏人的眼里星星就是有生命的名词。

前缀 s-有名谓化功能，附加在名词前派生出动词或者形容词；也可以附加在动词词根前派生具有使动意义或者具有持续、亘复意义的动词，也可以派生出表示某种状态的形容词。然而，带前缀 s-的并非只有动词、形容词。我们发现，这些带前缀 s-的名词，就所指的实而言，绝大部分是生命体。本尼迪克特(1984)扼要地讨论了藏缅语附加在肢体和动植物名词之前的前缀*s-,并假设藏缅语的前缀*s-来自原始藏缅语的*sja"吃的肉,动物"。本尼迪克特显然没有注意到或没有考虑到上古汉语也有一个和藏缅语意义完全相同的附加在肢体和动植物名词之前的*s-前缀。基于*s-前缀是藏缅语一个生命体前缀的事实,潘悟云师(1990,4)提到上古汉语的*s-前缀具有构成肢体名词的构词功能,但是没有对这一假设展开进一步的论证。金理新(1998,4)较为详细地论述了上古汉语生命体名词*s-前缀。我们只是在之前所研究的基础上,对其论述作一些适当的修订和补充。

二

體*s-lir^{B},他礼切,《广韵》:"身也。"《说文》:"体,总十二属也。从骨豊声。"《孟子·告子下》:"劳其筋骨,饿其體肤,空乏其身。"《庄子·大宗师》:"堕肢體,黜聪明。"《礼记·礼器》:"禮也者,犹體也。体不备,君子谓之不成人。""禮"和"體"一对同族词。"體"多用作动词。《礼记·中庸》:"體群臣则士之报禮重,子庶民则百姓劝。""體"就是"禮"。《礼记·礼运》:"然后退而合亨,體其犬豕牛羊。"注:"谓分别骨肉之贵贱以为众俎也。"《周礼·天官·冢宰》:"惟王建国,辨方正位,體国经野。"注:"體,犹分也。"劙*lir^{B},卢启切,《广韵》:"刀刺。"《方言》:"劙,解也。"《荀子·强国》:"则劙盘盂,刎牛马,忽然耳。"

手*s-n$\underline{u}^{B}$,书九切,《广韵》:"手足。"《诗经·击鼓》:"执子之手,与子偕老。"《诗经·硕人》:"手如柔荑。"《诗经·葛屦》:"掺掺女手,可以缝裳。"杻*s-nu^{B},敕久切,《广韵》:"杻械。杽,古文。"《说文》:"杽,械也。从木从手,手亦声。"朱骏声:"杽即丑之或体,因丑为借义所专,乃制此字。"《说文》:"羞,进献也,从羊从丑。"从丑就是从手。钮*n$\underline{u}^{B}$,女久切,《广韵》:"印鼻。"《说文》:"钮,印鼻也。"钮为手握之处,和手共源。纽*n$\underline{u}^{B}$,女久切,《广韵》:"结也。"《广雅》:"纽谓之鼻。"王念孙疏证:"凡器之鼻谓之纽。"《周礼·夏官·司马》:"皆玄冕朱里延纽。"注:"纽,小鼻在武上笄所贯也。"纽也是同族词。

须*s-n$\underline{o}$,相俞切,《说文》:"面毛也。"《荀子·非相》:"伊尹之状,面无须麋。”《礼记·丧大记》：“小臣爪手翦须，濡濯弃于坎。”《庄子·天道》：“水静则明烛须眉，平中准，大匠取法焉。”需*s-no̱，相俞切，《广韵》：“卦名。”《易·需》彖：“需，须也。”《说文》：“需，须也。从雨而声。”“而”是“须”的训读。《说文》：“而，颊毛也。”“需”就是“濡”，后加水作“濡”。濡*no̱，人朱切，《广韵》：“沾濡。”《孟子·公孙丑下》：“三宿而后出昼，是何濡滞也？”“濡”即“需”。《左传·哀公十四年》：“需，事之贼也。”《释文》：“需音须。”《易·需》彖：“需，须也。”《易·归妹》：“归妹以须。”注：“须，需也。”

厀*s-ȶi̱t，息七切，《广韵》：“《说文》曰：胫节也。”《说文》：“厀，胫头卪也。”字写作“膝”。膝*s-ȶi̱t，息七切，《广韵》：“上同（厀）。”《庄子·养生主》：“庖丁为文惠君解牛，手之所触，肩之所倚，足之所履，膝之所踦，砉然向然。”《庄子·在宥》：“黄帝顺下风膝行而进，再拜稽首而问。”“厀”是后起形声字，字本作“卪”。卪*ȶit，子结切，《说文》：“事之节也。”（《说文》：“卷，厀曲也。从卪𢍏声。”《说文》：“却，节欲也。从卪谷声。”）字也写作“即”。即*ȶit，子力切，《广韵》：“就也。”《说文》：“即，即食也。从皀卪声。”《诗经·东方之日》：“在我室兮，履我即兮。……在我闼兮，履我发兮。”节*ȶit，子结切，《说文》：“竹约也。”《庄子·养生主》：“彼节者有间，而刀刃者无厚。”《庄子·达生》：“骨节与人同，而犯害与人异。”引申为符节。《左传·文公八年》：“司马握节以死。”“节”和“膝”同族。

唇*s-dɯ̱n，食伦切，《广韵》：“口唇。”《说文》：“唇，口端也，口之厓也。”《左传·僖公五年》：“唇亡齿寒者，其虞虢之谓也。”《墨子·非攻中》：“古者有语，唇亡则齿寒。”《庄子·胠箧》：“唇竭则齿寒，鲁酒薄而邯郸围。”《庄子·盗跖》：“摇唇鼓舌，擅生是非。”引申之，也指边缘。漘*s-dɯ̱n，食伦切，《广韵》：“水际。”《诗经·伐檀》：“坎坎伐轮兮，置之河之漘兮，河水清且沦猗。”传：“漘，厓也。”《释文》：“漘，顺伦反，本亦作唇。”《诗经·葛藟》：“绵绵葛藟，在河之漘。”传：“漘，水隒也。”

心*s-ni̱m，息林切，《广韵》：“火藏。”《说文》：“心，人心，土藏，在身之中。”《诗经·兔罝》：“赳赳武夫，公侯腹心。”《韩非子·难言》：“比干剖心，梅伯醢，夷吾束缚。”《吕氏春秋·精通》：“若树木之有根心也，虽异处而相通。”《白虎通义·性情》：“心之为言任也，任于恩也。”《广雅》：“心，任也。”恁*ni̱m，如林切，《广韵》：“信也。”《后汉书·班固传》：“宜亦勤恁旅力，以充厥道。”注引《说文》:“恁,念也。”《广雅》:“恁,思也。”念 * nims,奴店切,《广韵》:“思也。”《说文》:“念,常思也。”念,字当从亼从心,心亦声。《诗经·小戎》:“言念君子,温其如玉。”《诗经·小宛》:“我心忧伤,念昔先人。”

態 * $s\text{-}ne^C$,他代切,《广韵》:“意态。”《说文》:“态,意态也。”段注:“意态者,有是意因有是状,故曰意态。从心能,会意。心所能必见于外也。”《荀子·非相》:“血气态度拟于女子。”《荀子·成相》:“谗夫多进,反复言语生诈态。”《庄子·齐物论》:“虑叹变慹,姚佚启态。”能 * ne^C,奴代切,《广韵》:“技能。”《汉书·晁错传》:“胡貉之地……其人密理……其性能寒。杨粤之地少阴多阳,其人疏理……其性能暑。”注:“能读曰耐。”《荀子·劝学》:“假舟楫者,非能水也,而绝江河。” 耐* ne^C,奴代切,《广韵》:“忍也。”《礼记·乐记》:“故人不耐无乐,乐不耐无形。形而不为道,不耐无乱。”注:“耐古书能字也。”

三

师 * s-rir,疏夷切,《广韵》:“师范也,众也,亦官名。”《说文》:“二千五百人为师。”段玉裁注:“师,众也。京师者,大众之称。众则必有主之者,《周礼·师氏》注曰:‘师教人以道者之称也。’”《诗经·韩奕》:“溥彼韩城,燕师所完。”传:“师,众也。”《周礼·地官·司徒》:“五人为伍,五伍为两,四两为卒,五卒为旅,五旅为师。”泛指军队。《左传·隐公五年》:“卫人以燕师伐郑。”黎 * rir,郎奚切,《广韵》:“众也。”《尔雅》:“黎、师,众也。”《诗经·云汉》:“周余黎民,靡有孑遗。”笺:“黎,众也。”《礼记·大学》:“实能容之,以能保我子孙黎民。”注:“黎,众也。”《孟子·梁惠王上》:“黎民不饥不寒。”

史 * $s\text{-}r\underline{e}^B$,疏士切,《说文》:“记事者也。”《左传·庄公三十二年》:“有神降于莘,惠王问诸内史过。”《左传·宣公二年》:“董狐,古之良史也。”《礼记·曲礼上》:“史载笔,士载言。”李 * $r\underline{e}^B$,良士切,《广韵》:“亦行李。”《左传·僖公三十年》:“若舍郑以为东道主,行李之往来,共其乏困,君亦无所害。”注:“行李,使人。”《管子·法法》:“禹为司空,契为司徒,皋陶为李。”注:“古治狱之官作此李官。”李即吏。吏 * $r\underline{e}s$,力置切,《说文》:“治人者也。

从一从史，史亦声。”《左传·僖公十七年》：“与寺人貂因内宠以杀群吏。”

寺*s-de̲s，祥吏切，《说文》：“廷也，有法度者也。”《诗经·车邻》：“未见君子，寺人之令。”传：“寺人，内小臣也。”《释文》：“寺，如字，又音侍，本或作侍。”《诗经·小雅·巷伯》：“寺人孟子，作为此诗。”《左传·僖公五年》：“公使寺人披伐蒲。”《左传·僖公二十四年》：“寺人披请见，公使让之，且辞焉。”《释文》：“寺，本又作侍。”侍*de̲s，时吏切，《广韵》：“近也，从也，承也。”《说文》：“侍，承也。”《左传·昭公四年》：“王使椒举侍于后以规过。”《左传·襄公十四年》：“师旷侍于晋侯。”《论语·公冶长》：“颜渊、季路侍。”

商*s-ta̲ŋ，式羊切，《说文》：“行贾也。”《左传·桓公二年》：“庶人工商，各有分亲，皆有等衰。”《左传·僖公三十三年》：“郑商人弦高，将市于周。”《左传·宣公十二年》：“商农工贾，不败其业。”《孟子·公孙丑上》：“天下之商皆悦而愿藏于其市矣。”《白虎通义·商贾》：“商贾何谓也？商之为言章也。章其远近，度其有亡，通四方之物，故谓之商也。”《汉书·食货志上》：“学以居位曰士，辟土殖谷曰农，作巧成器曰工，通财鬻货曰商。”当*taŋ，都郎切，《广韵》：“敌也，直也，主也，值也。”《说文》：“当，田相值也。”段玉裁注：“引申之，凡相持相抵皆曰当。”《吕氏春秋·四月纪》：“行爵出禄，必当其位。”注：“当，直也。”《吕氏春秋·审分》：“夫名多不当其实而事多不当其用者，故人主不可以不审名分也。”

庶*s-ta̲s，商署切，《广韵》：“众也。”《说文》：“庶，屋下众也。”《尔雅》：“黎，庶，烝，多，丑，师，旅，众也。”《左传·文公十八年》：“仲为不道，殺適，立庶。”《左传·宣公十八年》：“使我殺適立庶，以失大援者，仲也夫。”泛指普通民众。《左传·襄公十八年》：“负其众庶，弃好背盟。”《左传·昭公三十二年》：“三后之姓，于今为庶，王所知也。”《左传·定公九年》：“上下犹和，众庶犹睦。”《诗经·灵台》：“庶民攻之，不日成之。经始勿亟，庶民子来。”《左传·桓公二年》：“庶人工商，各有分亲。”也为形容词，表多。《诗经·小明》：“念我独兮，我事孔庶。”《诗经·卷阿》：“君子之车，既庶且多。”都*ta，当孤切，《广韵》：“犹总也。”《左传·庄公二十八年》：“凡邑，有宗庙先君之主曰都，无曰邑。”《释名》：“国都曰都。都者，国君所居，人所都会也。”《左传·昭公三十三年》：“城成周，以为东都。”诸*ta̲，章鱼切，《广韵》：“非一也。”《左传·隐公四年》：“将修先君之怨于郑，而求宠于诸侯。”《左传·闵公元年》：

“诸夏亲昵，不可弃也。”《诗经·泉水》：“娈彼诸姬，聊与之谋。”

娀 *s-nu̲ŋ，息弓切，《广韵》：“娀氏女简狄，帝喾次妃，吞乙卵生契。”《说文》：“娀，帝高辛之妃，偰母号也。从女戎声。《诗》曰：有娀方将。”《诗经·长发》：“有娀方将，帝立子生商。”传：“有娀，契母也。”《吕氏春秋·音初》：“有娀氏有二佚女，为之九成之台，饮食必以鼓。”

四

螭 *s-ra̲r，丑知切，《广韵》：“螭无角，如龙而黄，北方谓之地蝼。”《说文》：“螭，若龙而黄也。”《荀子·赋》：“螭龙为蝘蜓，鸱枭为凤凰。”《吕氏春秋·举难》：“龙食乎清而游乎清，螭食乎清而游乎浊，鱼食乎浊而游乎浊。”《汉书·司马相如传上》：“蛟龙赤螭。”

离 *s-ra̲r，丑知切，《广韵》：“猛兽。”《说文》：“离，山神兽也。”字也作“螭”。《左传·文公十八年》：“投诸四裔，以御螭魅。”《释文》：“螭，敕之反，山神兽形。”《左传·宣公三年》：“螭魅罔两，莫能逢之。”《左传·昭公九年》：“先王居梼杌于四裔，以御螭魅。”注：“螭，山神，兽形。”

虿 *s-rats，丑辖切，《广韵》：“毒虫也。”《庄子·天运》：“其知憯于蛎虿之尾，鲜规之兽。”《左传·僖公二十二年》：“蜂虿有毒，而况国乎？”万 *m-ra̲ns < **m-ra̲ts，《广韵》：“《字林》云：‘万，虫名也。’”《说文》：“万，万虫也。”“万”象蝎子的形状。厉 *ra̲ts，力制切，《广韵》：“恶也。”《左传·襄公三十一年》：“盗贼公行，而夭厉不戒。”《左传·昭公七年》：“鬼有所归，乃不为厉。”《庄子·人间世》：“兽死不择音，气息茀然，于是并生心厉。”

獭 *s-lat，他达切，《广韵》：“水狗。”《说文》：“獭，如小狗，水居食鱼。从犬赖声。”《孟子·离娄上》：“为渊驱鱼者，獭也。”《礼记·月令》：“东风解冻，蛰虫始振，鱼上冰，獭祭鱼，鸿雁来。”《吕氏春秋·正月纪》：“鱼上冰，獭祭鱼，候雁北。”

虱 *s-rit，所节切，《广韵》：“虮虱。”（《说文》：“虮：虱子也。”）《说文》：“虱，啮人虫也。”《庄子·徐无鬼》：“濡需者，豕虱是也。”《韩非子·说林上》：“君已见孔子，亦将视子犹蚤虱也。”《韩非子·喻老》：“甲胄生虮虱，燕雀处帷幄，而兵不归。”

虫 *s-ŋu̠r^{B}，许伟切，《广韵》：“鳞介总名。”《说文》：“虫，一名蝮，博三寸，首大如擘指。”后字写作虺。虺 *s-ŋu̠r^{B}，许伟切，《广韵》：“蛇虺。”《尔雅》：“蝮虺，博三寸，首大如擘。”《诗经 · 斯干》：“吉梦维何？维熊维罴，维虺维蛇。”《释文》：“虺，许鬼反。”《国语 · 吴语》：“为虺弗摧，为蛇将若何？”《道德经》：“蜂虿虺蛇不螫，猛兽不据，攫鸟不搏。”

五

前面已经提到，上古汉语的前缀 *s-大部分已经失落了。只有一部分语词，我们依据谐声、通假等知道曾经有一个前缀 *s-。龚煌城、白一平等学者参照藏缅语的音变模式，利用内部拟构法假设前缀 *s-导致浊塞音演变成同部位清塞音。这一假设有一定的道理，只是我们已经没有办法证实。

妻 *ȶhir，七稽切，《广韵》：“齐也。”《说文》：“妻，妇与夫齐者也。”《释名》：“士庶人曰妻；妻，齐也，夫贱不足以尊称故齐等言也。”《左传 · 桓公二年》：“宋督攻孔氏，杀孔父而取其妻。”《孟子 · 离娄下》：“齐人有一妻一妾而处室者。”齐 *ȡir，徂奚切，《广韵》：“等也。”《礼记 · 学记》：“大信不约，大时不齐。”《庄子 · 德充符》：“子齐执政乎？”

妾 *ȶhe̠p，七接切，《广韵》：“不娉。”《说文》：“妾，有辠女子给事之得接于君者。《春秋》云：女为人妾。妾，不娉也。”《释名》：“妾，接也，以贱见接幸也。”《左传 · 僖公十七年》：“男为人臣，女为人妾，故名男曰圉，女曰妾。”《左传 · 宣公三年》：“初，郑文公有贱妾，曰燕姞。”《庄子 · 德充符》：“与为人妻，宁为夫子妾。”妾是奴隶，而奴隶的最主要来源是战争。其语源，许慎、刘熙认为是“接”，我们认为应该是“捷”。捷 *ȡe̠p，疾叶切，《广韵》：“获也，胜也。”《说文》：“捷，猎也，军获得也，从手疌声。《春秋传》曰：齐人来献戎捷。”《诗经 · 采薇》：“岂敢定居？一月三捷。”传：“捷，胜也。”《左传 · 庄公三十一年》：“齐侯来献戎捷。”注：“捷，获也。”《穀梁传 · 庄公三十一年》：“军得曰捷。”《左传 · 襄公二十五年》：“郑子产献捷于晋。”注：“献入陈之功而不献其俘。”《左传·襄公八年》:“郑伯献捷于会。”

上古汉语通过辅音清浊交替实现动词和名词之间的词性转变,而清辅音包括不送气和送气,比如“仓”和“藏”。我们已经没有证据证明“妻”“妾”上古汉语带生命体名词前缀 *s-。前面已经讨论了,上古汉语的前缀 *s-附加在名词前派生出一个动词,也可以附加在动词前派生出一个有致动、持续、反复等意义的动词。生命体名词也附加前缀 *s-,我们认为,极可能像我们一样,将这些名词所指的“实”看成是会“动”的动物。因而,一些会动或会变的名物,其语词的语音形式也带前缀 *s-,即前缀 *s-有派生名词的功能。

岁 *s-qa̱ts,相锐切,《说文》:“木星也,越历二十八宿,宣遍阴阳,十二月一次。”《左传·襄公二十八年》:“岁在星纪,而淫于玄枵。”《左传·襄公三十年》:“于是岁在降娄,降娄中而旦。”《释名》:“岁,越也,越故限也。”《经义述闻·礼记下》:“越四时谓之岁,越一时亦可谓岁。”《左传·昭公三年》:“令诸侯三岁而聘,五岁而朝。”《左传·昭公七年》:“岁时日月星辰是谓也。”越 *ɢa̱t,王伐切,《说文》:“度也。”《左传·庄公二十七年》:“卿非君命不越竟。”《左传·僖公三十年》:“越国以鄙远,君知其难也。”

彗 *s-ɢo̱ts,祥岁切,《广韵》:“星名。”《释名》:“彗星,光梢似彗也。”《左传·昭公二十年》:“齐有彗星,齐侯使禳之。”《释文》:“彗,似锐反,又息遂反。”《左传·昭公十七年》:“彗,所以除旧布新也。”《释文》:“彗,似锐反,又音息遂反。”彗 *ɢo̱ts,于岁切,《广韵》:“日中必彗。”《六韬·守土》:“日中必彗,操刀必割,执斧必伐。”

星 *s-ȶiŋ,桑经切,《广韵》:“星宿。《说文》曰:万物之精上为列星。《淮南子》云:日月之淫气精者为星辰也。”《左传·庄公七年》:“夜,恒星不见;夜中,星陨如雨。”《左传·文公十四年》:“有星孛入于北斗。”其字本为“晶”。晶 *ȶi̱ŋ,子盈切,《广韵》:“光也。”晶,《说文》:“精光也。”徐灏:“晶即星之象形文。因其形略,又从生声。”字也作“精”。精 *ȶi̱ŋ,子盈切,《广韵》:“明也。”宋蔡卞《毛诗名物解》:“星,精也。”《吕氏春秋·圜道》:“日夜一周,圜道也。月躔二十八宿,轸与角属,圜道也。精行四时,一上一下各与遇,圜道也。”

旬 * s-Gin，祥遵切，《广韵》："十日曰旬。"《说文》："旬，遍也，十日为旬。"《诗经·大雅·桑柔》："菀彼桑柔，其下侯旬。"传："旬言阴均也。"《诗经·江汉》："王命召虎，来旬来宣。"传："旬，遍也。"《易·丰》："虽旬无咎。"《释文》："荀作均，刘昞作钧。"《礼记·内则》："由命士以上及大夫之子，旬而见。"注："旬当为均声之误也。"均 * qin，居匀切，《广韵》："平也。"《论语·季氏》："不患寡而患不均，不患贫而患不安。"

前面我们已经提到，不同的时代，不同的人群，对生命的理解都会不一样。汉语和藏缅语将生命和动词看成是同一类语词，带前缀 * s-，很可能认为它们都是会"动"的语词。因而，会动、会变的名物，其语词也带前缀 * s-。白保罗曾经猜想藏缅语的前缀 * s-来自 * sja"野兽、肉"。这一猜想无法解释藏缅语生命体名词为何跟动词共用前缀 * s-，也无法解释上古汉语的前缀 * s-。汉藏语前缀 * s-的来源目前还无法确定，需要进一步研究。

第三章　其他词缀

第一节　前缀 * k-

一

上古汉语的前缀 * k-附加在流音或半元音前，跟流音或半元音融合成一个声母而保留了下来。其他语音条件下，前缀 * k-丢弃了。我们只能从中古汉语的语音形式反推出一个前缀 * k-。这一节我们就从残存中探讨上古汉语前缀 * k-的意义。

芦 * ra，落胡切，《广韵》："芦苇之未秀者。"《荀子·正名》："局室、芦帘、稿蓐、敝机筵，而可以养形。"《说苑·佚文》："冬月以芦花衣之，其所生二子则衣之以绵。"《淮南子·览冥训》："杀黑龙以济冀州，积芦灰以止淫水。"葭 * k-ra，古牙切，《广韵》："（葭）芦也。《说文》曰：苇之未秀者。"《尔雅》："葭华，蒹，薕，葭，芦，菼，薍，其萌虇。"《诗经·蒹葭》："蒹葭苍苍，白露为霜。"传："葭，芦也。"《诗经·驺虞》："彼茁者葭，壹发五豝。"传："葭，芦也。"《诗经·硕人》："鳣鲔发发，葭菼揭揭。"传："葭，芦；菼，薍也。"

薕 * ram，力盐切，《广韵》："蒹也。《说文》蒹也。"《说文》："薕，蒹也。"《尔雅》："葭华，蒹，薕，葭，芦，菼，薍，其萌虇。"蒹 * k-ram，古甜切，《广韵》："荻未秀。"蒹，《说文》："萑之未秀者。"蒹从兼声，薕从廉声，同廉从兼声。《诗经·蒹葭》："蒹葭凄凄，白露未晞。"传："蒹，薕。"《庄子·则阳》："蒹葭始萌，以扶吾形。”注：“蒹，古恬反，廉也。”

有无前缀*k-是同一语词的两个形式。两者之间的语音关系如同中古韵书中无意义差别的异读。它们不是C-L-模式的连绵词。C-L-模式的连绵词不能分拆，而就其来源而言，由一个语词衍音而来，如“穹”和“穹隆”、“强”和“强梁”等，前后两个音节叠韵。带前缀*k-的语词不同。它们是一个语词的两个形式，而这两个形式独立使用，只不过其中一个带前缀*k-而已。

二

兰*ran，落干切，《广韵》：“香草。”《说文》：“兰，香草也。”《诗经·芄兰》：“芄兰之叶，童子佩韘。”《左传·宣公三年》：“梦天使与己兰。”《易·系辞上》：“同心之言，其臭如兰。”《荀子·劝学》：“兰槐之根是为芷，其渐之滫，君子不近，庶人不服。”蕑*k-ran，古闲切，《广韵》：“兰也。”《诗经·溱洧》：“士与女，方秉蕑兮。”传：“蕑，兰也。”字又写作“葌”。葌*k-ran，古颜切，《广韵》：“香草。”《山海经·中山经》：“吴林之山，其中多葌草。”

莲*ra̱n，落贤切，《广韵》：“《尔雅》云：荷，芙蕖，其实莲。”《说文》：“莲，芙蕖之实也。”《管子·地员》：“五臭畴生，莲与蘪芜，槁本白芷。”《史记·龟策列传》：“乃游莲叶之上，蓍百茎共一根。”《诗经·泽陂》：“彼泽之陂，有蒲与蕑。”传：“蕑，兰也。”笺：“蕑当作莲。莲，芙蕖实也。”《释文》：“蕑，毛古颜反，郑改作莲，练田反。”

良*ra̱ŋ，吕张切，《广韵》：“首也，长也。”《尔雅》：“元，良，首也。”《左传·桓公八年》：“右无良焉，必败。”《孟子·尽心上》：“人之所不学而能者，其良能也；所以不虑而知者，其良知也。”京*k-ra̱ŋ，举卿切，《广韵》：“大也。”《说文》：“京，人所为绝高丘也。”段玉裁注：“《释诂》云：京，大也。其引申之义也，凡高者必大。”《公羊传·桓公九年》，“京者何？大也。”《大使·桓公九年》：“纪季姜归于京师。”

勒*rek，卢则切，《广韵》：“《邺中记》曰：石虎讳勒，呼马勒为辔。”《说文》：“勒，马头落衔也。”《周礼·春官·宗伯》：“革路，龙勒。”《淮南子·原道训》:“人不驰弓,马不解勒。”革*k-rek,古核切,《尔雅》:“辔首谓之革。”《韩非子·外储说右下》:“然而使王良操左革而叱咤之,使造父操右革而鞭笞之,马不能行十里,共故也。”《诗经·蓼萧》:“既见君子,鞗革冲冲。”传:“革,辔首也。”《诗经·采芑》:“簟笰鱼服,钩膺鞗革。”

落*lak,卢各切,《广韵》:“聚落也。”《广雅》:“落,居也。”《盐铁论·散不足》:“田野不辟,而饰亭落,邑居丘墟,而高其郭。”《汉书·沟洫志》:“或久无害,稍筑室宅,遂成聚落。”《汉书·酷吏传》:“置伯落长以收司奸。”格*k-lak,古伯切,《集韵》:“篱格也。”《史记·酷吏列传》:“置伯格长以牧司奸盗贼。”集解:“徐广曰:一作落,古村落字亦作格。街陌、屯落皆设督长也。”索隐:“伯音阡陌,格音村落,言阡陌村落皆置长也。”《墨子·备城门》:“塞外堑,去格七尺,为县梁。”孙诒让:“格与落通。”

纶*ru̱n,力迍切,《广韵》:“丝纶。”《说文》:“纶,青丝绶也。”《礼记·缁衣》:“王言如丝,其出如纶;王言如纶,其出如綍。”《释文》:“纶音伦,又古顽反,绶也。”《诗经·采绿》:“之子于钓,言纶之绳。”《释文》:“纶音伦。”纶*k-run,古顽切,《广韵》:“《尔雅·释草》曰:纶似纶,东海有之。《说文》曰:青丝绶也。”《尔雅》:“纶似纶,组似组,东海有之。”注:“纶,今有秩啬夫所带纠青丝纶组绶也。”《释文》:“纶,古顽反。”

觮*rok,卢谷切,《广韵》:“东方音。”觮、䚄,卢谷切,《集韵》:“东方音也。或从鹿从角。”觮*k-rok,古岳切,《广韵》:“乐器。”觮,讫岳切,《集韵》:“东方之音,一曰乐器,通作角。”《礼记·月令》:“其音角,律中大蔟。”注:“谓乐器之声也。”《礼记·玉藻》:“古之君子必佩玉,右征角,左宫羽。”《礼记·乐记》:“宫为君,商为臣,角为民,徵为事,羽为物。”《吕氏春秋·正月纪》:“其音角,律中太蔟。”注:“角,木也,位在东方。”

角*rok,卢谷切,《广韵》:“角里先生,汉时四皓名。”角,卢谷切,《集韵》:“兽不童也,汉四皓有角里先生。”《史记·留侯世家》:“四人前对,各言名姓,曰东园公,角里先生,绮里季,夏黄公。”为了区别,字写作“甪”。《汉书·王贡传》:“汉兴有甪里先生。”角*k-rok,古岳切,《说文》:“兽角也。”《诗经·无羊》:“尔羊来思,其角濈濈。”《诗经·麟之趾》:“麟之角,振振公族。”

旅*ra̱[B],力举切,《广韵》:“师旅。《说文》曰:军五百人也。”《周礼·地官·司徒》:“五人为伍,五伍为两,四两为卒,五卒为旅,五旅为师,五师为军。”《诗经·黍苗》：“我徒我御，我师我旅。”《诗经·大明》：“殷商之旅，其会如林。”《诗经·皇矣》：“王赫斯怒，爰整其旅，以按徂旅，以笃于周祜，以对于天下。”传：“旅，地名也。”《孟子·梁惠三下》：“《诗》云：王赫斯怒，爰整其旅，以遏徂莒，以笃于周祜，以对于天下。”莒*k-r$\underline{a}^{B}$，居许切，《广韵》：“草名，亦国名。”《说文》：“齐人谓芋为莒，从艸吕声。”《左传·隐公二年》：“五月，莒人入向。”《管子·大匡》：“鲍叔牙奉公子小白奔莒。”《吕氏春秋·重言》：“齐桓公与管仲谋伐莒，谋未发而闻于国。”

鬲*lik，郎击切，《广韵》：“《尔雅》云：鼎款足者谓之鬲。《说文》：鼎属，实五觳，斗二升曰觳，象腹交文，三足。”《礼记·丧大记》：“陶人出重鬲，管人受沐，乃煮之。”《史记·范雎蔡泽》：“遇夺釜鬲于涂。”《仪礼·士丧礼》：“煮于垼，用重鬲。”鬲*k-lik，古核切，《广韵》：“县名，在太原；又鬲津，九河名；又姓，殷末贤人胶鬲之后。”专有名词保存了带前缀k-的语音形式。《左传·襄公四年》：“靡奔有鬲氏。”注：“有鬲，国名，今平原鬲县。”《释文》：“鬲音革。”《尔雅》：“鬲津。”《释文》：“鬲音革，施力的反，与今注不同。”

姬*je，与之切，《广韵》：“王妻别名。”姬，盈之切，《集韵》：“众妾总称。”《左传·隐公二年》：“伯姬归于纪。”《左传·庄公二十年》：“莒庆来逆叔姬。”《左传·僖公四年》：“晋献公欲以骊姬为夫人。”《汉书·文帝纪》：“母曰薄姬。”注：“如淳曰：‘姬音怡，众妾之总称。’姬者，本周之姓，贵于众国之女，所以妇人美号皆称姬焉。” 姬*k-je，居之切，《广韵》：“周姓也。”姬，居之切，《集韵》：“《说文》：黄帝居姬水以为姓，一曰妾称。”《左传·宣公三年》：“吾闻姬姞耦，其子孙必蕃。”《左传·僖公二十年》：“吾闻姬姓，唐叔之后，其后衰者也。”《吕氏春秋·慎小》：“我，姬姓也，戎人安敢居国？”

羊*jaŋ，与章切，《广韵》：“牛羊。”《诗经·君子于役》：“日之夕矣，羊牛下来。”《诗经·无羊》：“谁谓尔无羊？三百维群。”《论语·子路》：“吾党有直躬者，其父攘羊，而子证之。”姜*k-jaŋ，居良切，《广韵》：“姓也，出天水，齐姓，本自炎帝居于姜水因为氏。”《广韵》：“姜，神农居姜水，以为姓。”羌*kh-jaŋ，去羊切，《说文》：“西戎牧羊人也。从人，从羊，羊亦声。”姜和羌是同一词的两个方言形式。这一点学者多有讨论，就不重复了。

螺*lor，落戈切，《广韵》：“蜯属。”《易林》：“蜗螺生子，深目黑丑。”字本作“蠃”。《韩非子·外储说右上》：“泽之鱼盐龟鳖蠃蚌不加贵于海。”《易·

说卦》："为鳖，为蟹，为蠃，为蚌，为龟。"《史记·货殖列传》："果隋蠃蛤，不待贾而足。"蜗 * k-lor，古华切，《广韵》："蜗牛，小螺。"《说文》："蜗，蠃也。"段玉裁注："蠃者，今人所用螺字。此物亦名蜗。故《周礼》《仪礼》'蠃醢'，《内则》作'蜗醢'。……薛综《东京赋》注曰：'蜗者，螺也。'……蜗本呙声，故蜗牛或作瓜牛。……今人谓水中可食者为螺，陆生不可食者曰蜗牛，想周汉无此分别。"《庄子·则阳》："有国于蜗之左角者曰触氏，有国于蜗之右角者曰蛮氏。"《释文》："蜗音瓜，郭音戈。李云：蜗虫有两角，俗谓之蜗牛。《三苍》云：小牛螺也，一云俗名黄犊。"

䣼 * ra̱ŋ，吕张切，《广韵》："浆水。"《说文》："䣼，杂味也。"段玉裁注："䣼，即《周官》《内则》之凉字也。"《周礼·天官·冢宰》："掌共王之六饮，水、浆、醴、凉、医、酏，入于酒府。"《礼记·内则》："浆水醷滥。"注："滥，凉也。"犅 * ra̱ŋ，吕张切，《广韵》："牻牛，驳色。"《说文》："犅，牻牛也。《春秋传》曰：牻犅。"段玉裁注："《闵二年传》，本作龙凉。"《左传·闵公二年》："龙凉冬杀，金寒玦离，胡可恃也？" 羹 * k-raŋ，古行切，《广韵》："羹臛。《尔雅》云：肉谓之羹。"《说文》："羹，五味和羹也。"《左传·隐公元年》："未尝君之羹。"《左传·昭公十三年》："卫人使屠伯馈叔向羹。"《左传·昭公十一年》："楚子城陈蔡不羹。"《释文》："羹旧音郎，《汉书·地理志》作更字。"

两个形式意义相同，或微别，或普通名词和专有名词的不同。此外，还有一些可以确定带前缀 k-但一时难以找到词根的语词，如屦 * k-ros。就词性而言，这些带前缀 k-的语词都是名词。如此看来，上古汉语的前缀 * k-至少是一个名词前缀。

阑 * ran，落干切，《广韵》："牢也，遮也。"《说文》："阑，门遮也。"《楚世家》："虽仪之所甚愿为门阑之厮者，亦无先大王。"《战国策·楚策一》："夫牛阑之事，马陵之难，亲王之所见也。"后字作"拦""栏"。《广韵》："拦，阶际木句拦，亦作阑。"《玉篇》："栏，木栏也，谓阶际木句栏。"闲 * g-ran，户闲切，《广韵》："阑也。"《说文》："闲，阑也。"《周礼·夏官·司马》："舍则守王闲。"注："闲，梐枑。"疏："闲与梐枑皆禁卫之物。"《说文》："牢：闲，养牛马圈也。"《韵会》："闲，马阑也。"《周礼·夏官·司马》："天子十有二闲，马六种；邦国六闲，马四种；家四闲，马二种。"注："每厩为一闲。"《汉书·百官公卿表》："又龙马、闲驹。”注：“闲，阑，养马之所也。”引申之，为界限。《论语·子张》：“大德不逾闲，小德出入可也。”闲，类转为动词。《广韵》：“防也，御也。”《易·乾》文言：“闲邪存其诚。”《左传·昭公六年》：“是故闲之以义，纠之以政，行之以礼。”注：“闲，防也。”间 *k-ran，古闲切，《广韵》：“隙也。”《说文》：“间，隙也。”段玉裁注：“凡罅缝皆曰间。”

上古汉语辅音清浊可以交替，即软腭清塞音 *k-可以变成软腭浊塞音 *g-。因而，上古汉语偶尔也有 *g-代替 *k-的实例。这跟谐声情况一样。边音组成的谐声集合，偶尔也会有软腭浊塞音 g-，如“位”。《说文》：“位，中庭之左右谓之位。从人立。”段玉裁注：“古者立位同字。”《广韵》：“位，于愧切，中庭之左右谓之位。”“位”所带的前缀应该是 *g-。

三

虚 *xa̱，朽居切，《广韵》：“空虚也。”《论语·述而》：“亡而为有，虚而为盈。”《左传·襄公二十年》：“土虚而民秏，不饥何为？”《孟子·尽心下》：“不信仁贤，则国空虚。”《韩非子·初见秦》：“今天下之府库不盈，囷仓空虚。”虚 *k-xa̱，去鱼切，《说文》：“大丘也。昆仑丘谓之昆仑虚。”《左传·僖公十五年》：“其死于高梁之虚。”《释文》：“虚，去鱼反。”《左传·僖公二十八年》：“晋侯登有莘之虚以观师。”《释文》：“虚，丘鱼反。”《左传·昭公十七年》：“宋，大辰之虚也；陈，大皞之虚也；郑，祝融之虚也。”《释文》：“虚，起居反。”字后写作“墟”。墟，去鱼切，《广韵》：“上同（虚）。”《礼记·檀弓下》：“墟墓之间，未施哀于民而民哀”《管子·八观》：“众散而不收，则国为丘墟。”《国语·晋语四》：“实沈之墟，晋人是居，所以兴也。”《吕氏春秋·重言》：“太宰嚭之说，听乎夫差，而吴国为墟。”

虚，《说文》“从丘虍声”。这一谐声集合中没有不送气塞音 k-和浊塞音 g-，而只有送气塞音 kh-和擦音 x-。送气塞音 kh-极容易演变成擦音 x-，但不能认为“虚”更早的时候声母是 *kh-，更不能认为是带前缀 *s-的送气塞音 *kh-。嘘，朽居切,《广韵》:“吹嘘。”嘘,《说文》:“吹也。”《庄子·齐物论》:“南郭子綦隐几而坐,仰天而嘘。”《庄子·天运》:“孰嘘吸是? 孰居无事而披拂是?”《史记·留侯世家》:“歌数阕,戚夫人嘘唏流涕。”《汉书·严安传》:“呴嘘呼吸如侨松。”字也写作“歔”。歔,朽居切,《广韵》:“歔欷。”《汉书·王莽传中》:“流涕歔欷。”《洪武正韵》:“蹙唇吐气曰吹,虚口出气曰嘘。”“嘘”是拟声词,而构拟为* xa̱ 显然比* kha̱ 更符合实际。送气清塞音 kh-应该是前缀 k-和词根辅音 x-的融合。

乡* xra̱ŋ,许良切,《广韵》:“乡党。”《汉书·食货志上》:“五家为邻,五邻为里,四里为族,五族为党,五党为州,五州为乡。乡,万二千五百户也。邻长位下士,自此以上,稍登一级,至乡而为卿也。”《仪礼·乡饮酒礼》:“乡朝服而谋宾介。”郑注:“乡,乡人,谓乡大夫也。”《国语·齐语》:“臣立三宰,工立三族,市立三乡,泽立三虞,山立三衡。”王引之按:“乡亦官名。”卿* k-xra̱ŋ,去京切,《广雅》:“君也。”《说文》:“卿,章也,六卿。”段玉裁注:“乡大夫每乡卿一人,即此六卿也。”《左传·文公十三年》:“六卿相见于诸浮。”《论语·子罕》:“出则事公卿,入则事父兄。”《孟子·公孙丑下》:“孟子为卿于齐。”

熹* xe̱,许其切,《广韵》:“热也,炽也。”《说文》:“熹,炙也。”饎* k-xe̱s,昌志切,《广韵》:“《方言》云熟食也。《说文》云酒食也。”《诗经·天保》:“吉蠲为饎,是用孝享。”毛传:“饎,酒食也。”《释文》:“饎,尺志反。”《诗经·泂酌》:“泂酌彼行潦,挹彼注兹,可以餴饎。”字也写作“糦”。《方言》:“胹、饪、亨、烂、糦、酋、酷,熟也。自河以北赵魏之间火熟曰烂,气熟曰糦,久熟曰酋,谷熟曰酷。”饎,昌志切,《集韵》:“《说文》酒食也,一说炊黍稷曰饎,或作糦。”字只作“喜”。《诗经·七月》:“馌彼南亩,田畯至喜。”笺:“喜读为饎。饎,酒食也。”《诗经·甫田》:“馌彼南亩,田畯至喜。”笺:“喜读为饎。饎,酒食也。”《释文》:“喜,毛如字,郑为饎,尺志反。”

齅* xu̱s,许救切,《广韵》:“以鼻取气。”《说文》:“齅,以鼻就臭也。从鼻从臭,臭亦声。读若畜牲之畜。”字通写作“嗅”。齅,许救切,《集韵》:“以鼻取气也,亦作嗅。”《庄子·人间世》:“嗅之,则使人狂酲三日而不已。”《释文》:“嗅,崔作齅,许救反。”《韩非子·外储说左下》:“夫树橘柚者,食之则甘,嗅之则香。”《吕氏春秋·适音》:“鼻之情欲芬香,心弗乐,芬香在前弗嗅。”字本只作“臭”。臭,《说文》:“禽走,臭而知其迹者,犬也。”徐锴:“以鼻知臭，故从自。”臭，许救切，《集韵》：“逐气也，禽走臭而知其迹者犬也，故从犬。”《荀子·荣辱》：“臭之而嗛于鼻，尝之而甘于口。”注：“臭，许又反。”《荀子·礼论》：“三臭之不食也。”臭 * k-xu̱s，尺救切，《广韵》：“凡气之总名。”《礼记·大学》：“所谓诚其意者，毋自欺也，如恶恶臭，如好好色。”《释文》：“臭，昌救反。”《易·系辞上》：“同心之言，其臭如兰。”《释文》：“臭，昌又反。”《论语·乡党》：“色恶，不食。臭恶，不食。”《周礼·天官·冢宰》：“除其不蠲，去其恶臭。”字也写作“殠”。殠，尺救切，《广韵》：“腐臭。”

赫 * xrak，呼格切，《广韵》：“赤也。”《说文》：“赫，火赤貌。”《诗经·简兮》：“赫如渥赭，公言锡爵。”传：“赫，赤貌。”《释文》：“赫，虚格反。”《诗经·淇奥》：“瑟兮僩兮，赫兮咺兮。”《释文》：“赫，呼白反。”《诗经·云汉》：“赫赫炎炎，云我无所。”《诗经·节南山》：“赫赫师尹，民具尔瞻。”嚇 * xrak，呼格切，《广韵》：“怒也。”《战国策·赵策二》：“是故横人日夜务以秦权恐嚇诸侯，以求割地。”字本只作“赫”。《诗经·桑柔》：“既之阴女，反予来赫。”传：“赫，炙也。”郑笺：“口距人谓之赫。”《释文》：“赫，毛许白反，与王赫斯怒同义，本亦作嚇；郑许嫁反，《庄子》云以梁国嚇我，是也。”《素问·风论》：“心风之状，多汗，恶风，焦绝，善怒嚇，赤色，病甚则言不可快，诊在口，其色赤。”赤 * k-xra̱k，昌石切，《广韵》：“南方色。”《说文》：“赤，南方色也。”段玉裁注：“火者，南方之行。故赤为南方之色。”《诗经·北风》：“莫赤匪狐，莫黑匪乌。”《礼记·檀弓上》：“周人尚赤；大事敛用日出，戎事乘騵，牲用骍。”《礼记·明堂位》：“殷之大白，周之大赤。”

喙 * xo̱ts，许秽切，《广韵》：“口喙。”《说文》：“喙，口也。”《左传·昭公四年》：“深目而豭喙。”注：“口象猪。”《释文》：“喙，许秽反。”《庄子·天地》：“合喙鸣，喙鸣合，与天地为合。”《周礼·冬官·考工记》：“锐喙决吻，数目顧脰，小体骞腹。”《释文》：“喙，况废反，一音昌锐反。”喙 * k-xo̱ts，《广韵》又昌芮切。喙，充芮切，《集韵》：“口也。”《庄子·秋水》：“今吾无所开吾喙，敢问其方。”《释文》：“喙，许秽反，又昌锐反。”《诗经·绵》：“混夷駾矣，维其喙矣。”《释文》：“喙，许秽反，困也，徐又音尺娧反。”

如同“不可”融合成“叵”，前缀 k-早就跟词根辅音 x-融合成送气塞音 kh-。随着介音的产生，送气塞音 kh-进一步演变成了舌面送气塞擦音 tɕh-。因其词根辅音是擦音 x-，谐声集合中没有不送气清塞音 k-，也没有浊塞音 g-。上古汉语的前缀 k-不应该只出现在流音等之间，但出现在其他辅音之前的前缀 k-已经失落了。

景*kra̱ŋ^{B}，居影切，《广韵》："明也，像也，光也，照也。"《说文》："景，日光也。"《诗经·二子乘舟》："二子乘舟，泛泛其景。"《释文》："景，如字，或音影。"《周礼·地官·司徒》："以土圭之法测土深，正日景，以求地中。日南则景短多暑，日北则景长多寒，日东则景夕多风，日西则景朝多阴。"注："土圭所以致四时日月之景也。"《释文》："景，如字，或音影。"《庄子·达生》："犹应向景。"《释文》："景，於领反，又如字。"《庄子·寓言》："众罔两问于景曰。"《释文》："景音影，又如字，本或作影。"影*ʔra̱ŋ^{B}，於丙切，《广韵》："形影。"《荀子·王霸》："辟之是犹立直木而求其影之枉也。"《庄子·在宥》："大人之教，若形之于影，声之于响。"作"影"是后人改写的结果，原本只写作"景"。《荀子·王霸》："天下之人应之如景向。"《荀子·君道》："君者仪也，民者景也，仪正而景正。"

关*klon，古还切，《说文》："以木横持门户也。"《左传·襄公二十三年》："臧纥斩鹿门之关，以出奔邾。"《道德经》："善闭无关楗而不可开，善结无绳约而不可解。"《吕氏春秋·慎大》："孔子之劲，举国门之关，而不肯以力闻。"也指门。《周礼·春官·宗伯》："及墓，呼启关。"郑注："关，墓门也。"《吕氏春秋·当务》："夫妄意关内，中藏，圣也。"《周礼·地官·司徒》："司关：掌国货之节，以联门市。"注："关，界上之门。"后指界上之门。《左传·成公二年》："遂自徐关入。"《左传·襄公十七年》："师自阳关逆臧孙。"《孟子·尽心下》："古之为关也，将以御暴。今之为关也，将以为暴。"后类转为动词。《方言》："关，闭也。"《淮南子·览冥训》："城郭不关，邑无盗贼。"注："关，闭也。"其对象也指弩弓。《韩非子·说林下》："羿执鞅持扞，操弓关机，越人争为持的。"《左传·昭公二十一年》："将注豹，则关矣。"《释文》："关，乌环反，本或作弯。"《孟子·告子下》："越人关弓而射之。"《吕氏春秋·壅塞》："左右皆试引之，中关而止。"注："关谓关弓弦。"弯*ʔlon，乌关切，《说文》："持弓关矢也。"《史记·秦始皇本纪》："士不敢弯弓而报怨。"《汉书·匈奴传》："士力能弯弓，尽为甲骑。""弯"是"关"的后起字。

前缀 * k-弱化而成了声门音 * ʔ-。这种弱化不仅仅局限于词缀，词根辅音（包括词首辅音和词尾辅音）也会出现这种弱化，如“公”和“翁”。上古汉语的前缀 * k-可能先弱化为声门音 * ʔ-再失落，只是因词根辅音是流音而将声门音保存了下来。前缀 * k-和词根辅音（流音）融合成复辅音，书面藏语多属于这种音变，后简化为单辅音声母。不过，这种简化发生的时间并不一样。于是，同一声符中古汉语的“等”有时候会不一样，如“各”声。

> 胳 * k-lak，古落切，《广韵》：“胳腋。”《说文》：“胳，腋下也。”“胳”跟藏语 lag、缅语 lak、原始藏缅语 * lak“手”同源。袼 * k-lak，古落切，《广韵》：“袼袯也，又袂也。”《礼记·深衣》：“袼之高下，可以运肘；袂之长短，反诎之及肘。”注：“肘不能不出入袼，衣袂当掖之缝也。”《释文》：“袼，亦本作胳，音各，腋也。”格 * k-lak，古落切，《广韵》：“树枝。”《史记·司马相如列传》：“夭蟜枝格，偃蹇杪颠。”《史记·律书》：“角者，言万物皆有枝格如角也。”胳、袼、格实一词之意义引申。《史记·酷吏列传》：“置伯格长以牧司奸盗贼。”集解引徐广：“一作落，古村落字亦作格。”索隐：“伯音阡陌，格音村落。”

其声符“各”是“佫”的本字。佫 * k-lak，古伯切，《广韵》：“至也，亦作假。”《方言》：“假、佫，至也。邠唐冀兖之间曰假，或曰佫。”其字《诗经》写作“格”。《诗经·楚茨》：“神保是格。”也是“落”的本字。《粹》1278：“各日，王受又。”但是，“各”《广韵》音“古落切”，为一等铎韵。“各”等字很早的时候就已经失落了流音/l/-。因音变速度的不同，“格”《广韵》有“古落切”和“古伯切”两音。

四

上古汉语的 * k-是一个名词前缀，附加在名词或动词词根前构成名词。有些语词虽一时难以找到不带前缀 * k-的根词，依据谐声关系，我们还是可以确定这些语词在上古汉语中应该带 * k-前缀，比如 * k-rɯ“膠”。谐声系统中，软腭音 k-与边音 l-有比较广泛的谐声关系。此外，我们也发现动词也带 * k-前缀。

举*k-ja^{B},居吕切,《广韵》:“擎也。”《左传·桓公十三年》:“莫敖必败,举趾高,心不固矣。”《庄子·渔父》:“举足愈数而迹愈多,走愈疾而影不离身。”举的对象由具体慢慢延展至抽象。《庄子·庚桑楚》:“举贤则民相轧。”《论语·卫灵公》:“君子不以言举人,不以人废言。”《说文》:“举,对举也,从手与声。”字也写作“与”。《周礼·地官·司徒》:“王举则从,听治亦如之。”郑注:“故书举为与。杜子春云当为与。”与*ja^{B},余吕切,《说文》:“党与也,从舁从与。”段玉裁注:“共举而与之也,舁、与皆亦声。”《墨子·备穴》:“可提而与投。”孙贻让:“与,当作举。”《礼记·礼运》:“选贤与能,讲信修睦。”王引之按:“与,当读为举。”轝*ja,以诸切,《广韵》:“对举。”《说文》:“轝,对举也。”《说文》:“舁,共举也。”轝、舁当是举的异形字,罕见使用。舆*ja,以诸切,《广韵》:“车舆。”舆*ja^{C},羊洳切,《广韵》:“车舆。”《释车》:“舆,举也。”《周礼·冬官·考工记》:“殷人上梓,周人上舆。”舆是举的派生名词。誉*ja,以诸切,《广韵》:“称也。”誉*ja^{C},羊洳切,《广韵》:“称美也。”《左传·昭公二年》:“宣子誉之。”《释文》:“誉,音余。”《庄子·大宗师》:“与其誉尧而非桀,不如两忘而化其道。”《释文》:“誉,音余。”《论语·卫灵公》:“吾之于人也,谁毁谁誉?如有可誉者,其有所试矣。”《释文》:“誉,音余,下及注同。”

监*k-ram,古衔切,《广韵》:“领也,察也。《说文》云:临下也。”《说文》:“监,临下也。”《诗经·节南山》:“国既卒斩,何用不监?”传:“监,视也。”《诗经·烝民》:“天监有周,昭假于下。”笺:“监,视也。”《诗经·皇矣》:“监观四方,求民之莫。”《左传·闵公二年》:“从曰抚军,守曰监国。”《释文》:“监,古衔反。”监*k-rams,格忏切,《广韵》:“领也。”《左传·庄公三十二年》:“国之将兴,明神降之,监其德也。”《释文》:“监,本又作鉴,古暂反。”览*ram^{B},卢敢切,《广韵》:“视也。”《说文》:“览,观也。”《韩非子·外储说左上》:“人主览其文而忘有用。”《吕氏春秋·重言》:“其不鸣,将以览民则也。”

拣*k-ran^{B},古限切,《广韵》:“拣择。”拣*rans,郎甸切,《广韵》:“拣择。”《逸周书·酆保解》:“比党不拣。”《吴越春秋·勾践十三年》:“拣择精粟而蒸还于吴。”字本作“柬”。柬*k-ran^{B},古限切,《广韵》:“分别也。”《说文》:“柬,分别简之也。”《荀子·修身》:“安燕而血气不衰,柬理也。”注:“柬与简同,言柬择事理所宜而不务骄逸。”字写作“简”。《左传·襄公二十六年》:“简兵搜乘,秣马蓐食。”注:“简,择也。”《礼记·王制》:“上贤以崇德,简不肖以绌恶。”注：“简，择也。”谏*k-rans，古晏切，《说文》：“证也。”徐锴：“柬为谏。柬者，分别也，能分别善恶以陈于君。”《论语·微子》：“往者不可谏，来者犹可追。”(《汉书·梅福传》：“往者不可及，来者犹可追。”《汉书·李寻传》同。)

届*k-rits，古拜切，《广韵》：“至也。”《诗经·节南山》：“君子如届，俾民心阕。”笺：“届，至也。”《诗经·小弁》：“譬彼舟流，不知所届。”笺：“届，至也。”戾*rits，郎计切，《广韵》：“来也，至也。”《诗经·小宛》：“宛彼鸣鸠，翰飞戾天。”传：“戾，至也。”《诗经·泮水》：“鲁侯戾止，言观其旂。”传：“戾，来也。”《国语·鲁语上》：“天灾流行，戾于敝邑。”

佫*k-lak，古伯切，《广韵》：“至也，亦作假。”《方言》：“假、佫，至也。邠唐冀兖之间曰假，或曰佫。”《方言》：“佫，来也。自关而东周郑之郊齐鲁之间或谓佫。”字通写作“格”。格*k-lak，古伯切，《广韵》：“《书》传云：来也。《尔雅》云：至也。”《诗经·抑》：“神之格思，不可度思。”传：“格，至也。”“格”和“出”方向相反，而古人半穴式居住，于是引申出向下的意义。落*lak，卢各切，《广韵》：“零落，草曰零，木曰落。”《诗经·氓》：“桑之未落，其叶沃若。”《礼记·王制》：“草木零落，然后入山林。”

革*k-rek，古核切，《广韵》：“改也。”《左传·襄公十四年》：“过则匡之，患则救之，失则革之。”《国语·周语下》：“厉始革典，十四王矣。”《管子·法法》：“行邪者久而不革，则群臣比周。”勒*rek，卢则切，《说文》：“马头落衔也。”段玉裁注：“落衔者，谓落其头而衔其口，可控制也。引申之为抑勒之义。”《楚辞·九章·思美人》：“勒骐骥而更驾兮，造父为我操之。”《墨子·旗帜》：“勒卒，中教解前后左右，卒劳者更休之。”

降*k-ruŋs，古巷切，《广韵》：“下也，归也，落也。”《说文》：“降，下也。”《左传·庄公三十二年》：“有神降于莘。”《孟子·滕文公下》：“诛其君，吊其民，如时雨降。”《庄子·逍遥游》：“时雨降矣，而犹浸灌。”字又作“隆”。《墨子·非攻下》：“天命融隆火。”《管子·轻重己》：“毋犯天之隆。”《庄子·天运》：“云者为雨乎？雨者为云乎？孰隆施是？”隆*ru̱ŋ，力中切，《广韵》：“盛也，大也。”《玉篇》：“隆，中央高也。”《尔雅》：“宛中隆。”郭注：“山中央高。”《释名》：“陵，隆也，体高隆也。”《史记·高祖本纪》：“高祖为人，隆准而龙颜。”集解引应劭：“隆，高也。”《战国策·齐策一》：“虽隆薛之城到于天，犹之无益也。”

上古汉语的 *k-不止是一个名词前缀，也应该是一个动词前缀。但是，能够确定上古汉语带 *k-前缀的动词已经不多。我们已经难以从这几个残迹中归纳出 *k-前缀的语法意义。将这些残迹列举在上面，只是希望有学者能够进一步研究上古汉语前缀 *k-的功能。书面藏语有一个使用范围极广而且意义相当丰富的前缀 *g-。这个前缀 *g-，现代藏语卫方言和康方言都已经没有了踪迹。跟书面藏语一样，上古汉语的前缀 *k-也应该有丰富的功能。

第二节　前缀 *m-(一)

一

王之荩臣，无念尔祖。传：“无念，念也。”（《诗经·文王》）

无田甫田，维莠骄骄。陈奂传疏：“无，发声也。”（《诗经·甫田》）

如彼泉流，无沦胥以亡。陈奂传疏：“无，发声也。”（《诗经·抑》）

如彼泉流，无沦胥以败。陈奂传疏：“无，亦发声也。”（《诗经·小旻》）

式相好矣，无相犹矣。陈奂传疏：“无为助词，无意义。”（《诗经·斯干》）

不显亦临，无射亦保。马瑞辰：“无为助词。”（《诗经·思齐》）

无竞维人，四方其训之。马瑞辰：“无，发声语助。”（《诗经·抑》）

执竞武王，无竞维烈。传：“无竞，竞也。”（《诗经·执竞》）

虽无造为乐器，以为事乎国家。王念孙按：“无，语词也。”（《墨子·非乐》）

前缀 *m-《诗经》中可以成音节的形式出现。不过，除了作为某些语词的构成语素（文字形式可以有“无”“武”等），成音节的 *ma-前缀文献中罕少出现。只有在某些特定语音条件下，前缀 *m-才跟词根辅音融合而成为语音形式不可分割的组成部分。

上古汉语的前缀 * m-首先是一个生命名词前缀。生命名词附加前缀 m-是藏缅语极其普遍的语言现象，比如藏语。藏语的生命名词，尤其是肢体名词附加前缀 m-最为普遍，其数量超过附加 s-前缀的肢体名词。沃尔芬登(1929)、本尼迪克特(1972)、马提索夫(2003)等都有过讨论。上古汉语的生命名词，尤其是肢体名词，附加 * m-前缀的数量也相当可观。金理新(1998)已经加以论述，并认为前缀 * m-是汉藏语共有的肢体名词前缀，即上古汉语和藏语的肢体名词前缀 * m-都是对原始汉藏语肢体名词前缀 * m-的继承。

二

衇 * m-prik，莫获切，《说文》："血理分，邪行体中者。"字通作"脈(脉)"。《左传·僖公十五年》："乱气狡愤，阴血周作，张脈偾兴。"《释文》："脈音麦。"《管子·水地》："水者，地之血气，如筋脈之通流者也。"眽 * m-prik，莫获切，《说文》："目邪视也。"《楚辞·九思·逢尤》："魂茕茕兮不遑寐，目眽眽兮寤终朝。"字也写作"覛"，音同。覛 * m-prik，莫获切，《说文》："衺视也。"《尔雅》："覛，相也。"《国语·周语上》："古者，太史顺时覛土。"注："覛，视也。"𠂢 * phriks，匹卦切，《说文》："水之衺流别也。"通常作"派"，音同。派 * phriks，匹卦切，《广韵》："分流也。"《说苑·君道》："故疏河以导之，凿江通于九派，洒五湖而定东海。"

眉 * m-rir，武悲切，《说文》："目上毛也。"《诗经·硕人》："齿如瓠犀，螓首蛾眉。"《左传·昭公二十六年》："有君子白皙，鬒须眉，甚口。"字也写作"麋"。《荀子·非相》："伊尹之状，面有须麋。"《方言》："眉、梨，老也。东齐曰眉，燕代之北鄙曰梨。"又："麋、梨，老也。"郭璞注："麋，犹眉也。"人老则眉毛长，眉毛长成为老人的一个极其明显的特征。《诗经·七月》："为此春酒，以介眉寿。"传："眉，寿豪眉也。"因而，眉引申出"老"义。《诗经》"眉寿"一语共出现七次，其意义都为长寿。

皃 * m-rɯks，莫教切，《广韵》："仪皃。"字也作"貌""貌"。《说文》："皃，颂仪也。籀文皃从豹省。"《论语·泰伯》："动容貌，斯远暴慢矣；正颜色，斯近信矣。”《礼记·玉藻》：“凡祭，容貌颜色，如见所祭者。”《礼记·乐记》：“望其容貌，而民不生易慢焉。”朱骏声：“面之神气曰容，面之形状曰貌。”《国语·晋语五》：“夫貌，情之华也。” 邈，《说文》新附：“远也，从辵貌声。”邈 *m-rɯk，莫角切，《广韵》：“远也。”《广雅》：“邈，远也。”辽 *rɯ，落萧切，《说文》：“远也。”《墨子·非攻下》：“道路辽远。”邈和辽为同族词。

额 *m-klak，五陌切，《说文》：“颡也。”《方言》：“额、颜，颡也。中夏之谓额，东齐谓之颡，汝颍淮泗之间谓之颜。”通作“额”，音同。《史记·滑稽列传》：“皆叩头，叩头且破，额血流地，色如死灰。”《汉书·外戚传下》：“我儿男也，额上有壮发，类孝元皇帝。”《韩非子·说疑》：“……吴王孙额、晋阳成泄、齐竖刁、易牙，此十二人者之为其臣也。”王先慎引顾广圻：“额，《国语》作雒。额、雒同字。”《国语·吴语》：“乃命王孙雒先与勇获帅徒师。”《国语·越语下》：“使王孙雒行成于越。”雒 *lak，卢各切，《说文》：“鵋鶀也。”

眼 *m-glɯn^B，五限切，《广韵》：“眼目也。”《说文》：“眼，目也。从目艮声。”《庄子·盗跖》：“比干剖心，子胥抉眼，忠之祸也。”《韩非子·外储说右下》：“赵王游于圃中，左右以菟与虎而辍，盼然环其眼。”《释名》：“眼，限也。”《周礼·冬官·考工记》：“望其毂，欲其眼也。”注：“郑司农云：眼读如限切之限。”限 *glɯn^B，胡简切，《广韵》：“界也。”《韩非子·解老》：“嗜欲无限，动静不节，则痤疽之爪角害之。”《战国策·秦策一》：“南有巫山、黔中之限。”

牙 *m-gla，五加切，《广韵》：“牙齿。”《说文》：“牙，壮齿也。”《诗经·祈父》：“予王之爪牙。”《左传·隐公五年》：“皮革，齿牙，骨角，毛，羽，不登于器，则公不射，古之制也。”《吕氏春秋·本味》：“钟子期死，伯牙破琴绝弦，终身不复鼓琴。”注：“伯姓牙名，牙或作雅。”雅 *m-gla^B，五加切，《说文》：“楚乌也。一名鸒。一名卑居。秦谓之雅。”《荀子·荣辱》：“譬之越人安越，楚人安楚，君子安雅。”《荀子·儒效》：“居楚而楚，居越而越，居夏而夏，是非天性也，积靡使然也。” 今上海博物馆藏《诗经》之“雅”正作“夏”。夏 *gla^B，胡雅切，《广韵》：“大也。”《方言》：“凡物之壮大或曰夏。”《礼记·檀弓上》：“见若坊者矣，见若覆夏屋者矣。”注：“夏屋，今之门庑也，其形旁广而卑。”《楚辞·九章·哀郢》：“曾不知夏之为丘兮。”注：“夏，大殿也。”字后写作“厦”。厦，胡雅切，《广韵》：“厦屋。”庌 *m-gla^B，五加切，《广韵》：“厅也。”《说文》：“庌，庑也。从广牙声。”《释名》：“大屋曰庑；庑，幠也；幠，覆也。并、冀人谓之庌。

庌,正也,屋之正大者也。""夏"和"庌"是同族词。

龂*m-kɯ̱n,语斤切,《广韵》:"齿根肉也。龈,上同。"《说文》:"龂,齿本也,从齿斤声。"斤*kɯ̱n,举欣切,《广韵》:"十六两也。"《说文》:"斤,斫木斧也。"《周礼·冬官·考工记》:"郑之刀,宋之斤,鲁之削,吴粤之剑。"斤、釿,举欣切,《集韵》:"《说文》'斫木也',或从金;一曰斤权轻重之数,一曰明也。"《汉书·律历志上》:"斤者,明也,三百八十四铢,《易》二篇之爻,阴阳变动之象也。十六两成斤者,四时乘四方之象也。"《尔雅》:"明明,斤斤,察也。"斤斤即龂龂。《汉书·地理志下》:"鲁道衰,洙泗之间龂龂如也。"注:"龂龂,分辨之意,音牛斤反。"《汉书·公孙贺传》:"辩者骋其辞,龂龂焉。"注:"龂龂,辩争之貌,龂音牛斤反。"《史记·鲁周公世家》:"鲁道之衰也,洙泗之间龂龂如也。"集解:"龂,鱼斤反,东州语也。"

元*m-go̱n,愚袁切,《尔雅》:"首也。"《左传·襄公九年》:"元,体之长也。"《左传·僖公三十三年》:"狄人归其元,面如生。"注:"元,首。"《左传·哀公十一年》:"公使大史固,归国子之元。"注:"元,头也。"试看一组从元得声的字藏语的同源对应关系:

元,《说文》:"始也。"	藏语ɦ-go"起初、起首、前头"
元,《广雅》:"君也。"	藏语ɦ-go-pa"头人、头目"
元,《尔雅》:"首也。"	藏语 m-go-bo"头、脑袋"
刓,《广雅》:"断也。"	藏语 b-go-pa"划分、分割"
忨,《说文》:"贪也。"	藏语 m-go-ba"需、欲求"
完,《后汉书》注:"野羊也。"	藏语 d-go-ba"高山羚羊、黄羊"
玩,《说文》:"习厌也。"	藏语ɦ-go-ba"沾染、习染"

冠*kon,古丸切,《广韵》:"首饰。"《左传·僖公二十四年》:"好聚鹬冠。"《左传·闵公二年》:"卫文公大布之衣,大帛之冠。"《说文》:"冠,絭也。所以絭发,弁冕之总名也。从冂从元,元亦声。"依《说文》,"冠"和"元"是同族词。《史记·楚世家》:"太子熊元代立。"索隐:"元,系本作完。"完*gon,胡官切,《广韵》:"全也。"《说文》:"完,全也。从宀元声。""完"的语源为"丸"。丸*gon,胡官切,《广韵》:"弹丸。""弹丸"是"丸"的引申义,本义为"卵"。

《说文》:“丸,圜,倾侧而转者。”《吕氏春秋·本味》:“丹山之南,有凤之丸,沃民所食。”高注:“丸古卵字也。”《庄子·达生》:“五六月累丸,二而不坠,则失者锱铢;累三而不坠,则失者十一;累五而不坠,犹掇之也。”(《韩非子·十过》:“其君之危犹累卵也。”)“丸”的特征是“圜”。于是,有了完整的意义。《广雅》:“丸,完也。”字通写作“完”。《孟子·离娄上》:“城郭不完,兵甲不多,非国之灾也。”《荀子·劝学》:“巢非不完也,所系者然也。”

三

貊*m-lak,莫白切,《广韵》:“蛮貊。”《论语·卫灵公》:“言忠信,行笃敬,虽蛮貊之邦行矣。”《释文》:“貊,亡白反,《说文》作貉,云北方人也。《礼记·中庸》:“是以声名洋溢乎中国,施及蛮貊。”《释文》:“貊,本又作貉,武伯反。《说文》云:北方人也。”《诗经·閟宫》:“至于海邦,淮夷蛮貊。”《释文》:“貊,字又作貉,武伯反。”貉*m-lak,莫白切,《广韵》:“北方兽。”貉,《说文》:“北方豸种,从豸各声。”《周礼·夏官·司马》:“职方氏辨其邦国、都鄙、四夷、八蛮、七闽、九貉、五戎、六狄之人民。”《释文》:“貉,孟白反。”《周礼·秋官·司寇》:“貉隶,百有二十人。”注:“征东北夷所获。”《释文》:“貉,孟百反。”

蛮*m-ron,莫还切,《广韵》:“南夷名,亦姓。”《说文》:“蛮,南蛮,蛇种,从虫䜌声。”《诗经·采芑》:“蠢尔蛮荆,大邦为雠。”传:“蛮荆,荆州之蛮也。”《诗经·韩奕》:“以先祖受命,因时百蛮。”《礼记·王制》:“南方曰蛮,雕题交趾,有不火食者矣。”

麋*m-ri̱r,武悲切,《说文》:“鹿属。”《周礼·天官·冢宰》:“冬献狼,夏献麋,春秋献兽物。”“麋”记录“眉”。《荀子·非相》:“伊尹之状,面无须麋。”也记录作“湄”。《诗经·巧言》:“彼何人斯,居河之麋。”传:“水草之交谓之麋。”《释文》:“麋,本由作湄。”《左传·僖公二十八年》:“余赐女孟诸之麋。”注:“水草之交曰麋。”字通写作“湄”。湄*m-ri̱r,武悲切,《广韵》:“《释名》云:湄,眉也,临水如眉也。《尔雅》云:水草交为湄。”《诗经·蒹葭》:“所谓伊人,在水之湄。”传:“湄,水隒也。”《广雅》:“湄,涯也。”王念孙:“麋并与湄同。”《方言》:“麋,老也。”又:“眉、梨,老也。东齐曰眉,燕代之北鄙曰梨。”

万 *m-ra̲ns< * * m-ra̲ts,无贩切,《广韵》:“《字林》云:万,虫名也。”《说文》:“万,虫也,象形。”虿就是万,为蝎子之象形文字。虿 * s-rat-s,丑犗切,《广韵》:“毒虫。”虿,《说文》:“毒虫也,象形。”《诗经·都人士》:“彼君子女,卷发如虿。”笺:“虿,螫虫也。”《释文》:“虿,敕迈反,又敕界反,蠚虫也。《通俗文》云:长尾为虿,短尾为蝎。”《左传·昭公四年》:“其父死于路,已为虿尾。”杜注:“谓子产重赋毒害百姓。”厉 * ra̲ts,力制切,《广韵》:“恶也,亦严整也,烈也,猛也。”《论语·阳货》:“色厉而内荏。”

龙 *m-roŋ,莫江切,《说文》:“犬之多毛者。《诗》曰:无使龙也吠。”《尔雅》:“龙,狗也。”《诗经·野有死麕》:“无使龙也吠。”传:“龙,狗也。”孔颖达疏引李巡曰:“龙,一名狗。”《释文》:“龙,美邦反。”后字繁化作“狵”,音同。狵,莫江切,《广韵》:“犬多毛,亦作龙。”龙,常可以和龙通假。《左传·文公十八年》:“昔高阳氏有才子八人,苍舒,隤敳,梼戭,大临,龙降,庭坚,仲容,叔达。”《潜夫论·五德志》《潜夫论·志氏姓》《易林》“龙”作“龙”。《周礼·地官·司徒》:“凡外祭毁事,用龙可也。”注:“龙,一作龙。”《周礼·冬官·考工记》:“天子用全,上公用龙。”注:“龙当为龙,龙谓杂色。”

黾 *m-riŋ,武幸切,《广韵》:“蛙属。”《说文》:“黾,鼃黾也,象形。”《周礼·秋官·司寇》:“蝈氏,掌去蛙黾,焚牡蘜。”注:“黾,耿黾也。”《国语·越语下》:“故滨于东海之陂,鼋鼍鱼鳖之与处,而蛙黾之与同渚。”《尔雅》:“鼁鼀,蟾诸,在水者黾。”

犴 *m-kan,俄寒切,《广韵》:“胡地野狗,似狐而小。”《说文》:“犴,胡地野狗,从豸干声。”《史记·司马相如列传》:“其下则有白虎玄豹,蟃蜒貙犴,兕象野犀。”《周礼·夏官·司马》:“射犴侯,一获一容。”郑注:“犴者,兽名也。兽有貙犴熊虎。……《大射礼》犴作干,读如宜犴宜狱之犴。犴,胡犬也。”《释文》:“犴,五旦反。”《周礼·夏官·司马》:“夹弓、庾弓以授,射犴侯鸟兽者。”孙诒让正义:“《说文》引‘犴侯’作‘干侯’,亦古文省。”

麦 *m-lek,莫获切,《说文》:“芒谷。”《诗经·桑中》:“爰采麦矣,沬之北矣。”《诗经·七月》:“黍稷重穋,禾麻菽麦。”《周礼·夏官·司马》:“其畜宜鸡狗,其谷宜稻麦。”《左传·隐公三年》:“郑祭足帅师取温之麦。”《左传·文公十七年》:“臣闻齐人将食鲁之麦。”《管子·地员》:“黑埴,宜稻麦。”麦古代地位甚隆。《管子·轻重己》:“麦者,谷之始也。”《素问·金匮真言论》注:“五谷之长者麦。”甲骨文中,麦和来,象形字。来 * le,落哀切,《说文》:“周所受瑞麦来麰。”《诗经·思文》:“诒我来牟,帝命率育。”《诗经·臣工》:“于皇来牟,将受厥明。”来,后字也繁化为𪎭。𪎭,落哀切,《广韵》:“小麦。”

四

沃尔芬登(1929)认为,藏缅语的前缀 m-是生命名词前缀,也是一个动转化前缀,附加在动词或形容词之前使之改变词性而成名词。这一观点得到白保罗(1972)、谢飞(1974)等学者的支持。那么,上古汉语的前缀 * m-是否也有相同的意义。俞敏先生(1984)发现上古汉语的前缀 * m-也有动转化的功能。这种由动词附加 * m-词缀构成的名词,俞敏共举了 4 例,其中一例为“令”和“命”。我们先来看一看“命”和“令”之间的关系:

命 * m-li̠ŋs,眉病切,《广韵》:“使也,教也,道也,信也,计也,召也。”《说文》:“命,使也,从口,从令。”朱骏声云:“令亦声。”《左传·隐公九年》:“郑伯为王左卿士,以王命讨之。”《左传·隐公元年》:“费伯帅师城郎,不书,非公命也。”《孟子·公孙丑上》:“德之流行,速于置邮而传命。”《论语·子路》:“使于四方,不辱君命,可谓士矣。” 令 * li̠ŋ,吕贞切,《广韵》:“使也。”令 * li̠ŋs,力政切,《广韵》:“善也,命也,律也,法也。”令,《广韵》五音,其余三音皆为专有名词。《群经音辨》:“令,使也,力丁切;所使之言谓之令,力政切。”两音分别清楚:动词读平声,而名词或形容词读去声。“令”和“命”甲骨文中本为一字,而“命”不过是“令”的后起区别字而已。先秦“令”和“命”之间由于还没有完全彻底分离,用“命”的地方可能记录的是“令”,而用“令”的地方则可能是“命”。《书·说命上》:“臣下罔攸禀令。”传:“令亦命也。”《周礼·夏官·司马》:“犯令陵政则杜之。”郑注:“令,犹命也。”《国语·鲁语下》:“诸侯朝修天子之业命。”注:“命,令也。”《吕氏春秋·正月纪》:“命田舍东郊。”注:“命,令也。”王力先生(1982:329):“《孟子·离娄上》:‘既不能令,又不受命。’‘令’字一般用作动词,‘命’字一般用作名词。注释家于特殊情况则加注，如《书·说命》的‘禀令’，‘令’用作名词，《吕氏春秋》‘命田舍东郊’，‘命’用作动词，则加注。其它注解往往类此。”“命”和“令”本属于名词、动词的关系，后由于意义的再延伸，命”也出现动词意义，而“令”也出现名词意义。

不过，俞敏所举的例子过少，仅有4例，且这4例中个别例子是否属于同根词也值得商榷，如动词“往来”的“来”和名词“麦”。俞敏的观点没有引起国内学者的广泛注意，这跟俞敏所举的例子过少有一定的关系。实际上，上古汉语中，除了俞敏所举的4例，附加具有动转化作用的前缀 *m-构成的名词并不鲜见。以下是我们所举的例子：

昴 *m-ru^{B}，莫饱切，《广韵》：“星名。”《说文》：“白虎宿星，从日卯声。”朱骏声云：“西方宿六星，其形促聚，吾苏农人谓之七簇星。”《诗经·小星》：“嘒彼小星，维参与昴。”毛传：“昴，留也。”正义引《元命苞》：“昴六星，昴之言留也。”《释文》：“一名留。”《史记·律书》：“北至于留。”司马贞索隐：“留即昴。”昴，字正作“留”。留，力九切，《集韵》：“昴星别名。”柳 *ru̲^{B}，力久切，《集韵》：“一曰聚也。”《周礼·天官·冢宰》：“衣翣柳之材。”注：“柳之言聚，诸饰之所聚。”《尚书大传》郑注：“柳，聚也，齐人语。”

茆 *m-ru^{B}，莫饱切，《说文》：“凫葵也，从草卯声。”《诗经·泮水》：“思乐泮水，薄采其茆。”《释文》：“茆，音卯，徐音柳。”《周礼·天官·冢宰》：“茆菹，麋臡。”《释文》：“茆音卯，北人音柳。”茆 *ru̲^{B}，力九切，《集韵》：“艸名，《说文》凫葵也，引《诗》言采其茆。”茆的词根就是“柳”。《汉书·律历志上》：“冒茆于卯。”注：“茆谓丛生也，音莫保反。”

缪 *m-ru̲，武彪切，《广韵》：“《诗》传云：绸缪，犹缠绵也。《说文》曰：枲十絜也。”《说文》：“缪，枲之十絜也。一曰绸缪。从糸翏声。”《广雅》：“缪，缠也。”《礼记·檀弓下》：“衣衰而缪绖。”注云：“缪当为木樛垂之樛。”《释文》：“缪，依注读曰樛，音居虯反。”疏：“樛，谓两股两交也。”“缪”和“摎”为同根词。摎 *ru̲，力求切，《广韵》：“绞缚杀也”。摎 *k-ru，古肴切，“束也，挠也，又音留”。《广雅》：“摎，束也。”《管子·大匡》：“朋友不得相合摎而国乃可图也。”注：“摎，交入也，朋友不能相交合则党与弱，故乃可图。”《汉书·五行志中之下》:“天雨草,而叶相摎。”注:“摎,绕也。”摎,《说文》“缚杀也。”也可作“缪”。《汉书·外戚传下》:“即自缪死。”注:“缪,绞也。”

帞*m-lak,莫白切,《广韵》:“头巾。”《广雅》:“络头,帞头也。”《方言》:“络头,帞头也。”钱绎注:“《史记·绛侯周勃世家》:‘太后以冒絮提文帝。’集解引应劭曰:‘陌头,絮也。’晋灼曰:‘巴蜀异物志谓头上巾曰冒絮。’”称之为“冒絮”,其语源就是“冒”。《尔雅》:“冒,覆也。”这和现代帽子的“帽”来源相同。称之为“帞头”,其语源就是“络”。络*lak,卢各切,《广韵》:“络丝。”《山海经·海内经》:“有九丘以水络之。”注:“络,犹绕也。”《楚辞·招魂》:“郑绵络些。”注:“络,缚也。”“帞头”,其字也只写作“络头”。《方言》:“络头,帞头也。自关以西秦晋之郊曰络头,南楚江湘之间曰帞头。”

乐*m-grɯk,五角切,《广韵》:“音乐。”《说文》:“乐,五声八音总名。”《左传·僖公二十七年》:“礼乐,德之则也。”《论语·子罕》:“吾自卫反鲁,然后乐正,雅颂各得其所。”《论语·泰伯》:“兴于诗,立于礼,成于乐。”《礼记·檀弓上》:“乐,乐其所自生。”《礼记·乐记》:“乐,乐也。”《礼记·乐记》:“夫乐者,先王之所以饰喜也。”《释名》:“乐,乐也,使人好乐之也。”乐*rɯk,卢各切,《广韵》:“喜乐。”《论语·学而》:“有朋自远方来,不亦乐乎?”《孟子·梁惠王下》:“独乐乐,与人乐乐,孰乐?”

伪*m-Ga̱rs,危睡切,《说文》:“伪,诈也。”徐锴曰:“伪者,人为之,非天真也。”《周礼·地官·司徒》:“以五礼防万民之伪而教之中。”《周礼·地官·司徒》:“以贾民禁伪而除诈。”《荀子·性恶》:“人之性恶,其善者伪也。”“伪”的词根“为”。《广雅》:“伪,为也。”为*Ga̱r,薳支切,《广韵》:“《尔雅》:‘作、造,为也。’”王力(1982)云:“人为为伪(引申为诈伪),故‘为’‘伪’同源。”由于“伪”的词根为“为”,故“经传多假为为伪。”《礼记·月令》:“毋或作为淫巧以荡上心。”注:“为,诈伪。”《诗经·采苓》:“人之为言,苟亦无信。”《释文》:“为,本或作伪。”《荀子·非十二子》:“为诈而巧。”俞樾:“当读作伪。”

垠*m-gɯ̱n,语巾切,《广韵》“垠岸也”。《说文》:“垠,地垠也,一曰岸也。圻,垠或从斤。”朱骏声按:“《楚辞·七发》注引《说文》:地垠,堮也,四边有棱角界限之貌。”《广雅》:“垠,岸,涯也。”《史记·孟子荀卿列传》:“推而大之,至于无垠。”《尚书大传》:“圻者,天子之境也。诸侯曰境。天子游不出封圻，诸侯非朝傳不出境。”《汉书·叙传上》：“龢、鹊发精于针石，研桑心计于无垠。”注：“垠，限也。”限 * glɯn^B，胡简切，《广韵》：“度也，齐也，界也。”《小尔雅》：“限，界也。”《韩非子·初见秦》：“齐之清济浊河足以为限，长城巨防足以为塞。”《商君书·弱民》：“江汉以为池，汝颍以为限。”也为门限。《说文》：“限，一曰门榍。”字也作阆。阆，胡简切，《广韵》：“门阈，本只作限。”也类转为动词。《荀子·议兵》：“汝颍以为险，江汉以为池，限之以邓林，缘之以方城。”

岸 * m-gans，五旰切，《广韵》：“水涯高者。”《说文》：“岸，水厓而高者。从屵干声。”《诗经·十月之交》：“高岸为谷，深谷为陵。”《诗经·氓》：“淇则有岸，隰则有泮。”字也写作“干”。《易·渐》：“初六，鸿渐于干。”《释文》：“郑云：干，水傍，故停水处。陆云：水畔称干。毛诗传曰：涯也。”《诗经·伐檀》：“坎坎伐檀兮，寘之河之干兮，河水清且涟猗。”毛传：“干，厓也。”《诗经·斯干》：“秩秩斯干，幽幽南山。”集注：“干，水涯也。”《管子·小问》：“昔者吴干战。”注：“干，江边地也。”《诗经·兔罝》：“赳赳武夫，公侯干城。”传：“干，扞也。”《释文》：“干，如字，孙炎云干楯所以自蔽扞也，旧户旦反，沈音干。扞，户旦反。”扞 * gans，侯旰切，《广韵》：“以手扞，又卫也。”字也写作“捍”，音同。捍，《广韵》：“抵捍。”《礼记·祭法》：“能捍大患则祀之。”

动词词根附加 * m-前缀后改变词性而成名词，比如“干”和“岸”。这一点上古汉语给我们提供了丰富的证据。就藏缅语看，* m-前缀应该有广泛的分布，只是因语音演变上古汉语很多前缀 * m-失落了。我们只是从特定的语音条件下才确定有一个 * m-前缀，比如出现在流音前。

第三节　前缀*m-(二)

一

藏语的前缀 m-首先是构成生命体名词,这一点和上古汉语完全相同。除此之外,藏语的前缀 m-还可以附加在动词之前。沃尔芬登认为藏语的这个前缀 m-是一个中性(非动作性的不及物)(inactive intransitive)动词前缀。白保罗(1972)接受了沃尔芬登的观点。藏语的前缀 m-往往跟前缀 g-组成一对同根动词,比如 m-thol"坦白"和 g-tol"揭穿"。相对于前缀 m-,藏语的前缀 g-一般是一个表示施事者主体的动作性(active)动词前缀。

二

明*m-ra̲ŋ,武兵切,《广韵》:"光也,昭也,通也,发也。"《说文》:"明,照也。"《诗经·女曰鸡鸣》:"东方明矣,朝既昌矣。匪东方则明,月出之光。"《诗经·东方未明》:"东方未明,颠倒衣裳。"《左传·庄公七年》:"夜明也,星陨如雨,与雨偕也。"朗*raŋ^{B},卢党切,《广韵》:"明也。朖、誏,并上同。"《说文》:"朗,明也。"《尔雅》:"朗,明也。"《诗经·既醉》:"昭明有融,高朗令终。"传:"朗,明也。"《吕氏春秋·尽数》:"集于珠玉与为精朗,集于树木与为茂长,集于圣人与为敻明。"《国语·楚语下》:"其圣能光远宣朗。"高注:"朗,亮也。"亮*ra̲ŋs,力让切,《广韵》:"朗也。"亮,《说文》:"明也。"段玉裁注:"古人名亮者字明。"先秦文献中未见"明亮"之"亮"。(《尔雅》:"亮,信也。")炳*p-ra̲ŋ^{B},兵永切,《广韵》:"炳焕明也。"《说文》:"炳,明也,从火丙声。《易·革》:其文炳。"字也作"昞""昺"。昞*p-ra̲ŋ^{B},兵永切,《广韵》:

“亮也，亦作㝗。”《广雅》：“昞，明也。”

盟 *m-ra̱ŋ，武兵切，《广韵》：“盟约，杀牲歃血也。”《左传·襄公十一年》注：“盟，以辞告神杀牲歃血明著其信也。”《国语·鲁语下》：“盟，信之要也。”《左传·隐公元年》：“公及邾仪父盟于蔑。”《左传·隐公元年》：“及宋人盟于宿。”字本只作“明”。《诗经·黄鸟》：“此邦之人，不可与明。”笺：“明当为盟。盟，信也。”《侯马盟书》：“我君其明。”谅 *ra̱ŋs，力让切，《广韵》：“信也。”《说文》：“谅，信也。”《方言》：“众信曰谅。”《诗经·鄘风·柏舟》：“母也天只，不谅人只。”传：“谅，信也。”《释文》：“谅，力尚反。”《论语·宪问》：“岂若匹夫匹妇之为谅也？”谅，《尔雅》作“亮”，“信也”。《孟子·告子下》：“君子不亮，恶乎执？”注：“亮，信也。”

孟 *m-raŋs，莫更切，《广韵》：“长也，勉也，始也。”《说文》：“孟，长也。”《诗经·桑中》：“云谁之思，美孟姜矣。”笺：“孟姜，列国之长女。”《左传·隐公元年》：“惠公元妃孟子，孟子卒，继室以声子，生隐公。”也指季节时间循序。《周礼·夏官·司马》：“孟春，焚牧；中春，通淫。”《吕氏春秋·四月纪》：“孟夏行秋令，则苦雨数来。”良 *ra̱ŋ，吕张切，《广韵》：“首也，长也。”《尔雅》：“元，良，首也。”（《广雅》：“良，长也。”）《左传·桓公八年》：“楚人上左，君必左，无与王遇，且攻其右，右无良焉，必败。”《孟子·尽心上》：“人之所不学而能者，其良能也；所不虑而知者，其良知也。”赵岐注：“良，甚也。”

猛 *m-raŋ^{B}，莫杏切，《广韵》：“勇猛，又严也，害也，恶也。”《周礼·夏官·司马》：“掌养猛兽而教扰之。”注：“猛兽，虎豹熊罴之属。”《说文》：“猛，健犬也，从犬孟声。”段玉裁注：“猛，假借为凡健之称。”猛，文献中无“健犬”的意义，是形容词。《道德经》：“蜂虿虺蛇不螫，猛兽不据，攫鸟不搏。”《荀子·政理》：“夫国亦有猛狗，用事者也。”字也只写作“孟”。《管子·任法》：“莫敢高言孟行，以过其情，以遇其主矣。”狼 *raŋ，鲁当切，《广韵》：“豺狼。”《左传·闵公元年》：“戎狄豺狼，不可厌也。”《诗经·还》：“子之昌兮，遭我乎猺之阳兮。并驱从两狼兮，揖我谓我臧兮。”传：“狼，兽名。”《孟子·离娄上》：“嫂溺不援，是豺狼也。”《荀子·修身》：“心如虎狼，行如禽兽，而又恶人之贼己也。”引申之，为凶暴、狠毒等意义。《淮南子·要略》：“秦国之俗，贪狼强力。”

显然,上古汉语的*m-不但是一个名词前缀,也是一个动词前缀。这一点以往学者不曾注意到。构成新词的词根可以是动词(形容词),也可以是名词,而附加前缀*m-的新词则是动词(形容词)。跟藏语的前缀m-非常接近,附加前缀*m-构成的新词往往也是非动作性的动词(形容词)。上古汉语这种由附加前缀*m-构成的动词(形容词)不少。

睦*m-ru̲k,莫六切,《广韵》:“亲也,敬也,又和睦也。”《说文》:“睦,目顺也,从目坴声,一曰敬和也。”《左传·隐公元年》:“陈蔡方睦于卫。”《左传·僖公十二年》:“人恃诸侯之睦于齐也,不共楚职。”《管子·五辅》:“和协辑睦,以备寇戎。”《孟子·滕文公上》:“疾病相扶持,则百姓亲睦。”《礼记·礼运》:“以睦兄弟,以和夫妇。”勠*ru̲k,力竹切,《广韵》:“勠力,并力也。”《说文》:“勠,勠力,并力也。”《汉书·高帝纪上》:“臣与将军戮力攻秦。”注:“戮力,并力也,音力竹反,又力周反。”字多写作“戮”。《左传·成公十三年》:“戮力同心。”《左传·昭公二十五年》:“戮力壹心,好恶同之。”《国语·齐语》:“以约誓于上下庶神,与诸侯戮力同心。”《国语·晋语四》:“吾先君武公与晋文侯戮力一心。”

迈*m-rats,莫话切,《广韵》:“行也,远也。”《说文》:“迈,远行也,从辵万声。”《尔雅》:“迈,行也。”《诗经·蟋蟀》:“今我不乐,日月其迈。”传:“迈,行也。”《诗经·雨无正》:“如彼行迈,则靡所臻。”厉*ra̲ts,力制切,《尔雅》:“以衣涉水为厉。”《诗经·匏有苦叶》:“深则厉,浅则揭。”传:“以衣涉水为厉。”《史记·司马相如列传》:“径陵赴险,越壑厉水。”后字繁化为“濿”,音同。濿,力制切,《广韵》:“以衣渡水,由膝已上为濿。亦作厉。《诗》曰:‘深则厉,浅则揭。’《说文》又作砅,‘履石渡水也’。”《庄子·大宗师》:“且汝梦为鸟而厉乎天,梦为鱼而没于渊。”成玄英疏:“厉,至也。”

埋*m-re,莫皆切,《广韵》:“瘗也,藏也。薶,上同。”《广雅》:“薶,藏也。”《左传·文公十一年》:“埋其首于子驹之门。”《左传·文公十八年》:“杀而埋之马矢之中。”《左传·昭公十四年》:“埋璧于大室之庭。”《国语·吴语》:“狐埋之而狐搰之。”朱骏声《说文通训定声》:“(薶),《周礼》狸沉、狸物、狸虫,字以狸为之。”《周礼·春官·宋伯》:“以狸沈祭山林川泽。”字也可作“裹”。《庄子·则阳》:“灵公夺而裹之。”《释文》:“本作埋。”裹*re^{B},良士切,《广韵》:“中裹。”《说文》:“裹,衣内也,从衣里声。”《诗经·绿衣》:“绿兮衣兮,绿衣黄裹。”《尚书大传》:“见其表,夫见其裹。”字也可作“里”。《素问·刺腰痛训》:“肉里之脉。”注:“里,裹也。”

霾*m-re,莫皆切,《尔雅》:“风而雨土为霾。”《说文》:“霾,风雨土也,从雨狸声。”《诗经·终风》:“终风且霾。”传:“霾,雨土也。”《吕氏春秋·正月纪》:“揜骼霾髊。”注:“霾者,覆藏之也。”霾即埋。《楚辞·九歌·国殇》:“霾两轮兮絷四马。”补注:“霾,读若埋。”

谬*m-ru̲s,靡幼切,《广韵》:“谬,误也,诈也,差也,欺也。”《说文》:“谬,狂者之妄言也,从言翏声。”《广雅》:“谬,误也。”《荀子·儒效》:“闻之而不见,虽博必谬;见之而不知,虽识必妄;知之而不行,虽敦必困。”《庄子·缮性》:“非藏其知而不发也,时命大谬也。”《说文通训定声》云:“经传多以缪为之。”《荀子·强国》:“若是其悖缪也,而求汤武之功名,可乎?”《庄子·盗跖》:“多辞缪说。”僇*ru̲s,力救切,《广韵》:“痴行貌。”《荀子·非相》:“然而身死国亡,为天下大僇。”注:“僇与戮同。”《韩非子·说林下》:“曾子不僇命也。”《史记·殷本纪》:“天神不胜,乃僇辱之。”

翱*m-ku,五劳切,《广韵》:“翱翔。”《说文》:“翱,翱翔也,从羽皋声。”《诗经·女曰鸡鸣》:“将翱将翔,弋凫与雁。”《诗经·清人》:“二矛重英,河上乎翱翔。”《诗经·有女同车》:“将翱将翔,佩玉将将。”《淮南子·俶真训》:“虽欲翱翔,其势焉得?”注:“翱翔,鸟之高飞也。”皋*ku,古劳切,《广韵》:“高也。”《尔雅》:“五月为皋。”《释文》:“皋,或作高。”《礼记·明堂位》:“库门,天子皋门。”《诗经·绵》:“乃立皋门,皋门有伉。”

诣*m-kirs,五计切,《广韵》:“至也。”《说文》:“诣,候至也,从言旨声。”《墨子·号令》:“若无符,皆诣县廷言。”《史记·秦始皇本纪》:“乃益发卒诣王翦军。”《晏子春秋·杂篇》:“吏二缚一人诣王。”《战国策·燕策三》:“益发兵诣赵,诏王翦军以伐燕。”䭫*khir^{B},康礼切,《广韵》:“首至地也。稽,上同。”《说文》:“䭫,下首也。从首旨声。”《左传·僖公五年》:“公使让之,士芳稽首而对。”疏:“稽首,头至地,头下缓至地也。”《左传·僖公十五年》:“晋大夫三拜稽首。”《庄子·逍遥游》:“大浸稽天而不溺,大旱金石流、土山焦而不热。”《释文》:“稽,音鸡;徐、李音启。司马云:至也。”

验*m-kro̲ms,鱼窆切,《广韵》:“证也,征也,效也。”《吕氏春秋·察传》:

“其于人必验之以理。”《韩非子·八经》：“验之以物，参之以人。”《荀子·大略》：“验之以近物，参之以平心，流言止焉，恶言死焉。”《战国策·齐策一》：“亦验其辞于王前。”检 *kro̱ms，居奄切，《广韵》：“又检校。”《墨子·杂守》：“须其还报以检验之。”《汉书·何武传》：“问文吏必于儒者，问儒者必于文吏，以相参检。”《汉书·食货志下》：“均官有以考检厥实。”

吟 *m-ku̱m，鱼金切，《广韵》：“叹也。”《说文》：“吟，呻也，从口今声。”《艺文类聚》引《说文》：“吟，叹也。”《广雅》：“吟，歌也。”《庄子·德充符》：“今子外乎子之神，劳乎子之精，倚树而吟，据槁梧而瞑。”《管子·侈靡》：“讴吟称号者皆诛。”《楚辞·渔父》：“屈原既放，游于江潭，行吟泽畔。”《史记·淮阴侯列传》：“虽有舜禹之智，吟而不言，不如瘖聋之指麾也。”索隐：“吟音巨荫反，又音琴。”字写作“唫”。唫，鱼金切，《广韵》：“亦古吟字。《说文》又巨锦切。”唫 *gu̱m^{B}，渠饮切，《广韵》：“《说文》云：口急也。”《墨子·亲士》：“近臣则喑，远臣则唫。”《淮南子·泰族训》：“是以天心呿唫者也。”

上古汉语有 *s-前缀，也有 *m-前缀。因而，相同的词根可以附加 *s-前缀或者附加 *m-前缀组成同族词，如“明”“亮”和“爽”。爽 *s-ra̱ŋ，《说文》：“明也。……《书·牧誓》‘时甲子昧爽’。”《礼记·内则》：“昧爽而朝。”“明”和“爽”之间就在于它们所附加的前缀的不同。因而，同一谐声集合中可以有明母，也可以有山母（彻母）。

爽 *s-ra̱ŋ^{B}，疏两切，《广韵》：“猛也。”《左传·昭公十七年》：“爽鸠氏，司寇也；鹘鸠氏，司事也。”注：“爽鸠，鹰也。鸷，故为司寇，主盗贼。”爽鸠可以比较猛禽。《墨子·节用中》：“古者圣人为猛禽狡兽暴人害民，于是教民以兵行。”《方言》：“梗、爽，猛也。韩赵之间曰梗，齐晋曰爽。”猛 *m-raŋ^{B}，莫幸切，《广韵》：“勇猛。”

不过，前缀 *s-和前缀 *m-的意义并不完全相同。考察这些带 *m-前缀的动词，我们就不难发现，除极个别动词外，它们都是一些非致动性动词。本尼迪克特（1972）指出，藏缅语附加前缀 *m-动词总是不及物动词。这一点在藏语中表现得十分清楚。上古汉语附加 *m-前缀的动词未必一定就是不带宾语的不及物动词，如“诣”,但都是一些非致动性动词。它们作谓语时,主体是施事者或当事者,而一般不是受事者,即便“埋”也是如此。“是自埋于民,自藏于畔。”(《庄子·则阳》)动词“埋”的施事者和受事者可以是同一个人,但施受关系并没有改变。主体是施事者而不是受事者。上古汉语中,这些附加*m-前缀的动词不能在被动句中充当句子的谓语,而只能出现在主动句中充当句子的谓语。

三

危*m-ko̱r,鱼为切,《广韵》:“不正也,不安也。”《说文》:“危,在高而惧也。”《庄子·田子方》:“尝与汝登高山,履危石,临百仞之渊,若能射乎?”此为危的本义。《国语·晋语八》:“拱木不生危,松柏不生埤。”注:“危,高险也。”也指高耸。《庄子·盗跖》:“去其危冠。”注:“危,高也。”也指屋脊。《礼记·丧大记》:“皆升自东荣,中屋履危。”注:“危,栋上也。”《史记·魏世家》:“痤因上屋骑危,谓使者曰。”集解:“危,栋上也。”后引申为危险等意义。《庄子·则阳》:“安危相易,祸福相生。”《论语·泰伯》:“危邦不入,乱邦不居。”“危”声字多为软腭塞音,如“诡”。《礼记·缁衣》:“则民言不危行,而行不危言矣。”王引之按:“危读为诡。”《管子·禁藏》:“吏不敢以长官威严危其命。”俞樾按:“危当读为诡。”(诡*ko̱r^{B},过委切,《广韵》:“诈也。”《说文》:“诡,责也。从言危声。”)此外,“恑”“垝”“跪”等本也只写作“危”。

嵬*m-kur,五灰切,《广韵》:“崔嵬。”《说文》:“嵬,高不平也,从山鬼声。”《诗经·卷耳》:“陟彼崔嵬,我马虺隤。”传:“崔嵬,土山之戴石者。”《释文》:“嵬,五回反。”《诗经·谷风》:“习习谷风,维山崔嵬。”又写作隗。隗*m-kur^{B},五罪切,《广韵》:“隗隗,高也。”《说文》:“隗,崔隗也。从阜鬼声。”朱骏声:“即嵬之或体。”峞*khur^{B},丘轨切,《广韵》:“峞然,高峻貌。”

崟*m-kum,鱼金切,《说文》:“山之岑崟也,从山金声。”

岌*m-kup,鱼及切,《说文》新附:“山高貌,从山及声。”

圪*m-kɯt,鱼迄切,《说文》:“墙高貌,从土乞声。”《广韵》:“圪,高貌。”

妍*m-ken,五坚切,《广韵》:“净也,美也,好也。”

皑*m-kɯr,五来切,《说文》:“霜雪之白也。从白岂声。”

密*m-pi̱t，美毕切，《广韵》："又静也。"《尔雅》："密，静也。"《诗经·昊天有成》："成王不敢康，夙夜基命宥密。"传："密，宁也。"《管子·大匡》："诈密而后动者胜。"《庄子·达生》："公密而不应。"谧*m-pi̱t，弥笔切，《广韵》："静也，慎也，安也。"《说文》："谧，静语也。"《尔雅》："谧，静也。"《新书·礼容语下》："成王不敢康，夙夜基命宥谧。"谧，只用于书面语。宓*m-pi̱t，弥笔切，《广韵》："安也，默也，宁也，止也。"《说文》："宓，安也。"段玉裁注："此字《经典》作密，密行而宓废矣。"秘*pi̱ts，兵媚切，《广韵》："密也。"《说文》："秘，神也从示必声。"《管子·枢言》："爱恶天下可秘，爱恶重闭必固。"《史记·秦始皇本纪》："恐诸公子及天下有变，乃秘之。"闷*pi̱ts，兵媚切，《广韵》："(闷)闭。"《说文》："闷，闭门也。"《左传·庄公三十二年》："见孟任，从之，闷。"闭*pits，博计切，《广韵》："掩闭。《说文》曰：阖门也。"《左传·成公十五年》："闭门登陴矣。"

鞕*m-kraŋs，五争切，《广韵》："坚牢。硬，上同。"藏语 m-khraŋ-po"坚硬"正跟"硬"对应。不过，"硬"字不见于上古文献。梗*kraŋ^{B}，古杏切，《广雅》："强也。"王念孙："梗之言刚也。"《商君书·赏刑》："强梗者，有常刑而不赦。"沃尔芬登认为藏语的 m-khraŋ-po"硬"和 skraŋ-ba"肿"、ɦ-graŋ"饱"同族。我们认为，藏语的 m-khraŋ的语源应该是 graŋ-ba"寒冷、寒冻"。这可以从藏语 reŋ-ba"凝固、冻结"和 reŋs-po"僵硬"（拉萨的 reŋ^{13}po^{55}"硬"来自此）之间的关系中得到支持。汉语的"硬"的语源也应该是"凉"。凉*ra̱ŋ，吕张切，《广韵》："亦寒凉也。"《说文》："凉，薄寒也，从水京声。"《诗经·北风》："北风其凉，雨雪其雱。"毛传："北风，寒凉之风。"《尔雅》："北风谓之凉风。"《释名》："凉州，西方所在寒凉也。"冷则硬，这是一般的自然现象。《伤寒论·平脉法》："身冷肤硬。"我们虽然不能确定上古汉语是否就有"硬"这个词，但就来源而言，汉语和藏语相同。

附加前缀*m-的语词，可以是动词，也可以是形容词。沃尔芬登将藏缅语附加在动词之前的前缀*m-和形容词之前的前缀*m-定义为"中间态"动词前缀。就语法功能而言，上古汉语的前缀*m-和藏缅语的前缀*m-完全相同，两者应该有共同的来源。随着形态的蜕化，上古汉语的前缀*m-也跟着渐渐消失了。我们现在只能找到上古汉语前缀*m-的残迹。

第四节 前缀*p-

一

维鹈在梁,不濡其翼。陈奂传疏:“不,语词。”(《诗经·候人》)

彼醉不臧,不醉反耻。马瑞辰传笺通释:“不,语词。”(《诗经·宾之初筵》)

公孙硕肤,德音不瑕。俞樾:“不乃语词。”(《诗经·狼跋》)

不戢不难,受福不那。马瑞辰传笺通释:“不为语词。”(《诗经·桑扈》)

凡周之士,不显亦世。陈奂传疏:“不为语词。”(《诗经·文王》)

有周不显,帝命不时。马瑞辰传笺通释:“不为语词。”(《诗经·文王》)

不显亦临,无射亦保。马瑞辰传笺通释:“不为语词。”(《诗经·思齐》)

无曰不显,莫予云觏。马瑞辰传笺通释:“不为语词。”(《诗经·抑》)

不显不承,无射于人斯。陈奂传疏:“不为发声。”(《诗经·清庙》)

前缀*p-以“不”字的文字形式出现在《诗经》等文献中。这个*p-前缀只有在某些特殊的语音条件下得到保存,比如跟流音融合成了复辅音。其他语音条件下,上古汉语的*p-前缀失落了。不过,也有少许语词,通过对词源的分析,可以确定应该有一个*p-前缀。

变*p-ro̱ns,彼眷切,《广韵》:“化也,易也。”《说文》:“变,更也。从攴,䜌声。”《左传·僖公三年》:“公惧,变色。”《论语·乡党》:“齐,必变食,居必迁坐。”《孟子·滕文公上》:“吾闻用夏变夷者,未闻变于夷者也。”《庄子·大宗师》:“临尸而歌,颜色不变。”

变,中古汉语声母为唇塞音 p-(帮母)。然而,“变”所在的是一个来母谐声集合,而这一谐声中古读唇塞音的只有“变”一字。显然,“变”的声母 p-来自前缀* p-,即前缀跟词根声母融合成* pr-,再演变成中古汉语的 p-。这种音变广泛见于汉藏语系语言。

二

剥* p-lok,北角切,《广韵》:“削也,剝也,伤害也。”《说文》:“剥,裂也。从刀从录。录,刻割也。录亦声。”《诗经·信南山》:“是剥是菹,献之皇祖。”《诗经·楚茨》:“或剥或亨,或肆或将。”《周礼·秋官·司寇》:“令剥阴木而水之。”《吕氏春秋·荡兵》:“民固剥林木以战矣。”录* lok,卢谷切,《广韵》:“本也,亦刻木也。”《说文》:“录,刻木录录也。”朱骏声《说文通训定声》:“录,实即剥之古文。”

剥* p-lok,北角切,《广韵》:“落也。”《诗经·七月》:“八月剥枣,十月获稻。”《大戴礼记·夏小正》:“八月,剥枣。剥也者,取也。栗零。零也者,降也。零而后取之,故不言剥也。”(毛传以来皆以为“剥”为“攴”假借,当非。)錄* lo̲k,力玉切,《广韵》:“采録。”《集韵》:“録,龙玉切,一曰采也。”《韩非子·外储说左下》:“因能而受禄,录功而与官。”《史记·太史公自序》:“略推三代,录秦汉,上记轩辕,下至于兹。”

秉* p-ra̲ŋ^{B},兵永切,《广韵》:“执持。”《诗经·简兮》:“左手执籥,右手秉翟。”《尚书·牧誓》:“王左执黄钺,右秉白旄以麾。”也为名问。《小尔雅》:“二钟谓之秉;秉,十六斛也。”《论语·雍也》:“冉子与之粟五秉。”秉* p-ra̲ŋs,陂秉切,《集韵》:“《说文》柯也。”《史记·天官书》:“二十八舍主十二州,斗秉兼之。”《管子·小匡》:“治国不失秉,臣不如也。”字也写作“棅”“柄”,音同。柄,陂病切,《广韵》:“权也,柯也。棅,《说文》同上(柄)。”《说文》:“柄,柯也。棅,或从秉。”《左传·襄公二十三年》:“既有利权,又执民柄,将何惧焉?”

别* p-ra̲t,方别切,《广韵》:“分别。”《说文》:“别,分解也。”《管子·问》:“有别券者几何家?”《左传·僖公二十四年》:“耳不听五声之和为聋,目不别五色之章为昧。”《吕氏春秋·六月纪》:“以别贵贱等级之度。”《韩非子·解老》：“目不能决黑白之色则谓之盲，耳不能别清浊之声则谓之聋。”列*ra̱t，良薛切，《说文》：“分解也。”《管子·五辅》：“大袂列，文绣染，刻镂削，雕琢采。”《管子·枢言》：“先王不货交，不列地。”《荀子·大略》：“古者列地建国，非以贵诸侯而已。”字后作裂。裂*ra̱t，良薛切，《广韵》：“擘，裂，破也。《左传》云：裂裳帛而与之。”《左传·哀公四年》：“将裂田以与蛮子而城之。”《庄子·逍遥游》：“与越人水战，大败越人，裂地而封之。”《韩非子·十过》：“裂帷幕，破俎豆。”

拜*p-rots，博怪切，《广韵》：“《周礼》云：大祝辨九拜，一曰稽首，二曰顿首，三曰空首，四曰振动，五曰吉拜，六曰凶拜，七曰奇拜，八曰褒拜，九曰肃拜。”《说文》：“拜，首至手也。”（依拜玉裁注改）《孟子·公孙丑上》：“禹闻善言则拜。”“拜”用为“扒”的假借字。《诗经·甘棠》：“蔽芾甘棠，勿翦勿拜，召伯所说。”《广韵》引《诗》作“勿翦勿扒”。扒*p-rot，布拔切，《集韵》：“破也，击也，或作捌。”扒*p-ro̱t，笔别切，《集韵》：“剖分也，或作捌。”

禀*p-ri̱m^{B}，笔锦切，《广韵》：“供谷，又与也。”《说文》：“禀，赐谷也。”《左传·闵公二年》：“禀命则不威，专命则不孝。”《国语·楚语上》：“若不言，是无所禀令也。”《汉书·西域传上》：“共禀汉使者。”“禀”有施受两义，可以指受，也可以指施。《史记·田敬仲完世家》：“其收赋税于民以小斗受之，其禀予民以大斗。”禀*ri̱m^{B}，《集韵》力锦切，字也写作“廪”。《汉书·文帝纪》：“吏禀当受鬻者，或以陈粟。”注：“禀，给也。”《礼记·中庸》：“既廪称事，所以劝百工也。”《释文》：“廪，彼锦反，一本又力锦反。”

亨*p-xraŋ，抚庚切，《广韵》：“煮也，俗作烹。”《诗经·七月》：“七月亨葵及菽。”《诗经·匪风》：“谁能亨鱼？溉之釜鬵。”《左传·襄公四年》：“家众杀而亨之，以食其子。”《释文》：“亨，普彭反，煮也。”《左传·襄公二十六年》：“乃亨伊戾。”《释文》：“亨，普彭反。”亨*xraŋ，许庚切，《广韵》：“通也，或作亯。”《左传·昭公四年》：“是以先王务修德音，以亨神人。”注：“亨，通也。”《释文》：“亨，许庚反。”《国语·晋语四》：“元亨利贞，勿用有攸往，利建侯。”亯*xra̱ŋ^{B}，许两切，《广韵》：“献也，祭也，临也，向也，歆也。亨，上同，亦作享。”《说文》：“享，献也。”《左传·庄公四年》：“夫人姜氏享齐侯于祝丘。”《左传·僖公五年》：“如是，则非德，民不和，神不享矣。”飨*xra̱ŋ^{B}，许两切，《广韵》：“歆飨。”《左传·僖公十二年》：“王以上卿之礼飨管仲。”《左传·僖公二十年》:“楚子缩之。”

因辅音可以清浊交替,上古汉语偶尔出现用*b-代词*p-的现象,如“凭”。

凭*b-re̲ŋ,扶冰切,《广韵》:“依几也。”《说文》:“凭,依几也。从几从任。《周书》:凭玉几。读若冯。”也作“凴”。凴*b-re̲ŋ,扶冰切,《广韵》:“凴托。”《小尔雅》:“凴,依也。”《国语·周语下》:“我皇妣大姜之侄伯陵之后,逄公之所凴神也。”《左传·襄公二十五年》:“介恃楚众,以凴陵我。”字本作“冯”。冯*b-re̲ŋ,扶冰切,《广韵》:“《周礼》‘冯相氏’,郑玄云:冯,乘也。”《玉篇》:“冯,乘也,陵也。”《诗经·小旻》:“不敢暴虎,不敢冯河。”《左传·僖公五年》:“神所冯依,将在德矣。”《左传·襄公八年》:“焚我郊保,冯陵我城郭。”《左传·襄公十三年》:“小人伐其技以冯君子。”《周礼·夏官·司马》:“冯弱犯寡,则眚之;贼贤害民,则伐之。”夌*re̲ŋ,力膺切,《广韵》:“《说文》越也。”《说文》:“夌,越也。”字后作“陵”。陵*re̲ŋ,力膺切,《广韵》:“又犯也,侮也,侵也。”《史记·秦始皇本纪》:“匡饬异俗,陵水经地。”《礼记·中庸》:“在上位不陵下,在下位不援上,正己而不求于人,则无怨。”《庄子·盗跖》:“自是之后,以强陵弱,以众暴寡。”又写作“凌”。《墨子·天志下》:“今天下之诸侯,将犹皆侵凌攻伐兼并。”《韩非子·初见秦》:“东以弱齐燕,中以凌三晋。”也写作“淩”。淩,力膺切,《广韵》:“历也。”

三

作为一个词缀,上古汉语*p-前缀应该是可以出现在不同类型的辅音声母前的前缀。但是,出现在其他类型辅音声母前的*p-前缀已经消失。我们无法依据中古汉语的语音形式推断上古有一个*p-前缀。然而,从残余形式中,我们仍然可以看出上古汉语的*p-前缀是一个动词前缀,而且是外动词前缀。不过,也有迹象显示,上古汉语的*p-前缀也可以是名词前缀。

笔*p-ru̲t,鄙密切,《广韵》:“秦蒙恬所造。《尔雅》云:不律谓之笔。”《尔雅》："不律谓之笔。"注："蜀人呼笔为不律也。"《说文》："笔，秦谓之笔。从聿从竹。"笔是后起繁化字，本字作"聿"。聿* g-ru̲t，余律切，《广韵》："遂也，述也。(《释名》："笔，述也，述事而书之也。")《说文》曰：所以书也，楚谓之聿，吴谓之不律，燕谓之弗，秦谓之笔。"

不同的方言对前缀* p-的处理不同：楚方言脱落了前缀，燕方言替代了词根声母，秦方言跟词根辅音声母融合成了复辅音声母，只有吴方言保留了前缀。前缀* p-跟词根辅音不能融合就失落。《尔雅》："夷上洒下，不漘。"注："厓上平坦而下水深者为漘。不，发声。"《说文》："漘，水厓也。从水唇声。《诗》曰：置河之漘。"《诗经·葛藟》："绵绵葛藟，在河之漘。"传："漘，水隒也。"《释文》："漘，顺春反。"《诗经·伐檀》："坎坎伐轮兮，置之河之漘兮。"传："漘，厓也。"《释文》："漘，顺伦反，本亦作唇。"显然，"漘"是"唇"的派生词。跟"笔"和词根辅音融合成复辅音声母不同，附加在"漘"上的前缀* p-失落。

狸* re̲，里之切，《广韵》："野猫。"《说文》："狸，伏兽，似貙。"《仪礼·大射》："奏狸首。"注："狸之言不来也。"《史记·封禅书》："狸首者，诸侯之不来者。"集解引徐广："狸一名不来。"《方言》："貔，陈楚江淮之间谓之貅，北燕朝鲜之间谓之貊，关西谓之狸。"

凌* re̲ŋ，力膺切，《广韵》："冰凌。"《诗经·七月》："二之日，凿冰冲冲；三之日，纳于凌阴。"毛传："凌阴，冰室也。"《周礼·天官·冢宰》："凌人，掌冰政。岁十有二月，令斩冰，三其凌。"《汉书·惠帝纪》："未央宫凌室灾。"注："凌室，藏冰之室也。"冰* p-re̲ŋ，笔陵切，《广韵》："水冻也。"《诗经·匏有苦叶》："士如归妻，迨冰未泮。"

两* ra̲ŋ[B]，良奖切，《广韵》："《说文》曰：再也。《易》云：参天两地。"《诗经·大叔于田》："执辔如组，两骖如舞。"《诗经·鄘风·柏舟》："髧彼两髦，实维我仪。"引申之，成双成对的名物为两。《玉篇》："两，匹耦也。"《诗经·鹊巢》："之子于归，百两御之。"《诗经·南山》："葛屦五两，冠緌双止。"丙* p-ra̲ŋ[B]，兵永切，《广韵》："辰名。"《说文》："丙，位南方。"丙为天干第三位，为单数。《广雅》："丙刚丁柔。"丙为一丙，两为两丙。

荦* rɯk，吕角切，《广韵》："驳荦，牛杂色，又卓荦也。"(荦，力角切，《集

> 韵》:“《说文》:驳牛也。”荦,历各切,《集韵》:“牛驳色。”)《说文》:“荦,驳牛也。”段玉裁注:“马色不纯曰驳,驳荦同部叠韵。”《史记·司马相如列传》:“赤瑕驳荦,杂亩其间。”驳*p-rɯk,北角切,《广韵》:“马色不纯。”《说文》:“驳,马色不纯。”段玉裁注:“引申之为凡色不纯之称。”《尔雅》:“骝白,驳。”《诗经·东山》:“之子于归,皇驳其马。”传:“黄白曰皇,骝白曰驳。”《庄子·田子方》:“见良人黑色而髯,乘驳马而偏朱蹄。”豹*p-rɯks,北教切,《广韵》:“兽名。”《诗经·羔裘》:“羔裘豹饰,孔武有力。”传:“豹饰,缘以豹皮也。”
>
> 风*p-ru̱m,方戎切,《说文》:“八风也。”《诗经·北风》:“北风其凉,雨雪其雱。”《诗经·风雨》:“风雨凄凄,鸡鸣喈喈。”《论语·颜渊》:“草上之风,必偃。”《左传·僖公三十二年》:“其北陵,文王之所辟风雨也。”风神曰飞廉。《楚辞·离骚》:“前望舒使先驱兮,后飞廉使奔属。”注:“飞廉,风伯也。”《风俗通义》:“《楚辞》说:后飞廉使奔属。飞廉,风伯也。”也作“蜚廉”。《史记·秦本纪》:“恶来有力,蜚廉善走,父子俱以材力事殷纣。”

确定上古汉语带*p-前缀的语词已经很少,充其量只能算残迹了。从这些残迹看,上古汉语的*p-前既是一个动词前缀,也是一个名词前缀,比如*p-ru̱t“笔”。因词缀不是词根的有机组成部分,一个语词往往有两个形式。这一现象书面藏语常见,如 ris~bris“画”。

	书面藏语	拉萨	巴塘	夏河	阿力克
一	g-tɕig	tɕi^{52}	tɕiʔ^{53}	htɕək	ɣcçək
二	g-ȵis	ȵi^{55}	ȵi^{55}	hȵi	ɣȵi
三	g-sum	sum^{55}	sɑ̃^{55}	hsəm	ɣsəm
六	d-rug	tʂhu^{132}	tʂuʔ^{231}	tʂəχ	tʂuk
九	d-gu	ku^{13}	gu^{53}	gə	rgə
四	b-ʑi	ɕi^{13}	ɣi^{53}	ʑə	wʑə
七	b-dun	ty^{13}	dy^{53}	dən	wdən
八	b-rgjad	cɛ^{132}	dʑɛʔ^{53}	dʑal	wdʑat
十	b-tɕu	tɕu^{55}	tɕu^{55}	tɕə	ptɕə
百	b-rgja	ca^{13}	dʑa^{53}	dʑa	wɟjæ

数词书面藏语大抵带 b-前缀或 g-前缀(d-是 g-的变体)。但是,这两个前缀现代藏语拉萨话已经消失了。消失的路径应该像安多方言那样先弱化然后失落。

我们已经无法依据现代藏语拉萨话去复原书面藏语的 b-或 g-前缀。汉语的数词系统跟书面藏语的数词系统来源应该相同，只是几个数词汉语和藏语不一样。汉语有两个数词也反应出早期有 * p-前缀。

八 * p-rot，博拔切，《广韵》："数也。"《说文》："八，别也，象分别相背之形。"许慎以别声训八。《诗经·七月》："七月在野，八月在宇，九月在户，十月蟋蟀，入我床下。"《论语·八佾》："八佾舞于庭，是可忍也，孰不可忍也？"《左传·隐公五年》："天子用八，诸侯用六，大夫四，士二。夫舞所以节八音，而行八风，故自八以下。"

百 * p-rak，博陌切，《广韵》："数名。"《诗经·鹊巢》："之子于归，百两御之。"《左传·隐公元年》："都城过百雉，国之害也。"《左传·闵公二年》："男女七百有三十人，益之以共滕之民。"佰 * m-rak，莫白切，《广韵》："一百为一佰也。"《说文》："佰，相什佰也。"段玉裁注："佰连什言者，犹伍连参言也，佰之言百也。"《史记·陈涉世家》："蹑足行伍之间，俛仰阡陌之中。"索隐："仟佰谓千人百人之长也。陌音貊。"陌 * m-rak，莫白切，《广韵》："阡陌。南北为阡，东西为陌。"《汉书·五行志下之上》："京师郡国民聚会里巷仟陌。"《汉书·韩延寿传》："闾里仟佰有非常，吏辄闻知。"阡陌即千百，字本也作"佰"。《汉书·食货志上》："亡农夫之苦，有仟佰之得。"注："仟谓千钱，佰谓百钱也。佰，音莫白反。"

这两个数词因 * p-前缀和词根辅音融合成 * pr-/pl-复辅音而得以保存，而其他数词我们已经无法依据其中古语音形式推导出上古有过 p-或 k-前缀，如同现代藏语拉萨话。显然，作为一个构词前缀，上古汉语的前缀 * p-不可能只出现在流音声母之前。但是，我们已经无从知晓其他辅音声母之前的 * p-前缀了。不过，从这些残迹中，我们还能看出，上古汉语的前缀 * p-既是一个动词（外动词）前缀，也是一个名词前缀。这一点跟藏语相同。藏语的 b-前缀出现在既行体动词词根中，也出现在名词（数词）词根中，只是其作用难以确定（Benedict，1984：116—118）。

第五节　中缀 * /l/

一

巷 * g/l/oŋs，胡绛切，《广韵》："街巷。"《说文》："巷，里中道。从邑，从共，皆在邑中所共也。"《诗经·叔于田》："叔于田，巷无居人。"传："巷，里涂也。"字也作"衖"，音同胡绛切。衖，《广韵》："上同，亦作鄉。"《尔雅》："宫中衖，谓之壸。"共 * goŋs，渠用切，《广韵》："同也。"《论语·公冶长》："愿车马、衣轻裘，与朋友共。"《孟子·滕文公上》："自天子达于庶人，三代共之。"《礼记·曲礼上》："父之雠，弗与共戴天。"

笔者于 2001 年提出上古汉语有/l/中缀，并举例证明/l/是一个名词中缀，动词或者形容词词根插入/l/中缀改变词性成名词。"巷"就是由动词词根插入中缀/l/派生而来。上古汉语这种插入/l/中缀派生而来的名词原本应该很多，只是由于词根辅音 C-跟中缀/l/融合，从中古汉语的语音形式，我们已经很难看出上古汉语有/l/中缀。这使得我们很难将这些词跟派生它们的词根联系在一起，比如"巷"。没有许慎的解释，很难想到，其词根原来是"共"。

二

江 * k/l/oŋ，古双切，《广韵》："江海。"《说文》："江，江水。"《诗经·汉广》："江之永矣，不可方思。"江本指长江，后引申指江湖的"江"。《诗经·常武》："如江如汉，如山之苞。"《释名》："江，公也，小水流入其中，公共也。"《释名》以"公"释"江"。《风俗通义·四渎》："江者，贡也，珍物可贡献也。"

《风俗通义》以“贡”释“江”。很显然,《释名》的解释比《风俗通义》有道理。江,字从水工声。杨树达(1983:29):“(凡)从工声之声之字,皆有横而长之义。《说文》:‘杠,床前横木也,从木,工声。’《孟子·离娄下》:‘十一月徒杠成,十二月舆梁成。’徒杠谓横木可徒步渡涉之桥也。《说文》:‘扛,横木对举也,从手,工声。’《汉书·外戚传下》:‘壁带往往为黄金釭。’注云:‘釭,壁中之横带也。’……由此推之,江从工声,殆亦以身横而长,如吾人今日之称长江欤。”矼,古双切,《广韵》:“石矼,石桥也。《尔雅》云:石杠谓之徛。字俗从石。”(釭,《广韵》又音古红切。)

关*k/l/on,古还切,《广韵》:“《说文》曰:以木横持门户也;《声类》曰:关,所以闭也。”《左传·襄公二十三年》:“干国之纪,犯门斩关。”《墨子·备城门》:“门植关必环锢,以锢金若铁鍱之。门关再重,鍱之以铁,必坚。”《礼记·杂记下》:“见轮人以其杖关毂而輠轮者。”疏:“关,穿也。”贯*kon,古丸切,《广韵》:“穿也。”《左传·僖公二十七年》:“鞭七人,贯三人耳。”《释文》:“贯音官,又古乱反。”《左传·成公二年》:“矢贯余手及肘,余折以御。”《释文》:“贯,古乱反。”字本写作“毌”。毌*kon,古丸切,《广韵》:“穿物持也。”

瓜*q/l/a,古华切,《说文》:“蓏也。”(《说文》:“蓏,在木曰果,在地曰蓏。”)瓜跟果很不同,果常一串,瓜就一枚。《诗经·七月》:“七月食瓜,八月断壶,九月叔苴,采荼薪樗。”《诗经·信南山》:“中田有庐,疆场有瓜。”瓡*qa,古胡切,《广韵》:“瓜也。”瓡就是瓜。孤*qa,古胡切,《广韵》:“孤子。”《左传·成公十一年》:“不能字人之孤而杀之。”《礼记·曲礼上》:“孤子当室,冠衣不纯采。”《论语·里仁》:“德不孤,必有邻。”

横*ɢ/l/aŋ,户盲切,《广韵》:“纵横也。”《韩非子·说林上》:“夫杨横树之即生,倒树之即生,折而树之又生。”又《忠孝》:“世人多不言国法而言从横。”人本直着走,有人却偏偏横着走,于是就有了横行。《吕氏春秋·简选》:“横行海内,天下莫之能禁。”《庄子·盗跖》:“盗跖从卒九千人,横行天下。”廣*qaŋ^{B},古晃切,《广韵》:“大也,阔也。”《墨子·备城门》:“长二丈,廣八尺。”《墨子·备梯》:“杀有两门,门廣五尺。”《礼记·玉藻》:“下廣二尺,上廣一尺,长三尺,其颈五寸,肩革带博二寸。”

犗*k/l/ats,古喝切,《广韵》:“犍牛。”《说文》:“犗,騬牛也。”《庄子·外物》:“任公子为大钩巨缁,五十犗以为饵,蹲乎会稽,投竿东海,旦旦而钓。”

《释文》:“犗,郭古迈反,云犍牛也;徐音界;《说文》云:騬牛也;司马云:牺牛也。騬,音绳;犍,纪言反。”(《说文》:“騬,犗马也。”《说文》:“犍,犗牛也。”)羯*ka̲t,居竭切,《广韵》:“犗羯。”羯,《说文》:“羊羖犗也。”割*kat,古达切,《广韵》:“剥也,害也,断也,截也。”《左传·定公四年》:“王割子期之心,以与随人盟。”《论语·阳货》:“割鸡焉用牛刀?”《庄子·盗跖》:“介子推至忠也,自割其股以食文公。”《吕氏春秋·诚廉》:“割牲而盟以为信。”

话*g/l/ots,下快切,《广韵》:“语话。”《说文》:“话,会合善言也。”《诗经·板》:“慎尔出话,敬尔威仪,无不柔嘉。”传:“话,善言也。”《左传·文公六年》:“分之采物,著之话言,为之律度。”注:“话,善也,为作善言遗戒。”佸*got,户括切,《广韵》:“佸会。”《诗经·君子于役》:“君子于役,不日不月,曷其有佸。”传:“佸,会也。”

價*k/l/as,古讶切,《广韵》:“价数。”《韩非子·外储说左下》:“郑县人卖豚,人问其价。”《韩非子·外储说右下》:“市木之价不加贵于山。”其字本只作“贾”。《小尔雅》:“贾,价也。”《孟子·滕文公上》:“布帛长短同,则贾相若;麻缕丝絮轻重同,则贾相若;五谷多寡同,则贾相若;屦大小同,则贾相若。”贾*ka^{B},公户切,《广韵》:“商贾。”《说文》:“贾,市也。一曰坐卖售也。”《左传·成公二年》:“欲勇者,贾余余勇。”注:“贾,卖也。”《释文》:“贾音古,注同。”《左传·昭公二十年》:“平子每岁贾马。”注:“贾,买也。”《韩非子·五蠹》:“长袖善舞,多财善贾。”

邦*p/l/oŋ,博江切,《广韵》:“国也。”《说文》:“邦,国也。”段注:“邦之言封也。古邦封通用。书序云‘邦康叔’‘邦诸侯’,《论语》云‘在邦域之中’,皆封字也。”惠氏《春秋左传补注》:“《书·序》云:‘武王既胜殷,邦诸侯。’又《康诰·序》云:‘以殷余民邦康叔。’孔氏云:‘国康叔为卫侯。’此传依《史记》当云‘邦太叔’。古字邦封同。汉讳邦,改为国,故云国太叔也。”《论语·季氏》:“且在邦域之中矣。”封*po̲ŋ,府容切,《广韵》:“大也,国也,厚也,爵也。”《说文》:“封,爵诸侯之土也。”《孟子·万章上》:“象至不仁,封之有庳。”《礼记·檀弓上》:“大公封于营丘,比及五世,皆反葬于周。”

版*p/l/an^{B},布绾切,《说文》:“判也。”段玉裁注:“今字作板。”《诗经·绵》:“其绳则直,缩版以载。”笺:“以索缩其筑版。”《孟子·告子下》:“傅说举于版筑之闲。”《左传·僖公三十年》:“朝济而夕设版焉。”注:“设版筑以距秦。”也指“牍”。《管子·宙合》：“退身不舍端，修业不息版，以待清明。”注：“版，牍也。”判*phans，普半切，《广韵》：“剖判，又分也。”《墨子·备穴》：“令陶者为月明，长二尺五寸六围，中判之。”

家*k/l/a，古牙切，《广韵》：“居也。”《说文》：“家，居也。”段玉裁注：“引申之，天子诸侯回国，大夫回家。”《论语·颜渊》：“在邦无怨，在家无怨。”《诗经·桃夭》：“之子于归，宜其室家。”后类转为动词，《史记·乐毅列传》：“其后子孙家焉。”《汉书·高帝纪》：“吕公从之客，固家焉。”居*ka̱，九鱼切，《广韵》：“处也，安也。”《说文》字作“尻”，“处也。”《论语·为政》：“居其所而众星共之。”《诗经·鹊巢》：“维鹊有巢，维鸠居之。”王力《同源字典》(1982：127)列“家”“居”为同族词。

氓*m/l/aŋ，莫耕切，《广韵》：“民也。”《说文》：“氓，民也。从民亡声，读若盲。”《义府·氓》：“氓谓来自他国者。”《诗经·氓》：“氓之蚩蚩，抱布贸丝。”传：“氓，民也。”《孟子·滕文公上》：“远方之人闻君行仁政，愿受一廛而为氓。”赵歧注：“氓，野人也。”《战国策·秦策一》：“彼固亡国之形也，而不忧其民氓。”注：“野民曰氓。”字也作“甿”，音同。《周礼·地官·司徒》：“凡新甿之治皆听之。”注：“新甿，新徙来者也。”《六家诗名物疏》：“氓之为字从民从亡，流亡之民也。”亡*ma̱ŋ，武方切，《广韵》：“无也。”《说文》：“亡，逃也。”段玉裁注：“引申之则谓失为亡，亦谓死为亡。”《左传·宣公二年》：“亡不越竟，反不讨贼。”《国语·晋语四》：“晋公子生十七年而亡。”《左传·庄公六年》：“亡邓国者，必此人也。”字也可写作“氓”。《韩非子·有度》：“庄王之氓社稷也，而荆以亡。”

絺*x/l/ɯ̠r，丑饥切，《广韵》：“细葛也。”《诗经·葛覃》：“为絺为绤，服之无斁。”《诗经·绿衣》：“絺兮绤兮，凄其以风。”杨树达《释希》：“希盖即絺之初文也。知者，絺为细葛，故希字从巾。”字本字作“希”。《周礼·春官·宗伯》：“祭社稷、五祀，则希冕。”注：“希读为絺。”《释文》：“希本作絺。”希*xɯ̠r，香衣切，《尔雅》：“罕也。”杨树达：“絺绤暑时所服，其缕视布为疏，故希引申有稀疏、稀少之义。”《孟子·尽心上》：“其所以异于深山之野人者几希。”《论语·公冶长》：“伯夷、叔齐不念旧恶，怨是用希。”后字作“稀”。稀*xɯ̠r，香衣切，《广韵》“稀疏。”《汉书·外戚传下》：“班婕妤及许皇后皆失宠，稀复进见。”

畜*x/l/u̲ks,丑救切,《广韵》:“六畜。”《左传·昭公二十五年》:“是故为礼以奉之,为六畜,五牲,三牺。”注:“马牛羊鸡犬豕。”孔疏:“家养谓之畜,野生谓之兽。”《左传·僖公十九年》:“古者六畜不相为用,小事不用大牲,而况敢用人乎?” 畜*xu̲k,许竹切,《广韵》:“养也。”《诗经·蓼莪》:“拊我畜我,长我育我。”《诗经·日月》:“父兮母兮,畜我不卒。”《左传·哀公二十六年》:“天下谁畜之?”《论语·乡党》:“君赐生,必畜之。”

蓄*x/l/u̲k,丑六切,《广韵》:“蓄冬菜。《诗》曰:我有旨蓄。郑玄云:蓄聚美菜以御冬月乏无时也。本亦作畜。”《诗经·谷风》:“我有旨蓄,亦以御冬。”《释文》:“蓄,本亦作畜,敕六反。”《礼记·内则》:“子妇无私货,无私畜,无私器。”畜*xu̲k,许竹切,《说文》:“田畜也。”段玉裁注:“田畜谓力田之蓄积也。”《礼记·月令》:“聚畜百药。”后字作“蓄”。蓄*xu̲k,许竹切,《广韵》:“蓄冬菜也。稸,上同。”《左传·昭公二十五年》:“众怒不可蓄也。”《吕氏春秋·四月纪》:“是月也,聚蓄百药。”《国语·楚语下》:“蓄怨滋厚,不亡何待?”稸,许六切,《集韵》:“积也。”《战国策·齐策》:“稸积朽腐而不用。”《史记·蔡泽列传》:“力田稸积,习战陈之事。”

三

囱*ȶh/l/oŋ,楚江切,《广韵》:“《说文》曰:在墙曰牖,在屋曰囱。”也作“窻”,音同楚江切。窻,《广韵》:“《说文》作窗,通孔也。《释名》云:窻,聪也,于内见外之聪明也。”《墨子·备城门》:“楼囱居坫,出城十二尺。”《周礼·冬官·考工记》:“四旁雨夹窗。”注:“窗助户为明,每室四户八窗。”囱*ȶhoŋ,仓红切,《广韵》:“灶突。”窻,麤丛切,《集韵》:“通孔也。郑康成曰:窻,助户为明。古作囱,或作牎、窗。”聪*ȶhoŋ,仓红切,《广韵》:“闻也,明也,察也,听也。”《论语·季氏》:“视思明,听思聪。”《礼记·杂记下》:“视不明,听不聪,行不正,不知哀,君子病之。”《庄子·天地》:“五声乱耳,使耳不聪。”

柴*ȡ/l/i,士佳切,《广韵》:“薪也。”《说文》:“柴,小木散材。”《礼记·月令》:“乃命四监收秩薪柴,以共郊庙及百祀之薪燎。”注:“大者可析谓之薪,小者合束谓之柴。”类转为动词“祡”。祡*ȡ/l/i,士佳切,《广韵》:“祭天燔柴。"《史记·五帝本纪》:"至于岱宗,柴,望秩于山川。"本只作"柴"。《礼记·大传》:"柴于上帝,祈于社,设奠于牧室。"《礼记·郊特牲》:"天子适四方,先柴。"杨树达(1983:30)发现"此声字多含小义",并举"柴"等八字为证。疵 *ȡi̠,疾移切,《广韵》:"黑病。"《庄子·人间世》:"人亦无疵焉。"《韩非子·主道》:"虚静无事,以闇见疵。"《韩非子·大体》:"不吹毛而求小疵。" 玼 *ȡi̠,疾移切,《广韵》:"玉病。"《盐铁论·晁错》:"夫以玙璠之玼,而弃其璞。" 玼就是疵,同一词。眥 *ȡi̠s,疾智切,《广韵》:"目眥。"《史记·项羽本纪》:"头发上指,目眥尽裂。"《史记·司马相如列传》:"弓不虚发,中必决眥。"韦昭曰:"在目所指中,必决于眼眥也。"(《汉书》作"中必决眦"。师古曰:"眦即决兽之目眦,言射审也。眦即眥字。")《史记·范雎蔡泽列传》:"一饭之德必偿,睚眥之怨必报。"《史记·游侠列传》:"以睚眥杀人。"

华 *χ/l/a,呼瓜切,《广韵》:"《尔雅》云:华,荂也。花,俗今通用。"《诗经·桃夭》:"桃之夭夭,灼灼其华。"《论语·子罕》:"唐棣之华,偏其反而。" 荂 *χa,况于切,《广韵》:"草木华也。"《尔雅》:"华,荂也;华,荂,荣也。"郭注:"今江东呼华为荂。"《拜文》:"荂音香于反,《说文》云草木华也。"《方言》:"齐楚之间或谓之华,或谓之荂。"

箦 *ȶ/l/ik,侧革切,《广韵》:"床箦。"《说文》:"箦,床栈也。"《诗经·淇奥》:"瞻彼淇奥,绿竹如箦。"传:"箦,积也。"《史记·范雎蔡泽列传》:"即卷以箦,置厕中。"《礼记·檀弓上》:"大夫之箦与?" 帻 *ȶ/l/ik,侧革切,《广韵》:"冠帻。《汉书》曰:帻古卑贱执事不冠者之所服。《说文》曰:发有巾曰帻。"《左传·定公九年》:"晳帻而衣狸制。"《汉书·五行志中之上》:"皆白衣袒帻,带持刀剑。"绩 *ȶik,则历切,《广韵》:"缉也。"《诗经·七月》:"七月鸣鵙,八月载绩。"《诗经·东门之枌》:"不绩其麻,市也婆娑。"

栉 *ȶ/l/it,阻瑟切,《广韵》:"梳也。"《说文》:"栉,梳比之总名也。"《左传·僖公二十二年》:"寡君之使婢子侍执巾栉。"《左传·襄公十四年》:"余以巾栉事先君。"《仪礼·士冠礼》:"赞者奠纚、笄、栉于筵南端。"郑注:"古文栉为节。"《广雅》:"梳,栉也。"王念孙疏证:"栉之言节也,其齿相节次也。" 节 *ȶit,子结切,《广韵》:"操也,制也,止也。"《说文》:"节,竹约也。"《韩非子·解老》:"人之身三百六十节,四肢,九窍,其大具也。"《庄子·养生主》:"彼节者有间,而刀刃者无厚。"《论语·微子》:"长幼之节,不可废也。"

策*ʦh/l/ik，楚革切，《广韵》："又马棰也。"《说文》："策，马棰也。"《左传·文公十三年》："绕朝赠之以策。"注："策，马檛。"《韩非子·奸劫弑臣》："无捶策之威，衔橛之备，虽造父不能以服马。"《礼记·曲礼上》："仆执策立于马前。"常类转为动词。《左传·哀公十一年》："抽矢策其马。"《论语·雍也》："将入门，策其马。"刺*ʦhi̱k，七迹切，《广韵》："穿也。"《左传·昭公二十七年》："抽剑刺王。"《释文》："刺，七亦反。"刺*ʦhi̱ks，七赐切，《广韵》："针刺。"字本只作"朿"，音同。朿*ʦhi̱ks，七赐切，《广韵》："木芒。"

侪*ʣ/l/ir，士皆切，《广韵》："等也，辈也，类也。"《左传·僖公二十三年》："晋郑同侪，其过子弟，固将礼焉。"注："侪，等也。"《左传·宣公十一年》："吾侪小人，所谓取诸其怀而与之也。"《释文》："侪，仕皆切，辈也。"《礼记·乐记》："故先王之喜怒，皆得其侪焉。"注："侪，犹辈类。"齐*ʣir，徂奚切，《广韵》："整也，中也，庄也，好也，疾也，等也。"《论语·里仁》："见贤思齐焉，见不贤而内自省也。"

缁*ʦ/l/e̱，侧持切，《广韵》："黑色缯也。"《说文》："缁，帛黑色也。"《释名》："缁，滓也。泥之黑者曰滓，此色然也。"《周礼·冬官·考工记》："三入为纁，五入为緅，七入为缁。"注："染纁者三入而成。又再染以黑则为緅，又复再染以黑乃成缁矣。"《诗经·缁衣》："缁衣之宜兮，敝，予又改为兮。"滓*ʦ/l/e̱^{B}，阻史切，《广韵》："淀也。"《说文》："滓，淀也?"杨树达："文从宰省声者，宰之为言兹也。"兹*ʦe̱，子之切，《说文》："黑也。"《左传·哀公七年》："拘鄫人之沤菅者。曰：何故使吾水滋?"注："滋，浊也。"《释文》："滋，本亦作兹。兹，子丝反，《字林》云：黑也。"(黳，子之切，《广韵》："染黑。")

駺*k/l/ɯk，古岳切，《广韵》："马白额。"駺，又音下各切，《广韵》："《说文》一曰马白额。"段玉裁注："马之白曰皠，白牛曰㸸。"㸸*g/lɯk，五角切，《广韵》："《说文》曰白牛也。"(《广韵》入软腭鼻音当为例外音变。)《说文》："㸸，白牛也。"段玉裁注："皠，鸟之白也，此同声同义。"㸸*gɯk，胡沃切，《集韵》："牛白色。"皠*gɯk，胡沃切，《广韵》："鸟白也。"《说文》："皠，鸟之白也。"鹄*guk，胡沃切，《广韵》："鸟名。"《诗经·扬之水》："素衣朱绣，从子于鹄。"

栈*ʣ/l/a̱n^{B}，士免切，《广韵》："棚也。"(《广韵》："棚，栈也，阁也。")栈*ʣ/l/an^{B}，士限切，《广韵》："阁也。"《庄子·马蹄》："连之以羁馽，编之以皂栈。"《释文》:"栈,士板反,徐在简反,又士谏反,崔云木棚也。"《战国策·齐策一》:"杀之而埋马栈之下。"《管子·小问》:"夷吾尝为圉人矣,傅马栈甚难。"《说文》:"栈,棚也。竹木之车曰栈。"段注:"不言一曰者,其义同也。"《诗经·何草不黄》:"有栈之车,行彼周道。"传:"栈车,役车也。"疏:"庶人乘役车。"《周礼·冬官·考工记》:"栈车欲弇,饰车多侈。"《韩非子·外储说左下》:"孙叔敖相楚,栈车牝马,粝饼菜羹。"王先慎集解:"栈车,柴车。"(《公羊传·哀公四年》:"亡国之社,掩其上而柴其下。"《周礼·地官·司徒》:"凡男女之阴讼,听之于胜国之社。"注:"亡国之社奄其上而栈其下。"《释文》:"栈,士板反,刘才产反或士谏反。")引申之,指栈道之栈。栈 *ȡ/l/ans,士谏切,《广韵》:"木栈道。"《战国策·秦策三》:"栈道千里于蜀。"注:"栈,棚也,施于险绝以济不通。"《汉书·张良传上》:"烧绝栈道。"注:"栈道阁道也。"《汉书·高帝纪上》:"烧绝栈道。"注:"栈即阁也,今谓之阁道。"贱 *ȡa̱ns,才线切,《广韵》:"轻贱。"《论语·里仁》:"贫与贱是人之所恶也,不以其道得之,不去也。"《庄子·秋水》:"以道观之,物无贵贱。"《礼记·曲礼上》:"长者赐,少者、贱者不敢辞。"

鲰 *ȡ/l/o^{B},仕垢切,《广韵》:"鱼名。"《集韵》:"鲰,小鱼也。"《说文》:"鲰,白鱼也。"段玉裁注:"白而小之鱼也。鲰是小鱼之名。故小人谓之鲰生。"《史记·货殖列传》:"鲰千石。"索隐:"鲰者,小杂鱼也。"《史记·留侯世家》:"鲰生教我距关无内诸侯。"雏 *ȡ/l/o̱,仕于切,《说文》:"鸡子也。"《尔雅》:"生噣,雏。"《孟子·告子下》:"力不能胜一匹雏则为无力人矣。"豵 *ȡ/l/o̱^{B},雏禹切,《广韵》:"小母猪也。"小鱼、小鸡、小猪等小动物,一个最大的特征就是成群结队。上述三词的语源就是聚。聚 *ȡo̱^{B},慈庾切,《广韵》:"众也,共也,敛也。"《庄子·知北游》:"人之生,气之聚也,聚则为生,散则为死。"

创 *ȶh/l/a̱ŋ,初良切,《广韵》:"《说文》曰:伤也,《礼》曰:头有创则沐。今作疮。"《礼记·三年问》:"创巨者其日久,痛甚者其愈迟。"《吕氏春秋·七月纪》:"瞻伤察创,视折审断。"《史记·项羽本纪》:"项王身亦被十余创。"戕 *ȡa̱ŋ,在良切,《广韵》:"杀也。"《左传·宣公十八年》:"邾人戕鄫子于鄫。"《左传·定公十四年》:"余不许,将戕于余。"《诗经·十月之交》:"曰予不戕,礼则然矣。"笺:"戕,残也。"《释文》:"戕,在良反。"

梢 * ç/l/ɯ,所交切,《广韵》:“船舵尾也,又枝梢也。”《黄帝内径·素问》:“如揭长竿末梢。”《淮南子·兵略训》:“曳梢肆柴,扬尘起埸,所以营其目者,此善为诈佯者也。”《方言》:“尾,梢也。”梢本为末梢,引申指船尾等。髾,所交切,《广韵》:“发尾。”《史记·司马相如列传》:“蜚纤垂髾。”集解:“髾,髻髾也。”又《史记·司马相如列传》:“揺彗星而为髾。”集解:“髾,燕尾也。”鞘,所交切,《广韵》:“鞭鞘。”弰,所交切,《广韵》:“弓弰也。”髾、鞘、弰等都是“梢”的后起区别字。小 * çɯ^{B},私兆切,《广韵》:“微也。”《诗经·小星》:“嘒彼小星,三五在东。”《庄子·逍遥游》:“其小枝卷曲而不中规矩。”

朝 * t/l/ɯ̠,陟遥切,《广韵》:“早也,又旦至食时为终朝。”《诗经·蝃蝀》:“朝隮于西,崇朝其雨。”传:“从旦至食时为终朝。”《诗经·北山》:“偕偕士子,朝夕从事。”《论语·里仁》:“朝闻道,夕死可矣。”昭 * tɯ̠,止遥切,《广韵》:“明也,光也。”《说文》:“昭,日明也。”《诗经·文王》:“文王在上,于昭于天。”《庄子·山木》:“昭昭乎若揭日月而行,故不免也。”《韩非子·解老》:“以为暗乎,其光昭昭;以为明乎,其物冥冥。”

俦 * d/l/u̠,直由切,《广韵》:“俦侣也。”《说文》段玉裁注:“自唐以前用俦侣皆作畴。”畴 * d/l/u,直由切,《广韵》:“等也,田畴也。”《说文》:“畴,耕治之田也。”《左传·襄公三十年》:“取我田畴而伍之。”注:“并畔为畴。”引申之,指类。《战国策·齐策三》:“夫物各有畴,今髡贤者之畴也。”注:“畴,类。”《汉书·韩信传》:“其畴十三人皆已斩,至信,信乃仰视。”注:“畴,类也。”畴,也类转为动词。《国语·齐语》:“人与人相畴,家与家相畴。”注:“畴,匹也。”《汉书·霍光传》:“畴其爵邑。”注引张晏:“畴者,等也。”畴就是雠。《汉书·霍光传》:“卒不得遂其谋,皆雠有功。”注:“晋灼曰:雠,等也。师古曰:言其功相等类也。” 雔 * du̠,市流切,《说文》:“双鸟也。”段玉裁注:“今则雠行而雔废矣。”雠 * du̠,市流切,《广韵》:“匹也,仇也。”《说文》:“雠,犹应也。”段玉裁注:“应,当也。雠者,以言对之。《诗》云‘无言不雠’,是也。”《诗经·抑》:“无言不雠,无德不报。”(《列女传·节义》引作“无言不酬,无德不报”。)《尔雅》:“雠,敌,匹也。”《汉书·灌夫传》:“上使御史簿责婴所言灌夫颇不雠。”晋灼曰:“雠,当也。”詶 * du̠,市流切,《广韵》:“以言荅之。”字本写作“酬”。酬 * du̠,市流切,《广韵》:“周也,报也,以财货曰酬。”《仪礼·士冠礼》:“主人酬宾,束帛、俪皮。”注:“以财货曰酬。”《国语·吴语》："自到于客前以酬客。"

柱 *d/l/o̱ᴮ，直主切，《广韵》："《广雅》曰楹谓之柱。"《庄子·人间世》："以为门户则液構，以为柱则蠹。"《庄子·盗跖》："水至不去，抱梁柱而死。"《吕氏春秋·节丧》："譬之若瞽师之避柱也，避柱而疾触杙也。"树 *do̱ᴮ，臣庾切，《广韵》："扶树。"《说文》："树，木生植之总名也。"（段玉裁注："植，立也。"）《韩非子·说林上》："夫杨横树之即生，倒树之即生，折而树之又生。"又竖 * do̱ᴮ，臣庾切，《广韵》："立也。"《说文》："竖，立也。"

宅 *d/l/ak，场伯切，《广韵》："居也。"《左传·昭公三年》："景公欲更晏子之宅。"《孟子·公孙丑上》："夫仁，天之尊爵也，人之安宅也。"《韩非子·说林下》："有与悍者邻，欲卖宅而避之。"《诗经·崧高》："王命召伯，定申伯之宅。"《说文》："宅，所托也。"托 *thak，他各切，《广韵》："寄也。"《说文》："托，寄也。"《左传·襄公二十七年》："止使者而盟于河，托于木门。"《管子·山权数》："托舍于若。" 注："托舍，犹寄居也。"

场 *z/l/a̱ŋ，直良切，《广韵》："祭神道处，又治谷地也。"《说文》："场，祭神道也。"《孟子·滕文公上》："子贡反，筑室于场，独居三年，然后归。"正义引《说文》："场，祭神道也。"《国语·楚语下》："屏摄之位，坛场之所。"注："除地曰场。"《汉书·高帝纪上》："于是汉王齐戒设坛场，拜信为大将军。"注："筑土而高曰坛，除地为场。"引申之，为场圃之场。《诗经·七月》："九月筑场圃，十月纳禾稼。"禓 *za̱ŋ，与章切，《广韵》："道上祭，一曰道神。"禓 *saŋ，式羊切，《广韵》："道上祭也。"《说文》："禓，道上祭也。"《礼记·郊特牲》："乡人禓，孔子朝服立于阼，存室神也。"《释文》："禓音伤。"

棹 *d/l/ɯks，直教切，《广韵》："楫也。櫂，上同。"《说文》："櫂，所以进船也。从木翟声，或从卓。"《方言》："楫谓之桡，或谓之櫂。所以隐櫂谓之箳，所以县櫂谓之缉。"因棹与水关联而其字也写作"濯"。《史记·佞幸列传》："以濯船为黄头郎。"索隐："濯音棹，迟教反。"《汉书·元后传》："立羽盖，张周帷，辑濯越歌。"注："辑与楫同，濯与櫂同，皆所以行船也。令执楫櫂人为越歌也。"掉 *dɯks，徒吊切，《广韵》："振也，摇也。"《左传·昭公十一年》："末大必折，尾大不掉。"《释文》："掉，徒吊反。"《庄子·在宥》："鸿蒙拊髀雀跃掉头。"《释文》："掉，徒吊反。"《史记·淮阴侯列传》："伏轼掉三寸之舌。"

四

由根词插入/l/中缀构成的名词很多。这些构成名词的根词绝大部分是动词或形容词，但也有名词，比如上述例子中的“栉”和“节”。名词常可以类转为动词，又可以通过内部屈折派生出动词，比如“节”。“不以礼节之，亦不可行也。”(《论语·学而》)这里的“节”至少已经用作动词。因而，看起来像名词的根词未必一定是名词。

夏*g/l/a^{B}，胡雅切，《广韵》：“大也，又诸夏。”《说文》：“夏，中国之人也。”《论语·八佾》：“夷狄之有君，不如诸夏之亡也。”《孟子·滕文公上》：“吾闻用夏变夷者，未闻变于夷者也。”夏*g/l/as，胡驾切，《广韵》：“春夏。”《周礼·天官·冢宰》：“夏纁玄，秋染夏，冬献功。”注：“夏，大也。”《白虎通义·五行》：“时为夏，夏之言大也。”《群经音辨》：“四方广大曰夏，胡贾切，中夏也；万物盛大曰夏，胡嫁切，冬夏也。”巨*ga̱^{B}，其吕切，《广韵》：“大也。”《庄子·庚桑楚》：“夫寻常之沟，巨鱼无所还其体。”《韩非子·初见秦》：“长城巨防，足以为塞。”《吕氏春秋·壹行》：“陵上巨木，人以为期，易知故也。”

夬*q/l/ets，古卖切，《广韵》：“决也，亦卦名。”《说文》：“夬，分决也。”《汉书·艺文志》：“夬，扬于王庭。”《易·夬》：“夬，扬于王庭。”《彖》传：“夬，决也，刚决柔也。健而说，决而和，扬于王庭。”决*qet，古穴切，《广韵》：“断也，破也。”《左传·襄公三十一年》：“大决所犯，伤人必多，吾不克救也，不如小决使道。”《孟子·告子上》：“性犹湍水也，决诸东方则东流，决诸西方则西流。”《礼记·曲礼上》：“濡肉齿决，干肉不齿决。”

参*ç/l/u̱m，所今切，《广韵》：“参星。”《史记·天官书》：“参为白虎。三星直者，是为衡石。下有三星，兑，曰罚，为斩艾事。”集解引孟康曰：“参，三星者，白虎宿中西直似称衡。”《诗经·小星》：“嘒彼小星，维参与昴。”传：“参，伐也。”孔疏：“《天文志》云：参白虎宿三星，直下有三星。锐曰伐，其外四星左右肩股也。则参实三星。故《绸缪》传曰：三星，参也。”《诗经·绸缪》：“绸缪束薪，三星在天。”传：“三星，参也。”《诗经·苕之华》：“牂羊坟首,三星在罶。”三 * çum,苏甘切,《广韵》:“数名。参,上同,俗作叁。”《左传·隐公元年》:“先王之制,大都不过参国之一,中五之一,小九之一。”

猳 * k/l/a,古牙切,《广韵》:“豕也,子路佩猳。《说文》曰:牡豕也。”《左传·定公四年》:“既定尔娄猪,盍归吾艾猳。”《释文》:“猳,音加,牡豕也。”麚 * k/l/a,古牙切,《广韵》:“牡鹿。”《说文》:“麚,牡鹿,以夏至解角。”犌 * k/l/a,古牙切,《广韵》:“牛绝有力。”杨树达(1983:31)指出“麚、猳之受名殆亦以其大”,而“叚声字亦多含大义”。鰕 * g/l/a,胡加切,《广韵》:“大鲵。”《尔雅》:“鲵,大者,谓之鰕。”遐 * g/l/a,胡加切,《广韵》:“远也。”《诗经·鸳鸯》:“君子万年,宜其遐福。”牯 * ka^{B},公户切,《广韵》:“牯牛。”羖 * ka^{B},公户切,《广韵》:“《说文》曰:夏羊牡曰羖。”《史记·秦本纪》:“请以五羖羊皮赎之。”

褚 * t/l/a^{B},丁吕切,《广韵》:“制衣。”褚,《说文》:“卒也。一曰制衣。”《方言》:“卒谓之弩父,或谓之褚。”郭注:“言衣赤也。”《左传·昭公二年》:“请以印为褚师。”注:“褚师,市官。”《释文》:“褚,张吕反。”《左传·成公三年》:“荀罃之在楚也,郑贾人有将置诸褚中以出。”《释文》:“褚,中吕反。”《庄子·至乐》:“褚小者不可以怀大,绠短者不可以汲深。”赭 * ta̱^{B},章也切,《广韵》:“赤土。”《说文》:“赭,赤土也。”《诗经·简兮》:“赫如渥赭,公言锡爵。”《释文》:“赭音者,丹也。”《管子·地数》:“上有赭者,下有铁。”《史记·乐书》:“太一贡兮天马下,沾赤汗兮沫流赭。”《汉书·刑法志》:“赭衣塞路,囹圄成市。”

祭 * ƫ/l/ats,侧界切,《广韵》:“周大夫邑名,又姓,周公第五子祭伯其后以为氏。”《左传·隐公元年》:“十有二月,祭伯来。”《释文》:“祭,侧界反,国名,传祭仲同。”《左传·隐公三年》:“郑祭足帅师取温之麦。”《释文》:“祭,侧界反。”祭 * ƫa̱ts,子例切,《广韵》:“享也,祀也,荐也。”《说文》:“祭,祀也。”《左传·僖公四年》:“君梦齐姜,必速祭之。”

沮 * ƫ/l/a̱,侧鱼切,《广韵》:“人姓。《世本》云‘沮诵苍颉作书’,并黄帝时史官。”《集韵》:“沮,臻鱼切,姓也,沮诵,黄帝时史官,通作爼、苴。”《韩非子·说林下》:“荆王伐吴,吴使沮卫蹙融犒于荆师。”(《太平御览》卷三百三十八:“吴使沮卫献虫蠹于荆师,荆师将杀之。”)《吕氏春秋·过理》:“公恶之,乃使沮麛。沮麛见之,不忍贼。”(《左传·宣公二年》:“公患之,使鉏麑贼之。”《释文》:“鉏,仕俱反。”)沮 * ȶha̠,七余切,《广韵》:“止也。”沮 * ȡa̠[B],慈吕切,《广韵》:“止也。”《诗经·巧言》:“君子如怒,乱庶遄沮。”

鄭 * d/l/i̠ŋs,直正切,《说文》:“京兆县。周厉王子友所封。”《左传·隐公元年》:“鄭伯克段于鄢。”字本只作“奠”。奠 * diŋs,堂练切,《广韵》:“设奠。《礼》注云:荐也,陈也。《书》传云:定也。”《诗经·采蘋》:“于以奠之。”传:“奠,置也。”《礼记·檀弓下》:“奠以素器,以生者有哀素之心也。”

除了普通名词,上古汉语的专有名词也可以由动词或者形容词插入/l/中缀构成,比如作为卦名的“夬”。不过,这种由/l/中缀构成的专有名词不是很多。由于时间久远,我们已经无法知道一些专有名词的根词了,比如“鄭(郑)”。刘熙《释文》:“郑,町也,其地多平,町町然也。”刘熙的说法,我们既不能证实也不能证伪。名物的命名理据,我们不能依据今人的逻辑去妄断。但是,语音形式告诉我们,这些专有名词由插入/l/中缀构成。

第六节　中缀 * /r/(一)

一

上古汉语 * s-是一个具有名谓化(denominative)功能的构词前缀。这个 * s-前缀可以直接附加在名词词根之前,或跟原名词前缀,比如 * k-前缀等交替,构成一个可以在句子中充当谓语的动词或形容词。这种交替广泛见于书面藏语中。上古汉语的 * /r/在许多方面跟 * s-前缀近似。

都 * ta,当孤切,《广韵》:“都犹总也。”《说文》:“有先君之旧宗庙曰都。”《释名》:“都者,国君所居,人所都会也。”《左传·庄公二十八年》:“凡邑,有宗庙先君之主曰都,无曰邑。邑曰筑,都曰城。”《穀梁传·僖公十六年》:“民所聚曰都。"《周礼·春官·宗伯》:"师都建旗,州里建旃。"注:"都,民所聚也。"《史记·夏本纪》:"大野既都,东原底平。" 集解引孔安国:"水所停曰都。"《广雅》:"都,聚也。"王念孙疏证:"都之言猪也。"《周礼·夏官·司马》注:"《禹贡》曰:荥播既都。"《释文》:"都,张鱼反。"潴 * t/r/a,陟鱼切,《广韵》:"水所停也。"《前汉纪·孝平皇帝》:"则潴其宫以为污池。"字本写作"猪",音同。《礼记·檀弓下》:"杀其人,坏其室,洿其宫而猪焉。"疏:"猪是水聚之名也。"《汉书·地理志上》:"大野既猪,东原底平。"注:"猪,停水也。"《汉书·王莽传上》:"猪其宫室以为污池。"

就词性而言,"都"是名词,"猪"是动词。(动词意义的"猪"借用了名词意义的"猪"的文字形式。)如此看来,上古汉语的 * /r/ 中缀有跟 s-前缀相似的功能,使一个名词改变词性变成动词(形容词),即具有名谓化的功能。这一功能一直未为学者所注意。实际上,这种由中缀 * /r/ 构成的动词上古汉语不少。

二

種 * to̱ŋ^B,之陇切,《广韵》:"種类也。"《诗经·生民》:"诞降嘉種,维秬维秠,维穈维芑。"《礼记·月令》:"令告民,出五種。"重 * d/r/o̱ŋ,直容切,《广韵》:"复也,迭也。"《左传·僖公二十一年》:"伤未及死,如何勿重?"《左传·成公二年》:"重器备。"注:"重犹多也。"《释文》:"重,直恭反。"《左传·襄公五年》:"无藏金玉,无重器备。"《礼记·檀弓上》:"天子之棺四重。"注:"诸公三重,诸侯再重,大夫一重,士不重。"《释文》:"重,直龙反。"《礼记·郊特牲》:"君三重席而酢焉。"《释文》:"重,直龙反。"《礼记·月令》:"谨房室,必重闭。"《释文》:"重,直龙反。"褈 * d/r/o̱ŋ,直容切,《广韵》:"复也。"

鐘 * to̱ŋ,职容切,《广韵》:"乐器也。"《说文》:"鐘,乐鐘也。" 杨树达:"余谓鐘之言撞也。鐘为可撞之物,故受名曰鐘矣。"杨树达的观点为王力所接受,将"鐘"和"撞"作为同源词列入《同源字典》,张希峰(2000:197)也承杨树达的观点。"鐘"和"撞"有语源关系,但不是"鐘"源于"撞",而是"撞"源于"鐘"。"鐘"之所以称"鐘"是"鐘"的声音。《左传·昭公二十一年》:"夫音，乐之舆也，而鐘，音之器也。”锺* to̠ŋ，职容切，《广韵》：“酒器也，又量名。”“锺”因外形似“鐘”而得名。《左传・襄公二十九年》：“子皮以子展之命，饩国人粟，户一锺。”撞* d/r/oŋ，宅江切，《广韵》：“撞突也。《学记》曰：善待问者如撞鐘。撞，击也。”《礼记・学记》：“善待问者如撞鐘，叩之以小者则小鸣，叩之以大者则大鸣。”《左传・昭公二十年》：“高台深池，撞鐘舞女，斩刈民力，输掠其聚。”《墨子・非乐上》：“然即当为之撞巨鐘，击鸣鼓，弹琴瑟，吹竽笙，而扬干戚。”

掌* ta̠ŋ^{B}，诸两切，《广韵》：“手掌。”《孟子・梁惠王上》：“天下可运于掌。”《国语・吴语》：“将还玩吴国于股掌之上。”也类转为动词。《左传・僖公三十三年》：“郑人使我掌其北门之管。”《庄子・盗跖》：“掌天下之辩。”仗* d/r/a̠ŋ^{B}，直两切，《广韵》：“凭仗。”《史记・淮阴侯列传》：“及项梁渡淮，信仗剑从之，居戏下。”《史记・刺客列传》：“聂政乃辞独行，杖剑至韩。”字也作“杖”，音同。杖* d/r/a̠ŋ^{B}，直两切，《广韵》引《说文》：“持也。”《左传・哀公十五年》：“孔伯姬杖戈而先，大子与五人介，舆豭从之。”《庄子・渔父》：“方将杖拏而引其船，顾见孔子，还乡而立。”也为名词。《论语・宪问》：“以杖叩其胫。”

鼎* tiŋ^{B}，都挺切，《说文》：“鼎三足两耳，和五味之宝器。昔禹收九牧之金，铸鼎荆山之下，入山林川泽，螭魅蛧蜽，莫能逢之，以协承天休。”《左传・宣公三年》：“定王使王孙满劳楚子，楚子问鼎之大小轻重焉。”《左传・桓公二年》：“武王克商，迁九鼎于雒邑。”《汉书・五行志中之上》：“鼎者，宗庙之宝器也。”贞* t/r/i̠ŋ，陟盈切，《广韵》：“正也。”《论语・卫灵公》：“子曰：君子贞而不谅。”《左传・昭公七年》：“传言子产贞而不谅。”

将* ʦa̠ŋs，子亮切，《广韵》：“将帅。”《孙子兵法・始计》：“将不听吾计，用之必败，去之。”《韩非子・存韩》：“起兵发将以报天下之怨而先攻荆。”《吕氏春秋・七月纪》：“天子乃命将帅，选士厉兵，简练桀俊。”“将”由主帅引申出大的意义。《尔雅》：“将，大也。”《诗经・破斧》：“哀我人斯，亦孔之将。”传：“将，大也。”《诗经・正月》：“民之讹言，亦孔之将。”传：“将，大也。”壮* ʦ/r/a̠ŋs，侧亮切，《广韵》：“大也。”《说文》：“壮，大也。”《方言》：“凡人之大谓之奘，或谓之壮。”《左传・昭公三十二年》：“大壮，天之道也。”《孟子・万章下》：“牛羊茁壮，长而已矣。”《荀子・大略》：“少不讽诵，壮不论议，虽可，未成也。”

噣*toks，都豆切，《广韵》：“鸟口也。”《说文》：“噣，喙也。”《广雅》：“噣，口也。”《史记·赵世家》：“中衍人面鸟噣，降佐殷帝大戊。”《说苑·辨物》：“夫凤，龙文龟身，燕喙鸡噣。”噣*t/r/ok，竹角切，《广韵》：“鸟生子能自食。”《战国策·楚策四》：“俯噣白粒。”鲍彪注：“噣，啄也。”字也作“啄”。啄*t/r/ok，竹角切，《广韵》：“鸟啄也。”《说文》：“啄，鸟食也。”啄、噣，竹角切，《集韵》：“《说文》鸟食也，或作噣。”《诗经·黄鸟》：“黄鸟黄鸟，无集于榖，无啄我粟。”《诗经·小宛》：“交交桑扈，率场啄粟。”《庄子·养生主》：“泽雉十步一啄，百步一饮，不蕲畜乎樊中。”《战国策·燕策二》：“蚌方出曝，而鹬啄其肉，蚌合而钳其喙。”琢*t/r/ok，竹角切，《广韵》：“治玉。”《说文》：“琢，治玉也。”《诗经·淇奥》：“如切如磋，如琢如磨。”诼*t/r/ok，竹角切，《广韵》：“诉也。”《方言》：“诼，愬也。楚以南谓之诼。”《楚辞·离骚》：“众女嫉余之蛾眉兮，谣诼谓余以善淫。”字又作“椓”。《左传·哀公十七年》：“大子又使椓之。”注：“椓，诉。”《释文》：“椓，中角切。”

𤟤toks，都豆切，《广韵》：“𤟤尾。张衡《东京赋》云：日月会于龙𤟤。”《国语·楚语下》：“日月会于龙𤟤。”注：“𤟤，龙尾也。”也写作“豚”。豚*tok，丁木切，《广韵》：“尾下窍也。”字也写作“烛”，音*to̲k。《淮南子·精神训》：“两脾在上，烛营指天。”注：“烛，阴华也，营其窍也。”《山海经·海外北经》：“钟山之神，名曰烛阴。”斀*t/r/ok，竹角切，《广韵》：“《说文》云：去阴刑也。”《说文》：“斀，去阴刑也，从攴蜀声。《周书》曰：刖劓斀黥。”字也写作“椓”。斀、椓、斸，竹角切，《集韵》：“《说文》‘去阴之刑也’，引《周书》‘刖劓斀黥’。或作椓，古作斸。”《尚书·吕刑》：“爰始淫为劓、刵、椓、黥。”《诗经·召旻》：“天降罪罟，蟊贼内讧，昏椓靡共。”笺：“昬、椓皆奄人也。椓，椓毁阴者也。”《吕氏春秋·慎行》：“庆封又欲杀崔杼而代之相，于是椓崔杼之子。”引申为伤害。《诗经·正月》：“民今之无禄，天夭是椓。”笺：“又复椓破之，言遇害甚也。”《释文》：“椓，陟角反。”

专*to̲n，职缘切，《说文》：“一曰纺专也。”徐锴：“专，今络丝之砖也。”后字作“砖”，音同。《诗经·斯干》：“载弄之瓦。”传：“瓦，纺砖也。”《说苑·杂言》：“子独不闻和氏之璧乎？价重千金，然以之间纺，曾不如瓦砖。”转*t/r/o̲n^{B}，陟兖切，《说文》：“运也。”《诗经·邶风·柏舟》：“我心匪石，不可转也；

我心匪席，不可卷也。"《礼记·礼运》："转而为阴阳，变而为四时，列而为鬼神。"《庄子·天运》："意者其运转而不能自止邪？"

圈*go̱n^{B}，渠篆切，《广韵》："《说文》曰：养畜闲也。"（圈*go̱ns，臼万切，《广韵》："邑名。"《公羊传·文公十一年》："春，楚子伐圈。"《释文》："圈，求阮反，一音卷，《说文》作圈，《字林》臼万反。"）《史记·孝武本纪》："其西则唐中，数十里虎圈。"豢*g/r/ons，胡惯切，《广韵》："谷养畜。"《说文》："豢，以谷圈养豕也。"段注："圈者，养兽之闲。圈养者，圈而养之。"《墨子·天志下》："天子必且牿豢其牛羊犬彘。"《左传·哀公十一年》："是豢吴也夫。"注："豢，养也。"《庄子·达生》："吾将三月豢汝。"

止*te̱^{B}，诸市切，《广韵》："足也。"《说文》："止，下基也。"段注："止即趾也。"《汉书·食货志上》："四之日举止，同我妇子，馌彼南具。"今《诗》作"四之日举趾"。《汉书·五行志中之上》："莫嚣必败，举止高，心不固矣。"《左传·桓公十三年》："莫敖必败，举趾高，心不固矣。"《汉书·刑法志》："当斩左止者，笞五百。"趾*te̱^{B}，诸市切，《广韵》："足也。"《诗经·麟之趾》："麟之趾，振振公子。"址*te̱^{B}，诸市切，《广韵》："基址。"《说文》字作"址"。址*te̱^{B}，诸市切，《说文》："基也。从土止声。"《史记·封禅书》："泰山东北址古时有明堂处，处险不敞。"畤*te̱^{B}，诸市切，《广韵》："《说文》云：天地五帝所基止，祭（地）也，右扶风有五畤。"《史记·秦本纪》："祠上帝西畤。"索隐："畤，止也。"《左传·襄公三十年》："成愆奔平畤。"峙*d/r/e̱^{B}，直里切，《广韵》："《说文》踞也，峙踞不前也。"《诗经·嵩高》："以峙其粻，式遄其行。"《释文》："峙，直纪反。"字也写作"跱"，音同。《淮南子·修务训》："鹤跱而不食，昼吟宵哭，面若死灰。"《易林》："灌鹄东从，道顿跌跱。"

秋*ȶhu̱，七由切，《广韵》："春秋。"《说文》："秋，禾谷熟也。"《诗经·采葛》："一日不见，如三秋兮。"《诗经·四月》："秋日凄凄，百卉具腓。"《白虎通义·五行》："秋之为言愁亡也。"《礼记·乡饮酒义》："西方者秋，秋之为言愁也。"愁*ȡ/r/u̱，士尤切，《广韵》："忧也，悲也，苦也。"《左传·襄公二十九年》："哀而不愁，乐而不荒。"《墨子·所染》："不能为君者，伤形费神，愁心劳意，然国逾危，身逾辱。"《吕氏春秋·审为》："君固愁身伤生以忧之臧不得也？"《庄子·徐无鬼》："唯种也不知身之所以愁。"

芒*ma̱ŋ，武方切，《广韵》："草端也。"芒*maŋ，莫郎切，《广韵》："草端。"

《周礼·地官·司徒》:“泽草所生,种之芒种。”《庄子·知北游》:“大马之捶钩者年八十矣,而不失豪芒。”引申为锋芒,字后也作“铓”。铓,武方切,《广韵》:“刃端。”萌*m/r/aŋ,莫耕切,《广韵》:“萌牙。”《白虎通义·五行》:“芒之为言萌也。”《礼记·月令》:“草木萌动。”《管子·五行》:“冰解而冻释,草木区萌。”引申为发端、开始。《庄子·齐物论》:“日夜相代乎前,而莫知其所萌。”《韩非子·心度》:“劝功则公事不犯,亲法则奸无所萌。”

把*p/r/a^{B},博下切,《广韵》:“持也,执也。”《说文》:“把,握也。”《孟子·告子上》:“拱把之桐梓,人苟欲生之。”注:“拱,合两手也。把,以一手把之也。”《墨子·非攻》:“禹亲把天之瑞令以征有苗。”扶*pa̱,甫无切,《广韵》:“《公羊传》云:扶寸而合。注云:侧手曰扶。”《礼记·投壶》:“室中五扶,堂上七扶,庭中九扶。”注:“铺四指曰扶。”字也作“肤”,音同。《公羊传·僖公三十一年》:“肤寸而合。”《释文》:“肤,方于切,侧手为肤。”

根*kɯn,古痕切,《广韵》:“根柢也。”《左传·文公七年》:“公族,公室之枝叶也。若去之,则本根无所庇阴矣。”《韩非子·扬权》:“掘其根本,木乃不神。”《庄子·则阳》:“万物有乎生而莫见其根。”艰*k/r/ɯn,古闲切,《广韵》:“艰难。”《说文》:“艰,土难治也。从堇艮声。”《释名》:“艰,根也,如物根也。”《诗经·北门》:“终窭且贫,莫知我艰。”《易·大壮》:“艰则吉。”《左传·僖公二十八年》:“险阻艰难,备尝之矣。”

颎*qiŋ^{B},古迥切,《广韵》:“光也,又辉也。”《说文》:“颎,火光也。”《诗经·无将大车》:“无思百忧,不出于颎。”传:“颎,光也。”《释文》:“颎,古迥反,沈又古顷反。”《尔雅》:“颎,光也。”炯*qiŋ^{B},古迥切,《广韵》:“火明貌。”《说文》:“炯,光也。”《楚辞·哀时命》:“夜炯炯而不寐兮,怀隐忧而历兹。”(《楚辞·九思·哀岁》:“神光兮颎颎,鬼火兮荧荧。”)《集韵》:“炯、耿,古迥切,火明貌。”耿*q/r/iŋ^{B},古幸切,《说文》引杜林说:“光也。”《国语·晋语三》:“其光耿于民矣。”注:“耿,犹照也。”《楚辞·远游》:“夜耿耿而不寐兮,魂营营而至曙。”《诗经·邶风·柏舟》:“耿耿不寐,如有隐忧。”

途*za,同都切,《广韵》:“道也。”《尔雅》:“路,途也。”《尔雅》:“宫中衖谓之壸,庙中路谓之唐,堂途谓之陈。”《吕氏春秋·精谕》:“弊邑寡君使下臣愿藉途而祈福焉。”《战国策·赵策三》:“将之薛,假途于邹。”《管子·中匡》:“鲍叔隰朋趋而出,及管仲于途。”字也作“涂”。涂*za,同都切,《广韵》:“路也。”《诗经·出车》:“今我来思,雨雪载涂。”《论语·阳货》:“孔子时其亡也,而往拜之,遇诸涂。”《孟子·梁惠王上》:“涂有饿莩而不知发。”《庄子·徐无鬼》:“七圣皆迷,无所问涂。”除 * z/r/a̱,直鱼切,《广韵》:“阶也,又去也。”《说文》:“除,殿陛也。”此为汉代意义,不见先秦。其本义当为除道。《玉篇》:“除,开也。”《左传·庄公四年》:“除道梁溠,营军临随。”注:“更开直道。”《周礼·地官·司徒》:“若祭山林,则为主而修除,且跸。”注:“修除,治道路场坛。”《韩非子·说林下》:“乃铸大钟遗仇由之君,仇由之君大说,除道将内之。”《吕氏春秋·去宥》:“数怒人主,以为奸人除路;奸路已除而恶壅却,岂不难哉?”也指修建。《左传·昭公十三年》:“闻诸吏将为子除馆于西河。”引申之,为清除。《左传·昭公二十六年》:“天之有彗也,以除秽也。”《左传·襄公十四年》:“我诸戎除翦其荆棘,驱其狐狸豺狼。”《韩非子·难三》:“使宗庙不扫除,社稷不血食者,必是三臣也。”《史记·吕太后本纪》:“诛吕氏吾无功,请得除官。”

上古汉语的 * /r/中缀跟 * s-前缀一样有名谓化功能。这个 * /r/中缀插入词根辅音和元音之间构成一个新词。也可以逆构词,即删除辅音与元音之间的/r/,派生出一个名词。就词性而言,构成的新词是动词或者形容词。啄,丁木切,《广韵》:“啄木鸟。”啄,竹角切,《广韵》:“鸟啄也。”前者为名词而后者为动词。上古汉语插入中缀/r/构成的动词(形容词)很多。

三

贝 * pats,博盖切,《说文》:“海介虫也。象形。古者货贝而宝龟,周而有泉,至秦废贝行钱。”《礼记·少仪》:“臣如致金玉货贝于君。”《荀子·大略》:“货财曰赙,舆马曰赗,衣服曰襚,玩好曰赠,玉贝曰唅。”败 * p/r/ats,补迈切,《广韵》:“破他曰败。”《说文》:“败,毁也。从攴贝,会意,贝亦声。”《诗经·甘棠》:“蔽芾甘棠,勿翦勿败,召伯所憩。”《左传·宣公二年》:“以其私憾,败国殄民。”《左传·僖公三十三年》:“晋人及姜戎败秦师于殽。”

茇 * bot,蒲拨切,《广韵》:“草木根也。”《说文》:“茇,草根也。”《方言》:

“荄、杜，根也。东齐曰杜，或曰茇。”《淮南子·墬形训》：“凡浮生不根茇者生于萍藻。”《周礼·夏官·司马》：“中夏教茇舍。”注：“茇舍，草止之也。”发*pot，方伐切，《广韵》：“头毛也。《说文》根也。”《庄子·逍遥游》：“穷发之北，有冥海者，天池也。”《释文》：“李云：发，犹毛也。司马云：北极之下，无毛之地也。崔云：北方无毛地。案：毛，草也。《地理书》云：山以草木为发。”人之发，如草木之根，故名发。《庄子·逍遥游》：“宋人资章甫而适诸越，越人断发文身，无所用之。”拔*b/r/ot，蒲八切，《广韵》：“拔擢。”《韩非子·说林上》：“然使十人树之而一人拔之，则毋生杨至。”字也写作“茇”。《齐民要术》：“区中草生，茇之。”

鬼*ku̱r^{B}，居伟切，《广韵》：“鬼之为言归也。”《论衡·订鬼》：“鬼者，老物之精也。”《论语·雍也》：“敬鬼神而远之，可谓知矣。”怪*k/r/urs，古坏切，《广韵》：“怪异也。”《说文》：“怪，异也。”《白虎通义》：“异之言怪也。”《论衡·自绝》：“诡于众而突出曰怪。”《荀子·天论》：“怪之，可也；而畏之，非也。”《史记·秦本纪》：“戎王怪之，必疑由余。”字也写作“傀”。《周礼·春官·宗伯》：“大傀异灾，诸侯薨，令去乐。”注：“傀犹怪也。”《释文》：“傀，旧音怪。”

方*pa̱ŋ，府良切，《广韵》：“四方也。”《庄子·马蹄》：“圆者中规，方者中矩。”《论语·子路》：“使于四方，不能专对。”《韩非子·解老》：“方而不割，廉而不刿，直而不肆，光而不耀。”傍*baŋ，步光切，《广韵》：“亦作旁，侧也。”《淮南子·说山训》：“倚墙之傍，不可以立。”字本作“旁”，音同。《庄子·山木》：“伐木者止其旁而不取也。”祊*p/r/aŋ，甫盲切，《广韵》：“庙门傍祭。”《礼记·郊特牲》：“祊之于东方，朝市之于西方，失之矣。”

肱*qeŋ，古弘切，《广韵》：“臂也。”肱，《说文》：“臂上也。”《诗经·无羊》：“麾之以肱，毕来既升。”传：“肱，臂也。”《释文》：“肱，古弘反。”《左传·成公十二年》：“略其武夫以为己腹心股肱爪牙。”弘*ɢeŋ，户肱切，《广韵》：“大也。”《左传·襄公十三年》：“以辱社稷为大夫忧其弘多矣。”杜注：“弘，大也。”又《昭公八年》：“康叔所以服弘大也。”《论语·泰伯》：“士不可以不弘毅。”又宏*ɢ/r/eŋ，户萌切，《广韵》：“大也。”《说文》：“宏，屋深响也。”《周礼·冬官·考工记》：“其声大而宏。”又写作“竑”，音同户萌切。《史记·司马相如列传》：“必将崇论竑议，创业垂统，为万世规。”又写作“闳”。《集韵》："闳，一曰大也。"《汉语·扬雄传下》："若夫闳言崇议，幽微之涂，盖难与览者同也。" 字又写作"浤"。浤，户萌切，《广韵》："浤浤汩汩水波之势。"宏、竑、闳等不过是同一语词的不同记录文字而已。

坎 *khom^B，苦感切，《广韵》："险也，陷也，又小罍也，形似壶。"《易·坎》："入于坎窞，凶。"《荀子·正论》："坎井之蛙，不可与语东海之乐。"字也写作"臽"。臽 *khom^B，苦感切，《广韵》："小阱名也。"《说文》："臽，小阱也。"字也写作"埳"。埳 *khom^B，苦感切，《广韵》："埳陷。"埳，《说文》："陷也。"《庄子·秋水》："子独不闻夫埳井之蛙乎?"《墨子·节葬下》："既窆而后哭，满埳无封。"陷 *g/r/oms，户韽切，《广韵》："入地隤也。"《说文》："陷，高下也，从𨸏从臽，臽亦声。"《左传·成公十年》："张，如厕，陷而卒。"《左传·成公十六年》："栾范以其族夹公行，陷于淖。"《庄子·天下》："问天地所以不坠不陷。"《论语·雍也》："君子可逝也，不可陷也。"

颊 *kep，古协切，《广韵》："颊面也。"《说文》："颊，面旁也。从页夹声。"《释名》："颊，夹也，两旁称也，亦取挟敛食物也。"《左传·定公八年》："偃且射子鉏，中颊。"《庄子·外物》："儒以金椎控其颐，徐别其颊，无伤口中珠。"筴 *kep，古协切，《广韵》："箸筴。"字又作"梜"。梜 *kep，古协切，《广韵》："上同(筴)，见《礼》。"《礼记·曲礼上》："羹之有菜者用梜，其无菜者不用梜。"注："梜，犹箸也，今人或谓箸为梜提。"《释文》："梜，古协反，沈又音甲，《字林》作筴，云，箸也，公洽反。"筴 *k/r/ep，古洽切，《广韵》："箸也，针箭具。"字本只作"夹"。《周礼·夏官·司马》："矢在侯高，则以并夹取之。"郑注："并夹，针箭具。夹读为甲。"《说文》："梜，检柙也。"段玉裁注："检柙皆函物之偁，然则梜亦谓函物之器也。"铗 *kep，古协切，《广韵》："长铗，剑名。"《说文》："铗，可以持冶器铸镕者。"段注："冶器者铸于镕中，则以此物夹而出之。"《战国策·齐策四》："居有顷，复弹其铗。"铗不是剑而是剑夹。《庄子·说剑》："周、宋为镡，韩、魏为夹。"《释文》："夹，古协反，司马云，把也。一本作铗。"夹 *k/r/ep，古洽切，《广韵》："持也。"《左传·僖公三十三年》："与晋师夹泜而军。"《吕氏春秋·知分》："至于中流，有两蛟夹绕其船。"

祖 *ʦa^B，则古切，《广韵》："祖祢。"《说文》："祖，始庙也。"《诗经·信南山》："先祖是皇，报以介福，万寿无疆。"《左传·定公元年》："薛之皇祖奚仲居薛，以为夏车正。"《左传·昭公十五年》："数典而忘其祖。"《尔雅》："祖，始也。"《吕氏春秋·重己》:"而浮游乎万物之祖。"注:"祖,始也。"初*ʈh/r/a,楚鱼切,《广韵》:"始也。"《说文》:"初,始也。从刀从衣,裁衣之始也。"《左传·隐公元年》:"初,郑武公娶于申。"《诗经·小明》:"二月初吉,载离寒暑。"《诗经·荡》:"靡不有初,鲜克有终。"

烖*ʈe,祖才切,《广韵》:"天火曰烖。灾,上同。"《说文》:"天火曰灾。"《左传·宣公十六年》:"凡火,人火曰火,天火曰灾。"《左传·僖公十三年》:"天灾流行,国家代有,救灾恤邻,道也。"菑*ʈ/r/e,侧持切,《说文》:"不耕田也。"徐颢:"《尔雅》曰:田一岁曰菑,二岁曰新田,三岁曰畬。菑者,初垦辟之谓也。田久污莱,必就除其草木,然后可耕。因之,灾杀草木谓之菑。"王力(1982:96):"原始社会刀耕火种,菑有火种之意。"《诗经·采芑》:"于彼新田,于此菑亩。"传:"田一岁曰菑。"《释文》:"菑,侧其反,郭云反草曰菑。"疏:"菑,杀草之名。"《尔雅》:"田一岁曰菑。"邢昺疏引孙炎曰:"菑,始灾杀其草木也。"《尚书·大诰》:"厥父菑,厥子乃弗肯播,矧肯获?"

睫*ʈe̱p,即叶切,《广韵》:"目睫。《释名》云:捷,插也,插于眶也。《说文》作䀹,目旁毛也。"《庄子·庚桑楚》:"向吾见若眉睫之间,吾因以得汝矣。"《韩非子·喻老》:"智如目也,能见百步之外而不能自见其睫。"《史记·袁盎晁错列传》:"陛下不交睫,不解衣。"《前汉纪·孝文皇帝纪》:"陛下目不交睫,睡不解衣冠。"眨*ʈ/r/ep,侧洽切,《广韵》:"目动。"

蹢*tik,都历切,《广韵》:"蹄也。《诗》云:有豕白蹢。"《诗经·渐渐之石》:"有豕白蹢,烝涉波矣。"传:"蹢,蹄也。"《释文》:"蹢,音的,都历反。"蹄*di,杜奚切,《广韵》:"足也。"《孟子·滕文公上》:"兽蹄鸟迹之道,交于中国。"《庄子·马蹄》:"马,蹄可以践霜雪,毛可以御风寒。"踶*dis,特计切,《广韵》:"蹋。"《庄子·马蹄》:"喜则交颈相靡,怒则分背相踶。"《释文》:"踶,大计反,又徒兮反,又徒祁反。李云:踶,蹋也。《广雅》《字韵》《声类》并同。《通俗文》云:小蹋谓之踶。"《正字通》:"踢,以足蹴物。""踢"后起新词,不见于早期文献,其语源应该是"蹢"。谪*t/r/ik,陟革切,《广韵》:"责也。"《说文》:"谪,罚也。"《史记·张丞相列传》:"议以谪罚侵削诸侯。"《史记·滑稽列传》:"罚谪谮之者。"《左传·桓公十八年》:"公谪之。"注:"谪,谴也。"《左传·成公十七年》:"国子谪我。"注:"谪,谴责也。"《方言》:"谪,怒也。"郭注:"相责怒也。"

宗*ʦuŋ，作冬切，《说文》："尊祖庙也。"《白虎通义·宗族》："宗者何谓也？宗尊也，为先祖主也，宗人之所尊也。"《周礼·春官·宗伯》："用牲于社宗。"注："宗，谓宗庙。"《左传·桓公二年》："凡公行，告于宗庙。"宗，《广雅》："聚也。"王念孙疏证："宗者，众之所主，故为聚也。"崇*ʥ/r/uŋ，锄弓切，《广韵》："聚也。"《左传·隐公六年》："如农夫之务去草焉，芟荑蕴崇之。"杜注："崇，聚也。"《左传·僖公二十四年》："弃德崇奸。"杜注："崇，聚也。"《广雅》："崇，聚也。"王念孙疏证："崇、宗声相近，故皆训为聚也。"

索*ɕak，苏各切，《广韵》："又绳索。"《说文》："索，草有茎叶，可作绳索。"《庄子·骈拇》："附离不以胶漆，约束不以纆索。"《小尔雅》："大者谓之索，小者谓之绳。"司马迁《报任安书》："其次关木索，被棰楚受辱。"索为线索，找东西需要顺着线索去找，想事情需要顺着线索去想，引申出探索、搜索意义。摉，苏各切，《广韵》："摸摉。"字本只作"索"。《管子·心术上》："人皆欲知而莫索之，其所以知彼也，其所以知此也。"《管子·心术上》："人皆欲智，而莫索其所以智。"索*ɕ/r/ak，山戟切，《广韵》："求也。"《说文》："索，入家搜也。"《荀子·修身》："合之以礼乐，通之以思索。"《管子·白心》："知其象，则索其形，缘其理，则知其情。索其端，则知其名。"《韩非子·喻老》："使人索扁鹊，已逃秦矣。"《礼记·曲礼下》："大夫以索牛，士以羊豕。"《释文》："索，所百反，求也。"再引申为强行索取。

圭*qi，古携切，《广韵》："圭璧。《说文》曰：瑞玉也，上圆下方，公执桓圭，九寸，侯执信圭，伯执躬圭，皆七寸；子执穀璧，男执蒲璧，皆五寸。珪，古文圭从玉。"《周礼·春官·宗伯》："王执镇圭，公执桓圭，侯执信圭，伯执躬圭。"佳*q/r/i，古膎切，《广韵》："善也，大也，好也。"《说文》："佳，善也。"《韩非子·解老》："所谓径大也者，佳丽也。"《史记·平原君列传》："平原君，翩翩浊世之佳公子也。"

衰*ɕur，素回切，《说文》："草雨衣，秦谓之萆。"《集韵》："衰，《说文》草雨衣，秦谓之萆。或从艸古作蓑。"《诗经·无羊》："尔牧来思，何蓑何笠。"传："蓑，所以备雨。"《释文》："蓑，素戈反，草衣也。"《国语·越语上》："譬如蓑笠，时雨既至必求之。"衰本为衰衣，也指丧服。《论语·子罕》："子见齐衰者。"疏："齐衰，周亲之丧服也。"《礼记·曲礼上》："七十唯衰麻在身，饮酒食肉，处于内。"字后作"縗"。縗，仓回切，《广韵》："丧衣，长六寸，傅四寸。亦作衰。”音“仓回切”应该是塞擦音产生之后的音变，既避免跟“衰”同音混淆，也是避讳。衰*ɕ/r/ur，所追切，《广韵》：“微也。”《左传·襄公四年》：“昔有夏之方衰也，后羿自鉏迁于穷石。”《左传·庄公十年》：“一鼓作气，再而衰，三而竭。”《论语·季氏》：“及其老也，血气既衰，戒之在得。”《孟子·滕文公下》：“圣人之道衰。”

半*pans，博慢切，《广韵》：“物中分也。”《左传·宣公二年》：“舍其半。”《左传·襄公十一年》：“晋侯以乐之半赐魏绛。”《论语·乡党》：“必有寝衣，长一身有半。”《庄子·大宗师》：“夜半有力者负之而走。”斑*p/r/an，布还切，《广韵》：“驳也，文也。辬，上同，见《说文》。”《说文》：“辬，驳文也。”《礼记·王制》：“斑白者不提挈。”注：“杂色曰斑。”《礼记·祭义》：“斑白者不以其任行乎道路。”注：“斑白者发杂色也。”“斑白”就是半黑半白。《韩非子·外储说左下》：“班白者多以徒行，故不二舆。”鬉，布还切，《广韵》：“发半白。”字本只作“般”。《周礼·天官·冢宰》：“马黑脊而般臂。”注：“般臂，臂毛有文。”《释文》：“般音班。”《礼记·内则》：“马黑脊而般臂。”注：“般臂，前胫般般然也。”《史记·司马相如列传》：“般般之兽，乐我君囿；白质黑章，其仪可喜。”索隐：“般般文彩之貌也，般音班。”

星*ɕiŋ<*s-ȶiŋ，桑经切，《广韵》：“星宿。”《诗经·小星》：“嘒彼小星，三五在东。”引申之指细小如星之物。《礼记·内则》：“豕望视而交睫，腥。”注：“腥当为星，声之误也。星，肉中如米者。”《汉书·天文志》：“其旁有一小星，曰长沙，星星不欲明。”媘*ɕ/r/i̱ŋ^{B}，所景切，《广韵》：“减也。”字本只作“省”，音同所景切。《左传·僖公二十一年》：“修城郭，贬食省用，务穑劝分，此其务也。”《释文》：“省，所景反。”《礼记·月令》：“命有司省囹圄，去桎梏。”注：“省，减也。”《释文》：“省，所景反。”《战国策·秦策四》：“省攻伐之心而肥仁义之诫。”注：“省，减。肥，犹厚也。”《孟子·梁惠王上》：“省刑罚，薄税敛，深耕易耨。”

鍼*ku̱m，职深切，《广韵》：“上同（针），《说文》曰：所以缝也。”《庄子·人间世》：“挫鍼治繲，足以糊口。”字也作“箴”，音同。《说文》：“箴，缀衣箴也。”《礼记·内则》：“纫箴请补缀。”缄*k/r/um，古咸切，《广韵》：“缄封。”《庄子·齐物论》：“其厌也如缄，以言其老洫也。”《释文》：“缄，徐古咸反。”《墨子·节葬下》：“葛以缄之。”字也作“咸”。《礼记·丧大记》：“君封以衡，士大夫以咸。”注：“咸读为缄。”《释文》：“依注读为缄，古咸反。”

行*gaŋ，胡郎切，《广韵》：“伍也，列也。”《诗经·行露》：“厌浥行露，岂不夙夜，谓行多露。”传：“行，道也。”《诗经·七月》：“女执懿筐，遵彼微行，爰求柔桑。”传：“微行，墙下径也。”《诗经·小弁》：“行有死人，尚或墐之。”笺：“行，道也。”引申之，为行列之行。《诗经·常武》：“左右陈行，戒我师旅。”《释文》：“行，户刚反，列也。”《国语·晋语五》：“赵孟使人以其乘车干行。”注：“行，军列也。”再引申，指行伍之行。《左传·隐公十一年》：“郑伯使卒出豭，行出犬鸡。”注：“百人为卒，二十五人为行。行亦卒之行列。”《史记·陈涉世家》：“陈胜、吴广皆次当行，为屯长。”行*g/r/aŋ，户庚切，《广韵》：“行步也，适也，往也，去也。”《说文》：“行，人之步趋也。”《庄子·天地》：“行三十里而后愈。”《诗经·击鼓》：“土国城漕，我独南行。”

田*zin，徒年切，《说文》：“陈也，树谷曰田，象形。”《诗经·采芑》：“薄言采芑，于彼新田。”《诗经·定之方中》：“星言夙驾，说于桑田。”类转为动词。《诗经·甫田》：“无田甫田，维莠骄骄。”《释文》：“无田：音佃。”字后写作“佃”。佃*zin，徒年切，《广韵》：“作田也。”《史记·苏秦列传》：“民虽不佃作而足于枣栗矣。”古人刀耕火种，故引申为田猎。《左传·庄公八年》：“齐侯游于姑棼，遂田于贝丘。”字后写作“畋”。畋*zin，徒年切，《广韵》：“取禽兽也。”《吕氏春秋·直谏》：“荆文王得茹黄之狗，宛路之矰，以畋于云梦。”陈*z/r/i̠n，直珍切，《广韵》：“陈列也。”《诗经·伐木》：“于粲洒扫，陈馈八簋。”《诗经·采芑》：“方叔率止，钲人伐鼓，陈师鞠旅。”《庄子·徐无鬼》：“子綦有八子，陈诸前。”

陷，《说文》：“高下也。从阜从臽，臽亦声。”段玉裁注：“高下者，高与下有悬绝之势也。高下之形曰陷，故自高入于下亦曰陷。……凡深没其中曰陷。”“陷”是“臽”的后起区别字。“臽”和“陷”中古声母清浊不同，韵母有一等和二等的不同，声调有非去声和去声的不同，三个不同中任何一个不同都可以实现名词、动词之间词性的改变。上述例子中好几例跟“臽”和“陷”一样声母也有清浊不同，如“宗”和“崇”。不过，上古汉语辅音声母清浊交替有多种意义，改变词性只是其功能之一，比如既行体。因汉字的局限，我们无法从现存的书面语言中确定“陷”字三处不同就是层次的不同。再者，上古汉语有很多只将非二等改成二等（包括知、庄组字)就可以改变词性的例子,如“行”。上古汉语*/r/中缀有名谓化功能显然。需要注意的是,上古汉语不单有插入/r/,也有删除/r/的逆构词。

四

张*t/r/a̱ŋ,陟良切,《广韵》:“张施也。”《诗经·吉日》:“既张我弓,既挟我矢。”《诗经·公刘》:“弓矢斯张,干戈戚扬,爰方启行。”《左传·桓公六年》:“我张吾三军而被吾甲兵,以武临之。”《左传·宣公十八年》:“欲去三桓,以张公室。”《庄子·天运》:“予口张而不能嗋。”《道德经》:“将欲歙之,必固张之。”掌*ta̱ŋ^B,诸两切,《广韵》:“手掌。”掌,《说文》:“手中也。”朱骏声:“张之为掌,卷之为拳。”《孟子·公孙丑上》:“武丁朝诸侯有天下,犹运之掌也。”《孟子·梁惠王上》:“天下可运于掌。”

生*ɕ/r/i̱ŋ,所庚切,《广韵》:“生长也。”《说文》:“生,进也。象草木生出土上。”《吕氏春秋·三月纪》:“虹始见,萍始生。”《诗经·有杕之杜》:“有杕之杜,生于道左。”《韩非子·主道》:“不掩其情,贼乃将生。”引申之,指活(着)。《论语·颜渊》:“爱之欲其生,恶之欲其死。”《论语·为政》:“生,事之以礼;死,葬之以礼,祭之以礼。”也常将当事主语让渡给客体。《诗经·信南山》:“既沾既足,生我百谷。”《左传·隐公元年》:“生庄公及共叔段。庄公寤生,惊姜氏,故名曰寤生,遂恶之。”《左传·文公十三年》:“天生民而树之君,以利之也。”《吕氏春秋·慎势》:“疑生争,争生乱。”性*ɕi̱ŋs,息正切,《广韵》:“性行也。”《荀子·正名》:“生之所以然者谓之性。”《春秋繁露》:“性之名非生与?如其生之自然之资谓之性。”字本只作“生”。《荀子·劝学》:“君子生非异也,善假于物也。”《周礼·地官·司徒》:“以土会之法,辨五地之物生。”郑注:“杜子春读生为性。”姓*ɕi̱ŋs,息正切,《广韵》:“姓氏。”《说文》:“姓,人所生也。”《左传·隐公八年》:“天子建德,因生以赐姓。”《左传·僖公二十三年》:“男女同姓,其生不蕃。”《论语·颜渊》:“百姓足,君孰与不足?”

直*d/r/ek,除力切,《广韵》:“正也。”《说文》:“直,正见也。”《诗经·大东》:“周道如砥,其直如矢。”《庄子·马蹄》:“我善治木,曲者中钩,直者应绳。”《荀子·劝学》:“蓬生麻中,不扶而直;白沙在涅,与之俱黑。”《论语·为政》:“举直错诸枉,则民服;举枉错诸直,则民不服。”《诗经·小明》:“靖共尔位,好是正直。”德 * tek,多则切,《广韵》:“德行。悳,古文。”古人以直为德,引申为德。《左传·襄公二十九年》:“异哉,吾闻之也,辩而不德,必加于戮。”俞樾按:“德当读为直。德字古文作悳,本从直声,故与直通。”《逸周书·谥法解》:“柔德考众曰静。”朱右曾校释:“柔德考众,当依《魏书·源怀传》作‘柔直考终’。直作德,终作众,并古文假借。”《论语·为政》:“为政以德,譬如北辰,居其所而众星共之。”《论语·子罕》:“吾未见好德如好色者也。”

直 * d/r/e̱k,除力切,《广韵》:“正也。”《说文》:“直,正见也。”《墨子·亲士》:“其直如矢,其平如砥。”《荀子·君道》:“是犹立枉木而求其景之直也。”植 * de̱k,常职切,《说文》:“户植也。”段玉裁注:“植当为直立之木。”《尔雅》:“植,谓之传。”《释文》:“植,音殖。”《墨子·非儒下》:“季孙与邑人争门关,决植。”孙贻让:“植,户植也。”《墨子·备城门》:“门植关必环锢,以锢金若铁鍱之。”孙贻让:“植,持门直木。”也指柱子。《墨子·备城门》:“城上百步一楼,楼四植。”《管子·版法解》:“凡将立事,正彼天植。”《淮南子·览冥训》:“夫井植生梓而不容瓮,沟植生条而不容舟。”

斩 * ȶ/r/am^{B},侧减切,《广韵》:“《周礼》云:秋官掌戮掌斩。”《说文》:“斩,截也。”《庄子·人间世》:“其拱把而上者,求狙猴之杙者斩之;三围四围,求高名之丽者斩之。”《庄子·说剑》:“相击于前,上斩颈领,下决肝肺。”《左传·襄公二十三年》:“臧纥斩鹿门之关,以出奔邾。”椠 * ȶha̱ms,七艳切,《广韵》:“插也,《论衡》曰:断木为椠。”《释名》:“椠,木反之长三尺者也。”堑 * ȶha̱ms,七艳切,《广韵》:“坑也。”《说文》:“堑,坑也。”《墨子·备城门》:“堑中深丈五,广比扇,堑长以力为度,堑之末为之县,可容一人所。”《六韬·发启》:“无冲机而攻,无沟堑而守。”

名词插入/r/中缀改变词性成动词,动词也可以删除/r/改变词性成名词。上述四例就是由逆构词删除/r/构成。需要我们注意的是,并非《广韵》归入二等(包括知组、庄组)上古汉语一定带/r/。它们跟一等(三等)不同并不完全是/r/造成。因方言的存在、雅俗不同,《广韵》一些字的语音差异并不一定来自上古。好些字的语音差异是演变过程中因方言、雅俗而分化,比如齿龈塞音 t-/th-/d-。随着介音-i-的产生,出现在介音-i-前的齿龈塞音 t-/th-/d-变成舌面塞擦音 tɕ-/tɕh-/dʑ-。但是,也有相当一部分齿龈塞音依然保持齿龈塞音而没有变成舌面塞擦音。于是,《广韵》中出现无意义差别的异读。有些即便有意义差别,仍然可能是语音演变的结果而不是语音形式原本就不同,比如下面两例。

质* ti̠t,之日切,《广韵》:"朴也,主也,信也。"《左传·宣公四年》:"王以三王之子为质焉。"《左传·昭公二十三年》:"以三公子为质,必免。"注:"质,信也。"《释文》:"质,如字,注同。"《左传·哀公二十年》:"黄池之役,先主与吴王有质。"注:"质,盟信也。"《释文》:"质,如字。"质* t/r/i̠ts,陟利切,《广韵》:"交质,又物相赘。"《说文》:"质,以物相赘。"《左传·僖公十五年》:"归之而质其大子,必得大成。"《释文》:"质,音置,下注质秦同。"《左传·昭公二十年》:"唯不信,故质其子。"《释文》:"质,音致。"

桎* ti̠t,之日切,《广韵》:"桎梏,在足曰桎。"《说文》:"桎,足械也。"《庄子·德充符》:"不知至人之以是为已桎梏邪?"《孟子·尽心上》:"桎梏死者非正命也。"《礼记·月令》:"命有司省囹圄,去桎梏。"礩* ti̠ts,脂利切,《广韵》:"柱下石。"《说文》:"礩,柱下石。"踬* t/r/i̠ts,陟利切,《广韵》:"碍也,顿也。《说文》跲也。"《左传·宣公十五年》:"杜回踬而颠,故获之。"《释文》:"踬,陟吏反,徐又丁四反。"《韩非子·六反》:"不踬于山,而踬于垤。"疐* t/r/i̠ts,陟利切,《广韵》:"碍不行也,又顿也。"《尔雅》:"疐,仆也。"《诗经·狼跋》:"狼疐其尾,载跋其胡。"字又作"懥",音同。懥,《广韵》:"止也。"

上古汉语的-s 后缀有名谓化功能,附加在名词词根后使之改变词性成为动词。用上古汉语的-s 后缀足以解释上述语词彼此之间的关系。但是,上述语词,除了声调不同,声母也不同。这两例去声字同根名词以塞辅音-t 收尾。可见,应该来自上古汉语的-s 后缀而不是去声产生之后的语法类推。依据两者之间的语音关系,我们只能说后者保留了上古汉语声母的固有形式。音变和变音纠缠在一起,极容易将音变看成变音,或将变音看成音变。

第七节　中缀 */r/(二)

一

至 * ti̱ts，脂利切，《广韵》："到也。"《诗经 · 载驰》："驱马悠悠，言至于漕。"《左传 · 僖公二十四年》："蒲城之役，君命一宿，女即至。……命女三宿，女中宿至。"《左传 · 僖公四年》："东至于海，西至于河，南至于穆陵，北至于无棣。"《论语 · 子罕》："凤鸟不至，河不出图，吾已矣夫！"致 * t/r/i̱ts，陟利切，《广韵》："至也。《说文》曰：送诣也。"段玉裁注："送诣者，送而至其处也。引申为召致之致。"《左传 · 桓公十四年》："曹人致饩，礼也。"《左传 · 成公十三年》："乃反而致其邑。"《左传 · 文公十五年》："齐人许单伯请而赦之，使来致命。"《论语 · 学而》："事君能致其身，与朋友交言而有信。"《庄子 · 逍遥游》："吾自视缺然，请致天下。"《荀子 · 非相》："文而致其实。"

龚煌城(2000)认为，"致"是"至"的使动形式。不过，用使动无法解释相同语音关系的"出"和"黜"，见下。动词"至"的主体是施事者，即施事者向某一方向运动。当主体将施事者让渡给客体，动词就换成"致"，即受事者向某一方向运动。向外有"给予""献出"等意义，向内有"招致"等意义。这种施事者或者当事者的让渡，上古汉语可以不改变语音形式，也可以改变语音形式。

出 * thu̱t，尺律切，《集韵》："自内而外也。"《诗经 · 北门》："出自北门，忧心殷殷。"《诗经 · 宾之初筵》："既醉而出，并受其福。"《论语 · 雍也》："谁能出不由户？"《吕氏春秋 · 知分》："夏后启辞而出。"动词"出"也可以带宾语，即"出"的施事者。《诗经 · 伯兮》："其雨其雨，杲杲出日。"《左传 · 隐公十一年》："郑伯使卒出豭，行出犬鸡，以诅射颍考叔者。"《左传 · 僖公十年》：

"臣出晋君,君纳重耳,蔑不济矣。"《左传·僖公三十二年》:"使出师于东门之外。"黜 * th/r/u̱t,丑律切,《说文》:"贬下也。"《左传·昭公二十九年》:"乃黜之而以公衍为大子。"《左传·文公元年》:"既又欲立王子职,而黜大子商臣。"《国语·周语中》:"王黜翟后。"注:"废也。"也写作"绌"。《礼记·王制》:"不孝者,君绌以爵。"《释文》:"绌,丑律反,退也。"《史记·楚世家》:"又欲立子职而绌太子商臣。"

王力(1965)认为是非致使动词跟致使动词的配对,龚煌城(2000)跟王力持相同的观点,并以此为证据证明上古汉语的 * r-是一个使动词前缀。这一说法甚是流行,几乎成了通论。黄坤尧(1992、1997)对这一看法提出批评,认为它们之间的关系断不能用自动、使动之关系加以解释。黄坤尧(1997:150—151)指出:"皇后被废,只是贬退,与庶人出妻可以再嫁似不能混为一谈。'黜''出'两字在语法上最大的分别是'黜×'的×一定是人,'出×'的×指物,王力则误以为'黜后=使后出''楚女黜=使楚女黜',殆难成立。"

臣出晋君,君纳重耳,蔑不济矣。(《左传·僖公十年》)

卫侯欲与楚,国人不欲,故出其君,以说于晋。(《左传·僖公二十八年》)

遂出武穆之族,使公孙师为司城。(《左传·文公十八年》)

郑人入于井,倒戟而出之。(《左传·宣公二年》)

薛公入魏而出齐女。(《战国策·秦策四》)

出妻屏子,终身不养焉。(《孟子·离娄下》)

仲尼将为司寇,沈犹氏不敢朝饮其羊,公慎氏出其妻。(《荀子·儒效》)

很显然,黄坤尧的批评是中肯的。固然,"致"或可以认为是"使至",但"黜"不能认为是"使出"。我们将两者变换为"齐女出"和"翟后黜",就可以看出两者的差别,"齐女"是"出"的施事者,而"翟后"是"黜"的受事者。"出"是一个不及物动词,而"黜"则是一个及物动词。"出齐女"的"出"显然不等于"黜翟后"中的"黜"。"黜"不是"使……出"。足见,"黜"不是"出"的使动形式。

动词"出"是一个趋向动词。"驾言出游,以写我忧。"(《诗经·泉水》)"妇人送迎不出门，见兄弟不逾阈。”（《左传·僖公二十二年》）因而，“出”一般是不带直接宾语的不及物动词，尽管有时可以带处所宾语。“黜”不是一个趋向动词，而是一个带直接宾语的及物动词。“将御诸侯之师而黜其车。”（《左传·襄公十年》）杜注：“黜，减损也。”此“黜”何使动之有？“出”和“黜”是一对同根动词，且“黜”也可写作“出”。《庄子·徐无鬼》：“君将黜嗜欲。”《释文》：“黜，敕律反，退也。本又作出，音同。”《群经音辨》：“出，进也，尺律切；出，去也，音黜，《春秋传》：何故出君。”《左传·昭公三十一年》：“何故出君？”《释文》：“出，如字，又敕律反。”“黜”虽不是“出”的使动形式，但两者显然有语源关系。“凤鸟不至，河不出图。”（《论语·子罕》）《释文》：“出，如字，旧尺遂反。”《洪武正韵》：“凡物自出，则入声。非自出而出之，则去声。”“遂出武穆之族，使公孙师为司城。”（《左传·文公十八年》）《经典释文》没有给这一“出”注音。“黜”应该是“出”意义的再引申。“出”是没有受力体的施者行为，但主体可以将施者让渡给客体，而“黜”是有受力体的施者行为。当动词“黜”后没有受力体时，主体就是“黜”的受力体，即主体是受者。“柳下惠为士师，三黜。”（《论语·微子》）“柳下惠”形式上是句子的主语，却是“黜”的受事者。上古汉语有很多趋向动词。这些趋向动词一个重要的语法特征是“不得转为受动者”。具体情况，我们就不展开讨论了。上古汉语趋向动词一个共同的语音特征就是不能带/r/中缀。

擿*d/r/i̠k，直炙切，《广韵》：“投也。”《说文》：“擿，一曰投也。”《庄子·胠箧》：“擿玉毁珠，小盗不起。”《释文》：“擿，持赤反，义与掷字同。崔云：犹投弃之也。”《史记·刺客列传》：“乃引其匕首以擿秦王。”索隐：“擿，与掷同，古字耳，音持益反。”《前汉纪·孝景皇帝纪》：“上以博局掷之而死。”适*ti̠k，之石切，《广韵》：“往也。”《说文》：“适，之也。”《论语·子路》：“子适卫，冉有仆。”《论语·微子》：“大师挚适齐，亚饭干适楚，三饭缭适蔡，四饭缺适秦。”《孟子·滕文公上》：“虽使五尺之童适市，莫之或欺。”

追*t/r/ur，陟隹切，《广韵》：“逐也。”《说文》：“追，逐也。”（《诗经·棫朴》：“追琢其章，金玉其相。”传：“追，雕也。金曰雕，玉曰琢。”《释文》：“追，对回反。”《广韵》：“锤，都回切，治玉也，《周礼》作追。《周礼·天官·冢宰》：“追师，下士二人。”注：“追，治玉石之名。”《释文》：“追，丁回反，一曰雕。”）《左传·桓公六年》：“少师归，请追楚师。”《左传·僖公三十三年》：

“公使阳处父追之，及诸河，则在舟中矣。”《左传·襄公十年》：“子西闻盗，不儆而出，尸而追盗。”《左传·哀公十六年》：“方天之休，弗敬弗休，悔其可追。”

逐* d/r/uk，直六切，《广韵》：“追也，驱也。”《说文》：“逐，追也。”（《广韵》：“篴，徒历切，出《周礼》。”《释名》：“篴，涤也，其声涤涤然也。”）《左传·隐公十一年》：“子都拔棘以逐之，及大逵，弗及。”《左传·庄公十年》：“吾视其辙乱，望其旗靡，故逐之。”《庄子·山木》：“吾再逐于鲁，伐树于宋。”《韩非子·外储说左下》：“逐于鲁，疑于齐。”

动词“追”“逐”都是带直接宾语的外动词，而不是趋向动词。动词“追”“逐”都可以在被动句中作谓语。“往者不可谏，来者犹可追。”（《论语·微子》）“来者”是“追”的受事者，跟“之”“如”“適”等这些趋向动词不同。动词“追”“逐”一个共同的语音特征就是带/r/中缀。动词“適”只表示向某地去，动词“擿”则表示将某物掷向某（物）。趋向动词是不带受事宾语的内动词，带/r/中缀的动词则是带受事宾语的外动词。如此看来，上古汉语的中缀*/r/有及物化功能，使一个内动词变成一个有受力体的外动词。

二

跃* zɯ̠k，以灼切，《广韵》：“跳跃也，上也，进也。”《诗经·旱麓》：“鸢飞戾天，鱼跃于渊。”《易·乾》：“或跃在渊，无咎。”《荀子·劝学》：“骐骥一跃，不能十步。”《孟子·告子上》：“今夫水，搏而跃之，可使过颡。”擢* z/r/ɯk，直角切，《广韵》：“拔也，抽也，出也。”《战国策·燕策二》：“先王过举，擢之乎宾客之中，而离之乎群臣之上。”《史记·司马穰苴列传》：“臣素卑贱，君擢之闾伍之中，加之大夫之上。”《史记·范雎蔡泽列传》：“擢贾之发以续贾之罪，尚未足。”《说苑·正谏》：“夫十围之木，始生于蘖，可引而绝，可擢而拔。”

般* pan，北潘切，《广韵》：“般运。”般，逋潘切，《集韵》：“《说文》：辟也。象舟之旋，从舟从殳，所以旋也。一曰移也。”般* ban，薄官切，《广韵》：“乐也。”《礼记·投壶》：“宾再拜受，主人般还。”《释文》：“般，步干反，下同；还，音旋，下同。”字也作般桓等。《广雅》：“般桓，不进也。”《别雅》：“湴桓，槃桓，般桓，磐桓，畔桓，盘桓也。”般* p/r/an，布还切，《广韵》：“还师，亦作班师。”《尔雅》：“般，还也。”《释文》：“郭音班，《左传》云役将般矣，是也。一音蒲安反，《周易》云般桓，是也。《说文》云般辟也。”《左传·哀公十七年》：“般师而还。”《释文》：“般音班。”《汉书·赵充国传》：“明主般师罢兵。”注引邓展曰：“般音班。班，还也。”《左传·襄公十年》：“水潦将降，惧不能归，请班师。”注：“班，还也。”

薄* bak，傍各切，《广韵》：“厚薄。”《诗经·小旻》：“如临深渊，如履薄冰。”《左传·成公六年》：“郇瑕氏土薄水浅，其恶易觏。”《左传·昭公五年》：“叔孙氏厚，则季氏薄。”《左传·襄公二十七年》：“崔之薄，庆之厚也。”也可以将当事者让渡给宾语。《左传·僖公三十年》：“宁俞货医，使薄其酖。”《左传·成公十八年》：“禁淫慝，薄赋敛。”《释名》：“薄，迫也，单薄相逼迫也。”《左传·成公十六年》：“楚师薄于险。”注：“薄，迫也。”《左传·庄公十一年》：“宋师未陈而薄之。”《左传·文公十二年》：“薄诸河，必败之。”迫* p/r/ak，博陌切，《广韵》：“逼也，近也，急也，附也。”《说文》：“迫，近也。”《左传·襄公十四年》：“昔秦人迫逐乃祖吾离于瓜州。”《释文》：“迫音百。”《左传·哀公十五年》：“迫孔悝于厕强盟之。”《韩非子·外储说左上》：“不推人于险，不迫人于阨，不鼓不成列。”

分* pu̱n，府文切，《广韵》：“赋也，施也，与也。”《说文》：“分，别也。从八刀。”《左传·文公十六年》：“分为二队。”《左传·宣公十二年》：“其君之戎，分为二广。”《左传·僖公二十八年》：“我执曹君而分曹卫之田以赐宋人。”引申之，有分配、分享等意义。《左传·庄公十年》：“衣食所安，弗敢专也，必以分人。”《孟子·滕文公上》：“分人以财谓之惠，教人以善谓之忠。”《韩非子·三守》：“事败与主分其祸，而功成则臣独专之。”颁* p/r/un，布还切，《广韵》：“布也，赐也。”《周礼·天官·冢宰》：“以时颁其衣裘，掌其诛赏。”注：“颁读为班。班，布也。”《释文》：“颁音班。”《周礼·春官·宗伯》：“帅有司而馌兽于郊，遂颁禽。”注：“颁禽谓以予群臣。”《礼记·礼运》：“颁爵位，必当年德。”《释文》：“颁音班。”《礼记·祭义》：“颁禽隆诸长者。”注：“颁之言分也。”《吕氏春秋·制乐》：“颁其爵列等级田畴，以赏群臣。”

合* gup，侯合切，《广韵》：“合同。”《庄子·秋水》：“公孙龙口呿而不合。”《庄子·天运》：“龙合而成体，散而成章。”《孟子·尽心下》：“合而言之，道也。”《庄子·天道》：“通乎道，合乎德。”《论语·宪问》：“桓公九合诸侯，不以兵车，管仲之力也。”洽*g/r/up，矦夹切，《广韵》：“和也，合也，沾也。”（《说文》：“洽，沾也。”《荀子·大略》：“德至者色泽洽。”《孟子·公孙丑上》：“以文王之德，百年而后崩，犹未洽于天下；武王、周公继之，然后大行。”）《诗经·正月》：“洽比其邻，昏姻孔云。”传：“洽，合。”《诗经·宾之初筵》：“烝衎烈祖，以洽百礼。”笺：“洽，合也。”《诗经·江汉》：“矢其文德，洽此四国。”

达*zat，唐割切，《广韵》：“通达。”《说文》：“达，行不相遇也。”《论语·宪问》：“君子上达，小人下达。”《左传·襄公十四年》：“贽币不通，言语不达。”《庄子·在宥》：“我闻吾子达于至道。”《庄子·天运》：“圣也者，达于情而遂于命也。”《吕氏春秋·重己》：“理塞而气不达。”彻*z/r/at，直列切，《广韵》：“通也，明也，达也。”《说文》：“彻，通也。”《左传·昭公二年》：“彻命于执事。”注：“彻，达也。”《国语·楚语下》：“其明能光照之，其聪能听彻之。”注：“彻，通也。”《国语·越语上》：“不敢彻声闻于天王。”注：“彻，达也。”

已*z$\underline{e}^{B}$，羊已切，《广韵》：“止也。”《诗经·风雨》：“风雨如晦，鸡鸣不已。”《诗经·陟岵》：“予子行役，夙夜无已。”《左传·襄公三十年》：“君子是以知郑难之不已也。”也指疾病。《广雅》：“已，瘳也。”《吕氏春秋·至忠》：“王之疾乃可已。”《吕氏春秋·至忠》：“疾乃遂已。”治*z/r/$\underline{e}$，直之切，《广韵》：“理也。”《庄子·逍遥游》：“子治天下，天下既已治也。”《左传·隐公四年》：“犹治丝而棼之也。”也指疾病。《韩非子·喻老》：“故良医之治病也，攻之于腠理。”《韩非子·倒言七右经》：“因为襄王之后治病。”

团*don，度官切，《广韵》：“团圆。”《说文》：“团，圜也。”字本也只作“专”。《周礼·地官·司徒》：“其民专而长。”注：“专，圜也。”《释文》：“专，徒丸反。”字也写作“敦”。《诗经·东山》：“有敦瓜苦，烝在栗薪。”传：“敦，犹专专也。”《释文》：“敦，徒端反。”抟*don，度官切，《广韵》：“《说文》曰：圜也。《礼》云：无抟饭。”《礼记·曲礼上》：“毋抟饭。”《释文》：“抟，徒端反。”《周礼·冬官·考工记》：“抟身而鸿。”注：“抟，圜也。”《释文》：“抟，徒丸反。”抟*d/r/on，持兖切，《广韵》：“《周礼》百羽为抟。”《周礼·冬官·考工记》：“卷而抟之，欲其无迤也。”《释文》：“抟，直转反，或除面反，下同。”又

《周礼·冬官·考工记》:“则是抟以行石也。”注:“抟,圜厚也。”《释文》:“抟,徒丸反,李又丈转反。”《庄子·逍遥游》:“抟扶摇而上九万里。”集释引《说文》:“抟,以手圜之也。”

哿 * kar^{B},古我切,《广韵》:“嘉也。”《说文》:“哿,可也。”《诗经·正同》:“哿矣富人。”传:“哿,可也。”《释文》:“哿,哥我反。”可 * khar^{E},枯我切,《广韵》:“许可也。”《论语·公冶长》:“再,斯可矣。”《左传·僖公二十二年》:“阻而鼓之,不亦可乎?”嘉 * k/r/ar,古牙切,《广韵》:“善也,美也。”《说文》:“嘉,美也。”《论语·子张》:“嘉善而矜不能。”《诗经·载驰》:“既不我嘉,不能旋反。”

集 * ʣu̱p,秦入切,《广韵》:“聚也。”《诗经·葛覃》:“黄鸟于飞,集于灌木。”《诗经·鸿雁》:“鸿雁于飞,集于中泽。”《礼记·月令》:“四方来集,远乡皆至。”《国语·晋语二》:“人皆集于苑。”字也写作“辑”。《汉书·贾谊传》:“百姓黎民化辑于下矣。”注:“辑与集同。”《韩非子·说林下》:“甲辑而兵聚,吴人必至。”辑 * ʣu̱p,秦入切,《广韵》:“和也。”《左传·僖公十五年》:“群臣辑睦。”《左传·襄公十九年》:“若常膏之,其天下辑睦。”《韩非子·外储说左上》:“耕战不辑睦,亦子之罪。”《庄子·天地》:“无阿私,民孰敢不辑?”《史记·司马相如列传》:“陛下即位,存抚天下,辑安中国。”戢 * ʦ/r/u̱p,阻立切,《广韵》:“止也,敛也。”《尔雅》:“戢,聚也。”《诗经·时迈》:“载戢干戈,载櫜弓矢。”传:“戢,聚。”《释文》:“戢,侧立反。”《左传·襄公二十四年》:“兵不戢,必取其族。”《左传·隐公四年》:“夫兵,犹火也。弗戢,将自焚也。”《诗经·鸳鸯》:“鸳鸯在梁,戢其左翼。”笺:“戢,敛也。”

沮 * ʣa̱^{B},慈吕切,《广韵》:“止也。”(沮 * ʦha̱,七余切,《广韵》:“止也,非也。”)《诗经·巧言》:“君子如怒,乱庶遄沮。”传:“沮,止也。”《释文》:“沮,辞吕反。”《诗经·云汉》:“旱既大甚,则不可沮。”传:“沮,止也。”《释文》:“沮,在吕反。”《左传·襄公二十七年》:“赏罚无章,何以沮劝。”《释文》:“沮,在吕反。”《左传·宣公十七年》:“左右或沮之。”注:“沮,止也。”《释文》:“沮,在吕反。”阻 * ʦ/r/a̱^{B},侧吕切,《广韵》:“隔也。”《诗经·谷风》:“既阻我德,贾用不售。”传:“阻,难也。”《左传·闵公二年》:“是服也,狂夫阻之。”疏引服虔:“阻,止也。”《释文》:“阻,庄吕反。”《管子·宙合》:“是以古之人,阻其路,塞其遂。”《说文》:“阻,险也。”《周礼·夏官·司马》:“司险,掌九州岛之图，以周知其山林、川泽之阻，而达其道路。”《左传·僖公二十二年》：“古之为军也，不以阻隘也。”

肃* çu̱k，息逐切，《广韵》：“恭也，敬也，戒也。”（《尔雅》：“肃肃，敬也。”《庄子·田子方》：“至阴肃肃，至阳赫赫；肃肃出乎天，赫赫发乎地。”《史记·刺客列传》：“风萧萧兮易水寒，壮士一去兮不复还！”《水经注·漯水》：“南崖下有风穴，阙大容人，其深不测，而穴中肃肃，常有微风，虽三伏盛暑，犹须袭裘，寒吹陵人，不可暂停。”）《诗经·七月》：“九月肃霜，十月涤场。”传：“肃，缩也，霜降而收缩万物。”《礼记·月令》：“寒气时发，草木皆肃，国有大恐。”注：“肃谓枝叶缩栗。”缩* ç/r/u̱k，所六切，《广韵》：“敛也，退也。”《吕氏春秋·古乐》：“民气郁阏而滞者，筋骨瑟缩不达，故作为舞以倡导之。”《史记·屈原贾生列传》：“夫固自缩而远去。”《史记·龟策列传》：“延颈而前，三步而止，缩颈而却。”

秀* su̱s，息救切，《广韵》：“出也，荣也。”《广雅》：“秀，出也。”《诗经·七月》：“四月秀葽，五月鸣蜩。”《诗经·生民》：“实种实褎，实发实秀。”《论语·子罕》：“苗而不秀者有矣夫！”《礼记·月令》：“王瓜生，苦菜秀。”秀指谷物抽穗扬花。抽* s/r/u̱，丑鸠切，《广韵》：“拔也，引也。搊，上同。搯，上同，见《说文》。”《广雅》：“抽，拔也。”《诗经·清人》：“左旋右抽，中军作好。”传：“抽，抽矢以射。”《诗经·楚茨》：“楚楚者茨，言抽其棘。”《左传·襄公二十四年》：“抽弓而射。”《左传·襄公二十六年》：“戌怒，抽戈逐王子围，弗及。”《韩非子·外储说右下》：“因下抽刀而刎其脚。”

夷* zi̱r，以脂切，《广韵》：“平也。”《诗经·草虫》：“亦既觏止，我心则夷。”传：“夷，平也。”《诗经·桑柔》：“乱生不夷，靡国不泯。”传：“夷，平也。”《庄子·胠箧》：“夫川竭而谷虚，丘夷而渊实。”也可以将当事者让渡给客体。《韩非子·内储说下》：“吾一朝而夷三卿，予不忍尽也。”《左传·隐公六年》：“如农夫之务去草焉，芟夷蕴崇之。”注：“夷，杀也。”薙* d/r/i̱r^{B}，直几切，《广韵》：“芟草。”《说文》：“薙，除草也。”《吕氏春秋·六月纪》：“烧薙行水，利以杀草。”《周礼·秋官·司寇》：“薙氏掌杀草。”注：“书或作夷。”（《左传·昭公十七年》：“五雉为五工正，夷民者也。”注：“雉，夷也。”）

侏* to̱，章俱切，《广韵》：“侏儒，短人。”（“侏儒”为同义联合词。）《韩非子·内储说上》：“侏儒有见公者。”字本作“朱”，音同。《左传·襄公四年》：

"我君小子,朱儒是使;朱儒朱儒,使我败于邾。"注:"臧纥短小,故曰朱儒。"《释文》:"朱或作侏,亦音朱。"后也写作"𤝟"。𤝟* to̱,章俱切,《广韵》:"𤝟獳。"竖* do̱^{B},臣庾切,《广韵》:"童仆之未冠者。"《左传·成公十年》:"公梦疾为二竖子。"《荀子·仲尼》:"仲尼之门,五尺之竖子,言羞称乎五伯。"列* t/r/o̱,陟输切,《广韵》:"列杀。"通作"诛"。诛* t/r/o̱,陟输切,《广韵》:"责也。《释名》云:罪及余曰诛,如诛大树枝叶尽落。"《左传·襄公二十五年》:"见不仁者诛之,如鹰鹯之逐鸟雀也"《庄子·至乐》:"将子有亡国之事,斧钺之诛,而为此乎?"《韩非子·奸劫弑臣》:"哀怜百姓不忍诛罚者,此世之所谓惠爱也。"株* tro̱,陟输切,《广韵》:"木根也。"株,《说文》:"株,根也。从木朱声。"《彗琳音义》卷六:"杀树之馀曰株。"卷三:"株,杀树之馀也。"《韩非子·五蠹》:"田中有株,兔走,触株折颈而死。"

三

内动词(形容词)附加/r/中缀变成外动词。但是,我们不能将附加/r/中缀的外动词解释为内动词(形容词)的使动形式,如"薄"和"迫"。因而,这些形容词又可以有使动用法。"省刑罚,薄税敛,深耕易耨。"(《孟子·梁惠王上》)"薄税敛"的"薄"就是"薄"的使动用法。中间的间隔"薄"了,双方就靠在了一起。因而,"薄"就有了靠近、接近的意义。"薄而观之。"(《左传·僖公二十三年》)再引申,就有了迫近、逼迫等意义。"薄"是形容词,用于描写或修饰名词,没有动作指向。"迫"是动词,有动作指向。我们认为,上古汉语/r/中缀的意义就是给动词或形容词确定指向特定客体的动作指向。"儒有可亲而不可劫也;可近,不可迫也;可杀而不可辱也。"(《礼记·儒行》)"迫孔悝于厕强盟之。"(《左传·哀公十五年》)"迫"就是一步一步向客体逼近而引起客体的恐惧而答应主体的要求。因其有明确指向客体的动作指向,这些附加/r/中缀的动词都是有受力体的外动词。

烝* te̱ŋ,煮仍切,《说文》:"火气上行也。"《国语·周语上》:"阳伏而不能出,阴迫而不能烝,于是有地震。"《墨子·节用中》:"逮夏,下润湿,上熏烝。"也带受事者,邑施力者的受力体。《诗经·生民》:"释之叟叟,烝之浮浮。"

《韩非子·难一》:“易牙烝其子首而进之。”后字作蒸,音同煮仍切。《国语·周语上》:“阳气俱蒸,土膏其动。”《墨子·辞过》:“蒸炙鱼鳖。”《管子·轻重丁》:“猎渔取薪,蒸而为食。”《韩非子·二柄》:“易牙蒸其子首而进之”烝由向上引申为进。《尔雅》:“烝,进也。”《诗经·丰年》:“为酒为醴,烝畀祖妣。”郑笺:“烝,进。”《广韵》:“蒸,进也。《尔雅》云:冬祭曰蒸。《经典》亦作烝。”《尔雅》:“冬祭曰蒸。”注:“进品物也。”《国语·鲁语下》:“社而赋事,蒸而献功。”征 *t/r/e̱ŋ,陟陵切,《广韵》:“召也。”《说文》:“征,召也。行于微而文达者,即征之。”《战国策·楚策四》:“征庄辛于赵。”《庄子·人间世》:“上征武士,则支离攘臂而游于其间。”征的对象可以是人,也可以是物。《周礼·地官·司徒》:“以时征其赋。”《吕氏春秋·达郁》:“日暮矣,桓公乐之而征烛。”

章 *ta̱ŋ,诸良切,《广韵》:“又明也。”《左传·庄公二十四年》:“男贽,大者玉帛,小者禽鸟,以章物也。”《国语·鲁语上》:“男则玉帛禽鸟,以章物也。”注:“章,明也。”《国语·周语中》:“章怨外利,不义。”注:“章,明也。”章是将亮度由暗慢慢变明。字后来也写作“彰”。彰,诸良切,《广韵》:“明也。”《孟子·告子下》:“尊贤育才,以彰有德。”《礼记·表记》:“彰人之善而美人之功,以求下贤。”张 *t/r/a̱ŋ,陟良切,《广韵》:“张施也。”《道德经》:“将欲歙之,必固张之;将欲弱之,必固强之。”《礼记·曲礼上》:“张弓尚筋,弛弓尚角。”《韩非子·外储说右下》:“善张网者引其纲。”张是将物体慢慢张大。

瀹 *zɯ̱k,以灼切,《广韵》:“又渍也。”《说文》:“瀹,渍也。”《仪礼·既夕礼》:“菅筲三,其实皆瀹。”注:“米麦皆湛之汤。”疏:“黍稷皆淹而渍之。”《玉篇》:“瀹,煮也,内菜汤中而出也。”《管子·侈靡》:“雕卵然后瀹之,雕橑然后爨之。”字又作“鬻”。鬻 *zɯ̱k,以灼切,《广韵》:“内肉及菜汤中薄出之。”《说文》:“鬻,内肉及菜汤中薄出之。”又因作为一种祭名而字写作“禴”。禴 *zɯ̱k,以灼切,《广韵》:“祭名。”《汉书·郊祀志下》:“东邻杀牛,不如西邻之禴祭。”注:“禴祭,谓禴煮新菜以祭。”濯 *z/r/ɯk,直角切,《广韵》:“澣濯。”《诗经·泂酌》:“泂酌彼行潦,挹彼注兹,可以濯罍。”《楚辞·渔父》:“沧浪之水清兮,可以濯吾缨。沧浪之水浊兮,可以濯吾足。”《左传·襄公二十一年》:“在上位者洒濯其心。”

恃 *de̱^{B},时止切,《广韵》:“依也,赖也。”《说文》:“恃,赖也。”《诗经·蓼莪》:"无父何怙,无母何恃。"《释文》:"恃,负也。"《左传·成公三年》:"许恃楚而不事郑,郑子良伐许。"《左传·宣公十年》:"滕人恃晋而不事宋。"《庄子·徐无鬼》:"恃源而往者也。"《释文》:"本亦作持。"持* d/r/e̱,直之切,《广韵》:"执持。"《说文》:"持,握也。"《左传·哀公二年》:"蒯聩不敢自佚,备持矛焉。"《礼记·射义》:"持弓矢审固,则射中矣。"《庄子·秋水》:"庄子持竿不顾。"《墨子·备梯》:"持冲十人,执剑五人,皆以有力者。"

动词"恃"所持的是无形不可持之物,动词"持"所持的是有形可持之物。两者比较,后者有更强的动作性。上面提到,中缀/r/确定动词指向客体的动作指向。因而,动词"持"的主体将动作直接指向客体,而客体更是主体可以操控的受事者,是施力者的受力体。"滕人恃晋"中的"晋"不是"滕人"可以操控的对象,"庄子持竿"中的"竿"却是"庄子"可以操控的对象。带中缀/r/的动词,不仅其所指的动作更具体,而且更突出客体的被动性。

斫* ta̱k,之若切,《广韵》:"刀斫。"《韩非子·奸劫弑臣》:"公坠,崔子之徒以戈斫公而死之,而立其弟景公。"《吕氏春秋·音初》:"斧斫斩其足,遂为守门者。"《史记·孙子吴起列传》:"乃斫大树白而书之。"磔* t/r/ak,陟革切,《广韵》:"张也,开也,《尔雅》曰祭风曰磔。"《说文》:"磔,辜也。"《庄子·盗跖》:"无异于磔犬、流豕、操瓢而乞者。"《礼记·月令》:"磔攘以毕春气。"注:"磔牲以攘于四方之神。"《释文》:"磔,竹伯反。"《韩非子·内储说上》:"夫罪莫重辜磔于市,犹不止者,不必得也。"《荀子·宥坐》:"吴子胥不磔姑苏东门外乎?"注:"磔,车裂也。"《史记·酷吏列传》:"广汉李贞擅磔人。"

穫* ʁak,胡郭切,《广韵》:"刈也。"《说文》:"穫,刈谷也。"《诗经·七月》:"八月剥枣,十月穫稻。"《诗经·小明》:"岁聿云莫,采萧穫菽。"《吕氏春秋·贵因》:"适令武王不耕而穫。"《吕氏春秋·审时》:"稼就而不穫,必遇天菑。"《管子·权修》:"一树一穫者,谷也;一树十穫者,木也;一树百穫者,人也。"獲* ʁ/r/ak,胡麦切,《广韵》:"得也。"《诗经·巧言》:"跃跃毚兔,遇犬獲之。"《诗经·出车》:"执讯獲丑,薄言还归。"《左传·僖公二十二年》:"邾人獲公胄,县诸鱼门。"《孟子·滕文公下》:"终日而不獲一禽。"

因而，附加/r/中缀的动词可以在被动句中作谓语，如上例中的“磔”。相反，动词原形只能在主动句中充当谓语。这是附加/r/的派生词和原形的一个显著差别。“穫”是收获，使用范围比较狭窄。因其收获的对象已经确定，“穫”也多不带受事宾语。“獲”使用范围非常广泛，所获对象极多，可以是具体的物，也可以是抽象的事。“獲罪于天，无所祷也。”（《论语·八佾》）因其对象无定，“獲”作谓语时总是带受事宾语。比较“穫”和“獲”，一个极明显的差别是，前者不能转为“受动”（被动）而后者可以转为“受动”（被动）。“将为三军獲。”（《左传·襄公十八年》）这正说明*/r/是一个具有及物化功能的动作性动词中缀。

四

需要注意的是，中古汉语的二等（包括知庄组）上古汉语并非一定带介音/r/，比如我们熟悉的“怕”字。怕，普驾切，《广韵》：“怕惧。”怖，普故切，《广韵》：“惶惧也。”怕，《广韵》归二等祃韵，只是保存了“怖”的上古汉语读音而已。上古汉语的一个语音形式，《广韵》未必只有一个语音形式与之对应，常常有两个甚至两个以上的语音形式与之对应。多对一，可以是形态原因，也可能是方言或雅俗不同。“怖”雅言中随着语音演变的规则，变成了“普故切”，在俗语中却保留了早期汉语的读音，而成了“普驾切”。《广韵》收录了不少“怕”这样的读音。

垂*do̱r，是为切，《广韵》：“草木叶悬。”《诗经·芄兰》：“容兮遂兮，垂带悸兮。”《诗经·都人士》：“彼都人士，垂带而厉。”《易·系辞上》：“天垂象，见吉凶，圣人象之。”《左传·昭公元年》：“伍举知其有备也，请垂櫜而入。”缒*d/r/o̱rs，驰伪切，《广韵》：“绳悬也。”《说文》：“缒，以绳有所县也。”段玉裁注：“以绳系物垂之是为缒。缒之言垂也。”《左传·僖公三十年》：“夜缒而出，见秦伯。”《释文》：“缒，丈伪反。”《左传·襄公十九年》：“夜缒纳师，醢卫于军。”《释文》：“缒，直伪反。”《左传·昭公十九年》：“子占使师夜缒而登。”《释文》：“缒，直伪反。”锤*d/r/o̱rs，驰伪切，《广韵》：“称锤，或作锤。”《韩非子·外储说左上》：“晋国之辞仕托慕者国之锤。”也是“垂”的异体字。《扬子·太玄经》：“带其钩鞶，锤以玉镮。”《邓析子·无厚》：“譬如拯溺锤之以石，救火投之以薪。”硾*d/r/o̲rs，驰伪切，《广韵》：“镇也。《吕氏春秋》云：硾之以石。”《吕氏春秋·劝学》：“是拯溺而硾之以石也。”也当是“垂”的异体字。《孔丛子·嘉言》：“上悬之于无极之高，下垂之于不测之深。”

植*de̲k，常职切，《说文》：“户植也。”《左传·定公十年》：“左右皆至而立如植。”段玉裁注：“植之引申为凡植物、植立之植。”植*de̲k，常职切，《广韵》：“种植也。”（植，丞职切，《集韵》：“《说文》：户植也，一曰树立也。”）《周礼·地官·司徒》：“植虞旗于中，致禽而珥焉。”注：“植犹树也。”《释文》：“植，时力反，又音值。”《周礼·夏官·司马》：“令获者植旌。”郑注：“植，树也。”《释文》：“植，直吏反，又时力反。”《庄子·外物》：“草木之到植者过半而不知其然。”《释文》：“植，时力反，又音值，立也，本亦作置。”《论语·微子》：“植其杖而芸。”《释文》：“植，音值，又市力反。”植*d/r/e̲ks，直吏切，《广韵》：“种也。”（植，直吏切，《集韵》：“种也。”）由种植引申为繁殖。殖*de̲k，常职切，《广韵》：“多也，生也。”《左传·隐公六年》：“绝其本根，勿使能殖。”《左传·襄公二十九年》：“松柏之下，其草不殖。”《左传·襄公三十年》：“我有子弟，子产诲之，我有田畴，子产殖之，子产而死，谁其嗣之。”《释文》：“殖，时力反，徐是吏反，此协下韵。”此“殖”实际就是“植”。值*d/r/e̲ks，直吏切，《广韵》：“持也，措也。”《说文》：“值，措也。”《诗经·宛丘》：“无冬无夏，值其鹭羽。”（《太平御览·冬上》：“无冬无夏，植其鹭羽。”）

注*to̲s，之戍切，《广韵》：“灌注也，又注记也。”《诗经·泂酌》：“挹彼注兹，可以濯罍。”《孟子·滕文公上》：“禹疏九河，瀹济漯，而注诸海。”引申之，为“注释”，字也写作“註”。註*t/r/o̲s，中句切，《广韵》：“解也，又音注。”鉒*t/r/o̲s，中句切，《广韵》：“置也，又送死人物也。”此“鉒”字亦为“赌注”之“注”。《淮南子·说林训》：“以瓦鉒者全，以金鉒者跋，以玉鉒者发，是故所重者在外，则内为之掘。”字本只写作“注”。《庄子·达生》：“以瓦注者巧，以钩注者惮，以黄金注者殙。”《释文》：“注，之树反。”

招*tɯ̲，止遥切，《广韵》：“招呼也，来也。”《说文》：“招，手呼也。”《诗经·匏有苦叶》：“招招舟子，人涉卬否。”《释文》：“招，照遥反。王逸云：以手曰招，以言曰召。”《诗经·君子阳阳》：“左执簧，右招我由房。”《荀子·劝学》：“登高而招，臂非加长也，而见者远。”《左传·昭公二十年》：“齐侯田于沛，招虞人以弓。”召*d/r/ɯ̲s，直照切，《广韵》：“呼也。”《说文》：“召，呼也。”

《左传·隐公三年》:“宋穆公疾召大司马孔父而属殇公焉。”《诗经·东方未明》:“颠之倒之,自公召之。”《诗经·出车》:“召彼仆夫,谓之载矣。”

像“招”和“召”,声调不同,词根辅音清浊不同,又有介音的不同。用声调已经足以解释它们之间的不同,而且“召”《广韵》有“寔照切”一个异读。这说明后一个形式保留了早期汉语的语音形式,即出现在介音-i-前的齿龈塞音并没有依照规则演变成中古汉语的舌面塞擦音。这才导致《释文》在注音上出现混乱,如“植”。上述例子中的知组字,上古汉语都应该跟章组字相同。它们之间的语法、意义差别通过附加-s 后缀来实现。这一点我们将在-s 后缀部分再详细讨论。总之,中古汉语的二等(知庄组)上古未必有介音/r/。

第四章　元音松紧交替

第一节　标记

一

中古的韵书，比如《广韵》，大量字三等和非三等异读。谐声系统中，三等和非三等谐声。这说明三等和非三等之间既存在着音变关系也存在着变音关系。音变关系反映了时间和空间的不同，变音关系反映了意义的不同。因而，三等和非三等之间的异读可以纯粹是无意义上的音变，也可以涉及意义上的改变。中古汉语，三等和非三等的差别是，三等的主元音是前高元音 i 或带 i 介音，而非三等的主元音是非前高元音 i 或不带介音 i。因此，学者的直感是，三等韵母是有标记的韵母。实际上，跟学者的直感相反，非三等韵母才是有标记的韵母。造成错觉的根本原因是中古汉语的介音 i 是后起的介音。

除半元音-j-一个来源外，中古汉语的介音 i 主要由上古汉语的紧元音衍生出来，具体情况见金理新《上古音略》（2013：8—19）。紧元音虽然学者书写的时候习惯上在下面加上一个小横，看起来像是加了一个标记，实际上是无标记元音。这一点在元音松紧对立的语言里面表现得非常清楚，比如佤语。核心词汇、基础词汇选择紧元音。上古汉语也是如此。紧元音（三等）是无标记的语音形式。

颂*ɢo̱ŋ，余封切，《广韵》："形颂。"《说文》："颂，貌也。"

胸*xo̱ŋ，许容切，《广韵》："膺也。"《说文》字作"匈"，"膺也。"

肢*ki̱,章移切,《广韵》:“肢体。”《说文》字作“胑”,“体四胑也。”

頿*ȶi̱,即移切,《广韵》:“《说文》云:口上须。俗作髭。”

脾*bi̱,符支切,《广韵》:“《说文》曰:土藏也。”

毗*bi̱r,房脂切,《广韵》:“《说文》曰:人齐也。”

眉*mri̱r,武悲切,《广韵》:“《说文》作睂,目上毛也。”

而*ne̱,如之切,《广韵》:“《说文》曰:颊毛也。”

肤*pa̱,甫无切,《广韵》:“皮肤。”《说文》字作“胪”,“皮也。”

唇*s-dɯ̱n,食伦切,《广韵》:“口唇。”《说文》:“唇,口端也。”

筋*kɯ̱n,举欣切,《广韵》:“筋骨也。《说文》曰:肉之力也。”

元*m-go̱n,愚袁切,《尔雅》:“首也。”《左传·僖公三十三年》:“狄人归其元,面如生。”

要*ɯ̱,於霄切,《广韵》:“俗言要勒。《说文》曰:身中也。”

肠*z/l/a̱ŋ,直良切,《广韵》:“肠胃。”《说文》:“肠,大小肠也。”

睛*ȶi̱ŋ,子盈切,《广韵》:“目珠子也。”

颈*gi̱ŋ,巨成切,《广韵》:“项也,颈在前,项在后。”

膺*e̱ŋ,於陵切,《广韵》:“胸也。”《说文》:“膺,胸也。”

心*snu̱m,息林切,《广韵》:“火藏。”

髯*na̱m,汝盐切,《广韵》:“《说文》曰:颊须也。”

首*su̱^{B},书九切,《广韵》:“头也。”《说文》:“首,头也,象形。”

手*snu̱^{B},书九切,《广韵》:“手足。”《说文》:“手,拳也,象形。”

醜*thu̱^{B},昌九切,《广韵》:“窍也。”《礼·内则》:“狼去肠,狗去肾,狸去正脊,兔去尻,狐去首,豚去脑,鱼去乙,鳖去醜。”注:“醜,谓鳖窍也。”字也写作“州”。《尔雅》:“白州,驠。”注:“州,窍。”《说文》:“驠,马白州也。”《山海经·北山经》:“有兽焉,其状如麋,其州在尾上。”注:“州,窍也。”《经义述闻》:“醜与州声近而义同。”

齨*gu̱^{B},其九切,《广韵》:“齿齨。”《说文》:“齨,老人齿如臼也。”

右*ʁe̱^{B},云久切,《广韵》:“左右也。”《说文》字作又,“手也,象形。”

肘*tru̱^{B},陟柳切,《广韵》:“臂肘。”《说文》:“肘,臂节也。”

歱*to̱ŋ^{B},之陇切,《广韵》:“《说文》跟也。”《说文》:“歱,跟也。”

指*ki̱r^{B},职雉切,《广韵》:“手指也。”《说文》:“指,手指也。”

趾*te̱^{B}，诸市切，《广韵》："足也。"《尔雅》："趾，足也。"

耳*ne̱^{B}，而止切，《广韵》："《说文》云：主听也。"

齿*the̱^{B}，昌里切，《广韵》："又牙齿。"《说文》："齿，口断骨也。"

酺*ba̱^{B}，扶雨切，《广韵》："颊骨。"《说文》："酺，颊也。"

乳*no̱^{B}，而主切，《广韵》："柔也。"

吻*mu̱n^{B}<**mu̱t，武粉切，《广韵》："口吻。"《说文》："吻，口边也。"

掌*ta̱ŋ^{B}，诸两切，《广韵》："手掌。"《说文》："掌，手中也。"

颈*ki̱ŋ^{B}，居郢切，《广韵》："项也。"《说文》："颈，头茎也。"

腑*po̱^{B}，方矩切，《广韵》："藏腑。本作府，俗加月。"

肾*gi̱n^{B}，时忍切，《广韵》："五藏之一也。"《说文》："肾，水藏也。"

臂*pi̱ks，卑义切，《广韵》："肱也。"《说文》："臂，手上也。"

鼻*bi̱ts，毗至切，《广韵》："《说文》曰：引气自卑也。"

胃*ʁu̱ts，于贵切，《广韵》："肠胃。《说文》：谷府也。"

肺*po̱ts，方废切，《广韵》："金藏。"《说文》："肺，金藏也。"

面*me̱ns，弥箭切，《广韵》："《说文》颜前也。"

目*me̱k，莫六切，《广韵》："《释名》云：目，默也，默而内识也。"

腹*pu̱k，方六切，《广韵》："腹肚。"《说文》："腹，厚也。"

发*po̱t，方伐切，《广韵》："头毛也。《说文》：根也。"

足*ʨo̱k，即玉切，《广韵》："《尔雅》云：趾，足也。"

脚*ka̱k，居勺切，《广韵》："《释名》云：脚，却也，以其坐时却在后也。"

准*tu̱t，职悦切，《广韵》："李斐云：准，鼻也。"

厀*s-ʨi̱t，息七切，《广韵》："《说文》曰：胫节也。"

嗌*i̱k，伊昔切，《广韵》："喉也。"《说文》："嗌，咽也。"

舌*ze̱t，食列切，《广韵》："口中舌。"《说文》："舌，在口，所以言也，别味也。"

脊*ʨi̱k，资昔切，《广韵》："背脊。"《说文》："脊，背吕也。"

臆*e̱k，于力切，《广韵》："胸臆。"《说文》："肊，胸骨也。"

考察上古汉语的肢体和器官名词，不难发现这些肢体和器官名词，有一个非常一致的语音特征，那就是它们属于中古汉语的三等。选择非三等的肢体和器官名词上古汉语有一些，但只有几个。中古汉语三等和非三等大抵各占一半。上古汉语那么多肢体和器官名词，理当不会一边倒集中在三等。然而，事实却是，上古汉语的肢体和器官名词，基本上属于三等。这说明三等和非三等的语言价值并不完全相同。肢体和器官名词都是基本词，其中相当一部分肢体名词甚至是核心词。中古汉语三等韵母的主元音为 i 或带 i 介音。显然，在有无介音 i 对立的语言中，介音 i 是一个标记。因而，我们往往不假思索地认为三等韵母应该是有标记的韵母。事实却相反。我们从肢体和器官名词选择的语音形式看，三等韵母应该是无标记的韵母。中古汉语三等韵母最主要的来源是上古汉语主元音为紧元音的韵母，而元音松紧对立的语言，如南亚语，紧元音是无标记的元音。上古汉语肢体和器官名词集中选择紧元音，跟那些元音松紧对立的语言相同。

余 *za̱，以诸切，《广韵》："我也。"《左传·闵公二年》："余焉能战？"

汝（女）*na̱^{B}，人渚切，《广韵》："尔也。"《左传·僖公四年》："五侯九伯，女实征之。"

此 *ʈhi̱^{B}，雌氏切，《广韵》："止也。"《左传·隐公四年》："此二人者，实弑寡君。"

彼 *pa̱r^{B}，甫委切，《广韵》："对此之称。"《左传·昭公元年》："一彼一此，何常之有？"

谁 *du̱r，视隹切，《广韵》："何也。"《左传·僖公四年》："以此众战，谁能御之？"

不 *pe̱，甫鸠切，《广韵》："弗也。"《左传·隐公元年》："不及黄泉，无相见也！"

全 *ɖo̱n，疾缘切，《广韵》："完也，具也。"《孟子·离娄上》："有求全之毁。"

一 *i̱t，于悉切，《广韵》："数之始也。"《左传·隐公元年》："大都不过参国之一。"

二 *ni̱s，而至切，《说文》："地之数也。"《左传·隐公元年》："十有二月，祭伯来。"

长 *dra̱ŋ，丈二切，《广韵》："永也。"《左传·宣公十五年》："虽鞭之长，不及马腹。"

小 * ɕɯ^{B}，私兆切，《广韵》：“微也。”《左传·桓公二年》：“本大而末小，是以能固。”

女 * na̱^{B}，尼吕切，《说文》：“妇人也。”《左传·庄公二十四年》：“男女之别，国之大节也。”

人 * ni̱n，如邻切，《广韵》：“天地人为三才。”《左传·隐公二年》：“莒人入向。”

皮 * ba̱r，符羁切，《广韵》：“皮肤也。”《左传·僖公十四年》：“皮之不存，毛将安傅？”

肤 * pa̱，甫无切，《广韵》：“皮肤。”《墨子·修身》：“畅之四支，接之肌肤。”

肉 * nu̱k，如六切，《广韵》：“骨肉。”《左传·宣公十二年》：“郑伯肉袒牵羊以逆。”

脂 * kɪ̱r，旨夷切，《广韵》：“脂膏也。”《左传·襄公三十一年》：“巾车脂辖。”

尾 * mɯ̱r^{B}，无匪切，《广韵》：“首尾也。”《左传·文公十七年》：“畏首畏尾，身其余几。”

羽 * ʁa̱^{B}，王矩切，《广韵》：“鸟长毛。”《左传·隐公五年》：“骨，角，毛，羽。”

发 * po̱t，方伐切，《广韵》：“头毛也。”《左传·僖公二十二年》：“见被发而祭于野者。”

首 * su̱^{B}，书九切，《广韵》：“头也。”《左传·隐公三年》：“得保首领以没。”

耳 * ne̱^{B}，而止切，《说文》：“主听也。”《左传·僖公二十四年》：“耳不听五声之和为聋。”

目 * me̱k，莫六切，《说文》：“人眼。”《左传·僖公二十四年》：“目不别五色之章为昧。”

鼻 * bi̱ts，毗至切，《说文》：“引气自卑也。”《孟子·离娄下》：“人皆掩鼻而过之。”

齿 * the̱^{B}，昌里切，《广韵》：“牙齿。”《左传·僖公五年》：“辅车相依，唇亡齿寒。”

舌*ze̱t，食列切，《广韵》：“口中舌。”《左传·昭公八年》：“匪舌是出，唯躬是瘁。”

足*ʦo̱k，即玉切，《说文》：“人之足也。”《左传·庄公八年》：“见公之足于户下。”

膝*s-ʦi̱t，息七切，《说文》：“胫节也。”《荀子·大略》：“坐视膝，立视足。”

手*snu̱ᴮ，书九切，《广韵》：“手足。”《左传·隐公元年》：“仲子生而有文在其手。”

腹*pu̱k，方六切，《广韵》：“腹肚。”《左传·宣公二年》：“睅其目，皤其腹。”

颈*ki̱ŋᴮ，居郢切，《广韵》：“项也。”《左传·定公十四年》：“使罪人三行，属剑于颈。”

乳*no̱ᴮ，而主切，《广韵》：“柔也。”《左传·宣公四年》：“楚人谓乳谷，谓虎于菟。”

心*snu̱m，息林切，《广韵》：“火藏。”《左传·僖公二十四年》：“沐则心覆，心覆则图反。”

饮*u̱mᴮ，于锦切，《说文》：“歠也。”《左传·宣公十年》：“饮酒于夏氏。”

噬*de̱ts，时制切，《广韵》：“啮噬。”《左传·哀公十二年》：“国狗之瘈，无不噬也。”

视*gi̱rᴮ，承矢切，《广韵》：“瞻也。”《左传·庄公十年》：“下视其辙，登轼而望之。”

闻*mu̱n，无分切，《说文》：“知声也。”《左传·隐公元年》：“公闻其期。”

知*tri̱，陟离切，《广韵》：“觉也。”《左传·隐公五年》：“非寡人之所敢知也。”

寝*ʦhi̱m，七稔切，《广韵》：“卧也。”《左传·成公二年》：“丑父寝于辗中，蛇出于其下。”

死*sirᴮ，息姊切，《说文》：“澌也。”《左传·隐公三年》：“寡人虽死，亦无悔焉。”

游*ju̱，以周切，《广韵》：“浮也。”《左传·昭公二十七年》：“岂其伐人而说甲执冰以游？”

飞*pu̱r，甫微切，《广韵》：“飞翔。”《左传·哀公六年》：“赤鸟夹日以飞。”

寐*mi̱ts，弥二切，《广韵》：“寝也。”《左传·襄公二十六年》：“夙兴夜寐。”

立*ri̱p，力入切，《广韵》：“行立。”《左传·庄公八年》：“豕人立而啼。”

畀*pi̱ts，必至切，《广韵》：“与也。”《左传·僖公二十八年》：“分曹卫之田，以畀宋人。”

言*ŋa̱n，语轩切，《广韵》：“言语也。”《左传·隐公元年》：“不言出奔，难之也。”

鱼*ŋa̱，语居切，《说文》：“水虫也。”《左传·隐公五年》：“公矢鱼于棠。”

虱*sri̱t，所栉切，《广韵》：“虮虱。”《庄子·徐无鬼》：“豕虱是也。”

种*to̱ŋ^{B}，之陇切，《广韵》：“种类也。”《庄子·逍遥游》：“魏王贻我大瓠之种。”

叶*za̱p，与涉切，《广韵》：“枝叶。”《左传·闵公元年》：“而后枝叶从之。”

日*ni̱t，人质切，《说文》：“实也。”《左传·桓公三年》：“日有食之。”

月*ŋo̱t，鱼厥切，《说文》：“阙也。”《左传·庄公二十五年》：“非日月之眚，不鼓。”

云*ɢɯ̱n，王分切，《说文》：“山川之气也。”《左传·昭公十七年》：“昔者黄帝氏以云纪。”

雨*ʁa̱^{B}，王矩切，《说文》：“水从云下也。”《左传·庄公七年》：“星陨如雨，与雨偕也。”

水*qhi̱r^{B}，式轨切，《说文》：“准也。”《左传·桓公元年》：“凡平原出水为大水。”

石*da̱k，常只切，《说文》：“山石也。”《左传·僖公十六年》：“陨石于宋，五。”

焚*bu̱n，符分切，《广韵》：“焚烧。”《左传·隐公四年》：“弗戢，将自焚也。”

赤*k-xra̱k，昌石切，《广韵》：“南方色。”《左传·襄公二十六年》：“宋芮司徒生女子，赤而毛。”

夜*ja̱ks，羊谢切，《广韵》：“暮也。”《左传·庄公七年》：“夜中，星陨如雨。”

热*na̲t，如列切，《说文》：“温也。”《左传·昭公元年》：“阴淫寒疾，阳淫热疾。”

盈*ji̲ŋ，以成切。《广韵》：“满也。”《左传·庄公十年》：“彼竭我盈，故克之。”

新*ɕi̲n，息邻切，《广韵》：“新故也。”《左传·隐公三年》：“远间亲，新间旧。”

良*ra̲ŋ，吕张切，《广韵》：“善也。”《左传·成公十年》：“彼良医也，惧伤我。”

圆*ɢo̲n，王权切，《说文》：“全也。”《礼记·经解》：“不可欺以方圆。”

名*mi̲ŋ，武并切，《说文》：“自命也。”《左传·隐公七年》：“不书名，未同盟也。”

吾*ŋa，五乎切，《广韵》：“我也。”《隐公五年》：“吾将略地焉。”

何*gar，胡歌切，《广韵》：“辝也。”《左传·隐公元年》：“君何患焉？”

多*tar，得何切，《广韵》：“众也。”《左传·僖公五年》：“病而乞盟，所丧多矣。”

大*zats，徒盖切，《广韵》：“小大也。”《左传·隐公元年》：“大都不过参国之一。”

男*num，那含切，《广韵》：“男子也。”《左传·桓公十八年》：“女有家，男有室，无相渎也。”

血*χet，呼决切，《释名》：“濊也。”《左传·成公二年》：“流血及屦，未绝鼓音。”

骨*kut，古忽切，《说文》：“肉之核也。”《左传·襄公二十二年》：“所谓生死而肉骨也。”

卵*lon^{B}，卢管切，《汉书》注：“鸟卵也。”《左传·哀公十六年》：“胜如卵，余翼而长之。”

角*krok，古岳切，《说文》：“兽角也。”《左传·隐公五年》：“皮革，齿牙，骨角。”

口*kho^{B}，苦后切，《说文》：“人所以言食也。”《左传·襄公九年》：“口血未干而背之。”

爪*ȶ/l/u^{B},侧绞切,《说文》:“覆手曰爪。”《左传·成公十二年》:“以为己腹心股肱爪牙。”

肝*kan,古寒切,《广韵》:“木藏。”《庄子·盗跖》:“脍人肝而餔之。”

步*bas,薄故切,《广韵》:“行步。”《左传·哀公十一年》:“徐步而死。”

来*le,落哀切,《广韵》:“至也。”《左传·隐公元年》:“十有二月,祭伯来。”

坐*ȡor^{B},徂果切,《说文》:“止也。”《左传·宣公二年》:“坐而假寐。”

杀*ɕ/r/at,所八切,《广韵》:“杀命。”《左传·隐公四年》:“卫人杀州吁于濮。”

鸟*tɯ^{B},都了切,《说文》:“长尾禽总名也。”《左传·隐公五年》:“鸟兽之肉。”

犬*qhen^{B},苦泫切,《广韵》:“狗有悬蹄者曰犬。”《左传·僖公四年》:“与犬,犬毙。”

木*mok,莫卜切,《广韵》:“树木。”《左传·僖公三十二年》:“尔墓之木拱矣。”

本*pun^{B},布忖切,《说文》:“木下曰本。”《左传·隐公六年》:“绝其本根,勿使能殖。”

星*ɕiŋ,桑经切,《广韵》:“星宿。”《左传·庄公七年》:“夜,恒星不见。”

山*s/l/an,所闲切,《释名》:“产也。”《左传·隐公十一年》:“山有木,工则度之。”

土*tha^{B},他鲁切,《释名》:“吐也。”《左传·庄公三十二年》:“神赐之土田。”

沙*ɕ/l/ar,所加切,《说文》:“水散石也。”《左传·僖公十四年》:“辛卯,沙鹿崩。”

烟*in,乌前切,《广韵》:“火气也。”《庄子·徐无鬼》:“布草,操烟火。”

火*smor^{B},呼果切,《说文》:“毁也。”《左传·隐公四年》:“夫兵,犹火也。”

灰*khur,呼恢切,《说文》:“死火也。”《庄子·齐物论》:“心固可使如死灰乎?”

径*kiŋs,古定切,《广韵》:“步道。”《左传·僖公二十五年》:“昔赵衰以壶飧从径。”

青 * ʦhiŋ，仓经切，《广韵》：“东方色也。”《左传·僖公二十六年》：“野无青草。”

黄 * ɢaŋ，胡光切，《广韵》：“中央色也。”《左传·隐公元年》：“不及黄泉，无相见也！”

白 * brak，傍陌切，《广韵》：“西方色。”《左传·昭公二十六年》：“有君子白皙。”

黑 * smek，呼北切，《广韵》：“北方色。”《左传·昭公二十八年》：“昔有仍氏生女，黰黑。”

寒 * gan，胡安切，《广韵》：“寒暑也。”《左传·哀公八年》：“唇亡齿寒，君所知也。”

燥 * ʦhɯ^{B}，苏老切，《广韵》：“干燥。”《左传·襄公十七年》：“以辟燥湿寒暑。”

斯瓦迪士一百个核心词，除了 we“我们”，上古汉语没有相应的语词，I“我”上古汉语有“余”和“吾”两个形式，也可以予以剔除。其余九十八个语词，非三等三十四个，三等六十四个。三等几乎是非三等的一倍。这跟佤语情况大抵一致。斯瓦迪士一百个核心词佤语元音为紧元音的有六十六个，松元音的有三十四个（陈国庆，2002：232—235）。通过对斯瓦迪士一百个核心词元音选择的分析，进一步佐证了我们的看法，上古汉语的紧元音（三等）是无标记的语音形式。因而基础词汇，尤其是核心词汇，倾向选择紧元音。

二

此 * ʦhi̠^{B}，雌氏切，《广韵》：“止也。”《诗经·日月》：“今此下民，亦孔之哀。”《左传·僖公四年》：“以此众战，谁能御之？以此攻城，何城不克？”据周法高的研究，“甲骨文及西周金文中未见指示代词‘此’字，稍后之金文有之，《书经》也相当少……《诗经》中常见，《论语》无‘此’有‘斯’，他书常见”。

斯 * ɕi̠，息移切，《广韵》：“此也。”《论语·子罕》：“逝者如斯夫！不舍昼夜。”《论语·雍也》:“谁能出不由户?何莫由斯道也?”《论语·八佾》:“君子之至于斯也,吾未尝不得见也。”据周法高的研究,“列国时代中《论语》《檀弓》常用‘斯’来代替‘此’;《孟子》亦用‘斯’,他书少见”。王力(1980:281)认为,“此和斯的分别在最初可能是由于方言的不同”。《孟子·梁惠王下》:“文王发政施仁,必先斯四者。”

是*di̠^{B},承纸切,《广雅》:“此也。”《诗经·蓼萧》:“燕笑语兮,是以有誉处兮。”《论语·学而》:“夫子至于是邦也,必闻其政。”《论语·宪问》:“夫如是,奚而不丧?”《孟子·梁惠王上》:“其如是,孰能御之?”《孟子·梁惠王上》:“是心足以王矣。”

之*te̠,止而切。《诗经·汉广》:“之子于归,言秣其马。”笺:“之子,是子也。”《诗经·桃夭》:“之子于归,宜其家室。”王力(1980:279)说:“之字用于指示的时候,是用作定语的,它是近指的指示代词,等于现代汉语的‘这’。”《庄子·逍遥游》:“之二虫又何知!”

时*de̠,市之切,《尔雅》:“是也。”作为指示代词,“时”在上古出现的范围很狭小,“见于《书》《诗》”(周法高,1990:155)。《诗经·生民》:“厥初生民,时维姜嫄……载生载育,时维后稷。”《诗经·公刘》:“于时处处,于时庐旅,于时言言,于时语语。”

兹*ʦe̠,子之切,《广韵》:“此也。”兹是一个古老的指示代词,甲骨文中已见,如《甲编》2416:“告于兹大邑适。”周法高(1990:152)说:“金文、《书经》皆有之,《易经》一见,《诗经》中只见于《大雅》和《周颂》,不见于《国风》和《小雅》。”《诗经·绵》:“曰止曰时,筑室于兹。”《诗经·召旻》:“维昔之富,不如时;维今之疚,不如兹。”

若*na̠k,而灼切,《广韵》:“辞也。”《论语·宪问》:“君子哉若人,尚德哉若人。”《荀子·王霸》:“君人者亦可以察若言矣。”注:“如此也。”《孟子·梁惠王上》:“以若所为,求若所欲,犹缘木而求鱼也。”《墨子·尚同下》:“上以若人为暴,将罚之。”

然*na̠n,如延切,《广韵》:“又如也,是也。”《左传·隐公十一年》:“凡诸侯有命告则书,不然则否。”《左传·桓公六年》:“吾不得志于汉东也,我则使然。”《左传·僖公十四年》:“是则然矣。”《论语·先进》:“然则,师愈与?”《墨子·兼爱中》:“虽然,不可行之物。”《孟子·梁惠王上》:“然而不王者,未之有也。”

者*ta̱^{B}，章也切，《广韵》：“语助。”《说文》：“者，别事词也。”《论语·为政》：“今之孝者，是谓能养。”

彼*pa̱r^{B}，甫委切，《广韵》：“对此之称。”《左传·隐公九年》：“彼徒我车，惧其侵轶我也。”《左传·襄公二十七年》：“彼君之雠也，天或者将弃彼矣，彼实家乱，子何病焉？”《诗经·扬之水》：“彼其之子，不与我戍申。”《诗经·羔裘》：“彼其之子，邦之司直。”《庄子·齐物论》：“是亦彼也，彼亦是也。彼亦一是非，此亦一是非。”

夫*pa̱，甫无切，《广韵》：“丈夫。”“夫”上古也多用作指示代词。《左传·襄公二十六年》：“夫独无族姻呼？”《论语·先进》：“非我也，夫二三子也。”“‘彼’字本为远借代词，在《诗经》中多用为形容词，解作‘那’，有时为第三人称代词，但仍有彼此比较之意。到了汉代渐渐用为第三人称代词。”（周法高，1990：177）

匪*pɯ̱r，府尾切，《广雅》：“彼也。”《左传·僖公十五年》：“下民之孽，匪降自天。”《左传·襄公八年》：“《诗》云：如匪行迈谋，是用不得于道。”杜注：“匪，彼也。”《诗经·定之方中》：“匪直也人，秉心塞渊。”《诗经·旄丘》：“匪车不东。”

汝*na̱^{B}，人渚切，《广韵》：“尔也。”《礼记·乐记》：“居！吾语汝。”《荀子·议兵》：“非汝所知也！汝所谓便者，不便之便也；吾所谓仁义者，大便之便也。”字本写作“女”。《左传·庄公八年》：“吾以女为夫人。”《左传·僖公七年》：“唯我知女，女专利而不厌。予取予求，不女疵瑕也，后之人，将求多于女，女必不免。我死，女必速行，无适小国，将不女容焉。”

若*na̱k，而灼切，《广韵》：“汝也。”“甲骨文、《书》、《诗》中未见，金文中亦少见，列国时代《庄子》较常见。”（周法高，1990：92）《庄子·齐物论》：“我胜若，若不我胜。”王力（1980：263）说：“《论语》的‘吾语女’，到了《庄子·天运》《秋水》《庚桑楚》也都作‘吾语女’（《渔父》作‘吾语汝’），而《庄子·人间世》却说成‘吾将语若’和‘吾语若’。可见，‘若’就是‘汝’。”塞音韵尾-k弱化，*na̱k（若）变成了*na̱ʔ（汝）。

尔*na̱r^{B}，儿氏切，《广韵》：“汝也。”《左传·隐公元年》：“尔有母遗，繄我独无！”《左传·文公十四年》：“尔求之久矣，我能事尔。”《左传·僖公四年》:“尔贡包茅不入,王祭不共,无以缩酒,寡人是征。”《左传·僖公三十年》:“苟能纳我,吾使尔为卿。”

而*ne,如之切,《广韵》:“语助。”《左传·宣公三年》:“余为伯儵,余而祖也,以是为而子。”《左传·宣公十五年》:“余,而所嫁妇人之父也。”《诗经·桑柔》:“嗟尔朋友,予岂不知而作?”笺:“而犹女也。”字写作“乃”。乃*ne^{B},奴亥切,《广韵》:“汝也。”《左传·僖公十二年》:“舅氏,余嘉乃勋,应乃懿德,谓督不忘,往践乃职,无逆朕命。”

其*ge,渠之切,《广韵》:“辞也。”《左传·隐公元年》:“仲子生而有文在其手。”

厥*kot,居月切,《广韵》:“其也。”《诗经·生民》:“厥初生民,时维姜原。”

余*za,以诸切,《广韵》:“我也。”《左传·闵公二年》:“鹤实有禄位,余焉能战?”《左传·僖公二十八年》:“畀余,余赐女孟诸之麋。”字也写作“予”。予*za,以诸切,《广韵》:“我也。”《论语·雍也》:“予所否者,天厌之!天厌之!”“余,甲骨文、金文中已经出现,而《尚书》《诗经》《论语》《孟子》多用‘予’字,《左传》和《国语》多用‘余’字。”(周法高 1990:63)上古汉语第一人称代词“余”和“吾”不同:余为敬称,吾为通称。周法高引陈梦家:“余、朕都是王的自称……我是集合的名词,主格宾格之‘我’就是‘我们’。卜辞的‘受余又’和‘受我又’是不同的,前者是受王佑,后者是受商佑。”

台*ze,与之切,《广韵》:“我也。”《尔雅》:“台,我也。”“可能是‘余’和‘之’的合音,正和‘而’可能是‘汝’和‘之’的合音一样;而金文和《书经》‘汝’和‘余’都少用于领格的。”(周法高,1990:66)《尚书·汤誓》:“非台小子,敢行称乱!”《释文》:“台,以之反。”

谁*dur,视佳切,《广韵》:“何也。”《诗经·河广》:“谁谓河广,一苇杭之。”

孰*duk,殊六切,《广韵》:“谁也。”《庄子·山木》:“其孰能害之?”

焉*an,於乾切,《广韵》:“何也。”《左传·隐公元年》:“姜氏欲之,焉辟害?”《左传·僖公九年》:“忌则多怨,又焉能克?”《诗经·伯兮》:“焉得谖草,言树之背。”《论语·公冶長》:“不知其仁,焉用佞?”字写作“安”。安*an,烏寒切,《经传释词》:“焉,亦何也。”《左传·僖公十四年》:“皮之不存,毛将安附?”

吾 *ŋa,五乎切,《广韵》:“我也。”《说文》:“吾,我自称也。”《论语·先进》:“以吾一日长乎尔,毋吾以也。”《左传·桓公二年》:“吾闻国家之立也,本大而末小,是以能固。”《左传·桓公六年》:“我张吾三军而被吾甲兵,以武临之,彼则惧而协以谋我,故难间也。”

我 *ŋar^{B},五可切,《广韵》:“已称。”《诗经·何草不黄》:“哀我征夫,独为匪民。”《论语·八佾》:“尔爱其羊,我爱其礼。”《论语·公冶长》:“我不欲人之加诸我也,吾亦欲无加诸人。”《左传·隐公元年》:“尔有母遗,緊我独无!”

卬 *ŋaŋ,五刚切,《广韵》:“我也。”《诗经·匏有苦叶》:“人涉卬否,卬须我友。”《尔雅》:“卬,吾,台,予,朕,身,甫,余,言,我也。”“卬”用作第一人称代词“我”的记录文字仅见于《诗经》。《诗经·白华》:“樵彼桑薪,卬烘于煁。”传:“卬,我也。”

胡 *ga,户吴切,《广韵》:“何也。”《诗经·式微》:“式微式微,胡不归?”《诗经·相鼠》:“人而无礼,胡不遄死?”《礼记·檀弓上》:“夫古之人,胡为而死其亲乎?”《左传·桓公十五年》:“人尽夫也,父一而已,胡可比也?”

何 *gar,胡歌切,《广韵》:“辞也。”《诗经·行露》:“谁谓雀无角,何以穿我屋?”

奚 *gi,胡鸡切,《广韵》:“何也。”随着语音演变,支歌在一些方言中开始合流。支部字“奚”也就成了疑问代词“何”的记录文字。《论语·为政》:“子奚不为政?”《论语·子路》:“卫君待子而为政,子将奚先?”《庄子·逍遥游》:“奚以之九万里而南为?”

曷 *gat,胡葛切,《广韵》:“何也。”《左传·昭公元年》:“吾子其曷归?”

只有第一人称代词ŋ-系和疑问代词 g-系选用松元音,而其他代词一律选用紧元音。值得注意的是,即便是第一人称代词ŋ-系和疑问代词 g-系也未必只有松元音一种读音。第一人称代词“吾”,甲骨文中已经出现,但文字写作“鱼”。西周金文写作“",而“"是渔的异体字。渔 *ŋa̲,语居切,《广韵》:“《说文》云:捕鱼也。,猎,亦上同。”现在出土的战国竹书、帛书,“吾”多写作“鱼”。如帛书《战国策》,“吾”都写作“鱼”。“鱼(吾)欲用所善。”(《战国纵横家书》第四)鱼,语居切,上古主元音就是紧元音 a̲。

讵 $^{*}ga^{B}$,其吕切,《广韵》:"岂也。"《说文》:"讵犹岂也。"《庄子·齐物论》:"庸讵知吾所谓知之非不知邪?庸讵知吾所谓不知之非知邪?"《庄子·大宗师》:"庸讵知吾所谓天之非人乎?"《列子·周穆王》:"讵有薪者邪?"字也写作"巨"。《汉书·高帝纪上》:"沛公不先破关中兵,公巨能入乎?"注:"巨读曰讵,讵犹岂也。""巨能"实际就是"胡能"。《诗经·日月》:"胡能有定?宁不我顾。"《列子·力命》:"天其弗识,人胡能觉?"

代词是封闭性词类,而且是语言的基础词。斯瓦迪士的一百词表和扩张的二百词表,囊括了语言中的大部分代词。人称代词、指示代词以及疑问代词在佤语中几乎全是紧元音。考察上古汉语代词的语音形式,我们发现它们的语音形式跟肢体和器官名词一样,倾向于选择紧元音,几乎跟元音分松紧的佤语一样。这足以说明紧元音是无标记元音。这一点也可以从数词、称谓词中得到支持。比如十个数词,只有"三""五""八"这三个数词是非三等,而其余七个数词全是三等。亲属称谓也有这种情况。对此,我们就不再展开讨论了。

第二节 派生

一

上古汉语元音松紧对立,但两者可以交替。《广韵》收录的汉字,一部分有三等和非三等异读。其中一部分是方音或雅俗不同造成,并非一定来自上古。还有一些字虽不同,但记录的是同一个语词,比如"子"和"崽"。《方言》:"崽者,子也。湘沅之会,凡言是子者谓之崽,若东齐言子矣。"又比如"狸"和"貔"。《方言》:"貔,陈楚江淮之间谓之猍,北燕朝鲜之间谓之貊,关西谓之狸。"显然,我们不能因此将它们的差别上推到上古。这种因方音、雅俗不同造成的语音差别不仅仅局限于名词,动词等也如此,比如“斥”和“拓”。

斥*tha̱k,昌石切,《广韵》:“逐也,远也。”《左传·昭公十六年》:“大国之求,无礼以斥之。”《韩非子·问田》:“逢遇不可必也,患祸不可斥也。”《史记·秦始皇本纪》:“西北斥逐匈奴。”引申之,为开拓。《小尔雅》:“斥,开也。”《史记·司马相如列传》:“除边关,关益斥。”索隐引张揖:“斥,广也。”《盐铁论·非鞅》:“斥地千里。”《汉语·韦贤传》:“斥地远境。”注:“斥,开也;远,广也。”拓*thak,他各切,《小尔雅》:“拓、开也。”《吴子·图国》:“辟土四面,拓地千里,皆起之功也。”《汉书·汤雄传上》:“拓迹开统。”

因方音或雅俗不同,一个语词不止一个语音形式,而记录它的文字也不止一个(不包括异体字)。《广韵》:“父,扶雨切,《说文》:父,矩也,家长率教者。”《广韵》:“爸,捕可切,父也。”“父”和“爸”不过是同一个语词雅俗形式,前者为雅言而后者为俗语。依照韵书比如《广韵》的注音,“父”三等而“爸”一等。上古汉语好些词紧元音(三等)和松元音(非三等)异读仅仅是属于音变。现在留下来的中古韵书、字书中有好些就是因方音或雅俗不同造成的三等和非三等异读。考察上古汉语元音松紧交替的意义,首先得将这些与意义无关的音变剔除。我们不能把无意义差别的音变处理为有意义差别的变音。不过,元音松紧交替也是上古汉语重要的构词手段,即通过松紧元音交替派生新词。

葚*du̱m^{B},食荏切,《广韵》:“《说文》曰:桑实也。”《诗经·氓》:“于嗟鸠兮,无食桑葚。”《释文》:“葚,本又作椹,音甚,桑实也。”《尔雅》:“桑辨有葚栀。”《释文》:“葚,音甚,《说文》曰:桑实也。本或作椹,非。”《小尔雅》:“桑之实,谓之椹。”《东观汉记·蔡顺》:“君仲取桑椹,赤黑异器。”字也写作“黮”。《诗经·泮水》:“翩彼飞鸮,集于泮林,食我桑黮,怀我好音。”传:“黮,桑实也。”《释文》:“黮,《说文》《字林》皆作葚,时审反。”黮*dum^{B},徒感切,《广韵》:“黪黮,云黑也。”《说文》:“黮,桑葚之黑也。”朱骏声云:“《声类》:‘黮,深黑也。’《字林》:‘黮,黑黄也。’《广雅·释器》:‘黮,黑也。’《家语·辨荣》‘黮而黑’注:‘黑貌。’”《庄子·齐物论》:“则人固受其黮闇。”《释文》:“黮闇,贪闇反,李云:黮闇,不明貌。”《淮南子·主术训》:“问瞽师曰:白素何如？曰：缟然。曰：黑何若？曰：黮然。”黕 * tum^{B}，都感切，《广韵》：“滓垢也，黑也。”《说文》：“黕，滓垢也。”

王力（1982：614）列“葚”“黮”为同源词。“葚”是桑实，而“黮”是桑实成熟时的色彩，两者的语源关系清晰。比较两者的语音形式，名词“葚”为紧元音，而派生出来的形容词“黮”为松元音。就词性而言，紧元音的“葚”为名词，松元音的“黮”为形容词（动词）。上古汉语跟“葚”相平行的例子有不少，我们下面就列举一些。

二

氣 * khɯ̱ts，去既切，《广韵》：“氣息也。”《庄子·逍遥遊》：“乘云氣，御飞龙，而游乎四海之外。”《庄子·人间世》：“兽死不择音，氣息茀然，于是并生心厉。”字本只作“气”。《说文》：“气，云气也。”段玉裁注：“气氣古今字。”忾 * khɯts，苦盖切，《广韵》：“大息。”《礼记·祭义》：“忾然必有闻乎其叹息之声。”《左传·文公四年》：“诸侯敌王所忾而献其功，王于是乎赐之。”注：“忾，恨怒也。”《释文》：“忾，苦爱反。”慨 * khɯts，苦盖切，《广韵》：“慷慨。”《说文》：“慨，忼慨也。”《吕氏春秋·审己》：“愍王慨焉太息。”《荀子·宥坐》：“孔子慨然叹曰。”《史记·高祖本纪》：“高祖乃起舞，慷慨伤怀，泣数行下。”嘅 * khɯts，苦盖切，《广韵》：“嘅叹。”《诗经·中谷有蓷》：“有女仳离，嘅其叹矣。”《释文》：“嘅，口爱反。”忾、慷、嘅是同一语词的三个文字。

雄 * ɢe̱ŋ，羽弓切，《广韵》：“雄雌也。”《说文》：“雄，鸟父也。”《诗经·正月》：“具曰予圣，谁知乌之雌雄。”《庄子·德充符》：“而雌雄合乎前。”《荀子·议兵》：“代翕代张，代存代亡，相为雌雄耳矣。”《庄子·应帝王》：“众雌而无雄，而又奚卵焉！”《左传·昭公二十九年》：“河汉各二，各有雌雄，孔甲不能食。”弘 * ɢeŋ，胡肱切，《广韵》：“大也。”《左传·昭公七年》：“其用物也弘矣，其取精也多矣。”《论语·泰伯》：“士不可以不弘毅，任重而道远。”

臣 * gi̱n，植邻切，《广韵》：“伏也，男子贱称。”《说文》：“臣，牵也，事君也。象屈服之形。”《论语·颜渊》：“君君，臣臣，父父，子子。”《论语·八佾》：“君使臣以礼，臣事君以忠。”《左传·隐公三年》：“君义，臣行，父慈，子孝，兄爱，弟敬，所谓六顺也。”《左传·庄公十四年》：“臣无二心，天之制也。”贤*gin，胡田切，《广韵》：“善也。臤，古文。”《诗经·北山》：“大夫不均，我从事独贤。”传：“贤，劳也。”《论语·里仁》：“见贤思齐焉，见不贤而内自省也。”《庄子·德充符》：“死生存亡，穷达贫富，贤与不肖。”牵*khin，苦坚切，《广韵》：“引也，挽也，连也。”《说文》：“牵，引前也。”《左传·宣公十一年》：“牵牛以蹊人之田，而夺之牛。牵牛以蹊者，信有罪矣，而夺之牛，罚已重矣。”《左传·宣公十二年》：“郑伯肉袒牵羊以逆。”《孟子·梁惠王上》：“有牵牛而过堂下者，王见之。”

王*ʁa̱ŋ，雨方切，《广韵》：“大也，君也。”《左传·隐公元年》：“先王之制，大都不过参国之一。”《左传·隐公三年》：“王贰于虢，郑伯怨王。”《孟子·梁惠王上》：“孟子见梁惠王，王立于沼上，顾鸿雁麋鹿。”《论语·学而》：“先王之道斯为美，小大由之。”《庄子·逍遥游》：“客得之，以说吴王。”皇*ʁaŋ，胡光切，《广韵》：“君也，美也，天也。”《诗经·正月》：“有皇上，伊谁云憎。”《左传·僖公五年》：“皇天无亲，惟德是辅。”《左传·僖公十五年》：“君履后土而戴皇天，皇天后土，实闻君之言。”

嗌*i̱k，伊昔切，《广韵》：“喉也。”《说文》：“嗌，咽也。”段玉裁注：“嗌者，扼也。扼要之处也。”《庄子·庚桑楚》：“儿子终日嗥而嗌不嗄，和之至也。”《吕氏春秋·介立》：“今世之逐利者，早朝晏退，焦唇干嗌，日夜思之，犹未之能得。”搤*ik，於革切，《广韵》：“持也，握也，捉也。”（锡部影母锡韵 ek 无字，而《广韵》归入了麦韵ɛk。）《说文》：“搤，捉也。扼，上同（搤）。”《史记·刘敬叔孙通列传》：“夫与人斗，不搤其亢，拊其背，未能全其胜也。”《史记·刺客列传》：“樊於期偏袒搤捥而进。”厄*ik，於革切，《广韵》：“灾也。《说文》隘也。”《史记·季布栾布列传》：“两贤岂相厄哉！”《荀子·宥坐》：“孔子南适楚，厄于陈蔡之间，七日不火食。”字也作“阨”。阨*ik，於革切，《广韵》：“限也，碍也，又危也，迫也，塞也。”《荀子·议兵》：“阨而用之，得而后功之，功赏相长也。”《管子·侈靡》：“阨其道而薄其所予。”《战国策·楚策四》：“今仆之不肖，阨于州部。”

声*si̱ŋ，书盈切，《广韵》：“声音。”《左传·文公元年》：“是人也，蜂目而豺声，忍人也，不可立也。”《左传·宣公四年》：“是子也，熊虎之状，而豺狼之声。”《左传·僖公二十四年》：“耳不听五声之和为聋。”听 *siŋ，他丁切，《广韵》：“聆也。”《左传·僖公二十八年》：“晋侯患之，听舆人之诵。”《论语·公冶长》：“始吾于人也，听其言而信其行；今吾于人也，听其言而观其行。”《孟子·梁惠王上》：“声音不足听于耳与？”

雾 *mu̱ks，亡遇切，《广韵》：“《元命包》曰：‘阴阳乱为雾。’《尔雅》云：‘地气发天不应曰雾。’《释名》云：‘雾，冒也，气蒙冒覆地之物也。’”《礼记·月令》：“氛雾冥冥，雷乃发声。”《庄子·秋水》：“喷则大者如珠，小者如雾。”《庄子·大宗师》：“孰能登天游雾，挠挑无极，相忘以生，无所终穷？”冒 *muks，莫报切，《广韵》：“覆也。”《诗经·日月》：“日居月诸，下土是冒。”《管子·君臣下》：“冒之以衣服，旌之以章旗。”

堇 *gɯ̱n，巨巾切，《广韵》：“黏土。”《说文》：“堇，黏土也。”字后写作“墐”。墐 *gɯ̱n，巨巾切，《广韵》：“上同（堇）。”《礼记·内则》：“编萑以苴之，涂之以谨涂。”注：“谨当为墐，声之误也。”很 *gɯn^{B}，胡垦切，《广韵》：“很戾也，俗作狠。”《说文》：“很，不听从也。”（《说文》：“掔，牛很不从引也。”）《韩非子·亡征》：“很刚而不和，愎谏而好胜，不顾社稷而轻为自信者，可亡也。”《庄子·渔父》：“见过不更，闻谏愈甚，谓之很。”《史记·项羽本纪》：“猛如虎，很如羊，贪如狼，强不可使者，皆斩之。”

寿 *du̱^{B}，殖受切，《广韵》：“寿考。”《说文》：“寿，久也。”《左传·昭公二十年》：“其所以蕃祉老寿者，为信君使也。”《礼记·中庸》：“大德必得其位，必得其禄，必得其名，必得其寿。”《诗经·七月》：“为此春酒，以介眉寿。”寿 *du̱s，承呪切，《广韵》：“寿考。”《左传·僖公三十二年》：“中寿，尔墓之木拱矣。”《释文》：“寿，音授，又如字。”《左传·隐公十一年》：“若寡人得没于地。”注：“以寿终。”《释文》：“寿，如字，又音授。”祷 *tu^{B}，都浩切，《广韵》：“请也，求福也。”祷 *tus，都导切，《广韵》：“祭也，请也。”《说文》：“祷，告事求福也。”杨树达（1983：16）云：“祷从示寿声，盖谓求延年之福于神，许君泛训为告事求福，殆非始义也。”《论语·述而》：“子疾病，子路请祷。”《周礼·天官·冢宰》：“掌王后之内祭祀，凡内祷祠之事。”注：“祷，疾病求瘳也。”《释文》：“祷，丁考反，一音都报反。”《左传·隐公十一年》：“而祷于其主钟巫。”《墨子·天志下》：“以祷祠祈福于天。”字本也只作“寿”。《晏子春秋·杂篇》：“将为景公请寿，晏子识其妄。”

衝*tho̱ŋ，尺容切，《广韵》："当也，向也，突也。"《说文》字写作"衝"，"通道也。《春秋传》曰：及衝，以戈击之"。《左传·昭公元年》："及衝，击之以戈。"注："衝，交道。"《释文》："衝，尺容反。"《左传·昭公十八年》："子产及衝，使从者止之。"《释文》："衝，尺容反。"通*thoŋ，他红切，《说文》："达也。"《左传·成公十三年》："东道之不通，则是康公绝我好也。"《左传·隐公元年》："及宋人盟于宿，始通也。"

竖*do̱^{B}，臣庾切，《广韵》："童仆之未冠者。" 王念孙《广雅疏证》："古谓童仆之未冠者曰竖，亦短小之意也。"《周礼·天官·冢宰》："内竖倍寺人之数。"注："竖，未冠者之官名。"《左传·成公十年》："公梦疾为二竖子。"裋*do̱^{B}，臣庾切，《广韵》："敝布襦也。"《史记·秦始皇本纪》："夫寒者利裋褐而饥者甘糟糠，天下之嗷嗷，新主之资也。"集引徐广解曰："裋，一作短，小襦也。"侏*to̱，章俱切，《广韵》："侏儒，短人。"字本只作"朱"。《左传·襄公四年》："我君小子，朱儒是使，朱儒朱儒，使我败于邾。"注："臧纥短小故曰朱儒。"《汉书·东方朔传》："久之，朔绐驺朱儒。"注："朱儒，短人也。"铢*do̱，市朱切，《广韵》："锱铢。八铢为锱，二十四铢为两。"《说文》："铢，权十分黍之重也。"《汉书·律历志上》："铢者，物繇忽微始，至于成著，可殊异也。"短*ton，都馆切，《广韵》："不长也。"《说文》："有所长短，以矢为正，从矢豆。"《孟子·梁惠王上》："度，然后知长短。"

鬼*ku̱r^{B}，居伟切，《广韵》："鬼之为言归也。"《说文》："人所归为鬼。"《左传·昭公七年》："鬼有所归，乃不为厉，吾为之归也。"《论语·为政》："非其鬼而祭之，谄也。"《礼记·祭法》："其万物死，皆曰折；人死，曰鬼。"傀*kur，公回切，《广韵》："伟也，亦怪异。"《说文》："傀，伟也。从人鬼声。《周礼》曰大傀异。"《周礼·春官·宗伯》："凡日月食，四镇五岳崩，大傀异灾，诸侯薨，令去乐。"注："傀犹怪也。"

篅*do̱n，市缘切，《说文》："判竹圜以盛谷也。"《淮南子·精神训》："与守其篅屯，有其井，一实也。"注："篅，受谷器也。"字也作"圌"。《类篇·口部》引《说文》："圌，判竹圜以盛谷也。"《慧琳音义》十九引《集训》云："圌，竹仓也。"《释名》："圌，以草为之，团团然也。"《仓颉篇》："圌，圆仓也。"团*don，度官切，《说文》："圜也。"字本只作"专"。《周礼·地官·司徒》："其民专而长。"《释文》："民专：徒丸反。"

墙*ɖa̱ŋ，在良切，《广韵》："垣墙也。《尔雅》云：'墙谓之墉。'《说文》曰：'墙，垣蔽也。'"《左传·昭公元年》："人之有墙，以蔽恶也。"《论语·子张》："譬之宫墙，赐之墙也及肩，窥见室家之好。夫子之墙数仞，不得其门而入，不见宗庙之美，百官之富。"《韩非子·亡征》："然木虽蠹，无疾风不折；墙虽隙，无大雨不坏。"藏*ɖaŋ，昨郎切，《广韵》："隐也，匿也。"《礼记·檀弓上》："葬也者，藏也；藏也者，欲人之弗得见也。"《庄子·天地》："藏金于山，藏珠于渊。"《吕氏春秋·察今》："见瓶水之冰，而知天下之寒，鱼鳖之藏也。"

十*gi̱p，是执切，《广韵》："数名。"《论语·公冶长》："回也闻一以知十，赐也闻一以知二。"什*gi̱p，是执切，《广韵》："篇什，又什物也。"《管子·立政》："十家为什，五家为伍，什伍皆有长焉。"《孟子·滕文公上》："其实皆什一也。"计*kips，古诣切，《广韵》："筹计。"《说文》："计，会也。筭也。"《左传·昭公三十二年》："士弥牟营成周，计丈数，揣高卑，度厚薄。"《庄子·庚桑楚》："今吾日计之而不足，岁计之而有余。"

妃*phɯ̱r，芳非切，《广韵》："嘉偶曰妃。《说文》匹也。"《说文》："妃，匹也。"《左传·桓公二年》："嘉耦曰妃，怨耦曰仇。"《左传·文公二年》："娶元妃以奉粢盛，孝也。"《礼记·曲礼下》："天子之妃曰后，诸侯曰夫人，大夫曰孺人，士曰妇人，庶人曰妻。"《仪礼·少牢馈食礼》："以某妃配某氏。"配*phɯrs，滂佩切，《广韵》："匹也，合也。"《礼记·乐记》："故圣人作乐以应天，制礼以配地。"《孟子·公孙丑上》："其为气也，配义与道。"《左传·闵公二年》："嬖子配适，大都耦国，乱之本也。"《左传·隐公八年》："先配而后祖。"也类转为名词。《诗经·皇矣》："天立厥配，受命既固。"字也作"妃"。妃*phɯrs，滂佩切，《广韵》："妃偶也。"《别雅》："妃、配，耦也。《诗·卫风·有狐》序云：丧其妃耦焉。《释文》音配。《史记·高后纪》高祖微时妃，《外戚世家》妃匹之爱，诸妃字皆音配。"

屍*si̱r，式之切，《广韵》："《礼记》曰：在床曰屍，在棺曰柩。"《管子·小匡》："君何不杀而受之其屍。"字写作"尸"，音同。《左传·成公二年》："襄老死于邲，不获其尸。"《左传·成公三年》："晋人归楚公子谷臣，与连尹襄老之尸于楚，以求知罃。"《礼记·曲礼下》："在床曰尸，在棺曰柩。"也写作"死"。《左传·哀公十六年》："生拘石乞而问白公之死焉。对曰：余知其死所而长者使余勿言。"《吕氏春秋·离谓》："郑之富人有溺者，人得其死者。

富人请赎之，其人求金甚多，以告邓析。"《汉书·陈汤传》："汉遣使三辈至康居求谷吉等死。"注："死，尸也。""尸体"之"尸"《汉书》一书多写作"死"。《汉书·酷吏传》："安所求子死？桓东少年场。生时谅不谨，枯骨后何葬？"注："死谓尸也。"死 si^{B} < $^{*}\mathrm{sir}^{B}$，息姊切，《广韵》引《说文》："澌也，人所离也。"《诗经·相鼠》："人而无礼，胡不遄死。"《左传·隐公十一年》："我死，乃亟去之。"《论语·里仁》："朝闻道，夕死可矣。"

而*ne̠，如之切，《说文》："颊毛也。"《周礼·冬官·考工记》："必深其爪，出其目，作其鳞之而。"字后也作"耏"。耏*ne̠，如之切，《广韵》："兽多毛，亦作髵。"髵*ne̠，如之切，《广韵》："须也。"耏*nes，奴代切，《说文》："罪不至髡也。"《前汉纪·孝武皇帝纪》："诏徙郡国豪杰及耏罪已上赦令。"字也作"耐"。耏、耐，《集韵》："罪不至髠也，或从寸。"《史记·淮南衡山列传》："徙郡国豪桀任侠及有耐罪以上，赦令除其罪。"

儿*ŋi̠，汝移切，《广韵》："婴儿。"《庄子·天地》："怊乎若婴儿之失其母也，傥乎若行而失其道也。"《礼记·杂记下》："中路婴儿失其母焉，何常声之有？"齯*ŋi，五稽切，《广韵》："老人齿落复生。"《说文》："齯，老人齿。"《释名》："齯，大齿落尽，更生细者，如小儿齿也。"本作儿。《诗经·閟宫》："既多受祉，黄发儿齿。"《释文》："儿，五兮反，齿落更生细者也，字书作齯。"字也作"倪"。《列女传·鲁季敬姜》："所与游处者皆黄耄倪齿也。"

三

上古汉语也有语词通过逆构词派生而来，如"雄"。不过，两者的词性并没有改变，紧元音的语词为名词，松元音的语词为形容词（动词），通过元音松紧交替改变了语词的词性。上古汉语实现名词到动词词性转变的形态手段很多，元音松紧交替只是其中一种，而且是一种不怎么使用的形态手段。就搜集到的材料看，用元音松紧交替改变词性的例子不是特别多。一个显然的事实是，越是常见的规则越可能是后起的规则，比如声调交替构词。元音松紧交替应该是汉语一种古老的构词手段。我们发现，名词也可以元音松紧交替派生出名词。

土*tha^{B}，它鲁切，《广韵》："《释名》：土，吐也，吐万物也。"《说文》："土，地之吐生万物者。"《论语·公冶长》："朽木不可雕也，粪土之墙不可杇也。"《诗经·北山》："溥天之下，莫非王土。率土之滨，莫非王臣。"土*da^{B}，徒古切，《广韵》："土田，地主也。"（《集韵》："土，动五切，桑根也。《方言》东齐谓根曰土。通作杜。"《诗经·鸱鸮》："迨天之未阴雨，彻彼桑土，绸缪牖户。"传："桑土，桑根也。"《释文》："土，音杜。"）社*da̱^{B}，常者切，《广韵》："社稷。"《说文》："社，地主也。"《左传·昭公二十九年》："后土为社。"《诗经·甫田》："以社以方。"传："社，后土也。"本作"土"。《诗经·棉》："乃立冢土。"传："冢土，大社也。"《公羊传·僖公十一年》："诸侯祭土。"何休注："土，谓社也。"

丹*tan，都寒切，《说文》："巴越之赤石也。"《广雅》："丹，赤也。"《诗经·终南》："颜如渥丹，其君也哉。"笺："丹言赤而泽也。"《礼记·郊特牲》："绣黼，丹朱中衣，大夫之僭礼也。"疏："丹，赤色也。"旃*ta̱n，诸延切，《说文》："旗曲柄也。《周礼》曰：通帛为旃。"朱骏声："绛帛不画，所谓周之大赤也。其柄上曲，故《汉书·田蚡传》曰'曲旃'，《子虚赋》曰'桡旃'。从丹，亦意兼声。《释名》："通帛曰旃，通以赤色为之，无文采。"《周礼·春官·宗伯》："日月为常，交龙为旗，通帛为旃。"注："通帛谓大赤，从周正色，无饰。"

牒*zep，徒协切，《广韵》："书版曰牒。"《说文》："牒，札也。"段玉裁注："按厚者为牍，薄者为牒。牒之言枼也，葉也。"《韩非子·大体》："豪杰不著名于图书，不录功于盘盂，记年之牒空虚。"《左传·昭公二十五年》："右师不敢对，受牒而退。"谍*zep，徒协切，《广韵》："反间，又谱谍也。"《史记·三代世表》："余读谍记，黄帝以来皆有年数。"又《十二诸侯年表》："太史公读春秋历谱谍，至周厉王，未尝不废书而叹也。"蝶*zep，徒协切，《广韵》："蛱蝶。"因有一对薄薄如树叶的翅膀，故名蝶。《庄子·齐物论》："庄周梦为胡蝶，栩栩然胡蝶也。"葉*ze̱p，与涉切，《广韵》："枝叶。"《左传·闵公元年》："本必先颠，而后枝葉从之。"《诗经·桃夭》："桃之夭夭，其葉蓁蓁。"枼*ze̱p，与涉切，《广韵》："薄也。"《说文》："枼，㮠也。枼，薄也。"鍱*zep，与涉切，《广韵》："铜鍱。"《说文》："鍱，鏶也。"段玉裁注："此谓金铜铁椎薄成葉者。齐谓之鍱。"《墨子·备城门》："门植关必环锢，以锢金若铁鍱之。"箕*ze̱p，与涉切，《广韵》："篇簿书箕。《说文》籥也。"段玉裁注："每一笘谓之一箕。今书一纸谓之一页,或作葉。”鍱、箑都是“葉”的后起区别字。

电*zins,堂练切,《广韵》:“阴阳激曜。”《左传·隐公九年》:“大雨震电。”《韩非子·扬权》:“主上用之,若电若雷。”《管子·七法》:“动之如雷电,发之如风雨。”神*zi̱n,食邻切,《广韵》:“灵也。《易·系辞》曰:阴阳不测之谓神。”《说文》:“神,天神,引出万物者也。”《左传·桓公六年》:“所谓道,忠于民而信于神也。”

昆*kun,古浑切,《广韵》:“兄也,后也,同也。”《尔雅》:“昆,后也。”《汉书·叙传下》:“后昆承平,亦有绍土。”《尚书·仲虺之诰》:“以礼制心,垂裕后昆。”(翼*kun,古浑切,《广韵》:“《说文》云:周人谓兄曰翼。”字本只写作“昆”。《诗经·葛藟》:“终远兄弟,谓他人昆。”传:“昆,兄也。”《论语·先进》:“人不间于其父母昆弟之言。”后泛称兄弟。)《尔雅》:“鲲,鱼子。”注:“凡鱼之子名鲲。”《国语·鲁语上》:“泽不伐夭,鱼禁鲲鲕。”韦昭注:“鲲,鱼子也;鲕,未成鱼也。”《庄子·逍遥游》:“北冥有鱼,其名为鲲。”昆由后代引申出众的意义。《大戴礼记·夏小正》:“昆者,众也。”《荀子·富国》:“然后昆虫万物生其间。” 群*gu̱n,渠云切,《广韵》:“群队也。”《说文》:“群,辈也。”段注:“羊为群,犬为独。引申为凡类聚之偁。”《诗经·吉日》:“升彼大阜,从其群丑。”《诗经·吉日》:“儦儦俟俟,或群或友。”《左传·隐公三年》:“群臣愿奉冯也。”《庄子·山木》:“入兽不乱群,入鸟不乱行。”《论语·微子》:“鸟兽不可与同群,吾非斯人之徒与而谁与?”《春秋繁露·灭国上》:“君者,不失其群者也。”类转为动词。《论语·卫灵公》:“矜而不争,群而不党。”《荀子·劝学》:“草木畴生,禽兽群焉。”《荀子·非十二子》:“群天下之英杰。”君*ku̱n,举云切,《广韵》:“《白虎通》云:君者,群也。群下之归心也。”《释名》:“夫说曰公;公,君也;君,尊称也。”《诗经·鹑之奔奔》:“人之无良,我以为君。”《论语·八佾》:“夷狄之有君,不如诸夏之亡也。”

豆*dos,田候切,《广韵》:“谷豆。”《诗经·采菽》:“采菽采菽,筐之筥之。”笺:“菽,大豆也。”《诗经·生民》:“蓺之荏菽,荏菽旆旆。”传:“荏菽,戎菽也。”笺:“戎菽,大豆也。”《广雅》:“大豆,菽也。小豆,荅也。”《礼记·投壶》:“壶中实小豆焉。”《战国策·韩策一》:“五谷所生,非麦而豆;民之所食,大抵豆饭藿羹。”引申之,为度量单位。《说苑·辨物》:“十六黍为一豆,六豆为一铢。”珠*to̱,章俱切,《广韵》:“珠玉。”《说文》:“珠,蚌之阴精。”《庄子·

列御寇》:“其子没于渊,得千金之珠。”《庄子·让王》:“以随侯之珠弹千仞之雀,世必笑之。”《左传·哀公十一年》:“宋公求珠,魋不与,由是得罪。”

岛*tu^{B},都晧切,《说文》:“海中往往有山可依止也。”《释名》:“海中可居者曰岛。”《史记·田儋列传》:“与其徒属五百余人入海,居岛中。”《吕氏春秋·本味》:“箕山之东,青岛之所,有甘栌焉。”州*tu̲,职流切,《说文》:“水中可居者曰州。《诗》曰:在河之州。”后字写作“洲”。洲*tu̲,职流切,《广韵》:“洲渚也。《尔雅》云:水中可居曰洲。”《尔雅》:“水中可居者曰洲。小洲曰陼,小陼曰沚,小沚曰坻。”《楚辞·九歌·湘君》:“君不行兮夷犹,蹇谁留兮中洲?”《诗经·关雎》:“关关雎鸠,在河之洲。”《墨子·尚贤下》:“昔者傅说居北海之洲。”水中可居者为洲,也为舟,差别仅在于前者不动而后者可移动。舟*tu̲,职流切,《广韵》:“舟船。”《诗经· 二子乘舟》:“二子乘舟,泛泛其景。”《左传·文公三年》:“秦伯伐晋,济河焚舟。”《荀子·劝学》:“假舟楫者,非能水也,而绝江河。”

荄*ke,古哀切,《广韵》:“草根。”《说文》:“荄,草根也。”《汉书·礼乐志》:“青阳开动,根荄以遂。”《黄帝内径·素问》:“治以草苏草荄之枝。”基*ke̲,居之切,《广韵》:“址也,始也。”《说文》:“基,墙始也。”《诗经·公刘》:“止基乃理,爰众爰有。”

衮*kun^{B},古本切,《广韵》:“天子服也。”《诗经·九罭》:“我觏之子,衮衣绣裳。”毛传:“衮衣,卷龙也。”《释文》:“衮,古本反,六冕之第二者也。”《周礼·春官·宗伯》:“公之服,自衮冕而下,如王之服。”《诗经·烝民》:“衮职有阙,维仲山甫补之。”传:“有衮冕者君之上服也。”君*ku̲n,举云切,《说文》:“尊也。”《论语·八佾》:“夷狄之有君,不如诸夏之亡也。”《左传·隐公二年》:“纪裂繻来逆女,卿为君逆也。”

狗*ko^{B},古厚切,《广韵》:“狗犬。”《尔雅》:“未成豪,狗。”段玉裁《说文》注:“与马二岁曰驹、熊虎之子曰豿同义,皆谓稚也。”《孟子·梁惠王上》:“鸡豚狗彘之畜,无失其时,七十者可以食肉矣。”《庄子·胠箧》:“鸡狗之音相闻,民至老死而不相往来。”《礼记·曲礼上》:“尊客之前不叱狗。”豿* ko^{B},古厚切,《广韵》:“熊虎之子。”驹*ko̲,举朱切,《广韵》:“马驹。”《庄子·知北游》:“人生天地之间,若白驹之过郤,忽然而已。”

銎*kho̲ŋ,曲恭切,《广韵》:“斤斧受柄处也。”銎*xo̲ŋ<**kho̲ŋ,许容切,

《广韵》:“斤斧柄孔。”“许容切”是“曲恭切”的变异。《说文》:“銎,斤斧穿也。”《墨子·备穴》:“以金剑为难,长五尺,为銎,木柄。”《诗经·七月》:“取彼斧斨,以伐远扬。”传:“斨,方銎也。”《释文》:“銎,曲容反,《说文》云:斧空也。” 空 *khoŋ,《说文》:“窍也。”段注:“今俗语所谓孔也。”《周礼·冬官·考工记》:“视其钻空,欲其窸也。”《释文》:“空音孔。”《韩非子·喻老》:“空窍者,神明之户牖也。”孔 *khoŋ^B,康董切,《广韵》:“孔穴也。”

力 *re̱k,林直切,《广韵》:“筋也。”《说文》:“力,筋也。”力是肋的象形字,引申之为力量、力气等。《诗经·简兮》:“有力如虎,执辔如组。”《诗经·羔裘》:“羔裘豹饰,孔武有力。”《左传·隐公十一年》:“度德而处之,量力而行之。”肋 *rek,卢则切,《广韵》:“胁肋。”《说文》:“肋,胁骨也。”《素问·举痛论》:“或胁肋与少腹相引而痛者。”

域 *ɢe̱k,雨逼切,《广韵》:“居也,邦也。”《说文》:“域,邦也。”《论语·季氏》:“夫颛臾,昔者先王以为东蒙主,且在邦域之中矣。”《管子·八观》:“城域大而人民寡者,其民不足以守其城。”《道德经》:“域中有四大,而王居其一焉。”也作动词。《诗经·玄鸟》:“古帝命武汤,正域彼四方。”传:“域,有也。”《孟子·公孙丑下》:“域民不以封疆之界,固国不以山溪之险。”注:“域民,居民也。”国 *qek,古或切,《广韵》:“邦国。”《说文》:“国,邦也。”《左传·隐公元年》:“都城过百雉,国之害也。”

发 *po̱t,方伐切,《广韵》:“头毛也。”《说文》:“发,根也。”《论语·宪问》:“吾其被发左衽矣。”《庄子·逍遥游》:“穷发之北,有冥海者,天池也。”《释文》:“李云:发,犹毛也。司马云:北极之下,无毛之地也。《地理书》云:山以草木为发。”茇 *bot,蒲拨切,《广韵》:“草木根也。”《说文》:“茇,草根也。”《方言》:“东齐曰杜,或曰茇。”《淮南子·墬形训》:“凡根茇草者生于庶草。”《诗经·甘棠》:“蔽芾甘棠,勿翦勿伐,召伯所茇。”传:“茇,草舍也。”《周礼·夏官·司马》:“中夏教茇舍,如振旅之陈。”注:“茇舍,草止之也。军有草止之法。”字也作“废”。废 *bot,蒲拨切,《广韵》:“舍也。”胈 *bot,蒲拨切,《广韵》:“夏禹治水,腓无胈,胫无毛。韦昭云:胈,股上小毛也。”《庄子·在宥》:“尧、舜于是乎股无胈,胫无毛。”《韩非子·五蠹》:“股无胈,胫不生毛,虽臣虏之劳不苦于此矣。”

儿 *ŋi̱,汝移切,《广韵》:“婴儿。”《说文》:“儿,孺子也。”段玉裁注:“引申为凡幼小之称。”《庄子·人间世》：“彼且为婴儿，亦与之为婴儿。”《庄子·外物》：“婴儿生无石师而能言，与能言者处也。”倪*ŋi，五稽切，《说文》：“俾也。”（《说文》：“陴，城上女墙俾倪也。”）《孟子·梁惠王下》：“王速出令，反其旄倪。”注：“倪，弱小倪倪者也。”《庄子·齐物论》：“和之以天倪，因之以曼衍，所以穷年也。”引申之，指末端。《庄子·秋水》：“又何以知毫末之足以定至细之倪？”《庄子·大宗师》：“反复终始，不知端倪。”又为俾倪。《墨子·备城门》：“俾倪广三尺，高二尺五寸。”字作“堄”。堄*ŋi^{B}，研启切，《广韵》：“埤堄，女墙。”霓*ŋi，五稽切，《广韵》：“雌虹。”《孟子·梁惠王下》：“民望之，若大旱之望云霓也。”麑*ŋi，五稽切，《集韵》：“鹿子。”《论语·乡党》：“缁衣羔裘，素衣麑裘。”疏：“麑裘，鹿子皮以为裘也。”鲵*ŋi，五稽切，《广韵》：“雌鲸。”《左传·宣公十二》：“取其鲸鲵而封之。”疏：“雄曰鲸，雌曰鲵。”又指小鱼。《庄子·外物》：“夫揭竿累，趣灌渎，守鲵鲋，其于得大鱼难矣。”《释文》：“鲵，五兮反。李云：鲵、鲋皆小鱼也。”婗*ŋi，五稽切，《广韵》：“嫛婗。”《说文》：“婗，嫛婗也。”“嫛婗”就是“婴儿”。

云*ɢɯ̱n，王分切，《广韵》：“《说文》云：山川气也，从雨云，象云回转形。”《诗经·白华》：“英英白云，露彼菅茅。”《诗经·出其东门》：“出其东门，有女如云。”《孟子·梁惠王上》：“天油然作云，沛然下雨。”魂*ɢɯn，户昆切，《广韵》：“魂魄也。《白虎通义》云：魂者沄也，犹沄沄行不休也。”（沄*ɢɯ̱n，王分切，《广韵》：“《说文》云：转流也。”）《礼记·郊特牲》：“魂气归于天，形魄归于地。”杨树达（1983：78）：“盖地气上升者为云，人气之上升者为魂，其义一也。”《文子·自然》：“天气为魂，地气为魄。”

君*ku̱n，举云切，《广韵》引《白虎通义》：“君者，群也，群下之归心也。”《左传·昭公二十八年》：“教诲不倦曰长，赏庆刑威曰君。”《论语·八佾》：“夷狄之有君，不如诸夏之亡也。”《庄子·德充符》：“吾与孔丘，非君臣也，德友而已矣。”君可类转为动词。《诗经·公刘》：“君之宗之。”传：“为之君。”《庄子·德充符》：“吾以南面而君天下。”昆*kun，古浑切，《广韵》：“兄也。翼，上同。”《诗经·葛藟》：“终远兄弟，谓他人昆。谓他人昆，亦莫我闻。”传：“昆，兄也。”《论语·先进》：“人不间于其父母昆弟之言。”

荣*ɢi̱ŋ，永兵切，《广韵》：“荣华。”《尔雅》：“木谓之华，草谓之荣。不荣而实者谓之秀，荣而不实者谓之英。”《楚辞·离骚》：“及荣华之未落兮，相下女之可诒。”《史记·赵世家》：“美人荧荧兮，颜若苕之荣。”莹* Gi̱ŋ，永兵切，《广韵》：“玉色，《诗》云充耳秀莹。”莹，《说文》：“玉色也。一曰石之次玉者。”《诗经·淇奥》：“充耳琇莹，会弁如星。”传：“琇莹，美石也。”《释文》：“莹音荣，徐又音营，又音莹磨之莹。”《诗经·著》：“尚之以琼莹乎而。”传：“琼莹，石似玉。”笺：“石，色似琼，似莹也。”《释文》：“莹音荣，又音营。”荧* Giŋ，户扃切，《广韵》：“光也，明也。”《说文》：“荧，屋下镫烛之光也。”段玉裁注：“荧者，光不定之貌。”引申之，为眩惑。《庄子·齐物论》：“是黄帝之所听荧也。”《史记·张仪列传》：“苏秦荧惑诸侯，以是为非，以非为是。”《史记·吴王濞列传》：“荧惑天子，侵夺诸侯。”为萤火。《礼记·月令》：“腐草为萤。”《释文》：“萤，本又作荧，户扃反，或作腐草化为萤。”萤，户扃切，《广韵》：“萤火，礼记云季夏月腐草为萤。”

姨* zi̱r，以脂切，《广韵》：“母之姊妹，又《尔雅》云：妻之姊妹同出为姨。”姨，《说文》：“妻之女弟同出为姨。”《诗经·硕人》：“齐侯之子，卫侯之妻，东宫之妹，邢侯之姨，谭公维私。”《左传·庄公十年》：“息妫将归，过蔡。蔡侯曰：吾姨也。”《左传·襄公二十三年》：“继室以其侄，穆姜之姨子也。”娣* zir^{B}，徒礼切，《广韵》：“娣姒。”《说文》：“娣，女弟也。从女从弟，弟亦声。”《尔雅》：“女子同出谓先生为姒，后生为娣。”《左传·庄公二十八年》：“其（骊姬）娣生卓子。”《左传·隐公三年》：“其娣戴妫，生桓公。”弟* zir^{B}，徒礼切，《广韵》：“兄弟。《尔雅》云：男子先生为兄后生为弟。”《诗经·泉水》：“女子有行，远父母兄弟。”《诗经·氓》：“兄弟不知，咥其笑矣。”荑* zir，杜奚切，《广韵》：“荑秀。”《诗经·硕人》：“手如柔荑，肤如凝脂。”传：“如荑之新生。”《诗经·静女》：“自牧归荑，洵美且异。”传：“荑，茅之始生也。”稊* zir，杜奚切，《广韵》：“《易》曰枯杨生稊。稊，杨之秀也。”《易·大过》：“枯杨生稊，老夫得其女妻。”《释文》：“稊，徒稽反，杨之秀也，郑作荑。”

上古汉语这种通过元音松紧交替由名词派生名词的例子不少。根词的元音可以是紧元音，也可以是松元音，而派生词的元音则相反。如同一般的词汇派生，派生词和根词意义上同中有异。根词“儿”是“婴儿”，派生词“倪”“堄”“霓”“麑”“鲵”都有跟“儿”相似的特征而意义又不同。词性没有改变，词义已经不一样。通过元音松紧交替，派生出跟根词有相似特征的新词。

方*pa̠ŋ，府良切，《广韵》："四方也。"《诗经·汾沮洳》："彼汾一方，言采其桑。"《诗经·蒹葭》："所谓伊人，在水一方。"方形为四边形，引申指方形之方。《庄子·马蹄》："我善治埴，圆者中规，方者中矩。"《墨子·法仪》："百工为方以矩，为圆以规。"《周礼·冬官·考工记》："圜者中规，方者中矩。"《荀子·王霸》："犹规矩之于方圆也。"小四方引申指大四方，再指方位之方。《周礼·天官·冢宰》："惟王建国，辨方正位。"《诗经·日月》："日居月诸，出自东方。"《诗经·简兮》："云谁之思，西方美人。"旁*baŋ，步光切，《玉篇》："犹边也，侧也。"《说文》："傍，近也。"名词"傍"，字本只作"旁"。《荀子·大略》："欲近四旁，莫如中央。"

傍*baŋ，步光切，《广韵》："亦作旁，侧也。"《说文》："傍，近也。"名词"傍"，字本只作"旁"。《庄子·山木》："大木枝叶盛茂，伐木者止其旁而不取也。"《韩非子·十过》："乃召师涓，令坐师旷之旁，援琴鼓之。"《管子·轻重丁》："请以令沐途旁之树枝，使无尺寸之阴。"《管子·广地》："令甲士作堤大水之旁。"《韩非子·外储说右上》："齐尝大饥，道旁饿死者不可胜数也。"房*ba̠ŋ，符方切，《广韵》："房室。"《说文》："房，室在旁也。"《左传·宣公十七年》："郄子登，妇人笑于房。"《诗经·君子阳阳》："君子阳阳，左执簧，右招我由房。"防*ba̠ŋ，符方切，《广韵》："堤防也。"《左传·襄公二十五年》："规偃猪，町原防。"注："防，堤也。"《周礼·地官·司徒》："以防止水，以沟荡水。"注："防，潴旁堤也。"《礼记·月令》："修利堤防，道达沟渎。"

词性没有改变，"旁""房""防"都是名词，意义却已经不一样。"房"是中堂两旁的房子，而"防"是河道两旁的堤坝。派生词带有词根的特征而意义又不同于根词。就派生方向而言，可以从紧元音到松元音，也可以从松元音到紧元音，即松紧元音交替。比如"土"和"社"，方向应该是前者派生出后者，即从松元音到紧元音。又比如"儿"和"倪"，方向应该是前者派生出后者，即从紧元音到松元音。上古汉语既有顺构词，也有逆构词。

第三节 动词的体

一

上古汉语动词有现行体和既行体的不同。这种体之间的转换，可以通过辅音清浊交替来实现，也可以附加后缀 *-s 来实现。此外，也可以通过元音松紧交替来实现。主元音为紧元音的动词现行体，将主元音换成松元音，就构成动词既行体形式。不过，因汉字不是一种表音文字，我们只能从构词中窥见上古汉语这种动词体的变化。

> 成 *diŋ，是征切，《广韵》："就也。"《诗经・樛木》："乐只君子，福履成之。"《诗经・文王》："维龟正之，武王成之。"《论语・子路》："名不正，则言不顺；言不顺，则事不成；事不成，则礼乐不兴。"《论语・颜渊》："君子成人之美，不成人之恶。"《论语・八佾》："成事不说，遂事不谏，既往不咎。"定 *diŋs，徒径切，《广韵》："安也。"《诗经・日月》："胡能有定？宁不我顾。"《诗经・采薇》："我戍未定，靡使归聘。"《左传・僖公九年》："夷吾其定乎？"《论语・季氏》："少之时，血气未定，戒之在色。"《管子・五辅》："救灾害，振罢露，则国家定。"可以将陈述对象让渡给客体。《诗经・六月》："共武之服，以定王国。"《左传・隐公十一年》："礼，经国家，定社稷，序民人，利后嗣者也。"《国语・鲁语上》："以死勤事则祀之，以劳定国则祀之。"《吕氏春秋・孝行》："此五者先王之所以定天下也。"

通过元音松紧交替改变一个语词的词性，由名词变成动词或者形容词。上古汉语的动词也可以通过元音松紧交替变成形容词，比如上例中的"成"和"定"。《国语・晋语二》："君既许骊姬杀太子而立奚齐，谋既成矣。"注："成，定也。"《管子·小匡》:“民居定矣,事已成矣。”戴望校正:“宋本成作定。”“成”和“定”是一对同族词,而两者的先后、因果关系非常清晰。“成”和“定”的关系,就是动词现行体和既行体之间的关系,跟我们前面讨论过的“降”相同,只不过一个通过辅音清浊交替而一个通过元音松紧交替来实现。

二

阴*ʔu̲m,於金切,《广韵》:“阴阳也。”《说文》:“阴,闇也。水之南,山之北也。”《诗经·终风》:“曀曀其阴,虺虺其靁。”《诗经·谷风》:“习习谷风,以阴以雨。”《吕氏春秋·三月纪》:“行秋令,则天多沈阴。”字又写作“霒”。霒*ʔu̲m,於金切,《广韵》:“霒云覆日。”《说文》:“霒,云覆日也。”《黄帝内经·素问》:“沉霒淫雨。”不过,文献罕见“霒”字。引申指背阳之地。《诗经·公刘》:“既景乃冈,相其阴阳。”《孟子·万章上》:“益避禹之子于箕山之阴。”荫*ʔu̲ms,於禁切,《说文》:“草阴地也。”段玉裁注:“引申为凡覆庇之义也。”《国语·晋语九》:“人之有学也,犹木之有枝叶也,犹庇荫人。”《国语·楚语下》:“足以庇荫嘉谷,使无水旱之灾。”本只作“阴”。《诗经·桑柔》:“既之阴女,反予来赫。”《释文》:“阴郑音荫,覆荫也。”又作“廕”。廕*ʔu̲ms,於禁切,《广韵》:“庇廕。”《左传·文公七年》:“若去之,则本根无所庇廕矣。”《释文》:“廕,本又作荫,於鸩反。”暗*ʔums,乌绀切,《广韵》:“日无光,又默也,不明也。”《说文》:“暗,日无光也。”《韩非子·解老》:“以为暗乎,其光昭昭;以为明乎,其物冥冥。”《吕氏春秋·精谕》:“若暗夜而烛燎也。”字多写作“闇”。闇*ʔums,乌绀切,《广韵》:“冥也。”《吕氏春秋·期贤》:“明火不独在乎火,在于闇。当今之时世闇甚矣,人主有能明其德者,天下之士,其归之也,若蝉之走明火也。”

奄*ʔo̲m^{B},衣俭切,《广韵》:“藏也。”《说文》:“奄,覆也。”《春秋繁露·王道》:“强奄弱,众暴寡,富使贫,并兼无已。”弇*ʔo̲m^{B},衣俭切,《广韵》:“盖也。”《说文》:“弇,盖也。”《墨子·耕柱》:“是犹弇其目,而视于丛社。”《管子·八观》:“闭其门,塞其涂,弇其迹。”字也写作“揜”。揜*ʔo̲m^{B},衣俭切,《说文》:“一曰覆也。”《荀子·成相》:“蒙揜耳目塞门户。”《韩非子·外储说左下》："左右皆揜口而笑。"《吕氏春秋·贵生》："雷则揜耳，电则揜目，此其比也。"字又写作"掩"。掩 *ʔo̱m^{B}，衣俭切，《广韵》："闭取也。《说文》云：敛也，小上曰掩。"《孟子·离娄下》："西子蒙不洁，则人皆掩鼻而过之。"《礼记·檀弓下》："每毙一人，掩其目。"晻 *ʔom^{B}，乌感切，《广韵》："晻蔼，暗也，冥也。"《说文》："晻，不明也。"《吕氏春秋·务本》："《诗》云：有晻凄凄，兴云祁祁，雨我公田，遂及我私。"(《诗经·大田》："有渰萋萋，兴雨祈祈。"《释文》："渰，本又作弇，于检反，《汉书》作黤本。")《汉书·元帝纪》："阴阳未调，三光晻昧。"《汉书·五行志下之下》："厥异日黑，大风起，天无云，日光晻。"黯 *ʔom^{B}，乌感切，《广韵》："黯黮。"《说文》："黯，果实黯黯黑也。"

围 *ʁɯ̱r，雨非切，《广韵》："守也，圜也，绕也。"《说文》："围，守也。"《左传·隐公四年》："围其东门，五日而还。"《左传·庄公十八》："围而杀之。"《庄子·则阳》："大至于不可围。"《韩非子·备内》："故日月晕围于外，其贼在内。"违 *ʁɯ̱r，雨非切，《广韵》："背也。"《说文》："违，离也。"违是绕开。《左传·成公十六年》："有淖于前，乃皆左右，相违于淖。"注："违，辟也。"引申为回避。《左传·襄公三十年》："非相违也，而相从也。"《左传·庄公四年》："纪侯大去其国，违齐难也。"再引申为违背、违反等。《诗经·谷风》："德音莫违，及尔同死。"回 *ʁɯr，户恢切，《广韵》："违也，转也，邪也。"《说文》："回，转也。"《礼记·月令》："月穷于纪，星回于天。"字也作迴。迴 *ʁɯr，户恢切，《广韵》："还也。"《吕氏春秋·十二月纪》："月穷于纪，星回于天。"《吕氏春秋·上德》："古之王者，德迴乎天地，澹乎四海。"回，由"迂曲"引申为"邪回"。《诗经·鼓钟》："淑人君子，其德不回。"传："回，邪也。"《诗经·大明》："厥德不回，以受方国。"传："回，违也。"

阐 *tha̱n^{B}，昌善切，《广韵》："大也，明也，开也。"《说文》："阐，开也。"《易·系辞下》："夫易彰往而察来，而微显阐幽。"注："微以之显，幽以之阐，阐明也。"《释文》："阐幽，昌善反，明也。"《吕氏春秋·决胜》："隐则胜阐矣，微则胜显矣，积则胜散矣，抟则胜离矣。"注："阐，布也。"《汉书·叙传下》："阐元极，步三光。"注引张晏："阐，大也。"坦 *than^{B}，他但切，《广韵》："平也，安也，明也，宽也。"《说文》："坦，安也。"《论语·述而》："君子坦荡荡，小人长戚戚。"《庄子·秋水》："明乎坦涂，故生而不说，死而不祸，知终始之不可故也。"《易·履》："履道坦坦，幽人贞吉。"《释文》："坦，吐但反，《说文》云：

安也;《广雅》云:平也,明也;《苍颉篇》云:著也。"

摺*te̱p,之涉切,《广韵》:"摺迭也。"引申为拗折、折断。《广雅》:"摺,折也。"《史记·范睢蔡泽列传》:"魏齐大怒,使舍人管击睢,折胁摺齿。"《史记·鲁仲连邹阳列传》:"范睢摺胁折齿于魏,卒为应侯。"叠*dep,徒协切,《广韵》:"重也。"《汉书·翟方进传》:"当其斩时,观者重叠,天气和清,可谓当矣。"《难经·藏府度数》:"左回迭积十六曲。"

慴*te̱p,之涉切,《广韵》:"伏也,惧也,怯也。"《庄子·达生》:"死生惊惧不入乎其胸中,是故遻物而不慴。"《释文》:"慴,之涉反,惧也。"《史记·项羽本纪》:"一府中皆慴伏,莫敢起。"字常作"慑"。慑*te̱p,之涉切,《广韵》:"怖也,心伏也,失常也,失气也,亦作慴。"《说文》:"慑,失气也。"《礼记·曲礼上》:"贫贱而知好礼,则志不慑。"注:"慑犹怯。"《释文》:"慑,之涉反。"《管子·小匡》:"大国之君不骄,小国诸侯不慑。"《吕氏春秋·论威》:"威所以慑之也。"慴*dep,徒协切,"慑也,《说文》惧也。"《说文》:"慴,惧也,读若叠。"字也写作"叠"。《诗经·时迈》:"薄言震之,莫不震叠。"传:"叠,惧也。"

并*pi̱ŋ,府盈切,《广韵》:"合也。"《礼记·曲礼上》:"乡与客并,然后受。"《礼记·乐记》:"故事与时并,名与功偕。"併*pi̱ŋs,畀政切,《广韵》:"兼也,并也,皆也。"《韩非子·说疑》:"随亡于荆;吴併于越。"字本只写作并。《左传·成公二年》:"左并辔,右援枹而鼓。"《释文》:"并,必政反。"《礼记·王制》:"轻任并,重任分。"《释文》:"并,必性反,本又作并。"骿*biŋ,部田切,《广韵》:"骿胁。"《国语·晋语四》:"自卫过曹,曹共公亦不礼焉,闻其骿胁,欲观其状。"字也写作"骈"。《左传·僖公二十年》:"曹共公闻其骈胁,欲观其裸。"《史记·管蔡世家》:"曹君无礼,欲观其骈胁。"《列女传》:"闻其骈胁,近其舍,伺其将浴,设微薄而观之。"骈*biŋ,部田切,《广韵》:"并驾二马。"《庄子·骈拇》:"骈拇枝指,出乎性哉,而侈于德。"《释文》:"骈,步田反,《广雅》云并也,李云併也。"

披*pha̱r,敷羁切,《广韵》:"开也,分也,散也。"《方言》:"厮、披,散也。东齐声散曰厮,器破曰披。"《左传·昭公五年》:"杀适立庶,又披其邑。"注:"披,析也。"《左传·成公十八年》:"今将崇诸侯之奸而披其地。"注:"披,犹分也。"《释文》:"披,普皮反。"《史记·范睢蔡泽列传》:"木实繁者披其枝,披其枝者伤其心。”破 * phars，普过切，《广韵》：“破坏。”《说文》：“破，石碎也。”段玉裁注：“引申为碎之偁。”《荀子·劝学》：“风至苕折，卵破子死。”《韩非子·十过》：“知伯身死军破，国分为三，为天下笑。”《吕氏春秋·慎小》：“将失一令，而军破身死。”多带宾语。《诗经·破斧》：“既破我斧，又缺我斨。”《吕氏春秋·本味》：“伯牙破琴绝弦，终身不复鼓琴。”《庄子·齐物论》：“疾雷破山、风振海而不能惊。”

趋 * ȶho̱，七逾切，《广韵》：“走也。”《说文》：“趋，走也。”《论语·季氏》：“鲤趋而过庭。”《论语·微子》：“趋而辟之，不得与之言。”《孟子·公孙丑上》：“其子趋而往视之，苗则槁矣。”《释名》：“疾行曰趋。趋，赴也，赴所至也。”《孟子·尽心下》：“望见冯妇，趋而迎之。”《庄子·山木》：“林回弃千金之璧，负赤子而趋。”趣 * ȶho^{B}，仓苟切，《广韵》：“趣马。”《说文》：“趣，疾也。”《周礼·夏官·司马》：“趣马：下士，皁一人。”注：“趣马，趣养马者也。”《释文》：“趣，七口反。”《诗经·十月之交》：“蹶维趣马。”《释文》：“趣，七走反。”《诗经·云汉》：“趣马师氏，膳夫左右。”《释文》：“趣，七口反；趣马，官名。”

淤 * a̱，央居切，《广韵》：“淤泥。”《汉书·沟洫志》：“来春桃华水盛，必羡溢，有填淤反壤之害。”《汉书·沟洫志》：“旱则淤绝，水则为败。”《汉书·沟洫志》：“时至而去，则填淤肥美，民耕田之。”淤 * a̱s，依倨切，《广韵》：“浊水中泥也。”《说文》：“淤，淀滓，浊泥也。”《方言》：“水中可居为洲，三辅谓之淤。”《汉书·沟洫志》：“春夏干燥，少水时也，故使河流迟，贮淤而稍浅。”动词“淤”也写作“阏”。《汉书·沟洫志》：“渠成而用溉注填阏之水。”注：“阏读与淤同，音於据反。”《说文》：“阏，遮壅也。”（阏，乌葛切，《广韵》：“止也，塞也。”遏，乌葛切，《广韵》：“遮也，绝也，止也。”“阏”音“乌葛切”是“遏”的训读。）《吕氏春秋·古乐》：“民气郁阏而滞者。”《史记·天官书》：“土与水合，穰而拥阏，有覆军，其国不可举事。”洿 * a，哀都切，《广韵》：“《说文》曰：浊水不流者。污，上同。”其字《说文》两分。《说文》：“洿，浊水不流也。”《说文》：“污，薉也。”《释名》：“污，洿也，如洿泥也。”《孟子·滕文公下》：“暴君代作，坏宫室以为污池，民无所安息。”《孟子·尽心下》：“同乎流俗，合乎污世。”《孟子·梁惠王上》：“数罟不入洿池，鱼鳖不可胜食也。”《左传·文公六年》：“治旧洿。”注：“治理洿秽。”《释文》：“洿音乌，本又作污，同。”

仰 *ŋa̱ŋ^{B}，鱼两切，《广韵》：“偃仰也。《说文》举也。”《左传·襄公二十年》：“晏子仰天叹曰……”《孟子·梁惠王上》：“仰足以事父母，俯足以畜妻子。”《荀子·解蔽》：“俯见其影，以为伏鬼也；仰视其发，以为立魅也。”字本作“卬”。卬 *ŋa̱ŋ^{B}，鱼两切，《广韵》：“望也，欲有所度。”《诗经·北山》：“或栖迟偃卬。”《释文》：“卬音仰，本又作仰。”《诗经·云汉》：“瞻卬昊天，云如何里。”《释文》：“卬音仰，本亦作仰。”《庄子·天地》：“为圃者卬而视之。”昂 *ŋaŋ，五刚切，《广韵》：“举也。”《楚辞·卜居》：“宁昂昂若千里之驹乎？”王逸注：“昂一作卬。”字本作“卬”。卬 *ŋaŋ，五刚切，《广韵》：“高也。”《荀子·赋》：“卬卬兮天下之咸蹇也。”注：“卬卬，高貌。”《汉书·食货志下》：“万物卬贵。”注：“卬，物价起，音五刚反。”

佛 * bu̱t，符勿切，《集韵》：“一曰戾也，或作拂。”《礼记·学记》：“其施之也悖，其求之也佛。”《释文》：“佛，本文作拂，扶弗反。”《孟子·告子下》：“行拂乱其所为。”孙奭音义：“拂，丁音佛。”《礼记·大学》：“是谓拂人之性。”注：“拂犹佹也。”《释文》：“拂，扶弗反。”《庄子·人间世》：“是皆修其身以下伛拊人之民，以下拂其上者也。”《释文》：“拂，符弗反，崔云违也，又芳弗反。”悖 * but，蒲没切，《广韵》：“逆也。”《说文》“悖，乱也。”《庄子·在宥》：“说义邪，是悖于理也。”《礼记·月令》：“毋悖于时。”注：“悖犹逆也。”《礼记·大学》：“是故言悖而出者，亦悖而入；货悖而入者，亦悖而出。”注：“悖犹逆也。”《吕氏春秋·察今》：“以此任物，亦必悖矣。”誖 * but，蒲没切，《广韵》：“言乱。”《说文》：“誖，乱也。悖，誖或从心。”《汉书·礼乐志》：“四达而不誖，则王道备矣。”注：“誖，乖也。”

绥 * snu̱r，息遗切，《广韵》：“安也。”《诗经·樛木》：“乐只君子，福履绥之。”《诗经·民劳》：“惠此中国，以绥四方。”《左传·僖公四年》：“君若以德绥诸侯，谁敢不服？”《论语·子张》：“绥之斯来，动之斯和。”妥 * snur^{B}，他果切，《广韵》：“安也。”《诗经·楚茨》：“以妥以侑，以介景福。”传：“妥，安坐也。”（《说文》：“妥，安也。”）《仪礼·士相见礼》：“妥而后传言。”《汉书·武五子传》：“薰鬻徙域，北州以妥。”

㥯 * ʔɯ̱ns，於靳切，《广韵》：“所依据也。”《说文》：“㥯，所依据也。读与隐同。”字通写作“隐”。隐 * ʔɯ̱n^{B}，於谨切，《广韵》：“安也。”隐 * ʔɯ̱ns，於靳切，《广韵》：“隈隐之貌。”《庄子·齐物论》：“郭子綦隐几而坐。”《释文》：“隐，於靳反，冯也。”《庄子·知北游》：“神农隐几阖户昼瞑。”《释文》：“隐，於靳反。”《庄子·秋水》：“公子牟隐机太息。”《释文》：“隐，於靳反。”《孟子·公孙丑下》：“隐几而卧。”稳 *ʔɯn^{B}，乌本切，《广韵》：“亦安稳。”《潜夫论·相列》：“手足欲深细明直，行步欲安稳覆载。”

延 *za̱n，以然切，《广韵》：“长也。”《说文》：“延，长行也。”《吕氏春秋·知分》：“莫莫葛藟，延于条枚。凯弟君子，求福不回。”《庄子·胠箧》：“今遂至使民延颈举踵。”《韩非子·十过》：“三奏之，延颈而鸣，舒翼而舞。” 诞 *zan^{B}，徒旱切，《广韵》：“大也。”《荀子·不苟》：“诚信生神，夸诞生惑。”《庄子·在宥》：“愚知相欺，善否相非，诞信相讥。”

僵 *ka̱ŋ，居良切，《广韵》：“仆也。”《说文》：“僵，偃也。”《吕氏春秋·贵卒》：“周武君使人刺伶悝于东周，伶悝僵。”高注：“僵，踣也。”《吕氏春秋·贵卒》：“公子小白僵。管子以为小白死，告公子纠。”高注：“僵，犹偃也。”《灵枢经》：“癫疾始作，先反僵，因而脊痛。”殭 * ka̱ŋ，居良切，《广韵》：“死不朽也。”“殭”是后起区别字。《潜夫论·忠贵》：“殭尸破家，覆宗灭族者，皆无功于民氓者也。” 刚 *kaŋ，古郎切，《广韵》：“强也。”《左传·僖公二十七年》：“子玉刚而无礼。”《左传·昭公六年》：“莅之以强，断之以刚。”《论语·公冶长》：“吾未见刚者。”《道德经》：“弱之胜强，柔之胜刚。”

动词的元音为紧元音，而派生的形容词元音为松元音。这种例子上古汉语不少。动词作谓语时，主体是施事者；形容词作谓语时，主体是当事者。动词变成了形容词，主体也由施事者变成了当事者。就这一意义而言，动词的元音由紧元音换成松元音，削弱了动词的施事性。我们发现，这种元音交替偶尔也出现在动词和动词之间，比如“逆”和“遻”。

省 *ɕi̱ŋ^{B}，息井切，《广韵》：“察也，审也。”《论语·里仁》：“见贤思齐焉，见不贤而内自省也。”《庄子·让王》：“内省而不穷于道，临难而不失其德。”《韩非子·内储说下》：“国害则省其利者，臣害则察其反者。”醒 *ɕiŋ^{B}，苏挺切，《广韵》：“醉歇也。”《说文》：“醒，酒解也。”《左传·僖公二十三年》：“醒以戈逐子犯。”《楚辞·渔父》：“举世皆浊我独清，众人皆醉我独醒。”《国语·鲁语下》：“醉而怒，醒而喜，庸何伤？”

逆 *ŋa̱k，宜戟切，《广韵》：“迎也。”《左传·隐公二年》：“九月，纪裂繻来逆女，卿为君逆也。”《左传·桓公十八年》：“祭仲逆郑子于陈而立之。”《左传·僖公二十四年》：“晋侯逆夫人嬴氏以归。”遌 *ŋak，五各切，《广韵》：“心不欲见而见曰遌。”《说文》：“遌，相遇惊也。”（《释名》：“逆，遌也。”）《列子·黄帝》：“是故遌物而不慴。” 遌，字本也作“遻”。《庄子·达生》：“是故遻物而不慴。”《释文》：“遻，音悟，郭音愕。《尔雅》云：遻，忤也。”《尔雅》：“遇，遻也。”《释文》：“遻，字又作迕，同五故反。”迕 *ŋaks，五故切，《广韵》：“遇也。遻，上同（迕）。”《新书·匈奴》：“其贵人之见单于，犹迕虎狼也。”

动词“逆”和“遌”都是外动词。但是，两者意义很不同。前者主动，后者被动。“遌”指主体意外碰到了不该碰到的东西，比如虎狼等。因而，引申出惊愕等意义。愕 *ŋak，五各切，《广韵》：“惊也。”《战国策·燕策三》：“群臣惊愕，卒起不意，尽失其度。”动词“遌”的真正作者不是主体，跟动词“逆”不一样。显然，元音松紧交替削弱了动词的施事性。

三

动词和形容词（静态动词）的先后、因果关系非常清楚，如“阴”和“暗”。除了派生出形容词，动词也通过元音松紧交替派生出名词。俞敏（1999：302～308）发现，“早出的词没有介音，新派生的词有个短 i 介音，在一般的音韵学书里叫‘三等介音’。派生次序也有倒过来的”。这种派生词，俞敏总共举了 10 例。其中 4 例三等为动词，而非三等为名词。

终 * tu̱ŋ，职戎切，《广韵》：“极也，穷也，竟也。”《诗经·采绿》：“终朝采绿，不盈一匊。”《诗经·荡》：“靡不有初，鲜克有终。”《左传·僖公二十七年》：“使子文治兵于睽，终朝而毕，不戮一人。”冬 * tuŋ，都宗切，《广韵》：“四时之末。《尸子》曰：冬为信，北方为冬。冬，终也。”《说文》：“冬，四时尽也……古文终字。”《说文义证》引《太平御览》引《说文》：“冬，终也，尽也。”《广雅》：“冬，终也。”《诗经·葛生》：“夏之日，冬之夜，百岁之后，归于其居。”《诗经·宛丘》：“无冬无夏，值其鹭羽。”

离 * ra̲r，吕支切。《方言》：“罗谓之离，离谓之罗。”《诗经·新台》：“鱼网之设，鸿则离之。”《易·小过》：“弗遇过之，飞鸟离之。”《诗经·兔爰》：“有兔爰爰，雉离于罗。”字也写作“罗”。《诗经·鸳鸯》：“鸳鸯于飞，毕之罗之。”引申之，为遭遇，字写作“罹”。罹 * rar，吕支切，《广韵》：“心忧。”《韩非子·奸劫弑臣》：“其身困而家贫，父子罹其害。”《吕氏春秋·审己》：“余不听豫之言，以罹此难也。”《史记·孔子世家》：“吾与夫子再罹难，宁斗而死。”罗 * rar，鲁何切，《广韵》：“古者芒氏初作罗，《尔雅》：鸟罟谓之罗。”《诗经·兔爰》：“有兔爰爰，雉离于罗。”《韩非子·难三》：“以天下为之罗，则雀不失矣。”《庄子·山木》：“然且不免于罔罗机辟之患，是何罪之有哉？”

封 * po̲ŋ，府容切，《说文》：“爵诸侯之土也。”《周礼·地官·司徒》：“乃建王国焉，制其畿，方千里而封树之。”《左传·僖公二十四年》：“封建亲戚，以蕃屏周。”《左传·僖公二十八年》：“齐桓公为会而封异姓。”邦 * ploŋ，博江切，《广韵》：“国也。”《诗经·羔裘》：“彼其之子，邦之司直。”《诗经·我行其野》：“尔不我畜，复我邦家。”《论语·公冶长》：“邦有道，不废；邦无道，免于刑戮。”《论语·泰伯》：“危邦不入，乱邦不居。”

任 * nu̲m，如林切，《广韵》：“堪也，保也，当也。”《说文》：任，保也。“《诗经·生民》：“恒之糜芑，是任是负。”《左传·襄公二十五年》：“非其私昵，谁敢任之？”《左传·襄公二十九年》：“吾子为鲁宗卿，而任其大政，不慎举，何以堪之？”男 * num，那含切，《广韵》：“男子也。”《白虎通义·嫁娶》：“男，任也。任，功业也。”《释名》：“男，任也，典任事也。”

以上 4 例为俞敏所举。就两者的派生关系来看，应该从三等（紧元音）变成非三等（松元音）而不是从非三等（松元音）变成三等（紧元音），比如“封”与“邦”。我们前面已经讨论了，紧元音是上古汉语无标记元音。一般情况，根词的主元音应该是紧元音，派生词的主元音是松元音。不过，逆构词也常见。上古汉语也有松元音派生紧元音的事例。上古汉语这种通过元音松紧交替改变动词（形容词）、名词词性的例子远不止俞敏所举的 4 例。

四

上 *da̠ŋ^{B}，时掌切《广韵》："登也，升也。"《庄子·逍遥游》："我腾跃而上，不过数仞而下。"《庄子·达生》："上而不下，则使人善怒；下而不上，则使人善忘。"尚 *da̠ŋs，时亮切，《广韵》："亦高尚。"《说文》："尚，曾也。"段玉裁注："曾，重也。尚，上也。皆积累加高之意。"《论语·里仁》："好仁者，无以尚之。"《孟子·滕文公上》："草尚之风必偃。"敞 *tha̠ŋ^{B}，昌两切，《广韵》："高也。"《说文》："敞，平治高土，可以远望也。"《史记·淮阴侯列传》："然乃行营高敞地，令其旁可置万家。"堂 *daŋ，徒郎切，《说文》："殿也。"《论语·先进》："由也升堂矣，未入于室也。"皇疏："窗户之外曰堂。"《礼记·曲礼上》："将上堂，声必扬。"《诗经·七月》："跻彼公堂，称彼兕觥，万寿无疆。"

廾 *ko̠ŋ^{B}，居竦切，《广韵》："《说文》曰：竦手也，篆文作収，弄具奂丞字并从此，篆同而隶异也。"通作"拱"。拱 *ko̠ŋ^{B}，居竦切，《广韵》："手抱也。"《说文》："拱，敛手也。"《论语·微子》："子路拱而立。"《左传·僖三十二年》："尔墓之木拱矣。"注："拱，合手也。"本作"共"。《论语·为政》："譬如北辰，居其所而众星共之。"《释文》："共，求用反。郑作拱，俱勇反，拱手也。"《荀子·王霸》："则天子共己而已。"注："共，或读为拱。"拲 *ko̠ŋ^{B}，居竦切，《广韵》："两手共械。《周礼》云：上罪梏拲而桎。"《说文》："拲：两手同械也。从手从共，共亦声。"⿱巩手 *ko̠ŋ^{B}，居竦切，《广韵》："抱持。《说文》拥也。"巩 *ko̠ŋ^{B}，居竦切，《广韵》："抱也。《说文》作⿱巩手。"巩 *ko̠ŋ^{B}，居竦切，《广韵》："以皮束物。"《易·革》："巩用黄牛之革。"字虽多，实际是同一个语词。共 *go̠ŋs，渠用切，《广韵》："同也。"《论语·公冶长》："愿车马、衣裘，与朋友共。"《庄子·庚桑楚》："终日握而手不掜，共其德也。"《孟子·滕文公上》："自天子达于庶人，三代共之。"公 *koŋ，古红切，《广韵》："共也，官也。"《韩非子·五蠹》："自环者谓之私，背私谓之公。"《诗经·七月》："言私其豵，献豜于公。"《论语·季氏》："禄之去公室，五世矣。"《荀子·解蔽》："此心术之公患也。"注："公，共也。"《礼记·礼运》："天下为公。"注："公，犹共也。"

震 *ti̠ns，章刃切，《广韵》："雷震也，又动也，惧也，威也。"《说文》："震，霹雳振物者。”《左传·昭公四年》:“秋无苦雨,雷出不震。”《左传·襄公十四年》:“敬之如神明,畏之如雷霆。”《庄子·说剑》:“此剑一用,如雷霆之震也。”(振*t̲ins,章刃切,《广韵》:“奋也,举也,救也。”《说文》:“振,举救之也。”《礼记·月令》:“命有司发仓廪,赐贫穷,振乏绝。”注:“振犹救也。”后字也写作“赈”。赈*t̲ins,章刃切,《广韵》:“赡也。”《管子·轻重丁》:“发其积藏,出其财物,以赈贫病。”此为振之引申。《汉书·元帝纪》:“以三辅、太常、郡国公田及苑可省者振业贫民。”注:“振起之,令有作业。”《礼记·月令》:“东风解冻,蛰虫始振。”又《礼记·明堂位》:“振木铎于朝,天子之政也。”娠*t̲ins,章刃切,《广韵》:“妊娠。”《左传·哀公元年》:“后缗方娠,逃出自窦。”字本作“震”。《左传·昭公元年》:“当武王邑姜方震大叔。”注:“怀胎为震。”《释文》:“震本又作娠,之慎反,懐妊也。”)霆*diŋ,徒丁切,《广韵》:“雷霆。”《诗经·云汉》:“兢兢业业,如霆如雷。”《诗经·常武》:“震惊徐方,如雷如霆,徐方震惊。”《礼记·乐记》:“鼓之以雷霆,奋之以风雨。”

始*se̲^{B},诗止切,《广韵》:“初也。”《说文》:“始,女之初也。”《周易·乾》:“大哉乾元,万物资始,乃统天。”《左传·文公十五年》:“虽不能始,善终可也。”《左传·宣公十二年》:“君以此始,亦必以终。”《礼记·檀弓下》:“君子念始之者也。”胎*se,土来切,《广韵》:“始也。《说文》曰:妇孕三月也。”《尔雅》:“胎,始也。”《庄子·知北游》:“故九窍者胎生,八窍者卵生。”《韩非子·喻老》:“象箸玉杯必不羹菽藿,则必旄象豹胎。”

喘*tho̲n^{B},昌兖切,《广韵》:“喘息。《说文》曰:疾息也。”《庄子·大宗师》:“俄而子来有病,喘喘然将死。”《荀子·臣道》:“喘而言。”《史记·扁鹊仓公列传》:“令人喘,逆气不能食。”遄*do̲n,市缘切,《广韵》:“速也,疾也。”《尔雅》:“遄,速,疾也。”《诗经·相鼠》:“人而无礼,胡不遄死。”传:“遄,速也。”《释文》:“遄,市专反。”湍*thon,他端切,《广韵》:“急濑也。”《说文》:“湍,疾濑也。”《孟子·告子上》:“性犹湍水也,决诸东方则东流,决诸西方则西流。”《淮南子·原道训》:“期年而渔者争处湍濑。”

如*na̲,人诸切,《广韵》:“若也。”《说文》:“如,从随也。”段玉裁注:“凡有所往曰如,皆从随之引申也。”《左传·宣公十二年》:“有律以如己也。”注:“如,从也。”《吴越春秋》:“敢不如命?”《管子·轻重丁》:“不如令者不得从天子。”奴*na,乃都切,《广韵》:“人之下也。”《论语·微子》:“微子去之,箕子为之奴，比干谏而死。”《史记·殷本纪》：“箕子惧，乃详狂为奴，纣又囚之。”

柔*nu̲，耳由切，《广韵》：“顺也。《说文》曰：木曲直也。”《诗经·硕人》：“手如柔荑，肤如凝脂。”《诗经·烝民》：“人亦有言，柔则茹之，刚则吐之。”《庄子·天运》：“其声能短能长，能柔能刚。”揉*nu̲，耳由切，《广韵》：“捻也，又顺也，《诗》曰揉此万邦。”《周礼·冬官·考工记》：“揉辐必齐，平沈必均。”注：“揉谓以火槁之。”《管子·七法》：“犹朝揉轮而夕欲乘车。”字后繁化作“楺”。楺*nu̲^{B}，人九切，《广韵》：“屈木。煣，上同。”《淮南子·泛论训》：“楺轮建舆，驾马服牛，民以致远而不劳。”《汉书·食货志上》：“神农之世，斫木为耜，煣木为耒，耒耨之利以教天下。”注：“煣，屈也。”也作“輮”。《荀子·劝学》：“木直中绳，輮以为轮，其曲中规，虽有槁暴，不复挺者，輮使之然也。”蹂*nu̲，耳由切，《广韵》：“践蹂也。”《诗经·生民》：“或舂或揄，或簸或蹂。”《史记·项羽本纪》：“王翳取其头，余骑相蹂践争项王。”鞣*nu̲，耳由切，《说文》：“软也。”猱*nu，奴刀切，《广韵》：“猴也。”《诗经·角弓》：“毋教猱升木，如涂涂附。”传：“猱，猨属。”《释文》：“猱，乃刀反，沈乃遘反。”《管子·形势》：“坠岸三仞，人之所大难也，而猿猱饮焉。”

侍*de̲s，时吏切，《广韵》：“近也，从也，承也。”《说文》：“侍，承也。”《论语·公冶长》：“颜渊、子路侍。”皇侃疏：“卑在尊者之侧曰侍。”《孟子·公孙丑下》：“前日愿见而不可得，得侍，同朝甚喜。”《孝经·开宗明义章》：“仲尼居，曾子侍。”《释文》：“卑者在尊者之侧曰侍。”儓*de，徒哀切，《广韵》：“舆儓。”《集韵》：“儓，《方言》‘南楚凡骂庸贱谓之田儓’，一曰陪儓臣也。”字本作“臺”。《左传·昭公七年》：“僚臣仆，仆臣臺。”

拥*o̲ŋ^{B}，於陇切，《广韵》：“手拥。”《说文》：“拥，抱也。”《庄子·知北游》：“神农隐几拥杖而起，曝然放杖而笑。”壅*o̲ŋ，於容切，《广韵》：“塞。”壅*o̲ŋ^{B}，於陇切，《广韵》：“壅堨，亦塞也，障也。” 雍*o̲ŋ^{C}，於用切，《广韵》：“九州名。雍，拥也，东崤，西汉，南商，北居庸，四山之所拥翳也。”《释名》：“雍州在四山之内。雍，翳也。”灉*o̲ŋs，於用切，《广韵》：“河水决出还入为灉。”《尔雅》：“灉，反入。”又《尔雅》：“水自河出为灉。”瓮*oŋs，《广韵》：“《说文》罂也，乌贡切。”字也写作甕。《广韵》：“甕，上同（瓮）。”《庄子·天地》：“凿隧而入井，抱瓮而出灌。”字也写作“罋”。罋*oŋs，《广韵》：“瓶也。

《说文》曰:吸瓶也。罋,上同。"《左传·昭公七年》:"赂以瑶罋玉椟斝耳。"《释文》:"罋,乌送反,徐於容反。"《周礼·天官·冢宰》:"酱用百有二十罋。"《韩非子·外储说右上》:"或令孺子怀钱挈壶罋而往酤。"

名*mi̱ŋ,武并切,《广韵》:"名字。"《说文》:"名,自命也。"《庄子·隐公元年》:"庄公寤生,惊姜氏,故名曰寤生。"名,多用作名词。《道德经》:"名可名,非常名。无名天地之始;有名万物之母。"《左传·僖公二十二年》:"怀与安,实败名。"《庄子·逍遥游》:"北冥有鱼,其名为鲲。"铭*miŋ,莫经切,《广韵》:"铭记。《释名》云:铭,名也,记名其功也。"《说文》:"铭,记也。"《礼记·祭统》:"夫鼎有铭。铭者,自名也。"《周礼·春官·宗伯》:"设熬,置铭。"注:"铭今书或作名。郑司农云:铭书死者名于旌。"《庄子·让王》:"今使天下书铭于君之前。"《庄子·则阳》:"得石椁焉,洗而视之,有铭焉。"

萃*ȡu̱ts,秦醉切,《广韵》:"集也,聚也。"《方言》:"萃,集也。"《诗经·墓门》:"墓门有梅,有鸮萃止。"传:"萃,集也。"《释文》:"萃,徂醉反。"《易·萃》彖传:"萃,聚也;顺以说,刚中而应,故聚也。"《庄子·徐无鬼》:"祸之长也兹萃。"注:"萃,聚也。"綷*ȶuts,子对切,《广韵》:"《说文》曰:会五彩缯也。啐,亦同。"

滋*ȶe̱,子之切,《广韵》:"蕃也。"《说文》:"滋,益也。"《左传·隐公元年》:"不如早为之所,无使滋蔓。"《左传·桓公六年》:"谓民力之普存也,谓其畜之硕大蕃滋也。"《礼记·月令》:"孟夏行秋令,则苦雨数来,五谷不滋。"植物一年滋生一次,引申指一年,字写作载。载*ȶe^{B},作亥切,《广韵》:"年也,出《方言》。"《尔雅》:"载,岁也,夏曰岁商曰祀,周曰年,唐虞曰载。"《释名》:"岁,越也,越故限也。唐虞曰载,载生物也。"《左传·宣公三年》:"载祀六百,商纣暴虐,鼎迁于周。"注:"载祀皆年。"疏引孙炎:"载取物终更始,祀取四时祭祀一讫,年取年谷一熟。"《孟子·万章上》:"二十有八载,放勋乃徂落。"

比*pi̱r^{B},卑履切,《广韵》:"校也,并也。"《诗经·谷风》:"既生既育,比予于毒。"《左传·桓公十五年》:"人尽夫也,父一而已,胡可比也?"比*bi̱r,房脂切,《广韵》:"和也,并也。"比,频脂切,《集韵》:"和也,一曰相次也。"《新语·无为》:"尧、舜之民,可比屋而封,桀、纣之民,可比屋而诛。"《史记·汲郑列传》:"家人失火,屋比延烧,不足忧也。"毗*bi̱r,频脂切,《集韵》:"辅也。”《诗经·节南山》:“天子是毗。”笺:“毗,辅也。”《庄子·在宥》:“大喜邪,毗于阳。大怒邪,毗于阴。”(比*pi̱rs,必至切,《广韵》:“近也,併也。”《礼记·祭义》:“比时具物,不可以不备。”《释文》:“比,必利反,徐甫至反。”比*bi̱rs,毗至切,《广韵》:“近也,又阿党也。”《诗经·杕杜》:“嗟行之人,胡不比焉。”《释文》:“比,毗志反。”《诗经·良耜》:“其崇如墉,其比如栉。”《释文》:“比,毗志反。”)坒*bi̱rs,毗至切,《广韵》:“地相次坒也。”陛*bir^{B},傍礼切,《广韵》:“阶陛也。”《墨子·备城门》:“陛高二尺五,广长各三尺。”《吕氏春秋·贵信》:“曹翙按剑当两陛之间。”

俶*thu̱k,昌六切,《广韵》:“始也。”《说文》:“一曰始也。”《尔雅》:“俶,始也。”《诗经·大田》:“俶载南亩,播厥百谷。”《释文》:“俶音尺叔反,始也。”《诗经·既醉》:“令终有俶,公尸嘉告。”传:“俶,始也。”《释文》:“俶,尺叔反。”督*tuk,冬毒切,《广韵》:“正也。”《史记·越王句践世家》:“家有长子曰家督。”《庄子·养生主》:“缘督以为经,可以保身,可以全生,可以养亲,可以尽年。”《奇经考》:“督者,都也,督脉为阳脉之都纲。”《灵枢经·本输》:“颈中央之脉,督脉也。”《淮南子·兵略训》:“将军不与于五官之事,而为五官督。”《史记·晋世家》:“臣为督将,军败当诛,请死。”

屡*ro̱s,良遇切,《广韵》:“数也。”《论语·公冶长》:“御人以口给,屡憎于人。”字本作“娄”。段玉裁《说文》注:“古有娄无屡也。”《诗经·角弓》:“莫肯下遗,式居娄骄。”《释文》:“娄,王力住反。”《荀子·非相》引《诗》作:“莫肯下隧,式居屡骄。”《诗经·桓》:“绥万邦,娄丰年。”《释文》:“娄,力住反,数也。”《汉书·元帝纪》:“娄敕公卿,日望有效。”注:“娄,古屡字。”《汉书·公孙弘传》:“时上方兴功业,娄,举贤良。”注:“娄,古屡字。”楼*ro,落侯切,《广韵》:“亦作娄,重屋也。”《说文》:“楼,重屋也。”《左传·宣公十五年》:“登诸楼车,使呼宋而告之。”《孟子·告子下》:“不揣其本而齐其末,方寸之木可使高于岑楼。”《荀子·赋》:“志爱公利,重楼疏堂。”

昜*za̱ŋ,与章切,《说文》:“日出也。”《尚书·洪范》:“曰雨,曰旸,曰燠,曰寒,曰风。”传:“雨以润物,旸以干物。”《论衡·明雩》:“旸久自雨,雨久自旸。”旸*zaŋ,与章切,《广韵》:“日出旸谷。”《尚书·尧典》:“宅嵎夷,曰旸谷。”《淮南子·说林训》:“日出旸谷,入于虞渊。”旸,字通写作“阳”。《论衡·寒温》:“旸者,阳也。”《礼记·祭义》:“夏后氏祭其闇,殷人祭其阳,周人祭日，以朝及闇。”注：“闇，昏时也。阳读为‘曰雨曰旸’之旸，谓日中时也。朝，日出时也。”《诗经·湛露》：“湛湛露斯，匪阳不晞。”引申为热。《诗经·七月》：“春日载阳，有鸣仓庚。”传：“阳，温也。”也引申为明。《诗经·七月》：“我朱孔阳，为公子裳。”传：“阳，明也。”类转为名词，指阳光照到的地方。阳 * za̱ŋ，与章切，《广韵》：“阴阳。”《诗经·公刘》：“既景乃冈，相其阴阳。”《诗经·殷其雷》：“殷其雷，在南山之阳。”《诗经·渭阳》：“我送舅氏，曰至渭阳。”引申指取暖、烘烤，字作“炀”。炀 * za̱ŋ，与章切，《说文》：“炙燥也。”《庄子·盗跖》：“古者民不知衣服，夏多积薪，冬则炀之。”《管子·禁藏》：“夏日之不炀，非爱火也；为不适于身不便于体也。”《广韵》：“炀，释金。”“熔化(溶化)”是“炀”的引申义。由热引申为汤。汤 * saŋ，吐郎切，《广韵》：“热水。”(《楚辞·天问》：“出于汤谷，次于蒙汜。”“汤谷”就是“旸谷”。《淮南子·天文训》：“日出于旸谷，浴于咸池，拂于扶桑，是谓晨明。”)汤指沸水。《论语·季氏》：“见善如不及，见不善如探汤。”《吕氏春秋·尽数》：“夫以汤止沸，沸愈不止，去其火则止矣。”由沸腾的水，引申指翻滚。汤 * sa̱ŋ，式羊切，《广韵》：“汤汤，流貌。”《诗经·沔水》：“沔彼流水，其流汤汤。”郑笺：“汤汤，波流盛貌。”《诗经·氓》：“淇水汤汤，渐车帷裳。”《诗经·载驱》：“汶水汤汤，行人彭彭。”盪 * zaŋ^{B}，徒朗切，《广韵》：“涤盪，摇动貌。《说文》曰：涤器也。”《左传·昭公二十六年》：“不谷震盪播越，窜在荆蛮，未有攸底。”《释文》：“盪，本又作荡。徒党反。”《汉书·食货志下》：“盪涤烦苛。”字通写作“荡”，音同。《左传·襄公二十五年》：“成公播荡。”《左传·庄公四年》：“余心荡。”《庄子·外物》：“白波若山，海水震荡。”

聚 * ȡo̱^{B}，慈庾切，《广韵》：“众也，共也，敛也。《说文》会也，邑落云聚。”《左传·襄公二十四年》：“夫诸侯之贿，聚于公室，则诸侯贰。”《左传·成公十六年》：“召军吏也，皆聚于中军矣。”《韩非子·饰邪》：“主惑而不知所行，民聚而不知所道。”也带受事者。《左传·宣公四年》：“及将死，聚其族曰：椒也知政，乃速行矣。”《左传·逍遥游》：“聚族而谋曰。”《礼记·坊记》：“因其酒肉，聚其宗族，以教民睦也。”族 * ȡok，昨木切，《广韵》：“宗族。”《诗经·麟之趾》：“麟之角，振振公族。”《左传·成公四年》：“非我族类，其心必异。楚虽大，非吾族也，其肯字我乎?”《左传·庄公二十五年》：“尽杀游氏之族。”族也可类转为动词。《庄子·在宥》：“云气不待族而雨，草木不待黄而落。”《释文》:“司马云:族,聚也,未聚而雨,言泽少。”簇*ƫhok,千木切,《广韵》:“小竹。”《正字通》:“簇,小竹丛生也。”《史记·律书》:“泰簇者,言万物簇生也,故曰泰簇。”簇,字也作“蔟”。蔟*ƫhok,千木切,《广韵》:“蚕蔟。”《说文》:“蔟,行蚕蓐。”蔟*ƫhoks,仓奏切,《广韵》:“太蔟。”《礼记·月令》:“其音角,律中大蔟。”《淮南子·天文训》:“太蔟者,蔟而未出也。”

避*bi̱ks,毗义切,《广韵》:“违也,回也。”《说文》:“避,回也。”《庄子·秋水》:“夫水行不避蛟龙者,渔父之勇也;陆行不避兕虎者,猎夫之勇也。”《孟子·梁惠王下》:“岂有他哉?避水火也。”字本只作“辟”。《左传·隐公元年》:“姜氏欲之,焉辟害?”《左传·僖公二十三年》:“晋楚治兵,遇于中原,其辟君三舍。”《左传·僖公三十二年》:“其北陵,文王之所辟风雨也。”《释文》:“辟,音避。”壁*pik,北激切,《广韵》:“《说文》云:垣也。《释名》云:壁,辟也,辟御风寒也。”《说文》:“壁,垣也,从土辟声。”《仪礼·士冠礼》:“适东壁北面见于母。”《韩非子·难一》:“公披衽而避,琴坏于壁。”壁多指壁垒。《战国策·燕策三》:“使左右司马各营壁地。”注:“壁,军垒也。”壁,也本只写作“辟”。《左传·昭公十三年》杜注:“欲筑垒辟以视后人。”《释文》:“辟,音壁,本亦作壁。”《左传·成公二年》:“辟司徒之妻也。”杜注:“辟司徒,主垒辟者。”《释文》:“辟,音壁,必觅反;徐甫亦反。”《尔雅·释天》:“营室,东辟也。”《释文》:“辟,本又作壁,布觅反。”

夭*ʔɯ̱^{B},於兆切,《广韵》:“屈也。”《说文》:“夭,屈也。”《左传·昭公四年》:“民不夭札。”注:“短折为夭,疫死为札。”《国语·周语下》:“无夭昏札瘥之忧,而无饥寒乏匮之患。”注:“短折曰夭,疫死曰札。”《庄子·人间世》:“未终其天年,而中道已夭于斧斤,此材之患也。”《管子·五行》:“不疠雏彀,不夭麑麇。”《管子·禁藏》:“毋拊卵,毋伐木,毋夭英。”字后写作“殀”。殀*ʔɯ̱^{B},於兆切,《广韵》:“殁也。”《说苑·修文》:“不麛不卵,不殀夭,不覆巢。”夭*ʔɯ^{B},乌晧切,《广韵》:“《礼》曰不殀夭。”《礼记·王制》:“不麛,不卵,不杀胎,不殀夭,不覆巢。”《释文》:“夭,乌老反。”《礼记·月令》:“毋覆巢,毋杀孩虫胎夭。”《释文》:“夭,乌老反。”《管子·四时》:“无杀麑夭。”《吕氏春秋·正月纪》:“无覆巢,无杀孩虫胎夭飞鸟。”《吕氏春秋·十二月纪》:“行春令,则胎夭多伤。”麇*ʔɯ^{B},乌晧切,《广韵》:“麋子。”《尔雅》:“麋,其子麇。”《管子·五行》:“不夭麑麇。”

遂 *zu̱ts，徐醉切，《广韵》："达也，从志也。"《国语·周语下》："以遂八风。"注："遂犹顺也。"《庄子·在宥》："吾又欲官阴阳，以遂群生。"成玄英疏："遂，顺也。"《荀子·王制》："大事殆乎弛，小事殆乎遂。"注："遂，因循也。"引申之，为顺意（从志）。《礼记·月令》："百事乃遂。"《诗经·候人》："彼其之子，不遂其媾。"队 *zuts，徒对切，《广韵》："群队。"《左传·文公十六年》："会师于临品，分为二队。"注："队，部也。"一个接一个按照顺序排成一队。《左传·襄公十年》："右拔戟，以成一队。"注："百人为队。"《史记·项羽本纪》："乃分其骑以为四队，四向。"《墨子·备水》："二十船为一队。"

隐 *ɯ̱n^{B}，於谨切，《广韵》："痛也，私也。"《左传·昭公十四年》："古之遗直也，治国制刑，不隐于亲。"《孟子·梁惠王上》："王若隐其无罪而就死地，则牛羊何择焉？"《孟子·公孙丑上》："恻隐之心，仁之端也；羞恶之心，义之端也。"恩 *ɯn，乌痕切，《广韵》："恩泽也，惠也，爱也，隐也。"《说文》："恩，惠也，从心因。"《诗经·鸱鸮》："恩斯勤斯，鬻子之闵斯。"（恩、勤、闵韵。）《礼记·丧服四制》："恩者，仁也。"《荀子·大略》："推恩而不理，不成仁；遂理而不敢，不成义。"《孟子·梁惠王上》："百姓之不见保，为不用恩焉。"

五

上述这种例子不少，只是不像声调交替那样显眼，需要仔细寻找。动作行为完成，或形成一种状态，或产生一个结果。因此，动词的既行体跟动词的现行体很不一样，常常和形容词、名词同形。这些同族词，它们彼此之间的先后顺序以及因果关系很清楚。先有动词然后有形容词或名词，后者是前者的派生形式，比如"名"和"铭"。从这些动词通过元音松紧交替派生出形容词或者名词的事例中，可以窥见元音松紧交替所隐含的语法意义。紧元音为动词的现行体而松元音为动词的既行体，只是动词的既行体表现为形容词或者名词。

名词表示人或者事物，而形容词表示人或事物的性质、状态、特征或属性。两者关系非常密切。上古汉语的词类界线不是很清晰。好些词身份双重，既是形容词也是名词，比如色彩词。不过，上古汉语很多时候词性的改变会伴随着语音形式的改变。

昭*tɯ̱,止遥切,《广韵》:“明也,光也,著也。”《说文》:“昭,日明也。”《诗经·文王》:“文王在上,於昭于天。”传:“昭,见也。”笺:“其德著见于天。”《诗经·抑》:“昊天孔昭,我生靡乐。”笺:“昭,明也。”照*tɯ̱s,之少切,《广韵》:“明也。炤,上同。”《诗经·日月》:“日居月诸,照临下土。”《诗经·正月》:“潜虽伏矣,亦孔之炤。”《释文》:“炤,音灼,之若反。”灼*tɯ̱k,之若切,《广韵》:“烧也,炙也,热也。”《广雅》:“灼灼,明也。”《诗经·桃夭》:“桃之夭夭,灼灼其华。”的*tɯk,都历切,《广韵》:“指的,又明也。”《说文》:“的,明也。”段玉裁注:“的者,白之明也。”《广雅》:“的,白也。”《易·说卦》:“为的颡。”虞翻注:“的,白也。”《诗经·车邻》:“有马白颠。”传:“白颠,的颡也。”字写作“馰”。馰,都历切,《广韵》:“馰颅,马白额,又作的。”《诗经·宾之初筵》:“发彼有的,以祈尔爵。”毛传:“的,质也。”疏:“的者,谓熊侯白质者也。”《韩非子·内储说上》:“人之有狐疑之讼者,令之射的。”《荀子·劝学》:“是故质的张,而弓矢至焉。”

清*ȶhi̱ŋ,七情切,《广韵》:“又静也,澄也,洁也。”《释名》:“清,青也,去浊远秽,色如青也。”《诗经·伐檀》:“河水清且涟猗。”《诗经·四月》:“相彼泉水,载清载浊。”《庄子·刻意》:“水之性,不杂则清,莫动则平。”青*ȶhiŋ,仓经切,《广韵》:“东方色也。”《荀子·劝学》:“青取之于蓝,而青于蓝。”《庄子·逍遥游》:“背负青天而莫之夭阏者,而后乃今将图南。”《庄子·大宗师》:“瞽者无以与乎青黄黼黻之观。”

良*ra̱ŋ,吕张切,《广韵》:“贤也,善也。”《诗经·绸缪》:“今夕何夕,见此良人。”《诗经·鹑之奔奔》:“人之无良,我以为兄。”《孟子·离娄下》:“齐人有一妻一妾而处室者,其良人出,则必餍酒肉而后反。”郎*raŋ,鲁当切,《广韵》:“官名。”段玉裁《说文》注:“以郎为男子之偁及官名者,皆良之假借字也。”《史记·平准书》:“初,式不愿为郎。”

悠*zu̱,以周切,《广韵》:“远也。”《诗经·渐渐之石》:“山川悠远,维其劳矣。”《国语·吴语》:“今吾道路悠遠,无会而归与会而先晋,孰利?”注:“悠,长也。”《诗经·访落》:“於乎悠哉,朕未有艾。”条*zu,徒聊切,《广韵》:“小枝也。”《说文》:“条,小枝也。”条指细长的枝条。《诗经·椒聊》:“椒聊且,远条且。”传:“条,长也。”《诗经·中谷有蓷》:“有女仳离,条其啸矣。”

《诗经·汝坟》:"遵彼汝坟,伐其条枚。"传:"枝曰条,干曰枚。"《庄子·德充符》:"胡不直使彼以死生为一条,以可不可为一贯者。"

巨*ga̱^{B},其吕切,《广韵》:"大也。"《韩非子·初见秦》:"长城巨防,足以为塞。"《庄子·庚桑楚》:"夫寻常之沟,巨鱼无所还其体,而鲵鳅为之制。"《庄子·人间世》:"其作始也简,其将毕也必巨。"《孟子·梁惠王下》:"为巨室,则必使工师求大木。"也作鉅。鉅*ga̱^{B},其吕切,《广韵》:"大也。"《吕氏春秋·侈乐》:"故太鉅、太小、太清、太浊皆非适也。"《荀子·赋》:"此夫始生鉅,其成功小者邪?"湖*ga,户吴切,《广韵》:"江湖广曰湖也。"《说文》:"湖,大陂也。"《墨子·非攻中》:"东而攻越,济三江五湖,而葆之会稽。"《庄子·逍遥游》:"何不虑以为大樽而浮乎江湖?"又指广漠之地,字写作"胡"。《史记·孝文本纪》:"数月,胡人去,亦罢。"《史记·平准书》:"骠骑仍再出击胡,获首四万。"

深*su̱m,式针切,《广韵》:"远也。"《诗经·匏有苦叶》:"匏有苦叶,济有深涉。深则厉,浅则揭。"《诗经·小旻》:"如临深渊,如履薄冰。"《周礼·地官·司徒》:"以土圭之法测土深,正日景,以求地中。"潭*zum,徒含切,《广韵》:"又深水貌。"《广雅》:"潭,渊也。"《淮南子·原道训》:"以曲隈深潭相予。"《楚辞·渔父》:"屈原既放,游于江潭。"

朽*khu̱^{B},许久切,《广韵》:"腐也。"《论语·公冶长》:"朽木不可雕也,粪土之墙不可杇也。"《荀子·劝学》:"锲而舍之,朽木不折;锲而不舍,金石可镂。"《左传·僖公三十三年》:"寡君之以为戮,死且不朽。"考*khu^{B},苦浩切,《说文》:"老也。"《庄子·刻意》:"彭祖寿考者之所好也。"《礼记·曲礼下》:"祭王父曰皇祖考,王母曰皇祖妣。父曰皇考,母曰皇妣。……寿考曰卒,短折曰不禄。"《孟子·万章上》:"放勋乃徂落,百姓如丧考妣。"

圜*Go̱n,王权切,《广韵》:"天体。圆,上同。"《说文》:"圜,天体也。""圜"为"方圜"之"圜","天体"是引申义。《韩非子·外储说左上》:"为人君者犹盂也,民犹水也,盂方水方,盂圜水圜。"《吕氏春秋·圜道》:"天道圜,地道方,圣王法之。"《墨子·大取》:"小圜之圜,与大圜之圜同。"《说文》:"圆,圜全也。"《荀子·君道》:"君者盘也,民者水也,盘圆而水圆。君者盂也,盂方而水方。"《庄子·骈拇》:"圆者不以规,方者不以矩。"《韩非子·功名》:"右手画圆,左手画方,不能两成。"丸*Gon,胡官切,《广韵》:"弹丸。"《说文》："丸，圜也。"《吕氏春秋·本味》："丹山之南，有凤之丸，沃民所食。"注："丸，古卵字也。"引申之，为"弹丸"之"丸"。《左传·宣公二年》："从台上弹人，而观其辟丸也。"《管子·轻重丁》："请挟弹怀丸游水上。"《战国策·楚策四》："左挟弹，右摄丸，将加己乎十仞之上。"

动词可以通过元音松紧交替派生出形容词或名词，形容词也可以通过元音松紧交替派生出名词，也有逆构词由名词派生出形容词，比如"青"和"清"。形容词往往就是名词所指事物的特征或属性，或者名词具有形容词的特征或属性，比如"良"和"郎"。名词使用过程中极容易变成形容词，形容词也是如此。《庄子·逍遥游》："适莽苍者三湌而反，腹犹果然。"《释文》："果，众家皆云饱貌。""果实"的特征中间向外凸出，人吃饱了肚子也向外凸出。于是，"果"改变词性由名词"果实"变成形容词"饱貌"。再带上受事者就成了"果腹"的"果"。这时"果"就变成了动词。这种词性改变一般不需要改变语音，这应该是上古汉语用元音松紧交替由名词派生形容词或由形容词派生名词的事例不多的原因之一。

第四节　施事性

一

动词中有一类表示主体运动的趋向动词。趋向动词一般不带宾语，即使某一些趋向动词带宾语，其所带的宾语并不是受事宾语而是表示处所的处事宾语。根据预设，主体能作这一动词所代表的动作行为，是施事者。《左传·庄公八年》："（徒人费）走出遇贼于门。"主体"徒人费"是动作行为"走"的作者。不过，趋向动词往往可以用作受事动词。"古公亶父，来朝走马。"（《诗经·绵》）马瑞辰："走马，即趣马之假借也。""走"和"趣"是一个动词的两个不同形式，尽管有两个不同的文字。"走"与作者联系，表示作者"能走"；"趣"与受事者联系，表示受事者“能走”。这种差别，上古汉语一般通过附加 *-s 来实现。我们发现，上古汉语的趋向动词有一个明显的语音特征，主元音选择紧元音。

之 *te̱，止而切，《广韵》：“适也。”《论语·阳货》：“子之武城闻弦歌之声。”《庄子·逍遥游》：“奚以之九万里而南为？”又《庄子·人间世》：“曰：奚之？曰：将之卫。”《孟子·尽心上》：“孟子自范之齐，望见齐王之子。”《墨子·非儒下》：“孔丘之齐见景公。”

适 *ti̱k，之石切，《广韵》：“往也。”《说文》：“适，之也。”《尔雅》：“适，往也。”《诗经·硕鼠》：“逝将去女，适彼乐土。”《左传·僖公七年》：“无适小国，将不女容焉。”《庄子·逍遥游》：“宋人资章甫而适诸越，越人断发文身，无所用之。”

厎 *ti̱r，职雉切，《尔雅》：“至也。”《诗经·祈父》：“胡转予于恤？靡所厎止。”传：“厎，至也。”《释文》：“厎，之履反。”《小旻》：“伊于胡厎。”《释文》：“厎，之履反。”《左传·昭公二十六年》：“未有攸厎。”注：“厎，至也。”《释文》：“厎，音旨。”

征 *ti̱ŋ，诸盈切，《广韵》：“行也。”《说文》：“征，正行也。”《诗经·车攻》：“之子于征，有闻无声。”《诗经·泮水》：“桓桓于征，狄彼东南。”《左传·僖公四年》：“昭王南征而不复，寡人是问？”引申之，为征伐。《管子·重令》：“征伐不能服天下，而求霸诸侯，不可得也。”《孟子·梁惠王上》：“今燕虐其民，王往而征之。”

逝 *da̱ts，时制切，《广韵》：“往也，行也。”《说文》：“逝，往也。”《诗经·小弁》：“无逝我梁，无发我笱。”笺：“逝，之也。”《诗经·公刘》：“笃公刘，逝彼百泉，瞻彼博原。”笺：“逝，往。”《管子·内业》：“静则得之，躁则失之，灵气在心，一来一逝。”《吕氏春秋·疑似》：“明彐之市而醉，其真子恐其父之不能反也，遂逝迎之。”

如 *na̱，人诸切，《广韵》：“往也。”《说文》：“如，从随也。”《尔雅》：“如，往也。”《左传·隐公四年》：“厚从州吁如陈。”《左传·隐六年》：“郑伯如周，始朝桓王也。”《吕氏春秋·尊师》：“如山林，入川泽。”《庄子·庚桑楚》：“百姓猖狂不知所如往。”

出 *thu̱t，尺律切，《集韵》：“自内而外也。”《诗经·北门》：“出自北门，忧心殷殷。”《诗经·宾之初筵》：“既醉而出，并受其福。”笺：“出，犹去也。”《论语·雍也》：“谁能出不由户？”《吕氏春秋·知分》：“夏后启辞而出。”注：“出，去也。”《庄子·养生主》：“秦失吊之，三号而出。”《韩非子·十过》：“臣请试潜行而出，见韩、魏之君。”

入*nu̱p，人执切，《广韵》：“内也，纳也。”《说文》：“入，内也。”《诗经·七月》：“十月蟋蟀入我床下。”《左传·隐公元年》：“京叛大叔段，段入于鄢。”《庄子·德充符》：“勇士一人，雄入于九军。”《论语·八佾》：“子入大庙，每事问。”

至*ti̱ts，脂利切，《广韵》：“到也。”《诗经·载驰》：“驱马悠悠，言至于漕。”《左传·隐公元年》：“天子七月而葬同轨毕至。”《论语·学而》：“夫子至于是邦也，必闻其政。”《庄子·齐物论》：“是今日适越而昔至也。”《韩非子·十过》：“昔者卫灵公将之晋，至濮水之上。”

往*ɢa̱ŋ^{B}，于两切，《广韵》：“之也，去也。”《说文》：“往，之也。”《诗经·终风》：“莫往莫来，悠悠我思。”《诗经·采薇》：“昔我往矣，杨柳依依。”《左传·隐公元年》：“豫（公子豫）请往，公弗许。”《论语·阳货》：“孔子时其亡也，而往拜之，遇诸涂。”

去*kha̱s，丘倨切，《广韵》：“离也。”《说文》：“去，人相违也。”《诗经·生民》：“鸟乃去矣，后稷呱矣。”《诗经·硕鼠》：“逝将去女，适彼乐国。”《左传·宣公十五年》：“楚师将去宋。”《庄子·德充符》：“丈夫与之处者，思而不能去也。”又《庄子·在宥》：“故余将去女，入无穷之门，以游无极之野。”《韩非子·初见秦》：“引军而去。”

赴*pho̱ks，芳遇切，《广韵》：“奔赴。”《说文》：“赴，趋也。”《尔雅》：“赴，至也。”《左传·僖公二十五年》：“掖以赴外，杀之。”《荀子·议兵》：“若赴水火，入焉焦没耳。”《韩非子·内储说上》：“燔台而鼓之，使民赴火者，赏在火也，临江而鼓之，使人赴水者，赏在水也。”《庄子·刻意》：“枯槁赴渊者之所好也。”《庄子·秋水》：“赴水则接腋持颐。”

徙*sri̱^{B}，斯氏切，《广韵》：“移也。”《说文》：“徙，移也。”《周礼·地官·司徒》：“徙于国中及郊，则从而授之。若徙于他，则为之旌节而行之。”《左传·文公十六年》：“楚人谋徙于阪高。”《孟子·离娄下》：“无罪而戮民，则士可以徙。”《庄子·逍遥游》：“海运则将徙于南冥。”《韩非子·说林上》：“泽涸，蛇将徙。”

即 *ʦi̱t，子力切，《广韵》：“就也。”《说文》：“即，即食也。”《诗经·氓》：“来即我谋。”笺：“即，就也。”《诗经·东门之墠》：“岂不尔思，子不我即。”传：“即，就也。”《诗经·生民》：“即有邰家室。”《左传·僖公二十六年》：“宋以其善于晋侯也，叛楚即晋。”《论语·子张》：“望之俨然，即之也温，听其言也厉。”

就 *ʣu̱ks，疾僦切，《广韵》：“即也。”《说文》：“就，就高也。”《诗经·我行其野》：“昏姻之故，言就尔居。”《左传·定公四年》：“子姑就馆，将图而告。”《论语·学而》：“敏于事而慎于言，就有道而正焉。”《孟子·梁惠王上》：“望之不似人君，就之而不见所畏焉。”《庄子·人间世》：“治国去之，乱国就之，医门多疾。”

上古汉语趋向动词主元音选择紧元音的语音特征十分明显，尽管我们不能说趋向动词一定选择紧元音。大部分趋向动词是不带宾语就自足的内动词，就是带宾语，其宾语也不能是受事宾语或者施事宾语，而只能是处所宾语。不过，上古汉语有些特殊。某些趋向动词作谓语时，主体可以将动作行为的施事者让渡给客体。于是，趋向动词有了宾语。

叔孙已死，竖牛因不发丧也，徙其府库重宝空之而奔齐。（《韩非子·内储说上》）

卫侯欲与楚，国人不欲，故出其君，以说于晋。（《左传·僖公二十八年》）

王资臣万金而游，听之韩、魏，入其社稷之臣于秦。（《战国策·秦策四》）

上述句子中的施事者不再是主体而是客体，如“出其君”中的“其君”。但是，客体成为施事者是主体让渡的结果。这只是趋向动词的特殊用法。趋向动词有起点，大部分没有终点。有终点，其终点也是一个处所。趋向动词是没有受力体（受事宾语）的动词，即趋向动词不需要受力体就可以自足。因而，趋向动词作谓语时不带（受事）宾语是常态。

二

如同形容词，说话者将陈述对象让渡给客体时不需要改变其语音形式。但是，改变其语音形式，趋向动词就有可能由内动词变成外动词。比如“出”，插入/r/中缀就变成了外动词“黜”。“乃黜之而以公衍为太子。”（《左传·昭公二十九年》）这一点我们前面已经讨论过，就不再重复了。除插入/r/中缀外，上古汉语的趋向动词还可以通过元音松紧交替派生出一个可以带受事宾语的新动词。

> 入*nu̠p，人执切，《广韵》：“内也，纳也。”《左传·隐公二年》：“莒人入向。”《庄子·大宗师》：“登高不栗，入水不濡，入火不热。”纳*nup，奴答切，《广韵》：“内也。”《左传·襄公二十七年》：“子鲜曰：逐我者出，纳我者死。”《释文》：“纳，本作内，音纳。”《左传·隐公四年》：“公子冯出奔郑，郑人欲纳之。”《左传·僖公十年》：“臣出晋君，君纳重耳。”

入，《左传》共出现484次，当入带宾语时，其宾语一定是一个处所，是行程的终点。纳，《左传》共出现148次，全为及物动词，其宾语则一定是“可纳”的人或物。通过元音松紧交替，入由不及物动词变成了及物动词。王力（1965）认为“纳”是“入”的使动形式。“公为之请，纳玉于王与晋侯。”（《左传·僖公三十年》）“公子遂如齐，纳币。”（《左传·文公二年》）“秦伯纳女五人，怀嬴与焉。”（《左传·僖公二十三年》）“因魏庄子纳虎豹之皮以请和诸戎。”（《左传·襄公四年》）这些动词“纳”的意义都是“献出”。“纳女于天子，曰备百姓。”（《礼记·曲礼下》）郑玄注：“纳女犹致女也。”这跟“致”表示“献出”意义完全相同。很显然，我们不能用自动、使动解释“入”和“纳女”中的“纳”。可见，入、纳之关系同样不能解释为自动、使动之关系。入跟纳之关系几乎等同于“至”和“致”的关系。动词“入”的宾语一定是处所，动词“纳”的宾语一定是人或物。一旦当“入”的宾语是人或物时，实际上其语音形式就是“纳”。动词“纳”所带的直接宾语一定是“可纳之物”，而其直接宾语可以转换成句子的主语而成被动句，而动词“入”的间接宾语不可以转换成句子的主语而成被动句。由此可见，由趋向动词通过元音松紧交替派生出来的“纳”是一个受事动词。

集*ȡu̱p，秦入切，《广韵》：“聚也，会也。”《诗经·葛覃》：“黄鸟于飞，集于灌木，其鸣喈喈。”《诗经·鸿雁》：“鸿雁于飞，集于中泽。”《国语·晋语二》：“人皆集于苑，已独集于枯。”《礼记·月令》：“四方来集，远乡皆至。”《孟子·公孙丑上》：“是集义所生者，非义袭而取之也。”注：“集，杂也。”杂*ȡup，徂合切，《广韵》：“集也。”《说文》：“杂，五采相合也。”《周礼·冬官·考工记》：“画缋之事，杂五色。”《庄子·列御寇》：“醉之以酒而观其侧，杂之以处而观其色。”《国语·郑语》：“先王以土与金木水火杂，以成百物。”《韩非子·解老》：“疾婴内则痛祸薄外，痛祸薄外则苦痛杂于肠胃之间。”

动词“集”和“杂”的关系跟“入”和“纳”的关系相平行。“集”是不及物动词，一般不带宾语，而“杂”是及物动词，需要带受事宾语。此外，“杂”多修饰名词；甚至用作副词，充当状语。“樊棘杂处，民不得入焉。”（《管子·乘马》）“以衰裳入朝，与家仆杂居齐齿，非礼也。”（《礼记·礼运》）“集”只是一个动词，一般不修饰名词，更不能充当句子的状语。修饰名词，充当状语，是动词既行体的主要功能。受事动词跟动词既行体同形。这是受事动词跟施事动词重要区别之一。

遵*ȶu̱n，将伦切，《广韵》：“循也。”《说文》：“遵，循也。”《诗经·遵大路》：“遵大路兮，掺执子之手兮。”《诗经·七月》：“女执懿筐，遵彼微行。”《礼记·中庸》：“君子遵道而行，半涂而废，吾弗能已矣。”《孟子·离娄上》：“遵先王之法而过者，未之有也。”《管子·任法》：“故遵主令而行之，虽有伤败无罚。”尊*ȶun，祖昆切，《广韵》：“尊卑，又重也，高也，贵也，敬也。”《论语·尧曰》：“尊五美，屏四恶，斯可以从政矣。”《左传·昭公元年》：“听其政，尊其贵，事其长，养其亲。”《孟子·万章上》：“孝子之至，莫大乎尊亲。”

滋*ȶe̱，子之切，《广韵》：“蒔也，多也，蕃也。”《左传·隐公元年》：“无使滋蔓。”《左传·昭公二十年》：“无乃求去忧而滋长乎？”《礼记·月令》：“五谷不滋，四鄙入保。”《庄子·则阳》：“深其耕而熟耰之，其禾蘩以滋。”《吕氏春秋·明理》：“草木庳小不滋，五谷萎败不成。”孳*ȶe̱，子之切，《广韵》：“孳息。”《潜夫论·劝将》：“德稍弊薄，邪心孳生。”栽*ȶe，祖才切，《广韵》：“种也。"《说文》:"草木之殖曰栽。"《礼记·中庸》:"栽者培之,倾者覆之。"注:"栽读如'文王初载'之载。栽犹殖也。今时人名草木之植曰栽。"

颤*tans,之膳切,《广韵》:"四支寒动。"《淮南子·说山训》:"故寒颤,惧者亦颤,此同名而异实。"《吕氏春秋·慎大》:"桀为无道,暴戾顽贪,天下颤恐而患之。"战*tans,之膳切,《广韵》:"惧也,恐也。"《诗经·小旻》:"战战兢兢,如临深渊,如履薄冰。"天冷发抖,恐惧也发抖,因而引申指恐惧。《论语·八佾》:"周人以栗,曰使民战栗。"《韩非子·初见秦》:"战战栗栗,日慎一日。"惮*dans,徒案切,《广韵》:"难也,又忌恶也。"《说文》:"惮,忌难也。"段玉裁注:"凡畏难曰惮。"《诗经·绵蛮》:"岂敢惮行,畏不能趋。"笺:"惮,难也。"《诗经·云汉》:"我心惮暑,忧心如熏。"笺:"惮犹畏也。"《周礼·冬官·考工记》:"虽有疾风,亦弗之能惮矣。"注:"故书惮或作但。郑司农云:读当为'惮之以威'之惮,谓风不能惊惮,箭也。"《释文》:"惮,音怛,都达反,李直旦反。"《论语·学而》:"无友不如己者,过则勿惮改。"

敷*pha,芳无切,《广韵》:"散也。"《诗经·小旻》:"旻天疾威,敷于下土。"《吕氏春秋·不苟》:"公孙枝出,自敷于百里氏。……公孙枝徙,自敷于街。"《内径·素问》:"寒敷于上,雷动于下。"铺*pha,普胡切,《广韵》:"铺设也,陈也,布。"《礼记·乐记》:"铺筵席,陈尊俎,列笾豆。"《礼记·杂记上》:"商祝铺席,乃敛。"《左传·宣公十二年》:"铺时绎思,我徂维求定。"注:"铺,布也。"布*pas,博故切,《广韵》:"又陈也。"《礼说·曲礼上》:"若非饮食之客,则布席。"《左传·文公十八年》:"使布五教于四方。"《左传·成公二年》:"吾子布大命于诸侯。"《韩非子·有度》:"兵四布于天下。"

夷*zir,以脂切,《广韵》:"灭也,易也。《说文》平也。"《道德经》:"大道甚夷,而民好径。"《庄子·胠箧》:"夫川竭而谷虚,丘夷而渊实。"可以将陈述对象让渡给客体。《左传·成公十六年》:"塞井夷灶。"《左传·隐公六年》:"见恶如农夫之务去草焉,芟夷蕴崇之,绝其本根,勿使能殖。"注:"芟,刈也;夷,杀也。"《周礼·秋官·司寇》:"薙氏掌杀草。夏日至而夷之,秋绳而芟之。"薙*sirs,他计切,《广韵》:"除草。"《说文》:"薙,除草也。"《礼记·月令》:"烧薙行水,利以杀草,如以热汤。"《释文》:"薙,他计反。"《周礼·秋官·司寇》:"薙氏,下士二人,徒二十人。"注:"书薙或作夷。郑司农云:掌杀草。故《春秋传》曰:如农夫之务去草,芟夷蕴崇之。薙读如鬀小儿头之鬀。

书或作夷，此皆剪草也。”《释文》：“薙，或作雉，同他计反，徐庭计反。”

倚 *ʔa̱r^B，于绮切，《广韵》：“依倚也。”《说文》：“倚，依也。”《论语·卫灵公》：“则见其倚于衡也。”《礼记·檀弓下》：“及其丧也，曾点倚其门而歌。”《庄子·德充符》：“倚树而吟，据槁梧而瞑。”《道德经》：“祸兮福之所倚，福兮祸之所伏。” 阿 *ʔar，乌何切，《广韵》：“曲也，近也，倚也。”《荀子·君道》：“内不可以阿子弟，外不可以隐远人。”《韩非子·有度》：“法不阿贵，绳不挠曲。”《韩非子·三守》：“险言祸福得失之形，以阿主之好恶。”《吕氏春秋·贵公》：“甘露时雨，不私一物；万民之主，不阿一人。”

涉 *de̱p，时摄切，《广韵》：“历也，徒行渡水也。”《说文》：“涉，徒行厉水也。”《诗经·匏有苦叶》：“招招舟子，人涉卬否。”《左传·宣公十七年》：“所不此报，无能涉河。”《左传·僖公四年》：“不虞君之涉吾地也。”《吕氏春秋·节丧》：“蹈白刃，涉血抽肝以求之。”《吕氏春秋·期贤》：“扶伤舆死，履肠涉血。”“涉血”即“蹀血”。蹀 *dep（蹀为后起形声字），徒协切，《广韵》：“躞蹀。”《广雅》：“蹀，履也。”《吕氏春秋·顺说》：“康王蹀足謦欬。”《淮南子·俶真训》：“足蹀阳阿之舞。”“蹀血”也作“喋血”。《史记·魏豹彭越列传》：“喋血乘胜日有闻矣。”索隐：“喋音揲，喋犹践也。”《史记·淮阴侯列传》：“新喋血阏与。”韦昭：“喋音徒协反。”《汉书·文帝纪》：“新喋血京师。”注：“服虔曰：喋音蹀屣履之蹀。师古曰：喋音大颊反，本字当作蹀，蹀谓履涉之耳。”《汉书·王莽传下》：“今屠此城，喋血而进。”

烝 *te̱ŋ，煮仍切，《广韵》：“《说文》曰：火气上行也。”《墨子·节用中》：“逮夏，下润湿，上熏烝。”《汉书·贾谊传》：“云烝雨降，纠错相纷。”字后作“蒸”，音同。《淮南子·原道训》：“风兴云蒸，事无不应。”《史记·屈原贾生列传》：“云蒸雨降兮，错缪相纷。”《国语·周语上》：“阳气俱蒸，土膏其动。” 登 *teŋ，都滕切，《广韵》：“升也。”《左传·庄公十年》：“下视其辙，登轼而望之。”《左传·僖公二十八年》：“晋侯登有莘之虚以观师。”

移 *za̱r，弋支切，《广韵》：“迁也，徙也。”《左传·宣公十二年》：“晋师右移。”《国语·齐语》：“相地而衰征，则民不移。”注：“移，徙也。”《孟子·梁惠王上》：“河内凶，则移其民于河东，移其粟于河内。”拕 *sar，托何切，《广韵》：“曳也，俗作拖。”《论语·乡党》：“加朝服，拖绅。”《淮南子·齐俗训》：“纵体拖发，箕倨反言。”拕 *zar^B，徒可切，《广韵》：“引也。”《礼记·少仪》：“仆者右带剑，负良绥，拖诸髀。”《释文》：“拖，徒可反，引也，又他佐反。”《淮南子·人间训》：“夺之车马，解其橐笥，拖其衣被。”注：“拖，夺也。”《墨子·非攻上》：“拖其衣裘，取戈剑者，其不义又甚入人栏厩取人马牛。”

论*ru̲n，力迍切，《广韵》：“言有理，出字书。”《集韵》：“论，龙春切，言有理也。”《诗经·灵台》：“于论鼓钟。”笺：“论之言伦也。”《荀子·性恶》：“少言则径而省，论而法，若佚之以绳。”王先谦集解：“论，犹伦也。”《荀子·解蔽》：“莫见而不论，莫论而失位。”王先谦集解：“论，读为伦。伦者，理也。”伦*ru̲n，力迍切，《广韵》：“理也。”《孟子·公孙丑下》：“内则父子，外则君臣，人之大伦也。”论*run，卢昆切，《广韵》：“说也，议也，思也。”《说文》：“论，议也。”《论语·宪问》：“裨谌草创之，世叔讨论之。”《左传·襄公三十一年》：“郑人游于乡校，以论执政。”《礼记·王制》：“凡官民材，必先论之。”

就*ɖu̲s，疾僦切，《广韵》：“成也，迎也，即也。”《礼记·孔子闲居》：“无体之礼，日就月将。”注：“就，成也。”《韩非子·外储说右上》：“组已就而效之，其组异善。”《吕氏春秋·分职》：“功已就，不知规矩绳墨。”注：“就，成也。”《吕氏春秋·审时》：“稼就而不获，必遇天菑。”《战国策·齐策四》：“三窟已就，君姑高枕为乐矣。”造*ɖu^{B}，昨早切，《广韵》：“造作。”《说文》：“造，就也。”《墨子·公输》：“公输盘为楚造云梯之械。”《庄子·盗跖》：“使为将军造大城数百里。”《礼记·玉藻》：“大夫不得造车马。”《韩非子·诡使》：“造言作辞，以非法措于上。”王力（1982：311）列“造、就”为同源词。

税*so̲ts，舒芮切，《广韵》：“舍也。”《史记·李斯列传》：“吾未知所税驾也。”索隐：“税驾犹解驾，言休息也。”《墨子·三辩》：“此譬之犹马驾而不税，弓张而不弛。”《吕氏春秋·慎大》：“乃税马于华山，税牛于桃林。”《左传·庄公九年》：“管仲请囚，鲍叔受之，及堂阜而税之。”字写作“说”。《诗经·定之方中》：“星言夙驾，说于桑田。”《释文》：“说，毛始锐反，舍也。”《诗经·株林》：“驾我乘马，说于株野。”《释文》：“说音税，舍也。”《左传·宣公十二年》：“鸡鸣而驾，日中而说。”注：“说，舍也。”《释文》：“说，舒锐反。”挩*sot，他括切，《广韵》：“除也，遗也，又解脱。”本作“说”。《诗经·瞻卬》：“彼宜有罪，女覆说之。”《释文》：“说，一音他活反。”《左传·僖公十五年》：“车说其輹，火焚其旗。”《说文》：“说，吐活反。”《左传·襄公二十五年》：“不说弁而死于崔氏。”《释文》：“说，他活反。”《左传·昭公二十七年》：“岂其伐人而说甲执冰以游?”《释文》:“说,他活反。”

深*su̲m,式针切,《广韵》:“远也。”《诗经·匏有苦叶》:“匏有苦叶,济有深涉。深则厉,浅则揭。”《左传·襄公二十二年》:“深山大泽,实生龙蛇。”《诗经·小旻》:“如临深渊,如履薄冰。”《论语·宪问》:“深则厉,浅则揭。”探*sum,他含切,《广韵》:“取也。”探,《说文》:“远取之也。”段玉裁注:“探之言深也。”《论语·季氏》:“见善如不及,见不善如探汤。”《庄子·胠箧》:“将为胠箧探囊发匮之盗而为守备,则必摄缄縢,固扃镝。”《韩非子·扬权》:“探其怀,夺之威。”《史记·郦生陆贾列传》:“此所谓探虎口者也。”

孵*phu̲,芳无切,《广韵》:“卵化。”字本作“孚”,音同。孚,《说文》:“卵孚也。从爪从子。一曰信也。”徐锴:“鸟之孚卵皆如其期,不失信也。”孚*phu̲s,芳遇切,《集韵》:“育也,《方言》鸡伏卵而未孚。孵,或从卵。”抱*bu^{B},薄浩切,《广韵》:“持也。《说文》曰:引取也。”《诗经·抑》:“借曰未知,亦既抱子。”《礼记·曲礼上》:“君子抱孙不抱子。”《庄子·盗跖》:“鲍焦饰行非世,抱木而死。” 菢*bus,薄报切,《广韵》:“鸟伏卵。”字本作“抱”。《方言》:“北燕朝鲜洌水之间谓伏鸡曰抱。”

罢*ba̲r,符羁切,《广韵》:“倦也,亦止也。”《礼记·少仪》:“师役曰罢。”注:“罢之言罢劳也。《春秋传》曰:师还曰疲。”《释文》:“罢音皮。”《庄子·刻意》:“其神纯粹,其魂不罢。”《释文》:“罢,音皮。”《韩非子·说林上》:“魏攻中山而弗能取,则魏必罢。”《管子·兵法》:“数战则士罢,数胜则君骄。”字也写作“疲”。疲*ba̲r,符羁切,《广韵》:“劳也,乏也。”《韩非子·初见秦》:“士民疲病于内。”《庄子·天道》:“其鬼不祟,其魂不疲。”罢*ba̲r^{B},皮彼切,《广韵》:“遣有罪。”《说文》:“罢,遣有罪也。”段玉裁注:“引申之,为止也,休也。”罢*b/r/ar^{B},薄蟹切,《广韵》:“止也,休也。”《孟子·告子下》:“我将见楚王说而罢之。”《韩非子·说林上》:“乐羊罢中山,文侯赏其功而疑其心。”《礼记·月令》:“可以罢官之无事。”《庄子·盗跖》:“罢兵休卒,收养昆弟。”《吕氏春秋·权勋》:“于是罢师去之,斩司马子反以为戮。”

糜*ma̲r,靡为切,《广韵》:“糜粥。”《礼记·月令》:“行糜粥饮食。”《释名》:“糜,煮米使糜烂也。”《孟子·尽心下》:“糜烂其民而战之。”繁化作“縻”。《广韵》:“縻,縻烂。”也作“靡”。《礼记·少仪》:“国家靡敝。”《释文》:“靡,亡皮反。”《庄子·胠箧》:“比干剖,苌弘胣,子胥靡。”《释文》:“靡,密池反，司马如字，云糜也，崔云烂之于江中也。”《荀子·富国》：“以靡敝之。”注：“靡读为糜。糜，散也。”靡* ma̱r^{B}，文彼切，《广韵》：“《说文》曰：披靡也。”《说文》：“靡，披靡也。”段玉裁注：“《易·中孚》九二曰：‘吾与尔靡之。’孟、王皆曰：‘散也。’凡物分散则微细，引申之，谓精细可喜曰靡丽。”《方言》：“私，小也。东齐言布帛之细者曰绫，秦晋曰靡。”注：“靡，细好也。”《广雅》：“靡，细也。”字繁化为“䊳”。《说文》：“䊳，碎也。”䊳，靡为切，《广韵》：“䊳碎。”磨* mar，莫婆切，《广韵》：“磨砺。”传：“玉曰琢，石曰靡。”《释文》：“靡本又作摩。”《诗经·淇奥》：“如切如磋、如琢如磨。”传：“玉曰琢，石曰靡。”《释义》：“磨本又作摩。”《诗经·抑》：“白圭之玷、尚可磨也。”《吕氏春秋·诚廉》：“丹可磨也，而不可夺赤。”摩* mar，莫婆切，《广韵》：“研摩。”《孟子·尽心上》：“墨子兼爱，摩顶放踵利天下，为之。”字本只作“靡”。《荀子·性恶》：“身日进于仁义而不自知也者，靡使然也。”注：“靡，磨切也。”《庄子·马蹄》：“喜则交颈相靡，怒则分背相踶。”《释文》：“靡，如字，李云摩也。”《说苑·正谏》：“绳非木之锯也，而渐靡使之然。”

上古汉语跟“入”“纳”相平行的动词不少。派生路径可以从紧元音到松元音，也可以逆构词从松元音到紧元音。比较两者的差别，不难看出，元音为松元音的动词则是一个有受力体的外动词，而元音为坚元音的动词相反。“动字者，所以言事物之行也。夫行，非必有自此达彼之形迹可指也。凡事物之自无而有，自有而无，皆有彼此之分而可以意之者，亦所谓行也。……一其动而仍止乎内也，曰内动字。一其动而直接乎外也，曰外动词。而凡受其行之所施者，曰止词，言其行之所自发者，曰止词。……夫施于者，即行之所施也，止词也；施者，起词也。然则动字之行，可以施受二字明之者，有由矣。”（马建忠，2000：166）不过，上古汉语不能简单地用内动、外动划分动词。上古汉语很注意动词意义上的区别，比如动作性。“入”是一个有终点而没有指明起点的趋向动词，“纳”是一个有受力体的行为动词。“烝”是一个有起点而没有终点的趋向动词。引申之，“烝”也可以是一个有受力体的行为动词。“易牙烝其首子而進之。”（《韩非子·难一》）“烝”有起点，也有终点，而且是有受力体的行为动词。通过元音松紧交替，给原动词注入一股力量，变成一个带有明确受力体的行为动词。就功能而言，此时的动词已经是一个带“止词”（受事宾语）的外动词（及物动词）。

三

动词元音松紧不同，其语法功能也不一样，即主元音由紧元音变成松元音，动词也由不带受力体的内动词变成带受力体的外动词，如“入”和“纳”。就搜集到的材料看，元音松紧交替可以实现内动词和外动词之间的转换。不过，上古汉语并非只有内动词可以通过元音交替派生出外动词。外动词有时候也可以通过元音松紧交替派生出一个内动词。

骑 * ga̱r，渠羁切，《广韵》：“《说文》曰：跨马也。”《庄子·齐物论》：“若然者，乘云气，骑日月，而游乎四海之外。”《庄子·大宗师》：“乘东维，骑箕尾，而比于列星。”《韩非子·说难》：“夫龙之为虫也，柔可狎而骑也。” 荷 * gar^{B}，胡可切，《广韵》：“负荷也。”《论语·微子》：“子路从而后，遇丈人，以杖荷蓧。”《吕氏春秋·异用》：“孔子之弟子从远方来者，孔子荷杖而问之。”字本只作“何”。何，胡歌切，《广韵》：“《说文》儋也。”《说文》：“何，儋（担）也。”《诗经·候人》：“彼候人兮，何戈与祋。”《释文》：“何，何可反。”《诗经·无羊》：“何蓑何笠。”《释文》：“何，河可反。”

早期的文献没有“骑”而有“荷（何）”，如《诗经》《左传》等。战国之后，“骑”才渐渐多了起来。依照出现顺序以及使用情况，应该是“荷”派生出“骑”，属于逆构词。从意义看，“荷”是人“荷”物，“骑”是物“荷”人，有使物“荷”的味道。不过，我们没有找到更多的平行例子。是不是一条构词规则有待于进一步研究。

第五章　去声

第一节 动转化

一

上古汉语的 * -s 后缀后来演变成中古汉语的去声（Haudricourt，1986）。唐纳（G.B.Downer，1959：22）指出由非去声变成去声会改变语词的词性。周祖谟（1960：93—104）也注意到上古汉语存在“因词性不同而变调者”。这种“因词性不同而变调者”周祖谟共列举了 7 种情况，而其中最为典型的是“区分名词用为动词”和“区分动词用为名词”。王力（1980：213）归纳出来的六朝经师读破规则是：凡名词和形容词转化为动词，则动词念去声；凡动词转化为名词，则名词念去声。可以说，改变声调会改变词性的语言现象已经为学者所熟悉。这种由非去声动词变成去声名词的例子，唐纳共收集了 69 例，周祖谟（1966）列举了 28 例。周法高（1967）在唐纳、周祖谟的基础上进一步搜集去声区别动词和名词的例子，共列举了 62 例（其中两条属于辅音清浊不同）。王力（1980）也讨论过这种“本属动词而转化为名词者，名词变去声”的语法现象，并列举了 19 个这样的例子。就学者所收集的材料来看，动词变名词读去声的例子已相当丰富。如此看来，这是条整齐的语法规则。只是基于当时的上古汉语语音研究成果，这些学者并不清楚造成动词、名词之间词性转变的不是声调而是 * -s 后缀。

梅祖麟（1980：6）依据 Haudricour 去声来自 * -s 韵尾的假说，提出用于区别动词和名词词性转化的去声在上古汉语中就是一个 * -s 后缀。这个后缀附加在动词词根之后使之变成名词。梅祖麟进一步指出上古汉语的名词 * -s 后缀和藏语的名词 * -s 后缀同源。梅祖麟将 Haudricourt 去声来自上古汉语 * -s 韵尾的假说用于上古汉语的语法研究，并进一步指出这个辅音韵尾 * -s 是一个动词变名词的构词后缀。这项研究具有开创性，彻底打破了以往汉语学界研究四声别义时似是而非的局面，将“音随义转”引到了形态学领域。遗憾的是，国内的学者并没有在梅祖麟研究的基础上进一步研究上古汉语的 * -s 后缀，除了作为一个动词变名词的后缀，是否还有其他语法意义以及除 * -s 后缀外是否还有其他的词缀有此特性。不过，上古汉语 * -s 后缀的转化功能已经得到了充分证明。

二

積 * ȶi̠k，資昔切，《广韵》：“聚也。”積 * ȶi̠ks，子智切，《广韵》：“委積也。”

刺 * ȶhi̠k，七亦切，《广韵》：“穿也。”《方言》：“凡草木刺人，自关而西谓之刺。”《左传・襄公二十八年》：“卢蒲癸自后刺子之。”《释文》：“刺，七亦反。”刺，《广韵》《经典释文》皆去、入两读，但意义不同。刺人读入声，用东西把人刺死读去声。朿 * ȶhi̠ks，七赐切，《广韵》：“大芒也。”也写作“莿”。莿 * ȶhi̠ks，七赐切，《广韵》：“草木针也。”也写作“刺”。《周礼・冬官・考工记》郑注：“读为棘刺之刺。”《释文》：“刺，七赐反。”

执 * ti̠p，之入切，《广韵》：“持也，操也。”《诗经・击鼓》：“执子之手，与子偕老。”《左传・哀公十一年》：“孔子曰：能执干戈以卫社稷，可无殇也。”《左传・定公十四年》：“公执其手以登台。”贽 * ti̠ps，脂利切，《广韵》：“执贽也。”《左传・庄公二十四年》：“男贽，大者玉帛……小者禽鸟……以章物也。”《左传・成公十二年》：“交贽往来，道路无壅。”也作“摯”。《说文》：“摯，握持也。”《周礼・春官・宗伯》：“以禽作六摯，以等诸臣：孤执皮帛，卿执羔，大夫执雁，士执雉，庶人执鹜，工商执鸡。”《释文》：“摯音至，本或作贽。”

立 * re̠p，力入切，《广韵》：“行立，又住也。”位 * g-re̠ps，于愧切，《广韵》：“列也，莅也，中庭之左右谓之位。”《说文》：“位，列中庭之左右谓之位。”《礼记・曲礼上》：“揖人必违其位。”字本只写作“立”。《周礼・春官・宗伯》：“掌建国之神位，右社稷，左宗庙。”注：“故书位作立。郑司农云：立读为位。

古者立位同字。古文春秋经公即位为公即立。”

雪*sqo̱t，相绝切，《广韵》：“又拭也，除也。”《韩非子·难二》：“管仲雪桓公之耻于小人，而生桓公之耻于君子矣。”《吕氏春秋·不苟》：“故雪殽之耻，而西至河雍也。”《战国策·燕策一》：“然得贤士与共国，以雪先王之耻，孤之愿也。”篲*sɢo̱ts，祥岁切，《广韵》：“埽帚。”字本作“彗”。彗*sɢo̱ts，祥岁切，《广韵》：“星名。又音遂。”彗，徐醉切，《广韵》：“帚也，一曰妖星。又音歲。”《左传·昭公十七年》：“彗，所以除旧布新也。”《释文》：“彗，似锐反，又音息遂反。”《左传·昭公二十六年》：“天之有彗也，以除秽也。”《礼记·曲礼上》：“国中以策彗恤勿驱。”注：“彗竹帚。”《释文》：“彗，音遂，徐虽醉反，又囚岁反。”

帅*sru̱t，所律切，《广韵》：“又将帅。”《左传·隐公元年》：“费伯帅师城郎。”《左传·隐公元年》：“命子封帅车二百乘以伐京。”帅*sru̱ts，所类切，《广韵》：“将帅也。”《左传·桓公六年》：“大败戎师，获其二帅。”《释文》：“帅，所类反。”《左传·僖公二十七年》：“于是乎搜于被庐，作三军，谋元帅。”注：“中军帅。”《释文》：“帅，所类反，注同。”

织*te̱k，之翼切，《广韵》：“组织。”织*te̱ks，职吏切，《广韵》：“文锦绮属。”《礼记·王藻》：“士不衣织。”《释文》：“织音志。”

忆*e̱k，於力切，《广韵》：“念也。”《释名》：“忆，意也，恒在意中也。”《论语·先进》：“赐不受命，而货殖焉，忆则屡中。”疏：“忆，度也。”字本只作“意”。《广雅》：“意，疑也。”《汉书·货殖传》：“赐不受命，而货殖焉，意则屡中。”注：“意读曰亿。”《庄子·胠箧》：“夫妄意室中之藏，圣也。”意*e̱ks，於记切，《广韵》：“志也。”《庄子·天道》：“语之所贵者，意也。”

食*jek，乘力切，《广韵》：“饮食。”《诗经·硕鼠》：“硕鼠硕鼠，无食我黍。”《左传·庄公六年》：“人将不食吾余。”食*jeks，《释文》音“嗣”。《周礼·天官·冢宰》：“掌王之食饮膳羞。”注：“食，饭也。”《释文》：“食，音嗣。”《左传·桓公二年》：“粢食不凿。”《释文》：“食音嗣，饼也。”《易·坎》王弼注：“二簋之食。”《释文》：“食：音嗣，饭也。”《论语·述而》：“饭疏食饮水。”《释文》：“如字，谓菜食也；一音嗣，饭也。”

莫*mak，慕各切，《广韵》：“无也。”《说文》：“莫，日且冥也，从日在茻中。”《诗经·蟋蟀》：“蟋蟀在堂，岁聿其莫。”《释文》：“莫音暮。”《诗经·采薇》:“曰归曰归,岁亦莫止。”《释文》:“莫音暮,本或作暮。”“莫”本为“暮”,后为了区别两者之不同,后者加日作“暮”。暮 * maks,莫故切,《广韵》:“日晚也,冥也。”《庄子·齐物论》:“旦暮得此。”莫,引申为无定代词或副词等。因而,《诗经》中表示夜暮之暮,《释文》皆音“莫故反”。《诗经·蟋蟀》:“蟋蟀在堂,岁聿其莫。”《释文》:“莫,音暮。”《诗经·采薇》:“采薇采薇,薇亦作止;曰归曰归,岁亦莫止。”《释文》:“莫音暮,本或作暮,协韵武博反。”“莫”依照《释文》注音体例应该读“暮”,《诗经》此句恰跟入声“作”押韵,《释文》:“协韵,武博反。”“莫”在《诗经》的《葛覃》篇韵“斁”,《巧言》篇韵“作”“度”“获”,《皇矣》篇韵“赫”“度”“郭”“宅”。除了《皇矣》篇外,其余的“莫”都是用作广义上的动词。《皇矣》篇中的“莫”当是“瘼”的通假字。《诗经·皇矣》:“求民之莫。”王先谦《诗三家义集疏》:“鲁齐作瘼。”马瑞辰:“莫读为瘼。”《潜夫论·班禄》引作“求民之瘼”,《前汉纪·孝平皇帝纪》也引作“求民之瘼”。此外,《诗经·汾沮洳》韵“度”(名词)、“路”,这里的“莫”正好是名词。有趣的是“度”有两读,也是动词、名词词性不同,读音不同。

度 * dak,徒落切,《广韵》:“度量也。”度 * daks,徒故切,《广韵》:“法度。”

佫 * klak,古伯切,《广韵》:“至也。”也写作“格”。格 * klak,古伯切,《广韵》:“《书》传云来也,《尔雅》云至也。”《诗经·抑》:“神之格思。”传:“格,至也。”格,本只作“各”,甲骨文中已见,是“出”的反义词。路 * laks,洛故切,《广韵》:“道路。”《诗经·遵大路》:“遵大路兮,掺执子之手兮。”

错 * ʈhak,仓各切,《广韵》:“又杂也,《诗》传云‘东西为交,邪行为错’。”《说文》:“错,金涂也。”段玉裁注:“谓以金措其上也。”《诗经·韩奕》:“簟茀错衡。”《释文》:“错,七洛反,杂也。”《诗经·楚茨》:“为宾为客,献酬交错。”《礼记·文王世子》:“礼乐交错于中,发形于外。”也写作“逪”。逪,仓各切,《广韵》:“《说文》云:这逪也。”错 * ʈhaks,仓故切,《广韵》:“金涂。”

缚 * ba̱k,符镬切,《广韵》:“系也。”《左传·文公二年》:“晋襄公缚秦囚,使莱驹以戈斩之。”缚 * baks,符卧切,《广韵》无释义。《左传·僖公六年》:“武王亲释其缚,受其璧而祓之,焚其榇。”《左传·昭公四年》:“王亲释其缚,受其璧,焚其榇。”《释文》:“缚,如字,旧扶卧反。”《左传·庄公九年》注:“或曰鲍叔解夷吾缚于此,因以为名。”《释文》:“缚,扶略反,旧扶卧反。”

锲 * khet,苦结切,《广韵》:“刻也,又断绝也。”《荀子·劝学》:“锲而舍之，朽木不折；锲而不舍，金石可镂。”字本只写作“契”，音同苦结切。《淮南子·齐俗训》：“越人契臂，中国歃血也。”《淮南子·说林训》：“中流遗其剑，遽契其舟桅，暮薄而求之。”契*khets，苦计切，《广韵》：“契约。”《韩非子·主道》：“言已应则执其契，事已增则操其符。”

接*ƫe̱p，即叶切，《广韵》：“交也。”际*ƫeps，子例切，《广韵》：“边也，畔也。”《左传·定公十年》：“属与敝邑际，故敢助郡忧之。”《说文》：“际，壁会也。”段玉裁注：“两墙相合之缝也。引申之，凡两合皆曰际。”《论语·泰伯》：“唐虞之际，於斯为盛。”

悦*zo̱t，弋雪切，《广韵》：“喜也，脱也，乐也，服也，《经典》通用说。”《学而》：“学而时习之，不亦说乎？”兑*zots，杜外切，《广韵》：“卦名。”《说文》：“兑，说也。”段玉裁注：“说者今之悦字。”《易·兑》彖：“兑，说也。”《释文》：“说音悦，卦内并同。”《易·说卦》：“兑，说也。”《释文》：“说音悦。”

决*qet，古穴切，《广韵》：“流行也，破也。”《左传·襄公三十一年》：“大决所犯，伤人必多，吾不克救也，不如小决使道。”《孟子·滕文公上》：“决汝汉，排淮泗，而注之江。”《礼记·曲礼上》：“濡肉齿决，干肉不齿决。”诀*qet，古穴切，《广韵》：“诀别。”诀，字本只写作“决”。《史记·外戚世家》：“与我决于传舍中。”夬*qets，古卖切，《广韵》：“决也，亦卦名。”夬，《说文》：“分决也。”《易·夬》彖：“夬，决也，刚决柔也。”

叕*tro̱t，陟劣切，《广韵》：“聯也。”《说文》：“叕，缀联也，象形。”字后作“缀”，音同陟劣切。缀*tro̱t，陟劣切，《广韵》：“连补也。”《说文》：“缀，合箸也。”《诗经·长发》：“受小球大球，为下国缀旒。”《释文》：“缀，陟劣反，徐又张卫反。毛云表也；郑云结也。”《礼记·内则》：“衣裳绽裂，纫箴请补缀。”《释文》：“缀，竹劣反，又竹卫反。”《韩非子·外储说左上》：“缀以珠玉，饰以玫瑰。”錣*tro̱ts，陟卫切，《广韵》：“针也。”《韩非子·外储说右下》：“策所以进之也，错饰在前；引所以退之也，利錣在后。”畷*tro̱t，陟劣切，又竹芮切，《广韵》：“田闲道。”畷*tro̱ts，陟卫切，《广韵》：“《礼》注云井田闲道，《吴都赋》云畛畷无数。”《说文》：“畷，两陌闲道也，广六尺。”赘*to̱ts，之芮切，《广韵》：“赘肉也。”《庄子·大宗师》：“彼以生为附赘县疣。”《庄子·骈拇》：“附赘县疣，出乎形哉！”

杀*çrat，所八切，《广韵》：“杀命。《说文》戮也。”《左传·隐公四年》：

“卫人杀州吁于濮。”《左传·桓公二年》:“宋督攻孔氏,杀孔父而取其妻。”《论语·卫灵公》:“无求生以害仁,有杀身以成仁。”铩*ɕrats,所例切,《广韵》:“矛戟类。”《说文》:“铩,铍有镡也。”《新书·过秦》:“锄櫌棘矜,不敌于钩戟长铩也。”《淮南子·时则训》:“其兵铩,其畜彘。”

割*kat,古達切,《广韵》:“剥也,害也,断也,截也。”《左传·襄公三十一年》:“犹未能操刀而使割也。”《论语·阳货》:“割鸡焉用牛刀?”《庄子·人间世》:“桂可食,故伐之;漆可用,故割之。”犗*kats,古喝切,《广韵》:“犍牛。”(犍,《说文》:“犗牛也。”)《说文》:“犗,騬牛也。”《庄子·外物》:“五十犗以为饵。”《释文》:“郭古迈反,云犍牛也,徐音界,《说文》騬牛也。”

画*ʁik,胡麦切,《说文》:“界也。”《左传·襄公四年》:“芒芒禹迹,画为九州,经启九道。”《释文》:“画,乎麦反。”《礼记·檀弓下》:“辟于路,画宫而受吊焉。”注:“画地为宫象。”《释文》:“画音获。”画*ʁiks,胡卦切,《广韵》引《释名》:“画,挂也,以五色挂物象。”《尔雅》:“画,形也。”《汉书·外戚传下》:“观古图画,贤圣之君皆有名臣在侧。”引申之,也为计策、图谋等。《广韵》:“画,胡麦切,计策也。”《韩非子·守道》:“君人者无亡国之图,而忠臣无失身之画。”

责*ʈrik,侧革切,《广韵》:“求也。”债*ʈriks,侧卖切,《广韵》:“征财。”

北*pek,博墨切,《说文》:“乖也,从二人相背。”王力(1982:263)按:“‘北’的初义应是动词乖背;二人相背为‘北’,与二人相随为‘从’同理。”《荀子·议兵》:“遇敌处战则必北。”注:“北者,乖背之名,故以败走为北也。”胜则面朝敌,败则背朝敌,故引申指脊背之背。《广雅》:“背,北也。”背*peks,补妹切,《广韵》:“脊背也。”背,《说文》:“脊也,从肉北声。”《庄子·逍遥游》:“鹏之背,不知其几千里也。”

塞*ɕek,苏则切,《广韵》:“窒也,隔也。”塞*ɕeks,先代切,《广韵》:“边塞。”

约*ɯ̲k,於略切,《广韵》:“约束,又俭也,少也。”《左传·定公四年》:“不敢以约为利。”约*ɯ̲ks,於笑切,“契约”(《广韵》无释义)。《周礼·秋官·司寇》:“司约:下士二人,府一人。”《释文》:“约,刘於妙反,一音如字。”《周礼·秋官·司寇》:“掌其盟约之载及其礼仪。”《释文》:“约,於妙反。”《汉书·礼乐志》:“明德乡,治本约。”注:“约读曰要。”

炙*tak，之石切，《说文》："炮肉也，从肉在火上。"《诗经·楚茨》："为俎孔硕，或燔或炙。"《诗经·瓠叶》："有兔斯首，燔之炙之。"《释文》："炙音只。"炙*taks，之夜切，《广韵》："炙肉。《周书》曰：'黄帝始燔肉为炙。'"《左传·哀公十五年》："炙未熟，闻乱，使告季子。召获驾乘车，行爵食炙，奉卫侯辄来奔。"《释文》："炙，章夜反。"

射*jak，食亦切，《说文》："弓弩发于身而中于远也。"《左传·隐公十一年》："子都自下射之，颠。"《释文》："射，食亦反。"《左传·僖公二十八年》："前驱射而杀之。公知其无罪也，枕之股而哭之。"《释文》："射，食亦反。"射*jaks，神夜切，《广韵》："射弓也，周礼有五射。"《左传·襄公四年》："因夏民以代夏政，恃其射也。"《左传·宣公十二年》："其左善射，其右有辞。"《礼记·月令》："天子乃命将帅讲武，习射御角力。"

育*zuk，余六切，《广韵》："养也，长也。"《说文》："育，养子使作善也。《虞书》曰：教育子。"段玉裁注："今《尚书》作'胄子'。考郑注《王制》作'胄'，注《周官·大司乐》作'育'，王肃注《尚书》作'胄'。盖今文作育，古文作胄也。"胄*zluks，直佑切，《说文》："胤也。"《左传·襄公十四年》："谓我诸戎是四岳之裔胄。"注："胄，后也。"《周礼·春官·宗伯》："使教焉。"注："若舜命夔典乐教育子。"《释文》："育子：音胄，本亦作胄。"

副*phek，芳福切，《广韵》："剖也。"《说文》："副，判也。"《礼记·曲礼上》："为天子削瓜者副之，巾以絺。"郑注："副，析也。"《释文》："副，普逼反。"《诗经·生民》："不坼不副，无菑无害。"《释文》："副，孚逼反。《说文》云：分也；《字林》云：判也。"副*pheks，敷救切，《广韵》："贰也，佐也。"《史记·刺客列传》："乃令秦舞阳为副。"

畜*xuk，许竹切，《广韵》："养也。"《论语·乡党》："君赐生，必畜之。"《孟子·梁惠王上》："仰足以事父母，俯足以畜妻子。"畜*xuks，许救切，《广韵》："畜产。"《左传·僖公十九年》："古者六畜不相为用。"疏："养之曰畜，用之曰牲。"《释文》："畜，许又反。"《周礼·天官·冢宰》："掌共六畜。"注："始养之曰畜，将用之曰牲。"《释文》："畜，许又反。"《墨子·号令》："出内畜产，皆为平直其贾。"《史记·匈奴列传》："而虏其民人及畜产。"《汉书·昭帝纪》："斩首捕虏三万余人，获畜产五万余头。"

啄*trok，竹角切，《广韵》："鸟啄也。"《荀子·哀公》："鸟穷则啄，兽穷则攫，人穷则诈。”《庄子·养生主》：“泽雉十步一啄，百步一饮，不蕲畜乎樊中。” 琢 *trok，竹角切，《广韵》：“治玉。”《诗经·淇奥》：“如切如磋，如琢如磨。”《诗经·棫朴》：“追琢其章。” 诼 *trok，竹角切，《广韵》：“诉也。”《方言》：“诼，愬也。楚以南谓之诼。”《楚辞·离骚》：“众女嫉余之蛾眉兮，谣诼谓余以善淫。” 琢、诼皆啄之意义引申。啄，字也写作“噣”。《战国策·楚策四》：“俯噣白粒，仰栖茂树。” 噣 *troks，陟救切，《广韵》：“鸟口。”《史记·赵世家》：“中衍人面鸟噣。”《说苑·辨物》：“龙文龟身，燕喙鸡噣。”

宿 *çu̱k，息逐切，《广韵》：“舍也。” 宿 *çuks，息救切，《广韵》：“星宿，亦宿留。”

末 *mot，莫拨切，《广韵》：“端也。” 妹 *mots，莫佩切，《广韵》：“姊妹。”

纳 *nup，奴荅切，《广韵》：“内也。” 内 *nups，奴对切，《广韵》：“入也。”

切 *ʨhit，千结切，《广韵》：“割也，刻也。”《韩非子·内储说下》：“切肉，肉断而发不断。”《诗经·淇奥》：“有匪君子，如切如磋，如琢如磨。” 切 *ʨhits，七计切，《广韵》：“众也。”《汉书·平帝纪》：“一切满秩如真。” 注：“一切者，权时之事，非经常也。犹如以刀切物，苟取整齐，不顾长短纵横，故言一切。”《管子·形势解》：“与人交，多诈伪无情实，偷取一切，谓之乌集之交。”《谏逐客书》：“请一切逐客。” 砌 *ʨhits，七计切，《广韵》：“阶砌也。” 字本写作“切”。《汉书·外戚传下》：“切皆铜沓，黄金涂。”

识 *ste̱k，赏职切，《广韵》：“《说文》云：常也，一曰知也。”《左传·僖公九年》：“长亦不改，不识其他。”《左传·成公二年》：“苟有险，余必下推车，子岂识之？”《左传·襄公二十九年》：“见子产，如旧相识。” 识 *te̱ks，职吏切，《广韵》：“标识，见《礼》。”《左传·宣公十二年》：“前茅虑无。” 注：“或曰时楚以茅为旌识。”《释文》：“识，中志反，又音志。”《礼记·檀弓下》：“铭，明旌也，以死者为不可别已，故以其旗识之。”《释文》：“识，式至反，皇如字。”《汉书·楚元王传》：“丘，东西南北之人也，不可不识也。” 注：“故墓须表识。识，音式志反。”《汉书·王莽传下》：“初，京师闻青、徐贼众数十万人，讫无文号旌旗表识，咸怪异之。” 注：“识读与帜同，音式志反。” 帜 *the̱ks，昌志切，《广韵》：“又音试，音志。” 帜，式吏切，《广韵》：“旗帜。”（“式吏切”是“昌志切”的音变。）戴侗《六书故》：“帜，职吏、尺志二切，旗类也。《汉书》曰：旗帜皆赤。又曰：人持一赤帜，拔赵帜，立汉赤帜。”《汉书·高帝纪上》：“帜皆赤。” 注：“帜，幖也，音式志反，旗旗之属，帜即总称焉，史家字或作识，或作志，音义皆同。”

上古汉语中由动词附加 * -s 后缀构成的名词甚多，远不止唐纳、周祖谟、周法高等所列举的例子。这主要是由于唐纳、周祖谟、周法高等学者仅仅局限在中古韵书所记录的文字异读，而没有把搜集范围拓宽到文字形式不同的词族中。上古汉语的形态固然通过东汉以及六朝经师的注音、中古韵书比如《广韵》等所记录的文字异读得以部分保存，但更多的是通过不同的文字形式得以继承。一个语词的形态变体，由于彼此之间的读音不完全相同，而彼此之间的意义自然也存在差异。随着形态的渐渐消失，这些本属于同一语词的形态变体自然也就成了意义有差别的独立的语词，而汉字发展过程中往往有一个语词用一个文字记录的趋势，于是原先的形态变体词也自然就有了自己的文字记录形式。相对同文异读，同词异文对研究上古汉语的形态更有价值。后者的历史往往比前者更悠久。

入声为动词，去声为名词，两者之间界线清晰。不过，来自动词的名词又可以通过类转派生出动词。于是，一些语词兼具名词和动词的双重身份，比如“蓋”，混淆了名词和动词的界线。《广韵》：“盖，覆也，掩也。《说文》曰‘苫也’，古太切。”《礼记・檀弓下》：“敝帷不弃，为埋马也；敝盖不弃，为埋狗也。”通过语源追踪，我们还是可以确定，音“古太切”的“蓋”本应该是名词，而动词的原有语音形式应为“古盍切”。如今已经只能从“盍”身上窥见“蓋”的动词读音。

三

空 * khoŋ，苦红切，《广韵》：“空虚。”空 * khoŋs，苦贡切，《广韵》：“空缺。”

总 * ʈoŋ^B，作孔切，《广韵》：“聚束也。”粽 * ʈoŋs，作弄切，《广韵》：“芦叶裹米。”

通 * soŋ，他红切，《广韵》：“达也。”《左传・文公十六年》：“襄夫人欲通之。”《左传・宣公九年》：“陈灵公与孔宁、仪行父，通于夏姬。”同 * zoŋ，徒红切，《广韵》：“共也。”《左传・僖公二十四年》：“所不与舅氏同心者，有如白水。”《山海经・海内经》：“伯陵同吴权之妻阿女缘妇，缘妇孕三年，是生鼓、延、殳。”注：“同犹通。”《庄子・在宥》：“闻广成子在于空同之上，故往见之。”洞*zoŋ,徒红切,《广韵》:“洪洞,县名,在晋州北。”《淮南子·原道训》:“靡滥振荡,与天地鸿洞。”《淮南子·精神训》:“澒蒙鸿洞,莫知其门。”洞*zoŋs,徒弄切,《广韵》:“空也。”《吴越春秋·越王无余外传》:“青泉、赤渊,分入洞穴。”《汉书·扬雄传上》:“入洞穴,出苍梧。”注:“洞,通也。”衕*zoŋs,《广韵》:“通街,徒弄切。”

蒙*moŋ,莫红切,《广韵》:“覆也,奄也。”《诗经·葛生》:“葛生蒙楚。”《左传·成公十七年》:“与妇人蒙衣乘辇,而入于闳。”蒙,《说文》写作“冡”。冡,《广韵》:“《说文》覆也,莫红切。”段玉裁注:“凡蒙覆、僮蒙之字今字皆作蒙。”蒙由覆盖引申出迷蒙、蒙胧等意义。《尚书·洪范》传:“蒙,阴暗也。”濛*moŋ,莫红切,《广韵》:“溟濛细雨。”《诗经·东山》:“我来自东,零雨其濛。”朦*moŋ,莫红切,《广韵》:“朦胧月下。”朦,《说文》:“月朦胧也。”幪*moŋ,莫红切,《广韵》:“覆也,盖衣也,又幪縠。”幪,字也写作“幏”。幏,莫红切,《广韵》:“《说文》云:盖衣也。”幏*moŋs,莫弄切,《广韵》:“幏縠,盖巾也。”《扬子·法言》:“知夏屋之为帲幪也。”雺*moŋ,莫红切,《广韵》:“天气下地不应曰雺。”也写作“霿”。霿,《广韵》:“并上同(雺)。”也写作“霥”。霥,《广韵》:并上同(霿)。霿*moŋs,莫弄切,《广韵》:“天气下地不应曰霿。”

钟*to̱ŋ,职容切,《吕氏春秋·季夏》高:“聚也。”《左传·昭公二十八年》:“子貉早死无后而天钟美于是。”杜注:“钟,聚也。”《左传·昭公二十一年》:“器以钟之,舆以行之。”杜注:“钟,聚也。”众*tu̱ŋs,之仲切,《广韵》:“多也,三人为众。”《国语·周语》:“人三为众。”

奉*bo̱ŋ^{B},扶陇切,《广韵》:“与也,献也,禄也。”俸*bo̱ŋs,扶用切,《广韵》:“俸秩。”

缝*bo̱ŋ,符容切,《广韵》:“紩。”缝*bo̱ŋ^{C},扶用切,《广韵》:“衣缝。”

讼*sɢo̱ŋ,祥容切,《广韵》:“争狱。”《诗经·行露》:“谁谓女无家,何以速我讼?”《释文》:“讼,如字。”《左传·僖公二十八年》:“卫侯与元咺讼。”《左传·文公十四年》:“周公将与王孙苏讼于晋。”讼*sɢo̱ŋs,似用切,《广韵》:“争罪曰狱,争财曰讼。”《周礼·地官·司徒》:“凡万民之不服教而有狱讼者,与有地治者听而断之。”注:“争罪曰狱,争财曰讼。”

量*ra̱ŋ,吕张切,《广韵》:“量度。”量*ra̱ŋs,力让切,《广韵》:“合斗斛。”

张*tra̱ŋ,陟良切,《广韵》:“张,施也。”帐*tra̱ŋs,知亮切,《广韵》:“帷帐。”《释名》:“帐,张也,张施于床上也。”

仗*dra̱ŋ^{B},直两切,《广韵》:“凭仗。”仗*dra̱ŋs,直亮切,《广韵》:“器仗也。”

装*ƫra̱ŋ,侧羊切,《广韵》:“装束。”装*ƫra̱ŋs,侧亮切,《广韵》:“行装。”

伤*sa̱ŋ,式羊切,《广韵》:“伤损。”《左传·庄公八年》:“队于车,伤足。”《战国策·秦策三》:“生命寿长,终其年而不夭伤。”字写作“殇”。殇*sa̱ŋ,式羊切,《广韵》:“殇夭。”《庄子·齐物论》:“莫寿乎殇子,而彭祖为夭。”《吕氏春秋·察今》:“向之寿民,今为殇子矣。”伤*sa̱ŋs,式亮切,《广韵》:“未成人,或作殇。”殇,《说文》:“不成人也。”

障*ta̱ŋ,诸良切,《广韵》:“隔也。”《吕氏春秋·君守》:“君民孤寡而不可障壅。”《左传·昭公元年》:“障大泽,陂障之,以处大原。”墇*ta̱ŋ,诸良切,《广韵》:“壅也。”墇是障的后起区别字。《说文》:“墇,拥也。”障*ta̱ŋs,之亮切,《广韵》:“界也,隔也,又步障也。”《礼记·月令》:“开通道路,毋有障塞。”《释文》:“障,之亮反,又音章。”《管子·立政》:“通沟渎,修障防。”墇*ta̱ŋs,之亮切,《广韵》:“墇塞。”嶂*ta̱ŋs,之亮切,《广韵》:“峰嶂。”

将*ƫa̱ŋ,即良切,《说文》:“帅也。”将*ƫa̱ŋs,于亮切,《广韵》:“将帅。”

藏*ȡaŋ,昨郎切,《广韵》:“隐也,匿也。”藏*ȡaŋs,徂浪切,《广韵》:“通俗文曰:‘库藏曰帑。’”《礼记·月令》:“命百官,谨盖藏。”《释文》:“藏,才浪反。”《周礼·天官·冢宰》:“参之以九藏之动。”字后写作“脏”。《淮南子·精神训》:“形体以成,五脏乃形。”

行*graŋ,户庚切,《广韵》:“行步也,适也,往也,去也。”《诗经·击鼓》:“土国城漕,我独南行。”行*graŋs,下孟切,《广韵》:“景迹,又事也,言也。”《诗经·雄雉》:“百尔君子,不知德行。”《释文》:“行,下孟反。”周祖谟(1966:97)案:《荀子·法行篇》云:“所以行之之谓行。”《易·大畜》:“君子以多识前言往行。”《释文》:“行,下孟反。”《礼记·坊记》:“民犹贵禄而贱行。”《释文》:“行,下孟反,注同。”

生*ɕri̱ŋ,所庚切,《广韵》:“生長也。”(生本心母,《广韵》归山母属不规则音变。)《吕氏春秋·季春纪》:“虹始见,萍始生。”《诗经·斯干》:“乃生女子,载寝之地。”《论语·季氏》:“生而知之者,上也。”姓*ɕi̱ŋs,息正切,《广韵》:“姓氏。”《左传·隐公八年》:“天子建德,因生以赐姓。”《说文》:“姓,人所生也。”性*çi̱ŋs，息正切，《广韵》：“性行也。”本只作“生”。《荀子·荣辱》：“人之生固小人。”又《劝学》：“君子生非异也，善假于物也。”《孟子·告子上》：“生之谓性也。”《论衡·本性》：“性，生而然者也。”

令*ri̱ŋ，吕贞切，《广韵》：“使也。”（使，《广韵》：“役也，令也。”）《左传·襄公二十二年》：“令倍其赋。”令*ri̱ŋs，力政切，《广韵》：“善也，命也，律也，法也。”《左传·僖公九年》：“令不及鲁，故不书。”《释文》：“令，力政反，本又作命。”

经*kiŋ，古灵切，《小尔雅》：“过也。”《楚辞·招魂》：“经堂入奥。”蒋骥注：“经，历也。”字也作“径”。《左传·僖公二十五年》：“昔赵衰以壶飧从径，馁而弗食。”杜注：“径，行也。”径*kiŋs，古定切，《说文》：“步道也。”《论语·雍也》：“行不由径。”《释名》：“径，经也，言人所经由也。”

乘*de̱ŋ，食陵切，《广韵》：“驾也。”乘*de̱ŋs，实证切，《广韵》：“车乘也。”

增*ȶeŋ，作縢切，《广韵》：“益也，加也，重也。”甑*ȶeŋs，子孕切，《广韵》：“古史考曰黄帝始作甑。”《孟子·滕文公上》：“许子以釜甑爨，以铁耕乎？”杨树达（1983:58）《字义同缘于语源同例证》云：“若甑之受名，则缘其居釜上也。”《吕氏春秋·任数》：“孔子望见颜回攫其甑中而食之。”

兴*xre̱ŋ，虚陵切，《广韵》：“盛也，举也。”兴*xre̱ŋs，许应切（《广韵》无释义）。

凭*bre̱ŋ，扶冰切，《广韵》：“依几也。”凭*bre̱ŋs，皮证切，《广韵》：“依几也。”

称*the̱ŋ，处陵切，《广韵》：“知轻重也。”称*the̱ŋs，昌孕切，《广韵》：“俗作秤。”

瞢*me̱ŋ，莫中切，《广韵》：“目不明。”夢*me̱ŋ，莫中切，《广韵》：“《说文》曰：不明也。”寢*me̱ŋs，莫凤切，《广韵》：“寐中神游。《说文》云：寐而有觉。《周礼》以日月星辰占六寢之吉凶。夢，上同。”《诗经·斯干》：“乃寝乃兴，乃占我夢。”

陈*zri̱n，直珍切，《广韵》：“陈列也。”阵*zri̱ns，直刃切，《广韵》：“列也。”

闻*mu̱n，无分切，《说文》：“知声也。”闻*mu̱ns，亡运切，《广韵》：“名达。”

员*Gu̲n，王分切，《说文通训定声》："圆也。"《孟子·离娄上》："不以规矩，不能成方员。"《墨子·非命中》："譬犹立朝夕于员钧之上也，则虽有巧工，必不能得正焉。"《淮南子·原道训》："员不中规，方不中矩。"晕*Gu̲ns，王问切，《广韵》："日月傍气。"《说文》："晕，日月气也，从日军声。"段玉裁注："军者，圜围也。此以形声包会意。"《韩非子·备内》："故日月晕围于外，其贼在内。"《吕氏春秋·明理》："有晕珥，有不光。"

论*run，卢昆切，《广韵》："说也，议也，思也。"《左传·襄公三十一年》："郑人游于乡校，以论执政。"《论语·宪问》："为命，裨谌草创之，世叔讨论之。"《周礼·冬官·考工记》："或坐而论道；或作而行之。"论*runs，卢困切，《广韵》："议也。"《礼记·王制》："论进士之贤者以告于王，而定其论。"《释文》："其论：鲁顿反。"《庄子·秋水》："不知论之不及与，知之弗若与？"《释文》："论，力困反。"

分*pu̲n，府文切，《说文》："别也。"分*bu̲ns，扶问切，《广韵》："分剂。"

弹*dan，徒干切，《广韵》："射也。"《左传·宣公二年》："（晋灵公）从台上弹人，而观其辟丸也。"《释文》："弹，徒丹反。"弹*dans，徒案切，《广韵》："行丸。"（《广韵》："丸，弹丸。"）《史记·平原君虞卿列传》："此弹丸之地弗予，令秦来年复攻王，王得无割其内而媾乎？"《管子·轻重丁》："请挟弹怀丸游水上，弹翡燕小鸟。"

难*nan，那干切，《广韵》："艰也，不易称也。"难*nans，奴案切，《广韵》："患也。"

残*d̡an，昨干切，《广韵》："余也。"戋*d̡ans，徂赞切，《广韵》："禽兽食余。"

观*kon，古丸切，《广韵》："视也。"观*kons，古玩切，《广韵》："楼观。"

钻*t̡on，借官切，《广韵》："刺也。"《论语·子罕》："仰之弥高，钻之弥坚。"《论语·阳货》："钻燧改火，期可已矣。"《孟子·滕文公下》："钻穴隙相窥，逾墙相从，则父母国人皆贱之。"钻*t̡ons，子筭切，《广韵》："锥钻。"《说苑·正谏》："水非石之钻，绳非木之锯也，而渐靡使之然。"《战国策·赵策一》："三日不见，无有谓臣为铁钻者乎？"

淀*sgo̲n，似宣切，《广韵》："回淀。"辟*sgo̲ns，辟恋切，《广韵》："回泉。"

传*dro̲n，直挛切，《广韵》："转也。"传*dro̲ns，直恋切，《广韵》："训也。"

安*an，乌寒切，《广韵》："徐也，宁也，止也，平也。"《韩非子·三守》："三守完则国安身荣，三守不完则国危身殆。"《韩非子·和氏》："孝公行之，主以尊安，国以富强。"《史记·秦始皇本纪》："安土息民，以待其敝。"索隐："贾谊书安作案。"《荀子·劝学》："安特将学杂识志，顺诗书而已耳。"杨谅注："或作安，或作案。"案*ans，乌旰切，《广韵》："几属。"《广雅》："案谓之槁。"（《广韵》："槁，案之别名。"）王念孙疏证："案之言安也，所以安置食器也。"《史记·万石张叔列传》："对案不食。"《史记·田叔列传》："高祖往诛之，过赵，赵王张敖自持案进食，礼恭甚，高祖箕踞骂之。"

冤*o̲n，於袁切，《广韵》："屈也，枉也，曲也。"（字也写作惌。《广韵》："惌，惌枉，于袁切。"）宛*o̲n，於袁切，《广韵》："屈草自覆。"又，宛*o̲n^{B}，於阮切，《广韵》："宛然，《说文》曰：屈草自覆也。"《庄子·天下》："与物宛转，舍是与非。"《史记·司马相如列传》："宛宛黄龙。"此意义之"宛"也写作"蜿"。蜿*o̲n，於袁切，《广韵》："蜿蜿，龙状也。"蜿，于阮切，《广韵》："蜿蟺，蚯蚓也，亦作蛩。" 蜿，一丸切，《广韵》："蟠蜿，龙貌。"《史记·司马相如列传》："骖赤螭青虬之幽蟉蜿蜒。"腕*ons，乌贯切，《广韵》："手腕。"

含*gum，户男切，《广韵》："衔也。"《庄子·马蹄》："含哺而熙，鼓腹而游。"《战国策·赵策三》："生则不得事养，死则不得饭含。"琀*gums，胡绀切，《广韵》："送死口中玉，亦作含。"《释名》："含，以珠贝含其口中也。"《说文》："琀，送死口中玉也。从玉从含，含亦声。"

监*kram，古衔切，《广韵》："领也，察也。"《尔雅》："监，瞻，临，视也。"《诗经·节南山》："国既卒斩，何用不监？"传："监，视也。"《释文》："监，古衔反。"《左传·庄公三十二年》："明神降之，监其德也。"《释文》："监本又作鉴，古暂反。"《庄子·盗跖》："不监于道。"《释文》："监，本又作鉴。"鉴*krams，格忏切，《广韵》："镜也，诫也，照也，亦作监。鉴，上同。"《诗经·邶风·柏舟》："我心匪鉴，不可以茹。"传："鉴，所以察形也。"

监*kram，古衔切，《广韵》："领也，察也。"监*krams，格忏切，《广韵》："领也，亦姓，《风俗通》云：卫康叔为连属之监，其后氏焉。"《尚书·大诰》："武王崩，三监及淮夷叛。"《释文》："监，古忏反。"《礼记·王制》："天子使其大夫为三监，监于方伯之国，国三人。"《释文》："监，古蹔反；监于，古衔反。"

擔*tam，都甘切，《广韵》："擔负。"擔*tams，都滥切，《广韵》："负也。"

四

骑 *ga̱r，渠羁切，《说文》："跨马也。" 骑 *ga̱rs，奇寄切，《广韵》："骑乘。"

被 *pha̱r，攀糜切（《集韵》）。《左传·襄公十四年》："乃祖吾离被苫盖，蒙荆棘，以来归我先君。"《释文》："被，普支反。"《左传·昭公十二年》："王皮冠，秦复陶，翠被，豹舄，执鞭以出，仆析父从。右尹子革夕，王见之，去冠被舍鞭，与之语。"注："以翠羽饰被。"《释文》："被，普义反。"字后写作"帔"。帔 *pha̱rs，披义切，《广韵》："衣帔。"（《说文》："帔，弘农谓裙帔也。"）《释名》："帔，披也，披之肩背不及下也。"

宜 *ŋa̱r，鱼羁切，《说文》："所安也。"《诗经·桃夭》："之子于归，宜其室家。"《孟子·梁惠王下》："民以为小，不亦宜乎？"谊 *ŋa̱rs，宜寄切，《广韵》："人所宜也，又善也。"《淮南子·泰族训》："有饮食之性，故有大飨之谊。"义 *ŋa̱rs，宜寄切，《广韵》："仁义。《释名》云：义者，宜也，裁制事物使合宜也。"《论语·为政》："见义不为，无勇也。"

知 *tri̱，陟离切，《广韵》："觉也。"智 *tri̱s，知义切，《广韵》："知也。"

垂 *do̱r，是为切，《广雅》："县也。"《诗经·都人士》："彼都人士，垂带而厉。"《管子·小匡》："垂缨下衽，寡人将见。"缒 *dro̱rs，驰伪切，《广韵》："绳悬也。"《说文》："缒，以绳有所县也。"段玉裁注："以绳系物垂之是为缒。缒之言垂也。"《左传·昭公十九年》："子占使师夜缒而登，登者六十人，缒绝，师鼓噪，城上之人亦噪。"《左传·僖公三十年》："夜缒而出，见秦伯。"锤 *dro̱rs，驰伪切，《广韵》："称锤，或作锤。"

吹 *tho̱r，昌垂切，《广韵》："吹嘘。"《诗经·凯风》："凯风自南，吹彼棘心。"《诗经·鹿鸣》："我有嘉宾，鼓瑟吹笙。"吹 *tho̱rs，尺伪切，《广韵》："鼓吹也。《月令》云：命乐正习吹。"《礼记·月令》："命乐正入学习吹。"《释文》："吹，昌睡反。"《礼记·月令》："命乐师大合吹而罢。"《释文》："合，古答反；吹，昌睡反。"

为 *ɢa̱r，薳支切，《广韵》："《尔雅》云：作，造，为也。"《庄子·逍遥游》："何不虑以为大樽而浮乎江湖，而忧其瓠落无所容？"伪 *m-ɢa̱rs（带前缀 *

m-)，危睡切，《广韵》："假也，欺也，诈也。"《说文》："伪，诈也。"徐锴《系传》："伪者，人为之，非天真也，故人为为伪是也。"段玉裁注："经传多假'为'为'伪'。"《荀子·正名》："心虑而能为之动谓之伪。"

思 *çe̱，息兹切，《广韵》："思念也。"思 *çe̱s，相吏切，《广韵》："念也。"

熹 *xe̱，许其切，《广韵》："炽也，或作熺。"《说文》："熹，炙也。"段注："炙者，抗火炙肉也。此熹之本义。"《广韵》："熺，炽也。"饎 *k-xe̱s（带 *k-词头），昌志切，《广韵》："《方言》云：熟食也。《说文》云：酒食也。"《诗经·天保》："吉蠲为饎，是用孝享。"《仪礼·特牲馈食礼》："主妇视饎爨于西堂下。"也写作"糦"。糦 *k-xe̱s，昌志切，《广韵》："大祭，亦稷也。《说文》同上（饎）。"《方言》："胹、饪、亨、烂、糦、酋、酷，熟也。自关而西秦晋之郊曰胹，徐扬之间曰饪，嵩岳以南陈颍之间曰亨。自河以北赵魏之间火熟曰烂，气熟曰糦，久熟曰酋，谷熟曰酷。"字本只写作"喜"。《诗经·七月》："馌彼南亩，田畯至喜。"笺："喜读为饎，饎，酒食也。"《诗经·甫田》："馌彼南亩，田畯至喜。"笺："喜读为饎，饎，酒食也。"

淤 *a̱，央居切，《广韵》："淤泥。"淤 *a̱s，依倨切，《广韵》："浊水中泥也。"

疏 *sra̱，所葅切，《广韵》："通也。"疏 *sra̱s，所去切，《广韵》："记也。"

誉 *ja̱，以诸切，《广韵》："称也。"《礼记·表记》："君子不以口誉人，则民作忠。"《释文》："誉，音余。"《左传·昭公二年》："宣子誉之。"《释文》："誉，音余。"誉 *ja̱s，羊洳切，《广韵》："称美也。"《礼记·中庸》："君子未有不如此而蚤有誉于天下者也。"《穀梁传·昭公十九年》："名誉不闻，友之罪也。"

句 *ko̱，古侯切，《广韵》："《说文》曲也。"句 *ko̱s，九遇切，《广韵》："章句。"

敷 *pha̱，芳无切，《广韵》："散也。"《说文》："敷，布也。"《诗经·小旻》："旻天疾威，敷于下土。"传："敷，布也。"《释文》："敷，抚扶反。"《史记·鲁周公世家》："乃命于帝庭，敷佑四方。"赋 *pa̱s，方遇切，《广韵》："赋颂。《诗》有六义二曰赋。《释名》云：敷布其义谓之赋。《汉书》曰：不歌而颂曰赋。"

铺 *pha，普胡切，《广韵》："铺设也，陈也。"铺 *phas，普故切，《广韵》："设也。"

污 *a，哀都切，《说文》："薉也。一曰小池为污，一曰涂也。"《礼记·檀弓上》："道隆则从而隆，道污则从而污。"《释文》："污，音乌。"《左传·成公十四年》："婉而成章，尽而不污。"《释文》："污，於俱反。"洿 * a，哀都切，《说文》："浊水不流也。"《广韵》："洿，《说文》曰：浊水不流者。污，上同。"洿和污是一个语词的两个不同的记录形式。《孟子·梁惠王上》："数罟不入洿池，鱼鳖不可胜食也。"《礼记·檀弓下》："杀其人，坏其室，洿其宫而猪焉。"《释文》："洿，音乌。"污 * as，乌路切，《广韵》："染也，《说文》秽也。"《左传·宣公十五年》："高下在心，川泽纳污。"《汉书·万石卫直周张传》："周仁为垢污。"

低 * tir，都奚切，《广韵》："低昂也，俛也。"《庄子·盗跖》："色若死灰，据轼低头，不能出气。"《吕氏春秋·知分》："龙俛耳低尾而逝。"底 * tir^B，都礼切，《广韵》："下也。"《淮南子·兵略训》："上穷至高之末，下测至深之底。"柢 * tir，都奚切，《广韵》："木根也，又音帝。"柢 * tirs，都计切，《广韵》："木根柢也。"《韩非子·解老》："柢也者，木之所以建生也；曼根者，木之所以持生也。"《道德经》："是谓深根固柢，长生久视之道。"蔕 * tirs，都计切，《广韵》："草木缀实。"《说文》："蔕，瓜当也。"

嗁 * zir，杜奚切，《广韵》："泣也。《说文》曰：号也。"《左传·文公七年》："穆嬴日抱太子以啼于朝。"《左传·定公十四年》："夫人见其色，啼而走。"《礼记·丧大记》："始卒，主人啼，兄弟哭，妇人哭踊。"涕 * sirs，他计切，《广韵》："涕泪。"《说文》："涕，泣也。"《诗经·燕燕》："瞻望弗及，泣涕如雨。"《诗经·泽陂》："寤寐无为，涕泗滂沱。"引申之，也指鼻涕。洟 * sirs，他计切，《广韵》："鼻洟。"《礼记·檀弓上》："待于庙，垂涕洟。"

栖 * ɕir，先稽切，《广韵》："鸟栖。《说文》曰：或从木西。"《诗经·君子于役》："鸡栖于埘，日之夕矣，羊牛下来。"《墨子·鲁问》："吴王东伐越，栖诸会稽。"《庄子·山木》："夫丰狐文豹，栖于山林，伏于岩穴。"栖 * ɕirs，苏计切，《广韵》："鸡所宿也。"

翳 * ir，乌奚切，《广韵》："蔽也。"《方言》："翳，掩也。"《国语·周语下》："是去其藏而翳其人也。"《楚辞·远逝》："阜隘狭而幽险兮，石嵾嵯以翳日。"翳 * irs，於计切，《广韵》："羽葆也。"《说文》："翳，华盖也。"《山海经·海外西经》："左手操翳，右手操环。"

调 * du，徒聊切，《广韵》："和也。"调 * dus，徒吊切，《广韵》："韵调也。"

要 * u̱u̱，於霄切，《广韵》："俗言要勒。"《说文》："要，身中也。"要是腰的本字,后类转为动词。《左传·襄公三年》:“吴人要而击之。”《释文》:“要,於遥反。”《左传·襄公九年》:“我实不德,而要人以盟,岂礼也哉?”《释文》:“要,一遥反。”《左传·隐公三年》:“明恕而行,要之以礼,虽无有质,谁能间之?”《释文》:“要,於遥反。”《左传·成公九年》:“坚疆以御之,明神以要之。”《释文》:“要,一遥反。”要*ɯ̠s,於笑切,《广韵》:“约也。”《左传·闵公二年》:“握兵之要。”《韩非子·扬权》:“事在四方,要在中央。”

交*krɯ,古肴切,《广韵》:“共也,合也。”校*krɯs,古孝切,《说文》:“木囚也。”《易·噬嗑》:“屦校灭趾,无咎。”注:“校者,以木绞校者也,即械也。”引申之,指木栏。《汉书·成帝纪》:“行幸长杨宫,从胡客大校猎。”注:“此校谓以本自相贯穿为阑校耳。校人职云六厩成校。是则以遮阑为义也。校猎者,大为阑校以遮禽兽而猎取也。校读如犯而不校之校。”铰*krɯs,古孝切,《广韵》:“铰刀,又装铰。”《释名》:“釭,铰也,言有交刃也。”

操*ʦhɯ,七刀切,《广韵》:“操持。”操*ʦhɯs,七到切,《广韵》:“志操。”

磨*mar,莫婆切,《广韵》:“磨砺。”磨*mars,摸卧切,《广韵》:“硙也。”

磨*mar,莫婆切,《广韵》:“磨砺。”塺*mars,摸卧切,《广韵》:“尘也。”

酤*ka,古胡切,《广韵》:“酤酒。”《说文》:“酤,一曰买酒也。”《诗经·伐木》:“有酒湑我,无酒酤我。”笺:“酤,买也。”字通写作“沽”,音同古胡切。《论语·乡党》:“沽酒市脯不食。”《墨子·公孟》:“子与我葬,当为子沽酒。”也为卖。《论语·子罕》:“沽之哉!沽之哉!我待贾者也。”贾*ka^{B},公户切,《广韵》:“商贾。”(估,《广韵》:“市税。”)《左传·宣公十二年》:“商农工贾,不败其业。”《左传·成公三年》:“荀罃之在楚也,郑贾人有将置诸褚中以出。”贾,也用作动词。《左传·桓公十年》:“其以贾害也。”杜注:“贾,买也。”《释文》:“贾音古。”《左传·成公二年》:“欲勇者,贾余余勇。”注:“贾,卖也。”《释文》:“贾音古,注同。”《论语·子罕》:“求善贾而沽诸?”贾,字后写作“價”。價*k/l/as,古讶切,《广韵》:“價数。”《说文》:“價,物直也。从人贾,贾亦声。”《韩非子·外储说左下》:“郑县人卖豚,人问其價。”《韩非子·外储说右上》:“故市木之價不加贵于山。”

勼*ku̠,居求切,《说文》:“聚也,读曰鸠。”通常写作“鸠”。鸠*ku̠,居求切,《广韵》:“聚也。”《左传·隐公八年》:“以鸠其民。”注:“鸠,集也。”鸠,字也作“九”。《庄子·天下》:“禹亲自操槖耜而九杂天下之川。”《释文》:“九音鸠，本亦作鸠，聚也。”厩*ku̲s，居佑切，《广韵》：“马舍。”《说文》：“马舍也，……《周礼》曰：马有二百四十匹为厩。”《管子·小问》：“桓公观于厩，问厩吏曰：厩何事最难？厩吏未对。”《释名》：“厩，勼也。勼，聚也，生马之所聚也。”《孟子·滕文公下》：“庖有肥肉，厩有肥马。”

流*ru̲，力求切，《说文》：“水行也。”《左传·昭公三年》：“其爱之如父母，而归之如流水。”《左传·成公二年》：“郤克伤于矢，流血及屦。”溜*ru̲s，力救切，《广韵》：“水溜。”《左传·宣公二年》：“三進及溜，而后视之。”《释文》：“溜，力救反，屋霤也。”《左传·定公九年》：“死于霤下。”注：“故斗死于门屋霤下也。”《释文》：“霤，力又反。”溜，《说文》字作“霤”。霤，《说文》：“屋水流也。”《汉书·枚乘传》：“泰山之霤穿石，单极之绠断干。”

四

中古汉语如《广韵》中读去声的名词大部分来自动词，但是不一定都来自上古汉语附加动转化后缀*-s的动词。其中一些名词显然是声调产生之后再通过声调屈折派生。这种通过改变声调改变词性的语法手段即便是在现代汉语中也存在。只是跟现代汉语不同，隋唐之前这曾经是一种非常能产的构词手段。这一点从《经典释文》多次提到的旧音中可以看出。陈彭年等修撰的《广韵》中的许多字只表音，而不释义。这也说明这一异读已经式微。只有那些已经创造了新字的异读，因文字的存在，保留了原先的语音形式。

术*zu̲t，食聿切，《说文》：“邑中道也。”《墨子·旗帜》：“巷术周道者必为之门。”《墨子·号令》：“吏各从四人，以行冲术及里中。”引曰为技术、心术等。《庄子·大宗师》：“鱼相忘乎江湖，人相忘乎道术。”隧*zu̲ts，徐醉切，《广韵》：“埏隧，墓道也。”《左传·僖公二十五年》：“请隧，弗许。”注：“阙地通路曰隧。”也指一般隧道。《左传·隐公元年》：“公入而赋：大隧之中，其乐也融融。”注：“隧，若今延道。”《礼记·曲礼上》：“升降不由阼阶，出入不当门隧。”注：“隧，道也。”《庄子·天地》：“凿隧而入井，抱瓮而出灌。”

间*kran，古闲切，《广韵》：“中间。”《说文》：“间，隙也。”《诗经·十亩之间》:“十亩之间兮,桑者闲闲兮。”《礼记·檀弓上》:“予畴昔之夜,梦坐奠于两楹之间。”涧 * krans,古晏切,《说文》:“山夹水也。”《释名》:“山夹水曰涧。涧,间也,言在两山之间也。”《左传·隐公三年》:“涧、溪、沼、沚之毛,蘋、蘩、薀、藻之菜。”

笯 * na,乃都切,《广韵》:“鸟笼。”笯 * nas,乃故切,《广韵》:“盛鸟笼也。”

圃 * pa^{B},博古切,《广韵》:“园圃。”圃 * pas,博故切,《广韵》:“园圃。”

胯 * qus,苦瓜切,《广韵》:“两股间也。”(口语保留了鱼部元音 a,入麻韵。)胯 * qa^{s},苦故切,《广韵》:“股也,韩信出于胯下。”《史记·淮阴侯列传》:“信能死,刺我;不能死,出我袴下。”集解:“徐广曰:袴一作胯。胯,股也,音同。又云《汉书》作跨,同耳。”索隐:“胯,音枯化反。”《汉书·韩信传》:“能死,刺我;不能,出胯下。”绔 * qas,苦故切,《说文》:“胫衣也。”也写作“袴”。《史记·匈奴列传》:“以驰草棘中,衣袴皆裂敝。”

北 * pek,博墨切,《广韵》:“南北。”邶 beks,蒲昧切,《广韵》:“纣之畿内国名。”

官 * kon,古丸切,《广韵》:“官宦。”此非“官”的本义。《周礼·秋官·司寇》:“一曰宫禁,二曰官禁。”郑注:“宫,王宫也;官,官府也。”《礼记·玉藻》:“在官不俟屦。”郑注:“官,谓朝廷治事处也。”棺 * kon,古丸切,《广韵》:“棺椁。”棺就是官,死人居住的地方。《论语·先进》:“有棺而无椁。”馆 * kons,古玩切,《广韵》:“馆舍也。”《说文》:“馆,客舍也。”《诗经·缁衣》:“适子之馆兮。”传:“馆,舍也。”《释文》:“馆。古玩反。”

景 * kra̠ŋ^{B},居影切,《广韵》:“像也,光也。”《说文》:“景,光也。”《周礼·地官·司徒》:“以土圭之法测土深,正日景,以求地中。”《庄子·天下》:“飞鸟之景未尝动也。”此景字后写作“影”。影 * ʔra̠ŋ^{B},於丙切,《广韵》:“形影。”《荀子·强国》:“譬之犹响之应声,影之像形也。”于是,一个“景”字分裂为“景”和“影”。映 * ʔra̠ŋs,於敬切,《广韵》:“明也。”(映是语音演变成了 * ʔaŋ^{C}后再创造出来的新字。)《西京杂记》第二:“衡乃穿壁引其光,以书映光而读之。”镜 * kra̠ŋs,居庆切,《说文》:“景也。”《释文》:“镜,景也,言有光景也。”《庄子·天道》:“天地之鉴也,万物之镜也。”《战国策·齐策一》:“朝服衣冠窥镜。”

巢 * ɖrɯ,鉏交切,《广韵》:“《说文》曰:鸟在木上曰巢,在穴曰窠。”轈

*ɖrɯ，鉏交切，《说文》：“轈，兵高车加巢以望敌也。从车巢声。《春秋传》曰：楚子登轈车。”字本只写作“巢”。《左传·成公十六年》：“楚子登巢车以望晋军。”《释文》：“巢，《说文》作轈，云：兵车高如巢以望敌也。”巢*ɖrɯs，士稍切，《广韵》：“栈阁也。”《礼记·礼运》：“冬则居营窟，夏则居橧巢。”

辟*pi̱k，必益切，《广韵》：“《尔雅》：皇、王、后、辟，君也。”《诗经·荡》：“荡荡上帝，下民之辟。”《礼记·曲礼下》：“父曰皇考，母曰皇妣，夫曰皇辟。”《荀子·王制》：“国家失俗，则辟公之过也。”臂*piks，卑义切，《广韵》：“肱也。”《说文》：“臂，手上也。”段玉裁注：“浑言则厷臂互称。”《孟子·尽心下》：“冯妇攘臂下车。”《荀子·劝学》：“登高而招，臂非加长也，而见者远。”

支*ki̱，章移切，《说文》：“去竹之枝也。”后字作“枝”“肢”。枝*ki̱，章移切，《广韵》：“枝柯。”《左传·闵公元年》：“国将亡，本必先颠，而后枝叶从之。”《左传·文公七年》：“公室之枝叶也。”肢*ki̱，章移切，《广韵》：“肢体。”《孟子·尽心下》：“鼻之于臭也，四肢之于安佚也，性也。”翅*khi̱s，施智切，《广韵》：“鸟翼。”《说文》：“翅，翼也。”《战国策·楚策四》：“俯噣白粒，仰栖茂树，鼓翅奋翼。”《史记·淮南衡山列传》：“匈奴折翅伤翼。”

渎*zok，徒谷切，《说文》：“沟也……一曰邑中沟。”段玉裁注：“渎之言窦也。凡水所行之孔曰渎，小大皆得称渎。”《尔雅》：“注浍曰渎。”《周礼·秋官·司寇》：“掌沟渎浍池之禁，凡害于国稼者。”注：“渎，田间通水者也。”窦*zoks，田候切，《广韵》：“空也，穴也，水窦也。”《庄子·外物》：“天之穿之，日夜无降，人则顾塞其窦。”《礼记·礼运》：“所以达天道顺人情之大窦也。”郑注：“窦，孔穴也。”《释文》：“窦音豆。”

澳*u̱k，於六切，《广韵》：“隈也，水内曰澳。”《说文》：“澳，隈，厓也。其内曰澳，其外曰隈。”隩*u̱k，於六切，《广韵》：“上同（澳）。”隩*uks，乌到切，《广韵》：“《说文》曰：水隈崖也。”《礼记·大学》：“瞻彼淇澳，菉竹猗猗。有斐君子，如切如磋，如琢如磨。”郑注：“澳，隈崖也。”《释文》：“澳，本亦作奥，於六反，本又作隩，一音乌报反。”《左传·昭公二年》：“北宫文子赋《淇澳》，宣子赋《木瓜》。”《释文》：“澳，於六反。”《诗经·淇奥》：“瞻彼淇奥，绿竹猗猗。”传：“奥，隈也。”“澳”是“奥”的后起区别字。奥*uks，乌到切，《广韵》：“《尔雅》云：西南隅谓之奥。”《论语·八佾》：“与其媚于奥，宁媚于灶，何谓也？”《释文》：“奥，乌报反，郑云西南隅。”《韩非子·说林下》：“正身于奥。”

经 *kiŋ，古灵切，《广韵》："亦经纬。"经 *kiŋs，古定切，《广韵》："经纬。"

巠 *kiŋ，古灵切，《广韵》："直波为巠。"经 *kiŋ，古灵切，《广韵》："亦经纬。"《墨子·备蛾傅》："广七寸，经尺一。"茎 *giŋ，户耕切，《广韵》："草木干也。"《荀子·劝学》："木茎非能长也，所立者然也。"颈 *ki̠ŋ^{B}，居郢切，《广韵》："项也。"《左传·定公十四年》："使罪人三行，属剑于颈。"《周礼·冬官·考工记》："五分其颈围。"（颈 *gi̠ŋ，巨成切，《广韵》："项也。颈在前，项在后。"）径 *kiŋs，古定切，《广韵》："直也。"《吴越春秋·勾践伐吴外传》："径至吴，围吴于西城。"径 *kiŋs，古定切，《广韵》："近也。"《焦氏易林》："山陵四塞，遏我径路。"胫 *giŋs，胡定切，《广韵》："脚胫。"《论语·宪问》："以杖叩其胫。"《释名》："胫，茎也，直而长似物茎也。"

行 *gaŋ，胡郎切，《广韵》："伍也，列也。"行 *gaŋs，下浪切，《广韵》："次第。"《汉书·苏建传》："汉天子，我丈人行也。"师古注："丈人，尊老之称。行，音胡浪反。"《史记·卫将军列传》："斩单于大父行籍若侯产。"索隐："行音胡浪反，谓籍若侯是匈奴祖之行第。"

吭 *gaŋ，胡郎切，《广韵》："鸟喉。"吭 *gaŋs，下浪切，《广韵》："鸟咽。"

两 *ra̠ŋ^{B}，良奖切，《玉篇》："匹耦也。"《礼记·曲礼上》："长者与之提携，则两手奉长者之手。"《左传·桓公十八年》："并后，匹嫡，两政，耦国，乱之本也。"车有两个轮，所以车也称两，两 *raŋs，力让切，《广韵》："车数。"《孟子·尽心下》："武王之伐殷也，革车三百两，虎贲三千人。"《诗经·鹊巢》："之子于归，百两御之。"鞋子有两只，所以鞋子也称两。字写作"緉"。緉 *raŋs，力让切，《广韵》："履屐双也。"《说文》："緉，履两枚也。"

矼 *k/l/oŋ，古双切，《广韵》："石矼，石桥也。《尔雅》云：石杠谓之徛。"本作"杠"。《尔雅》："堤谓之梁，石杠谓之徛。"杠 *k/l/oŋ，古双切，《广韵》："一曰床前横（木）。"杠，《说文》："床前横木也。"《孟子·离娄下》："岁十一月徒杠成，十二月舆梁成。"虹 *k/l/oŋs，古巷切，《广韵》："又音红。"杨树达《释虹》（1983：29）："凡从工声之字，皆有横而长之义，虹之受名盖以其形横而长也。""虹"有两音，一音"红"，同"鸿"；一音"绛"。"虹"如同一座桥，而后一形式我们认为当来自"杠"（桥）。《礼记·月令》："虹始见，萍始生。"《释文》："虹音红，又音绛，螮蝀也。"《礼记·聘义》："气如白虹，天也。"

这种由名词派生出来的名词，相对要少得多。除了派生，上古汉语的名词很容易类转为动词，而动词也可以附加动转化后缀-s 改变词性成名词。我们将要讨论的是，后缀-s 在上古汉语也有名谓化功能，可以使名词改变词性，变成动词。此外，上古汉语的后缀 * -s 还有许多其他语法意义，比如及物化，等等。这样势必扰乱了名词、动词之间的界限，一个带 * -s 后缀的语词可以是名词，也可以是动词，比如“食”。食，本是一个动词，附加 * -s 后缀则可以派生出名词或受事动词。《左传·桓公二年》：“粢食不凿。”《释文》：“食，音嗣，餅也。”《左传·文公十八年》：“功以食民。”《释文》：“食，音嗣。”于是，去声的“食”既是名词又是动词。一个形式有两种意义。上古汉语后缀-s 的多个功能模糊了名词和动词之间的界线。同时，上古汉语距今已经久远，随着形态的消失，语词的许多形式并没有在后继汉语中得到有效的保存。这也无疑增加了我们分析形态意义的困难。因而，需要通过后继者的语音形式的分析再现其原始面貌。

夜 * jaks，羊谢切，《广韵》：“舍也，暮也。”《说文》段玉裁注：“夜与夕浑言不别，析言则殊。《小雅》‘莫肯夙夜’‘莫肯朝夕’，朝夕犹夙夜也。”《左传·昭公元年》：“朝以听政，昼以访问，夕以修令，夜以安身。”夕 * jak，祥易切，《广韵》：“暮也。”《左传·僖公七年》：“朝不及夕，何以待君。”朝夕相对。朝用作动词，夕也用作动词。《左传·昭公十二年》：“右尹子革夕，王见之。”注：“夕，莫见。”《左传·成公十二年》：“百官承事，朝而不夕。”疏：“莫见君谓之夕。”夜和夕为一对同根词，后加声符“亦”以表示分别。亦，后字作“腋”。腋，羊益切，《广韵》：“肘腋。”掖，羊益切，《广韵》：“持臂，又掖庭也，一曰正门之旁小门也。”掖和腋是同族词，从夜声，皆入声。谐声系统中，从“夜”声或“亦”声也是入声字。但，夜是去声。这和鼻子的“鼻”《广韵》“毗至切”去声一样。不过，“夜”在现代汉语以及方言中一般读去声，而“鼻”在现代汉语以及方言中一般读入声。

厌浥行露，岂不夙夜，谓行多露。（《诗经·行露》）

不能辰夜，不夙则莫。（《诗经·东方未明》）

夏之日，冬之夜，百岁之后，归于其居。（《诗经·葛生》）

三事大夫，莫肯夙夜。邦君诸侯，莫肯朝夕。庶曰式臧，覆出为恶。（《诗经·雨无正》）

式号式呼，俾昼作夜。（《诗经·荡》）

在彼无恶，在此无斁。庶几夙夜，以永终誉。（《诗经·振鹭》）

以上是“夜”在《诗经》中的押韵情况。“夜”跟去声名词“露”押韵（《诗经》中只跟去声押韵），而且跟名词“居”押韵（《诗经·葛生》）。居，九鱼切，《广韵》：“处也。”《说文》：“居，蹲也。踞，俗居从足。”段玉裁注：“凡今人蹲踞字古只作居。”踞，居御切，《广韵》：“蹲，又踑踞，大坐。”《吕氏春秋·下贤》：“踞于堂而与之言。”依照构词规则，名词“居”在中古时期可以读去声，音同“倨”。謼，荒故切，《广韵》：“号謼，亦作呼。”《释文》：“呼，火胡反，又火故反，注同。崔本作謼。”《振鹭》中的“誉”是名词，音羊洳切。其余字为入声。如此看来，名词“夜”在《诗经》时代已经有读去声的苗头。

名词可以通过类转等手段改变词性成动词，而动词也可以通过附加词缀而实现词性的改变成名词。一个名词由于意义的引申而派生出一个带*-s 后缀的名词。可见，上古汉语的动转化*-s 后缀已经不再只是附加在动词词根上了，也可以附加在名词词根上，尽管派生词为名词的性质并没有改变。这显然是上古汉语动转化*-s 后缀语法意义的扩展。也就是说，这些由名词词根派生出来中古读去声的名词应该是上古汉语语法类推的结果。确实，中古韵书中所记录的文字读音中有一部分去声是通过语法上的类推而产生的。这种语法上的类推并不局限于动词变名词，也包括名词变动词。这两种不同来源且意义不同的*-s 后缀相互作用导致读去声的语词在中古时期大量增加。此外，应该还有不少是声调产生之后通过声调屈折派生出来的新词。就这意义而言，中古汉语中读去声的好些名词，追溯到上古汉语则不一定就带动转化*-s 后缀。

第二节　名谓化

一

上古汉语可以通过辅音清浊交替等手段实现由名词到动词的转变。这一点我们在前面已经加以讨论。词性已经不同,语音形式也已经不一样,但记录语词的文字依旧还是原来那个文字。假如仅仅从记录文字看上古汉语语词的词性,自然会产生上古汉语大量存在着类转的错觉。除了辅音清浊交替,上古汉语还可以附加后缀实现名词到动词的转变,比如附加 *-s 后缀。上古汉语的 *-s 后来脱落而演变成了去声。因而,就中古语音形式而言,名词变动词也就从非去声变成了去声。六朝经师给先秦古籍注音的时候往往把由名词变来的动词注成去声以示区别。不过,六朝经师注音时也常常把由动词变来的名词注成去声。这是否意味着这个上古汉语 *-s 后缀或者去声仅仅表示一种区别? 即不论是来自动词的名词或者来自名词的动词,为了和源词加以区别,把新词都读成去声。梅祖麟(1980)认为名词变动词读去声和动词变名词读去声是由于时间的不同,属于不同的层次。其中动词变名词读去声属于较古的一个层次,而名词变动词则属于晚起的一个层次。梅祖麟依据的理由主要有两条:第一条是汉藏语比较,第二条是入声和去声的关系。这两条理由中,梅祖麟更看重第一条理由。

1)古汉语早期的-s 尾音失落后变成了去声,因此去声跟非去声之别原来是有-s 尾和没有-s 尾之别。2)汉语的去声跟藏文的-s 同源;共同汉藏语的-s 在藏语里大致保持不变,但在-n、-r、-l 后变成了-d 以后再失落,ds 直接变成了-d;在汉语里最初也是-s,后来在上古汉语某个时期变成了去声。3)藏文-s 词尾的功用是:(a)做既事式的记号。(b)做现时式的记号。这个-s 本来也许是-d。(c)把动词转化成名词。但藏文的-s 词尾不能把名词变成动词。4)根据以上所说,可见去声别义中的动变名型是继承共同汉藏语的一种构词法;名变动型在藏文和汉藏语中无源可溯，是后起的一型。

梅祖麟把上古汉语的形态和藏语的形态联系在一起进行比较，两者相互印证无疑是一大前所未有的进步。但是，梅祖麟认为名变动型在藏文和汉藏语中无源可溯，显然很难符合藏语的实际。我们不清楚梅祖麟是依据什么说藏语的-s后缀不可以是一个名谓化后缀。事实上，藏语的-s后缀并非没有名谓化的意义，比如bçaŋ-ba“大便、矢”和bçaŋs-pa“解大便”，d-mjig“眼睛”和d-mig-s“看、注视”等，其中的-s显然是一个名谓化后缀。更重要的是，藏语并不等同于藏缅语，藏语无并不等于藏缅语无。随着藏缅语新语言的不断发现以及研究的深入，目前就下肯定的结论说藏缅语*-s后缀没有名谓化意义为时尚早。再者，即使*-s后缀在藏缅语中没有名谓化意义，也并不等于*-s后缀在汉藏语中没有名谓化意义。藏语的形态并不是上古汉语形态的原始模式。可以说，仅仅依据藏语或藏缅语难以得出上古汉语名谓化*-s后缀后起的结论。同样，藏语的动转化后缀-s本来也是后起的，如沃尔芬登所说，它来自使动词的既行体。也有学者认为藏语的名词后缀-s源于藏语的名词sa“处所”，比如Stephan V Beyer(1992)。我们可以通过汉藏语的比较解决上古汉语中的一些难以解决的难题，但仅仅依据藏语就判断上古汉语的名词变动词为后起型为时尚早。

梅祖麟的另一个判断标准是上古汉语的“去入通转”。梅祖麟说名词为入声转换而来的动词读去声的例子不多。这里涉及一个统计问题，不知梅祖麟是否对上古汉语这种动词变名词或名词变动词的例子进行过全盘的统计。否则，我们难以用数量的多寡来证明两者的时间先后。再者，梅祖麟依据的是唐纳、周法高等搜集的材料，而唐纳、周法高等学者主要集中在中古字书、训书中的异读字。事实上，名词为入声，动词为去声的例子并不少。

二

嗌*i̯k，伊昔切，《广韵》：“喉也。”《说文》：“嗌，咽也。”《庄子·庚桑楚》：“儿子终日嗥而嗌不嗄，和之至也。”《吕氏春秋·介立》：“早朝晏退，焦唇干嗌，日夜思之，犹未之能得。”缢*i̯ks，於赐切，《广韵》：“自经死也。”《说文》：“缢，经也。”(《荀子·强国》：“救经而引其足也。”注：“经，缢也。”)《左传·

桓公十三年》:“莫敖缢于荒谷。”注:“缢,自经也。”《释文》:“缢,一豉反。”《左传·桓公十六年》:“夷姜缢。”注:“失宠而自经。”

臬 *ŋit,五结切,《广韵》:“《尔雅》云:在墙者曰榩,在地者曰臬。”《说文》:“臬,射准的也,从木从自。”(《说文》:“埻:射臬也。……读若准。”)靶心位于靶子的中心,如同鼻子位于面部的中心。段玉裁注:“臬之引申为凡标准法度之称。”《史记·天官书》:“城郭门间,闺臬槁枯。”劓 *ŋi̱ts,鱼器切,《广韵》:“割鼻,汉文帝除肉刑劓者笞三百。”字本只写作“臬”。臬,《说文》:“刑鼻也。从刀臬声。《易》曰:天且臬。”《庄子·大宗师》:“夫尧既已黥汝以仁义,而劓汝以是非矣。”《韩非子·内储说下》:“郑袖言恶臭而新人劓。”

质 *ti̱t,之日切,《广韵》:“朴也,主也,信也。”《小尔雅》:“质,信也。”《周礼·地官·司徒》:“凡卖债者质剂焉,大市以质,小市以剂。”注:“郑司农云:质剂,月平贾也。质,大贾。剂,小贾。玄谓:质剂者,为之券藏之也。大市,人民马牛之属,用长券。小市,兵器珍异之物,用短券。”质本当为质契,引申为盟约。《左传·哀公二十年》:“黄池之役,先主与吴王有质。”注:“质,盟信也。”《释文》:“质,如字。”质 *tri̱ts,陟利切,《广韵》:“交质,又物相赘。”《说文》:“质,以物相赘。”(赘,《广韵》:“以物质钱。”)段玉裁注:“以物相赘,如春秋交质子是也。”《左传·僖公十五年》:“归之而质其大子。”《释文》:“质,音置,下注质秦同。”再指人质。《左传·隐公三年》:“王子狐为质于郑,郑公子忽为质于周。”《释文》:“质音致。”

桎 *ti̱t,之日切,《广韵》:“桎梏,在足曰桎。”《庄子·德充符》:“不知至人之以是为己桎梏邪?”《礼记·月令》:“命有司省囹圄,去桎梏。”疐 *tris,陟利切,《广韵》:“碍不行也,又顿也,《诗》曰载疐其尾。疐,跲也。”《诗经·狼跋》:“狼跋其胡,载疐其尾。”传:“疐,跲也。”《释文》:“疐,丁四反,又陟值反。”踬 *tris,陟利切,《广韵》:“碍也,顿也。《说文》、跲也。”《韩非子·六反》:“不踬于山,而踬于垤。”懫 *tri̱s,陟利切,《广韵》:“止也。”

职 *te̱k,之翼切,《广韵》:“《尔雅》云:‘职,主也,常也。’《博雅》云:‘业也。’《字林》云:‘记微也。’”《说文》:“职,记微也。”(微,即徽字。《礼记·大传》:“改正朔,易服色,殊徽号。”)职是旗子上的徽帜(陆宗达,1981)。不同的徽号代表不同的职务,因而职引申为职务。《周礼·天官·冢宰》:“惟王建国,辨方正位,体国经野,设官分职,以为民极。”注:“郑司农云:各有所职而百事举。”徽号，引申出标记号等意义。《周礼·夏官·司马》：“职方氏：掌天下之图，以掌天下之地。”字多写作“志”。志*te̠ks，职吏切，《广雅》：“识也。”《庄子·逍遥游》：“齐谐者，志怪者也。”《周礼·春官·宗伯》：“掌天星，以志星辰日月之变动，以观天下之迁。”注：“志，古文识，识记也。”《释文》：“识，音志。”字后也写作“识”。识*te̠ks，职吏切，《广韵》：“标识，见《礼》，本音式。”《集韵》：“识，职吏切，《说文》记志也。”

厕*ƫhrek，察色切（《集韵》），《说文》：“清也。”徐锴系传：“厕，此溷厕也，古多谓之清者，以其不洁，常当清除之也。”段玉裁注：“清、圊古今字。《释名》曰：‘厕，言人杂厕在上非一也。或曰溷，言溷浊也。或曰圊，言至秽之处，宜常修治使洁清也。’”《左传·成公十年》：“将食，张，如厕，陷而卒。小臣有晨梦负公以登天，及日中，负晋侯出诸厕，遂以为殉。”厕*ƫhreks，初吏切，《广韵》：“间也，次也。”《史记·律书》：“夹钟者，言阴阳相夹厕也。”《史记·乐毅列传》：“厕之宾客之中，立之群臣之上。”

谷*ɢo̠k，余蜀切，《广韵》：“山谷。《尔雅》曰：水注溪曰谷。《说文》曰：泉出通川为谷。”谷*qok，古禄切，《广韵》：“山谷。”《说文》：“谷，泉出通川为谷。”《左传·桓公十三年》：“莫敖缢于荒谷，群帅囚于冶父。”杨树达（1983：24）：“谷之为物，空广能容，容字从谷，即其义也。谷大能容，故古人称物多者或以谷为量。”裕*ɢo̠ks，羊戍切，《广韵》：“饶也，道也，容也，宽也。”《说文》：“裕，衣物饶也。《易》曰：有孚，裕，无咎。”《诗经·角弓》：“此令兄弟，绰绰有裕。”传：“裕，饶。”《释文》：“裕，羊树反。”

恶*ak，乌各切，《广韵》：“不善也。《说文》曰：过也。”《左传·隐公六年》：“善不可失，恶不可长。……恶之易也，如火之燎于原，不可乡迩，其犹可扑灭。……见恶如农夫之务去草焉，芟夷蕴崇之。”谔*aks，乌路切，《广韵》：“相毁。”谔，《说文》字作“证”。证，《说文》：“相毁也。”字本只写作“恶”。《汉书·陈平传》：“人有短恶哙者。”《汉书·邹阳传》：“胜等疾阳，恶之孝王。”注：“恶谓谗毁也。”

十*gi̠p，是执切，《广韵》：“数名。”《说文》：“十，数之具也。”《左传·桓公二年》：“宋殇公立，十年十一战，民不堪命。”《左传·桓公二年》：“惠之四十五年，曲沃庄伯伐翼，弑孝侯。”计算以“十”为单位，派生动词为“计”。计*kips，古诣切，《广韵》：“筹计。《说文》会也，筭也。”《国语·郑语》：“具万方，计亿事。”注：“计，算也。”《左传·昭公三十二年》：“计丈数。”

辟*pi̱k，必益切，《广韵》：“《尔雅》：皇、王、后、辟，君也。”《诗经·荡》：“荡荡上帝，下民之辟。”传：“辟，君也。”《诗经·韩奕》：“干不庭方，以佐戎辟。”传：“辟，君也。”嬖*piks，博计切，《广韵》：“爱也，卑也，妾也。”《说文》：“嬖，便嬖，爱也。”嬖本为君王爱。《左传·隐公十九年》：“初，王姚嬖于庄王，生子颓。”《释文》：“嬖，必计反。”《左传·文公六年》：“辰嬴嬖于二君。”《释文》：“嬖，必计反。”《左传·成公十七年》：“嬖于厉公。”

衇*m-prik（*m-为上古汉语生命名词前缀），莫获切，《广韵》：“《说文》曰：血理之分衺行体者。又作脈，《经典》亦作脈。”《周礼·天官·冢宰》：“以咸养脈，以苦养气。”《左传·僖公十五年》：“阴血周作，张脈偾兴，外强中干。”《管子·水地》：“水者，地之血气，如筋脈之通流者也。”派*phriks，匹卦切，《广韵》：“分流也。”《说文》：“派，别水也。从水从𠂢，𠂢亦声。”字本写作“𠂢”。𠂢*phliks，匹卦切，《广韵》：“《说文》曰：水之衺流别也。”《说苑·君道》：“疏河以导之，凿江通于九派。”

甲*krap，古狎切，《广韵》：“铠也。”《左传·闵公二年》：“将战，国人受甲者，皆曰使鹤。”《孟子·梁惠王上》：“填然鼓之，兵刃既接，弃甲曳兵而走。”介*krets<* *kraps，古拜切，《广韵》：“甲也”。《左传·襄公二十八年》：“栾高陈鲍之徒，介庆氏之甲。”《左传·哀公十五年》：“大子与五人介，舆豭从之。”注：“介，被甲。”《左传·成公二年》：“不介马而驰之。”注：“介，甲也。”《周礼·夏官·司马》：“军旅则介而趋。”注：“介，被甲。”

藥*rɯ̱k，以灼切（中古入以母是例外音变），《广韵》：“《说文》云：治病草。”《左传·昭公十九年》：“尽心力以事君，舍藥物可也。”《礼记·曲礼下》：“君有疾，饮藥，臣先尝之。”藥*rɯ̱ks，力照切，《广韵》：“藥病。《说文》治也。”字也写作“療”。《左传·襄公二十六年》：“不可救藥。”注：“療，治也。”《释文》：“療，力召反，治也。”不可救療，《诗经·板》作“不可救藥”。《诗经·板》：“多将熇熇，不可救藥。”藥，字也写作“樂”。《诗经·衡门》：“可以樂饥。”笺：“饥者见之，可饮以疗饥。”《释文》：“乐，本又作療。”

藉*ɖa̱k，秦昔切，《说文》：“祭藉也。”《淮南子·说山训》：“病者寝席，医之用针石，巫之用糈藉，所以救钧也。”注：“藉，菅茅。”《礼记·曲礼下》：“执玉，其有藉者则裼；无藉者则袭。”注：“藉，藻也。”王引之《经义述闻》：“茅之荐物者,或曰藉,或曰苴。"《说文》:"苴,履中草也。"藉由"茅藉"引申为"衬垫"等意义。藉*ḓaks,慈夜切,"以兰茅藉地也"。《易·大过》:"藉用白茅。"注:"在下曰藉。"《释文》:"藉,在夜反,下同。"也引申为借助。《小尔雅》:"藉,借也。"《墨子·公输》:"北方有侮臣,愿藉子杀之。"《说苑·奉使》:"愿藉子大夫使齐。"由"衬垫"引申为"践踏"等意义。《史记·魏其武安侯列传》:"今我在也,而人皆藉吾弟。"索隐:"晋灼云:藉,蹈也,以言蹂藉也。"后字写作"躤"。躤,慈夜切,《广韵》:"践也。"《史记·司马相如列传》:"乘骑之所蹂若,人民之所蹈躤。"

伯*prak,博陌切,《广韵》:"长也,又侯伯。"《说文》:"伯,长也。"《诗经·丰》:"叔兮伯兮,驾予与行。"《诗经·甘棠》:"蔽芾甘棠,勿翦勿伐,召伯所茇。"《左传·隐公十一年》:"公会郑伯于时来。"霸*praks,必驾切,《广韵》:"《国语》曰:霸,把也,把持诸侯之权。"《群经音辨》:"伯,长也,博陌切;伯,把持诸侯也,音霸。"《论语·宪问》:"管仲相桓公,霸诸侯,一匡天下。"《左传·庄公十五年》:"春,复会焉,齐始霸也。"《左传·文公三年》:"遂霸西戎,用孟明也。"《孟子·公孙丑上》:"管仲以其君霸。"后人怕"五伯"之"伯"和"伯仲""叔伯"之"伯"混,以"霸"来解释"伯",《汉书》颜注是其例。《汉书·诸侯王表》:"太公于齐,亦五侯九伯之地。……衰则五伯扶其弱,与共守。"注:"伯读曰霸。"前一个"伯"不注音,而后一个"伯"注音。

式*s̱ek,赏职切,《广韵》:"法也,度也。"《说文》:"式,法也。"《诗经·下武》:"成王之孚,下土之式。"《周礼·天官·冢宰》:"以九式均节财用:一曰祭祀之式,二曰宾客之式,三曰丧荒之式,四曰羞服之式,五曰工事之式,六曰币帛之式,七曰刍秣之式,八曰匪颁之式,九曰好用之式。"试*s̱eks,式吏切,《广韵》:"用也。"《左传·昭公二十三年》:"莒子庚舆虐而好剑,苟铸剑,必试诸人。"字本只写作"式"。《诗经·小明》:"神之听之,式谷以女。"笺:"式,用。"《诗经·思齐》:"不闻亦式,不谏亦入。"笺:"式,用也。"《左传·成公二年》:"蛮夷戎狄不式王命。"注:"式,用也。"弑*s̱eks,式吏切,《广韵》:"大逆。"《说文》:"弑,臣杀君也。《易》曰:臣弑其君。"式是法,弑是败法。《左传·隐公四年》:"卫州吁弑桓公而立。"《左传·宣公十八年》:"凡自虐其君曰弑,自外曰戕。"

祝*ṯuk,之六切,《广韵》:"巫祝,又太祝,令官名。《周礼》曰:太祝掌六祝之辞，以事鬼神，祈福祥，求永贞。”《周礼·天官·冢宰》：“女祝四人，奚八人。”注：“女祝，女奴晓祝事者。”《释文》：“祝，之六反；郑，徐之又反。”《庄子·逍遥游》：“尸祝不越樽俎而代之矣。”《释文》：“祝，之六反，传鬼神辞曰祝。”祝*tuks，职救切，《广韵》：“《说文》曰：祭主赞辞。”《诗经·荡》：“侯作侯祝，靡届靡究。”传：“作、祝，诅也。”《释文》：“祝，周救反，注同；本或作呪。”《庄子·天地》：“请祝圣人，使圣人寿。”《释文》：“祝，之又反，又州六反。”呪*tuks，职救切，《广韵》：“咒诅。”《新语·资质》：“对扁鹊而呪，病者卒死。”《玉篇》：“之州，《说文》职又切，诅也。”

堰*phuk，芳福切，《广韵》：“地室。”字《说文》作“寝”。《说文》：“寝：地室也。从穴复声。《诗》曰：陶寝陶穴。”《诗经·绵》：“古公亶父，陶复陶穴。”《释文》：“复，音福，累土于地上也，《说文》作覆。”覆*phuks，敷救切，《广韵》：“盖也。”《说文》：“覆，一曰盖也。”《韩非子·大体》：“上不天则下不遍覆，心不地则物不毕载。”《诗经·生民》：“诞置之寒冰，鸟覆翼之。”《管子·侈靡》：“天之所覆，地之所载，斯民之良也。”

福*pek，方六切，《说文》：“佑也。”《诗经·樛木》：“乐只君子，福履绥之。”《诗经·天保》：“俾尔单厚，何福不除！”《诗经·甫田》：“报以介福，万寿无疆。”《释名》：“福，富也，其中多品如富者也。”富*peks，方副切，《广韵》：“丰于财。”《说文》：“富，备也。”《诗经·閟宫》：“俾尔昌而炽，俾尔寿而富。”《左传·定公九年》：“君富于季氏而大于鲁国。”《论语·先进》：“季氏富于周公，而求也为之聚敛而附益之。”

木*mok，莫卜切，《广韵》：“树木。”《诗经·汉广》：“南有乔木，不可休息。”《左传·僖公三十二年》：“中寿，尔墓之木拱矣。”楙*moks，莫候切，《广韵》：“木盛也”。《汉书·律历志上》：“助蕤宾君主种物使长大楙盛也。”楙，字通作“茂”。茂*moks，莫候切，《广韵》：“卉木盛也。”《说文》：“茂，草丰盛。”《诗经·天保》：“如松柏之茂，无不尔或承。”《诗经·斯干》：“如竹苞矣，如松茂矣。”《荀子·劝学》：“林木茂而斧斤至焉。”《荀子·致士》：“川渊深而鱼鳖归之，山林茂而禽兽归之。”木和茂的关系如同林和森。

相对动词变名词要少一些，但入声和去声交替表示名词跟动词之间的词性转换的例子也不少。梅祖麟说上古汉语里动词变名词型有二三十个去入通转的例子，而唐纳和周法高两位总共只举了四个去入通转的名变动型例子，因而认为名词变动词属于晚起的一类。唐纳、周祖谟、周法高的例子中去入通转的例子少，只能说明他们还没有搜集到这些去入通转的例子而已，并不等于上古汉语没有名词变动词去入通转的例子。这主要是唐纳、周祖谟、周法高等集中在异读字而且还没有充分搜集而已。上古汉语留给我们展示其语法意义的起码有两种不同的材料：异读和异字。异字更能断定某种语法意义产生的时间。除了入声之外，其他声调和去声交替构成名词、动词关系的例子周祖谟(1960：94—96)共举了19例，周法高(1966)共举了42例(《中国古代汉语·构词编》52—59页，其中6例属于辅音清浊交替)。这种名词变动词而声调由非去声变去声的例子远比周法高所举的例子多。《广韵》收录的去声动词相当一部分就来自名词。

三

中*tru̱ŋ，陟弓切，《广韵》："半也。"中*tru̱ŋs，陟仲切，《广韵》："当也。"

衷*tru̱ŋ，陟弓切，《广韵》："又衷衣，亵衣也。"《说文》："衷，里亵衣。"《左传·闵公二年》："时，事之征也；衣，身之章也；佩，衷之旗也。"杜注："旗，表也，所以表明其中心。"《左传·襄公十八年》："止，将为三军获；不止，将取其衷。"《管子·白心》："庸能得夫中之衷乎？"衷*tru̱ŋs，陟仲切，(《广韵》无释义)。《左传·隐公九年》："祝聃逐之，衷戎师，前后击之，尽殪。"《释文》："衷，丁仲反，又音忠。"《左传·襄公二十七年》："将盟于宋西门之外，楚人衷甲。"注："甲在衣中。"《释文》："衷音中，徐丁仲反。"《左传·宣公九年》："皆衷其衵服，以戏于朝。"《释文》："衷音忠，王丁仲反。"

风*pru̱m，方戎切，《广韵》："《河图》曰：风者，天地之使。《元命包》曰：阴阳怒而为风。"《诗经·终风》："终风且暴，顾我则笑。"《诗序》："风，风也，教也。风以动之，教以化之。"《释文》："风风也，并如字，徐上如字，下福凤反。"讽*pru̱ms，方凤切，《广韵》："讽刺。风，上同，见《诗》。"《韩非子·内储说下》："微讽秦、荆令之攻魏，因请行和以自重也。"《史记·滑稽列传》："长八尺，多辩，常以谈笑讽谏。"

功*koŋ，古红切，《广韵》："功绩也。《说文》曰：以劳定国曰功。"《诗经·七月》:“二之日其同,载缵武功。”《左传·隐公三年》:“吾子其无废先君之功。”《诗经·常武》:“徐方既同,天子之功。”贡 *koŋs,古送切,《广韵》:“献也,荐也。”《说文》:“贡,献功也。”《周礼·天官·冢宰》:“五曰赋贡,以驭其用。”注:“贡,功也,九职之功所税也。”《左传·桓公十五年》:“诸侯不贡车服,天子不私求财。”《管子·小匡》:“使贡丝于周室。”

纵 *ȶo̱ŋ,即容切,《广韵》:“纵横也。”纵,字本只写作“从”。《诗经·南山》:“蓺麻如之何,衡从其亩。”《释文》:“从,足容反。”纵 *ȶo̱ŋs,子用切,《广韵》:“放纵。”“纵”引申出“放纵”如同“横”引申“横行”。《左传·僖公三十三年》:“奉不可失,敌不可纵。”《释文》:“纵,子用反。”《左传·昭公十年》:“我实纵欲,而不能自克也。”

种 *to̱ŋ^{B},之陇切,《广韵》:“种类也。”种 *to̱ŋs,之用切,《广韵》:“种埴也。”

防 *ba̱ŋ,符方切,《广韵》:“堤防也。”防 *ba̱ŋs,符况切,《广韵》:“守御也。”

王 *ʁa̱ŋ,雨方切,《广韵》:“君也。”王 *ʁa̱ŋs,于放切,《广韵》:“霸王,又盛也。”《诗经·皇矣》:“王此大邦,克顺克比。”《释文》:“王,如字,徐于况反。”《庄子·养生主》:“泽雉十步一啄,百步一饮,不蕲畜乎樊中。神虽王,不善也。”《释文》:“王,于况反。”字也写作“旺”。旺 *ʁa̱ŋs,于放切,《广韵》:“美光。暀,上同。”《说文》字作暀:“光美也。”《尔雅》:“暀暀,皇皇,美也。”

创 *ȶhraŋ,初良切,《广韵》:“《说文》曰:伤也。《礼》曰:头有创则沐。今作疮。”《礼记·曲礼上》:“头有创则沐,身有疡则浴。”《释文》:“创,初良反,又初亮反。”《礼记·月令》:“命理瞻伤,察创,视折,审断。”注:“创之浅者曰伤。”《释文》:“创,初良反。”《汉书·项籍传》:“羽亦被十余创。”刱 *ȶhraŋs,初亮切,《广韵》:“初也。《说文》曰:造法刱业也。创,上同。”(创业之创和创伤之创有没有意义联系无法断定。)《汉书·晁错传》:“壹大治,则终身创矣。”注:“创,惩艾也,音初亮反。”《汉书·冯奉世传》:“羌虏破散创艾,亡出塞。”注:“创艾谓惩惧也。创音初向反。”《汉书·匈奴传下》:“中国罢耗,匈奴亦创艾,而天下称武,是为下策。”注:“创音初向反。”

光 *qaŋ,古黄切,《广韵》:“明也。”光 *qaŋs,古曠切,《广韵》:“上色。”

汤 *saŋ,吐郎切,《广韵》:“热水。”汤 *saŋs,他浪切,《广韵》:“热汤也。”

方*pa̱ŋ，府良切，《广韵》："四方也。"《诗经·节南山》："秉国之均，四方是维。"《诗经·日月》："日居月诸，出自东方。"《诗经·蒹葭》："所谓伊人，在水一方。"放*pa̱ŋs，甫妄切，《广韵》："逐也，去也。"杨树达（1983：7）："放训逐，所以从方声者，谓屏之于四方，实则谓屏诸四旁耳。"《左传·襄公二十九年》："放其大夫高止于北燕。"《左传·昭公三年》："子雅放卢蒲嫳于北燕。"《左传·昭公八年》："楚师灭陈，执陈公子招，放之于越。"

傍*baŋ，步光切，《广韵》："旁侧也。《说文》曰：近也。"《史记·佞幸列传》："江都王望见，以为天子，辟从者，伏谒道傍。"傍，字本写作"旁"。旁*baŋ，步光切，《广韵》："《尔雅》云：二达谓之歧旁，谓歧道旁出也。"《吕氏春秋·必己》："伐木者止其旁而弗取。"《韩非子·外储说右上》："道旁饿死者不可胜数也。"傍*baŋs，蒲浪切（《广韵》无释义）。《新书·匈奴》："孝者褪之，四贤傍之。"字也写作"彷"。彷*baŋs，蒲浪切，《广韵》："彷附。"《说文》："彷，附行也。"此意义字本只写作"旁"。《庄子·齐物论》："旁日月。"《释文》："旁日月：薄葬反，徐扶葬反。司马云依也。"

影*ʔra̱ŋ^{B}，於丙切，《广韵》："形影。"映*ʔra̱ŋs，於敬切，《广韵》："明也。"

境*kra̱ŋ^{B}，居影切，《广韵》："界也。"《说文》："境，疆也。"《孟子·梁惠王下》："臣始至于境，问国之大禁，然后敢入。"《庄子·齐物论》："振于无竟。"《释文》："竟，崔作境。"《庄子·逍遥游》："辩乎荣辱之竟。"《释文》："竟，居领反。"《左传·宣公二年》："亡不越竟，反不讨贼。"竟*kra̱ŋs，居庆切，《广韵》："穷也，终也。"《说文》："竟，乐曲尽为竟。"《史记·高祖本纪》："及见怪，岁竟，此两家常折券弃责。"

征*tre̱ŋ，陟陵切，《广韵》："证也。"《荀子·富国》："观国之强弱贫富有征。"《韩非子·三守》："三守不完则劫杀之征也。"《汉书·艺文志》："纪百事之象，候善恶之征。"注："征，证也。"《左传·昭公三十年》："非公，且征过也。"注："征，明也。"《论语·八佾》："夏礼，吾能言之，杞不足征也；殷礼，吾能言之，宋不足征也。文献不足故也，足则吾能征之矣。"动词意义之征字，后来写作"证"。证*te̱ŋs，诸应切，《广韵》："验也。"《论语·子路》："吾党有直躬者，其父攘羊，而子证之。"《鬼谷子·谋篇》："征而证之，符而应之，拥而塞之。"《庄子·盗跖》："直躬证文，尾生溺死。"

宾*pi̱n，必邻切，《说文》："所敬也。"《左传·隐公十一年》："山有木，工则度之；宾有礼，主则择之。”《左传·襄公三十一年》：“缮完葺墙，以待宾客。”傧*pi̱ns，必刃切，《广韵》：“傧相也。《说文》：导也。”《管子·小问》：“桓公令傧者延而上，与之分级而上。”字本只写作“宾”。《周礼·秋官·司寇》：“正其等，协其礼，宾而见之。”

云*ɢɯ̱n，王分切，《说文》：“山川之气也。”《庄子·逍遥游》：“怒而飞，其翼若垂天之云。”《广雅》：“云，运也。”《释名》：“云，又言运也，运行也。”云、运之关系见杨书达《释云》。运*ɢɯ̱ns，王问切，《广韵》：“动也，转输也。”《庄子·逍遥游》：“是鸟也，海运则将徙于南冥。”《释文》：“运，转也。”《孟子·梁惠王上》：“天下可运于掌。”

孙*çun，思浑切，《说文》：“子之子曰孙。”《释名》：“孙，逊也，逊遁在后生也。”《左传·隐公十一年》：“吾子孙其覆亡之不暇，而况能禋祀许乎？”《左传·桓公二年》：“封桓叔于曲沃，靖侯之孙栾宾傅之。”逊*çuns，苏困切，《广韵》：“遁也，从也，恭也。”《墨子·公孟》：“若大人行淫暴于国家，进而谏，则谓之不逊。”《管子·小匡》：“公子举为人博闻而知礼，好学而辞逊。”字本只写作“孙”。《论语·卫灵公》：“礼以行之，孙以出之。”《礼记·学记》：“入学鼓箧，孙其业也。”注：“孙犹恭顺也。”《释文》：“孙音逊。”

豚*dun，徒浑切，《广韵》：“豕子。犾、豘，并上同。”《说文》：“豚，小豕也。”《论语·阳货》：“阳货欲见孔子，孔子不见，归孔子豚。”《孟子·尽心下》：“今之与杨墨辩者，如追放豚。”遁*duns，徒困切，《广韵》：“逃也，隐也，去也。遯，上同（遁）。”《说文》：“遯，逃也。从辵从豚。”杨树达（1983：25）：“豚为小豕，性善逃。”《庄子·大宗师》：“藏大小有宜，犹有所遯。”《左传·庄公二十八年》：“诸侯救郑，楚师夜遁。”

怨*o̱n，於袁切，《广韵》：“怨雠。”《墨子·尚同中》：“内之父子兄弟作怨雠，皆有离散之心。”《墨子·尚贤》：“有能则举之，无能则下之，举公义，辟私怨。”《礼记·儒行》：“儒有内称不辟亲，外举不辟怨。”怨*o̱ns，於愿切，《广韵》：“恨也。《说文》恚也。”《左传·隐公三年》：“王贰于虢，郑伯怨王。”《左传·僖公二十二年》：“焉能怨诸侯之不睦？”

棺*kon，古丸切，《广韵》：“棺椁。”棺*kons，古玩切，《广韵》：“殓尸。”

冠*kon，古丸切，《广韵》：“首饰。”冠*kons，古玩切，《广韵》：“冠束。”

间*kran，古闲切，《广韵》：“隙也。”《左传·僖公二十四年》：“八月，盗杀之于陈宋之间。”《左传·定公八年》：“有自门间射阳越，杀之。”间 *krans，古苋切，《广韵》：“厕也，瘳也，代也，送也，迭也，隔也”《左传·隐公三年》：“虽无有质，谁能间之？”《释文》：“间，间厕之间。”《左传·庄公十年》：“肉食者谋之，又何间焉？”注：“间犹与也。”《释文》：“间，间厕之间。”

枕 *tu̲m^{B}，章荏切，《广韵》：“枕席。”枕 *tu̲ms，之任切，《广韵》：“枕头也，《论语》曰：饮水曲肱枕之。”《庄子·在宥》：“今世殊死者相枕也。”《释文》：“枕，之鸩反。”《庄子·至乐》：“于是语卒，援髑髅枕而卧。”《释文》：“枕，之鸩反。”《左传·僖公二十八年》：“枕之股而哭之。”

针 *ku̲m，职深切，《广韵》：“针线。针，上同。《说文》曰：所以缝也。”《庄子·人间世》：“挫针治繲，足以餬口。”《左传·成公二年》：“以执斫、执针、织纴，皆百人。”针 *ku̲ms，之任切，《集韵》：“缝也。”《广雅》：“针，刺也。”《汉书·景十三王传》：“以铁针针之，强服。”《史记·扁鹊仓公列传》：“或不当饮药，或不当针灸，以故不中期死也。”

阴 *u̲m，於金切，《广韵》：“阴阳也。《说文》作阴，闇也，水之南山之北也。”《诗经·公刘》：“既景乃冈，相其阴阳。”《易·中孚》：“鸣鹤在阴，其子和之。”《诗经·七月》：“二之日凿冰冲冲，三之日纳于凌阴。”传：“阴，冰室也。”后字写作“窨”。窨 *u̲ms，於禁切，《广韵》：“地屋。”荫 *u̲ms，於禁切，《广韵》：“《说文》曰：草阴地也。”《庄子·山木》：“睹一蝉方得美荫而忘其身。”癊 *u̲ms，於禁切，《广韵》：“庇癊。”《尔雅》：“庇，庥，癊也。”字本只写作“阴”。《诗经·桑柔》：“既之阴女，反予来赫。”《释文》：“阴，郑音荫，覆荫也。”

盐 *ra̲m，余廉切，《说文》：“咸也。”盐 *ra̲ms，以赡切，《广韵》：“以盐腌也。”《礼记·内则》：“以洒诸上而盐之。”《释文》：“盐，音艳。”《礼记·郊特牲》：“盐诸利以观其不犯命也。”注：“盐读为艳。”《释文》：“盐，依注音艳。”

苫 *the̲m，失廉切（少许昌母字中古入了书母），《广韵》：“草覆屋，又凶服者以为覆席也。”《说文》：“苫，盖也。”《左传·襄公十四年》：“乃祖吾离被苫盖。”《释文》：“苫，式占反；盖，户腊反，《尔雅》曰：白盖谓之苫。”《左传·襄公十七年》：“食鬻，居倚庐，寝苫，枕草。”《释文》：“苫，失廉反。”苫 *the̲ms，舒赡切，《广韵》：“以草覆屋。”

我们标上 * -s 只是表示它们中古汉语时期为去声，并不表示这些词来源上古汉语。上古汉语名词类转为动词常见，像“曲肱而枕之”的“枕”，未必一定要改变语词的语音形式。一些字的读音不同是古代注释的人并不是同一个，而不同时代、不同地方的人读音也会不一样，如《汉书》中“以铁针针之”的“针”，颜师古就注音“之林反”，并没有变音。这种由名词变成动词而读去声的动词数量并不是特别多，而且许多语词意义非常狭窄，甚至接近名词“活用”。《礼记·曾子问》：“下殇用棺衣棺。”注：“棺谓敛于棺。”分析这些语词，我们就不难发现，名词和动词采用同一个文字，即一个文字有两个声调不同的读音。异读字说明古人还没有替其中的异读创造新字。若是久远，即便差别细微，古人也喜欢替其中一个语音形式创造一个新文字或借用一个文字予以记录。我们虽不能说这些读音一定是六朝经师杜撰的，但这种杜撰一直存在，朱熹叶音就是铁证，可以说作动词时读去声的语音形式产生的时间并不是很早。因而，我们不得不承认梅祖麟的观点，动词变名词读去声和名词变动词读去声是时间层次的不同，而名词变动词是后起的一型。

四

耳 * ne̱^{B}，而止切，《说文》：“主听也。”珥 * ne̱s，仍吏切，《广韵》：“戳耳。”

而 * ne̱，如之切，《说文》：“颊毛也。”字也写作“髵”。髵 ne̱，如之切，《广韵》：“须也。”字也写作“耏”。耏 * ne̱，如之切，《广韵》：“兽多毛，亦作髵。”耏 * nes，奴代切，《说文》：“罪不至髡也。从而从彡。耐，或从寸。”《汉书·高帝纪下》：“令郎中有罪耐以上，请之。”注：“应劭曰：轻罪不至于髡，完其耏鬓，故曰耏。古耐字从彡，发肤之意也。杜林以为法度之字皆从寸，后改如是。”《汉书·文帝纪》：“刑者及有罪耐以上，不用此令。”

时 * de̱，市之切，《说文》：“四时也。”《孟子·梁惠王上》：“不违农时，谷不可胜食也。”又“百亩之田，勿夺其时，数口之家可以无饥矣”。《孟子·梁惠王上》：“彼夺其民时，使不得耕耨以养其父母。”种植需要按时，因而种植也称时。《管子·权修》：“末产不禁，则民缓于时事而轻地利。”《晏子春秋·谏篇》：“民尽得种时。”注：“时读曰莳。”莳 * de̱s，时吏切，《广韵》：“种莳。”

《说文》:“莳,更别种也。”《广雅》:“莳,种也。”

女*na̠^{B},尼吕切,《说文》:“妇人也。” 女*na̠s,尼据切,《广韵》:“以女妻人也。”《左传・桓公十一年》:“宋雍氏女于郑庄公。”《释文》:“女,尼据反。”《尚书・尧典》:“女于时。”《释文》:“女,尼据反。”

吕*ra̠^{B},力举切,《广韵》:“《字林》云:脊骨也。《说文》作吕,又作膂。”《国语・周语下》:“赐姓曰‘姜’,氏曰‘有吕’,谓其能为禹股肱心膂,以养物丰民人也。”脊骨节节相连,引申为连旅。梠*ra̠^{B},力举切,《广韵》:“桷端连绵木名。”《释名》:“梠,旅也,连旅之也。”再引申为伴侣、群侣。旅*ra̠^{B},力举切,《广韵》:“师旅。”《诗经・载芟》:“侯主侯伯,侯亚侯旅。”传:“旅,子弟也。”《诗经・北山》:“旅力方刚,经营四方。”传“旅,衆也。”后字也写作“侣”。侣*ra̠^{B},力举切,《广韵》:“伴侣。”勴*ra̠s,良倨切,《广韵》:“助也。”《说文》:“勴,助也。”助,《尔雅》:“勴也。”

午*ŋa^B,疑古切,《广韵》:“交也,又辰名。”午本是杵的象形字。杵,《说文》:“舂杵也。”舂,《说文》:“捣粟也。从廾持杵临臼上。午,杵省也。”《易・系辞下》:“断木为杵,掘地为臼。”也用作动词。《史记・商君列传》:“童子不歌谣,舂者不相杵。”《伤寒论・辨太阳脉证并治下》:“内芭豆,更于臼中杵之,以白饮和服。”午由捣筑器具引申出逆的意义。《广雅》:“午,仵也。”忤*ŋas,五故切,《广韵》:“逆也。啎,上同。”《韩非子・难言》:“且至言忤于耳而倒于心。”迕*ŋas,五故切,《广韵》:“遇也。遻,上同。”《庄子・天道》:“倒道而言,迕道而说者,人之所治也,安能治人!”迓*ŋas,吾驾切(口语保留了鱼部读音),《广韵》:“迎也。”字也写作“御”。《诗经・鹊巢》:“之子于归,百两御之。”笺:“御,迎也。”《释文》:“御,五嫁反,本亦作讶,又作迓,同。王肃作鱼据反,云:侍也。”《楚辞・离骚》:“帅云霓而来御。”

午*ŋa^B,疑古切,《广韵》:“又辰名。”《论衡・物势》:“午亦火也,其禽马也。”午时是一天中太阳最猛的时候,因而引申出明等意义。旿*ŋa^B,疑古切,《广韵》:“明也。”《洪武正韵》:“日当午而盛明为旿。”字写作“晤”。晤*ŋas,五故切,《广韵》:“明也,朗也。”《说文》:“晤,明也。”《新序・善谋》:“愚者晤成事,知者见未萌。”字也写作“悟”。悟*ŋas,五故切,《广韵》:“心了。”《庄子・渔父》:“甚矣子之难悟也!”《庄子・列御寇》:“一悟万乘之主,而从车百乘者,商之所长也。”寤*ŋas,五故切,《广韵》:“觉寤。”

衣*ɯ̱r，於希切，《广韵》："上曰衣下曰裳。"衣*ɯ̱rs，於既切，《广韵》："衣著。"

威*u̱r，於非切，《广韵》："威仪。"畏*u̱rs，於胃切，《广韵》："畏惧。"

妻*ʈhir，七奚切，《广韵》："齐也。"妻ʈhirs，七计切，《广韵》："以女妻人也。"《论语·公冶长》："以其子妻之。"《释文》："妻，七细反。"《论语·先进》："孔子以其兄之子妻之。"《释文》："妻，七细反。"《左传·隐公六年》："陈侯清妻之。"《释文》："妻，七计反。"

泥*nir，奴低切，《广韵》："水和土也。"《诗经·式微》："微君之躬，胡为乎泥中。"《庄子·田子方》："弃隶者若弃泥涂。"泥*nirs，奴计切，《广韵》："滞陷不通。《论语》云：致远恐泥。"《论语·子张》："致远恐泥，是以君子不为也。"《释文》："泥，乃细反。"《汉书·艺文志》："及拘者为之，则牵于禁忌，泥于小数。"注："泥，滞也，音乃计反。"

胶*kru，古肴切，《广韵》："胶漆。"《庄子·德充符》："不斲，恶用胶？"《周礼·冬官·考工记》："容毂必直，陈篆必正，施胶必厚。"胶*krus，古孝切，《广韵》："胶黏物。"《庄子·骈拇》："附离不以胶漆。"《庄子·逍遥游》："置杯焉则胶，水浅而舟大也。"《释文》："胶，徐李古孝反，一音如字。崔云：胶着地也；李云：黏也。"

爪*ʈlu^{B}，侧绞切，《说文》："覆手曰爪。"《庄子·德充符》："不爪翦，不穿耳。"《道德经》："虎无所用其爪。"抓*ʈlus，侧教切，《广韵》："爪刺也。"《淮南子·主术训》："夫人主之所以莫抓玉石而抓瓜瓠者，何也？"

道*zu^{B}，徒晧切，《广韵》："路也。"導*zus，徒到切，《广韵》："引也。"

膏*kɯ，古劳切，《广韵》："脂也。"《管子·度地》："民徭其饶，是谓流膏。"《庄子·人间世》："山木自寇也，膏火自煎也。"膏*kɯs，古到切，《广韵》："膏车。"《左传·襄公十九年》："若常膏之，其天下辑睦，岂唯敝邑？"《释文》："膏，古报反，又如字。"《礼记·内则》："脂膏以膏之，父母舅姑必尝之而后退。"《释文》："膏之，古报反。"

燎*rɯ̱，力昭切，《广韵》："庭火也。"《诗经·正月》："燎之方扬，宁或灭之。"传："灭之以水也。"《释文》："燎，力诏反，徐力烧反。""燎"字读音陆德明已经混乱不清。《诗经·庭燎》："夜如何其？夜未央，庭燎之光。"传："庭燎，大烛。"《左传·襄公三十一年》："诸侯至甸设庭燎。"注："庭燎，设火于庭。"《释文》:"燎,力妙反,徐力遥反,一音力弔反。庭燎,大烛。"燎 * rɯ̱^{B},力小切,《广韵》:"《说文》曰:放火也。《左传》云:若火之燎于原。"《尚书·盘庚上》:"若火之燎于原,不可向迩。"《释文》:"燎,力召反,又力鸟反,又力绍反。"《左传·隐公六年》:"恶之易也,如火之燎于原,不可乡迩。"《释文》:"燎,力召反,又力吊反。"《左传·庄公十四年》:"如火之燎于原,不可乡迩。"《释文》:"燎,力召反,又力吊反。"《诗经·旱麓》:"瑟彼柞棫,民所燎矣。"《释文》:"燎,力召反,又力吊反。《说文》作尞,一云柴祭天也;又云:燎,放火也。《字林》同。尞,力召反;燎,音力小反。"燎 * rɯ̱s,力照切,《广韵》:"照也,一曰宵田,又放火也。"《礼记·杂记上》:"士丧有与天子同者三:其终夜燎,及乘人,专道而行。"《释文》:"燎,力召反,又力吊反。"疏:"终夜燎,谓柩迁之夜须光明,故竟夜燎也。"《诗经·月出》:"月出照兮,佼人燎兮。"

毛 * mɯ,莫袍切,《广韵》:"《说文》曰:眉发及兽毛也。"毛指毛发,也指草。《左传·隐公三年》:"涧溪沼沚之毛,苹蘩蕰藻之菜。"注:"毛,草也。"《左传·昭公七年》:"食土之毛,谁非君臣?"注:"毛,草也。"苗 * mɯ,武瀌切,《广韵》:"田苗,亦夏猎曰苗,又求也,众也,禾秀也。"《说文》:"苗,草生于田者。"《论语·子罕》:"苗而不秀者有矣夫!秀而不实者有矣夫!"《诗经·黍离》:"彼黍离离,彼稷之苗。"苗和毛是同族词。芼 * mɯs,莫报切,《广韵》:"菜食,又择也,搴也,谓拔取菜也。"《尔雅》:"芼,搴也。"(《说文》:"芼:草覆蔓。从艸毛声。《诗》曰:左右芼之。")《诗经·关雎》:"参差荇菜,左右芼之。"《释文》:"芼,毛报反。"疏:"《释言》云:'芼,搴也。'"某氏曰:"搴犹拔也。"郭璞曰:"拔取菜也。"

左 * ʦar,臧可切,《广韵》:"左右也。"佐 * ʦars,则个切,《广韵》:"助也。"

波 * par,博禾切,《广韵》:"波浪。"《尔雅》:"大波为澜,小波为沦。"《左传·僖公二十三年》:"其波及晋国者,君之余也。"播 * pars,补过切,《广韵》:"扬也,放也,弃也,布也。"《左传·昭公三十年》:"将焉用自播扬焉?"《释文》:"播,彼我反,又波贺反。"《左传·襄公二十五年》:"夏氏之乱,成公播荡。"《释文》:"播,补贺反。"《孟子·离娄上》:"不仁而在高位,是播其恶于众也。"簸 * pars,补过切,《广韵》:"簸扬。"《诗经·大东》:"维南有箕,不可以簸扬。"《释文》:"簸,波我反,徐又甫佐反。"

马 * mra^{B},莫下切,《玉篇》:"武兽也。"祃 * mras,莫驾切,《广韵》:"师旅所止地祭名。”

家 *kla，古牙切，《说文》：“居也。”《论语·颜渊》：“在家无怨。”引申之也称夫。《诗经·桃夭》：“之子于归，宜其室家。”孔疏：“家，犹夫也。”《庄子·秋水》：“吾非至于子之门则殆矣，吾长见笑于大方之家。”嫁 *klas，古讶切，《说文》：“女适人也。”《诗经·大明》：“来嫁于周，曰嫔于京。”《周礼·地官·司徒》：“令男三十而娶，女二十而嫁。”

下 *gla^{B}，胡雅切，《广韵》：“底也。”下 *glas，胡驾切，《广韵》：“行下。”

右 *ʁe̱^{B}，云久切，《广韵》：“左右也。”佑 *ʁe̱s，于救切，《广韵》：“佐也，助也。”字本只写作“右”。《左传·襄公十年》：“王叔陈生与伯舆争政，王右伯舆。”佑 *ʁe̱s，于救切，《广韵》：“神助。”字本也只写作“右”。《诗经·我将》：“维天其右之。”《说文通训定声》：“佑、右实同字。今据许书，凡助为右、为佑，神助则为佑。”侑 *ʁe̱s，于救切，《广韵》：“劝食。”《诗经·楚茨》：“以妥以侑，以介景福。”传：“侑，劝也。”《释文》：“侑音又。”字本也只写作“右”。《诗经·我将》：“伊嘏文王，既右享之。”《周礼·春官·宗伯》：“以享右祭祀。”注：“右读为侑。侑，劝。”《释文》：“右音又。”

友 *ʁe̱^{B}，云久切，《广韵》：“朋友，同志为友。”宥 *ʁe̱s，于救切，《广韵》：“宽也。”《说文》：“宥，宽也。”《左传·成公十四年》：“安民而宥宗卿。”《释文》：“宥，音又。”《左传·成公十八年》：“薄赋敛，宥罪戾。”注：“宥，宽也。”《释文》：“宥，音又。”

五

仅在《广韵》中，非去声的名词变去声成动词的例子远远多于唐纳、周祖谟、周法高等学者所搜集的数量。前面已经提到，主要是他们集中在异读字上。不过，动词变名词读去声的例子更多，详细情况见前。显然，这种语法意义完全相反的语法手段不可能是同时代的产物。我们在前一章已经讨论了，上古汉语名词变动词可以通过辅音清浊交替来实现。我们发现名词改变词性成为动词时，不仅辅音声母由清辅音变成浊辅音，而且声调也由非去声变成去声。

中 *tru̱ŋ，陟弓切，《广韵》："半也。"《诗经·采蘩》："于以采蘩，于涧之中。"《诗经·式微》："微君之故，胡为乎中露。"《左传·隐公元年》："大隧之中，其乐也融融。"《论语·公冶长》："虽在缧绁之中，非其罪也。"仲 *dru̱ŋs，直众切，《广韵》："中也。"《释名》："仲，中也，言位在中也。"《左传·隐公元年》："仲子生而有文在其手，曰为鲁夫人。"

子 *ʦe̱^{B}，即里切，《广韵》："子息也。"《诗经·螽斯》："宜尔子孙，振振兮。"《左传·隐公三年》："君义，臣行，父慈，子孝，兄爱，弟敬。"《礼记·乐记》："致乐以治心，则易直子谅之心，油然生矣。"子谅，《韩诗外传》作"慈良"。慈 *ʣe̱，疾之切，《说文》："爱也。"杨树达云："若切言之，（慈）当云爱子也。"①《礼记·礼运》："何谓人义？父慈子孝，兄良弟弟，夫义妇听。"字 *ʣe̱s，疾置切，《广韵》："《说文》乳也，又爱也。"《易·屯》："女子贞不字，十年乃字。"《山海经·中山经》："其实如兰，服之不字。"引申之也指养。《左传·昭公十一年》："其僚无子，使字敬叔。"杜注："字，养也。"引申之为爱。《左传·成公十一年》："不能字人之孤而杀之。"杜注："字，爱也。"《左传·成公四年》："其肯字我乎？"杜注："字，爱也。"此意义也写作"子"。《礼记·中庸》："子庶民也。"注："子，爱也。"《释文》："子，如字，徐将吏反。"

堇 *kɯ̱n^{B}，居隐切，《广韵》："《说文》作堇，黏土也。"《说文》："堇，黏土也。"此意义又音巨巾切。堇 *gɯ̱n，巨巾切，《广韵》："黏土。"字也写作"墐"。《礼记·内则》："涂之以谨涂。"注："谨，当为墐，声之误也。"《释文》："谨，依注作墐，音斤，徐如字。"（斤，《广韵》举欣切。）墐 *gɯ̱ns，渠遴切，《广韵》："涂也，《诗》曰：塞向墐户。"《诗经·七月》："塞向墐户。"传："墐，涂也。"《释文》："墐，音觐。"《吕氏春秋·九月纪》："蛰虫咸俯在穴，皆墐其户。"殣 *gɯ̱ns，渠遴切，《广韵》："埋也。"《诗经·小弁》："行有死人，尚或墐之。"《释文》："墐音觐，《说文》作殣，云道中死人人所覆也。"

酂 *ʦon^{B}，作管切，《广韵》："五百家也，又五乡为酂。《周礼》曰：四里为酂，五酂为鄙。"《说文》："酂，五百家也。酂，聚也。"《周礼·地官·司徒》："五家为邻，五邻为里，五里为酂，五酂为鄙。"《释文》："酂，作管反。"《周礼·地官·司徒》："酂长，每酂中士一人。"《说文》："酂，作管反。"酂 *ʣon，

① 杨树达：《积微居小学金石论丛》1，北京：中华书局，1983年。

在丸切,《广韵》:"鄼聚也。"攒* ɖons,在玩切,《广韵》:"聚也。"《墨子·备城门》:"城上为攒火。"孙诒让间诂引《仓颉篇》:"攒,聚也。"《汉书·扬雄传上》:"鳞罗布列,攒以龙翰。"注:"攒聚则如龙之豪翰。"

关* klon,古还切,《广韵》:"《说文》曰:以木横持门户也,《声类》曰:关所以闭也。" 朱骏声《说文通训定声》:"横曰关,竖曰键。"《左传·襄公二十三年》:"乙亥,臧纥斩鹿门之关以出,奔邾。"《墨子·非儒下》:"季孙与邑人争门关。" 关类转为动词。《礼记·杂记下》:"见轮人以其杖关毂而輠轮者。" 孔疏:"关,穿也。"擐* klon,古还切,《广韵》:"贯也。"擐* glons,胡贯切,《广韵》:"擐甲。"《说文》:"擐,贯也。……《春秋传》曰:擐甲执兵。"《左传·成公二年》:"擐甲执兵,固即死也。"杜注:"擐,贯也。"《释文》:"擐,音患。"《左传·成公十三年》:"文公躬擐甲胄,跋履山川。"《释文》:"擐,音患。"

川* thu̱n,昌缘切,《说文》:"贯穿通流水也。"《诗经·十月之交》:"百川沸腾,山冢崒崩。"《周礼·天官·冢宰》:"以知山林川泽之数,以逆群吏之征令。"《国语·周语上》:"防民之口,甚于防川。"注:"流者曰川。" 川为河流,引申为顺。《群经平议·礼记四》"小德川流"俞樾注:"川,当读为顺,言小德顺承而流行也。"顺* du̱ns,食闰切,《广韵》:"从也。"顺,《说文》:"理也。"段玉裁注:"川之流,顺之至也。"《左传·隐公五年》:"明贵贱,辨等列,顺少长,习威仪也。"《左传·襄公八年》:"郑人皆喜,唯子产不顺。"

鬼* ku̱r^{B},居伟切,《说文》:"人所归为鬼。"《左传·隐公三年》:"可荐于鬼神,可羞於王公。"《论语·为政》:"非其鬼而祭之,谄也。"馈* gu̱rs,求位切,《广韵》:"饷也。餽,上同。"《说文》:"吴人谓祭曰馈,从食从鬼,鬼亦声。"《战国策·中山策》:"饮食餔馈,以靡其财。"注:"吴谓食为餽,祭鬼亦为餽,古文通用,读与馈同。"

通过辅音清浊交替,古代汉语已经能够实现名词和动词(形容词)之间的词性转换,但是上述例子中名词和动词之间的词性转换除了辅音清浊交替,声调也由非去声变成了去声。这种语法手段的重迭反映了辅音清浊交替和声调屈折不属于同一层次。其中辅音清浊交替应该属于古老的层次。六朝经师给古文献注音时,涉及名词、动词之间词性转换的主要是通过去声读破而不是辅音清浊,而构词后缀更是早在六朝之前就已经脱落。就时间先后而言,辅音声母之间的清浊交替要比声调屈折早。因而,合理的解释似乎是,随着辅音清浊交替的式微,新兴的声调屈折通过类推扩展到这部分语词上,于是不需要读去声的语词也读了去声。

就文字记录形式来看,那些来自非去声的动词好些已经采用了新的记录文字形式,而且好些文字产生的历史已相当久远。我们从文字形式中也可以推知,上古汉语的名谓化后缀产生的时间应该远在先秦之前。我们前面已经提到,这种声调交替,可以用同字异读和异字异读来记录。同字异读由于在书面语言的使用过程容易产生混淆,因而这种同字异读往往让位给异字异读。异读同字很容易给研究者产生这样的错觉,即其中的某一读音可能是后人依据其意义人为创造,尤其是六朝经师。这种人为创造也确实存在。异字异读则消除了人们的疑虑,因为这些字在先秦文献本中就已经出现。清儒虽然否定这种异读同字,但并不否定异读异字,而且清儒喜欢把很晚才创造的文字也认定为本字。梅祖麟也同样被文字形式所迷惑,比较相信异字异读而怀疑同字异读。实质上,同字异读和异字异读是相同的,只是后人没有为其中的一个读音创造一个记录文字而已。随着时间的推移,异读也可能会产生文字,如"采邑"的"采",本是动词"采"的派生词,《广韵》就有一个后起的"埰"字加以记录。这种后起字在《广韵》中很多(《集韵》更多)。后起字对于我们了解语词意义的变化十分有参考价值,许多后起字是对先前语词某一意义的承担。因而,我们更应该关注某一语词某一意义的中古读音形式,而不仅仅是某一文字的读音。我们应该通过文字读音还原某一语词某一意义在上古汉语中可能的读音,而不是某一文字在上古汉语中的读音。名词读去声变成动词,动词也可以逆构词变成名词。

唱*tha̱ŋs,尺亮切,《广韵》:"发歌,又导也,亦作誯、倡。"《庄子·齐物论》:"前者唱于,而随者唱喁。"《诗经·萚兮》:"叔兮伯兮,倡予和女。"《释文》:"倡,昌亮反,本又作唱。"《左传·昭公十二年》:"外内倡和为忠。"《释文》:"唱,昌亮反。"《礼记·乐记》:"壹倡而三叹,有遗音者矣。" 倡*tha̱ŋ,尺良切,《广韵》:"乐也,优也。"《说文》:"倡,乐也。"《史记·赵世家》:"赵王迁,其母倡也。" 再引申为倡妓,字也改为"娼"。

丧*çaŋs,苏浪切,《广韵》:"亡也"。《说文》:"丧,亡也。"丧,甲骨文中象树叶从树上落下之形,后讹变为从亡声。《诗经·击鼓》:"爰居爰处,爰丧其马。"《释文》:"丧,息浪反。"《诗经·文王》:"殷之未丧师,克配上帝。"《释文》："丧，息浪反。"《左传·隐公十一年》："其丧师也不亦宜乎！"《释文》："丧，息浪反。"丧*ɕaŋ，息郎切，《广韵》："亡也，死丧也。"《诗经·谷风》："凡民有丧，匍匐救之。"《释文》无注，以为如字。《左传·隐公十一年》："不书葬，不成丧也。"《礼记·曲礼上》："有丧者专席而坐。"

这种通过逆构词由动词派生出名词的实例并不多。名词极其容易变成动词，手段主要有两种，即类转和派生。以往的学者往往只注重前一种手段而忽视后一种手段。实际上，后一种手段更值得我们去注意。辅音清浊交替可以实现名词变动词，声调屈折也可以实现名词变动词。此外，元音的交替以及构词前缀 s-等都可以实现名词变动词。

第三节　既行体

一

藏语动词既行体一个重要的语音特征就是带后缀-s。同样，藏语动词派生名词时也附加后缀-s。藏语动词既行体和动转化名词语音形式上相同。Stuart N. Wolfenden（1929：58）认为，动转化后缀*-s 来自于藏语动词的既行体后缀-s。Stephan v Beyer（1992：118）则认为藏语的名词后缀来自更早时期 sa"地方"的残余，比如 nag"黑"和 nags"森林"<*nag-sa"黑色的地方"等。Beyer 的这种解释用于藏语实际可能会有困难。但是，在藏语名词后缀晚起这一点上，Beyer 和 Wolfenden 的看法相同。Wolfenden 的观点已为许多学者所接受，如白保罗、马提索夫等。梅祖麟（1980：6）似乎也认为上古汉语的名词*-s 后缀跟动词既行体有关。对此，梅祖麟并未肯定，只是说"也许跟藏语既事式的-s 有关"。

我们在第一章中已经论述了上古汉语有体范畴，即动词分现行体和既行体。两者之间的差别通过辅音清浊交替实现。其中，现行体声母为清辅音，而既行体声母为浊辅音。上古汉语还可以附加后缀*-s，即非去声改变声调成去声，让一个动词现行体变成既行体。这一点上古汉语跟藏语动词既行体的构成完全相同。上古汉语动词分现行体和既行体这一点早就为人们所注意。我们转引周法高(1967)采自《群经音辨》中的一个例子：

> 治*zre̱，直基切，《广韵》："理也。"《庄子·逍遥游》："夫子立而天下治，而我犹尸之。吾自视缺然，请致天下。许由曰：子治天下，天下既已治也。"《释文》："天下治：直吏反，下已治、天下治而治者也、既治而治、实而治者、得以治者，音同。"治*zre̱s，直吏切，《广韵》："理也。"《礼记·大学》："家齐而后国治，国治而后天下平。"《释文》："国治国治：并直吏反，下同。"《群经音辨》："治理也，直基切；致理成功曰治，直吏切。"

潘悟云师(1987：4)在分析"立"和"位"之间的关系时也曾经假设两者是动词现时式和既事式的不同，并推测后缀*-s可能是上古汉语一个既事式后缀。潘悟云师(1991)进一步肯定了原先的推测，并认为"治"是典型的动词现时式和既时式的不同。黄坤尧(1992)也同意周法高的观点，认为上古汉语动词有完成和未完成的区别，其中也讨论了"治"等几个例子。吴安其(1997)也曾经专文讨论过上古汉语的既行体，并离析出一些上古汉语既行体的构成模式。藏语动词既行体一个重要的构词特征是附加后缀-s，比如：

g-tum-pa	b-tum-s-pa	g-tum-pa	thums	"包裹、蒙盖、裹缠"
g-tug-pa	g-tug-s-pa	g-tug-pa	g-tugs	"接触、到达、抵达"
g-tam-pa	b-tam-s-pa	b-tam	g-toms	"说、辩、谈"

藏语的后缀-s也是一个动转化标记，附加在动词词根之后，使动词改变词性成名词。藏语动词变名词和动词现行式变动词既行体采用相同的形式，附加-s后缀，或可以支持周法高等学者的观点：去声或附加*-s后缀是上古汉语既行体构成的标记。既行体表示动作或变化已经完成或发生，而动作已经完成或变化已经发生则会形成一种状态或产生一个结果。这一动作或变化已经完成或发生的结果正是这一动词派生出来的名词。因而，动词既行体往往带有动转化(deverbalization)的性质,使一个动词成为一个动转名词(deverbal nominal)或动转形容词(deverbal adjective)。事实上,我们仔细分析就不难发现由动词而来的名词原来就是动词既行体,比如周法高所列举的动词变名词的例子:陈/阵、炙、积、织等。前者动作完成之后才有后者,如"织",只有纺织、编织这一动作完成之后才有"织物"。"许子必织布而后衣乎?"(《孟子·滕文公上》)"织$_{\text{之翼切}}$"是动作,而"织$_{\text{职吏切}}$"是这一动作的结果。这一点在处所名词中表现得十分清楚,如:

处 *tha̱^{B},昌与切,《广韵》:"居也,止也。"《诗经·殷其雷》:"何斯违斯,莫敢遑处。"传:"处,居也。"《诗经·击鼓》:"爰居爰处,爰丧其马。"处 *tha̱s,昌据切,《广韵》:"处所也。"《左传·僖公二千年》注:"隈,隐蔽之处。"《释文》:"之处,昌虑反。"

坐 *ɖor^{B},徂果切,《广韵》:"《释名》云:坐,挫也,骨节挫屈也。"《说文》:"坐,止也。"朱骏声:"古席地而坐,膝着地而下其臀曰坐。"《论语·乡党》:"席不正,不坐。"《礼记·曲礼上》:"坐如尸,立如齐。"座 *ɖors,徂卧切,《广韵》:"床座。"字本作"生"。《史记·高祖本纪》:"遂坐上坐。"

立 *re̱p,力入切,《说文》:"住也。"《释名·释车》:"立,象人之立也。"《论语·公冶长》:"束带立于朝,可使与宾客言也。"正义:"立与位同。"位 *gre̱ps,于愧切,《说文》:"列中庭左右谓之位。"段玉裁注:"古者立、位同字。"《周礼·春官·宗伯》:"掌建国之神位,右社稷,左宗庙。"注:"古者立、位同字,古文《春秋经》公即位为公即立。"

宿 *ɕu̱k,思六切,《说文》:"止也。"《玉篇》:"宿,夜止也。"《荀子·非十二子》:"倜然无所归宿。"宿 *ɕu̱ks,息救切,《广韵》:"星宿,亦宿留。"《释名》:"宿,宿也,星各止宿其处也。"《史记·律书》:"天地二十八宿。"正义:"宿音息袖反。"《说苑·辩物》:"所谓宿者,日月五星之所宿也。"《周礼·地官·司徒》:"三十里有宿,宿有路室,路室有委。"注:"宿,可止宿。"

舍 *sa̱^{B},书冶切,《广韵》:"止息。"《说文》:"舍,市居曰舍。"《诗经·何人斯》:"尔之安行,亦不遑舍。"集传:"舍,息也。"舍 *sa̱s,始夜切,《广韵》:"屋也。"《释名》:"舍,于中舍息也。"《礼记·曲礼》:"将适舍。"孔疏:"舍,主人家也。"《仪礼·觐礼》:"天子赐舍。"注:"赐舍犹致馆也。"

以上处所名词是由动词词根附加*-s后缀而派生出来的新词，且只有当前者动作完成之后才有后者。哪里是“位”？只有人“立”的地方才是“位”。我们从动词和处所名词之间的关系中可以看出上古汉语*-s是一个既行体动词后缀。动词现行体跟既行体在句法功能上存在明显的差别：现行体充当动词谓语，而既行体则往往可以充当定语、状语。就其语词的词性而言，动词既行体往往跟形容词、副词性质相似。Wolfenden（1929:58）指出，藏语的既行体后缀-s后来渐渐产生了形容词和名词的意义（adjectival and substantival meanings）。动词在藏语中可以作定语，但能够作定语的只能是动词既行体（或称动转化动词）。唐纳（1959）发现动词读去声的派生词往往用在复合词（compounds）中，而这种例子唐纳共举了15例。实际上，这些动词读去声的派生词起着形容词的作用，充当句子的定语。这一点跟藏语动词既行体产生形容词的意义以充当句子的定语完全一致。

二

易*zi̯k，羊益切，《广韵》：“变易，又始也，改也，夺也，转也。”《诗经·文王》：“宜鉴于殷，骏命不易。”《左传·隐公八年》：“以泰山之祊易许田。”《左传·隐公六年》：“恶之易也，如火之燎于原。”易*zi̯ks，以豉切，《广韵》：“难易也，简易也。”《论语·宪问》：“贫而无怨难，富而无骄易。”《释文》：“易，以豉反。”《庄子·人间世》：“绝迹易，无行地难。为人使，易以伪；为天使，难以伪。”《庄子·人间世》：“有而为之，其易邪？易之者，暤天不宜。”《释文》：“易，以豉反，后皆同。向、崔云：轻易也。”

厄*ik，於革切，《广韵》：“灾也。《说文》：隘也。”《庄子·盗跖》：“则亦久病长阨而不死者也。”《荀子·宥坐》：“孔子南适楚，厄于陈蔡之间，七日不火食。”《史记·季布栾布列传》：“两贤岂相厄哉！”厄，也用作名词。《吕氏春秋·报更》：“若自在危厄之中，岂用强力哉？”字也写作“阨”。阨*ik，於革切，《广韵》：“限也，碍也，又危也，迫也，塞也。”《韩非子·外储说左上》：“不推人于险，不迫人于阨，不鼓不成列。”《周礼·地官·司徒》：“而赒万民之艰厄，以王命施惠。”軶*ik，於革切，《广韵》：“车軶。”字本只写作“厄”。《韩非子·外储说左上》：“郑县人得车厄也。”扼*ik，於革切，《广韵》：“持也，握也，捉也。"《新序·善谋下》："夫与人斗而不搤其亢，拊其背，未全胜也。"《管子·度地》："因而扼之可也。"字也写作"搤"。《史记·刘敬叔孙通列传》："此亦搤天下之亢而拊其背也。"隘*iks，乌懈切，《广韵》："陕也，陋也。"《孟子·公孙丑上》："伯夷隘，柳下惠不恭。"《荀子·修身》："狭隘褊小，则廓之以广大。"阨*iks，乌懈切，《广韵》："阻塞，或与隘同。"《庄子·列御寇》："夫处穷闾阨巷，困窘织屦，槁项黄馘者，商之所短也。"《左传·昭公元年》："彼徒我车，所遇又阨。"《释文》："阨，本又作隘，於懈反。"也为名词。《新书·过秦下》："得阨塞而守之。"

伏*bu̲k，房六切，《广韵》："匿藏也，伺也，隐也。"《礼记·曲礼上》："坐毋箕，寝毋伏。"伏*bu̲ks，扶富切，《广韵》："鸟菢子。"《方言》："北燕朝鲜洌水之间谓伏鸡曰抱。"《公羊传·庄公八年》注："犹乳犬攫虎，伏鸡搏狸，精诚之至也。"《释文》："伏，扶又反。"《淮南子·说林训》："乳狗之噬虎也，伏鸡之搏狸也，恩之所加，不量其力。"

暴*bɯk，蒲木切，《广韵》："日干也。"《孟子·告子上》："一日暴之，十日寒之，未有能生者也。"《左传·宣公十二年》："今我使二国暴骨，暴矣，观兵以威诸侯，兵不戢矣。暴而不戢，安能保大?"《释文》："暴，蒲卜反，本或作曝。"暴*bɯks，薄报切，《广韵》："侵暴，猝也，急也，又晞也。"《诗经·终风》："终风且暴，顾我则笑。"《礼记·月令》："行秋令则其民大疫，猋风暴雨总至。"《孟子·滕文公上》："是故暴君污吏必慢其经界。"

裂*ra̲t，良辥切，《广韵》："擘裂，破也。《左传》云：裂裳帛而与之。"《左传·哀公四年》："将裂田以与蛮子而城之。"字本只写作"列"。列*ra̲t，良辥切，《说文》："分解也。"《墨子·明鬼下》："大戏生列兕虎，指画杀人。"《荀子·大略》："故古者列地建国，非以贵诸侯而已。"引申之，指热，指冷。烈*ra̲t，良辥切，《广韵》："猛也，热也，火也。"《左传·昭公二十年》："夫火烈，民望而畏之。"冽*ra̲t，良辥切，《广韵》："寒也。"超过度，不论是热还是冷，都称烈。《诗经·七月》："一之日觱发，二之日栗烈。"《诗经·四月》："冬日烈烈，飘风发发。"《论语·乡党》："迅雷风烈，必变。"厉*ra̲ts，力制切，《广韵》："恶也，亦严整也，烈也。"《左传·昭公七年》："今梦黄熊入于寝门，其何厉鬼也?"《论语·述而》："子温而厉，威而不猛，恭而安。"《庄子·齐物论》："厉风济则众窍为虚。"

绝 * ʦo̱t，子悦切，《广韵》："断物也。"《左传 · 隐公六年》："为国家者，见恶如农夫之务去草焉，芟夷蕴崇之，绝其本根。"《左传 · 襄公十年》："主人县布，堇父登之，及堞而绝之，队则又县之。"绝 * ʣo̱t，情雪切，《广韵》："断也。"《左传 · 昭公十九年》："缒绝，师鼓噪，城上之人亦噪。"《左传 · 文公十年》："子西缢而县绝。"脆 * ʦho̱ts，此芮切，《广韵》："《说文》曰：小耎易断也。脃，俗。"《道德经》："万物草木之生也柔脆，其死也枯槁。"《管子 · 事语》："且无委致围，城脆致冲。"《吕氏春秋 · 应同》："攻乱则脆，脆则攻者利。"

执 * ti̱p，之入切，《广韵》："持也，操也，摄也。"《诗经 · 击鼓》："执子之手，与子偕老。"《诗经 · 简兮》："左手执钥，右手秉翟。"《左传 · 僖公二十八年》："三月，丙午，晋侯入曹，执曹伯，畀宋人。"挚 * ti̱ps，脂利切，《广韵》："亦持也。"《说文》："挚，握持也。"《淮南子 · 兵略训》："夫飞鸟之挚也，俯其首；猛兽之攫也，匿其爪。"《吕氏春秋 · 忠廉》："明旦加要离罪焉，挚执妻子，焚之而扬其灰。""挚"是"执"的后起繁化字。字也写作"鸷"。《吕氏春秋 · 六月纪》："寒气不时，鹰隼蚤鸷。"《淮南子 · 说林训》："鹰隼鸷则众鸟散。"《周礼 · 春官 · 宗伯》："以禽作六挚，以等诸臣。"《释文》："挚音至，本或作贽。"《礼记 · 郊特牲》："执挚以相见，敬章别也。"《释文》："贽音至，本亦作挚。"又为形容词。《礼记 · 曲礼上》："前有挚兽，则载貔貅。"《史记 · 货殖列传》："趋时若猛兽挚鸟之发。"字后也作"鸷"。鸷 * ti̱ps，脂利切，《广韵》："击鸟。"《说文》："鸷，击杀鸟也。"《吕氏春秋 · 决胜》："若鸷鸟之击也，搏攫则殪，中木则碎。"《楚辞 · 离骚》："鸷鸟之不群兮，自前世而固然。"

知 * tri̱，陟离切，《广韵》："觉也，欲也。"《诗经 · 氓》："兄弟不知，咥其笑矣。"《论语 · 学而》："人不知而不愠，不亦君子乎？"智 * tri̱s，知义切，《广韵》："知也。"《孟子 · 公孙丑下》："不知而使之，是不智也。"《孟子 · 万章上》："孰谓子产智？"字本只写作"知"。《论语 · 雍也》："知者乐水。"

从 * ʣo̱ŋ，才容切，《广韵》："就也。"《论语 · 为政》："先行其言，而后从之。"《论语 · 微子》："子路从而后。"从 * ʣo̱ŋs，疾用切，《广韵》："随行也。"《左传 · 庄公八年》："连称有从妹在公宫，无宠，使间公。"《释文》："从，才用反。"《左传 · 昭公二十五年》："臧昭伯之从弟会，为谗于臧氏，而逃于季氏。"《释文》："从，才用反。"《左传 · 昭公元年》："幼而不忌，不事长也；兵其从兄，不养亲也。"《释文》："从，如字，又才用反。"

听 *siŋ，他丁切，《广韵》："聆也。"（声 *si̠ŋ，书盈切，《广韵》："声音。"《孟子·梁惠王上》："闻其声，不忍食其肉。"）《论语·颜渊》："非礼勿视，非礼勿听，非礼勿言，非礼勿动。"《庄子·人间世》："无听之以耳而听之以心，无听之以心而听之以气。"《庄子·齐物论》："予尝为女妄言之，女以妄听之。"圣 *si̠ŋs，式正切，《广韵》："通也，声也。《风俗通》云：圣者，声也，言闻声知情故曰圣。"《论语·雍也》："何事于仁，必也圣乎。"《孟子·公孙丑上》："夫圣，孔子不居，是何言也？"《孟子·尽心下》："圣人，百世之师也。"《庄子·齐物论》："六合之外，圣人存而不论；六合之内，圣人论而不议。"

乳 *no̠^{B}，而主切，《说文》："人及鸟生子曰乳，兽曰产。"《吕氏春秋·音初》："孔甲迷惑，入于民室，主人方乳。"乳，也指喂奶。《左传·宣公四年》："邧夫人使弃诸梦中，虎乳之。"乳 *no̠s，儒遇切，《集韵》："育也。"《庄子·盗跖》："案剑瞋目，声如乳虎。"《释文》："乳，如树反。"《荀子·荣辱》："乳彘触虎，乳狗不远游，不忘其亲也。"孺 *no̠s，而遇切，《广韵》："稚也。"《说文》："孺，乳子也。"《孟子·公孙丑上》："今人乍见孺子将入于井，皆有怵惕恻隐之心。"《左传·昭公八年》："彼孺子也，吾诲之，犹惧其不济。"

少 *sɯ̠^{B}，书沼切，《广韵》："不多也。"《孟子·梁惠王上》："邻国之民不加少，寡人之民不加多，何也？"《韩非子·五蠹》："人民少而财有余。"《史记·平原君虞卿列传》："今少一人，愿君即以遂备员而行矣。"少 *sɯ̠s，失照切，《广韵》："幼少。"《左传·定公十四年》："从我而朝少君，少君见我，我顾乃杀之。"《释文》："少，诗照反，本亦作小君。"《左传·桓公六年》："随人使少师董成。"《释文》："少，诗照反。"又为名词。《左传·隐公五年》："明贵贱，辨等列，顺少長。"《释文》："少，诗照反。"

久 *qe̠^{B}，举有切，《广韵》："长久也。"《左传·僖公二十二年》："天之弃商久矣，君将兴之，弗可赦也已。"《左传·桓公二年》："本既弱矣，其能久乎？"《左传·昭公二十四年》："寡君以为盟主之故，是以久子。"旧 *ɢe̠s，巨救切，《广韵》："故也。"《左传·桓公二年》："公及戎盟于唐，修旧好也。"《左传·僖公十五年》："宋人伐曹，讨旧怨也。"也用作名词。《左传·庄公二十七年》："原仲，季友之旧也。"

古 *ka^{B}，公户切，《广韵》："故也。"《左传·僖公二十五年》："今之王，古之帝也。"《左传·昭公三年》："古之制也，吾敢违诸乎？"故 *kas，古暮切，《广韵》："旧也，事也，常也。"《孟子·梁惠王下》："所谓故国者，非谓有乔木之谓也，有世臣之谓也。"《礼记·檀弓下》："孔子之故人曰原壤，其母死，夫子助之沐椁。"故多用作名词。《论语·为政》："温故而知新，可以为师矣。"《左传·昭公二十五年》："昭伯问家故，尽对。"古今相对，两者之间存在着时间先后以及因果关系。因而，故引申出原因等意义。《左传·庄公十年》："公问其故。"《左传·隐公三年》："故不言葬，不书姓，为公故，曰君氏。"

成*di̱ŋ，是征切，《广韵》："毕也，就也，平也，善也。"《说文》："成，就也。"《诗经·樛木》："乐只君子，福履成之。"传："成，就也。"《左传·隐公四年》："卫州吁其成乎？"《管子·小匡》："卒伍定矣，事已成矣。"《释名》："成，盛也。"盛*di̱ŋs，承政切，《广韵》："多也。"《韩非子·扬权》："斟酌用之，万物皆盛，而不与其宁。"字本也只作"成"。《吕氏春秋·先己》："松柏成而涂之人已荫矣。"高注："成，茂。"

比*pi̱r^B，卑履切，《广韵》："校也，并也。"《左传·桓公十五年》："人尽夫也，父一而已，胡可比也？"俞敏（1984）说，比是比较，凡比较都得靠近，近引申成密的意思。《说文》："比，密也。"《诗经·良耜》："其崇如墉，其比如栉。"《释文》："比，毗志反。"《左传·文公十八年》："是与比周。"注："比，近也；周，密也。"《释文》："比，毗志反。"比*bi̱rs，毗至切，《广韵》："近也，又阿党也。"《左传·襄公三十年》："与之比而事赵文子。"《释文》："比，毗志反。"《左传·昭公十四年》："楚令尹子旗有德于王，不知度，与养氏比，而求无厌。"《释文》："比，毗志反。"派生出名词。《说文》："栉，梳比之总名也。"段玉裁注："疏者为梳。密者为比。"《释名》："栉数言比，比于梳，其齿差数也。"字也作"枇"。枇*bi̱rs，毗至切，《广韵》："细栉。"字也通作"篦"。《说文》新附："今俗谓之篦。"

居*ka̱，九鱼切，《广韵》："当也，处也，安也。"《说文》："居，蹲也。"《左传·僖公四年》："君非姬氏，居不安，食不饱。"《论语·阳货》："居，吾语女。"《庄子·天道》："人固有尸居而龙见。"踞*ka̱s，居御切，《广韵》："蹲也。"《左传·昭公二十五年》："公徒释甲，执冰而踞，遂逐之。"《释文》："踞，音据。"《庄子·至乐》："庄子则方箕踞鼓盆而歌。"《释文》："踞，音据。"也写作"倨"。《庄子·天运》："老聃方将倨堂而应。"倨*ka̱s，居御切，《广韵》："倨傲。"《左传·襄公二十九年》："至矣哉，直而不倨。"《释文》："倨，音据，徐音居。”字本只作“居”。《诗经·角弓》:“式居娄骄。”

舒*sa̱,伤鱼切,《广韵》:“缓也,伸也,徐也,叙也。”《说文》:“舒,伸也。”《诗经·野有死麇》:“舒而脱脱兮,无感我帨兮。”传:“舒,徐也。”《诗经·月出》:“舒窈纠兮,劳心悄兮。”传:“舒,迟也。”预*za̱s,羊洳切,《广韵》:“安也,乐也,佚也,猒也。”《说文》:“预,安也。”字通写作“豫”。豫*za̱s,羊洳切,《广韵》:“逸也,安也,猒也。”《诗经·白驹》:“尔公尔侯,逸豫无期。”《诗经·板》:“敬天之怒,无敢戏豫。”传:“戏豫,逸豫也。”

煮*ta̱^{B},章与切,《广韵》:“《说文》曰:烹也。”《管子·轻重甲》:“北海之众无得聚庸而煮盐。”《周礼·天官·冢宰》:“凡齐事,煮盐以待戒令。”(《释文》:“齐,才细反。”)庶*ta̱s,章恕切,《广韵》:“《周礼》有庶氏掌除毒虫。”庶是煮的本字。《周礼·秋官·司寇》:“庶氏:掌除毒蛊,以攻说襘之,嘉草攻之。”注:“庶读如药煮之煮。”《释文》:“庶,音煮,又章预反。”

正*ti̱ŋ,诸盈切,《广韵》:“正朔。”“正”是“征”的本字。《管子·山至数》:“故诸侯服而无正,臣横从而以忠。”《周礼·夏官·司马》:“司马弗正。”《释文》:“正音征。”征*ti̱ŋ,诸盈切,《广韵》:“行也。”《左传·僖公四年》:“昭王南征而不复,寡人是问。”《左传·襄公十三年》:“先王卜征五年,而岁习其祥。”注:“征谓巡守征行。”《左传·僖公四年》:“五侯九伯,女实征之,以夹辅周室。”《孟子·尽心下》:“征者上伐下也,敌国不相征也。”无论是巡守征行还是征伐都名正言顺,正当合理。因而,正引申出是的意义。《说文》:“征,正行也,从辵正声。”段玉裁注:“形声包会意。”《孟子·尽心下》:“征之为言正也,各欲正己也。”正*ti̱ŋs,之盛切,《广韵》:“正当也,平也,是也。”《说文》:“正,是也。”《论语·子路》:“名不正则言不顺。”《论语·子路》:“其身正,不令而行;其身不正,虽令不从。”又为名词。《左传·隐公十一年》:“我,周之卜正也。”注:“卜正,卜官之长。”

惊*kri̱ŋ,举卿切,《广韵》:“惧也。《说文》曰:马骇也。”《诗经·常武》:“如雷如霆,徐方震惊。”《左传·昭公十三年》:“国人大惊,使蔓成然走告子干。”警*kri̱ŋ^{B},居影切,《广韵》:“寤也,戒也。”《左传·宣公十二年》:“虽诸侯相见,军卫不撤,警也。”敬*kri̱ŋs,居庆切,《广韵》:“恭也,肃也,慎也”。《说文》:“敬,肃也。”《逸周书·谥法》:“夙夜惊戒曰敬。”《左传·僖公五年》:“守官废命,不敬;固雠之保,不忠。”

回*ʁɯr，户恢切，《广韵》："违也，转也，邪也。"《诗经·云汉》："倬彼云汉，昭回于天。"传："回，转也。"《礼记·月令》："日穷于次，月穷于纪，星回于天，数将几终。"字后写作"迴"。迴*ʁɯr，户恢切，《广韵》："还也。"《吕氏春秋·十二月纪》："日穷于次，月穷于纪，星回于天。"迴*ʁɯrs，胡对切，《广韵》："曲也。"《灵枢经》："过则迴肠广长，不满则狭短。"字本只作"回"。《汉书·沟洫志》："故道多阪，回远。"注："回，音胡对反。"

亲*ƫhi̠n，七人切，《广韵》："爱也，近也。"亲*ƫhi̠ns，七遴切，《广韵》："亲家。"

惛*smun，呼昆切，《广韵》："不明。"惛*smuns，呼闷切，《广韵》："迷忘也。"

观*gon，古丸切，《广韵》："视也。"观*gons，古玩切，《广韵》："楼观，《释名》曰：观者于上观望也。"《左传·僖公五年》："遂登观台以望。"《释文》："观，古乱反。"《左传·襄公三十一年》："无观台榭。"《释文》："观，古乱反。"

缝*bo̠ŋ，符戎切，《广韵》："紩也。"《诗经·葛屦》："掺掺女手，可以缝裳。"《墨子·公孟》："缝衣博袍，以治其国。"缝*bo̠ŋs，扶用切，《广韵》："衣缝。"《礼记·深衣》："要缝半下。"注："三分要中减一以益下，下宜宽也。"《释文》："缝，扶用反。"《周礼·天官·冢宰》："缝人：掌王宫之缝线之事，以役女御。"《释文》："缝，扶用反。"

治*zre̠，直之切，《广韵》："理也"。《左传·隐公十一年》："政以治民，刑以正邪。"《庄子·逍遥游》："庖人虽不治庖，尸祝不越樽俎而代之矣！"治*zre̠s，直吏切，《广韵》："理也。"《诗经·关雎》传："治世之音，安以乐。"《释文》："治，直吏反。"《庄子·胠箧》："所以立宗庙社稷、治邑屋州闾乡曲者，何尝不法圣人哉？"《释文》："治，直吏反。"《庄子·人间世》："治国去之，乱国就之。"《释文》："治，直吏反。"

乘*de̠ŋ，食陵切，《广韵》："驾也，登也。"《左传·庄公十年》："公与之乘。"《左传·成公十七年》："与妇人蒙衣乘辇而入于闳。"乘*de̠ŋs，实证切，《广韵》："车乘也。"《左传·庄公十二年》："南宫万奔陈，以乘车辇其母，一日而至。"《释文》："乘，绳证反。"《诗经·大叔于田》："叔于田，乘乘马。"《释文》："乘，上如字，下绳证反。"《诗经·渭阳》："何以赠之，路车乘黄。"《释文》："乘，绳证反，注同。"

延* za̱n,以然切,《广韵》:“长也,陈也。”《韩非子·十过》:“三奏之,延颈而鸣,舒翼而舞。”《左传·成公十三年》:“君亦悔祸之延。”《国语·晋语二》:“天降祸于晋国,谗言繁兴,延及寡君之绍续昆裔。”引申为延请、迎接。《礼记·曲礼上》:“主人延客食胾,然后辩殽。”延由延长,引申为延展。《尔雅》:“延,陈也。”《国语·晋语七》:“使张老延君誉于四方。”筵* za̱n,以然切,《广韵》:“席也,铺陈曰筵,藉之曰席。”羡* za̱ns,予线切,《广韵》:“延也,进也。”《诗经·十月之交》:“四方有羡,我独居忧。”《管子·轻重甲》:“富商蓄贾,积余藏羡,跱蓄之家,此吾国之豪也。”

亡* ma̱ŋ,武方切,《广韵》:“无也,灭也。”《说文》:“亡,逃也。”《国语·晋语四》:“晋公子生十七年而亡。”《左传·宣公二年》:“遂自亡也。”由逃亡引申出亡逸等意义。《战国策·楚策四》:“亡羊而补牢,未为迟也。”亡逸了,也就没有了。《论语·颜渊》:“人皆有兄弟我独亡。”“亡”也常用作“死”的委婉语。《左传·成公七年》:“吾亡无日矣。”忘* ma̱ŋ,武方切,《广韵》:“遗忘。”《说文》:“忘,不识也。从心从亡,亡亦声。”《庄子·大宗师》:“鱼相忘乎江湖,人相忘乎道术。”《释文》:“忘,音亡,下同。”忘* ma̱ŋs,巫放切,《广韵》:“遗忘。”《礼记·曲礼上》:“八十、九十曰耄。”郑注:“耄,惛忘也。”《释文》:“忘,亡亮反,又如字。”《左传》后序:“不知老叟之伏生或致昏忘。”《释文》:“忘,亡亮反。”妄* ma̱ŋs,巫放切,《广韵》:“虚妄,又乱也。”《说文》:“妄,乱也。”《左传·哀公二十五年》:“彼好专利而妄。”《孟子·离娄下》:“此亦妄人也已矣。”

唐纳(1959)所举的“亲”和“亲家”、“遣”和“遣车”、“烧”和“烧石”、“守”和“守臣”等都属于这种情况。上古汉语中上述这种例子甚多。原词大多数是动词,但也有个别不是动词。派生词则是形容词,或兼具名词,即形容词和名词采用相同的语音形式。动词一般不能修饰名词,即上古汉语动词和名词的组合一般是述宾关系。但是,我们发现上古汉语动词和名词的组合除了述宾关系也可以是偏正关系。当动词充当定语时,这些动词已不再是表动作行为的动词,而是表性状的形容词或起限定作用的名词,即动词已经转为动转形容词或动转名词。我们考察这两种关系之间的语音关系时就不难发现,动词和名词组合是偏正关系时,动词读音会发生变化,或从清辅音声母变成浊辅音声母,或从非去声变成去声。这跟藏语动词既行体渐渐产生了形容词和名词的意义完全一致。

三

动作已经完成或变化已经发生则也会产生一种状态。我们在辅音清浊交替一章中讨论过，动词为清辅音声母，而副词为浊辅音声母。除了辅音清浊之外，上古汉语这种动词和副词之间的差别也往往伴随-s 后缀的有无：动词不带*-s 后缀，而副词带-s 后缀。唐纳、周法高等学者都已经指出动词读去声而变成了副词，只是他们所举的例子并不多，唐纳举了 5 例，周法高举了 3 例（其中一例不属于动词跟副词之间的词性转换，即“三”，作副词用读去声。《论语・学而》：“吾日三省吾身。”《释文》：“三，息暂反，又如字。”《论语・公冶长》：“季文字三思而后行。”《释文》：“三，息暂反。”）。实际上，上古汉语这种动词读去声而变成副词的例子不少。

> 重*dro̱ŋ，直容切，《广韵》：“迭也，复也。”《左传・成公二年》：“重器备。”疏：“重，谓重迭。”《楚辞・离骚》：“又重之以修能。”重*dro̱ŋ^{B}，直陇切，《广韵》：“多也，厚也，善也，慎也。”《孟子・滕文公上》：“麻缕丝絮轻重同，则贾相若。”重*dro̱ŋs，柱用切，《广韵》：“更为也。”《左传・僖公二十二年》：“君子不重伤，不禽二毛。”《释文》：“重，直用反。”《左传・宣公十二年》：“楚重至于郯。”《释文》：“重，直用反。”《庄子・让王》：“重伤之人，无寿类矣。”《释文》：“重，直用反。”《吕氏春秋・悔过》：“君其重图之。”
>
> 俱*ko̱，举朱切，《广韵》：“皆也，具也。”《说文》：“俱，偕也。”《战国策・齐策二》：“而仪与之俱。”高注：“俱，偕也。”《吕氏春秋・荡兵》：“与始有民俱。”高注：“俱，皆也。”具*go̱s，其遇切，《广韵》：“备也。”《诗经・节南山》：“民具尔瞻。”传：“具，俱也。”《诗经・大叔于田》：“叔在薮，火烈具举。”传：“具，俱也。”字也可写作“俱”。《左传・定公八年》：“籍丘子锄击之，与一人俱毙。”王力《同源字典》（1982：185）按：“作动词时，只能用‘俱’，不能用‘具’。作副词用时，‘具’‘俱’可通用。”
>
> 廾*ko̱ŋ，九容切，《广韵》：“竦手也。”后字写作“共”。《论语・为政》：

“居其所而众星共之。”《释文》:“共,求用反,郑作拱,俱勇反。”后字写作“拱”。《左传·僖公三十一年》:“中寿,尔墓之木拱矣。”注:“合手曰拱。”共由拱手引申出供给等意义。《左传·僖公四年》:“尔贡包茅不入,王祭不共,无以缩酒,寡人是征。”《释文》:“共音恭,本亦作供。”《左传·僖公三十年》:“行李之往来,共其乏困。”后字写作“供”。共 *go̱ŋs,渠用切,《广韵》:“同也。”《礼记·曲礼上》:“共食不饱,共饭不泽手。”《礼记·曲礼上》:“父之雠,弗与共戴天。”

比 *pi̱r^{B},卑履切,《广韵》:“校也,并也。”《左传·桓公十五年》:“人尽夫也,父一而已,胡可比也?”比 *pi̱rs,必至切,《广韵》:“近也,并也。”《左传·庄公十二年》:“比及宋,手足皆见。”《释文》:“比,必利反。”《左传·襄公三十一年》:“比及葬,三易衰,衰衽如故衰。”《释文》:“比,必利反。”《礼记·杂记下》:“夫人比至于其国。”《释文》:“比,必利反。”《礼记·檀弓下》:“比至于祔,必于是日也接。”《释文》:“比,必利反。”

已 *ze̱^{B},羊已切,《广韵》:“止也。”《玉篇》:“已,止也。”《左传·襄公二十六年》:“若不已,死无日矣。”注:“已,止也。”《诗经·风雨》:“鸡鸣不已。”《孟子·告子上》:“是亦不可以已乎?”已 *ze̱s,羊吏切,《广韵》:“过事语词。”《论语·泰伯》:“人而不仁,疾之已甚,乱也。”《孟子·梁惠王下》:“今乘舆已驾矣,有司未知所之。”

亟 *kre̱k,纪力切,《广韵》:“急也,疾也,趣也。”《诗经·灵台》:“经始勿亟,庶民子来。”笺:“亟,急也。”《释文》:“亟,居力反。”《礼记·少仪》:“小饭而亟之,数噍毋为口容。”注:“亟,疾也。”《释文》:“亟,纪力反,注同。”亟 *kre̱ks,去吏切,《广韵》:“数也,遽也。”《论语·阳货》:“好从事而亟失时,可谓知乎?”《礼记·曾子问》:“昔者齐桓公亟举兵,作伪主以行。”《释文》:“亟,徐起吏反。”《左传·隐公元年》:“亟请于武公。”

讫 *kɯ̱t,居乙切,《广韵》:“止也。”《说文》:“讫,止也。”《汉书·司马迁传》:“上继唐尧,下讫秦缪。”《史记·吴王濞列传》:“读之讫,曰:‘王其自图。’”既 *kɯ̱ts,居豙切,《广韵》:“已也,尽也。”《论语·子罕》:“文王既没,文不在兹乎?”

剧 *gra̱k,奇逆切,《说文》:“尤甚也。”《韩非子·内储说上》:“然上党之安乐,其处甚剧,臣恐弛之而不听,奈何?”《商君书·算地》:“其法立而民乱,事剧而功寡，此臣之所谓过也。”《史记·平准书》：“丈夫从军旅，老弱转粮馕，作业剧而财匮。”也指速度快。《剧秦美新》：“二世而亡，何其剧与？”注：“剧，甚也，言促甚也。”遽*gra̱s，其据切，《广韵》：“急也，疾也，亦战栗也，窘也，卒也。”《礼记·檀弓上》：“故丧事虽遽，不陵节；吉事虽止，不怠。”也用作名词。《说文》：“遽，传也。”《左传·僖公三十三年》：“且使遽告于郑。”注：“遽，传车。”《韩非子·喻老》：“天下有道无急患则曰静，遽传不用。”遽上古多用作副词。《左传·僖公二十四年》：“仆人以告，公遽见之。”《左传·襄公三十一年》：“我闻忠善以损怨，不闻作威以防怨，岂不遽止？”

数*sro̱^{B}，所矩切，《说文》：“计也。”《左传·隐公五年》：“归而饮至，以数军实。”《道德经》：“善数不用筹策。”《左传·僖公十五年》：“先君之败德，及可数乎？”指数过失。《左传·僖公二十八年》：“入曹，数之，以其不用僖负羁。”《左传·襄公十四年》：“范宣子数吴之不德也。”数*sro̱s，色句切，《广韵》：“筭数。”《左传·闵公元年》：“万，盈数也；魏，大名也。”《左传·文公十六年》：“有蛇自泉宫出，入于国，如先君之数。”《左传·僖公三十三年》：“一日纵敌，数世之患也。”数*sro̱k，所角切，《广韵》：“频数。”《论语·里仁》：“事君数，斯辱矣，朋友数，斯疏矣。”注：“数谓速数之数也。”《礼记·祭义》：“祭不欲数，数则烦，烦则不敬。”《释文》：“数，色角反。”数也用作副词。《史记·郦生陆贾列传》：“数见不鲜，无久慁公为也。”屡*ro̱s，良遇切，《广韵》：“数也，疾也。”《诗经·正月》：“屡顾尔仆，不输尔载。”注：“屡，数也。”《释文》：“屡，力注反，数音朔。”《论语·公冶长》：“御人以口给，屡憎于人。”注：“屡，数也。”《左传·桓公十二年》：“《诗》云：君子屡盟，乱是用长。无信也。”注：“无信，故数盟。”《释文》：“屡，力具反，本又作娄，音同。”

更*kraŋ，古行切，《说文》：“改也。”《国语·越语上》：“寡人请更。”《左传·襄公二十八年》：“公膳日双鸡，饔人窃更之以鹜。”《论语·子张》：“君子之過也，如日月之食焉：過也，人皆见之，更也，人皆仰之。”更*kraŋs，古孟切，《广韵》：“易也，改也。”《玉篇》：“更，古猛切，历也；又古衡切，代也，改也，复也。”《左传·僖公五年》：“晋不更举矣。”《群经音辨》：“因故而改曰更，古衡切；舍故而作曰更，古孟切。”《左传·文公元年》：“更伐之。”《释文》：“更，古孟反，又音庚。”《集韵》：“更，居孟切，《说文》‘改也’。”

复*bu̱k，房六切，《广韵》：“返也，重也。”《左传·僖公四年》：“昭王南征而不复，寡人是问。"《左传·桓公五年》："度其国危，遂不复。"《释文》："复，音服。"复 * bu̲ks，扶富切，《广韵》："又也、返也，往来也"。《左传·僖公五年》："晋侯复假道于虞以伐虢。"《释文》："复，扶又反。"《诗经·都人士》传："不复见古人也。"《释文》："复，扶又反。"《公羊传·襄公三十年》："死者不可复生。"《释文》："复生：扶又反。"

有 * ʁe̲^{B}，云久切，《广韵》："有无，又也。"《左传·隐公元年》："宋武公生仲子，仲子生而有文在其手，曰为鲁夫人。"《左传·隐公元年》："十有二月，祭伯来。"又 * ʁe̲s，于救切，《广韵》："又犹更也。"《左传·隐公元年》："大叔又收贰以为己邑，至于廪延。"《左传·隐公三年》："又取成周之禾，周郑交恶。"

媅 * tum，丁含切，《说文》："乐也。"字也写作"耽"。《诗经·氓》："无与士耽。"传："乐也。"《礼记·中庸》："和乐且耽。"郑注："耽，亦乐也。"字本只写作"甚"。甚 * du̲m^{B}，常枕切，《广韵》："剧过也。《说文》曰：尤安乐也。"《说文》："尤安乐也，从甘，从匹。"段玉裁注："引申凡殊尤皆曰甚。"甚 * du̲ms，时鸩切，《广韵》："太过。"《左传·成公二年》："甚爱此子，其必因郑而归王子。"《庄子·田子方》："吾服女也甚忘，女服吾也亦甚忘。"

述 * zu̲t，食聿切，《广韵》："著述。《说文》：循也。"《诗经·日月》："胡能有定？报我不述。"传："述，循也。"《释文》："述，本亦作術。"（《说文》："術，邑中道也。"《墨子·旗帜》："巷術周道者，必为之门。"孙诒让间诂："術，邑中道也。"《玄应音义》卷十注引《字林》："邑中道曰術。"）《礼记·中庸》："父作之，子述之。"《论语·述而》："述而不作，信而好古，窃比于我老彭。"《左传·昭公五年》："小有述职。"《孟子·梁惠王下》："诸侯朝于天子曰述职，述职者述所职也。"遂 * zu̲ts，徐醉切，《广韵》："达也，进也，成也。"《国语·晋语二》："无不遂也。"注："遂，行也。"《易·大壮》："不能退，不能遂。"《诗经·氓》："言既遂矣，至于暴矣。"《左传·隐公元年》："庄公寤生，惊姜氏，故名曰寤生，遂恶之。"《左传·桓公二年》："宋督攻孔氏，杀孔父而取其妻。公怒，督惧，遂弑殇公。"

矜 * gɯ̲n，巨巾切，《广韵》："本矛柄也，《字样》借为矜怜字。"《礼记·王制》："老而无妻者谓之矜，老而无夫者谓之寡。"《释文》："矜，本又作鳏，同古顽反。"（矜音古顽反可以比较殷。殷，乌闲切，《广韵》："赤黑色也。《左传》

云：左轮朱殷。”矜、殷都是口语读音。）《诗经·鸿雁》：“爰及矜人，哀此鳏寡。”矜由鳏寡引申出怜悯、同情的意义。《论语·子张》：“君子尊贤而容众，嘉善而矜不能。”鳏寡和孤独同义，因而引申指少。勤*gɯ̱ns，渠遴切，《广韵》：“少也。”僅*gɯ̱ns，渠遴切，《广韵》：“无谷曰饥，无菜曰僅。”《诗经·雨无正》：“降丧饥僅，斩伐四国。”《墨子·七患》：“岁僅，则仕者大夫以下皆损禄五分之一。”仅*gɯ̱ns，渠遴切，《广韵》：“余也，才也，劣也，少也。”《左传·昭公十九年》：“楚不在诸侯矣，其仅自完也，以持其世而已。”《礼记·射义》：“盖仅有存者。”

诸*ta̱，章鱼切，《广韵》：“之也，旃也，辩也，非一也。”（《说文》：“诸，辩也。”段玉裁注：“辩当作辨，判也。”）《诗经·泉水》：“问我诸姑，遂及伯姊。”《诗经·将仲子》：“岂敢爱之？畏我诸兄。”《左传·隐公元年》：“诸侯五月，同盟至；大夫三月，同位至。”《左传·隐公十一年》：“寡人若朝于薛，不敢与诸任齿。”庶*ta̱s，商署切，《广韵》：“众也，冀也，侈也，幸也，又庶几也。”（庶是煮的本字。庶，章恕切，《广韵》：“《周礼》有庶氏掌除毒虫。”《周礼·秋官·司寇》：“庶氏：下士一人，徒四人。”《释文》：“庶，章预反。”奢，式车切，《广韵》：“张也，侈也。”《荀子·赋》：“闾娵子奢，莫之媒也。”注：“子奢当为子都，郑之美人。《诗》曰：不见子都。盖都字误为奢耳。”《战国策·楚策四》：“闾姝子奢，莫知媒兮。”鲍注：“子奢即子都，美人也。”《尔雅》：“宋有孟诸。”《史记·夏本纪》作“明都”。两者之间的语音差别在于元音松紧不同。诸，正奢切，《广韵》：“姓也。”奢本当音正奢切，是诸的口语读音，保留了上古鱼部 a 元音。）《左传·昭公三十二年》：“三后之姓，于今为庶，王所知也。”《左传·襄公二十三年》：“不听公命，杀适立庶，盟叔孙氏也。”也用作形容词。《左传·襄公七年》：“弗躬弗亲，庶民弗信。”《左传·襄公九年》：“其士竞于教，其庶人力于农穑。”也用作副词。《左传·哀公六年》：“庶亦能容群臣乎？”《左传·桓公六年》：“君姑修政，而亲兄弟之国，庶免于难。”

动词和形容词是副词的最主要来源，也有一些名词演变成副词。一般情况下，无论是动词还是名词，都先经过形容词这个阶段再演变成表示行为或状态特征的副词。以往的研究只注意到从动词到副词这一过程中意义的不断虚化，而没去关注语音形式的改变。动词和副词之间的语音差别明显：动词读非去声，而副词读去声。考察上古汉语副词的语音形式，我们不难发现，上古汉语的副词多采用去声的语音形式。但是，后起的副词则语音形式不变。这正说明上古汉语体范畴的语法手段已经消失。到底什么时候消失的，有待深入研究。

四

因汉字不是表音文字，我们无法从汉字表面看出汉字所记录的语词因词汇意义或语法意义的变化而引起的语音变化，如同古今语音已经完全不同而文字却没有变。这容易给人们一个错觉，只要记录文字没变，语词的语音形式就没变。这也是像段玉裁这样的清儒重视字形而不重视文字读音的原因之一。

> 刺 * ʈhi̱k，七亦切，《广韵》："穿也。"《左传·襄公二十八年》："卢蒲癸自后刺子之。"《释文》："刺，七亦反。"《左传·昭公二十七年》："抽剑刺王。"《释文》："刺，七亦反。"《诗经·良耜》："其笠伊纠，其镈斯赵。"传："赵，刺也。"郑笺："以田器刺地。"《释文》："赵刺：七亦反，下同。"刺 * ʈhi̱ks，七赐切，《广韵》："针刺。《尔雅》云：刺杀也。"《说文》："君杀大夫曰刺。刺，直伤也。"《左传·僖公二十八年》："公子买戍卫，不卒戍，刺之。"《释文》："七赐反，杀也。"《左传·成公十五年》："乙酉，刺公子偃。"《释文》："刺，七赐反。"

文字还是同一个"刺"，语音形式却已经不一样了。"刺$_{\text{七亦切}}$"只是一个动作，而"刺$_{\text{七赐切}}$"却是这个动作产生的结果："刺死"。两者之间的时间先后以及因果关系非常清楚。这跟我们已经讨论过的"治"相同。《群经音辨》："治，理也，直基切；致理成功曰治，直吏切。""治$_{\text{直基切}}$"是动作行为，而"治$_{\text{直吏切}}$"是这一动作行为产生的结果。这种有先后、因果关系的同族词很多。

> 过 * kor，古禾切，《广韵》："经也。"《诗经·江有汜》："之子归，不我过；不我过，其啸也歌。"《释文》："过，音戈。"过 * kors，古卧切，《广韵》："误也，越也"。《左传·隐公元年》："都城过百雉。"《释文》卷十五："过：姑卧反，后不音者皆同。"《礼记·学记》："时过然后学。"《释文》："时过，姑卧反。"《礼记

·曾子问》:“过时不祭。”《释文》:“过,古卧反。”《群经音辨》:“过,逾也,古禾切;既逾曰过,古卧切。”

贯 * kon,古丸切,《广韵》:“穿也。”《群经音辨》:“贯,穿也,音官;贯,事也,古乱切,《诗》‘三岁贯女’。”《左传·僖公二十七年》:“鞭七人,贯三人耳。”《释文》:“贯,音官,又古乱反。”《礼记·乐记》:“累累乎端如贯珠。”字本只写作“毌”。毌 * kon,古丸切,《广韵》:“穿物持也。”《说文》:“毌,穿物持之也。凡毌之属皆从毌,读若冠。”贯 * kons,古玩切,《广韵》:“事也,穿也。”《左传·成公二年》:“矢贯余手及肘,余折以御。”《释文》:“贯,古乱反。”《左传·宣公四年》:“又射汰辀,以贯笠毂。”《释文》:“贯,古乱反。”《群经音辨》:“贯,穿也,古桓切,《易》‘贯鱼以宫人宠’;既穿曰贯,古玩切。”

穿 * tho̱n,昌缘切,《广韵》:“通也,孔也。”《说文》:“穿,通也。”《诗经·行露》:“谁谓雀无角,何以穿我屋?”《释文》:“穿,音川。”《礼记·表记》:“小人则穿窬之盗也与?”《释文》:“穿,音川。”穿 * tho̱ns,尺绢切,《广韵》:“贯也。”《礼记·乐记》郑注:“贯革,射穿架革也。”《庄子·德充符》:“为天子之诸御,不爪翦,不穿耳。”《庄子·秋水》:“落马首,穿牛鼻,是谓人。”《庄子·山木》:“衣弊履穿,贫也。”《释文》皆无注,以为如字。

解 * kri^{B},佳买切,《广韵》:“讲也,脱也,散也。”《吕氏春秋·长利》:“解衣与弟子,夜半而死,弟子遂活。”懈 * kris,古隘切,《广韵》:“懒也,怠也。”《孝经·卿大夫》:“夙夜匪解,以事一人。”《释文》:“懈,佳卖反。”字本只写作“解”。《左传·襄公二十五年》:“夙夜匪懈,以事一人。”《释文》:“解,佳卖反。”《左传·昭公二十一年》:“不解于位,民之攸塈。”《释文》:“解,佳卖反。”《诗经·韩奕》:“夙夜匪解,虔共尔位。”《释文》:“解,音懈。”

扫 * sʈu^{B},苏老切,《广韵》:“扫除。”《礼记·礼器》:“至敬不坛,扫地而祭。”《礼记·曾子问》:“父没而冠,则已冠扫地而祭于祢。”扫 * sʈus,苏到切,《广韵》:“扫洒。《说文》弃也。”《礼记·内则》:“洒扫室堂及庭,布席,各从其事。”《释文》:“扫,素报反。”《礼记·曾子问》:“彻馔而扫,即位而哭。”《释文》:“埽,悉报反。”《仪礼·既夕礼》:“内外皆扫。”《释文》:“扫,素到反。”

交 * krɯ,古肴切,《广韵》:“戾也,共也,合也。”《庄子·秋水》:“白刃交于前,视死若生者,烈士之勇也。”校 * krɯs,古孝切,《广韵》:“检校,又考校。”《国语·齐语》:“比校民之有道者,设象以为民纪。”《史记·平准书》:

“京师之钱累巨万，贯朽而不可校。”《礼记·学记》：“比年入学，中年考校。”引申之为较量等意义。《史记·春申君列传》：“韩、魏之强，足以校于秦。”《战国策·秦策四》：“楚、燕之兵云翔不敢校，王之功亦多矣。”

胜*se̱ŋ，识蒸切，《广韵》：“任也，举也。”《孟子·梁惠王上》：“不违农时，谷不可胜食也；数罟不入洿池，鱼鳖不可胜食也；斧斤以时入山林，材木不可胜用也。谷与鱼鳖不可胜食，材木不可胜用。”《孟子·梁惠王下》：“工师得大木，则王喜，以为能胜其任也。匠人斫而小之，则王怒，以为不胜其任矣。”《礼记·表记》：“仁之为器重，其为道远，举者莫能胜也。”胜*se̱ŋs，诗证切，《广韵》：“胜负，又加也，克也。”《孟子·梁惠王上》：“曰：邹人与楚人战，则王以为孰胜？曰：楚人胜。”《礼记·表记》：“虞夏之文不胜其质；殷周之质不胜其文。”“胜$_{\text{识蒸切}}$”是主体跟客体相等，“胜$_{\text{诗证切}}$”是主体超过客体。《左传·宣公十二年》：“楚师骤胜而骄。”《论语·雍也》：“质胜文则野，文胜质则史。”《韩非子·解老》：“寡之不胜众，数也。”

鬻*du̱k，余六切，《广韵》：“卖也。”《左传·昭公三年》：“有鬻踊者。”《释文》：“鬻，余六反，卖也。”《左传·昭公十四年》：“鲋也鬻狱，邢侯专杀。”《释文》：“鬻，余六反，卖也。”《荀子·议兵》：“佣徒鬻卖之道也。”《韩非子·难一》：“楚人有鬻楯与矛者，誉之曰：吾楯之坚，莫能陷也。又誉其矛曰：吾矛之利，于物无不陷也。”鬻是卖，而售则是卖出。售*du̱ks，承呪切，《广韵》：“卖物出手也。”《说文》新附：“售，卖去手也。”《彗琳音义》卷四注：“卖物得售，人买持去曰售。”《诗经·谷风》：“既阻我德，贾用不售。”笺：“如卖物之不售。”《战国策·秦策一》：“卖仆妾售乎闾巷者。”鲍注：“售，卖出手也。”

非去声和去声两个动词形式的先后、因果关系非常明显。前面已经提到，动作行为一旦结束，会产生一个结果或形成一种状态。结果就是名词，而状态就是形容词。因而，来自动词的名词和形容词，其语音形式跟动词既行体同形，跟书面藏语动词既行体与名词同形相同。除动词和名词、动词和形容词不同外，上古汉语的非去声和去声还体现在两个动词之间的不同上。

折*te̱t，旨热切，《广韵》：“拗折。”《左传·定公十三年》：“三折肱知为良医。”《韩非子·五蠹》：“兔走触株，折颈而死。”《韩非子·难言》：“宰予不免于田常，范睢折胁于魏。”引申之，为曲折、折服等意义。《战国策·西周策》：“与之高都，则周必折而入于韩。”《战国策·齐策一》：“晚救之，韩且折而入于魏，不如早救之。”制*te̱ts，征例切，《广韵》：“禁制，又断也，止也，胜也。”《说文》：“制，裁也。”（《说文》：“裁，制衣也。”）段玉裁注：“古多假折为制。《吕刑》‘制以刑’，《墨子》引作‘折则刑’。《鲁论》‘片言可以制狱’，古作折狱。《羽猎赋》‘不制中以泉台’，制或为折。”《诗经·东山》：“制彼裳衣，勿士行枚。”製* te̱ts，征例切，《广韵》：“製作，又裁也。”“製”是制的后起区别字。《左传·襄公三十一年》：“子有美锦，不使人学制焉。”

监*kram，古衔切，《广韵》：“领也，察也。《说文》云：临下也。”《诗经·节南山》：“国既卒斩，何用不监？”传：“监，视也。”《释文》：“监，古衔反，注同。韩诗云：领也。”《左传·昭公三十年》：“楚子大封而定其徙，使监马尹大心逆吴公子。”《释文》：“监，古衔反。”监*krams，格忏切，《广韵》：“领也。”《尚书·太甲上》：“天监厥德，用集大命，抚绥万方。”孔安国传：“监，视也。”《释文》：“监，工暂反。”《左传·庄公三十二年》：“国之将兴，明神降之，监其德也；将亡，神又降之，观其恶也。”《释文》：“监，本又作鉴，古暂反。”

释*sa̱k，施只切，《广韵》：“舍也，解也。”《左传·僖公六年》：“武王亲释其缚，受其璧而祓之。”《左传·成公三年》：“两释累囚，以成其好。”《左传·襄公二十六年》：“卫人归卫姬于晋，乃释卫侯。”赦*sa̱ks，始夜切，《广韵》：“赦宥。”《说文》：“赦，置也。”《左传·文公十五年》：“齐人许单伯，请而赦之，使来致命。”《左传·襄公十一年》：“赦郑囚，皆礼而归之。”《左传·僖公二十六年》：“我先王熊挚有疾，鬼神弗赦。”

断*ton^{B}，都管切，《广韵》：“断绝。”《左传·襄公十八年》：“大子抽剑断鞅。”《左传·襄公二十三年》：“或以戟钩之，断肘而死。”《左传·昭公二十二年》：“宾孟适郊，见雄鸡自断其尾。”断*tons，丁贯切，《广韵》：“决断。”《左传·昭公十四年》：“士景伯如楚，叔鱼摄理。韩宣子命断旧狱，罪在雍子。”《释文》：“断，丁乱反。”《左传·襄公三十一年》：“冯简子能断大事。”《释文》：“断，丁乱反。”《左传·昭公二十八年》：“梗阳人有狱，魏戊不能断。”《释文》：“断，丁乱反。”《礼记·月令》：“断薄刑，决小罪，出轻系。”

观*kon，古丸切，《广韵》：“视也。”《诗经·庭燎》：“君子至止，言观其旂。”《诗经·溱洧》：“女曰观乎，士曰既且，且往观乎。”《左传·庄公三十二年》:“将亡,神又降之,观其恶也。”观*kons,古玩切,《广韵》:“《说文》曰:谛视也。”《穀梁传·桓公六年》:“故谨而日之,盖以观妇人也。”《释文》:“观,古乱反,视也。”《诗经·有杕之杜》:“彼君子兮,噬肯来游。”笺:“游,观也。”《释文》:“观,古乱反。”《诗经·君子偕老》笺:“予欲观古人之象日月星辰之属。”《释文》:“观,古乱反,又音官。”

披*pha̱r,敷羁切,《广韵》:“开也,分也,散也。”《左传·成公十八年》:“今将崇诸侯之奸,而披其地。”注:“披犹分也。”《左传·昭公五年》:“杀适立庶,又披其邑,将以赦罪,罪莫大焉。”注:“披,析也。”破*phars,普过切,《广韵》:“破坏。”《正字通》:“凡物坏,及行师败其军,夺其地,皆曰破。《说文》专训石碎,泥。”《荀子·劝学》:“风至苕折,卵破子死。”《吕氏春秋·慎小》:“将失一令,而军破身死。”《诗经·破斧》:“既破我斧,又缺我斨。”《韩非子·初见秦》:“往者齐南破荆,东破宋,西服秦,北破燕。”

刺*ʈhi̱k,七亦切,《广韵》:“穿也。”《韩非子·安危》:“闻古扁鹊之治其病也,以刀刺骨。”《韩非子·外储说左下》:“树枳棘者,成而刺人;故君子慎所树。”《左传·昭公二十七年》:“鱄设诸置剑于鱼中以进,抽剑刺王。”刺*ʈhi̱ks,七赐切,《广韵》:“针刺。”《史记·孔子世家》:“孔子贤者,所刺讥皆中诸侯之疾。”《战国策·齐策一》:“群臣吏民能面刺寡人之过者,受上赏。”字也写作“諫”。諫*ʈhi̱ks,七赐切,《广韵》:“数谏也。”《说文》:“諫,数谏也。”

跽*ke̱B,暨几切,《广韵》:“跌跽。”(“跽”本当入止韵,因止、旨合并而入旨韵。)《说文》:“跽,长跪也,从足忌声。”段玉裁注:“系于拜曰跪。不系于拜曰跽。”《庄子·人间世》:“擎、跽、曲拳,人臣之礼也。”《释文》:“跽,其里反,《说文》云长跪也。”《史记·项羽本纪》:“项王按剑而跽曰:‘客何为者?’”索隐:“其纪反,谓长跪。”双膝着地、上身挺直为跽。由此,引申出警觉的意义。《释名》:“跽,忌也,见所敬忌不敢自安也。”忌*ge̱s,渠记切,《广韵》:“忌讳,又畏也,敬也,憎恶也。”《左传·昭公六年》:“民知有辟,则不忌于上。”注:“忌,畏也。”《礼记·表记》:“敬忌而罔有择言在躬。”注:“忌之言戒也。”《左传·僖公十年》:“晋侯背大主而忌小怨,民弗与也。”

眗*qa̱,举朱切,《广韵》:“左右视也。”《说文》:“眗,左右视也。”瞿*ɢa̱,其俱切,《广韵》:“鹰隼视也。”《说文》:“瞿,鹰隼之视也。”眗和瞿是同一词的两个不同文字形式。《诗经·东方未明》:"折柳樊圃,狂夫瞿瞿。"《诗经·蟋蟀》:"好乐无荒,良士瞿瞿。"瞿*qa̠s,九遇切,《广韵》:"视貌。"《礼记·檀弓上》:"曾子闻之,瞿然曰。"《释文》:"瞿,纪具反,下同。"《礼记·檀弓下》:"有司以告,公瞿然失席。"《释文》:"瞿,本又作惧,纪具反。"《礼记·杂记下》:"见似目瞿,闻名心瞿。"《释文》:"瞿,九遇反。"惧*ɢa̠s,其遇切,《广韵》:"怖惧。"《左传·隐公十一年》:"羽父惧,反谮公于桓公。"《左传·桓公六年》:"彼则惧而协以谋我,故难间也。"《左传·庄公十九年》:"吾惧君以兵,罪莫大焉。"

杀*ɕrat,所八切,《广韵》:"杀命,《说文》戮也。"《左传·隐公四年》:"卫人杀州吁于濮。"《左传·桓公二年》:"宋督攻孔氏,杀孔父而取其妻。"《左传·僖公三十三年》:"陨霜不杀草,李梅实。"杀*ɕrats,所拜切,《广韵》:"杀害,又疾也,猛也,亦降杀,《周礼》注云:杀,衰小之也。"《周礼·秋官·司寇》注:"凡数不同者皆降杀。"《释文》:"杀,色界反。"《礼记·礼器》:"礼不同,不丰不杀。"《释文》:"杀,所戒反,又所例反。"《墨子·备城门》:"其上称议衰杀之。"《汉书·王莽传中》:"自九以下,降杀以两,至于一成。"

羁*ka̠r,居宜切,《广韵》:"马绊也,又马络也。"《庄子·马蹄》:"是故禽兽可系羁而游,乌鹊之巢可攀援而窥。"《史记·屈原贾生列传》:"使骐骥可得系羁兮,岂云异夫犬羊!"《史记·老子韩非列传》:"无为有国者所羁,终身不仕,以快吾志焉。" 字也写作"羇"。羇,居宜切,《广韵》:"寄也。"《左传·昭公十三年》:"为羇终世,可谓无民。"注:"终身羇客在晋。"《新序·杂事》:"使不羇之士,与牛骥同皂。"寄*ka̠rs,居义切,《广韵》:"寄附。《说文》托也。"《左传·襄公十四年》:"齐人以郲寄卫侯,及其复也。"《韩非子·守道》:"寄千金于羿之矢,则伯夷不得亡,而盗跖不敢取。"《吕氏春秋·观表》:"酒酣而送我以璧,寄之我也。"

脱*sot,他括切,《广韵》:"骨去肉。"捝*sot,他括切,《广韵》:"除也,误也,遗也,又解捝,或作脱。"《左传·宣公十二年》:"楚人惎之脱扃。"《管子·小匡》:"以旦暮从事于田墅,脱衣就功。"字多写作"说"。说*so̠t,失爇切。《左传·僖公十五年》:"车说其輹,火焚其旗。"《左传·襄公二十五年》:"不说弁而死于崔氏。"《释文》:"说,吐活反。"《左传·昭公二十一年》:"既战,说甲于公而归。"《释文》:"说,吐活反。"《礼记·文王世子》:"文王有疾,武王不说冠带而养。”《释文》:“税,本亦作脱,又作说,同音他活反。”《左传·庄公九年》:“管仲请囚,鲍叔受之,及堂阜而税之。”《释文》:“税,本又作说,同土活反,一音失锐反。”《左传·成公九年》:“郑人所献楚囚也,使税之。”《释文》:“税,吐活反,徐始锐反。”税*so̱ts,舒芮切,《广韵》:“舍也。”《诗经·定之方中》:“星言夙驾,说于桑田。”《释文》:“说,始锐反,舍也。”《诗经·硕人》:“硕人敖敖,说于农郊。”《释文》:“说,本或作税,始锐反,舍也。”《诗经·株林》:“驾我乘马,说于株野。”《释文》:“说音税,舍也。”

解*kri^{B},佳买切,《广韵》:“讲也,脱也,散也。”《孟子·公孙丑上》:“民之悦之,犹解倒悬也。”解*kris,古隘切,《广韵》:“除也。”《庄子·人间世》:“故解之以牛之白颡者,与豚之亢鼻者。”《释文》:“解,徐古卖反,又佳买反,注同向古邂反。”《公羊传·隐公四年》注:“巫者事鬼神祷解以治病请福者也。”《释文》:“解,古卖反,又佳买反。”

招*tɯ̱,止遥切,《广韵》:“招呼也,来也。”《说文》:“招,手呼也。”《诗经·君子阳阳》:“君子阳阳,左执簧,右招我由房。”《左传·庄公二十二年》:“《诗》云:翘翘车乘,招我以弓,岂不欲往,畏我友朋。”《左传·昭公二十年》:“昔我先君之田也,旃以招大夫,弓以招士,皮冠以招虞人。”《荀子·劝学》:“登高而招,臂非加长也,而见者远。”引申之,为招徕等意义。《荀子·劝学》:“故言有招祸也,行有招辱也。”《淮南子·说山训》:“执弹而招鸟,挥棁而呼狗,欲致之,顾反走。”诏*tɯ̱s,之少切,《广韵》:“又告也,教也。”《庄子·盗跖》:“夫为人父者,必能诏其子;为人兄者,必能教其弟。”《左传·成公二年》:“燮之诏也,士用命也,书何力之有焉?”注:“诏,告也。”《管子·小称》:“仲父之病病矣,若不可讳而不起此病也,仲父亦将何以诏寡人?”召*dɯ̱s,直照切,《广韵》:“呼也。”《左传·隐公三年》:“宋穆公疾,召大司马孔父而属殇公焉。”《左传·僖公二十二年》:“王子带自齐复归于京师,王召之也。”《左传·文公十八年》:“仲以君命召惠伯。”

争*ʈriŋ,侧茎切,《广韵》:“竞也,引也。”《左传·隐公十一年》:“授兵于大宫,公孙阏与颍考叔争车。”《左传·宣公十二年》:“中军下军争舟,舟中之指可掬也。”《左传·襄公十年》:“王叔陈生与伯舆争政,王右伯舆。”诤*ʈriŋs,侧迸切,《广韵》:“谏诤也,止也,亦作争。”《说苑·臣术》:“君有过不谏诤,将危国殒社稷也。”《汉书·王褒传》:“运筹合上意,谏诤即见听。”字本只写作“争”。《墨子·公输》:“知而不争,不可谓忠。争而不得,不可谓强。”《荀子·修身》:“谄谀者亲,谏争者疏,修正为笑,至忠为贼。”

霝*riŋ,郎丁切,《广韵》:“落也,堕也。《说文》曰:雨零也,从雨吅象雨零形,或作零。”《说文》:“霝,雨零也,从雨吅象零形。《诗》曰:霝雨其蒙。”零*riŋ,郎丁切,《广韵》:“落也。《说文》曰:徐雨也。”《诗经·定之方中》:“灵雨既零,命彼倌人。”《诗经·东山》:“我来自东,零雨其蒙。”零*riŋs,郎定切,《广韵》:“零落。”《礼记·王制》:“草木零落,然后入山林。”《礼记·月令》:“行秋令,则草木零落,果实早成,民殃于疫。”《管子·轻重己》:“宜获而不获,风雨将作,五谷以削,士民零落。”

企*khi̱^{B},丘弭切,《广韵》:“企望也。”《说文》:“企,举踵也。”段玉裁注:“企,或作跂。”跂* khi̱ʔ,丘弭切,《广韵》:“跂跂。《山海经》云:有跂踵国,人行脚跟不着地,如人之跂足也。”《诗经·河广》:“谁谓宋远?跂予望之。”《荀子·劝学》:“吾尝跂而望矣,不如登高之博见也。”《墨子·公孟》:“告子为仁,譬犹跂以为长,隐以为广,不可久也。”企*khi̱s,去智切,《广韵》:“望也。”《管子·侈靡》:“企以仁而谋泄,贱寡而好大,此所以危。”《列仙传·啸父》:“眇企升云,抑绝华泰。”跂*khi̱s,去智切,《广韵》:“又举足望也。”《庄子·马蹄》:“屈折礼乐以匡天下之形,县跂仁义以慰天下之心。”

尉*u̱t,纡物切,《说文》:“从上案下也。从𡰥,又持火,以尉申缯也。”字后写作“熨”。熨*u̱t,纡物切,《广韵》:“火展帛也。”《韩非子·喻老》:“疾在腠理,汤熨之所及也。”《史记·扁鹊仓公列传》:“以八减之齐和煮之,以更熨两胁下。”由熨平布帛衣裳引申为熨平心灵。《汉书·田千秋传》:“思欲宽广上意,尉安众庶。”注:“尉安之字本无心也。”《汉书·王莽传》:“宜令州郡且尉安之。”慰* u̱ts,于胃切,《广韵》:“安慰。”《庄子·骈拇》:“以慰天下之心者。”《史记·吕太后本纪》:“乃以刘泽为琅邪王,以慰其心。”

著*tra̱^{B},丁吕切,《广韵》:“著任。”《左传·昭公十一年》:“朝有著定,会有表……会朝之言,必闻于表著之位。”杜注:“著定,朝内列位常处,谓之表著。”孔疏:“著定谓伫立定处,故谓朝内列位常处也。”(《左传·昭公十二年》:“若不废君命,则固有著矣。”注:“著,位次。”)《韩非子·存韩》:“若居湿地,著而不去,以极走则发矣。”伫*dra̱^{B},直吕切,《广韵》:“久立也。竚,上同。”《诗经·燕燕》:“瞻望弗及,伫立以泣。”著*tras,陟虑切,《广韵》:“明也，处也，立也，补也，成也，定也。”《左传·昭公元年》：“举之表旗，而著之制令。”《韩非子·守道》：“书不著子胥，不明夫差。”《韩非子·用人》：“故人主结其德，书图著其名。”《韩非子·大体》：“豪杰不著名于图书，不录功于盘盂。”《史记·老子韩非列传》：“老子乃著书上下篇。”

叕 *trot，陟劣切，《广韵》：“联也。”《说文》：“叕，缀联也，象形。”叕罕见其使用，文献通常写作“缀”。缀 *trot，陟劣切，《广韵》：“连补也。”《诗经·长发》：“受小球大球，为下国缀旒。”笺：“缀，犹结也。”《释文》：“缀，陟劣反，又张卫反。”《礼记·内则》：“衣裳绽裂，纫箴请补缀。”《释文》：“缀，竹劣反，又竹卫反。”裰 *tot，丁括切，《广韵》：“补裰破衣也。”掇 *trot，陟劣切，《广韵》：“拾取。”掇 *tot，丁括切，《广韵》：“拾掇也。”《庄子·达生》：“见痀偻者承蜩，犹掇之也。”《韩非子·守道》：“夫贪盗不赴溪而掇金。”《淮南子·说山训》：“犹采薪者见一芥掇之，见青葱则拔之。”锻 *trots，陟卫切，《广韵》：“针也。”《韩非子·外储说右下》：“策所以进之也，错饰在前；引所以退之也，利锻在后。”缀 *trots，陟卫切，《广韵》：“连缀。”《礼记·大传》：“系之以姓而弗别，缀之以食而弗殊。”《释文》：“缀，丁卫反，连合也。”《汉书·艺文志》：“闾里小知者之所及，亦使缀而不忘。”

割 *kat，古达切，《广韵》：“剥也，害也，断也，截也。”《说文》：“割，剥也。”《庄子·人间世》：“桂可食，故伐之；漆可用，故割之。”害 *gats，胡盖切，《广韵》：“伤也。”《墨子·尚同中》：“以求兴天下之利，除天下之害。”《韩非子·六反》：“夫欲利者必恶害。害者，利之反也。反于所欲，焉得无恶？”《左传·隐公元年》：“都城过百雉，国之害也。”《左传·桓公十年》：“吾焉用此？其以贾害也。”“害”也用作动词，但跟“割”不同。“割”是动作性动词，而“害”是非动作性动词。《左传·僖公二十一年》：“是岁也，饥而不害。”《左传·昭公十一年》：“若由是观之，则害于国。”《左传·庄公七年》：“无麦苗，不害嘉谷也。”《论语·卫灵公》：“无求生以害仁，有杀身以成仁。”《左传·僖公五年》：“晋，吾宗也，岂害我哉？”《左传·襄公二十六年》：“彼若谋害楚国，岂不为患？”字也写作“割”。《汉书·扬雄传下》：“东方朔割名于细君。”注：“割，损也。”《尚书·大诰》：“天降割于我家。”《释文》：“割，马本作害。”

非去声和去声组成一对同族词，非去声的动词表示的是可见、可视的具体动作，而去声的动词表示的则是不可见、不可视的抽象动作。这种可视动词和不可视动词之间的语音关系跟动词现行体和动词既行体之间的语音关系相同。动作一旦完成，动作动词也就丧失了原有的动作性，变成具有形容词特征的动词。只是不像名词和形容词，上述声调为去声的派生词仍然是动词。不过，这些动作动词所表示的已经是不可见、不可视的动作。

第四节　非自主动词

一

情态范畴是指说话人对自身动作行为与主观意识的关系以及说话者对他人动作行为的感知情况等意义的概括（马学良，1997：134）。藏语有情态范畴，其动词存在自主动词和非自主动词的差别。自主动词（volitional verbs）指“我”可以主观控制或控制力较强的动作行为，而非自主动词（non-volitional verbs）则指“我”不能由主观控制的或控制力较弱或由他人进行的动作行为。因而，除了一小部分，大部分的自主动词和非自主动词不是彼此一一匹配的动词，比如藏语 lta“看”、ɦtshol“找”和 mthoŋ“看见”、rn̥ed“找着”。藏语中自主动词和不自主动词与语法结构有重大关系（金鹏，1983：34）。马庆株（1988）参考藏语动词自主和非自主的划分，对现代汉语的动词进行分析，认为现代汉语的动词也应该划分为自主和非自主动词。那么，上古汉语的动词是否也应划分为自主和非自主，马庆株并没有给出明确的答案。不过，马庆株（1988）根据现代汉语中“吐”等之上声和去声不同表达自主动词和非自主动词对立的个例，推测“这可能是远古时代内部屈折的残留下来的痕迹”。我们在第一章中已经讨论了上古汉语有情态范畴，而手段之一就是辅音清浊交替。此外，非去声与去声交替也是重要手段。

吐 $^{*}tha^{B}$，他鲁切，《广韵》：“口吐。”《诗经·烝民》：“柔则茹之，刚则吐之。”《礼记·玉藻》：“手执业则投之，食在口则吐之。”吐*thas，汤故切，《广韵》：“欧也。”《左传·哀公二年》“呕血”杜注：“呕，吐也。”《释文》：“吐，他露反。”《汉书·西域传上》：“令人身热无色，头痛呕吐，驴畜尽然。”《前汉纪·孝武皇帝纪三》：“头痛呕吐，驴畜尽然。”

张*tra̲ŋ，知良切，《说文》：“施弓弦也。”段玉裁注：“古无胀字。《左传》：张，如厕。即今之胀字。”《左传·成公十年》：“将食，张，如厕。”注：“张，腹满也。”《释文》：“张，中亮反，腹满也。”胀*tra̲ŋ^{C}，知亮切，《广韵》：“胀满。”

第一例是马庆株用来作为上古汉语动词有情态范畴假设的依据。“张知良切”和“胀中亮反”、“吐他鲁切”和“吐汤故切”之间的语音关系完全相同。周法高(1962)认为“胀”是“张”的既事式，而唐纳则认为“胀”是“张”的被动式(passive)。我们把他们的解释相互比较，就可以很清楚地看出马庆株的解释要比周法高(1962)、唐纳(1959)合理。“阴血周作，张脉偾兴。”(《左传·僖公十五年》)《释文》：“张，中亮反。”“张知良切”是“我”主观上可以控制(中止)的动作行为，而“胀中亮反”是“我”主观上不能控制(中止)的动作行为，“吐他鲁切”和“吐汤故切”之间的关系也是如此。

二

痛*soŋs，他贡切，《广韵》：“病也，伤也。”

梦*me̲ŋs，莫凤切，《广韵》：“寐中神游。”

睡*do̲rs，是伪切，《广韵》：“眠睡。”

惴*to̲rs，之睡切，《广韵》：“忧心也。”

恚*qi̲s，於避切，《广韵》：“怒恨也。”

寐*mi̲ts，弥二切，《广韵》：“寝也，卧也，息也。”

殪*i̲ts，於计切，《广韵》：“殪死。”

悸*ɢi̲ts，其季切，《广韵》：“心动也。”

痹*pi̲ts，必至切，《广韵》：“脚冷湿病。”

坠*zru̲ts，直类切，《广韵》：“落也。”

字*ɖe̲s，疾置切，《广韵》：“《说文》：乳也。”

孳 * ȡe̱s，疾置切，《广韵》："孳尾。乳化曰孳，交接曰尾。"

沸 * pu̱ts，方味切，《集韵》："涫也。"

嗜 * gi̱rs，常利切，《广韵》："嗜欲。"

愦 * kuts，古对切，《广韵》："心乱也。"

溃 * guts，胡对切，《广韵》："逃散，又乱也。"

誖 * puts，补妹切，《广韵》："乱也。"

祟 * ɕu̱ts，虽遂切，《广韵》："祸祟。"

志 * te̱ks，职吏切，《广韵》："意慕也。"

遇 * ŋo̱s，牛具切，《广韵》："不期而会。"

仆 * pho̱ks，芳遇切，《广韵》："僵仆。《说文》曰：顿也。"

惧 * ɢa̱ks，其遇切，《广韵》："怖惧。"

妒 * taks，当故切，《广韵》："妒忌。"

怒 * nas，乃故切，《广韵》："恚也。"

怖 * phas，普故切，《广韵》："惶惧也。"

毙 * be̱ts，毗癸切，《广韵》："死也。"

震 * tɯ̱ns，章刃切，《广韵》："雷震也。"

娠 * tɯ̱ns，章刃切，《广韵》："妊娠。"

涫 * kons，古玩切，《广韵》："沸也。"

窜 * ȶhons，七乱切，《广韵》："逃也，诛也，放也，藏也，匿也。"

见 * kens，古电切，《广韵》："视也。"

战 * ta̱ns，之膳切，《广韵》："惧也，恐也。"

颤 * ta̱ns，之膳切，《广韵》："四支寒动。"

变 * p-ro̱ns，彼眷切，《广韵》："化也，通也，易也。"

觉 * kruks，古孝切，《广韵》："睡觉。"

涝 * lɯs，郎到切，《广韵》："淹也。"

饿 * ŋars，五个切，《广韵》："不饱也。"

化 * s ɴars，呼霸切，《广韵》："变也。"

泻 * ɕa̱ks，司夜切，《广韵》："吐泻。"

病 * bra̱ŋs，皮命切，《广韵》："《说文》曰：疾加也。"

醒 * ɕiŋs，苏佞切，《广韵》："酒醒。"

孕*je̱ŋs,以证切,《广韵》:“怀孕。”

瘷*çoks,苏奏切,《广韵》:“欬瘷。”

妊*nu̱ms,汝鸩切,《广韵》:“妊身怀孕。”

现代汉语的非自主动词包括属性动词、变化动词和状态动词(袁明军,1998:4),而上古汉语非自主动词的范围相对要宽广一些。我们考察上古汉语动词时发现,非自主动词一个极其明显的倾向是选择去声,跟“胀”相同,比如上述非自主动词。这样看来,上古汉语有情态范畴,而且构成非自主动词的重要手段之一就是附加*-s后缀。上一节,我们讨论了上古汉语动词原形附加*-s后缀构成动词既行体。如此,非自主动词和动词既行体采用相同的语法手段,附加*-s后缀。一个动作行为没做之前,可以选择做还是不做。“往者不可谏,来者犹可追。”动作行为已经完成,或变化已经发生,结果已经产生,状态已经形成,我们就失去了选择权。就这一意义而言,动词既行体就是非自主动词。

觉*kruk,古岳切,《广韵》:“晓也。”《孟子·万章上》:“天之生此民也,使先知觉后知,使先觉觉后觉也。予,天民之先觉者也。予将以斯道觉斯民也,非予觉之,而谁也?”《左传·哀公二十一年》:“数年不觉,使我高蹈。”《释文》:“觉,音角,又古孝反。”觉*kruks,古孝切,《广韵》:“睡觉。”《左传·成公十年》:“公觉,召桑田巫。”《释文》:“觉,古孝反。”《庄子·齐物论》:“其寐也魂交,其觉也形开。”《释文》:“觉,古孝反。”

脱*sot,他括切,《广韵》:“骨去肉。”《礼记·内则》:“肉曰脱之,鱼曰作之。”《左传·僖公三十三年》:“轻则寡谋,无礼则脱。”《释文》:“脱,他活切。”《庄子·胠箧》:“鱼不可脱于渊,国之利器不可以示人。”字也写作“挩”。挩*sot,他括切,《广韵》:“除也,遗也,又解脱。”也写作“说”。《左传·昭公二十七年》:“岂其伐人而说甲执冰以游?”《释文》:“说,他活反。”《诗经·瞻卬》:“彼宜有罪,女覆说之。”《释文》:“说,一音他活反。”蜕*sots,他外切,《广韵》:“蛇易皮。”蜕,汤卧切,《广韵》:“蛇去皮。”蜕*so̱ts,舒芮切,《广韵》:“蜕皮。”《庄子·知北游》:“孙子非汝有,是天地之委蜕也。”《释文》:“蜕,敕外反。”《庄子·天下》:“其理不竭,其来不蜕。”《释文》:“蜕,音悦。徐始锐反,又敕外反。”《淮南子·说林训》:“蚕食而不饮,二十二日而化;蝉饮而不食,三十日而蜕。”字也作“脱”。《庄子·至乐》:“让而为虫,生于灶下,其状若脱。”注:“脱,新出皮也。”

卒*ȶu̠t,子聿切,《广韵》:“终也,尽也。”《诗经·日月》:“父兮母兮,畜我不卒。”毛传:“卒,终也。”《诗经·七月》:“无衣无褐,何以卒岁?”笺:“卒,终也。”卒也为死的委婉语。《左传·隐公元年》:“孟子卒,继室以声子。”字后写作“猝”。猝*ȶu̠t,子聿切,《广韵》:“终也。”醉*ȶu̠ts,将遂切,《广韵》:“《说文》曰:醉,卒也。”《左传·哀公六年》:“鲍子醉而往。”《左传·僖公二十三年》:“姜与子犯谋,醉而遣之。”

中*tru̠ŋ,陟弓切,《广韵》:“半也。”《礼记·儒行》:“儒有衣冠中,动作慎。”《晏子春秋·问上》:“衣冠不中,不敢以入朝。”中*tru̠ŋs,陟仲切,《广韵》:“当也。”《左传·桓公五年》:“祝聃射王中肩。”《释文》:“中,丁仲反。”《庄子·养生主》:“砉然向然,奏刀騞然,莫不中音。”《释文》:“中,丁仲反。”《礼记·月令》:“律中大蔟。”《释文》:“中,竹仲反。”《论语·子路》:“礼乐不兴,则刑罚不中。”《释文》:“中,丁仲反。”

衷*tru̠ŋ,陟弓切,《广韵》:“善也,正也,适也,中也,又衷衣,亵衣也。”《左传·昭公六年》:“楚辟我衷,若何效辟?”《释文》:“衷,音忠。”《左传·哀公十一年》:“天若不识不衷,何以使下国?”《释文》:“衷,音忠。”《国语·鲁语下》:“余非爱货,恶不衷也。”忠*tru̠ŋ,陟弓切,《广韵》:“无私也,敬也,直也,厚也。”《论语·学而》:“为人谋而不忠乎?与朋友交而不信乎?”《论语·子路》:“居处恭,执事敬,与人忠,虽之夷狄,不可弃也。”衷*tru̠ŋs,陟仲切(《广韵》无释义)。《左传·僖公二十四年》:“服之不衷,身之灾也。”注:“衷,犹适也。”《释文》:“衷,音忠,一音丁仲反。”《左传·昭公十六年》:“发命之不衷,出令之不信。”注:“衷,当也。”《释文》:“衷,丁仲反,又音忠。”

斯*ɕi̠,息移切,《广韵》:“《说文》曰:析也。《诗》曰:斧以斯之。”《诗经·墓门》:“墓门有棘,斧以斯之。”传:“斯,析也。”澌*ɕis,斯义切,《广韵》:“尽也,《礼》注云:死之言澌也。”《楚辞·九歌·河伯》:“与女游兮河之渚,流澌纷兮将来下。”注:“流澌,冰解也。”《礼记·檀弓上》:“君子曰终,小人曰死。”注:“死之言澌也。事卒为终,消尽为澌。”《释文》:“澌,本亦作斯,音赐。”《礼记·曲礼下》:“士曰不禄,庶人曰死。”注:“死之言澌也。”《释文》:“澌,音赐。”《释名》:“死,澌也,就消澌也。”

累 * rur，力追切，《广韵》：“累索也。”《说文》：“累，缀得理也。”《诗经·樛木》：“南有樛木，葛藟累之。”《释文》：“藟，本亦作累，力轨反，似葛之草也。……累，力追反，缠绕也，本又作虆。”累 * rurs，力伪切，《广韵》：“缘坐也。”《群经音辨》：“累，连也，力水切；牵连为败曰累，力伪切。”《左传·隐公十一年》：“相时而动，无累后人。”《释文》：“累，劣伪反。”《孟子·梁惠王下》：“若杀其父兄，系累其子弟，毁其宗庙，迁其重器，如之何其可也？”《礼记·儒行》：“不慁君王，不累长上。”《释文》：“累，力伪反。”

毁 * xor^{B}，许委切，《广韵》：“坏也，破也，缺也，亏也。”《左传·庄公三十年》：“自毁其家，以纾楚国之难。”《诗经·鸱鸮》：“鸱鸮鸱鸮，既取我子，无毁我室。”《孝经·开宗明义章》：“身体发肤，受之父母，不敢毁伤，孝之始也。”毁 * xors，况伪切，《广韵》：“男八岁、女七岁而毁齿。”《说苑·辨物》：“男八月而生齿，八岁而毁齿，二八十六而精小通；女七月而生齿，七岁而毁齿，二七十四而精化小通。”《周礼·秋官·司寇》郑注：“龀，毁齿也。男八岁女七岁而毁齿。”《释文》：“毁，况伪反。”

垂 * dor，是为切，《广韵》：“草木叶悬也。”《左传·昭公王年》：“明之未融，故曰垂其翼。”《诗经·都人士》：“匪伊垂之，带则有余。”《庄子·天地》：“垂衣裳，设采色，动容貌，以媚一世。”睡 * dors，是伪切，《广韵》：“眠睡。”《韩非子·外储说右下》：“俄而王已睡矣。”《韩非子·外储说左上》：“昭王读法十余简而睡卧矣。”《战国策·秦策一》：“读书欲睡，引锥自刺其股。”《庄子·知北游》：“言未卒，啮缺睡寐。”

堕 * zor^{B}，徒果切，《广韵》：“落也。”《荀子·富国》：“徙坏堕落，必反无功。”《说苑·敬慎》：“臣年八十矣，齿再堕而舌尚存。”《韩非子·奸劫弑臣》：“是犹上高陵之颠，堕峻溪之下而求生，必不几矣。”毻 * sors，汤卧切，《广韵》：“鸟易毛也。”字也写作“毤”。毤 * sors，汤卧切，《广韵》：“落毛。”《管子·轻重甲》注：“毤，他卧反，落毛也。”

滋 * ʦe，子之切，《广韵》：“莳也，多也，蕃也。”《庄子·则阳》：“深其耕而熟耰之，其禾蘩以滋。”《左传·隐公元年》：“不如早为之所，无使滋蔓。”《礼记·月令》：“苦雨数来，五谷不滋。”孳 * ʦe，子之切，《广韵》：“孳息。”《汉书·律历志上》：“阳气施种于黄泉，孳萌万物，为六气元也。”栽 * ʦe，祖才切，《广韵》：“种也。”《礼记·中庸》：“栽者培之，倾者覆之。”注：“栽读如文王初载之载。栽，犹殖也；培，益也。今时人名草木之植曰栽，筑墙立板亦曰栽。栽或为兹。”字本只写作“滋”。《楚辞·九章·惜诵》：“播江离与滋菊兮，愿春日以为糗芳。”补注：“滋，莳也。”孳*ȡe̱s，疾置切，《广韵》：“孳尾。乳化曰孳，交接曰尾。”《吴越春秋·越王无余外传》：“鲧娶于有莘氏之女，名曰女嬉，年壮未孳。”《列子·黄帝》：“雄雌在前，孳尾成群，异类杂居，不相搏噬也。”字*ȡe̱s，疾置切，《说文》：“乳也。”《汉书·严安传》：“五谷蕃熟，六畜遂字。”注：“字，生也。”《易·屯》：“女子贞不字，十年乃字。”

偶*ŋo^{B}，五口切，《广韵》：“合也，匹也，二也，对也，谐也。”《吕氏春秋·壹行》：“盗贼大奸也，而犹所得匹偶，又况于欲成大功乎？”耦*ŋo^{B}，五口切，《广韵》：“耦耕也。”《庄子·齐物论》：“南郭子綦隐几而坐，仰天而嘘，嗒焉似丧其耦。”《左传·桓公六年》：“人各有耦，齐大，非吾耦也。”《左传·桓公二年》：“嘉耦曰妃，怨耦曰仇。”偶指奇偶，耦指配偶。遇*ŋo̱s，牛具切，《广韵》：“不期而会。”《释言》：“遇，偶也。”《左传·隐公四年》：“公及宋公遇于清。”《左传·庄公十二年》：“宋万弑闵公于蒙泽，遇仇牧于门，批而杀之。”

取*ȶho̱^{B}，七庾切，《广韵》：“收也，受也。”《左传·隐公四年》：“败郑徒兵，取其禾而还。”《诗经·伐檀》：“不稼不穑，胡取禾三百廛兮？”娶*ȶho̱s，七句切，《广韵》：“《说文》曰：取妇也。”《孟子·万章上》：“娶妻非为养也，而有时乎为养。”字本只写作“取”。《诗经·南山》：“取妻如之何？必告父母。”《释文》：“取，七喻反。”《论语·述而》：“君取于吴，为同姓，谓之吴孟子。”《释文》：“取，七住反。”《礼记·曲礼上》：“取妻不取同姓。”

奔*pun，博昆切，《广韵》：“奔走也。”《左传·隐公元年》：“辛丑，大叔出奔共。”《诗经·小弁》：“鹿斯之奔，维足伎伎。”《诗经·大车》：“岂不尔思？畏子不奔。”奔*puns，甫闷切，（《广韵》无释义）。《诗经·行苇》郑笺引《礼记·射义》云：“奔军之将，亡国之大夫，与为人后者不入，其余皆入。”《释文》：“奔，音奋，覆败也。”《礼记·射义》：“贲军之将，亡国之大夫，与为人后者不入，其余皆入。”郑注：“贲，读为偾。偾，犹覆败也。”《释文》：“贲，依注读为偾，音奋，覆败也。贲读音奔。”偾，方问切，《广韵》：“僵也。”《左传·隐公三年》：“郑伯之车偾于济。”《礼记·大学》：“此谓一言偾事，一人定国。”实际上，“奔军”之“奔”为“奔”的引申。《左传·隐公九年》：“前后击之，尽殪，戎师大奔。”

钻*ƫon，借官切，《广韵》："刺也。"《孟子·滕文公下》："钻穴隙相窥，逾墙相从，则父母国人皆贱之。"窜*ƫhons，七乱切，《广韵》："逃也，诛也，放也，藏也，匿也，从鼠在穴中。"《左传·僖公二十六年》："我先王熊挚有疾，鬼神弗赦，而自窜于夔。"《左传·哀公十六年》："蒯聩得罪于君父君母，逋窜于晋。"《荀子·正论》："庶人隐窜，莫敢视望。"

写*ça̱^{B}，悉姐切，《广韵》："除也。"《礼记·曲礼上》："御食于君，君赐余，器之溉者不写，其余皆写。"注："写者，传已器中乃食之也。"《诗经·泉水》："驾言出游，以写我忧。"传："写，除也。"《管子·白心》："卧名利者写生危。"注："写，除也。"泻*ça̱s，司夜切，《广韵》："吐泻。"《说文》："写，置物也。"段玉裁注："俗做泻者，写之俗字。"《史记·扁鹊仓公列传》："车步广志，以适筋骨肉血脉，以泻气。"

当*taŋ，都郎切，《广韵》："敌也，直也，主也，值也。"《说文》："当，田相值也。"段玉裁注："引申之，凡相持相抵皆曰当。"《战国策·楚策一》："天下莫能当也。"注："当，敌也。" 当*taŋs，丁浪切，《广韵》："主当，又底也。"《庄子·徐无鬼》："夫或改调一弦，于五音无当也。"《释文》："当，丁浪反，合也。"《礼记·乐记》："天地顺而四时当。"注："当谓乐不失其所。"《释文》："当，丁浪反。"《礼记·学记》："鼓无当于五声，五声弗得不和。水无当于五色，五色弗得不章。"注："当，犹主也。"《释文》："当，丁浪反，主也。"

爯*the̱ŋ，处陵切，《广韵》："并举也。"《说文》："爯，并举也。"偁*the̱ŋ，处陵切，《广韵》："宣扬美事，又言也，好也，扬也，举也。"《说文》："偁，扬也。"《尔雅》："偁，举也。"称*the̱ŋ，处陵切，《广韵》："知轻重也。"爯、偁和稱（称）实际是同一词的不同文字形式，通常写作"称"。《论语·泰伯》："三以天下让，民无得而称焉。"称* the̱ŋs，昌孕切，《广韵》："惬意，又是也，等也。"《群经音辨》："称，举也，尺烝切；举事得宜曰称，尺证切。"《诗经·候人》："彼其之子，不称其服。"笺："不称者言德薄而服尊。"《释文》："称，尺证反。"《左传·襄二十七年》："服美不称，必以恶终。"《释文》："称，尺证反。"

弹*dan，徒丹切，《广韵》："纠也，射也，亦弹棋。"《礼记·檀弓上》："孔子既祥，五日弹琴而不成声。"《释文》："弹，徒丹反。"《左传·宣公二年》："从台上弹人，而观其辟丸也。"《释文》："弹，徒丹反。"弹*dans，徒案切，《广韵》："行丸。"（《庄子·山木》："褰裳躩步，执弹而留之。"）《周礼·冬官·考工记》:“句兵欲无弹,刺兵欲无蜎。”注:“故书弹或作但,郑司农云:但读为弹丸之弹。弹谓掉也。”《释文》:“弹,徒旦反。”颤 * ta̲ns,之膳切,《广韵》:“四支寒动。”字多写作“战”。战 * ta̲ns,之膳切,《广韵》:“惧也,恐也。”《诗经 · 小旻》:“战战兢兢,如临深渊,如履薄冰。”《论语 · 八佾》:“周人以栗,曰使民战栗。”

袒 * dan^{B},徒旱切,《广韵》:“袒裼。襢:上同。”《孟子 · 公孙丑上》:“虽袒裼裸裎于我侧,尔焉能浼我哉?”《礼记 · 内则》:“不有敬事,不敢袒裼。”《诗经 · 大叔于田》:“襢裼暴虎,献于公所。”传:“襢裼,肉袒也。”《释文》:“襢本又作袒,音但。”字也写作“膻”。《说文》:“膻,肉膻也。《诗》曰:膻裼暴虎。”膻,徒旱切,《广韵》:“《说文》云:肉膻也。”袒 * drans,丈苋切,《广韵》:“衣缝解,又作绽。”《说文》:“袒,衣缝解也。”段玉裁注:“许书无绽字,此即绽字也。”《礼记 · 内则》:“衣裳绽裂,纫箴请补缀。”

伏 * bu̲k,房六切,《广韵》:“匿藏也。”《释名》:“伏,覆也。”《庄子 · 逍遥游》:“卑身而伏,以候敖者。”《礼记 · 曲礼上》:“寝毋伏。”《荀子 · 仲尼》:“是犹伏而咶天,救经而引其足也。”《韩非子 · 十过》:“腾蛇伏地。”伏 * bu̲ks,扶富切,《广韵》:“鸟菢子。”《礼记 · 乐记》:“羽者妪伏,毛者孕鬻。”《释文》:“伏,扶又反。”《庄子 · 庚桑楚》:“越鸡不能伏鹄卵,鲁鸡固能矣。”《释文》:“伏,扶又反。”《汉书 · 五行志中之上》:“雌鸡伏子。”

这种相平行的例子甚多。“称$_{\text{处陵切}}$”是“我”可以控制的动作行为,“称”或“不称”可以由说话者自己抉择,但是“称$_{\text{处陵切}}$”不同。已然的状态“我”不能控制。这一点在“脱”和“蜕”这一对动词中很清楚地表现出来。动词“脱”是可以控制的动作行为,而动词“蜕”是无法控制的动作行为。就我们所搜集的材料来看,上古汉语动词确实存在自主和非自主的对立,且这种对立通过 * -s 后缀来表达。表示说话者主观上不能自由支配的动作行为读去声。考察动词,我们不难发现,一些含有迫于无奈、不得不意义的动词,会选择去声这一语音形式。

去 * kha̲^{B},羌举切,《广韵》:“除也。”《左传 · 隐公六年》:“为国家者,见恶如农夫之务去草焉。”《释文》:“去,起吕反。”《左传 · 桓公八年》:“天去其疾矣。”《释文》:“去,起吕反。”《左传 · 闵公元年》:“不去庆父,鲁难未已。”

《释文》:“去,起吕反。”去*khas,丘倨切,《广韵》:“离也。”《左传·隐公十一年》:“我死,乃亟去之。”《左传·庄公四年》:“纪侯大去其国,违齐难也。”《左传·僖公三十年》:“吾其还也,亦去之。”

辟*bik,房益切,“避”本字。(《广韵》:“便辟,又法也。”)《周礼·秋官·司寇》:“掌执鞭以趋辟。”注:“趋辟,趋而辟行人。”《释文》:“辟,婢亦反,又音避,刘薄易反,徐扶亦反。”《周礼·秋官·司寇》:“前王而辟”注:“辟除奸人也。”《释文》:“辟,婢亦反,刘符益反,一音匹亦反,沈音避。”《周礼·秋官·司寇》:“王燕出入,则前驱而辟。”注:“道王且辟行人。”《孟子·离娄下》:“君子平其政,行辟人可也。”音义:“辟,丁张并音辟。”避*biks,毗义切,《广韵》:“违也,回也。”《说文》:“避,回也。”《孟子·梁惠王下》:“岂有他哉?避水火也。”《汉书·荆燕吴传》:“贾辄避而不肯与战。”字本作“辟”。《左传·僖公三十二年》:“其北陵,文王之所辟风雨也。”《释文》:“辟,音避。”《左传·隐公元年》:“姜氏欲之,焉辟害?”《左传·庄公九年》:“以公旗辟于下道。”《释文》:“辟音避,本亦作避。”《诗经·葛屦》:“好人提提,宛然左辟,佩其象揥。”《释文》:“辟,音避。”

附加*-s后缀,一个主动性的自主动词变成了一个被动性的非自主动词。“去羌举切”是一个自主动词,而“去丘倨切”是一个非自主动词,表示施者迫于无奈不得不去。“纪侯大去其国。”(《左传·庄公四年》)纪侯不想去,但不得不去。《论语·八佾》:“子贡欲去告朔之饩羊。”《释文》:“去,起占反。”《论语·微子》:“微子去之,箕子为之奴,比干谏而死。”比较两个语音形式的“去”,不难看出,“去羌举切”有着更强的主动性、及物性。“避”的情况跟“去”相同。“避房益切”是施者主动选择,而“避毗义切”是施者被动选择。“天王出居于郑,辟母弟之难也。”(《左传·僖公二十四年》)不是天王想“避”,而是不得不“避”。

三

动作已经完成,说话者就不能再自由支配这一动作。一个原本可以自由支配的自主动词也就变成了非自主动词。这也是非自主动词采用动词既行体的最主要原因。自主和非自主动词的划分又有着很强的时代性。此时代可以自由支配的自主动词,彼时代就是不能自由支配的非自主动词。对尊者必须做的动作行为是说话者主观上无法控制的动作行为,有着很大的强制性。此外,还有社会道德伦理的制约,使得说话者不想做,也不得不做。

张*tra̲ŋ,陟良切,《广韵》:“张施也。”张*tra̲ŋs,知亮切,《广韵》:“张施。”《左传·桓公六年》:“汉东之国,随为大。随张,必弃小国。”注:“张,自侈大也。”《释文》:“张,猪亮反。”涨*tra̲ŋ,陟良切,《广韵》:“水大貌。”涨*tra̲ŋs,知亮切,《广韵》:“大水。”《龙龛手鉴》:“涨,知亮反,水大泛也,又音张。漲,俗同上。”《集韵》:“涨,知亮切,大水貌。”

施*sa̲r,式支切,《广韵》:“予也。”《左传·昭公十三年》:“施舍不倦,求善不厌,是以有国。”《左传·成公十八年》:“施舍已责。”《释文》:“施,如字,一音始豉反。”《左传·僖公二十七年》:“报施救患,取威定霸,于是乎在矣。”《释文》:“施,式氏反。”施*sa̲rs,施智切,“《易》曰:云行雨施。”《易·乾》:“云行雨施。”《释文》:“施:始豉反。”《礼记·月令》:“行庆施惠,下及非民。”《释文》:“施,如字,又始豉反。”《左传·僖公二十八年》:“免其族,报施也。”《释文》:“施,始鼓反。”

浇*krɯ,古尧切,《广韵》:“沃也。”《说文》:“浇,沃也。”段玉裁注:“沃为浇之大,浇为沃之细。”潦*rɯ^{B},卢皓切,《广韵》:“雨水。”《说文》:“潦,雨水大貌。”涝*rɯs,郎到切,《广韵》:“淹也,或作潦”。《礼记·月令》:“行秋令,则丘隰水潦,禾稼不熟。”《龙龛手鉴》:“潦,或作涝,郎到反,淹也。又水名。又音老,上雨落水也,下水名也。”

釃*sra̲r,所绮切,《广韵》:“分也,见《汉书·沟洫志》。”《说文》:“釃,下酒也。”《诗经·伐木》:“伐木许许,釃酒有藇。”《汉书·沟洫志》:“乃釃二渠以引其河。”注:“孟康曰:釃,分也,分其流泄其怒也。师古曰:釃,音山支反。”字写作“洒”。《说苑·君道》:“故疏河以导之,凿江通于九派,洒五湖而定东海。”洒*sra̲r,所绮切,《广韵》:“洒埽。”《礼记·内则》:“屑桂与姜以洒诸上而盐之。”晒*sra̲rs,所寄切,《广韵》:“暴也。”《汉书·景十三王传》:“白日晒光,幽隐皆照。”《方言》:“暴五谷之类,秦晋之间谓之晒,东齐北燕海岱之郊谓之晞。”《方言》:“晒,干物也,扬楚通语也。”

仰*ŋa̱ŋ^{B}，鱼两切，《广韵》："偃仰，《说文》：举也。"《左传·定公十四年》："高仰，骄也；卑俯，替也。"仰*ŋa̱ŋs，鱼向切（《广韵》无释义），《广雅》："仰，恃也。"《左传·襄公十九年》："小国之仰大国也，如百谷之仰膏雨焉。"《释文》："仰，如字，徐五亮反。"

养*ja̱ŋ^{B}，余两切，《广韵》："育也。"《左传·襄公二十七年》："敏以事君，必能养民。"《韩非子·外储说左上》："燕王因以三乘养之。"养*ja̱ŋs，余亮切，《广韵》："供养也。"《左传·文公十八年》："如孝子之养父母也。"《释文》："养，余亮反。"《诗经·祈父》郑笺："不得供养也。"《释文》："养，羊亮反。"《论语·为政》："今之孝者，是谓能养。"《释文》："养，羊尚反。"《群经音辨》："上育下曰养，余两切，书政在养民；下奉上曰养，余亮切。"

供*ko̱ŋ，九容切，《广韵》："给也。"《庄子·天地》："故其与万物接也，至无而供其求。"《释文》："供，音恭。"本只写作"共"。《左传·僖公三十年》："舍郑以为东道主，行李之往来，共其乏困。"《释文》："共，音恭，本亦作供。"供*ko̱ŋs，居用切，"进也"。《群经音辨》："上赋下曰共，九容切；下奉上曰共，九用切。"《左传·昭公十二年》："外内倡和为忠；率事以信为共；供养三德为善。"《释文》："供，九用反。"《礼记·月令》："收禄秩之不当，供养之不宜者。"《释文》："供，九用反。"《韩非子·外储说左上》："其供养薄，父母怒而诮之。"

争*ʈriŋ，侧茎切，《广韵》："竞也，引也。"《左传·隐公十一年》："公孙阏与颍考叔争车。"《左传·宣公十五年》："天方授楚，未可与争。"《左传·文公十八年》："齐懿公之为公子也，与邴歜之父争田。"诤*ʈriŋs，侧迸切，《广韵》："谏诤也，止也，亦作争。"《说苑·臣术》："君有过不谏诤，将危国殒社稷也。有能尽言于君，用则留之，不用则去之，谓之谏；用则可生，不用则死，谓之诤。"《吕氏春秋·似顺》："见乐则淫侈，见忧则诤治，此人之道也。"《盐铁论·相刺》："扁鹊不能治不受针药之疾，贤圣不能正不食谏诤之君。"

违*ʁɯ̱r，雨非切，《广韵》："背也。"《说文》："违，离也。"《左传·庄公四年》："纪侯大去其国，违齐难也。"《左传·成公十六年》："有淖于前，乃皆左右，相违于淖。"《左传·定公四年》："违强陵弱，非勇也。"讳*χɯ̱rs，许贵切，《广韵》："《说文》誋也。"《左传·僖公元年》："公出复入不书，讳之也，讳国恶，礼也。"《左传·文公十五年》："凡诸侯会，公不与不书，讳君恶也。"《孟子·尽心下》:“讳名不讳姓,姓所同也,名所独也。”

使*sre̱^{B},疏士切,《广韵》:“役也,令也。”《论语·阳货》:“君子学道则爱人,小人学道则易使也。”《左传·隐公元年》:“请京,使居之,谓之京城大叔。”士*g-re̱^{B},鉏里切,《广韵》:“《说文》曰:士,事也。”段玉裁注:“凡能事其事曰士。”《诗经·东山》:“制彼裳衣,勿士行枚。”传:“士,事也。”仕*g-re̱^{B},鉏里切,《广韵》:“仕官。”《诗经·节南山》:“弗问弗仕,勿罔君子。”又《四月》:“尽瘁以仕,宁莫我有。”所谓“仕”即为君主做事。《论语·阳货》:“吾将仕矣。”事*g-re̱s,锄吏切,《广韵》:“使也。”《论语·学而》:“事父母能竭其力,事君能致其身。”《左传·文公十八年》:“先大夫臧文仲教行父事君之礼。”《论语·学而》:“事父母能竭其力,事君能致其身。”

待*de^{B},徒亥切,《广韵》:“俟也。”《说文》:“待,竢也。”《庄子·田子方》:“孔子便而待之。”《释文》:“待或作侍。”《周礼·天官·冢宰》:“以典待邦国之治,以则待都鄙之治,以法待官府之治,以官成待万民之治,以礼待宾客之治。”侍*de̱s,时吏切,《广韵》:“近也,从也,承也。”《说文》:“侍:承也。”《论语·先进》:“冉有、公西华侍坐。”《孝经·开宗明义章》:“仲尼居,曾子侍。”《释文》:“卑在尊者之侧曰侍。”《论语·乡党》:“侍食于君,君祭,先饭。”《礼记·曲礼上》:“侍坐于先生,先生问焉,终则对。”

勤*gɯ̱n,巨斤切,《广韵》:“劳也,尽也。”《论语·微子》:“四体不勤,五谷不分,孰为夫子?”《左传·僖公二十八年》:“非神败令尹,令尹其不勤民,实自败也。”《左传·僖公二十五年》:“求诸侯莫如勤王,诸侯信之,且大义也。”觐*gɯ̱ns,渠遴切,《广韵》:“见也。”《说文》:“觐,诸侯秋朝曰觐,勤劳王事也。”《周礼·春官·宗伯》:“秋见曰觐,冬见曰遇。”注:“觐之言勤也,欲其勤王之事。”《左传·隐公四年》:“何以得觐?”

偿*da̱ŋ,市羊切,《广韵》:“报也,还也,当也,复也。”偿*da̱ŋs,时亮切,《广韵》:“备也,还也。”《庄子·庚桑楚》:“使人以己为节,因以死偿节。”《释文》:“偿,常亮反。《广雅》云:偿,报也,复也。案谓杀身以成名,节成而身死,故曰以死偿节也。”《左传·僖公十五年》:“西邻责言,不可偿也。”《释文》:“偿,市亮反,又音常。”

答*tup,都合切,《广韵》:“当也。”《诗经·雨无正》:“听言则答。”郑笺:“答,犹对也。”答和对是一对同根词。《仪礼·士冠礼》:“主人再拜,宾答拜;

主人退，宾拜送。”《论语·宪问》：“夫子不答。”对 *tups，都罪切《说文》：“应无方也。”《左传·隐公元年》：“食舍肉，公问之，对曰：小人有母，皆尝小人之食矣，未尝君之羹，请以遗之。”《诗经·桑柔》：“听言则对，诵言如醉。”郑笺：“对，答也。”《诗经·雨无正》中的“答”当是“对”，因而跟“退”押韵。

答和对是一对同根动词。周法高（1962）认为“答对”属于“彼此间的关系”，和“买卖”类动词相同。这一解释显然不妥。“凡对方有所施与，自己作出的响应，均叫答。”（赵学清，2004：214）对是“回答在上的问题”（王力，1981：586）。“答”和“对”的动作指向完全相同，它们之间的关系不等同“买”和“卖”之间的关系。或许可以把“买卖”理解为“我买”就是“你卖”或“你买”就是“我卖”，但不可以把“答对”解释为“我答”就是“你对”或“你答”就是“我对”。“答对”根本差别在于“对”是回答在上的问题，对说话者而言，有强制性，具有不可抗拒性。“夫子不答，南宫适出。”（《论语·宪问》）因而，出于对他者的尊敬或者表达说话者对他者的敬意或礼貌的时候，说话者也可以选择非自主动词。

迎 *ŋa̠ŋ，鱼京切，《广韵》：“逢也。”《说文》：“迎，逢也。”《礼记·曲礼上》：“客至于寝门，则主人请入为席，然后出迎客。”《礼记·檀弓下》：“杞梁死焉，其妻迎其柩于路而哭之哀。”迎 *ŋa̠ŋs，鱼映切，（《广韵》无释义）。《诗经·大明》：“文定厥祥，亲迎于渭。”《释文》：“迎，鱼敬反。”《诗经·东门》传：“昏姻失时，男女多违，亲迎女犹有不至者也。”《释文》：“迎，鱼敬反。”周祖谟（1966）案：《仪礼·士昏礼》“婿亲迎”，《穀梁传·桓公三年》“冕而亲迎”，《释文》迎并读去声。盖物来而接之为平声，物未来而往迓之使来，则去声。《孟子·告子下》：“亲迎，则不得要。”音义：“迎，鱼庆切。”

四

能不能主观决定或者自由支配，存在着相对的度。客观现实和人的主观世界总是存在着矛盾。有些动作行为，事件的主体虽然可以主观上有权决定做还是不做，但是迫于现实压力还是放弃了这种自由选择的权利。除了不得不，主体选择非自主动词的形式更多的是出于对对方的一种尊重。这跟动词“临”的两读大抵相平行。“临”本是一个自主动词,但出于对死者的尊敬而转为非自主动词,强调说话者对此动作行为主观上的无法控制性。

临*ru̱m,力寻切,《广韵》:“莅也。”《诗经·小旻》:“如临深渊,如履薄冰。”《荀子·劝学》:“不临深溪,不知地之厚也。”《左传·庄公三十二年》:“公筑台临党氏,见孟任。”临*ru̱ms,力鸩切,《广韵》:“哭临。”《群经音辨》:“临,莅也,良寻切;哭而莅丧曰临,力禁切。”《左传·襄公十二年》:“吴子寿梦卒,临于周庙,礼也。”《释文》:“临,力荫反。”《左传·襄公十二年》:“凡诸侯之丧,异姓临于外。”《左传·宣公十二年》:“卜临于大宫,且巷出车,吉。国人大临,守陴者皆哭。”注:“临,哭也。”《释文》:“临,力鸩反。”

藏*ȡaŋ,昨朗切,《说文》新附:“匿也。”《左传·襄公十一年》:“夫赏,国之典也,藏在盟府,不可废也。”《论语·述而》:“用之则行,舍之则藏。”《庄子·大宗师》:“夫藏舟于壑,藏山于泽,谓之固矣。”葬ȶaŋs,则浪切,《广韵》:“藏也。”《说文》:“葬,藏也。”《释名》:“葬,尸下藏也。”《左传·隐公元年》:“冬十月,庚申,改葬惠公。”

宾*pi̱n,必邻切,《说文》:“所敬也。”殡*pi̱ns,必刃切,《广韵》:“殡殓。”《说文》:“殡,死在棺,将迁葬柩,宾遇之。从歺从宾,宾亦声。夏后殡于阼阶,殷人殡于两楹之间,周人殡于宾阶。”《释名》:“于西壁下涂之曰殡。殡,宾也,宾客遇之言稍远也。”《左传·僖公八年》:“凡夫人不薨于寝,不殡于庙。”《左传·僖公三十二年》:“将殡于曲沃。”

敛*ro̱m^{B},良冉切,《广韵》:“收也。”《论语·先进》:“季氏富于周公,而求也为之聚敛而附益之。”《礼记·月令》:“命百官,始收敛。”殓*ro̱ms,力验切,《广韵》:“殡殓。”《晏子春秋·谏篇》:“公殓之以服,葬之以士礼焉。”殓,字本只写作“敛”。《左传·僖公三十三年》:“文夫人敛而葬之郐城之下。”《释文》:“敛,力艳反。”《左传·襄公二十九年》:“我死,必无以冕服敛,非德赏也,且无使季氏葬我。”

言*ŋa̱n,语轩切,《广韵》:“言语也,《字林》云:直言曰言,答难曰语。”《左传·桓公六年》:“斗伯比言于楚子曰:吾不得志于汉东也,我则使然。”《左传·闵公元年》:“管敬仲言于齐侯曰:戎狄豺狼,不可厌也。”唁*ŋa̱ns,鱼变切,《广韵》:“吊失国。《说文》曰:吊生也,《诗》曰:归唁卫侯。”《左传·襄公十四年》:“臧纥如齐唁卫侯。”《左传·昭公三十一年》:“荀跞以晋侯之命唁公。”《诗经·载驰》:“载驰载驱,归唁卫侯。”

辅 *ba̱^{B},扶雨切,《广韵》:“毗辅,又助也,弼也。”《左传·襄公十四年》:“以相辅佐也。”《左传·僖公四年》:“以夹辅周室。”赙 *ba̱s,符遇切,《广韵》:“赠死也,助也。”《说文》:“赙,助也。”《荀子·大略》:“货财曰赙,舆马曰赗,衣服曰禭,玩好曰赠,玉贝曰唅。赙赗,所以佐生也;赠禭,所以送死也。”《左传·隐公三年》:“秋,武氏子来求赙。”赙既是名词,也是动词。《礼记·檀弓上》:“出,使子贡说骖而赙之。”《礼记·曲礼上》:“吊丧弗能赙,不问其所费。”《释文》:“赙音附。《公羊传》曰:钱财曰赙。”

赗 *smu̱ŋs,抚凤切,《广韵》:“赗赙。”《说文》:“赗,赠死者。从贝从冒。冒者,衣衾覆冒之意。”《左传·文公五年》:“王使荣叔来含,且赗,召昭公来会葬,礼也。”《礼记·文王世子》:“敬吊临赙赗,睦友之道也。”《礼记·少仪》:“赗马入庙门;赙马与其币,大白兵车,不入庙门。”《仪礼·既夕礼》:“兄弟,赗、奠可也;所知,则赗而不奠。”

禭 *zu̱ts,徐醉切,《广韵》:“赠禭。”《说文》:“禭,衣死人也。”《仪礼·士丧礼》:“君使人禭。”注:“禭之言遗也,衣被曰禭。”《释文》:“禭,音遂。”《礼记·檀弓下》:“不释服而往,遂以禭之。”《左传·襄公三十年》:“伯有死于羊肆,子产禭之,枕之股而哭之,敛而殡诸。”《左传·定公九年》:“乃得其尸,公三禭之。”

祱 *sots,他外切,《广韵》:“送死衣也。”祱 *so̱ts,舒芮切,《广韵》:“衣送死也。”《说文》:“赠终者衣被曰祱。”《汉书·鲍宣传》:“相王莽时征为太子四友,病死,莽太子遣使祱以衣衾,其子攀棺不听。”注:“赠丧衣服曰祱。祱,音式芮反。”

殉 *ɢi̱ns,辞闰切,《广韵》:“以人送死。”《左传·成公二年》:“始用殉,重器备。”《释文》:“殉,杀人从葬也。”《左传·昭公十三年》:“王缢于芋尹申亥氏,申亥以其二女,殉而葬之。”《左传·定公三年》:“先葬以车五乘,殉五人。”引申之,为了某物或某事而死。《庄子·骈拇》:“小人则以身殉利,士则以身殉名,大夫则以身殉家,圣人则以身殉天下。”字也写作“徇”。徇 *ɢi̱ns,辞闰切,《广韵》:“以身从物。”

与丧葬有关的一组动词，一个显著的特点是采用非自主动词的形式。事件中的主体可以选择做，也可以选择不做，但出于种种原因最后还是选择做。其中尊敬和礼貌是主体决定选择做的主要原因之一。由此，非自主动词渐渐衍生出敬称的意义，比如“莅”。

立*re̱p，力入切，《广韵》：“行立，又住也，成也。”《论语·乡党》：“揖所与立，左右手。”又《乡党》：“立不中门，行不履阈。”莅*re̱ps，力至切，《广韵》：“临也，亦作莅。”《礼记·文王世子》：“成王幼，不能莅阼，周公相，践阼而治。”《礼记·坊记》：“故君子信让以莅百姓，则民之报礼重。”《孟子·梁惠王上》：“欲辟土地，朝秦楚，莅中国而抚四夷也。”竦，力至切，《广韵》：“临也。”《说文》：“竦，临也，从立从隶。”段玉裁注：“古无莅字，《说文》作竦。”《老子》：“以道莅天下，其鬼不神。”《释文》：“莅，力至反，《说文》作竦。”

第五节　受事动词

一

周祖谟（1966）将贾昌朝《群经音辨》中的“辨彼此异音”称作“意义有彼此上下之分而有异读。”这种“意义有彼此上下之分而有异读”的例子，周祖谟列举了假、借、乞、贷、风、告、养、仰等8例。这8例全部来自贾昌朝的《群经音辨》。周法高（1967：81—84）将周祖谟的“彼此上下”进一步细分为上下和彼此两类，共收集了属于上下关系的10例和彼此关系的15例。梅祖麟（1980）把周法高的“上下、彼此”动词统称作“内向动词”和“外向动词”，共分析了周祖谟和周法高所提供的例子中的8例。

这一类周祖谟、周法高称之为“彼此上下之分”的动词，也有学者把它们看成是使动词和自动词之间的关系,如唐纳(1959)、王力(1980)等学者。王力(1980:217)说:"'使买'就是'卖','使受'就是'授',所以'买''受'读上声,而'卖''授'读去声。"除列出"上下关系"和"彼此关系"这两类外,周法高还列出了属于自动和使动关系的一类动词。周祖谟亦然,只是周祖谟所举的例子要少一些。这种自动和使动关系也采用非去声和去声的交替,和周法高所说的动词"上下关系"和"彼此关系"的语音交替形式相同。很显然,周祖谟、周法高等并不认为这种非去声和去声异读的动词都属于自动、使动。周祖谟和周法高等学者之所以把这一类动词另外处理为"彼此、上下之分",显然是看到这一类动词用自动和使动来处理所存在的困难。自动词是不及物动词,而使动词是及物动词。马建忠在《马氏文通》里面把汉语的动词分为不及物动词跟及物动词两类。两者之间的区别标准是能否带止词(受事宾语)。陈承泽(1982:30—37)在马建忠的基础上另加一条标准:不及物动词可以构成致使,及物动词不可以。依照陈承泽对动词的分类标准,我们或可以否定王力等"买卖""授受"使动说,因为"买""受"本来就是及物动词。"卖酒"不是"使酒买"而只能是"使酒被买"(潘悟云师,1991)。谢质彬(1988:1)也对王力的"买卖"使动说提出质疑。"为什么说'买''卖'关系等字的关系不是自动和使动的关系呢?因为这些字都是及物动词,而及物动词一般是不能用作使动的,只有极个别的例外。如《左传·宣公二年》'晋侯饮赵盾酒'的'饮',《战国策·齐策》'食以草具'中的'食'等(按:饮、食也不是使动词)。而'买、粜、受、貣、赊'等字在古籍中从来没有使动的用法,因此,不可能通过使动用法来造新词。"黄坤尧(1997:143)更对王力的"买卖使动说"提出直接的批评:"王力对使动词的定义没有严格的限制,所举的例子牵涉多种层次的分类,很多还不能用'使字结构'来描述说话人的语义意图,不宜将两读关系勉强解作是自动词与使动词配对。"已经有不少学者注意到,自动和使动难以解释这些同根动词彼此之间的关系。贾昌朝在《群经音辨》中称"彼此"倒反很简明。

周祖谟、周法高等学者所列举的这类动词,其中有不少是反成词(converse-terms),而反成词不可以用使动解释,正因为这些动词往往是反成词,所以梅祖麟把这类动词称为内向动词和外向动词,实质上就是"彼此"。既然不是自动和使动关系,那是什么关系?周祖谟和周法高认为这些动词属于"上下彼此"关系,黄坤尧(1990)认为"告"和"诰"等属于尊卑关系。周法高、周祖谟的"上下彼此关系"和黄坤尧的"尊卑关系"都源于《群经音辨》。

上化下曰风，方戎切；下刺上曰风，方凤切。

上临下曰见，古甸切；下朝上曰见，胡甸切。

上布下曰告，古报切，《书》：予誓告汝；下白上曰告，古禄切，《礼》：为人子出必告。

上育下曰养，余两切，《书》：政在养民；下奉上曰养，余亮切。

上赋下曰共，九容切；下奉上曰共，九用切。

除了一例用辅音声母清浊交替，其余四例都采用非去声和去声屈折的形式。不过，这四例也不全是上对下采用一个声调、下对上采用一个声调。对此，梅祖麟(1980)的评价是"这种似乎可称为学究式的类比模仿(learned analogy)"。但是，梅祖麟(1980)还是采纳了周法高、周祖谟所谓的"上下彼此"的分类，只是把名称改为"内向动词"和"外向动词"，也似乎认为它们之间的差别是方向的不同。"内向动词所代表的动作由外向内，如'买'；外向动词所代表的动作由内向外，如'卖'；周法高管'买卖'这一型的词义转变叫'彼此之间的关系'，也无不可。"潘悟云师(1991)则似乎既承认上古有利用去声变调表达自动和使动意义，也承认利用去声变调表达动词的方向。

潘悟云师(1991))认为，上下尊卑关系，实际上也是一种方向性关系，如把尊卑别为一语法范畴，势必要求语音屈折内部的一致，而事实则不然。如统之为方向类，认为去声读破表示方向相反置，就比较容易解释了。看来，潘悟云师也赞成"买卖"方向说。动词有方向范畴并不奇特，藏缅语族的许多语言动词就有方向范畴。但是，动词有方向范畴的语言，要求动词方向和语音形式一致，如藏缅语羌语支语言(马学良，1991：297—307)。羌语支语言动词的方向范畴十分复杂，但是用同一个语音形式表示同一个方向，而不会出现同一个语音形式表达两个不同的方向，或者两个不同的方向不会用相同的语音形式。也就是说，同一个方向只用同一个语音形式。上古汉语动词所谓的上下方向和语音形式却不一致，甚至相反。这一点在《群经音辨》中所谓的"上下"例中十分明显。

上布下曰告，古报切，《书》：予誓告汝；下白上曰告，古禄切，《礼》：为人子出必告。

上育下曰养，余两切，《书》：政在養民；下奉上曰養，余亮切。

自下而升曰上，时掌切；居高定体曰上，时亮切。

居卑定体曰下，胡贾切；自上而降曰下，胡嫁切。

这种“上下”方向跟语音形式之间并不一致，如“下白上曰告（古禄切）”，而“下奉上曰养（余亮切）”。我们还可以联系直接表示“向上”“向下”的动词“上、下”。上，时掌切，《广韵》：“登也，升也。”下，胡驾切，《广韵》：“行下。”告、养之间的上下方向相反，但语音形式则相同：告下读去声，养上读去声。这两个动词我们也可以和“上、下”两个动词比较，两者也相互矛盾。“尊卑”或“方向”跟去声变调没有任何内在的联系。比如“进”与“退”，方向相反，声调相同。再者，趋向动词最有方向性，但是趋向动词和声调之间根本不存在任何内在的联系。可见，去声和非去声之间的异读与动词的方向无关。告、养类动词的语音形式和前面讨论的“买卖”类动词语音形式完全相同，也和所谓的自动、使动关系的语音形式相同，它们都应该属于同一语法范畴。它们彼此不属于不及物动词、及物动词之关系，因为读非去声的可以是不及物动词，也可以是及物动词；也不属于自动、使动关系，如前面所分析；也不属于方向之不同。正因为不是动词的方向，因而下（向下行）读去声，而上（向上行）读上声，恰好和学者所提到的上下或外内关系所表现出来的语音关系相反。它们之间不是自动和使动的关系，不是动词的上下方向，更不是尊卑不同，而是施事动词和受事动词之间的关系。

买 *mri^{B}，莫蟹切，《广韵》：“《说文》市也。”《左传·昭公元年》：“买妾不知其姓，则卜之。”《左传·昭公二十六年》：“鲁人买之，百两一布，以道之不通，先入币财。”《礼记·檀弓下》：“买道而葬，后难继也。”卖 *mris，莫懈切，《广韵》：“《说文》作賣，出物也。”《左传·昭公二十四年》：“掏得玉者，取其玉，将卖之，则为石。”《左传·昭公二十九年》：“公执归马者卖之，乃不归马。”《庄子·天地》：“独弦哀歌以卖名声于天下者乎？”

应该清楚，“买”的直接宾语是物，而“卖”的直接宾语也是物。要是“买卖”之间是自动和使动关系，“卖马”岂非“使马买”？就“买”这一类动词而言，施事者必定是生命度最高的人。“鲁人买之”中动作行为“买”的施事者是 “鲁人”。“公执归马者卖之”中动作行为“买”的施事者不是主体而是外置的第三者。“卖”绝对不能理解为是“买”的使动词。我们从“买卖”这一例中更可以看出王力“买卖”使动说的不妥。“买”是施事者主语“我”在“买”,“卖”则是不需要明确的第三者在“买”。也就是说,当充当句子谓语的动词是一个双及物动词时,其中间接宾语是此动词词根所表达动作行为的实施者,而直接宾语则是受事者。动词“买”所联系的是动作行为的施事者,而“卖”所联系的则是动作行为的受事者。前者所关注的是施事者而不是受事者,而后者关注的则是受事者而不是施事者。因而,受事动词的作者可以是主体,也可以是客体,甚至也可以是外置的第三者。

“买”是施事动词,而“卖”是受事动词。正因“卖”是受事动词,因而动作行为的施事者可以是主体之外的客体或外置的第三者,比如“授受”。“受”是主体自己能够实施的动作行为,也即主体自己有权决定是“受”还是不“受”。《管子·小匡》:“君何不杀而受之其尸。”戴望校注:“左氏正义引受作授。”《战国策·齐策四》:“天子受籍。”吴师道注:“受,当作授,字通假。”《周礼·地官·司徒》:“以权度受之。”郑玄注:“故书受或为授。”这些句子中“受”的施事者并不是主体,而是客体或外置的第三者。可见,当动词“受”表示不是主体实施而是客体或外置的第三者实施的时候,则用受事动词的形式。后来文字形式也发生了改变,“受”繁化为“授”。不过,上古文献中有时“受”“授”还可以只用一个文字。“受”是主体“受”,而“授”则不是主体“受”,而是非主体“受”,即将施事者让渡给客体或外置的第三者。《左传·隐公八年》:“敢不承受君之明德。”动词“受”所带的宾语一般是非生命体名词,即使是一个生命体名词也可以理解为是一个跟非生命体名词没有差别的生命体名词。“受”是一个及物动词,“授”也是一个及物动词。但是,动词“授”是一个双及物(ditransitive)动词:间接宾语和直接宾语。间接宾语一般是生命体名词,而直接宾语一般是非生命体名词。就“受”这一动作而言,施事者一定是施事者主语;要是强调“受”这一动作行为的实施不是施事者主语时,那么这个动词必须采用受事动词的形式,后来文字也跟着写作“授”。

二

食 *jek,乘力切,《广韵》:“饮食。”《左传·文公十七年》:“臣闻齐人将食鲁之麦，以臣观之，将不能。”《左传·僖公十五年》：“我食吾言，背天地也。”《诗经·氓》：“于嗟鸠兮，无食桑葚。”飤*jeks，祥吏切，《广韵》：“食也。”《说文》段玉裁注：“飤，以食食人物，其字本作食，俗作飤，或作饲。”《左传·宣公二年》：“不食三日矣，食之。”《释文》：“食之，音嗣。”《左传·宣公二年》：“华元杀羊食士，其御羊斟不与。”《释文》：“食，音嗣。”《左传·襄公二十五年》：“遂舍，枕辔而寝，食马而食。”《释文》：“食马，音嗣。”

餔*pa，博孤切，《说文》：“申时食也。”《楚辞·渔父》：“何不餔其糟而歠其醨？”《庄子·盗跖》：“盗跖乃方休卒徒太山之阳，脍人肝而餔之。”餔*pas，博故切，《集韵》：“与食也。”《史记·高祖本纪》：“有一老父过请饮，吕后因餔之。”正义：“餔，必捕反，以食饲人也。父本请饮，吕后因饲之。《国语》云：国中童子无不餔。”《汉书·高帝纪上》：“吕后因餔之。”宋祁曰：“餔当作必故反。”《吕氏春秋·介立》：“见而下壶餐以餔之。”

饮*u̲m^{B}，於锦切，《说文》：“啜也。”《左传·宣公七年》：“陈灵公与孔宁、仪行父饮酒于夏氏。”《诗经·叔于田》：“叔于狩，巷无饮酒。”饮*u̲ms，於禁切，（《广韵》无释义）。《左传·宣公十二年》：“子重将左，子反将右，将饮马于河而归。”《释文》：“饮，於鸩反。”《左传·僖公二十七年》：“国老皆贺子文，子文饮之酒。”《释文》：“饮，於鸩反。”《左传·襄公十四年》：“公饮之酒，使大师歌《巧言》之卒章。”《释文》：“饮，於鸩反。”《诗经·有杕之杜》：“中心好之，曷饮食之。”《释文》：“饮，於鸩反，下文同。”

乞*khɯ̠t，去迄切，《广韵》：“求也。《说文》本作气，音气，今作乞取之乞。”《左传·隐公四年》：“宋公使来乞师，公辞之。”《左传·僖公十三年》：“晋荐饥，使乞籴于秦。”《左传·僖公二十三年》：“出于五鹿，乞食于野人，野人与之块。”气*khɯ̠ts，去既切，《广韵》：“与人物也，今作乞。”《广雅》：“乞，予也。”《左传·昭公十六年》孔疏：“乞之与乞，一字也，取则入声，与则去声也。”字也写作“氣”。氣，许既切（“去既切”的音变），《广韵》：“《说文》曰：馈客刍米。《春秋传》曰：齐人来氣诸侯。餼，并上同，见《说文》。”《说文》：“氣，馈客刍米也。《春秋传》曰：‘齐人来氣诸侯。’餼，氣或从食。”《群经音辨》：“取于人曰乞，去讫切；与之曰乞，去既切。”《左传·桓公十年》：“齐人餼诸侯，使鲁次之。”《左传·僖公十五年》：“是岁，晋又饥，秦伯又餼之粟。”

酤*ka，古胡切，《广韵》：“酤酒。”《说文》：“酤，一曰买酒也。”《诗经·伐木》："无酒酤我。"笺："酤，买也。"字也写作"沽"，音同。《论语·乡党》："沽酒市脯不食。"《墨子·公孟》："子与我葬，当为子沽酒。"酤 * kas，古暮切，《广韵》："卖也。沽：上同。"《说苑·理政》："人有酤酒者，为器甚洁清，置表甚长而酒酸不售。"《汉书·景帝纪》："禁酤酒。"注："酤，谓卖酒也。"《论语·子罕》："求善贾而沽诸？"注："沽，卖也。"

略 * la̱k，离灼切，《广韵》："求也。"《方言》："略，求也。"《左传·成公十二年》："略其武夫，以为己腹心股肱爪牙。"注："略，取也。"《左传·宣公十五年》："晋侯治兵于稷，以略狄土。"注："略，取也。"赂 * laks，洛故切，《广韵》："遗赂也。"《左传·僖公九年》："晋郤芮使夷吾重赂秦以求入。"《左传·庄公十二年》："卫人归之，亦请南宫万于陈，以赂陈人。"

貣 * sek，他德切，《广韵》："从人求物也。"貣 * zek，徒得切，《广韵》："假貣，谓从官借本贾也，亦从人求物也。"《说文》："貣，从人求物也。"《慧琳音义》卷十一注引《集训》曰："假借于人曰貣。"《荀子·儒效》："今有人于此，屑然藏千溢之宝，虽行貣而食，人谓之富矣。"杨倞注："行貣，行乞也。貣，土得反。"贷 * seks，他代切，《广韵》："借也，施也，假也。"《说文》："贷，施也。"《广雅》："贷，予也。"《庄子·外物》："庄周家贫，故往贷粟于监河侯。监河侯曰：诺，我将得邑金，将贷子三百金，可乎？"《释文》："贷，音特，或一音他得反。将贷，他代反。"《左传·文公十六年》："竭其粟而贷之。"

糴 zɯk，徒历切，《广韵》："市谷米。籴，俗。"《说文》："糴，市谷也。"《左传·隐公六年》："京师来告饥，公为之请糴於宋。"《左传·庄公二十八年》："臧孙辰告籴于齐。"《左传·僖公十四年》："秦饥，使乞糴于晋，晋人弗与。"糶 * sɯks，他吊切，《广韵》："卖米也。粜，俗。"《说文》："糶，出谷也。"《韩非子·内储说下》："吏果窃黍种而糶之甚多。"《管子·小问》："岁饥，糶贷贵，民疾疫。"《史记·货殖列传》："贩谷糶千钟。"

假 * kra^B，古雅切，《广韵》："借也。"《左传·隐公十一年》："鬼神实不逞于许君，而假手于我寡人。"《左传·僖公二年》："乃使荀息假道于虞。"《左传·僖公二十八年》："晋侯将伐曹，假道于卫。"假 * kras，古讶切，《广韵》："借也。"《左传·庄公十八年》："礼亦异数，不以礼假人。"注："是借人礼。"《释文》："借，子夜反。"孔颖达疏："假借同义。取者，假为上声，借为入声；与者，假借皆为去声。"《群经音辨》："取于人曰假，古雅切；与之曰假，古讶切，

《春秋传》:不以礼假人。”《左传·成公二年》:“唯器与名不可以假人。”

借*ȶa̱k,资昔切,《广韵》:“假借也。”《说文》:“借,假也。”《礼记·王制》:“古者公田藉而不税。”郑注:“藉之言借也,借民力治公田。”《释文》:“借,子亦反。”《韩非子·存韩》:“使人来借道,言欲伐秦,其势必先韩而后秦。”《韩非子·奸劫弑臣》:“借人主之力,以禁诛于己也。”借*ȶa̱ks,子夜切,《广韵》:“假借。”《左传·庄公十八年》注:“是借人礼。”《释文》:“借,子夜反。”《论语·卫灵公》:“有马者,借人乘之。”《释文》:“借,子夜反。”

藉*ȡa̱k,秦昔切(《广韵》:“狼藉。”)。《左传·僖公二十八年》:“使宋舍我而赂齐秦,藉之告楚。”注:“假借齐秦,使为宋请。”《释文》:“藉,在亦反。”藉*ȡa̱ks,慈夜切,《广韵》:“以兰茅藉。”《左传·成公二年》:“若苟有以藉口而复于寡君。”注:“藉,荐。”《释文》:“藉,在夜反。”《左传·襄公四年》:“藉之以乐。”注:“藉,荐也。”《释文》:“藉,在夜切。”

赊*sa̱,式车切,《广韵》:“不交也。”《周礼·地官·司徒》:“以刑罚禁虣而去盗,以泉府同货而敛赊。”《释文》:“赊,伤蛇反。”贳*sa̱s,舒制切,《广韵》:“贳赊也,贷也。”《说文》:“贳,贷也。”(《说文》:“赊,贳买也。”)《周礼·地官·司徒》注:“民无货则赊贳而予之。”《释文》:“贳,音世,贷也;刘伤夜反,一时夜反。”

受*du̱^{B},殖酉切,《广韵》:“承也。”《左传·僖公二十三年》:“稽首,受而载之。”《诗经·彤弓》:“彤弓弨兮,受言藏之。”授*du̱s,承呪切,《广韵》:“付也。”《诗经·有客》:“言授之絷,以絷其马。”《左传·僖公二十四年》:“及河,子犯以璧授公子。”字本只写作“受”。《韩非子·外储说左上》:“法者见功而与赏,因能而受官。”

取*ȶho̱^{B},七庾切,《广韵》:“收也,受也。”《左传·隐公三年》:“四月,郑祭足帅师取温之麦;秋,又取成周之禾。”《诗经·伐檀》:“不稼不穑,胡取禾三百兮。”《左传·隐公元年》:“卫人为之伐郑,取廪延。”《论语·阳货》:“将命者出户,取瑟而歌。”奏*ȶo̱s,则候切,《广韵》:“进也。”《诗经·六月》:“薄伐猃狁,以奏肤公。”传:“肤公,大功也。”《史记·廉颇蔺相如列传》:“相如奉璧奏秦王。”《史记·梁孝王世家》:“于是奏之太后。”取*ȶho̱s,七树切(《释文》)。《群经音辨》:“制师从己曰取,七与切;屈己事师曰取,七句切。”《礼记·曲礼上》:“礼闻取于人,不闻取人。”《释文》:“取于,旧七树反。”

啖 *dom^{B},徒敢切,《广韵》:“啖食。”《墨子·鲁问》:“楚之南有啖人之国者桥,其国之长子生,则鲜而食之,谓之宜弟。”《吕氏春秋·当务》:“因抽刀而相啖,至死而止。”《史记·项羽本纪》:“樊哙覆其盾于地,加彘肩上,拔剑切而啖之。”索隐:“啖,徒览反。凡以食喂人则去声,自食则上声。”啗 *doms,徒滥切,《广韵》:“噉也,食也。”《韩非子·说难》:“与君游于果园,食桃而甘,不尽,以其半啗君。”

禀 *pri̱m^{B},笔锦切,《广韵》:“供谷也。”《穀梁传·隐公元年》范注:“臣当禀命于君,无私朝聘之道。”《释文》:“禀,笔锦反。”《穀梁传·庄公三年》范注:“凡生类禀灵知于天。”《释文》:“禀,彼锦反。”禀 *pri̱ms,逋鸩切(《集韵》)。《说文》:“禀,赐谷也。”《周礼·夏官·司马》郑注:“亦县畚于所当禀假之处,令军望见知当禀假于此下也。”《释文》:“彼锦切,刘方鸩反。”《墨子·七患》:“饥,则尽无禄,禀食而已矣。”《汉书·文帝纪》:“今闻吏禀当受鬻者,或以陈粟。”注:“禀,给也。”

上古汉语中上述这一类表示“得到”和“施与”意义的动词甚多。许多跟上述动词相平行且意义分别为“得到”和“施与”的动词,其语音形式在上古时期实质上是有分别的,尽管中古韵书中只保留其中的一个语音形式,比如“赋”。

赋 *pa̱s,方遇切,《广韵》:“又敛也,量也,班也,税也。”《说文》:“赋,敛也。”段玉裁注:“敛之曰赋,班之亦曰赋。经传中凡言以物班布与人曰赋。”《吕氏春秋·分职》:“出高库之兵以赋民。”高注:“赋,予也。”《吕氏春秋·慎大》:“赋鹿台之钱,以示民无私。”高注:“赋,布也。”《国语·晋语四》:“赋职任功。”韦昭注:“赋,授也。”《诗经·烝民》:“天子是若,明命使赋。”传:“赋,布也。”动词“赋”跟入声“若”押韵。上古汉语的 *-k 后缀跟 *-s 后缀意义接近,后为 *-s 后缀所替代。《左传·僖公二十七年》:“赋纳以言,明试以功。”杜注:“赋,犹取也。”《吕氏春秋·乐成》:“民相与诵之曰:我有田畴,而子产赋之;我有衣冠,而子产贮之。孰杀子产,吾其与之。”“赋”所押的正是鱼部上声,跟“赋”从“武”得声,而“武”为上声同。可见,动词“赋”上古本就有带 *-s 和不带 *-s 两个形式。前一形式意义为“施与”的受事动词而后一形式意义为“得到”的施事动词。

王力(1982:119)列“买、卖”为同源词,并认为,“买”与“卖”是自动和使动的关系,跟“籴”“粜”的关系、“貣”“贷”的关系、“赊”“贳”的关系一致。它们之间的关系实质上是施事动词和受事动词之间的关系。《左传·襄公二十八年》:“我将饮酒而已。”又《昭公二十七年》:“子恶欲饮子酒。”《释文》:“饮,於鸩切。”前者为施事动词,动作“饮”由主语“我”实施;后者为受事动词,动作“饮”由间接宾语“子”实施,直接宾语“酒”则是受事者。当动作行为不是主体实施时,动词也就由施事动词转换为受事动词,即将施事者让渡给客体或第三者。

上*da̱ŋ^{B},时掌切,《广韵》:“登也,升也。”《易·需》:“云上于天,需;君子以饮食宴乐。”《释文》:“上,时掌反。”《礼记·曲礼上》:“主人与客让登,主人先登,客从之,拾级聚足,连步以上。上于东阶则先右足,上于西阶则先左足。”《释文》:“上,时掌反。”《论语·乡党》:“上如揖,下如授。”尚*da̱ŋs,时亮切,《广韵》:“加也。”《广雅》:“尚,上也。”《左传·襄公十三年》:“君子尚能而让其下,小人农力以事其上。”《左传·昭公二十五年》:“礼,上下之纪,天地之经纬也,民之所以生也,是以先王尚之。”

当*daŋ,都郎切,《广韵》:“敌也,直也,主也,值也。”《说文》:“当,田相值也。”段玉裁注:“凡相持相抵皆曰当。”《左传·昭公二十三年》:“列国之卿,当小国之君,固周制也。”《左传·成公三年》:“次国之上卿,当大国之中,中当其下,下当其上大夫。”《左传·定公九年》:“卫车当其半,寡人当其半,敌矣。”当*daŋs,丁浪切,《广韵》:“主当。”《礼记·礼运》:“合男女,颁爵位,必当年德。”《左传·哀公八年》:“吴人许之,以王子姑曹当之,而后止。”《史记·屈原贾生列传》:“以一仪而当汉中地,臣请往如楚。”

停*diŋ,特丁切,《广韵》:“止也。”《释名》:“停,定也,定于所在也。”《庄子·德充符》:“平者,水停之盛也。”字本只写作“亭”。《汉书·西域传上》:“其水亭居。”亭*diŋ,特丁切,《说文》:“民所安定也。”《墨子·备城门》:“百步一亭,高垣丈四尺。”《史记·秦始皇本纪》:“筑亭障以逐戎人。”定*diŋ-s,特径切,《说文》:“安也。”《诗经·采薇》:“岂敢定居。”笺:“定,止也。”《左传·僖公九年》:“夷吾其定乎?”《左传·隐公十一年》:“定社稷,序民人。”《左传·僖公二十八年》:“楚一言而定三国,我一言而亡之。”

闻*mu̲n，无分切，《广韵》：“《说文》曰：知声也。”《左传·隐公元年》：“颍考叔为颍谷封人，闻之，有献于公。”《左传·隐公四年》：“臣闻以德和民，不闻以乱。”《左传·桓公二年》：“吾闻国家之立也，本大而末小。”问*mu̲ns，亡运切，《广韵》：“讯也。”《左传·隐公元年》：“食，舍肉，公问之。”《左传·隐公四年》：“厚问定君于石子。”

柬*kran^{B}，古限切，《广韵》：“分别也。”《说文》：“柬，分别简之也。”(《说文》：“择，柬选也。”《尔雅》：“柬，择也。”字后写作“拣”。拣*kran^{B}，古限切，《广韵》：“拣择。”《吴越春秋·勾践阴谋外传》：“拣择精粟而蒸还于吴。”谏*krans，古晏切，《广韵》：“谏诤，直言以悟人也。”《说文系传》：“谏者，间也。君所谓否而有可焉，臣献其可以间隔之也，犹白黑相间以成文也，故于文言柬为谏。柬者，分别也，能分别善恶以陈于君也。”谏就是柬，指希望君王改变主意重新选择。《白虎通义·谏诤》：“谏，间也，更也，是非相间革更其行也。”《论语·八佾》：“成事不说，遂事不谏，既往不咎。”《论语·微子》：“往者不可谏，来者犹可追。”往者已往，无法选择，也无法劝人重新做出选择。

学*gruk，胡觉切，《广韵》：“《说文》与敩同，觉悟也。”《左传·襄公十四年》：“尹公佗学射于庾公差，庾公差学射于公孙丁。”《左传·昭公十七年》：“仲尼闻之，见于郯子而学之。”敩*gruks，胡教切，《广韵》：“学也，《书》曰‘惟敩学半’。”敩，字本只写作“学”。《礼记·学记》：“《兑命》曰：学学半。其此之谓乎！”注：“言学人乃益己之学半。”《释文》：“学学，上胡孝反，下如字。学人，胡孝反，又音教。”

视*gi̲r^{B}，承矢切，《广韵》：“瞻也。”《左传·庄公十年》：“下视其辙，登轼而望之。”《左传·僖公十五年》：“晋侯逆秦师，使韩简视师。”《诗经·鹿鸣》：“视民不恌。”传：“视，古示字也。”示*gi̲rs，神至切，《广韵》：“垂示。”《说文》：“天垂象见吉凶，所以示人也。”《左传·桓公二年》：“置其赂器于大庙，以明示百官。”《左传·庄公八年》：“袒而示之背。”《左传·文公七年》：“叛而不讨，何以示威？服而不柔，何以示怀？非威非怀，何以示德？”

观*kon，古完切，《广韵》：“视也。”《左传·僖公二十二年》：“欲观其裸。浴，薄而观之。”《左传·庄公二十三年》：“公如齐观社，非礼也。”《左传·僖公四年》：“齐侯陈诸侯之师，与屈完乘而观之。”观*kons，古乱切，《广韵》：“楼观。《释名》云：观者，于上观望也。《说文》曰：谛视也。”此“观”既是名词也是动词。《左传·昭公五年》:“楚子遂观兵于坻箕之山。”《释文》:“观兵,旧音官。注云:示也。读《尔雅》者,皆官唤反。”《庄子·大宗师》:“彼又恶能愦愦然为世俗之礼,以观众人之耳目哉。”《释文》:“古乱反,示也。”

作 *ȶak,则落切,《广韵》:“为也,起也,行也,役也,始也,生也。”《易·乾》:“圣人作。”《释文》:“作,如字,郑云起也,马融作起。”《诗经·无衣》:“修我矛戟,与子偕作。”传“作,起也。”《诗经·采薇》:“采薇采薇,薇亦作止。”传:“作,生也。”作 *ȶaks,臧祚切,《广韵》:“造也。”《诗经·巧言》:“奕奕寝庙,君子作之。”《诗经·文王有声》:“既伐于崇,作邑于丰。”《诗经·天作》:“天作高山,大王荒之。”

从 *ȡo̲ŋ,疾容切,《广韵》:“就也。”《左传·庄公十年》:“小惠未遍,民弗从也。”《左传·庄公十九年》:“鬻拳强谏楚子,楚子弗从,临之以兵,惧而从之。”《左传·僖公二十二年》:“从子而归,弃君命也,不敢从。”从 *ȡo̲ŋs,疾用切,《广韵》:“随行也。”《左传·隐公四年》:“君为主,敝邑以赋与陈蔡从,则卫国之愿也。”《释文》:“从,才用反。”《左传·庄公十年》:“可以一战,战则请从。”《释文》:“从,才用反。”《礼记·曲礼上》:“从于先生,不越路而与人言。”《释文》:“从,才用反。”《庄子·盗跖》:“盗跖从卒九千人,横行天下。”《释文》:“从,才用反。”《群经音辨》:“从,随也,在容切;从,箠其后也,才用切。”

乏 *ba̲p,房法切,《广韵》:“匮也。”《战国策·齐策四》:“孟尝君使人给其食用,无使乏。”《左传·襄公二十九年》:“鲁之于晋也,职贡不乏,玩好时至。”《庄子·天地》:“子往矣,无乏吾事。”《释文》:“乏,废也。”《战国策·燕策三》:“光不敢以乏国事也。”废 *pa̲ps,方肺切,《广韵》:“止也。”《左传·隐公三年》:“若弃德不让,是废先君之举也。”《左传·僖公二十三年》:“天将兴之,谁能废之? 违天必有大咎。”

沉 *dru̲m,直深切,《广韵》:“没也。”《庄子·人间世》:“散木也,以为舟则沉,以为棺椁则速腐。”《庄子·知北游》:“天下莫不沉浮,终身不故。”《吕氏春秋·论威》:“以水投水则散,以冰投冰则沉。”字也作“湛”。湛 *dru̲m,直深切,《广韵》:“《汉书》曰:且从俗浮湛。”《说文》:“湛,没也。”《吕氏春秋·慎人》:“水潦川泽之湛滞壅塞可通者,禹尽为之。”沉 *dru̲ms,直禁切(《广韵》无释义)。《左传·成公十一年》:“施氏逆诸河,沉其二子。”《释文》:"沉,徐直荫反。"《左传·定公三年》:"蔡侯归,及汉,执玉而沉。"《释文》:"沉,音鸩。"《左传·襄公十八年》:"沉玉而济。"《释文》:"沉,音鸩。"

骇 $^{*}gre^{B}$,侯楷切,《说文》:"惊也。"《左传·昭公十九年》:"民人日骇,劳罢死转,忘寝与食。"《左传·哀二十三年》:"知伯视齐师,马骇,遂驱之。"《庄子·天运》:"是以天下大骇,儒墨皆起。"戒 *kres,古拜切,《广韵》:"慎也,具也,备也,警也。"《说文》:"戒,警也。"《左传·僖公二十八年》:"戒尔车乘,敬尔君事。"《左传·成公二十五年》:"伯宗每朝,其妻必戒之。"《左传·文公七年》:"戒之用休,董之用威,劝之以九歌。"诫 *kres,古拜切,《广韵》:"言警也。"《说文》:"诫,敕也。"《墨子·号令》:"必时素诫之。"《韩非子·内储说下》:"袖因先诫御者曰:王适有言,必亟听从。"

餔 *pa,博孤切,《说文》:"日加申时食也。"《吕氏春秋·介立》:"爰旌目三餔之,而后能视。"《庄子·盗跖》:"盗跖乃方休卒徒太山之阳,脍人肝而餔之。"注:"餔,食也。"《楚辞·渔父》:"众人皆醉,何不餔其糟而歠其醨?"哺 *bas,薄故切,《广韵》:"食在口也。" 哺,《说文》:"哺咀也。"《慧琳音义》卷六十:"口中嚼食吐与孩儿曰哺。"《吕氏春秋·务大》:"燕爵争善处于一屋之下,母子相哺也,区区焉相乐也。"《淮南子·俶真训》:"含哺而遊,鼓腹而熙。"注:"口中嚼食与之,似鸟与儿食曰哺。"哺,字本也作"餔"。《吕氏春秋·介立》:"狐父之盗曰丘,见而下壶餐以餔之。"《史记·高祖本纪》:"有一老父过请饮,吕后因餔之。"《汉书·高帝纪》:"吕后因餔之。"注:"餔食之餔,屈原曰'餔其糟',是也。以食食人亦谓之餔,《国语》曰'国中童子无不餔也',《吕氏春秋》曰'下壶餐以餔之',是也。"

逋 *pa,博孤切,《说文》:"亡也。"《广雅》:"逋,窜也。"《左传·僖公十五年》:"六年其逋,逃归其国。"注:"逋,亡也。"《释文》:"逋,补吾反。"《左传·哀公十六年》:"蒯聩得罪于君父君母,逋窜于晋。"《易·讼》:"不克讼,归而逋。"注:"逋,窜也。"捕 *bas,薄故切,《广韵》:"捉也。"《说文》:"捕,取也。"《战国策·齐策一》:"因令人捕为人卜者。"《墨子·号令》:"左右知不捕告,皆与同罪。"《庄子·秋水》:"捕鼠不如狸狌,言殊技也。" 王力(1982:171)云:"奴隶逃亡则必追捕,'捕'的原始意义是追捕逃亡的奴隶。"

增 *ʦeŋ,作滕切,《广韵》:"益也,加也,重也。"《管子·度地》:"岁埤增之,树以荆棘,以固其地。"字本只作"曾",《广韵》音同。《孟子·告子下》:

“所以动心忍性，曾益其所不能。”焦循正义：“曾，与增同。”赠 * ȡeŋs，昨亘切，《说文》：“玩好相送也。”《说文》徐锴系传：“赠，增也。”《诗经 · 崧高》：“以赠申伯。”传：“赠，增也。”疏：“凡赠遗者，所以增长前人。赠之财，使富增于本。”杨树达(1983:3)云：“盖以物赠人，实以物增加于人也。岂惟赠字为然哉！凡与赠同义之字皆有增益之义矣。”

留 * ru̲，力求切，《广韵》：“住也，止也。”《庄子 · 山木》：“君无形倨，无留居，以为舟车。”《释文》：“司马云：无留安其居。”《诗经 · 常武》：“不留不处，三事就绪。”《孟子 · 告子下》：“交得见于邹君，可以假馆，愿留而受业于门。”留 * ru̲s，留救切，《广韵》：“宿留，停待也。”《庄子 · 山木》：“蹇裳躩步，执弹而留之。”《释文》：“留，力救反。”《左传 · 襄公三十一年》：“公不留宾，而亦无废事。”注：“宾得速去，则事不废。”

柳 * ru̲^{B}，力久切。《周礼 · 天官 · 冢宰》：“丧，缝棺饰焉，衣翣柳之材。”注：“柳之言聚，诸饰之所聚。”《尔雅》：“羽谓之柳。”《释文》：“柳，聚也。”《释名》：“柳，聚也，众饰所聚，亦其形偻也。”《汉书 · 季布传》：“乃髡钳布，衣褐，置广柳车中。”注：“晋灼曰：柳，聚也，众饰之所聚也。”勠 * ru̲，力求切，《广韵》：“并力也。”勠 * ru̲s，力救切，《广韵》：“并力。”勠 * ru̲k，力竹切，《广韵》：“勠力，并力也。”《说文》：“勠，并力也。”段玉裁注：“古书多有误作戮者。”(《广韵》：“戮，力竹切，刑戮。”)《左传 · 成公十三年》：“昔逮我献公及穆公，相好，戮力同心。”《左传 · 昭公二十五年》：“戮力壹心，好恶同之，信罪之有无。”《释文》：“戮音六，又力雕反。”《国语 · 晋语四》：“吾先君武公与晋文侯戮力一心，股肱周室，夹辅平王。”注：“戮，并也。”

伏 * bu̲k，房六切，《广韵》：“匿藏也。”《荀子 · 仲尼》：“是犹伏而咶天，救经而引其足也。”《诗经 · 正月》：“潜虽伏矣，亦孔之照。”笺：“池鱼之所乐而非能乐其潜伏于渊。”《左传 · 宣公二年》：“伏甲将攻之。”此意义字也写作“覆”。覆 * bu̲ks，扶富切，《广韵》：“伏兵曰覆。”《左传 · 桓公十二年》：“楚人坐其北门而覆诸山下。”杜注：“覆，设伏兵而待之。”《释文》：“覆，扶又切，注同。”《左传 · 成公三年》：“郑公子偃帅师御之，使东鄙覆诸鄤，败诸丘舆。”注：“覆，伏兵也。”《释文》：“覆，扶又反。”

动词“闻”和“问”之间的关系如同“受”和“授”之间的关系。《论语 · 子张》：

“吾闻诸夫子。”《论语·为政》:“孟孙问孝于我,我对曰:无违上。”“闻”是“吾”闻,“问”是间接宾语“我”闻。同样,“从疾容切”是主体实施的动作行为,是一个施事动词。当此动作行为实施者不是主体而是客体时,动词形式也就从“从疾容切”变成了动词“从才用反”,如“盗跖从卒九千人”。不过,由于宾语的缺省,一些受事动词容易引起后人的误会,如“请从”(《左传·庄公十年》)。“请从”不是请随行而是请带上我,因为这里请的对象十分清楚是庄公。“请从”,《左传》一书共出现11次,其余10次请的对象都指对方而非说话者自己。上古汉语这种施事动词和受事动词配对的例子极多。比如“观兵”一语中的“观”,周法高列入“使谓式”,唐纳(1959)也认为其为使动式(causative)。“观兵”中的“观”要是理解为使动,岂非使兵观?实际意义却是使兵被观,即“观”的施事者不是主体而是第三者,如:

> 楚子伐陆混之戎,遂至于洛,观兵于周疆。(《左传·宣公三年》)
> 诸侯会于北林……围郑,观兵于南门。(《左传·襄公十一年》)
> 楚子遂观兵于坻箕之山。(《左传·昭公五年》)

“观兵”一语,《左传》共见6次,杜预以“示”注释,而《释文》皆音“官唤切”。十分清楚,“观”这一动作行为的施事者不是主语,自然也不是宾语“兵”,而是第三者。《庄子·大宗师》:“又恶能愦愦然为世俗之礼以观众人之耳目哉!”《释文》:“观,古乱反。”动词“观”的施事者是“众人(之耳目)”。“观古丸切”“和观古玩切”之间的关系跟我们在第一章中所讨论的“见”清浊两读的语法意义相同。《群经音辨》:“视之曰风,古甸切;示之曰见,胡电切。”

> 凡祀,启蛰而郊,龙见而雩。(《左传·桓公五年》)
> 卜,桑林见。(《左传·襄公十年》)
> 夜,恒星不见,夜中,星陨如雨。(《左传·庄公七年》)
> 比及宋,手足皆见。(《左传·庄公十二年》)
> 五月,火始昏见。(《左传·昭公十八年》)

受事动词和动词既行体同形。及物动词的既行体作谓语时,往往含有被动的意义,像上述例子中的动词“见胡电切”。正因如此,受事动词作谓语时很容易被误解为被动态(金鹏,2002:326)。周法高也把他所谓的“上和下的关系”“彼此间的关系”列在主动被动关系之转变的名下。王力就直接将“见”的两读看成是主动词和被动词之间的关系。

陈 * zri̱n,直珍切,《广韵》:“陈列也。”《庄子·徐无鬼》:“子綦有八子陈诸前。”《左传·僖公四年》:“齐侯陈诸侯之师,与屈完乘而观之。”《诗经·采芑》:“钲人伐鼓,陈师鞠旅。”《诗经·文王》:“陈锡哉周,侯文王孙子。”陈 * zri̱ns,直刃切,《广韵》:“列也。”《左传·僖公二十二年》:“既陈而后击之。”《释文》:“陈,直覲反。”《左传·庄公十一年》:“宋师未陈而薄之,败诸鄑。凡师,敌未陈曰败某师,皆陈曰战。”《释文》:“陈,直覲反。”《左传·僖公二十八年》:“晋师陈于莘北。”《释文》:“陈,直覲反。”《左传·成公十六年》:“楚晨压晋军而陈。”《释文》:“陈,直覲反。”

使 * sre̱^{B},疏士切,《广韵》:“役也,令也。”《左传·隐公元年》:“不如早为之所,无使滋蔓。”《左传·隐公元年》:“天王使宰咺来归惠公仲子之赗。”《左传·僖公二十八年》:“使元咺奉叔武以受盟。”使 * sre̱s,疏事切(《广韵》无释义)。《庄子·人间世》:“叶公子高将使于齐。”《释文》:“使,所吏反。”《庄子·德充符》:“丘也尝使于楚矣。”《释文》:“使,所吏反。”《左传·僖公三十三年》:“初,臼季使过冀。”《释文》:“使,所吏反。”

闻 * mu̱n,无分切,《广韵》:“《说文》曰:知声也。”《说文》:“闻,知声也。”《吕氏春秋·异实》:“名不可得而闻。”《战国策·齐策三》:“吾所未闻者,独鬼事耳。”《礼记·檀弓上》:“有子问于曾子曰:问丧于夫子乎? 曰:闻之矣。”闻 * mu̱ns,亡运切,《广韵》:“名达,《诗》曰:令闻令望。”《广韵》所注为名词读音,而动词也音“亡运切”。《左传·文公十五年》:“其二子来,孟献子爱之,闻于国。”《释文》:“闻,音问,或如字,下同。”《左传·昭公二十八年》:“主以不贿闻于诸侯。”《释文》:“闻,如字,又音问。”

烧 * snɯ̱,失昭切,《广韵》:“火也,然也。”《庄子·马蹄》:“烧之剔之,刻之雒之。”《礼记·月令》:“毋烧灰,毋暴布。”《荀子·富国》:“余若丘山,不时焚烧,无所臧之。”《韩非子·内储说上》:“鲁人烧积泽,天北风,火南倚,恐烧国,哀公惧。”《管子·国准》:“烧山林,破增薮,焚沛泽。”烧 * snɯ̱s,失照切,《广韵》:“放火。”《龙龛手鉴》:“烧,失照反,放火也;自然为烧,被人音少。”《管子·轻重甲》：“齐之北泽烧，火光照堂下。”注：“猎而行火曰烧，式照反。”《韩非子·内储说下》：“炭火尽赤红，而炙熟而发不烧。”

拔*brot，蒲八切，《广韵》：“拔擢。”《说文》：“拔，擢也。”《左传·隐公十一年》：“颍考叔挟辀以走，子都拔棘以逐之。”《孟子·尽心上》：“杨子取为我，拔一毛而利天下，不为也。”《韩非子·说林上》：“使十人树之而一人拔之。”《说苑·敬慎》：“秋风一起，根且拔也。”扒*prots，博怪切，《广韵》：“拔也，《诗》云：勿剪勿扒。案：本亦作拜。”《诗经·甘棠》：“蔽芾甘棠，勿翦勿拜，召伯所说。”笺：“拜之言拔也。”《释文》：“拔，蒲八反。”

上述句子中的主语和谓语动词之间的被动意义明显，但我们不能认为上古汉语有语态范畴。这些句子之所以有被动意义，主要因为它们的谓语动词是及物动词的既行体。及物动词的既行体作谓语时，主体和谓语有意义上的被动关系。动词既行体和受事动词同形。两者之间的差别是动词既行体不带宾语，而受事动词带宾语，即说话者将陈述对象让渡给客体或外置的第三者。

第六节　施与指向

一

曹共公闻其骈胁，欲观其裸。（公子）浴，薄而观之。（《左传·僖公二十三年》）

（诸侯）围郑，观兵于南门。郑人惧，乃行成。（《左传·襄公十一年》）

第一个句子中动词“观”的行为主语是“曹共公”，而第二个句子中动词“观”的行为主语实际上是“郑人”。就第二个句子中动词“观”的直接宾语“兵”而言，“兵”是动词“观”的行为主语“郑人”的受事者，即“兵为郑人所观”。正因为“兵”

为郑人所观，所以郑人观后才惧。“郑人”是外置的第三者，并没有主动要求去“观”兵。不过，诸侯将“兵”摆在了国都的南门，“郑人”最后还是“观”了“兵”。

因而，当一个非生命体名词充当动词宾语的时候，此宾语很自然也就成了施事主语“施与”一个已经明了或不需要指明的第三者的物品。“买卖”这一对同根动词中，“买”是说话者在“买”，而“卖”则是不需要指明的第三者在“买”。依照语音关系，“卖”由“买”派生出来，表示不是说话者自己，而是不需要指明的第三者在“买”。故此，就“买”这一动作而言，动作指向无疑是指向说话者；相反，“卖”的动作指向自然是说话者之外的第三者。梅祖麟（1980:6）很显然是基于这一特性把它们称作内向动词和外向动词。梅祖麟这样解释内向动词和外向动词：“我们所谓的内向动词和外向动词都是及物动词，内向动词所代表的动作由外向内，如‘买’，外向动词所代表的动作由内向外，如‘卖’；周法高管‘买卖’这一型的词义转变叫‘彼此之间的关系’，也无不可。”我们认为仅仅从方向来解释显然不符合上古汉语的语言事实。这一点前面已经加以讨论，就不再重复了。

二

赠 * ȶeŋ-s，昨亘切，《广韵》：“相送也。”《说文》：“赠，玩好相送也。”

贡 * koŋ-s，古送切，《广韵》：“献也。”《说文》：“贡，献功也。”

赣 * koŋ-s，古送切，《广韵》：“赐也。”《说文》：“赣，赐也。”

赐 * si̱k-s，斯义切，《广韵》：“与也。”《说文》：“赐，予也。”

贩 * pa̱r-s，彼义切，《广韵》：“益也。”《说文》：“贩，移予也。”

施 * sa̱r-s，施智切，《广雅》：“予也。”

馈 * gu̱r-s，求位切，《广韵》：“饷也。”《说文》：“馈，饷也。”

畀 * pi̱t-s，必至切，《广韵》：“与也。”《说文》：“畀，相付予之。”

遗 * ɢu̱r-s，以醉切，“赠也。”《广雅》：“遗，予也。”

气 * khɯ̱t-s，去既切，《广韵》：“与人物也。”

气 * khɯ̱t-s，许既切，“《说文》曰：馈客刍米。《春秋传》曰：齐人来气诸侯。”

付 * po̱-s，方遇切，《广韵》：“与也。”《说文》：“付，与也。”

赂*lak-s，洛故切，《广韵》："遗赂也。"《说文》："赂，遗也。"

贳*sa̱-s，始夜切，《广韵》："贷也。"《说文》："贳，贷也。"

贷*sek-s，他代切，《广韵》："施也。"《说文》："贷，施也。"

赉*le-s，洛代切，《广韵》："与也，赐也。"《说文》："赉，赐也。"

进*ʈi̱n-s，即刃切，《礼记·曲礼上》"进剑者左首"疏："亦谓遗也。"

献*s-ŋan-s，许建切，《广韵》："进也。"《广雅》："献，进也。"

荐*ʈen-s，作甸切，《广韵》："又荐进也。"

贺*gar-s，胡个切，《广韵》："加也。"《说文》："贺，以礼相奉庆也。"

犒*khɯ-s，苦到切，《广韵》："饷军也。"《左传·僖公二十六年》："公使展喜犒师。"

假*kra-s，古讶切，《左传·庄十八》孔疏："与者，假借皆为去声。"

饷*s-naŋ-s，式亮切，《广韵》："饷馈。"《说文》："饷，饟也。"

饟*s-naŋ-s，式亮切，《广韵》："《尔雅》曰：饟，馈也。"《说文》："周人谓饷曰饟。"

贶*χra̱ŋ-s，许访切，《广韵》："赐也，与也。"《尔雅》："贶，赐也。"

授*du̱-s，承呪切，《广韵》："付也。"《说文》："授，予也。"

奏*ʈo-s，则候切，《广韵》："进也。"《说文》："奏，进也。"

庆*khra̱ŋ-s，丘敬切，《广韵》："贺也。"《说文》："庆，行贺人也。"

媵*ze̱ŋ-s，以证切，《广韵》："送女从嫁也。"《说文》："媵，送也。"

賸*ze̱ŋ-s，以证切，《广韵》："又物相赠。"《说文》："賸，物相增加也。"

詶*du̱-s，承呪切，《广韵》："答也。"《苍颉篇》："詶，报也。"

这一组意义为"施与"的动词，其在语音形式的选择上有一个极其重要的相同点，就是在声调上同是中古汉语的去声，也即上古汉语以-s 辅音收尾。除以上所列的动词外，上古汉语词汇系统中，意义为"施与"的动词还有：

贻*ze̱，与之切，《广韵》："贶也，遗也。"《说文》作"诒"，"一曰遗也"。

酬*du̱，市流切，《广韵》："以财货曰酬。"《说文》："酬，主人进客也。"

归*ku̱r，举韦切，《广雅》："归，遗也。"

予*za̱^{B}，余吕切，《广韵》："郭璞云：予犹与也。"《说文》："予，推予也。"

与*ja̱^{B},余吕切,《说文》:“赐予也。”

饟*s-na̱ŋ^{B},式羊切,《广韵》:“馈也。”《说文》:“周人谓饷饟。”

赏*s-ta̱ŋ^{B},书两切,《广韵》:“赐也。”《说文》:“赏,赐有功也。”

禀*pri̱m^{B},笔锦切,《广韵》:“供谷也,又与也。”《说文》:“禀,赐谷也。”

锡*si̱k,先击切,《广韵》:“赐也,与也。”《公羊传·文公元年》:“锡者何?赐也。”

相对而言,读非去声且意义为“施与”的动词要少得多。上述这几个动词,好几个和去声有密切的关系。“归”被认为是“馈”的假借字,而“馈”去声;赐予意义的“锡”后来用“赐”替代,而“赐”去声;“酬”和“詶”当属于同一语词的不同文字形式,而后者为去声;而“饟”本就有去声一音;“禀”在《释文》中表“施与”意义时为去声,“笔鸩切”。《庄子·逍遥游》:“魏王贻我大瓠之种。”《释文》:“贻,徐音怡,郭与志反,遗也。”“赏”是“彰”的同族词。《左传·僖公二十四年》:“下义其罪,上赏其奸,上下相蒙,难与处矣。”《左传·襄公十四年》:“良君将赏善而刑淫。”“赏”不是单纯的赐予,而是彰显,表彰。只有“予”没有去声读音。依照前面动词“受”和“授”等之间的语音关系,我们推测“予”很可能本也有去声的异读,只是其去声一音后来在中古韵书中并没有得以保存。当然,我们也可以说“予”本就只有非去声一音。无论如何,意义为“施与”的动词,读非去声是一种数量有限的支流。“施与”的可以是有形的物品,也可以是无形的言语。

詈*ra̱r-s,力智切,《广韵》:“骂詈。”《说文》:“詈,骂也。”

諫*ʈhi̱k-s,七赐切,《广韵》:“数谏也。”《说文》:“諫,数谏也。”

谇*ʈhu̱t-s,虽遂切,《广韵》:“《诗》云:歌以谇止。”《说文》:“谇,让也。”

諅*ge̱-s,渠记切,《广韵》:“告也。”《说文》:“諅,诫也。”

谓*ʁɯ̱t-s,于贵切,《广韵》:“言也,告也。”《说文》:“谓,报也。”

诽*pɯr-s,方味切,《广韵》:“谤人。”《说文》:“诽,谤也。”

语*ŋa̱-s,牛倨切,《广韵》:“说也,告也。”《说文》:“语,论也。”

诅*ʈra̱-s,庄助切,《广韵》:“呪诅。”《说文》:“诅,詶也。”

誉*ja̱-s,羊洳切,《广韵》:“称美也。”《说文》:“誉,称也。”

讣*pho̱-s,芳遇切,《广韵》:“告丧也。”

诉 * çak-s，桑故切，《广韵》："讼也，毁也。"《说文》："诉，告也。"

谔 * ak-s，乌路切，《广韵》："相毁。"《说文》："谔，相毁也。"

说 * so̱t-s，舒芮切，《广韵》："说诱。"《说文》："说，释也。"

诫 * kre-s，古拜切，《广韵》："言警也。"《说文》："诫，敕也。"

诲 * sme-s，荒内切，《广韵》："教训也。"《说文》："诲，晓教也。"

讯 * çi̱n-s，息晋切，《广韵》："问也，告也。"《说文》："讯，问也。"

谆 * tu̱n-s，之闰切，《广韵》："告之丁宁。"《说文》："谆，告晓之孰也。"

问 * mu̱n-s，亡运切，《广韵》："讯也。"《说文》："问，讯也。"

训 * thu̱n-s，许运切，《广韵》："诫也。"《说文》："训，说教也。"

谰 * lan-s，郎旰切，《广韵》："逆言。"《说文》："谰，抵谰也。"

讚 * ƫan-s，则旰切，《广韵》："称人之美。"

谩 * man-s，莫半切，《广韵》："欺也。"《说文》："谩，欺也。"

谏 * kran-s，古晏切，《广韵》："谏诤。"《说文》："谏，证也。"

讪 * ça̱n-s，所晏切，《广韵》："谤也。"《说文》："讪，谤也。"

唁 * ŋa̱n-s，鱼变切，《广韵》："吊失国。"《说文》："唁，吊生也。"

谴 * khe̱n-s，去战切，《广韵》："责也。"《说文》："谴，谪问也。"

诏 * tɯ̱-s，之少切，《广韵》："告也，教也。"《说文》："诏，告也。"

诰 * kuk-s，古到切，《广韵》："告也。"《说文》："诰，告也。"

骂 * mra-s，莫驾切，《广韵》："恶言。"《说文》："骂，詈也。"

诈 * ƫrak-s，侧驾切，《广韵》："伪也。"《说文》："诈，欺也。"

谢 * jak-s，辞夜切，《广韵》："辞谢。"《说文》："谢，辞去也。"

谅 * raŋ-s，力让切，《广韵》："信也。"《说文》："谅，信也。"

让 * naŋ-s，人样切，《广韵》："责让。"《说文》："让，相责让。"

访 * pha̱ŋ-s，敷亮切，《广韵》："谋也。"《说文》："访，泛谋曰访。"

诳 * qa̱ŋ-s，居况切，《广韵》："欺也。"《说文》："诳，欺也。"

谤 * paŋ-s，补旷切，《广韵》："诽谤。"《说文》："谤，毁也。"

诤 * ƫriŋ-s，侧迸切，《广韵》："谏诤也。"《说文》："诤，止也。"

证 * ti̱ŋ-s，之盛切，《广韵》："谏证。"《说文》："证，谏也。"

詶 * du̱-s，承呪切，《广韵》："答也。"《说文》："詶，诪也。"

施与言语的方式、手段、目的等各不相同，但是这些语词采用一个共同的语音形式，即上古汉语带 * -s 后缀。这跟前一组施与物品的语词所采用的语音形式相同。如此看来，上古汉语的 * -s 后缀有施与指向的意义，指向一个外在的客体。施与的可以是有形的物品，也可以是无形的言语，甚至可以是服务。我们再来看一组意义为“帮助”的语词。

送 * çoŋ-s，苏弄切，《广韵》：“遣也。”《说文》：“送，遣也。”

勴 * la̱-s，良倨切，《广韵》：“助也。”《说文》：“勴，助也。”

助 * ɖra̱-s，床据切，《广韵》：“佐也。”《说文》：“助，左也。”

护 * ɢak-s，胡误切，《广韵》：“助也。”《说文》：“护，救视也。”

坿 * bo̱-s，符遇切，《广韵》：“《说文》益也。”

赙 * ba̱-s，符遇切，《广韵》：“赠死也，助也。”《说文》：“赙，助也”。

傅 * pa̱-s，方遇切，《广韵》：“相也。”《说文》：“傅，相也。”

与 * ja̱-s，羊洳切，《广韵》：“参与。”《战国策·齐策》注：“与，犹助也。”

卫 * ɢɯ̱t-s，于岁切，《广韵》：“护也。”《吕氏春秋·怀宠》注：“卫，犹护助也。”

扞 * gan-s，侯干切，《广韵》：“以手扞也，又卫也。”

佐 * ʈar-s，则个切，《广韵》：“助也。”《说文》只作“左”，“手相左助也。”

谅 * ra̱ŋ-s，力让切，《广韵》：“相也，佐也。”《尔雅》作“亮”，“右（佑）也”。

相 * ça̱ŋ-s，息亮切，《广韵》：“助也。”《尔雅》：“相，勴也。”

佑 * ʁe̱-s，于救切，《广韵》：“佐也，助也。”《说文》作“右”，“手口相助也”。

救 * ku̱-s，居佑切，《广韵》：“护也。”《广雅》：“救，助也。”

以上这组动词可以看作是“施与”意义动词的延伸。施与人家的可以是物质的，礼物性的；也可以是非物质的，服务性的。很清楚，“施与”意义的动词和“帮助”意义的动词在读音上都选择去声。我“施与”意味着你“得到”。因手段、方式等不同，上古汉语意义为“得到”的语词甚多。我们也可以从“得到”意义上来反证“施与”意义的动词在语音上的选择有其内在的必然性。因而，“施与”意义的语词在读音上选择去声，而“得到”意义的语词在语音上总是选择非去声。

得 *tek，多则切，《广韵》："《说文》：取也。"《左传·定公九年》："凡获器用曰得。"

穑 *ç̱e̱k，所力切，《广韵》："敛曰穑。"《说文》："穑，谷可收曰穑。"

摘 *trik，陟革切，《广韵》："手取也。"《说文》："摘，拓果树实也。"

拓 *ta̱k，之石切，《广韵》："拾也。"《说文》："拓，拾也。"

拾 *gi̱p，是执切，《广韵》："收拾，又掇也，敛也。"《说文》："拾，掇也。"

掇 *tot，丁括切，《广韵》："拾掇也。"《说文》："掇，拾取也。"

获 *ʁrak，胡麦切，《广韵》："得也。"《说文》："获，猎所获也。"

获 *ʁak，胡郭切，《广韵》："刈也。"《说文》："获，刈谷也。"

索 *çak，苏各切，《广韵》："求也。"《说文》："索，入家搜也。"

若 *na̱k，而灼切，《说文》："择菜也。"

择 *zrak，场伯切，《广韵》："选择。"《说文》："择，柬择也。"

掠 *ra̱k，离灼切，《广韵》："抄掠，劫人财物也。"《方言》："搜、略，求也。就室曰搜，于道曰略。略，强取也。"

撷 *git，胡结切，《广韵》："捋取也。"《说文》："撷，以衣衽扱无物也。"

捋 *lot，郎括切，《广韵》："手捋也，取也。"《说文》："捋，取易也。"

撮 *ȶhot，七括切，《广韵》："手取。"《说文》："撮，三指撮也。"

敓 *zot，徒活切，《广韵》："强取也。"《说文》："敓，强取也。"

叔 *s-tu̱k，式竹切，《说文》："拾也。"

这是一组声调为入声而意义为"得到"的动词。除入声外，读平声、上声且意义为"得到"的动词不少，我们就不再一一列举了。上述语词"得到"的方式或手段各不同，但"得到"的意义相同。这一类语词甚多，它们在读音上有一个最为显著的特点就是不读去声，跟意义为"施与"的动词正好相反。整个庞大的去声字中，我们几乎找不到几个意义为"得到"的语词。可见，"施与"和"得到"意义的动词之间的语音不同不是偶然的事情，两者之间在语音选择上有其必然性。

就语音形式而言，"施与"意义的动词由"得到"意义的动词派生出来，即附加了 *-s 后缀。需要厘清的是，我"施与"意味着你"得到"，我"得到"并不意味着你"施与"。"施与"必须涉及双方，而"得到"不一定涉及双方。也就是说，"得到"

意义的动词,其动作指向总是“向内”,而“施与”意义的动词,其动作指向总是“向外”。这也从另一个角度有力地佐证了“买卖”“受授”之间是一种施事动词和受事动词关系而不是自动和使动关系。因此,我们绝对不可以把“施与”这一组庞大的语词都看成是使动词或者把“得到”意义的动词看成是自动词。同样,我们也不能把这种“施与”指向看成是动作行为的方向。实际上,许多动词,尤其是及物动词,往往有动作方向,这种动作方向跟语音形式没有必然的联系。我们前面所提到的趋向动词,就跟去声并没有任何必然的联系。“得到”类动词,得到的一般是物品,即使得到的是人,在这里也已经被看成一个物品。《吕氏春秋·察传》:“丁氏对曰:得一人之使,非得一人于井中也。”因而,这一类动词所涉及的往往只有一个客体,即直接宾语。施与类动词则不同。施与的对象是物品,而接受的对象则往往是人。施与类动词涉及两个客体:直接宾语和间接宾语,尽管有时候间接宾语可以不出现。主语施与,意味着间接宾语得到。就“得到”这一意义而言,前一类动词是主体实施的动作行为,而后一类动词则是表人的客体或外置的客体实施的动作行为。“颍考叔为颍谷封人。闻之,有献于公。公赐之食。”(《左传·隐公元年》)“公”施与间接宾语(颍考叔)物品(食),而间接宾语(颍考叔)得到物品(食)。显然,表示施与指向的 *-s 后缀是受事动词 *-s 后缀的一种延伸。因而,如果需要突出施与指向时,就附加一个表示施与指向的后缀 *-s 。

三

说 *so̠t,失爇切,《广韵》:“告也。”《说文》:“说,释也。”《左传·宣公十四年》:“孔达缢而死,卫人以说于晋而免。”《左传·襄公二十五年》:“齐人以庄公说。”注:“以弑庄公说晋也。”《论语·阳货》:“道听而涂说,德之弃也。”《国语·越语上》:“勾践说于国人。”《韩非子·难言》:“故子胥善谋而吴戮之,仲尼善说而匡围之。” 说 *so̠ts,舒芮切,《广韵》:“说诱。”《孟子·万章上》:“故就汤而说之以伐夏救民。”《吕氏春秋·离谓》:“齐人有淳于髡者,以从说魏王。”《庄子·逍遥游》:“客得之,以说吴王。”

乎 *ʁa,户吴切,《广韵》:“辞也。”《说文》:“乎,语之余也。”《左传·隐公元年》:“蔓草犹不可除,况君之宠弟乎!”《诗经·抑》:“于乎小子,未知藏否。”呼 * χa，荒乌切，《广韵》：“唤也。《说文》曰：外息也。”《论语·八佾》：“呜呼！曾谓泰山，不如林放乎？”《庄子·刻意》：“吹呴呼吸，吐故纳新。”《庄子·外物》：“周昨来，有中道而呼者。”《庄子·外物》：“王子搜援绥登车，仰天而呼。”此语词有多个文字形式。

嘑 * χa，荒乌切，《广韵》：“哮嘑。《周礼》云：鸡人掌大祭祀夜嘑旦，以嘂百官。”

虖 * χa，荒乌切，《广韵》：“《说文》曰：哮虖也。”

評 * χa，荒乌切，《广韵》：“亦唤也。”

歑 * χa，荒乌切，《广韵》：“温吹气息也。”

謼 * χa，荒乌切，《广韵》：“大叫。”

謼 * χas，荒故切，《广韵》：“号謼，亦作呼。”《左传·隐公十一年》：“瑕叔盈又以蝥弧登，周麾而呼曰：君登矣。”《释文》：“呼，火故反。”《左传·僖公十六年》：“有夜登丘而呼曰：齐有乱。”《释文》：“呼，火故反。”《左传·文公二年》：“晋襄公缚秦囚，使莱驹以戈斩之，囚呼，莱驹失戈。”《释文》：“呼，火故反。”《礼记·曲礼收》：“城上不呼。”《释文》：“呼，火故反。”

号 * ʁɯ，胡刀切，《广韵》：“大呼也，又哭也。《诗》云：或号或呼。《易》云：先号咷而后笑。”《诗经·宾之初筵》：“宾既醉止，载号载呶。”《庄子·养生主》：“老聃死，秦失吊之，三号而出。”《释文》：“号，户羔反。”号 * ʁɯs，乎到切，《广韵》：“号令，又召也，呼也，谥也。”《左传·宣公十二年》：“还无社与司马卯言，号申叔展。”《释文》：“号，徐户到反，一音户刀反，呼也。”《左传·襄公十九年》：“齐侯围之，见卫在城上，号之，乃下。”《释文》：“号，徐胡报反，召也，又户刀切。”《左传·昭公四年》：“号之曰牛。”《释文》：“号，胡到反。”

复 * bu̲k，房六切，《广韵》：“返也，重也。”《左传·桓公五年》：“淳于公如曹，度其国危，遂不复。”《左传·僖公四年》：“昭王南征而不复，寡人是问。”复 * bu̲ks，扶富切，《广韵》：“白也，告也。”《左传·僖公十五年》：“九月，晋侯逆秦师，使韩简视师，复曰：‘师少于我，斗士倍我。’”《孟子·梁惠王上》：“有复于王者曰：吾力足以举百钧，而不足以举一羽。”《左传·僖公二十八年》：“请复卫侯而封曹。”报 * puks，博耗切，《广韵》：“报告。”《诗经·木瓜》：“投我以木瓜，报之以琼琚。”《论语·宪问》：“以直报怨，以德报德。”《吕氏春秋·权勋》：“荀息操璧牵马而报。”《史记·项羽本记》：“具以沛公言报项王。”

和*ʁor，户戈切，《广韵》：“和顺也，谐也，不坚不柔也。”《左传·隐公十年》：“蔡人怒，故不和而败。”《诗经·伐木》：“神之听之，终和且平。”和*ʁors，胡卧切，《广韵》：“声相应。”《庄子·齐物论》：“何谓和之以天倪？”《释文》：“和，如字，崔胡卧反。”《庄子·大宗师》：“或编曲，或鼓琴，相和而歌。”《释文》：“和，胡卧反。”《诗经·萚兮》：“叔兮伯兮，倡予和女。”《释文》：“和，胡卧反。”《周礼·天官·冢宰》：“掌王及后、世子膳羞之割亨煎和之事。”《释文》：“和，胡卧反。”

往*Ga̱ŋ^{B}，于两切，《广韵》：“之也，去也，行也，至也。”《左传·僖公三十年》：“行李之往来，共其乏困，君亦无所害。”《诗经·采薇》：“昔我往矣，杨柳依依。”迋*Ga̱ŋs，于放切，《广韵》：“往也，劳也。”《说文》：“迋，往也。”《左传·襄公二十八年》：“君使子展迋劳于东门之外。”《释文》：“迋，于况反，后同。”《左传·襄公二十八年》：“公过郑，郑伯不在。伯有迋劳于黄崖，不敬。”《左传·襄公三十一年》：“过郑，印段迋劳于棐林，如聘礼而以劳辞。”《释文》：“迋，于况反。”

应*e̱ŋ，於陵切，《广韵》：“当也。”《说文》：“应，当也。”段玉裁注：“当，田相值也。引申为凡相对之偁。”《吕氏春秋·论人》：“则何事之不胜，何物之不应？”高注：“胜，犹任也；应，当也。”《诗经·赉》：“文王既勤止，我应受之。”传：“应，当也。”《淮南子·原道训》：“百事之变无不应。”高注：“应，当也。”应*e̱ŋs，於证切，《广韵》：“物相应也。《说文》作应，当也。”《孟子·公孙丑下》：“吾应之曰‘可’，彼然而伐之也。”《左传·襄公二十一年》：“乐王鲋见叔向曰：‘吾为子请。’叔向弗应。”《礼记·乐记》：“正声感人，而顺气应之。”字后也写作“譍”。譍*e̱ŋs，於证切，《广韵》：“以言对也。”

归*ku̱r，举韦切，《广雅》：“返也。”《诗经·殷其雷》：“振振君子，归哉归哉。”《左传·隐公二年》：“向姜不安莒而归。”《左传·庄公九年》：“公丧戎路，传乘而归。”后引申之为归还。《左传·定公十年》：“齐人来归郓讙龟阴田。”《左传·成公二年》：“晋人归楚公子穀臣与连尹襄老之尸于楚，以求知䓨。”《左传·庄公五年》：“冬，齐人来归卫俘。”再引申，就有了赠送的意义。《左传·闵公二年》：“归公乘马……归夫人鱼轩。”注：“归，遗也。”《论语·阳货》：“归孔子豚。”《释文》：“如字，郑本作馈，读为归，今从古。”归*gu̱r-s，求位切(《集韵》),同“馈”。《左传·昭公二十四年》:“越公子仓归王乘舟。”注:“归,遗也。”《释文》:“归,如字,又其媿切。”馈* gu̱r-s,求位切,《广韵》:“饷也。”《左传·桓公六年》:“齐人馈之饩,使鲁为其班。”《左传·襄公二十六年》:“夫人使馈之锦与马,先之以玉。”

司*s ȶe̱,息兹切,《广韵》:“主也。”《左传·僖公二十一年》:“实司大皞与有济之祀,以服事诸夏。”注:“司,主也。”《左传·襄公十四年》:“天生民而立之君,使司牧之,勿使失性。”《诗经·羔裘》:“彼其之子,邦之司直。”传:“司,主也。”《战国策·赵策三》:“谨司时。”注:“司、伺同。”伺*sȶe̱,息兹切,《广韵》:“伺候。”伺*s ȶe̱s,相吏切,《广韵》:“伺候也,察也。”《韩非子·有度》:“伺其危崄之陂以恐其主。”《吕氏春秋·制乐》:“臣请伏于陛下以伺候之。”《史记·吕太后本纪》:“王后从官皆诸吕,擅权,微伺赵王。”

加*krar,古牙切,《广韵》:“增也,上也,陵也。”《论语·公冶长》:“我不欲人之加诸我也,吾亦欲无加诸人。”《论语·子路》:“既富矣,又何加焉?”《左传·襄公十三年》:“君子称其功以加小人,小人伐其技以冯君子。”驾*krars,古讶切,《广韵》:“行也,乘也。《说文》曰:马在轭中也。”《说文》:“驾,马在轭中。”段玉裁注:“驾之言以车加于马也。”《左传·宣公十二年》:“鸡鸣而驾,日中而说。”《左传·襄公十四年》:“荀偃令曰:鸡鸣而驾,塞井夷灶,唯余马首是瞻。”《左传·襄公十八年》:“齐侯驾,将走邮棠。”

与*ja̱^{B},余吕切,《广韵》:“《说文》曰:党与也。”《诗经·江有汜》:“之子归,不我与;不我与,其后也处。”《诗经·旄丘》:“叔兮伯兮,靡所与同。”《论语·阳货》:“日月逝矣,岁不我与。”与*ja̱s,羊洳切,《广韵》:“参与也。”《左传·隐公四年》:“石碏,纯臣也,恶州吁而厚与焉。”《释文》:“与,音预。”《左传·宣公七年》:“凡师出,与谋曰及,不与谋曰会。”《释文》:“与,音预。”《论语·八佾》:“吾不与祭,如不祭。”《释文》:“与,音预。”

辅*ba̱^{B},扶雨切,《广韵》:“毗辅,又劲也,弼也。”《左传·僖公四年》:“五侯九伯,女实征之,以夹辅周室。”《左传·僖公五年》:“吾抚女以从楚,辅之以晋,可以少安。”《左传·僖公九年》:“三怨将作,秦晋辅之,子将何如?”傅*ba̱s,方遇切,《广韵》:“相也。”《左传·桓公二年》:“靖侯之孙栾宾傅之。”《左传·僖公九年》:“献公使荀息傅奚齐。”

赒*tu̱,职流切,《广韵》:“赡也。”《商君书·来民》:“其徒请赒焉,不与。”字本只写作“周”。《诗经·云汉》：“靡人不周，无不能正。”《论语·雍也》：“君子周急不继富。”《孟子·万章下》：“周之则受，赐之则不受，何也？”酬*du̲，市流切，《广韵》：“周也，报也，以财货曰酬。酬，上同。《说文》本作“醻”，主人进客也。”《左传·昭公二十一年》：“公饮之酒，厚酬之，赐及从者。”《左传·昭公二十七年》：“为惠已甚，吾无以酬之。”詶*du̲，市流切，《广韵》：“以言答之。”詶*du̲s，承呪切，《广韵》：“答也。”

冓*ko，古侯切，《说文》：“交积材也。”（溝*ko，古侯切，《广韵》：“溝渠。《尔雅》云：水注谷曰溝。《释名》云：田间之水曰溝。溝，構也，纵横相交構也。”）《诗经·墙有茨》：“中冓之言，不可道也。”传：“中冓，内冓也。”《汉书·文三王传》：“不窥人闺门之私，听闻中冓之言。”注：“应劭曰：‘中冓，材構在堂之中也。’师古曰：‘冓谓舍之交积材木也。’”字后写作“構”。構*kos，古候切，《广韵》：“架也，合也，成也，盖也，乱也。”《韩非子·五蠹》：“有圣人作，構木为巢以避群害。”《庄子·齐物论》：“与接为構，日以心斗。”

遘*kos，古候切，《广韵》：“遇也。”《说文》：“遘，遇也。”

覯*kos，古候切，《广韵》：“见也。”《说文》：“覯，遇见也。”

姤*kos，古候切，《广韵》：“卦名。姤，遇也，又偶也。”

購*kos，古候切，《广韵》：“购赎。”《说文》：“購，以财有所求也。”

媾*kos，古候切，《广韵》：“重婚。”《说文》：“媾，重婚也。”《诗经·候人》：“彼其之子，不遂其媾。”《战国策·赵策三》：“寡人使平阳君媾秦。”《史记·平原君虞卿列传》：“使赵郝约事于秦，割六县而媾。”

锡*si̲k，先击切，《广韵》：“赐也，与也。”《诗经·简兮》：“赫如渥赭，公言锡爵。”《诗经·菁菁者莪》：“既见君子，锡我百朋。”《诗经·既醉》：“孝子不匮，永锡尔类。”《左传·文公元年》：“天王使毛伯来锡公命。”《释文》：“锡，星历反。”赐*si̲ks，斯义切，《广韵》：“与也，惠也。”《左传·庄公二十七年》：“王使召伯廖赐齐侯命。”《左传·僖公九年》：“王使宰孔赐齐侯胙。”《左传·隐公八年》：“天子建德，因生以赐姓。”

告*kuk，古沃切，《广韵》：“告上曰告，发下曰诰。”《尚书·大禹谟》：“舍己从人，不虐无告。”《释文》：“告，故毒反。”《礼记·曲礼上》：“夫为人子者，出必告，反必面。”《释文》：“告，古毒反。”《诗序》：“颂者美盛德之形容，以其成功告于神明者也。”《释文》：“告，古毒反。”告*kuks，古到切，《广韵》：“报也。”《群经音辨》：“告，喻也，古奥切；告，白也，古毒切。”《尚书·盘庚中》：“乃祖乃父丕乃告我高后。”《释文》：“告，工号反。”《尚书·盘庚中》：“今予告汝。”《释文》：“告，故报反。”诰*kuks，古到切，《广韵》：“告也。”《国语·楚语上》：“近臣谏，远臣谤，舆人诵，以自诰也。”

敷*pha̱，芳无切，《广韵》：“散也。”《小尔雅》：“敷，布也。”《诗经·小旻》：“旻天疾威，敷于下土。”传：“敷，布也。”《诗经·长发》：“洪水芒芒，禹敷下土方。”铺*pha，普胡切，《广韵》：“铺设也，陈也，布也。”《礼记·乐记》：“铺筵席，陈尊俎，列笾豆。”《礼记·杂记上》：“公视大敛，公升，商祝铺席，乃敛。”布*pas，博故切，《广韵》：“陈也。”《礼记·曲礼上》：“若非饮食之客，则布席，席间函丈。”《礼记·檀弓上》：“旬而布材与明器。”《左传·文公十八年》：“举八元，使布五教于四方。”《左传·成公二年》：“先王疆理天下物土之宜而布其利。”《礼记·月令》：“王命布农事，命田舍东郊，皆修封疆，审端经术。”

委*o̱r^B，於诡切，《广韵》：“又属也，弃也，随也，任也。”《左传·文公六年》：“教之防利，委之常秩。”注：“委，任也。”《左传·襄公二十二年》：“委诸执事。”《左传·昭公三十二年》：“其委诸伯父，使伯父实重图之。”萎*o̱rs，於伪切，《广韵》：“萎牛。”《说文》：“萎，食牛也。”餧*o̱rs，於伪切，《广韵》：“餧饭也。”《汉书·张耳陈馀传》：“今俱死，如以肉餧虎，何益？”字本只写作“委”。《诗经·鸳鸯》：“乘马在厩，摧之秣之。”郑笺：“无事则委之以莝，有事乃予之谷。”《释文》：“委，纡伪反，犹食也。”

上*da̱ŋ^B，时掌切，《广韵》：“登也，升也。”《庄子·说剑》：“王乃牵而上殿，宰人上食，王三环之。”《释文》：“上，时掌反。”《诗经·七月》：“上入执宫功。”《释文》：“上，时掌反。”《易·需》：“云上于天。”《释文》：“上，时掌反。”尚*da̱ŋs，时亮切，《广韵》：“饰也，曾也，加也。”《广雅》：“尚，上也。”《左传·昭公二十五年》：“民之所以生也，是以先三尚之。”《墨子·尚贤上》：“将不可以不尚贤。”孙诒让：“尚者，上也。”《论语·阳货》：“君子尚勇乎？”《韩非子·外储说左上》：“举烛者，尚明也，尚明也者，举贤而任之。”《孟子·滕文公上》：“草尚之风，必偃。”（《论语·颜渊》：“草上之风，必偃。”《释文》无注，即音“时亮切”。《汉书·贾谊传》：“帝入东学，上亲而贵仁……帝入南学，上齿而贵信。”）

围 *ʁɯ̱r,雨非切,《广韵》:“守也,圜也,绕也。”《说文》:“围,守也。”《左传·隐公五年》:“宋人伐郑,围长葛。”《左传·僖公十九年》:“宋人围曹,讨不服也。”《庄子·山木》:“孔子围于陈、蔡之间,七日不火食。”卫 *ʁɯ̱rs,于岁切(入祭韵属于例外音变),《广韵》:“护也。”《庄子·庚桑楚》:“是卫生之经已。”《左传·文公元年》:“要结外援,好事邻国,以卫社稷。”《礼记·檀弓下》:“能执干戈以卫社稷,虽欲勿殇也,不亦可乎。”《左传·哀公十一年》:“能执干戈以卫社稷,可无殇也。”《管子·小匡》:“以卫诸夏之地。”

四

非去声动词和去声动词之间的差别,仅在于去声动词突出施与指向。突出“施与”有上对下的意味。于是,由施与指向慢慢衍生出尊对卑的语用意义。《论语·阳货》:“阳货欲见孔子,孔子不见,归孔子豚。”《释文》:“归,如字。郑本作馈,鲁读为归,今从古。”《经典释文》读为“如字”,尽管另有本子作“馈”的。《群经音辨》:“归,往也,举韦切;归,馈也,巨位切,《论语》:阳货归孔子豚。”陆德明没将“归”注音为“馈”,显然是为了避开这一层意义。孔子是圣人,自然不能用这个有强烈“施与”意义的“馈”。比如“锡”,《左传》一书“赐予”意义共出现 10 次,而《释文》注音两处,不注音的以为如字,即“斯义切”。动词“锡”就是动词“赐”,后者仅仅只是突出施与指向而已,因带有施与指向标记而衍生出尊对卑的语用意义。这一点在陆德明的《经典释文》中十分明显,其中典型的是把“杀”字注成“弑”。《庄子·胠箧》:“田成子一旦杀齐君而盗其国。”《释文》:“杀,音弑。”田成子作为齐君之臣不能说“杀齐君”而只能说“弑齐君”,故“杀”字注“音弑”。

第七节　及物化

一

形容词或状态动词,充当句子谓语时,一般是不带直接宾语。但是,上古汉语很不同,形容词或状态动词常常可以带直接宾语。带上直接宾语,通常被解释为使动或者意动。《史记·秦始皇本纪》:“山东郡县少年苦秦吏,皆杀其守尉令丞反,以应陈涉。”这里的“苦”既不是什么使动用法,也不是什么意动用法。“苦”所陈述的当事者依旧是“少年”,“秦吏”是“苦”的原因。

骄则生疾,必易晋而不抚其民矣。(《左传·僖公二年》)

死而利国,犹或为之,况琼玉乎?(《左传·僖公二十八年》)

节用以礼,裕民以政。(《荀子·富国》)

许之盟而还师,以敝楚人。(《左传·襄公九年》)

持而盈之,不如其已;揣而锐之,不可长保。(《道德经》)

新军无帅,晋侯难其人。(《左传·襄公十三年》)

礼以体政,政以正民。(《左传·桓公二年》)

不志于仁,而求富之,是富桀也。(《孟子·告子下》)

大多数情况下客体(宾语)是形容词要陈述的当事者,只有少数情况下客体是主体(主语)处于眼下这种状况的原因。就文字而言,形容词带不带宾语,字形都相同。不过,形容词带不带宾语,有时候经师注音会不一样。一些读音可能是学究式的类推。周祖谟(1966)、周法高(1967)、王力(1980)以及黄昆尧(1991)等学者都已经注意到这一点。规则是,形容词带宾语时语音形式由非去声变成去声。这种例子王力共举了好、善等7例,详见《汉语史稿》214页。

二

空*khoŋ，苦红切，《广韵》："空虚。"《诗经·白驹》："皎皎白驹，在彼空谷。"《诗经·桑柔》："大风有隧，有空大谷。"《群经音辨》："空，虚也，苦工切；空，穷也，苦贡切。"空*khoŋ-s，苦贡切，《广韵》："空缺。"《诗经·节南山》："不吊昊天，不宜空我师。"传："空，穷也。"笺："困穷我之民众也。"《释文》："空，苦贡反，注同。"《群经音辨》："虚之曰空，苦贡切。"

中*tru̠ŋ，陟弓切，《说文》："内也。"《诗经·葛覃》："葛之覃兮，施于中谷。"《左传·隐公元年》："大隧之中，其乐也融融。"《左传·文公元年》："履端于始，举正于中。"中既是名词，也是形容词。《论语·子路》："礼乐不兴，则刑罚不中。"《晏子春秋·问上》："衣冠不中，不敢以入朝。"中*tru̠ŋ-s，陟仲切，《广韵》："当也。"《左传·定公元年》："子家子亟言于我，未尝不中吾志也。"《释文》："中，丁仲反。"《礼记·月令》："其音角，律中大蔟。……其音羽，律中大吕。"《释文》："中，竹仲反。"《礼记·王制》："用器不中度，不粥于市。兵车不中度，不粥于市。布帛精粗不中数，幅广狭不中量，不粥于市。"《释文》："中，丁仲反。"

重*dro̠ŋ^{B}，直陇切，《广韵》："多也，厚也。"《论语·泰伯》："士不可以不弘毅，任重而道远。"《墨子·辞过》："古之民未知为舟车时，重任不移，远道不至。"《韩非子·奸劫弑臣》："行财货以事贵重之臣者，身尊家富。"重*dro̠ŋs，柱用切。《左传·僖公十五年》："晋人戚忧以重我。"《释文》："重，直用反。"《左传·成公十二年》："贶之以大礼，重之以备乐。"《释文》："重，直用反。"《左传·昭公八年》："舜重之以明德。"《释文》："重，直用反。"

非*pɯ̠r，甫微切，《广韵》："不是也。"《孟子·公孙丑上》："无是非之心，非人也。"《庄子·齐物论》："彼亦一是非，此亦一是非。"诽*pɯ̠rs，方味切，《广韵》："谤人。"《吕氏春秋·不屈》："惠子闻而诽之。"字本只作"非"。《韩非子·南面》："相憎者朋党而相非。"集解："意林非作诽。"《韩非子·有度》："誉者不能进，非者弗能退。"

足*ʈo̠k，即玉切，《广韵》："又满也，止也。"《左传·昭公二十八年》："馈之始至，恐其不足，是以叹。”《论语·雍也》：“非不说子之道，力不足也。”《孟子·梁惠王上》：“吾力足以举百钧，而不足以举一羽。”足*ʈo̱ks，子句切，《广韵》：“足添物也。”《左传·襄公二十五年》：“言以足志，文以足言。”《释文》：“足，将住反，又如字。”《左传·襄公二十六年》：“以足其性，而求名焉者，非国家之利也。”《释文》：“足，子住反，又如字。”《论语·公冶长》：“巧言令色足恭，左丘明耻之，丘亦耻之。”《释文》：“足，将树反，又如字。”

恶*ak，乌各切，《广韵》：“不善也。”《左传·昭公二十八年》：“甚美必有甚恶。”《左传·哀公二十七年》：“恶而无勇。”注：“恶，貌丑也。”《庄子·德充符》：“卫有恶人焉。”注：“恶，丑也。”恶*aks，乌路切，《广韵》：“憎恶也。”《左传·隐公元年》：“庄公寤生，惊姜氏，故名曰寤生，遂恶之。”《释文》：“恶，乌路反。”《左传·哀公十三年》：“王恶其闻也，自到七人于幕下。”注：“恶诸侯闻之。”《释文》：“恶，乌路反，注同。”

苦*kha^{B}，康杜切，《广韵》：“勤也。”《孟子·梁惠王上》：“乐岁终身苦，凶年不免于死亡。”《礼记·学记》：“时过然后学，则勤苦而难成。”苦*khas，苦故切，《广韵》：“困也。”《穀梁传·僖公十年》：“吾夜者梦夫人趋而来，曰：吾苦畏。”《释文》：“苦，如字，又祛路反，下同。”《韩非子·解老》：“治大国而数变法则民苦之。”《史记·陈涉世家》：“天下苦秦久矣。”

近*gɯ̱n^{B}，其谨切，《广韵》：“迫也，几也。”《玉篇》：“近，不远也。”《左传·庄公十九年》：“边伯之宫，近于王宫，王取之。”近*gɯ̱ns，其靳切，《广韵》：“附也。”《说文》：“近，附也。”《群经音辨》：“相邻曰近，巨隐切；相亲曰近，巨刃切。”《左传·昭公元年》：“疾不可为也，是谓近女室。”《释文》：“近，附近之近。”《论语·阳货》：“近之则不孙，远之则怨。”《释文》：“近，附近之近。”《易·剥》：“剥床以肤，切近灾也。”《释文》：“如字，徐巨靳反。”

难*nan，那干切，《广韵》：“艰也，不易称也。”《左传·僖公十九年》：“将以求霸，不亦难乎？”《左传·成公二年》：“人生实难，其有不获死乎？”《论语·宪问》：“贫而无怨难，富而无骄易。”难*nans，奴案切，《广韵》：“患也。”《左传·隐公元年》：“谓之郑志，不言出奔，难之也。”《释文》：“难，乃旦反。”

散*ɕan^{B}，苏旱切，《广韵》：“散诞。《说文》作㪔，分离也；又作散，杂肉也。”《礼记·乐记》：“其政散，其民流，诬上行私而不可止也。”《礼记·乐记》：“流辟邪散、狄成涤滥之音作，而民淫乱。”《礼记·礼器》：“众之纪也，纪散而众乱。”《荀子·劝学》:“不隆礼,虽察辩,散儒也。”散* çans,苏旰切,《广韵》:“分离也,布也。”《左传·宣公十二年》:“众散为弱,川壅为泽。”《论语·子张》:“上失其道,民散久矣。”《孟子·梁惠王下》:“壮者散而之四方者,几千人矣。”《礼记·乐记》:“马散之华山之阳,而弗复乘;牛散之桃林之野,而弗复服。”《礼记·大学》:“是故财聚则民散,财散则民聚。”

敞* tha̱ŋ^{B},昌两切,《广韵》:“高也。”《史记·孝武本纪》:“泰山东北阯古时有明堂处,处险不敞。”《史记·淮阴侯列传》:“然乃行营高敞地,令其旁可置万家。”畅* thra̱ŋs,丑亮切,《广韵》:“通畅,又达也。”《礼记·乐记》:“四畅交于中而发作于外。”《孟子·滕文公上》:“草木畅茂,禽兽繁殖。”《墨子·修身》:“畅之四支,接之肌肤。”

先* çɯn,苏前切,《广韵》:“先后也。”《左传·隐公元年》:“先王之制,大都不过参国之一。”《礼记·月令》:“天子乃荐鞠衣于先帝。”先* çɯns,苏佃切,《广韵》:“先后。”《礼记·月令》:“先立春三日,大史谒之天子。”《释文》:“先,悉荐反。”《左传·文公二年》:“子虽齐圣,不先父食久矣。故禹不先鲧,汤不先契,文武不先不窋。”《释文》:“先,悉荐反。”《周易·乾》:“先天而天弗违,后天而奉天时。”《释文》:“先,悉荐反。”

善* da̱n^{B},常演切,《广韵》:“良也。”《说文》:“善,吉也。”《论语·述而》:“善人,吾不得见之矣。”《左传·僖公二十四年》:“以志吾过,且旌善人。”《左传·宣公十一年》:“善哉,吾未之闻也。”缮* da̱ns,时战切,《广韵》:“补也。”《左传·隐公元年》:“缮甲兵,具卒乘,将袭郑。”《释文》:“缮,市战反。《庄子·缮性》:“缮性于俗。”《释文》:“缮,善战反,崔云治也,或云善也。”《左传·襄公九年》:“巡丈城,缮守备。”注:“缮,治也。”

昭* tɯ̱,止遥切,《说文》:“日明也。”《诗经·文王》:“文王在上,于昭于天。”《诗经·既醉》:“君子万年,介尔昭明。”《诗经·抑》:“昊天孔昭,我生靡乐。”照* tɯ̱s,之少切,《广韵》:“明也。”《诗经·日月》:“日居月诸,照临下土。”《诗经·小明》:“明明上天,照临下土。”《左传·文公十二年》:“君不忘先君之好,照临鲁国。”

饶* nɯ̱,如招切,《广韵》:“益也,饱也,余也。”《左传·成公六年》:“必居郇瑕氏之地,沃饶而近盬,国利君乐,不可失也。”《礼记·曲礼下》:“大飨不问卜,不饶富。”《管子·八观》:“壤地肥饶,则桑麻易植也。”饶* nɯ̱s,人要切，《广韵》：“益饶。”《史记·陈丞相世家》：“然大王能饶人以爵邑，士之顽钝嗜利无耻者亦多归汉。”

劳*lɯ，鲁刀切，《广韵》：“倦也，勤也。”《说文》：“劳，勮也。”《论语·里仁》：“见志不从，又敬不违，劳而不怨。”《左传·昭公十九年》：“民人日骇，劳罢死转，忘寝与食。”劳*lɯs，郎到切，《广韵》：“劳慰。”《左传·僖公二十二年》：“劳楚子于柯泽。”《释文》：“劳，力报反。”《左传·隐公十年》：“不贪其土，以劳王爵，正之体也。”注：“劳者，叙其勤以答之。诸侯相朝，逆之以饔饩，谓之郊劳。”《释文》：“劳，力报反，注同。”

好*xu^{B}，呼晧切，《广韵》：“善也，美也。”《诗经·关雎》：“窈窕淑女，君子好逑。”《诗经·叔于田》：“岂无饮酒？不如叔也，洵美且好。”《战国策·赵策三》：“鬼侯有子而好，故入之于纣，纣以为恶，醢鬼侯。”好*xus，呼到切，《广韵》：“爱好，亦璧孔也。”《左传·闵公二年》：“卫懿公好鹤，鹤有乘轩者。”《释文》：“好，呼报反。”《论语·子罕》：“吾未见好德如好色者也。”《释文》：“好，呼报反。”

广*qaŋ^{B}，古晃切，《广韵》：“大也，阔也。”《说文》：“广，殿之大屋也。”《墨子·备城门》：“长二丈，广八尺。”《庄子·逍遥游》：“有鱼焉，其广数千里，未有知其修者，其名为鲲。”《诗经·汉广》：“汉之广矣，不可泳思。”《礼记·曲礼上》：“地广大，荒而不治，此亦士之辱也。”“广”上古为名词，也为形容词。广*qaŋs，古旷切，《集韵》：“度广曰广。”《群经音辨》：“广，阔也，古党切；量广曰广，古旷切。”旷*qhaŋs，苦谤切，《广韵》：“空明也，远也，大也，久也。”《左传·昭公元年》：“伯曰阏伯，季曰实沈，居于旷林。”《礼记·曲礼上》：“祥车旷左，乘君之乘车不敢旷左；左必式。”注：“空神位也。”《孟子·离娄上》：“旷安宅而弗居，舍正路而不由，哀哉！”《管子·君臣上》：“君不失其威，下不旷其产而莫相德也。”

后*go^{B}，胡口切，《广韵》：“先后。”《左传·隐公十一年》：“相时而动，无累后人，可谓知礼矣。”《左传·桓公十三年》：“与宋、卫、燕战，不书所战，后也。”后*gos，胡遘切，《广韵》：“方言云：先后，犹娣姒。”《礼记·玉藻》：“凡食果实者后君子，火孰者先君子。”《释文》：“后，户豆反。”《仪礼·大射》：“公还而后宾降。”《释文》：“后，户豆反。”

厚*go^{B}，胡口切，《广韵》：“厚薄，又重也，广也。”《说文》：“厚，山陵之厚也。”《左传·成公六年》:“土厚水深,居之不疾。”《左传·僖公十四年》:“无损于怨,而厚于寇,不如勿与。”厚*gos,胡遘切,《广韵》:“厚薄。”《周礼·冬官·考工记》:“博三寸,厚一寸有半。”《释文》:“厚,胡豆反。”《仪礼·乡射礼》:“博三寸,厚寸有半。”《释文》:“厚,胡豆反。”《礼记·杂记下》:“博三寸,厚半寸。”《释文》:“厚,胡豆反。”

柔*nu̱,耳由切,《广韵》:“顺也,安也,《说文》曰:木曲直也。”《诗经·烝民》:“人亦有言,柔则茹之,刚则吐之。”《诗经·长发》:“何天之休,不竞不絿,不刚不柔。”《诗经·硕人》:“手如柔荑,肤如凝脂。”煣*nu̱s,人又切,《广韵》:“蒸木使曲也。”《汉书·食货志上》:“斫木为耜,煣木为耒,耒耨之利以教天下。”煣,字也作“輮”。輮*nu̱s,人又切,《广韵》:“车辋。”《荀子·劝学》:“木直中绳,輮以为轮,其曲中规,虽有槁暴,不复挺者,輮使之然也。”鞣*nu̱s,人又切,《广韵》:“柔皮。”《说文》:“鞣,耎也。从革从柔,柔亦声。”蹂*nu̱s,人又切,《广韵》:“蹂践。”《诗经·生民》:“或舂或揄,或簸或蹂。”《史记·项羽本纪》:“王翳取其头,余骑相蹂践争项王,相杀者数十人。”

慈*ɖe̱,疾之切,《广韵》:“爱也。”《左传·隐公十八年》:“父义,母慈,兄友,弟共,子孝,所谓六顺也。”《左传·昭公二十六年》:“夫和,妻柔,姑慈,妇听,礼也。”《左传·哀公十六年》:“国人望君如望慈父母焉。”字*ɖe̱s,疾置切,《广韵》:“又爱也”。《左传·成公四年》:“楚虽大,非吾族也,其肯字我乎?”注:“字,爱也。”《左传·成公十一年》:“又不能字人之孤而杀之。”注:“字,爱也。”《左传·昭公三十年》:“小事大,大字小之谓。”

直*dre̱k,除力切,《广韵》:“正也。”《左传·襄公二十九年》:“至矣哉,直而不倨,曲而不屈。”《论语·微子》:“直道而事人,焉往而不三黜?”值*dre̱ks,直吏切,《广韵》:“持也,措也,舍也,当也。”《说文》:“值,持也(依段玉裁改)。从人直声。”从人之字表示动作,值就是持。《诗经·宛丘》:“无冬无夏,值其鹭羽。”传:“值,持也。鹭鸟之羽可以为翳。”《庄子·说剑》:“此剑值之亦无前,举之亦无上,案之亦无下,运之亦无旁。”植*dre̱ks,直吏切,《广韵》:“种也。”《左传·定公十年》:“亦以徒七十人,旦门焉,步左右,皆至而立,如植。”注:“至其门下,步行门左右,然后立待,如立木不动,以示整。”引申之,则为直插。《论语·微子》:“植其杖而芸。”《释文》:“植,音值,又市力反。”《周礼·夏官·司马》:“令获者植旌,及献比禽。”由“直”引申出对着、碰到等意义。《仪礼·士丧礼》:“主人堂下,直东序,西面。”《史记·樗里子甘茂列传》:“未央宫在其西,武库正直其墓。”字后写作“值”。《汉书·蒯通传》:“夫功者难成而易败,时者难值而易失。”《史记·卫将军骠骑列传》:“适值大将军军出塞千余里。”《汉书·宣帝纪》:“遭值匈奴乖乱。”段玉裁注:“引申为当也。凡彼此相遇、相当曰值。《史》《汉》多用‘直’为之。姚察云:古字例以‘直’为‘值’。是也。价值亦是相当意。”

长*dra̱ŋ,直良切,《广韵》:“久也,远也,常也,永也。”《左传·僖公四年》:“筮短龟长,不如从长。”长*dra̱ŋs,直亮切,《广韵》:“多也。”《礼记·檀弓上》:“盖榛以为笄,长尺,而总八寸。”《释文》:“长,直亮反,凡度长短曰长,皆同此音。”《论语·乡党》:“必有寝衣,长一身有半。”《释文》:“长,直亮反。”《群经音辨》:“长,永也,持良切;揆长曰长,持亮切 。”

永*ʁra̱ŋ,于憬切,《广韵》:“长也,引也,远也,遐也。”《淮南子·原道训》:“天地之永,登丘不可为修,居卑不可为短。”《诗经·汉广》:“江之永矣,不可方思。”《国语·鲁语下》:“以示后人,使永监焉。”咏*ʁra̱ŋs,为命切,《广韵》:“歌也。”《论语·先进》:“浴乎沂,风乎舞雩,咏而归。”《国语·周语下》:“五曰夷则,所以咏歌九则,平民无贰也。”《史记·乐书》:“诗,言其志也;歌,咏其声也;舞,动其容也。”字本只写作“永”。《诗序》:“情动于中,而形于言;言之不足,故嗟叹之;嗟叹之不足,故永歌之。永歌之不足,不知手之舞之,足之蹈之也。”《诗经·硕鼠》:“乐郊乐郊,谁之永号?”笺:“永,歌也。”

深*su̱m,式针切,《广韵》:“远也。”《诗经·小旻》:“如临深渊,如履薄冰。”《诗经·匏有苦叶》:“匏有苦叶,济有深涉。”深*su̱ms,式禁切,《广韵》:“不浅也。”《周礼·天官·冢宰》:“大丧,共夷盘冰。”注:“大盘广八尺长丈二尺深三尺。”《释文》:“凡度长短曰长,直亮反。度浅深曰深,尸鸩反。度广狭曰广,光旷反。度高下曰高,古倒反。相承用此音,或皆依字读。”《仪礼·士冠礼》:“南北以堂深。”《释文》:“深,申鸩反,凡度浅深曰深。”

齐*d̥ir,徂奚切,《广韵》:“整也,中也,等也。”《说文》:“齐,禾麦吐穗上平也。”《庄子·秋水》:“万物一齐,孰短孰长?”《庄子·盗跖》:“唇如激丹,齿如齐贝。”《荀子·王制》:“分均则不偏,埶齐则不壹,众齐则不使。”齐*d̥irs,在诣切,《广韵》:“齐和。”《诗经·楚茨》:“或剥或亨,或肆或将。”传:“将,齐也。”《释文》:“齐,才细反。”《左传·昭公二十年》:“宰夫和之,齐之以味。”《释文》：“齐，才细反，又如字。”《易·序卦》：“故受之以鼎。”注：“鼎所以和齐生物成新之器也。”《释文》：“齐，才细反。”《周礼·天官·冢宰》：“凡齐事，煮盐以待戒令。”郑注：“齐事，和五味之事。”《释文》：“齐，才细反。”

这些来自形容词而读去声的动词，有些应该是六朝的经师为了别义而故意破读，像度长短的长、度浅深的深、度广狭的广，等等，实际语言里面未必一定有这种变音。一个最直接的证据是这些形容词用作动词时，并没有读去声，比如：

士芳城绛，以深其官。（《左传·庄公二十六年》）

是以令吏人完客所馆，高其闬闳，厚其墙垣。（《左传·襄公三十一年》）

济济多士，克广德心。（《诗经·泮水》）

广其节奏，省其文采，以绳德厚。（《礼记·乐记》）

以上要么都读去声，要么都不读去声，不会单单度量的时候读去声。《左传·哀公元年》：“楚子围蔡，报柏举也，里而栽，广丈，高倍。”杜预注：“垒厚一丈，高二丈。”《释文》：“广，古旷反，高倍并如字。高，又古报反，注同。厚，户豆反。”《群经音辨》收录了这些破读。“高，崇也，古刀切；度高曰高，古到切。”实际上，表“度量”的“广”“高”“厚”“深”“长”等已经是名词，后面紧跟着度量只是对主语做出说明。这些形容词上古汉语都可以转为名词。

有鱼焉，其广数千里，未有知其修者，其名为鲲。（《庄子·逍遥游》）

其长九寸而吹之，以为黄钟之宫。（《说苑·修文》）

夫千里之远，不足以举其大；千仞之高，不足以极其深。（《庄子·秋水》）

不登高山，不知天之高也；不临深溪，不知地之厚也。（《荀子·劝学》）

陆德明将“其广数千里”中的“广”注音为“古旷切”，显然看成了度量。实际上，“数千里”是说明“其广”。《经典释文》《广韵》等中古文献所收录的读音中有不少破读，有些甚至是乱破读，比如“乐”。乐，卢各切，《广韵》：“喜乐。”乐，五角切,《广韵》:“音乐。”乐,五教切,《广韵》:“好也。”《诗经·关雎》:“窈窕淑女,钟鼓乐之。”《释文》:“乐之音洛,又音岳。或云:协韵宜五教反。”《论语·雍也》:“知者乐水,仁者乐山;知者动,仁者静;知者乐,仁者寿。”《释文》:“乐,音岳,又五孝反。”《论语·雍也》:“知之者不如好之者,好之者不如乐之者。”《释文》:“乐,音洛。”“乐”是快乐,不带宾语是主体(主语)快乐,带宾语可以是客体(宾语)快乐,可以是主体因客体而快乐。乐,无论怎么读都不可能读成五教切。不过,我们不能因此而认为所有读去声的动词都是六朝经师为了别义而故意破读。尤其是当新词义有新文字的时候,就能比较好地反映早期的变音。

三

就充当动词谓语时句子自足的条件而言,动词分及物动词、不及物动词。及物动词充当动词谓语时只有带直接宾语句子才能自足,而不及物动词不带直接宾语句子就可以自足。及物动词跟不及物动词并不是彼此截然对立,而是可以彼此转换的两类动词。上古汉语的不及物动词常变为及物动词,如:

> 走*ʦo^{B},子苟切,《广韵》:“趋也。”《孟子·梁惠王上》:“弃甲曳兵而走。”《左传·隐公十一年》:“颍考叔挟辀以走,子都拔棘以逐之。”《左传·僖公五年》:“逾垣而走,披斩其袪。”走*ʦos,则候切,《广韵》:“《释名》云:疾趋曰走。”《玉篇》:“走,子后切,去也,奔也,仆也,又音奏。”《群经音辨》:“走,趋也,臧苟切;趋向曰走,臧候切。”《左传·襄公二十三年》:“奉君以走固宫,必无害也。”《释文》:“如字,一音奏。”

关于趋向动词“走”两读之间的关系,唐纳、周祖谟、周法高等都曾经讨论过。“走$_{\text{子苟切}}$”和“走$_{\text{则候切}}$”最为明显的差别是前者是不带宾语的不及物动词,而后者是带宾语的及物动词,尽管所带的宾语是一个表示处所的处事宾语。颜师古在给《汉书》作注时,凡此种用法的“走”皆注音“奏”。《汉书·高帝纪》:“闻羽至,尽走险阻。”师古曰:“走音奏。”贾昌朝用“趋向”解释这个“走”。

趋*ȶho̱，七逾切，《广韵》："走也。"《说文》："趋，走也。"《论语·子罕》："过之，必趋。"《论语·微子》："孔子下欲与之言，趋而辟之，不得与之言。"《孟子·公孙丑上》："其子趋而往视之。"《左传·成公十六年》："识见不谷而趋，无乃伤乎？"趋*ȶho̱s，七遇反（《释文》）。《诗经·十月之间》郑笺："不得趋农田。"《释文》："趋，七住反，本又作趣，七俱反。"《汉书·礼乐志》："文巧则趋末背本者众。"注："趋，音趣。"趣*ȶho̱s，七句切，《广韵》："趣向。"《诗经·棫朴》："济济辟王，左右趣之。"传："趣，趋也。"《释文》："趣，七喻反，趋也。"《庄子·胠箧》："赢粮而趣之。"《释文》："趣，七于反，徐七喻反。"

动词"趋"不带宾语为不及物动词时音"七逾切"，而不带宾语为及物动词时则音"七俱切"，即音"趣"。颜师古在《汉书》注中表现得十分清楚。《汉书·食货志上》："民或苦少牛，亡以趋泽。"注："趋读曰趣；趣，及也。"《汉书·萧望之传》："下车趋门。"注："趋读曰趣；趣，向也。"我们从这两例中清楚地看出上古汉语存在及物、不及物动词的对立。不及物动词变成及物动词，声调由非去声变去声。

恐* kho̱ŋ^{B}，丘陇切，《广韵》："惧也。"《左传·僖公二十六年》："齐侯曰：鲁人恐乎？对曰：小人恐矣，君子则否。齐侯曰：室如县罄，野无青草，何恃而不恐？"《释文》："恐，丘勇反，下及注同。"《诗经·谷风》："将恐将惧，维予与女。"《释文》："恐，丘勇反，注下同。"凶* xo̱ŋ^{B} <* * kho̱ŋ^{B}，许拱切，《广韵》："恐惧。《说文》曰：扰恐也。《左传》云：曹人凶惧。""凶"是"恐"的音变。《左传·僖公二十八年》："曹人凶惧。"注："凶，恐惧。"《释文》："凶，凶勇反；恐，丘勇反。"《左传·定公十年》："众凶惧。"《释文》："凶，音凶，一音凶勇反。"恐* kho̱ŋs，区用切，《广韵》："疑也。"《群经音辨》："惧之急曰恐，丘陇切；缓曰恐，丘用切。"《庄子·胠箧》："唯恐缄、縢、扃、鐍之不固也。"《释文》："恐，丘用反。"《论语·季氏》："吾恐季孙之忧，不在颛臾，而在萧墙之内也。"

倚* a̱r^{B}，於绮切，《广韵》："依倚也。"《论语·卫灵公》："在舆，则见其倚于衡也。"《释文》："倚，於绮反。"《礼记·礼器》："有司跛倚以临祭，其为不敬大矣。"《释文》："倚，於绮反。依物曰倚，注同。"倚* a̱rs，于义切，《广韵》："侍也，因也，加也。"《道德经》："祸兮福之所倚，福兮祸之所伏。"《礼记·中庸》:“夫焉有所倚?”《释文》:“倚,依绮、於寄二反。”《慎子·君臣》:“为人君者不多听,据法倚数以观得失。”

语 *ŋa̱^{B},仰举切,《广韵》:“《说文》:论也。”《论语·乡党》:“食不语,寝不言。”《左传·昭公十八年》:“与之语,不说学。”语 *ŋa̱s,牛倨切,《广韵》:“说也,告也。”《论语·子路》:“叶公语孔子曰:吾党有直躬者,其父攘羊,而子证之。”《释文》:“语,鱼据反。”《左传·隐公元年》:“公语之故,且告之悔。”《释文》:“语,鱼据反。”《礼记·檀弓上》:“子张病,召申祥而语之。”《释文》:“语,鱼据反。”《论语·阳货》:“吾语女。”《释文》:“语,鱼据反。”

喜 *xe̱^{B},虚里切,《广韵》:“喜乐。”《论语·公冶长》:“子路闻之喜。”《左传·宣公九年》:“郑伯败楚师于柳棼,国人皆喜,唯子良忧。”憙 *xe̱s,许记切,《广韵》:“好也。”《汉书·贾谊传》:“群臣自憙。”注:“憙读曰喜,音许吏反。”字本只写作“喜”。《诗经·彤弓》:“我有嘉宾,中心喜之。”传:“喜,乐也。”《易·蹇》:“往蹇来反,内喜之也。”《释文》:“喜,如字,徐许意反,犹好也。”

离 *ra̱r,吕支切,《广韵》:“近曰离,远曰别。”《左传·隐公四年》:“众叛亲离,难以济矣。”《诗经·中谷有蓷》:“有女仳离,嘅其叹矣。”《论语·季氏》:“邦分崩离析而不能守也。”离 *ra̱rs,力智切,《广韵》:“去也。”《诗经·渐渐之石》笺:“今离其缯牧之处,与众豕涉入水之波涟矣。”《释文》:“离,力智反。”《诗经·崧高》笺:“申伯,忠臣,不欲离王室。”《释文》:“离,力智反,下欲离同。”《诗经·卷耳》笺:“臣以兵役之事行,出离其列位,身勤劳于山险而马又病,君子宜知其然。”《释文》:“离,力智反。”

雨 *ʁa̱^{B},王矩切,《广韵》:“《说文》云:水从云下也。”《诗经·谷风》:“习习谷风,以阴以雨。”《诗经·伯兮》:“其雨其雨,杲杲出日。”《左传·僖公十九年》:“师兴而雨。”雨 *ʁa̱s,王遇切,《广韵》:“《诗》曰:雨雪其雱。”《诗经·北风》:“北风其凉,雨雪其雱。”《释文》:“雨,于付反。”《左传·僖公二十九年》:“秋,大雨雹。”《释文》:“雨,于付反。”《左传·文公三年》:“雨螽于宋。”《释文》:“雨,于付反。”

居 *ka̱,九鱼切,《广韵》:“当也,处也,安也。”《诗经·祈父》:“胡转予于恤,靡所止居。”《论语·泰伯》:“危邦不入,乱邦不居。”《论语·先进》:“居则曰:不吾知也。”《左传·隐公三年》:“使公子冯出居于郑。”居也可以直接带处所名词。《左传·庄公二十八年》:“使大子居曲沃,重耳居蒲城,夷吾居屈。”引申之,为占据。《诗经·鹊巢》:“维鹊有巢,维鸠居之。”《左传·僖公十九年》:“遂城而居之。”此意义字写作“据”。《韩非子·初见秦》:“破纣之国,禽其身,据其地而有其民,天下莫伤。”《史记·陈涉世家》:“守丞死,乃入据陈。”据*ka̱s,居御切,《广韵》:“依也,引也,持也,案也。”《礼记·檀弓下》:“文伯之丧,敬姜据其床而不哭。”《庄子·齐物论》:“昭文之鼓琴也,师旷之枝策也,惠子之据梧也。”《庄子·德充符》:“倚树而吟,据槁梧而瞑。”也指依凭。《诗经·邶风·柏舟》:“亦有兄弟,不可以据。”

落*lak,卢各切,《广韵》:“零落。草曰零,木曰落。”《诗经·氓》:“桑之落矣,其黄而陨。”《左传·昭公三年》:“公室将卑,其宗族枝叶先落。”《管子·宙合》:“盛而不落者,未之有也。”引申为败。《庄子·天地》:“夫子阖行邪?无落吾事!”字也写作“露”。露*laks,洛故切,《广雅》:“败也。”《左传·昭公元年》:“勿使有所壅闭湫底,以露其体。”注:“露,羸也。”《逸周书·皇门解》:“予独服在寝以自露厥家。”

来*le,洛哀切,《广韵》:“还也。”《论语·学而》:“有朋自远方来,不亦乐乎?”《左传·隐公元年》:“十有二月,祭伯来。”徕*le,洛哀切,《广韵》:“还也。”“徕”是“来”的后起繁化字。《楚辞·哀时命》:“往者不可扳援兮,徕者不可与期。”徕 les,洛代切,《广韵》:“劳也。”《汉书·食货志下》:“严助、朱买臣等招徕东瓯,事两粤,江淮之间萧然烦费矣。”字本只写作“来”。《孟子·滕文公上》:“劳之来之。”《诗经·硕鼠》:“莫我肯劳。”郑笺:“不肯劳来我。”《释文》:“来,本亦作俫,同力代反。”赉*les,洛代切,《广韵》:“与也,赐也。”《诗经·楚茨》:“工祝致告,徂赉孝孙。”传:“赉,予也。”《诗经·烈祖》:“既载清酤,赉我思成。”传:“赉,锡也。”赉,字本也只写作“来”。《仪礼·少牢馈食礼》:“来女孝孙,使女受禄于天。”《释文》:“来,依注音厘,力之反,赐也。刘音厘,亦音来,力代反,亦训赐也。”

返*pa̱n^{B},府远切,《广韵》:“还也。”《韩非子·外储说左上》:“今返而御。”字本只写作“反”,音同。《孟子·梁惠王下》:“比其反也,则冻馁其妻子。”《左传·宣公二年》:“亡不越竟,反不讨贼。”《礼记·曲礼上》:“出必告,反必面。”贩*pa̱ns,方愿切,《广韵》:“买贱卖贵也。”《韩非子·内储说下》:“昭奚恤令吏执贩茅者而问之。”《淮南子·泛论训》:“郑贾人弦高将西贩牛。”《史记·平准书》：“弘羊令吏坐市列肆，贩物求利。”

安 *an，乌寒切，《广韵》：“徐也，宁也，止也，平也。”《诗经·常棣》：“丧乱既平，既安且宁。”《左传·僖公四年》：“君非姬氏，居不安。”安常带宾语。《左传·昭公元年》：“夕以修令，夜以安身。”《左传·隐公二年》：“莒子娶于向，向姜不安莒而归。”《左传·成公六年》：“不安其位，宜不能久。”《左传·僖公二十七年》：“民未知义，未安其居。”带宾语时意义主要有：(1)宾语安；(2)宾语是主语安的地方。按 *ans，乌旰切，《广韵》：“抑也，止也。”《说文》：“按，下也。”段玉裁注：“以手抑之使下也。”《管子·霸言》：“夫明王为天下正理也，按强助弱。”《吕氏春秋·贵信》：“曹翙按剑当两陛之间。”

出 *thu̲t，赤律切，《广韵》：“进也，见也，远也。”《论语·乡党》：“杖者出，斯出矣。”《左传·庄公二十九年》：“凡马，日中而出，日中而入。”《左传·庄公二十八年》：“及逵市，县门不发，楚言而出。”《左传·僖公二十二年》：“妇人送迎不出门，见兄弟不逾阈。”出 *thu̲ts，尺类切。《论语·子罕》：“凤鸟不至，河不出图，吾已矣夫。”《释文》：“出，如字，旧尺遂反，注同。”

缠 *dra̲n，直连切，《广韵》：“绕也。”缠 *dra̲ns，持碾切，《广韵》：“缠绕物也。”

伸 *si̲n，失人切，《广韵》：“舒也。”抻 *si̲ns，试刃切，《广韵》：“抻物长也。”

熏 *xu̲n，许云切，《广韵》：“火气盛貌。”焄 *xu̲ns，许运切，《广韵》：“火干物。”

烘 *xoŋ，呼东切，《广韵》：“火貌。”烘 *xoŋs，呼贡切，《广韵》：“火干也。”

熯 *snan^{B}，呼旱切，《广韵》：“火干也。”《说文》：“熯，干貌。《诗》曰：我孔熯矣。”《诗经·楚茨》：“我孔熯矣，式礼莫愆。”暵 *snan^{B}，呼旱切，《广韵》：“日干也。”《周礼·春官·宗伯》：“旱暵则舞雩。”“暵”也写作“熯”。《淮南子·天文训》：“大旱，苂封熯。”滩 *snan^{B}，呼旱切，《广韵》：“水濡而干。”熯 *snans，呼旰切，《广韵》：“火干。”《易·说卦》：“燥万物者莫熯乎火，说万物者莫说乎泽，润万物者莫润乎水。”《释文》：“熯，呼但反，徐音汉。”《淮南子·修务训》：“若夫以火熯井，以淮灌山，此用已而背自然。”《商君书·兵守》：“不给而熯之，使客无得以助攻备。”暵 *snans，呼旰切，《广韵》：“日气干。”《诗经·中谷有蓷》：“中谷有蓷，暵其干矣。”《释文》：“暵，呼但反，徐音汉。

《说文》云：水濡而干也。”灘*snans，呼旰切，《广韵》：“水濡干也。”《说文》：“灘：水濡而干也。《诗》曰：灘其干矣。”

摇*zɯ̱，余昭切，《广韵》：“动也。”摇*zɯ̱s，弋照切，《广韵》：“摇动。”

漂*phɯ̱，抚招切，《说文》：“浮也。”《诗经·鸱鸮》：“予室翘翘，风雨所漂摇。”《群经音辨》：“漂，浮也，匹遥切；漂，水击絮也，匹妙切。”漂*phɯ̱s，匹妙切，《广韵》：“水中打絮也。”《庄子·逍遥游》：“我世世为洴澼绌，不过数金；今一朝而鬻技百金，请与之。”郭注：“故常漂絮于水中也。”《释文》：“漂，匹妙反，韦昭云：以水击絮为漂。”

禁*kri̱m，居吟切，《广韵》：“力所加也，胜也。”《礼记·王制》：“林麓川泽以时入而不禁。”《左传·闵公二年》：“公傅夺卜齮田，公不禁。”《左传·文公七年》：“今臣作乱，而君不禁，以启寇雠，若之何？”禁*kri̱ms，居荫切，《广韵》：“制也，谨也，止也。”《左传·宣公九年》：“二子请杀之，公弗禁，遂杀泄冶。”《释文》：“禁，居鸩反，又音金。”《左传·隐公三年》：“有宠而好兵，公弗禁。”《释文》：“禁，居鸩反，一音金。”

還*ɢlon，户关切，《广韵》：“反也，退也，顾也，复也。”《左传·隐公二年》：“夏，莒人入向，以姜氏還。”“還“的语源是“圜”。圜*ɢlon，户关切，《广韵》：“圜围。”《墨子·天志上》：“以度天下之方圜。”《墨子·大取》：“小圜之圜，与大圜之圜同。”《韩非子·外储说左上》：“民犹水也，盂方水方，盂圜水圜。”镮*ɢlon，户关切，《广韵》：“指镮。”《风俗通义·五伯》：“至道不远，三五复反，譬若循连镮。”環*ɢlon，户关切，《广韵》：“玉環。”《左传·昭公三十二年》：“赐子家子双琥，一環，一璧。”寰*ɢlon，户关切，《广韵》：“王者封畿内县。”《穀梁传·隐公元年》：“寰内诸侯非有天子之命，不得出会诸侯。”此外，还可以包括后起字“阛”和“鬟”等。阛*ɢlon，户关切，《广韵》：“阛阓。崔豹《古今注》云：阛，市垣也；阓，市门也。”鬟*ɢlon，户关切，《广韵》：“髻鬟。”《说文》：“鬟，总发也。”文字形式虽不同，所记录的实际是同一词。還*ɢlons，胡惯切（《集韵》），《集韵》：“還，绕也。”《左传·襄公十年》：“诸侯之师還郑而南，至于阳陵。”注：“還，绕也。”《释文》：“還，本又作環，户关切，徐一音患。注同，绕也。”《左传·哀公三年》：“于是乎，去表之槁，道還公宫。”《释文》：“還，本又作環，户关反，又音患。”字也写作“環”。《左传·襄公二十八年》：“庆氏以其甲環公宫。”《释文》：“環，如字，又音患。”

四

后缀 * -s 的及物化功能是施与指向功能的延伸。带施与指向 * -s 后缀的动词,往往就是带受事宾语的及物动词。不及物动词变成带宾语的及物动词,近似于给不及物动词赋予一个施与指向。《史记·项羽本纪》:“汉卒皆南走山。”正义:“走,音奏。”走,只有起点,没有终点,因而也没有明确的运动方向。当有了终点,即有了明确的运动方向,依据古代经师的注音,“走”的读音由非去声变成去声。动词“走”所带的宾语只是一个处所宾语而不是受事宾语。显然,去声只是标明了动词“走”的运动方向。《史记·萧相国世家》:“沛公至咸阳,诸将皆争走金帛财物之府分之。”索隐:“走,音奏。奏者,趋向之也。”但是,其他条件下,动词“走”并不变调。《史记·项羽本纪》:“项王东击破之,走彭越。”《史记·高祖本纪》:“项羽已破走彭越。”动词“走”是使动用法,经师不注音。考察不及物动词的使用情况,我们发现动词只有标明施与指向时才改成去声,即附加后缀 * -s。不过,也有一些变调是六朝经师类推出来的破读,而不是实际语言的变音,如“出”。

郲人以须句故出师。(《左传·僖公二十二年》)
尤而效之,罪又甚焉,且出怨言。(《左传·僖公二十四年》)
遂出武穆之族,使公孙师为司城。(《左传·文公十八年》)
名以出信,信以守器,器以藏礼。(《左传·成公二年》)
南宫敬叔至,命周人出御书。(《左传·哀公三年》)

趋向动词“出”常可以带宾语,尤其带使动宾语。当主体将施事者让渡给客体时,即便形式上已经是及物动词,动词也不变音。像“河不出图”中的“出”破读应该是六朝经师类推的结果,而实际语言中未必有这种变音。就句法功能看,不及物动词变成及物动词时确定破读为去声。就意义而言,应该来自上古汉语后缀 * -s 的施与指向。如果不标明施与指向,即便带上宾语成及物动词,我们也已经难以找到证据证明上古汉语会改变语音形式。

贾昌朝在《群经音辨》中用加“之”的形式解释形容词或不及物动词变调而成

及物动词。“空，虚也，苦红切；虚之曰空，苦贡切。”“远，疏也，於阮切；疏之曰远，於眷切，《论语》敬鬼神而远之。”贾昌朝虽不知道今天的语法术语，但知道非去声与去声的差别，后者文献中带有“之”。

近之则不孙，远之则怨。（《论语·阳货》）

远之则有望，近之则不厌。（《礼记·中庸》）

先之，劳之。（《论语·子路》）

但是，有无“之”，并不是改变语音形式的根本原因。前面已经多次提到，上古汉语的形容词或不及物动词带宾语并不一定要改变语音形式，即上古汉语没有及物范畴。改变语音形式，即附加-s 后缀，二是给形容词或不及物动词添加一个施予指向。《汉书·高帝纪上》：“从间道克军。”服虔：“走音奏。”师古注：“走谓趣向也，服音是矣。”但是，颜师古并没有给带宾语的“走”都注音。《汉书·刑法志》：“二国并力，遂走吴师。”此“走”为使动用法，带使动宾语，颜师古不注音。可以说，趋向动词变调，只是施予指向的延伸，或许就是六朝以降经师的类推。

第六章　上声

第一节　小称

一

依其韵尾的类型，韵书的编撰者将“韵”分为入声韵和非入声韵，而非入声韵又分为阴声韵和阳声韵。阴声韵和阳声韵又依据声调的不同，分为平、上、去三类韵。于是，《广韵》就分成平、上、去入四个部分。入声韵以其塞音韵尾-p/-t/-k 区别阴声韵和阳声韵。依照谐声关系，去声有入声、阳声、阴声三个来源，而入声、阴声来源中古已经合并为一类。这足以说明是某一音素导致了去声的产生。这一音素，现代学者认为是擦音 * -s。不过，中古汉语很多去声是通过语法类推产生的，并非来自上古汉语。上声跟去声不一样，除个别情况外，只有阴声和阳声两个来源。Haudricourt（1954）认为上声来自上古汉语的喉塞音 * -/ʔ 韵尾。这一观点得到了很多学者的支持。我们认为，这仅仅只是中古汉语上声的来源之一。中古汉语的上声应该还有其他来源。好些上声词是声调产生之后由其他声调派生而来。为了便于跟平声区别，我们将上声标上记号，写作 B。

上声词虽不多，但很多是原始的基础词，甚至核心词。这跟去声词很不同。中古汉语的去声词大部分是后起的派生词。我们考察中古汉语的上声词，就会发现，这些上声词的语义特征非常明显。比如亲属称谓词，就特别喜欢选择上声。

父 * $b\underline{a}^{B}$，扶雨切，《广韵》：“《说文》曰：父，矩也，家长率教者。”

爸 *ba^{B}，捕可切，《广韵》："父也。""爸"是"父"的俗语形式。

母 *me^{B}，莫厚切，《广韵》："父母。"

祖 *ʨa^{B}，则古切，《广韵》："祖祢。"

祢 *ner^{B}，奴礼切，《广韵》："祖祢。"《礼记·王制》："归，假于祖祢，用特。"《礼记·曾子问》："诸侯适天子，必告于祖，奠于祢。"《左传·襄公十二年》："同姓于宗庙，同宗于祖庙，同族于祢庙。"《周礼·春官·宗伯》："舍奠于祖庙，祢亦如之。"

妣 *pi̱r^{B}，卑履切，《广韵》："《尔雅》云：父曰考母曰妣。"

考 *khu^{B}，苦浩切，《释名》："父死曰考。"

姥 *ma^{B}，莫补切，《广韵》："老母。"

舅 *gu̱^{B}，其九切，《广韵》："夫之父也，亦母之兄弟。"

姊 *ʨi̱r^{B}，将几切，《广韵》："《尔雅》云：男子谓女子先生为姊。"

嫂 *ɕu^{B}，苏老切，《广韵》："兄嫂。"

弟 *zir^{B}，徒礼切，《广韵》："兄弟。"

娣 *zir^{B}，徒礼切，《广韵》："娣姒。"

姒 *ze̱^{B}，详里切，《广韵》："长妇曰姒，幼妇曰娣。"

姨 *zi̱r^{A}，以脂切，《广韵》："母之姊妹，又《尔雅》云：妻之姊妹同出为姨。"

姑 *ka^{A}，古胡切，《广韵》："舅姑，又父之姊妹也。"

兄 *χra̱ŋ^{A}，许荣切，《广韵》："《尔雅》：男子先生曰兄。《说文》：长也。"

娘 *na̱ŋ^{A}，女良切，《广韵》："母称。"

亲属称谓名词，在汉藏语系的许多语言、方言中带昵称的前缀 a-。上古汉语的亲属称谓名词是否也带爱称前缀 a-，现在已经没有办法证明。不过，汉语的亲属称谓名词语音形式有明显的特征。平、上、去三个声调，亲属称谓词从不选择去声；而平声和上声，亲属称谓词又明显倾向于选择上声。如此看来，亲属称谓名词和上声有必然的联系而不是随机的选择。朱晓农（2003：3）认为，是"亲密与高调"的关系，而上声为带声门音-ʔ的高调。基于 Haudricourt 上声来自上古汉语声门音韵尾 *-ʔ的假设，郑张尚芳（1994）提出声门音 *-ʔ是一个表小称的后缀，这个后缀出现在上古汉语的亲属称谓和肢体名词中。汉语的标准语通常用高平调（阴平调）表小、表亲昵，而汉语的一些方言，比如吴语，选择高平调（阴平调）或者高升调（阴上调）。上述所列举的这些亲属称谓词，尤其是方俗词，比如"爹"，未必来自上古，但同样选择上声。显然，表小、表亲昵跟声调的类型即高低曲折有关，而跟喉塞音-ʔ无关。这也说明中古上声并非全来自上古的声门音 * -ʔ。

爹 dɑ^B，徒可切，《广韵》："北方人呼父。"

奓 tɕia^A，正奢切，《广韵》："吴人呼父。"

爹 tia^A，陟邪切，《广韵》："羌人呼父也。"

㚸 dʑiɛ^B，承纸切，《广韵》："《方言》云：南楚人谓妇妣曰母㚸也。"

媞 dʑiɛ^B，承纸切，《广韵》："江淮呼母也。"

奶 nei^B，奴礼切，《广韵》："楚人呼母。"

爸 bɑ^B，捕可切，《广韵》："父也。"

社 dʑia^B，常者切，《说文》："淮南谓之社。"

姐 tsia^B，兹野切，《广韵》："羌人呼母。"（《说文》："蜀谓母曰姐。"）

这一点也可以从现代汉语方言中找到大量的证据。高调与小有着天然的联系。妇女、儿童的声带比成年男子薄而短是进化过程中的天然选择。小称极其容易发展为昵称，如汉语表小称的"儿"就由小称发展为昵称（王力，1980：229）。就晚近汉语的亲属名词倾向于选择上声看，这些上声应该只是非音质的声调，而不是有一个音质音位的辅音韵尾，即声门音 * -ʔ早就已经失落了。

二

亲属称谓词选择上声的语音特征很明显。这只能说明一个事实，中古汉语的上声不仅仅只是一个别义音位。郑张尚芳（1994）指出，亲属称谓词选择上声，肢体名词也倾向于选择上声。肢体名词的这一语音特征也非常明显，虽然肢体名词未必一定读上声。

踵 * to̱ŋ^B，之陇切，《广韵》："足后也。"

项*g/l/oŋ^{B}，胡讲切，《广韵》："颈项。《说文》曰：头后也。"

髓*so̱r^{B}，息委切，《广韵》："骨中脂也。"

髀*bi̱^{B}，并弭切，《广韵》："股也。"

髀*bi^{B}，傍礼切，《广韵》："髀股。"

指*ki̱r^{B}，职雉切，《广韵》："手指也。"

止*te̱^{B}，诸市切，《广韵》："足也。"《说文》："止，下基也，象草木出有址，故以止为足。"后作"趾"。趾*te̱^{B}，诸市切，《广韵》："足也。"《诗经·七月》："三之日于耜，四之日举趾。"（址*te̱^{B}，诸市切，《广韵》："基址。"字也作"坻"。坻，《说文》："基也。"《释名》："坻，基趾也。"址*te̱^{B}，诸市切，《广韵》："交址郡。"字本作"趾"。《礼记·王制》："南方曰蛮，雕题交趾。"畤*te̱^{B}，诸市切，《广韵》："《说文》云：天地五帝所基止祭地，右扶风有五畤。"《说文》："天地五帝所基址，祭地。"《史记·秦本纪》："祠上帝西畤。"《史记·封禅书》："秦襄公既侯，居西垂，自以为主少皞之神，作西畤，祠白帝。"）

耳*ne̱^{B}，而止切，《广韵》："《说文》云：主听也。"

齿*the̱^{B}，昌里切，《广韵》："牙齿。"

吕*ra̱^{B}，力举切，《广韵》："《字林》云：脊骨也。"

乳*no̱^{B}，而主切，《广韵》："柔也。"

縠*no^{B}，乃后切，《广韵》："乳也。"

奶*ner^{B}，奴蟹切，《广韵》："乳也。"

肚*da^{B}，徒古切，《广韵》："腹肚。"

股*qa^{B}，公户切，《广韵》："髀股。"

体*slir^{B}，他礼切，《广韵》："体身也。"

腿*snur^{B}，吐猥切，《广韵》："骽股也。"

肾*gi̱n^{B}，时忍切，《广韵》："五脏之一也。"

吻*mu̱n^{B}，武粉切，《广韵》："口吻。"

眼*m-glɯn^{B}，五限切，《广韵》："眼目。"

爪*ʈ/l/u^{B}，侧绞切，《广韵》："《说文》曰：手足甲也。"

脑*nu^{B}，奴浩切，《广韵》："头脑。"

掌*ta̱ŋ^{B}，诸两切，《广韵》："手掌。"

颡*ɕaŋ^{B}，苏朗切，《广韵》："额也。"

领 *li̱ŋ^{B}，良郢切，《广韵》：“《说文》：项也。”

颈 *ki̱ŋ^{B}，居郢切，《广韵》：“项也。”

顶 *tiŋ^{B}，都挺切，《广韵》：“头上，《说文》：颠也。”

右 *ʁe̱^{B}，云久切，《广韵》：“左右也。”

左 *ʦar^{B}，臧可切，《广韵》：“左右也。”

肘 *t/l/u̱^{B}，陟柳切，《广韵》：“臂肘也。”

首 *su̱^{B}，书九切，《广韵》：“头也。”

醜 *thu̱^{B}，昌九切，《广韵》：“穷也。”

手 *snu̱^{B}，书九切，《广韵》：“手足。”

拇 *me^{B}，莫厚切，《广韵》：“大拇指也。”

口 *mo^{B}，苦后切，《广韵》：“《说文》曰：人所以言食也。”

颔 *gum^{B}，胡感切，《广韵》：“《说文》曰：颐也。”

颐 *gom^{B}，胡感切，《广韵》：“颐也。”

胆 *tam^{B}，都敢切，《广韵》：“肝胆。”

除了上声，上古汉语还有一小部分肢体名称词选择平声（入声）。平、上、去三个声调，只有“鼻”“背”“面”“臂”等几个肢体名词选择了去声。“背”“面”“臂”三个都是后起的派生词，而“鼻”有可能原本就读其他声调。鼻，毗至切，《广韵》：“《说文》曰：‘引气自卑也。’”“鼻”，《广韵》读去声，而现代汉语方言一般读入声。内部器官（内脏）也只有“肺”“胃”选择去声。平、上、去三个声调中，上声字所占的比率最低，而肢体名词恰恰选择所占比率最低的上声。可见，肢体名称词选择上声并非是一种偶然的巧合，而是有其内在的原因。但是，我们不能说肢体名词必须选择上声。尽管有明显的语音趋势，上古汉语还是有不少肢体名词只选择无标记的平声（入声）。这一点也可以从语词替换中看出。

元 *m-go̱n^{A}，愚袁切，《尔雅》：“元，首也。”《左传·襄公九年》：“元，体之长也。”《左传·僖公三十三年》：“免胄入狄师，死焉。狄人归其元，面如生。”注：“元，首。”《左传·哀公十一年》：“公使大史固，归国子之元。”注：“元，首也。”《左传·成公十六年》：“射其元王，中厥目。”

首 *su̱^{B}，书九切，《广韵》：“头也。”《左传·文公十一年》：“埋其首于子驹之门。”

头 * do^{A}，度侯切，《广韵》：“《说文》云：头，首也。《释名》云：头，独也，于体高而独也。”《礼记·曲礼上》：“居丧之礼，头有创则沐，身有疡则浴。”《荀子·议兵》：“若手臂之扞头目而覆胸腹也。”《庄子·盗跖》：“疾走料虎头，编虎须，几不免虎口哉！”《韩非子·内储说上》：“是岁人有自刭死以其头献者。”《吕氏春秋·义赏》：“断其头以为觞。”

因意义引申，“元”被“首”替换，“首”再被“头”替换。汉语的一些方言中，“头”也已经被新兴的语词替换。这三个语词，只有“首”读上声，“元”和“头”都只读平声。其他诸如“止”“足”“脚”等，也是如此。从这些例子可以看出，新词替换旧词后，并没有将出现在大部分肢体名词身上的上声移植给新词。可见，肢体名词跟上声之间并不存在着必然的联系。我们也发现，好些选择上声的肢体名词，还可以派生出一个读去声的动词，如“耳”和“刵”。具体情况，我们就不再展开讨论了。如此，我们可以说，出现在肢体名词身上的上声，并不是肢体名词固有的组成部分，而只是一个附加上去的标记。显然，这个标记不是一个语法标记。那么，这个标记只能是语义标记。“身体发肤，受之父母，不敢毁伤，孝之始也。”（《孝经·开宗明义》）肢体是身体的有机组成部分，跟自己关系最为亲密。最合理的解释是，出现肢体名词身上的上声就是小称或昵称标记。

三

蚁 * $\underline{ŋa}r^{B}$，鱼倚切，《广韵》：“《尔雅》曰：蚍蜉，大蚁；小者，蚁。”《楚辞·招魂》：“赤蚁若象，玄蜂若壶些。”注：“蚁，蚍蜉也，小者为蚁，大者蚍蜉。”《诗经·东山》：“鹳鸣于垤，妇叹于室。”传：“垤，螘冢也。”《释文》：“螘，本亦作蛾，又作蚁，魚绮反。”孔颖达疏：“《释虫》云：蚍蜉，大蚁；小者，蚁。舍人曰：蚍蜉即大蚁也，小者即名蚁也，然则蚁是小蚍蜉也。”《庄子·徐无鬼》：“羊肉不慕蚁，蚁慕羊肉，羊肉羶也。”

渚 * $\underline{ta}^{B}$，章与切，《广韵》：“沚也。《释名》云：小洲曰渚。渚，遮也，能遮水，使旁回也。”《诗经·江有汜》：“江有渚，之子归，不我与。”传：“渚，小州也。”《左传·文公十年》：“王在渚宫。”注：“小州曰渚。”《庄子·秋水》：“两涘渚崖之间，不辩牛马。”《山海经·中山经》郭注：“水中小州曰渚。”

沚 *$t\underline{e}^{B}$，诸市切，《广韵》：“《释名》云：沚，止也，小可以止息其上。《说文》曰：小渚曰沚。”《诗经·蒹葭》：“宛在水中沚。”传：“小渚曰沚。”《诗经·谷风》：“泾以渭浊，湜湜其沚。”笺：“小渚曰沚。”《尔雅》：“小渚曰沚。”《左传·隐公三年》：“苟有明信，涧溪沼沚之毛，苹蘩蕰藻之菜……可荐于鬼神，可羞于王公。”注：“沚，小渚也。”

大小是相对而言，离开了参照物，无所谓大小。郑张尚芳（1994，2002）发现三十多对反义词中表“小”的那个词都选择上声，如：大小，多少，深浅，长短，高矮，圆扁，丰歉，繁简，松紧，增减，遐迩，咸淡，平陡，横竖，奢俭。另外，还有很多表小形容词如：褊、渺、夭、藐、夭、幺、琐、寡、窭、敛、褊、蹇、软、省、鲜、损，带贬损义的形容词如：下、后、苦、懒、蠢、丑、假、反、险、殆、死、殒、祸、恼、惨、舛、毁、鄙、痞、否、罪、朽、断、散、尽、黯、贬。郑张尚芳（1994）认为，“这么多词古都读上声看，其起源于小称后缀 -ʔ的可能是存在的，方言 -ʔ式小称正可为证”。

笼 *roŋ，卢红切，《广韵》：“《西京杂记》云：汉制，天子以象牙为火笼。”《周礼·夏官·司马》：“田弋，充笼箙矢。”注：“笼，竹箙也。”《庄子·天地》：“则鸠鸮之在于笼也，亦可以为得矣。”《庄子·庚桑楚》：“以天下为之笼，则雀无所逃。”笼 *$roŋ^{B}$，力董切，《广韵》：“竹器。”《周礼·地官·司徒》：“共丘笼及蜃车之役。”注：“其器曰笼。”《释文》：“笼，力懂反。”

夫 *$p\underline{a}$，甫无切，《广韵》：“丈夫。”《诗经·七月》：“采荼薪樗，食我农夫。”《左传·隐公六年》：“为国家者，见恶如农夫之务去草焉，芟夷蕴崇之，绝其本根。”《左传·桓公十五年》：“人尽夫也，父一而已，胡可比也？”甫 *$p\underline{a}^{B}$，方矩切，《说文》：“男子美称也。”《诗经·崧高》：“吉甫作诵，其诗孔硕。”《诗经·烝民》：“仲山甫之德，柔嘉维则。”字也作“父”。父 *$p\underline{a}^{B}$，方矩切，《广韵》：“尼父、尚父，皆男子之美称。”《韩非子·外储说右下》：“造父御四马，驰骤周旋而恣欲于马。”《吕氏春秋·贵生》：“尧以天下让于子州支父。”父 *$b\underline{a}^{B}$，扶雨切，《说文》：“短也，家长率教者。”

鈇 *$p\underline{a}$，甫无切，《广韵》：“鈇钺。”《礼记·中庸》：“是故君子不赏而民劝，不怒而民威于铁钺。”《释文》：“铁，方于反，又音斧。”《礼记·乐记》：“军旅铁钺者，先王之所以饰怒也。”《释文》：“铁，方夫反，又音甫。”《吕氏春秋·去尤》：“人有亡铁者，意其邻之子。视其行步，窃铁也；颜色，窃铁也；言语，窃铁也；动作态度，无为而不窃铁也。”斧 * pa̱^{B}，方矩切，《广韵》：“斧钺。”《庄子·胠箧》：“虽有轩冕之赏弗能劝，斧钺之威弗能禁。”《韩非子·初见秦》：“白刃在前，斧锧在后，而却走不能死也。”

奴 * na，乃都切，《广韵》：“人之下也。”《说文》：“奴，奴、婢，皆古辠人。”《论语·微子》：“微子去之，箕子为之奴，比干谏而死。”孥 * na，乃都切，《广韵》：“妻孥。《书》传云：孥，子也。”《国语·晋语九》：“鼓子之臣曰夙沙厘，以其孥行。”《国语·越语上》：“系妻孥，沉金玉于江。”字也作“帑”，音同。《诗经·常棣》：“宜尔室家，乐尔妻帑。”传：“帑，子也。”《左传·襄公二十五年》：“崔子止其帑，以求五鹿。”女 * na̱^{B}，尼吕切，《广韵》：“《礼记》曰：女者，如也，如男子之教。”《论语·微子》：“齐人归女乐，季桓子受之。”《论语·阳货》：“唯女子与小人为难养也，近之则不孙，远之则怨。”

驹 * ko̱，举朱切，《广韵》：“马驹。”《字书·急救篇》：“羔犊驹。”颜师古注：“羊子曰羔，牛子曰犊，马子曰驹。”《诗经·角弓》：“老马反为驹，不顾其后。”《庄子·知北游》：“人生天地之间，若白驹之过郤，忽然而已。”豿 * ko^{B}，古厚切，《广韵》：“熊虎之子。”《尔雅》：“熊虎醜，其子豿。”狗 * ko^{B}，古厚切，《广韵》：“狗犬。”《礼记集说》：“狗，犬通名，分言之则大者为犬，小者为狗。”《礼记·檀弓下》：“仲尼之畜狗死，使子贡埋之。”

颈 * gi̱ŋ，巨成切，《广韵》：“项也，颈在前，项在后。”巠 * kiŋ，古灵切，《广韵》：“直波为巠。《说文》曰：水脉也。”经 * kiŋ，古灵切，《广韵》：“经纬。”《说文》：“经，织从丝也。”段玉裁注：“南北曰经，东西曰纬。”茎 * g/l/iŋ，户耕切，《广韵》：“草木干也。”《荀子·劝学》：“木茎非能长也，所立者然也。”《释文》：“茎，户耕反。”颈 * ki̱ŋ^{B}，居郢切，《广韵》：“项也。”《左传·定公十四年》：“使罪人三行，属剑于颈。”

洲 * tu̱，职流切，《广韵》：“洲渚也。《尔雅》云：水中可居曰洲。”《诗经·关雎》：“关关雎鸠，在河之洲。”字本作“州”。州 * tu̱，职流切，《广韵》：“州郡。”《说文》：“水中可居曰州。《诗》曰：在河之州。”岛 * tu^{B}，都晧切，《说文》：“海中往往有山可依止曰岛。”《史记·田儋列传》：“臣恐惧，不敢奉诏，请为庶人,守海岛中。"

闾*ra̱,力居切,《广韵》:"侣也,居也,又闾阎。"《说文》:"闾,里门也。《周礼》:五家为比,五比为闾。闾,侣也,二十五家相群侣也。"段注:"侣当作旅。旅,众也。"《周礼·地官·司徒》:"五家为比,使之相保;五比为闾,使之相受。"吕*ra̱^{B},力举切,《广韵》:"《字林》云:脊骨也。"《国语·周语下》:"赐姓曰姜、氏曰有吕,谓其能为禹股肱心膂,以养物丰民人也。"侣*ra̱^{B},力举切,《广韵》:"伴侣。"旅*ra̱^{B},力举切,《广韵》:"师旅。"《诗经·黍苗》:"我徒我御,我师我旅。"《左传·襄公十一年》:"楚子囊乞旅于秦。"

间*kran,古闲切,《广韵》:"隙也,近也,又中间。"《说文》:"间,隙也。"《庄子·逍遥游》:"翱翔蓬蒿之间。"《左传·襄公二十五年》:"吴人居其间七日。"杜注:"居楚两军之间。"《韩非子·十过》:"彼君臣有间而后可图也。"简*kran^{B},古限切,《广韵》:"札也,牒也,略也,《释名》曰:简,间也,编之扁扁有间也。"《说文》:"简,牒也。"段注:"简,竹为之;牒,木为之。"《诗经·出车》:"岂不怀归!畏此简书。"

侯*go,户钩切,《尔雅》:"君也。"《诗经·兔罝》:"赳赳武夫,公侯干城。"《左传·隐公元年》:"天子七月而葬,同轨毕至;诸侯五月,同盟至。"后*go^{B},胡口切,《广韵》:"君也。"《说文》:"后,继体君也。"《诗经·荡》:"殷鉴不远,在夏后之世。"《左传·宣公三年》:"后稷之元妃也。"

支*ki̱,章移切,《说文》:"去竹之枝也。"《诗经·芄兰》:"芄兰之支,童子佩觿。"《诗经·文王》:"文王孙子,本支百世。"后字作"枝"。枝*ki̱,章移切,《广韵》:"枝柯。"《左传·庄公六年》:"《诗》云:本枝百世。"肢*ki,章移切,《广韵》:"肢体。"《孟子·尽心下》:"四肢之于安佚也,性也。"氏*gi̱^{B},承纸切,《广韵》:"氏族。"《周礼注疏删翼》:"姓者,所以统系百世使不别也;氏者,别子孙之所出。"《左传·隐公八年》:"天子建德,因生以赐姓,胙之土而命之氏。"《论语·子张》:"孟氏使阳肤为士师,问于曾子。"

东*toŋ,德红切,《广韵》:"春方也。《说文》曰:动也。"《诗经·鸡鸣》:"匪东方则明,月出之光。"《诗经·日月》:"日居月诸,出自东方。"蝀*toŋ,德红切,《广韵》:"螮蝀,虹也。"《尔雅》:"螮蝀,虹也。"《释名》:"虹,又曰螮蝀,其见每于日在西而见于东,啜饮东方之水气也;见于西方曰升,朝日始升而出见也。"杨树达(1983:28)云,"细分之,见于东方者谓之螮蝀;见于西方者谓之阶也。”蝀 * toŋ^{B}，多动切，《广韵》：“螮蝀，虹也。”《诗经 · 螮蝀》：“螮蝀在东，莫之敢指。”传：“螮蝀，虹也。”《说文》：“螮，螮蝀，虹也。”

砥 * ti̱r，旨夷切，《广韵》：“石细于砺。”《说文》：“厎，柔石也。砥，厎或从石。”《墨子 · 兼爱下》：“其直若矢，其易若厎，君子之所履，小人之所视。”今《诗》作“砥”。砥 * ti̱r^{B}，职雉切，《广韵》：“砥砺也。《说文》同上（厎）。”厎 * ti̱r^{B}，职雉切，《广韵》：“《说文》云：柔石也。”《诗经 · 大东》：“周道如砥，其直如矢。君子所履，小人所视。”《释文》：“砥，之履反。”《孟子 · 万章下》：“周道如砥，其直如矢。君子所履，小人所视。”

筩 * zoŋ，徒红切，《广韵》：“竹筩。”《说文》：“筩，断竹也。”《韩非子 · 说疑》：“不能饮者以筩灌其口。”同“筒”。《汉书 · 律历志上》：“制十二筩以听凤之鸣。”注：“筩音大东反。”筒 * zoŋ，徒红切，《广韵》：“竹筒。”《说文》：“筒，通箫也。”《吕氏春秋 · 古乐》：“次制十二筒。”高注：“六律六吕各有管，故曰十二筒。”后人仿照竹筒，以木板为之，则为木桶。桶 * zoŋ^{B}，徒总切，《广韵》：“木器。”《说文》：“桶，木方，受六升。”《吕氏春秋 · 二月纪》：“同度量，钧衡石，角斗桶，正权概。”注：“桶，量器也。”

时 * de̱，市之切，《广韵》：“晨也。”《说文》：“时，四时也。”段玉裁注：“引申之为凡岁月日刻之用。”《诗经 · 鱼丽》：“物其有矣，维其时矣。”《左传 · 隐公七年》：“夏，城中丘。书，不时也。”《论语 · 学而》：“学而时习之，不亦说乎？”《孟子 · 梁惠王上》：“斧斤以时入山林，材木不可胜用也。”市 * de̱^{B}，时止切，《广韵》：“《说文》云：买卖所之也。《周礼》云：司市，掌市之治教、政刑、量度、禁令。大市日侧而市，百族为主；朝市朝时而市，商贾为主；夕市夕时而市，贩夫贩妇为主。”市，本为集市，而集市贸易的一个主要特点就是按照一个固定时间在固定的地方进行物物交易。《礼记 · 王制》：“刑人于市，与众弃之。”《左传 · 文公十八年》：“将行，哭而过市。”《左传 · 昭公三年》：“子近市，识贵贱乎？”

盂 * ʁa̱，羽俱切，《广韵》：“盘盂。《说文》曰：饭器也。”盂，古代一种圆形器具。《墨子 · 尚贤下》：“书之竹帛，琢之盘盂，传以遗后世子孙。”《吕氏春秋 · 慎势》：“功名著乎盘盂，铭篆著乎壶鉴。”竽 * ʁa̱，羽俱切，《广韵》：“笙竽，《世本》曰随作竽。”古代外形近似圆锥的乐器。《韩非子 · 解老》：“竽也者，五声之长者也。”《韩非子 · 内储说上》：“齐宣王使人吹竽，必三百人。”芋

*ʁa̱s，王遇切，《说文》："大叶实根骇人，故谓之芋也。"一种近似圆锥的根茎植物。《仪礼·士丧礼》："其实葵菹芋。"宇*ʁa̱^{B}，王矩切，《广韵》："宇宙也，又大也。《说文》曰：屋边也。"原始房子是圆锥形草庐。《诗经·七月》："七月在野，八月在宇，九月在户。"《诗经·东山》："果臝之实，亦施于宇。"宇由屋宇引申为天宇。《庄子·齐物论》："旁日月，挟宇宙。"

榦*kans，古案切，《广韵》："茎榦。"《吕氏春秋·决胜》："夫兵有本榦。"《管子·形势解》："为一乡主榦者，乡之人也。"《韩非子·扬权》："根榦不革，则动泄不失矣。"字也作"幹"。《淮南子·主术训》："枝不得大于幹，末不得强于本。"笴*kan^B，古旱切，《广韵》："箭笴。簳，上同。"《山海经·中山经》："赤叶而本丛生，名曰风条，可以为簳。"秆*kan^B，古旱切，《广韵》："禾茎。秆，上同。"《说文》："秆：禾茎也。从禾旱声。《春秋传》曰：或投一秉秆。"《左传·昭公二十七年》："或取一编菅焉，或取一秉秆焉。"

定*tiŋs，丁定切，《广韵》："题额。"《诗经·麟之趾》："麟之定，振振公姓。"传："定，题也。"《释文》："定，都佞反，《字书》作顁，音同。"顁*tiŋs，丁定切，《广韵》："题顁。"《尔雅》："顁，题也。"顶*tiŋ^B，都挺切，《广韵》："头上。《说文》颠也。"《庄子·人间世》："支离疏者，颐隐于脐，肩高于顶。"《孟子·尽心上》："摩顶放踵利天下。"

最后两例"榦""定"的声调为去声，其余跟上声相匹配的是平声。上声是区别语词意义的音位。但是，上面好几个例子，语词的声调由平声换成上声并没有改变意义，即平声和上声是同一语词的两个形式，如"砥"。不过，更多的情况是，平声换成上声会改变意义。我们不能随便改变语词的声调，无论是平声还是上声。根词以及派生词都是名词。那么，上述语词中的平声和上声交替表示的应该是单纯的词汇意义。一个普通名词可以添加小称、昵称标记，也可以删除小称、昵称标记。于是，一个普通名词就有了小称、昵称的形式。比如猫，温州话有 mɔ^{55} 和 mɔ^{42} 两个形式，后一个形式出现于大猫（老虎）中。汉语标准语也有这种情况。比如"娘"，汉语标准语有 niaŋ^{35} 和 niaŋ^{55} 两个形式，而后一个 niaŋ^{55} 是小称。我们认为，上述一对语词中，如"夫"和"甫"，读上声的"甫"是小称、昵称形式。

第二节　指代

一

基于事物本身的原因，以及人们对事物的关注程度不同，对事物的分类以及对事物的命名也不相同。首先，事物的名称有通名和专名的不同。通名和专名之间的关系可以理解为是种属的关系，比如马。据李海霞（2002：149—150）对《说文》的统计，《说文》中指马的词有 48 个。通名可以指专名，但专名不可以指通名，好比公孙龙的“白马非马”。就时间的先后而言，通名是对所有专名的抽象，因而通名的产生时间要比专名晚。通名往往从一个专名发展而来，渐渐成了所有专名的通称。代词是最为抽象的通名，它代替说话者所言谈中谈论到的语词，不论是通名还是专名。可以说，代词是绝对抽象化了的通名。

吾 *ŋa^{A}，五乎切，《广韵》：“我也。”《论语·学而》：“吾日三省吾身。”“吾”的变体形式有卬、言等。卬 *ŋaŋ^{A}，五刚切，《广韵》：“我也。”《诗经·匏有苦叶》：“人涉卬否，卬须我友。”言 *ŋa̱n^{A}，语轩切，《尔雅》：“我也。”《诗经·汉广》：“翘翘错薪，言刈其楚。”笺：“我欲刈取之。”

我 *ŋar^{B}，五可切，《广韵》：“己称。”

余 *za̱^{A}，以诸切，《广韵》：“我也。”《左传·庄公四年》：“余心荡。”《左传·僖公二十八年》：“畀余，余赐女孟诸之麋。”《左传·僖公十年》：“夷吾无礼，余得请于帝矣。”也写作“予”。予 *za̱^{A}，以诸切，《广韵》：“我也。”《论语·泰伯》：“予有乱臣十人。”《孟子·梁惠王上》：“时日害丧？予及女偕亡。”像《尚书》这些作品，也写作“台”。台 *ze̱^{A}，与之切，《广韵》：“我也。”《尚书·汤誓》：“非台小子，敢行称乱。”其他文献中不见“台”的用例。

朕 *z/r/e̱m^{B}，直稔切，《广韵》：“我也。”

己 *ke̱^{B}，居理切，《广韵》："身也。"

汝 *na̱^{B}，人渚切，《广韵》："尔也。"

尔 *na̱r^{B}，儿氏切，《广韵》："汝也。"

乃 *ne^{B}，奴改切，《广韵》："汝也。"《左传·僖公十二年》："舅氏，余嘉乃勋，应乃懿德，谓督不忘，往践乃职，无逆朕命。"也写作"而"。而 *ne̱^{A}，如之切，《广韵》："语助。"《庄子·齐物论》："偃，不亦善乎，而问之也！"《庄子·齐物论》："我果是也？而果非也邪？"

是 *di̱^{B}，承纸切，《广雅》："此也。"《庄子·齐物论》："彼出于是，是亦因彼。"《庄子·逍遥游》："是鸟也，海运则将徙于南冥。"时 *de̱^{A}，市之切，《广韵》："是也。"《左传·宣公十二年》："於铄王师，遵养时晦。"疏："时，是也。"《诗经·驷驖》："奉时辰牡，辰牡孔硕。"传："时，是。"《诗经·生民》："厥初生民，时维姜嫄。"传："时，是也。""时"主要见于《诗经》以及先秦引文中。之 *te̱^{A}，止而切，《广韵》："此也。"《庄子·逍遥游》："之二虫又何知！"《庄子·逍遥游》："之人也，之德也，将旁礴万物以为一。"

其 *ge̱^{A}，渠之切，《广韵》："辞也。"

厥 *ko̱t^{D}，居月切，《广韵》："其也。"

此 *ȶhi̱^{B}，雌氏切，《广韵》："止也。"《诗经·新台》："燕婉之求，得此戚施。"《诗经·黍离》："悠悠苍天，此何人哉。"兹 *ȶe̱^{A}，子之切，《广韵》："此也。"《诗经·泉水》："我思肥泉，兹之永叹。"笺："兹，此也。"斯 *çi̱^{A}，息移切，《广韵》："此也。"《论语·雍也》："斯人也而有斯疾也。"王力（1980：281）认为，"'此'和'斯'的分别在最初可能是由于方言的不同，如《论语》不用'此'字，《孟子》则以用'此'为常。"

彼 *pa̱r^{B}，甫委切，《广韵》："对此之称。"

夫 *pa̱^{A}，甫无切，《经传释词》："亦彼也。"

所 *sra̱^{B}，疏举切，《经传释词》："语助也。"（《诗经·蒹葭》："所谓伊人，在水一方。"）

者 *ta̱^{B}，章也切，《广韵》："语助。"（《诗经·黍离》："知我者谓我心忧。"）

胡 *ga^{A}，户吴切，《广韵》："何也。"

何 *gar^{A}，胡歌切，《广韵》："辞也。"《诗经·相鼠》："人而无仪，不死何为。"《诗经·黍离》:"悠悠苍天,此何人哉。"奚 *gi^{A},胡鸡切,《广韵》:"何也。"《论语·为政》:"子奚不为政?"《孟子·梁惠王下》:"君奚为不见孟轲也?"《庄子·逍遥游》:"奚以之九万里而南为?"《韩非子·十过》:"奚谓小忠?"曷 *gat^{D},胡葛切,《广韵》:"何也。"《诗经·君子于役》:"君子于役,不知其期,曷至哉。"《诗经·绿衣》:"心之忧矣,曷维其已。""曷"表时间,本是"何时"的合音。也作"害"。曷,何葛切,《集韵》:"《说文》何也,或作害。"《孟子·梁惠王上》:"时日害丧?予及女偕亡。"盍 *gap^{D},胡腊切,《广韵》:"何不也。"《孟子·梁惠王上》:"王欲行之,则盍反其本矣。"《论语·公冶长》:"盍各言尔志?"

谁 *du̲r^{A},视隹切,《广韵》:"何也。"

孰 *du̲k^{D},殊六切,《广韵》:"谁也。"

恶 *a^{A},哀都切,《广韵》:"安也。"

焉 *a̲n^{A},谒言切,《广韵》:"安也。"《诗经·伯兮》:"焉得谖草,言树之背。"《左传·隐公元年》:"姜氏欲之,焉辟害?"《论语·先进》:"未能事人,焉能事鬼?"安 *an^{A},乌寒切,《集韵》:"何也。"《诗经·小弁》:"天之生我,我辰安在?"《左传·僖公十四年》:"皮之不存,毛将安傅?"

平、上、去三声,代词只选择平声和上声而不选择去声。可见,跟亲属称谓词、肢体名词一样,代词也不是随机选择声调的。上古汉语的代词鱼歌两分,吾/我,汝/尔,夫/彼,胡/何。疑问代词胡和何同为平声,人称代词汝和尔同为上声;但人称代词吾和我、指示代词夫和彼都是鱼部的吾和夫读平声,而歌部的我和彼读上声。足见,上声并不是代词我和彼必须有的组件。然而,除了疑问代词,上古汉语的人称代词和指示代词,一个明显的倾向就是选择上声。平声是无标记形式,而上声是有标记形式。那么,上声只能解释为附加了指代标记。

二

空 *khoŋ^{A},苦红切,《广韵》:"空虚。"《诗经·白驹》:"皎皎白驹,在彼空谷。"《诗经·大东》:"小东大东,杼柚其空。"《韩非子·喻老》:"空窍者,神明之户牖也。”《周礼·冬官·考工记》：“视其钻空，欲其窸也。”字后写作“孔”。孔 * khoŋ^{B}，康董切，《广韵》：“孔穴也，又空也。”《尔雅》：“孔，间也。”《说文解字·穴部》：“窗，通孔也。”

卑 * pi̠，府移切，《广韵》：“下也，贱也。”《左传·隐公十一年》：“王室而既卑矣。”《孟子·万章下》：“位卑而言高，罪也。”《韩非子·孤愤》：“处势卑贱，无党孤特。”《庄子·外物》：“夫尊古而卑今，学者之流也。”婢 * bi̠^{B}，便俾切，《广韵》：“女之下也。”《左传·僖公十五年》：“若晋君朝以入，则婢子夕以死。”《礼记·内则》：“虽婢妾，衣服饮食必后长者。” 庳 * bi^{B}，便俾切，《广韵》：“下也，或作埤。《说文》曰：中伏舍也，一曰屋庳。”《国语·周语下》：“欲壅防百川，堕高堙庳，以害天下。”《吕氏春秋·诚廉》：“不以人之坏自成也，不以人之庳自高也。”《国语·晋语八》：“拱木不生危，松柏不生埤。”

滋 * ʦe̠，子之切，《广韵》：“蕃也。”《左传·隐公元年》：“无使滋蔓，蔓难图也。”《左传·昭公十年》：“姑使无蕴乎，可以滋长。”《左传·昭公二十年》：“无乃求去忧而滋长乎？”《庄子·则阳》：“深其耕而熟耰之，其禾蘩以滋。”孳 * ʦe̠，子之切，《广韵》：“孳息也。”《大戴礼记·本命》：“子者，孳也。”《白虎通义·三纲六纪》：“子者，孳孳无已也。”子 * ʦe̠^{B}，即里切，《广韵》：“子息，《环济要略》曰：子，犹孳也。”《诗经·生民》：“不康禋祀，居然生子。”

兹 * ʦe̠，子之切，《说文》：“黑也。《春秋传》曰：‘何故使吾水兹？’”今本字作“滋”。《左传·哀公八年》：“何故使吾水滋？”注：“滋，浊也。”《释文》：“滋本又作兹，子丝反，《字林》云黑也。”缁 * ʦ/r/e，侧持切，《广韵》：“黑色缯也。”《说文》：“缁，帛黑色。”《诗经·缁衣》：“缁衣之宜兮，敝予又改为兮。”传：“缁，黑色。”《释名》：“缁，滓也。泥之黑者曰滓，此色然也。”滓 * ʦ/r/e^{B}，阻史切，《广韵》：“淀也。”《说文》：“滓，淀也。”（《说文》：“淀，滓滋也。”）《黄帝内经·灵枢经·邪客》：“去其滓，饮汁一小杯。”

微 * mɯ̠r，无非切，《广韵》：“妙也，细也，小也。”《诗经·七月》：“女执懿筐，遵彼微行，爰求柔桑。”《左传·昭公三十一年》：“微而显，婉而辨。”《孟子·滕文公下》：“世衰道微，邪说暴行有作。”尾 * mɯ̠r^{B}，无非切，《广韵》：“首尾也。”《说文》：“尾，微也。”《庄子·盗跖》：“尾生与女子期于梁下，女子不来，水至不去，抱梁柱而死。”《释文》：“尾生，一本作微生。《战国策》作尾生高。”《诗经·汝坟》:“鲂鱼赪尾,王室如毁。”

幾 *kɯ̲r,居依切,《广韵》:“庶幾。”《说文》:“幾,微也。”《易·系辞下》:“幾者,动之微,吉之先见者也。君子见幾而作。”《汉书·萧望之传》:“通于几微谋虑之士以为内臣。”虮 *kɯ̲r^{B},居狶切,《广韵》:“虮虱。”《说文》:“虮,虱子也。”《韩非子·喻老》:“甲胄生虮虱,燕雀处帷幄。”《淮南子·说林训》:“汤沐具而虮虱相吊,大厦成而燕雀相贺。”

归 *ku̲r,举韦切,《广韵》:“还也。”《诗经·采蘩》:“被之祁祁,薄言还归。”《诗经·扬之水》:“怀哉怀哉,曷月予还归哉?”鬼 *ku̲r^{B},居伟切,《广韵》:“鬼之言归也。”鬼,《说文》:“人所归也。”《尔雅》:“鬼之为言归也。”《论语·为政》:“非其鬼而祭之,谄也。”

酤 *ka,古胡切,《广韵》:“酤酒。”《诗经·伐木》:“有酒湑我,无酒酤我。”《墨子·非儒下》:“号人衣以酤酒,孔丘不问酒之所由来而饮。”又作“沽”,音同。《墨子·公孟》:“子与我葬,当为子沽酒。”《论语·子罕》:“子贡曰:有美玉于斯,韫椟而藏诸?求善贾而沽诸?子曰:沽之哉!沽之哉!我待贾者也。”《论语·乡党》:“沽酒市脯不食。”贾 *ka^{B},公户切,《广韵》:“商贾。”《左传·宣公十二年》:“商农工贾,不败其业。”《孟子·梁惠王上》:“商贾皆欲藏于王之市。”

遮 *ta̲,正奢切,《广韵》:“断也。”《说文》:“遮,遏也。”《吕氏春秋·应同》:“子不遮乎亲,臣不遮乎君。”注:“遮,后遏也。”《史记·秦本纪》:“发兵遮秦兵于殽,击之,大破秦军。”堵 *ta^{B},当古切,《广韵》:“垣堵。”《说文》:“堵,垣也。”《诗经·鸿雁》:“之子于垣,百堵皆作。”《庄子·庚桑楚》:“吾闻至人尸居环堵之室,而百姓猖狂不知所如往。”《礼记·射义》:“孔子射于矍相之圃,盖观者如堵墙。”

低 *tir,都奚切,《广韵》:“低昂也,俯也,垂也。”《吕氏春秋·知分》:“龙俛耳低尾而逝。”《庄子·盗跖》:“据轼低头,不能出气。”氐 *tir,都奚切,《说文》:“本也。”《诗经·节南山》:“尹氏大师,维周之氐。”传:“氐,本也。”字作“柢”。柢 *tir^{B},都礼切,《广韵》:“本也,根也。”《广雅》:“氐,柢也。”《韩非子·解老》:“树木有曼根,有直根。根者,书之所谓柢也。柢也者,木之所以建生也。”底 *tir^{B},都礼切,《广韵》:“下也。”邸 *tir^{B},都礼切,《广韵》:“舍也。”《尔雅》：“邸谓之柢。”《史记·吕太后本纪》：“迎代王于邸。”

累 *ru̲r，力追切，《广韵》：“（累）萦也。”《诗经·樛木》：“南有樛木，葛藟累之。”《诗经·南有嘉鱼》：“南有樛木，甘瓠累之。”传：“累，蔓也。”藟 *ru̲r^{B}，力轨切，《广韵》：“葛藟。”《诗经·樛木》：“南有樛木，葛藟累之。”《释文》：“藟，本亦作累，力轨反，似葛之草也。草木燕薁，亦连蔓，叶似艾，白色，其子赤可食。累，力追反，本又作虆。”

培 *be，薄回切，《广韵》：“益也，重也。”《礼记·丧服四制》：“丧不过三年，苴衰不补，坟墓不培。”注：“培，治也。”《释文》：“培，薄回反。”《礼记·中庸》：“故栽者培之，倾者覆之。”注：“培，益也。”《释文》：“培，薄回反。”字也作“陪”，音同“薄回切”。《左传·僖公三十年》：“焉用亡郑以陪邻？”注：“陪，益也。”《释文》：“陪，薄回反。”倍 *be^{B}，薄亥切，《广韵》：“子本等也。”《管子·治国》：“民倍贷以给上之征矣。”注：“倍贷谓贷一还二也。”《诗经·瞻卬》：“如贾三倍，君子是识。”《释文》：“倍，薄罪反。”

裁 *ɖe，昨哉切，《广韵》：“裁衣。”《韩非子·解老》：“凡物之有形者易裁也，易割也。”引申为裁决、判断。《左传·僖公十五年》：“唯君裁之。”《韩非子·初见秦》：“臣愿悉言所闻，唯大王裁其罪。”《管子·心术下》：“圣人裁物，不为物使。”《史记·魏其武安侯列传》：“唯明主裁之。”宰 *ʈe^{B}，作亥切，《广韵》：“冢宰，又制也。”《论语·雍也》：“子游为武城宰。”

交 *krɯ，古肴切，《广韵》：“共也，合也。”《左传·昭公二十七年》：“抽剑刺王，铍交于胸。”《庄子·马蹄》：“喜则交颈相靡，怒则分背相踶。”绞 *krɯ^{B}，古巧切，《广韵》：“缚也。”《方言》：“緉，绞也。关之东西或谓之緉。绞，通语也。”《诗经·七月》：“昼尔于茅，宵尔索绹。”传：“绹，绞也。”《释文》：“绞，古卯反，如字。”类转为动词。《说文》：“绞，缢也。”《左传·哀公二年》：“若其有罪，绞缢以戮。”注：“绞，所以缢人物。”《韩非子·奸劫弑臣》：“以其冠缨绞王而杀之。”筊 *krɯ^{B}，古巧切，《广韵》：“竹索也。”《说文》：“筊，竹索也。”筊，当是“绞”的后起区别字。铰 *krɯ^{B}，古巧切，《广韵》：“铰刀。”

由 *zu̲，以周切，《广韵》：“从也，经也，用也，行也。”《孟子·滕文公下》：“不由其道而往者，与钻穴隙之类也。”《孟子·离娄上》：“旷安宅而弗居，舍正路而不由，哀哉！”《论语·子罕》：“虽欲从之，末由也已。”《论语·雍也》：

"有澹台灭明者,行不由径。"《论语·雍也》:"谁能出不由户?何莫由斯道也?"道*zu^{B},徒皓切,《广韵》:"路也。《说文》曰:所行道也,一达谓之道。"《论语·子罕》:"且予纵不得大葬,予死于道路乎?"

张*t/r/a̱ŋ,陟良切,《广韵》:"张施也。"《诗经·吉日》:"既张我弓,既挟我矢。"《庄子·天运》:"予口张而不能嗋。"《韩非子·喻老》:"将欲翕之,必固张之。"掌*ta̱ŋ^{B},诸两切,《广韵》:"手掌。"《孟子·公孙丑上》:"武丁朝诸侯有天下,犹运之掌也。"

长*d/r/a̱ŋ,直张切,《广韵》:"久也,远也。"《诗经·猗嗟》:"猗嗟昌兮,颀而长兮。"《诗经·蒹葭》:"溯洄从之,道阻且长。"《孟子·梁惠王上》:"度,然后知长短。"丈*d/r/a̱ŋ^{B},直两切,《广韵》:"《说苑》曰:十尺曰丈。"《易·师》:"师,贞,丈人吉。"郑注:"丈之言长也。"《大戴礼·本命》:"丈者,长也。"《荀子·王霸》:"尺寸寻丈,莫得不循乎制度数量然后行。"

茫*maŋ,莫郎切,《广韵》:"苍茫。"字又写作"汒",音同"莫郎切"。《庄子·缮性》:"今吾闻庄子之言,汒焉异之。"《释文》:"汒,莫刚反;郭音莽。"《庄子·天地》:"汒若于夫子之所言矣。"《释文》:"汒,本或作芒,武刚反,郭武荡反。"莽*maŋ^{B},莫朗切,《广韵》:"草莽。"《左传·昭公十二年》:"筚路蓝缕,以处草莽。"《左传·昭公二十年》:"失守社稷,越在草莽。"《孟子·万章下》:"在国曰市井之臣,在野曰草莽之臣,皆谓庶人。"

留*ru̱,力求切,《广韵》:"住也,止也。"《诗经·常武》:"不留不处,三事就绪。"《左传·襄公三十一年》:"公不留宾,而亦无废事。"《庄子·秋水》:"此龟者,宁其死为留骨而贵乎?"《孟子·告子下》:"愿留而受业于门。"罶*ru̱^{B},力久切,《广韵》:"鱼梁。"《诗经·鱼丽》:"鱼丽于罶,鲿鲨。"传:"罶,曲梁也。"《释文》:"罶,音柳。"

句*ko,古侯切,《广韵》:"《说文》:曲也。"《周礼·冬官·考工记》:"已倨则不入,已句则不决。"《吕氏春秋·知分》:"直兵造胸,句兵钩颈。"笱*ko^{B},古厚切,《广韵》:"鱼笱,取鱼竹器。"《诗经·敝笱》:"敝笱在梁,其鱼鲂鳏。"《释文》:"笱,古口反,取鱼器也。"《诗经·谷风》:"毋逝我梁,毋发我笱。"《释文》:"笱,古口反。"

披*pha̱r,敷羁切,《广韵》:"散也。"《说苑·奉使》:"梁王闻之,披衣出。”《韩非子·难一》:“公披袵而避。”字本作“被”。《左传·襄公十四年》:“乃祖吾离被苫盖,蒙荆棘,以来归我先君。”《释文》:“被,普支反。”《韩非子·内储说上》:“被濡衣而走火者,左三千人,右三千人。”被*ba̱r^{B},皮彼切,《广韵》:“寝衣也。”《说文》:“被,寝衣,长一身有半。”

卷*go̱n,巨员切,《广韵》:“曲也。”《说文》:“卷,厀曲也。”《诗经·都人士》:“彼君子女,卷发如虿。”《释文》:“卷音权。”《诗经·卷阿》:“有卷者阿,飘风自南。”《庄子·逍遥游》:“其小枝卷曲而不中规矩。”圈*go̱n^{B},渠篆切,《广韵》:“《说文》曰:养畜闲也。”《管子·幼官》:“强国为圈,弱国为属。”《史记·孝武本纪》:“其西则唐中,数十里虎圈。”

长*dra̱ŋ,直良切,《广韵》:“久也,远也,永也。”《诗经·蒹葭》:“溯洄从之,道阻且长。”《左传·文公六年》:“古之王者,知命之不长,是以并建圣哲。”长*tra̱ŋ^{B},知丈切,《广韵》:“大也。”《左传·隐公三年》:“少陵长,远间亲。”《释文》:“长,丁丈反。”《左传·隐公五年》:“辨等列,顺少长。”《释文》:“长,丁丈反。”《左传·隐公十一年》:“滕侯、薛侯来朝,争长。”《释文》:“长,丁丈反。”《吕氏春秋·贵公》:“用管子而为五伯长。”

毌*kon,古丸切,《广韵》:“穿物持也。”《说文》:“毌,穿物持之也。”后字繁化,写作“贯”。贯*kon,古丸切,《广韵》:“穿也。”《左传·僖公二十七年》:“鞭七人,贯三人耳。”《释文》:“贯音官,又古乱反。”贯*kons,古玩切,《广韵》:“穿也。”《诗经·猗嗟》:“舞则选兮,射则贯兮。”传:“贯,中也。”《释文》:“贯,毛古乱反。”《易·剥》:“贯鱼,以宫人宠,无不利。”《释文》:“贯,古乱反,徐音官,穿也。”管*kon^{B},古满切,《广韵》:“乐器也。筦,上同(管)。”《庄子·秋水》:“是直用管窥天,用锥指地也。”《庄子·则阳》:“夫吹管也,犹有嗃也。”《荀子·礼论》:“钟鼓管磬,琴瑟竽笙,所以养耳也。”

钟*to̱ŋ,职容切,《玉篇》:“聚也。”《左传·昭公二十八年》:“而天钟美于是。”注:“钟,聚也。”《左传·昭公二十一年》:“天子省风以作乐,器以钟之。”注:“钟,聚也。”《国语·周语下》:“陂塘污庳,以钟其美。”踵*toŋ^{B},之陇切,《广韵》:“足后。”《释名》:“踵,钟也;钟,聚也,上体之所钟聚也。”《荀子·荣辱》:“小人莫不延颈举踵。”《庄子·大宗师》:“真人之息以踵,众人之息以喉。”字也作“歱”。歱*toŋ^{B},之陇切,《广韵》:“《说文》跟也。”《说文》:

"踵，跟也。从止重声。"(《说文》："跟，足踵也。")

三

种 * to̠ŋ^{B}，之陇切，《广韵》："种类也。"《诗经·生民》："诞降嘉种。"《左传·哀公十一年》："无俾易种于兹邑。"《释文》："种，章勇反。"种 * to̠ŋs，之用切，《广韵》："种埴也。"《孟子·滕文公上》："许子必种粟而后食乎?"《礼记·月令》："乃劝种麦，毋或失时。"

纪 * ke̠^{B}，居理切，《广韵》："事也，理也，识也。"《说文》："纪，别丝也。"《墨子·尚同中》："譬之若丝缕之有纪，而罔罟之有纲也。"《韩非子·主道》："道者，万物之始，是非之纪也。"《吕氏春秋·孝行》："夫孝，三皇五帝之本务，而万事之纪也。"也用作动词。《左传·桓公二年》："文物以纪之，声明以发之，以临照百官。"《史记·五帝本纪》索隐："纪者，记也，本其事而记之，故曰本纪。"记 * ke̠s，居吏切，《广韵》："记志也。"《韩非子·备内》："上古之传言，春秋所记，犯法为逆以成大奸者，未尝不从尊贵之臣也。"

耳 * ne̠^{B}，而止切，《说文》："主听也。"《庄子·人间世》："听止于耳，心止于符。"《庄子·胠箧》："塞瞽旷之耳，而天下始人含其聪矣。"刵 * ne̠s，仍吏切，《广韵》："截耳。"《尚书·康诰》："无或劓刵人。"传："刵，截耳。"《释文》："刵，如志反。"

士 * gre̠^{B}，鉏里切，《说文》："事也。"《诗经·氓》："于嗟女兮，无与士耽。"《诗经·女曰鸡鸣》："女曰鸡鸣，士曰昧旦。"引申指帮君王做事的男子。《诗经·十月之交》："皇父卿士，番维司徒。"《诗经·假乐》："百辟卿士，媚于天子。"字也作"仕"。仕 * gre̠^{B}，鉏里切，《广韵》："仕官。"《韩非子·说难》："此非能仕之所耻也。"事 * gre̠s，锄吏切，《广韵》："使也，立也，由也。"《诗经·烝民》："夙夜匪解，以事一人。"《左传·隐公元年》："欲与大叔，臣请事之。"《论语·学而》："事父母能竭其力，事君能致其身，与朋友交言而有信。"

女 * na̠^{B}，尼吕切，《广韵》："《礼记》曰：女者，如也，如男子之教。"《诗经·关雎》："窈窕淑女，君子好逑。"《诗经·汉广》："汉有游女，不可求思。"

《左传·宣公四年》:“淫于邧子之女,生子文焉。”女 * na̱s,尼据切,《广韵》:“以女妻人也。”《左传·桓公十一年》:“宋雍氏女于郑庄公。”注:“以女妻人曰女。”《释文》:“女,尼据反。”

古 * ka^B,公户切,《广韵》:“故也。”《左传·隐公五年》:“不登于器,则公不射,古之制也。”《左传·僖公二十二年》:“古之为军也,不以阻隘也。”故 * kas,古暮切,《广韵》:“旧也。”《孟子·梁惠王下》:“所谓故国者,非谓有乔木之谓也,有世臣之谓也。”《史记·三王世家》:“皆如前故事。”

弟 * zir^B,徒礼切,《广韵》:“兄弟。《尔雅》云:男子先生为兄,后生为弟。”《左传·隐公元年》:“蔓草犹不可除,况君之宠弟乎!”《左传·隐公三年》:“君义,臣行,父慈,子孝,兄爱,弟敬,所谓六顺也。”《论语·颜渊》:“人皆有兄弟,我独亡。”娣 * zir^B,徒礼切,《广韵》:“娣姒。”《说文》:“娣,女弟也。从女从弟,弟亦声。”弟 * zirs,特计切,《说文》:“韦束之次弟也。”段玉裁注:“引申之为凡次弟之弟、为兄弟之弟、为岂弟之弟。”字后作“第”。第 * zirs,特计切,《广韵》:“次第。《说文》本作弟,韦束之次弟也,今为兄弟字。”

道 * zu^B,徒晧切,《广韵》:“路也。”《说文》:“道,所行道也。”《诗经·有杕之杜》:“有杕之杜,生于道左。”《诗经·蒹葭》:“溯洄从之,道阻且长。”《左传·僖公二年》:“假道于虞以伐虢。”导 * zus,徒到切,《广韵》:“引也。”《孟子·离娄下》:“有故而去,则君使人导之出疆。”《管子·法法》:“得道而导之。”《荀子·大略》:“导之以道而勿强。”

左 * $ȶar^B$,臧可切,《广韵》:“左右也。”《左传·桓公八年》:“楚人上左,君必左,无与王遇,且攻其右,右无良焉,必败。”《诗经·君子阳阳》:“左执簧,右招我由房。”《诗经·竹竿》:“泉源在左,淇水在右。”左 * ȶars,则个切,《广韵》:“左右。”《诗经·长发》:“实左右商王。”传:“左右,助也。”《释文》:“左,音佐。”《易·泰》:“辅相天地之宜,以左右民。”《释文》:“左音佐。”字作佐。佐 * ȶars,则个切,《广韵》:“助也。”《庄子·在宥》:“吾欲取天地之精,以佐五谷,以养民人。”《左传·隐公十一年》:“吾将使获也佐吾子。”

響 * $xra̱ŋ^B$,许两切,《广韵》:“声也。”《玉篇》:“響,应声也。”《荀子·强国》:“譬之犹響之应声,影之像形也。”《庄子·在宥》:“大人之教,若形之于影,声之于響。”《管子·宙合》:“景不为曲物直,響不为恶声美。”也作“嚮”,

音同。《易・系辞上》:“其受命也如嚮。”《释文》:“嚮,许两反,又作響。”《荀子・富国》:“下应之如景嚮。”《荀子・王霸》:“天下之人应之如景嚮。”嚮 *xra̱ŋs,许亮切,《广韵》:“与向通用。”《庄子・天地》:“予虽有祈嚮,不可得也。”《韩非子・十过》:“今旦暮将拔之而嚮其利。”《吕氏春秋・异宝》:“许公不应,东南嚮而唾。”《吕氏春秋・九月纪》:“北嚮以誓之。”向 *xra̱ŋs,许亮切,《广韵》:“对也。”《孟子・滕文公上》:“入揖于子贡,相向而哭。”《庄子・秋水》:“望洋向若而叹。”

右 *ʁe̱^{B},云久切,《广韵》:“左右也。”《诗经・竹竿》:“淇水在右,泉源在左。”《孟子・梁惠王下》:“王顾左右而言他。”右 *ʁe̱s,于救切,《广韵》:“左右。”《左传・襄公十年》:“王右伯舆。”注:“右,助。”《释文》:“右音又。”字后写作“佑”。佑 *ʁe̱s,于救切,《广韵》:“佐也,助也。”《史记・鲁周公世家》:“乃命于帝庭,敷佑四方。”《汉书・萧何传》:“高祖为亭长,常佑之。”祐 *ʁe̱s,于救切,《广韵》:“神助。”《左传・昭公元年》:“良臣将死,天命不祐。”《国语・晋语八》:“良臣不生,天命不祐。”

友 *ʁe̱^{B},云久切,《广韵》:“朋友,同志为友。”《诗经・雨无正》:“亦云可使,怨及朋友。”《论语・颜渊》:“君子以文会友,以友辅仁。”宥 *ʁe̱s,于救切,《广韵》:“宽也。”《庄子・在宥》:“闻在宥天下,不闻治天下也。在之也者,恐天下之淫其性也;宥之也者,恐天下之迁其德也。”《韩非子・八说》:“不忍则罚多宥赦,好与则赏多无功。”

灸 *qe̱^{B},举有切,《广韵》:“灸灼也。”《素问・病能论》:“有病颈痈者,或石治之,或针灸治之。”灸 *qe̱s,居佑切,《广韵》:“灼也。”《说文》:“灸,灼也。”《庄子・盗跖》:“丘所谓无病而自灸也。”《释文》:“灸,久又反。”《素问・玉机真藏论》:“可灸可药。”

耦 *ŋo^{B},五口切,《广韵》:“耦耕也。”《广雅》:“耦,二也。”《左传・桓公六年》:“人各有耦,齐大,非吾耦也。”《左传・僖公九年》:“送往事居,耦俱无猜,贞也。”注:“耦,两也。”字也作“偶”。偶 *ŋo^{B},五口切,《广韵》:“合也,匹也,二也,对也,谐也。”《说苑・权谋》:“人各有偶,齐大,非吾偶也。”《庄子・齐物论》:“彼是莫得其偶,谓之道枢。”《庄子・天下》:“以觭偶不仵之辞相应。”隅 *ŋo̱^{A},遇俱切,《广韵》:“角也,陬也。”《说文》:“隅,陬也。”两面相遇之处就是隅。《诗经·静女》:“静女其姝,俟我于城隅。”《诗经·绵蛮》:“绵蛮黄鸟,止于丘隅。”遇 *ŋo̱s,牛具切,《广韵》:“不期而会。”《释名》:“耦,遇也。二人相对遇也。”杨树达:“人与人相逢则得其偶,故谓之遇矣。”《周礼·春官·宗伯》:“冬见曰遇。”注:“遇,偶也,欲其若不期而俱至。”《诗经·中谷有蓷》:“遇人之艰难矣。”《诗经·野有蔓草》:“邂逅相遇,适我愿兮。”《论语·微子》:“子路从而后,遇丈人。”

枕 *tu̱m^{B},章荏切,《广韵》:“枕席。”《礼记·内则》:“敛枕簟,洒扫室堂及庭。”《吕氏春秋·顺民》:“身不安枕席。”枕 *tu̱ms,之任切,《广韵》:“枕头也。《论语》曰:饮水,曲肱枕之。”《论语·述而》:“饭疏食,饮水,曲肱而枕之。”《释文》:“枕,之鸩反。”《左传·僖公二十八年》:“枕之股而哭之。”《释文》:“枕,支鸩反。”《庄子·在宥》:“今世殊死者相枕也。”《释文》:“枕,之鸩反。”《庄子·至乐》:“援髑髅枕而卧。”《释文》:“枕,针鸩反。”

悔 *sme^{B},呼罪切,《广韵》:“悔吝。”《说文》:“悔,悔恨也。”《论语·为政》:“慎行其余,则寡悔。言寡尤,行寡悔,禄在其中矣。”《左传·宣公十七年》:“过而不改,而又久之,以成其悔,何利之有焉?”悔 *smes,荒内切,《广韵》:“改悔。”《群经音辨》:“悔,过也,呼罪切;改过曰悔,呼内切。”《易·系辞上》“悔吝者”孔颖达疏:“悔者,时事已过,意有追悔之也。”《诗经·江有汜》:“不我以,其后也悔。”《论语·述而》:“暴虎冯河,死而无悔者,吾不与也。”《左传·襄公二十年》:“吾得罪于君,悔而无及也。”

境 *kra̱ŋ^{B},居影切,《广韵》:“界也。”《庄子·胠箧》:“足迹接乎诸侯之境。”《孟子·梁惠王下》:“臣始至于境,问国之大禁,然后敢入。”《礼记·月令》:“行冬令,则国多盗贼,边境不宁,土地分裂。”本作“竟”。《说文》:“竟,乐曲尽为竟。”《左传·庄公二十七年》:“卿非君命不越竟。”《释文》:“竟,音境。”《左传·文公六年》:“送致诸竟。”《释文》:“竟,音境。”《左传·宣公二年》:“亡不越竟,反不讨贼。”竟 *kra̱ŋs,居庆切,《广韵》:“穷也,终也。”《史记·项羽本纪》:“籍大喜,略知其意,又不肯竟学。”

四

平声和上声交替,动词变成了名词;上声和去声交替,名词变成了动词。无论是动词变名词还是名词变动词，名词都读上声，只不过前一类名词是动词的派生词，而后一类名词是动词的根词。无论是派生词还是根词，都告诉我们这样一个事实，依附在名词身上的上声不仅仅是区别意义的音位，也是命名标记，可以跟根词分离。其意义，我们认为就是指代。

通名可以指专名，而专名一般不可以指通名。因而，通名往往成为语言的基本语词甚至核心语词。斯瓦迪什 100 个核心词中有 52 个名词。平声有夫、人、鱼、肤、脂、心、肝、星、沙、云、烟、灰、山，共 13 个，占 25%。上声有女、鸟、犬、虱、种、本、卵、尾、羽、首、耳、口、齿、爪、止、手、肚、水、雨、土、道、颈、乳、火，共 24 个，占 46.15%。入声有木、叶、朴、肉、血、骨、角、发、目、鼻、舌、膝、日、月、石，共 15 个，占 28.84%。上声几乎占了一半，入声次之，平声再次之。有趣的是，这 52 个名词中没有一个是去声字，假如把“鼻”认定为去声，去声也只有这一个。为什么上声字那么多？因为这 52 个名词在上古汉语中都是通名，而每一个通名可能就存在好几个专名。

再来看上古人名中最为常见的几个通称：子、甫、父、女、母、妇。子字用于人名极其常见，据周法高（1969：207—209）所引王引之《春秋名字解诂》中所列，共有 344 个。甫或父用于人名也是如此。女、母、妇用于女子名字也常见。这几个词都有明显的指代意义，指某一类人，男性或女性。这几个字中古也都读上声。我们再来看一看干支：

平声：丁、庚、辛、壬、寅、辰、申，占 31.18%。

上声：丙、己、癸、子、丑、卯、巳、午、酉、亥，占 45.45%。

去声：戊、未，占 9.09%。

入声：甲、乙、戌，占 13.63%。

以中古的读音看，上声中所占的比率最大，而去声所占的比率最小。这和我们上面所分析的所有 52 个核心词中上声所占的比率最大一致。这是由于干支在上古汉语中有起指代的作用（殷商人用干支命名），这与人称代词和指示代词起指代的作用有相似之处，只是没有人称代词和指示代词那样明显而已。数词中的“三”“五”“九”在上古有明显的指代作用，而其中“五”“九”也读上声。

第三节　现行体

一

现行体	既行体	将行体	意义
ɦdaɦ-ba	ɦdas-pa	ɦdaɦ-ba	超过、越出、逾越
btsaɦ-ba	btsas-pa	btsaɦ-ba	注视、看守
btsaɦ-ba	btsas-pa	btsaɦ-ba	出生、生育
ɦdzaɦ-ba	dzas-pa	ɦdzaɦ-ba	耗费、浪费
bɕaɦ-ba	bɕas-pa	bɕaɦ-ba	杀、宰杀
ɦtɕhaɦ-ba	btɕas-pa	btɕaɦ-ba	创立、制定
ɦdʑaɦ-ba	ɦdʑas-pa	ɦdʑaɦ-ba	败坏、残废

藏语动词的既行体附加-s 后缀构成。因藏语没有 * -ɦs 复辅音韵尾(不符合音节构成的响度原则),于是动词现行体和既行体出现辅音韵尾-ɦ和-s 交替的现象。汉语的动词既行体可以利用辅音、元音、声调交替构成。其中最常见的手段是辅音清浊交替和声调交替。非去声的动词,通过声调交替变成去声,就构成动词的既行体。既行体是有标记的动词形式,需要标上记号。动词的现行体是动词的普通形式,不一定要标上记号。不考虑其他,平声(包括入声)就是无标记形式。不过,有时候也会给动词的现行体标上记号。上声就是动词现行体的记号。现行体的记号上声和既行体的记号去声,跟藏语的-ɦ韵尾和-s 韵尾平行。

二

启 * $khir^B$,康礼切,《说文》:"开也。"后繁化为"启"。启 * $khir^B$,康礼切,

《广韵》:“开也,发也,别也,刻也。《说文》教也,俗作啟。”《左传·隐公元年》:“夫人将啟之。”《左传·文公十六年》:“申息之北门不啟。”《左传·襄公二十五年》:“门啟而入,枕尸股而哭。”后引申为启发、启迪等。开 * khɯr,苦哀切,《广韵》:“张也。”《礼记·曲礼上》:“户开亦开,户阖亦阖。”《庄子·秋水》:“今吾无所开吾喙,敢问其方。”闿 * khɯr^{B},苦亥切,《广韵》:“开也,亦音开。”《说文》:“闿,开也。”《管子·七臣七主》:“法伤则奸门闿。”

王力(1982:413)列“启”“开”“闿”为同源词。“闿”是“开”的变体,“开”也是比较晚起的语词,是“启”的变体。像《左传》,只有“启”没有“开”。这个“开”渐渐取代“启”而成为常用词。战国晚期的作品,像《荀子》就已经广泛使用“开”。通过词汇替换,可以看出上声固然是区别意义的音位,但不是语词必不可少的组成部分。这一点也可以从词汇派生中看出。上一章我们讨论了通过平声和去声的交替,动词派生出名词。同样,读上声的动词也可以通过声调屈折,派生出读去声的名词,比如“奉”和“俸”。

奉 * bo̠ŋ^{B},扶陇切,《广韵》:“与也,献也。”《说文》:“奉,承也。”《诗经·棫朴》:“济济辟王,左右奉璋。”《左传·成公二年》:“奉觞加璧以进。”《左传·僖公二十年》:“奉匜沃盥,既而挥之。”《释文》:“奉,芳勇反。”此义后字作“捧”。捧 * pho̠ŋ^{B},敷奉切,《广韵》:“两手承也。”《庄子·达生》:“闻雷车之声,则捧其首而立。”引申之,为侍奉等。《左传·隐公元年》:“是以隐公立而奉之。”《左传·隐公十一年》:“郑伯使许大夫百里,奉许叔以居许东偏。”俸 * bo̠ŋs,扶用切,《广韵》:“俸秩。”《韩非子·奸劫弑臣》:“为私善,立名誉以取尊官厚俸。”字本只作“奉”。《集韵》:“俸、奉,房用切,秩禄也。”《战国策·赵策四》:“位尊而无功,奉厚而无劳,而挟重器多也。”

动词“奉”读上声,名词“俸”读去声。上声和去声交替的意义跟平声和去声交替的意义完全相同。可见,上声是根据需要黏附在语词身上的标记。语词的声调变成去声,语词也由动词变成了名词。那么,上声最明显的意义就是标明语词的身份,是一个动词。动作行为已经完成则产生一种结果,而由动词动转化而来的名词正可以看成是这一动作行为完成之后所产生的结果。因而,藏语的动词既行体以及来自动词的名词同附加 *-s 后缀。上古汉语跟藏语相同，从中古汉语的语音形式看，来自动词的名词和动词既行体同为去声。

总 *ȶoŋ^B，作孔切，《广韵》："聚束也。"《说文》："总，聚束也。"段玉裁注："谓聚而缚之也。"《释名》："总，束发也，总而束之也。"《诗经·氓》："总角之宴，言笑晏晏。"《诗经·长发》："不戁不竦，百禄是总。"《荀子·不苟》："总天下之要，治海内之众。"粽 *ȶoŋs，作弄切，《广韵》："芦叶裹米也。"《说文》："粽，芦叶裹米也。"

壅 *o̱ŋ^B，於陇切，《广韵》："壅堨，亦塞也，障也。"《左传·宣公十二年》："众散为弱，川壅为泽。"《礼记·月令》："完堤防，谨壅塞，以备水潦。"拥 *o̱ŋ^B，於陇切，《广韵》："手拥。"《说文》："拥，抱也。"《庄子·知北游》："神农隐几拥杖而起。"《礼记·内则》："女子出门，必拥蔽其面。"雍 *o̱ŋs，於用切，《广韵》："九州岛名。雍，拥也，东崤西汉南商北居庸四山之所拥翳也。"《释名》："雍州在四山之内。雍，翳也。"

上 *da̱ŋ^B，时掌切，《广韵》："登也，升也。"《庄子·逍遥游》："我腾跃而上，不过数仞而下。"《礼记·曲礼上》："主人先登，客从之，拾级聚足，连步以上。"《诗经·七月》："我稼既同，上入执宫功。"上 *da̱ŋs，时亮切，《广韵》："君也，犹天子也。"《左传·僖公二十三年》："谋于桑下，蚕妾在其上，以告姜氏。"《左传·僖公二十四年》："下义其罪，上赏其奸，上下相蒙，难与处矣。"《论语·学而》："不好犯上，而好作乱者，未之有也。"

秉 *pra̱ŋ^B，兵永切，《广韵》："执持。"《诗经·简兮》："左手执钥，右手秉翟。"《庄子·徐无鬼》："孙叔敖甘寝秉羽而郢人投兵。"《礼记·祭义》："昔者天子为藉千亩，冕而朱纮，躬秉耒。"柄 *pra̱ŋs，陂病切，《广韵》："本也，权也，柯也。"《诗经·大东》："维北有斗，西柄之揭。"《释文》："柄，彼病反。"《左传·襄公二十三年》："既有利权，又执民柄。"

敛 *ro̱m^B，良冉切，《广韵》："收也。"《论语·先进》："而求也为之聚敛而附益之。"《周礼·天官·冢宰》："秋敛皮，冬敛革，春献之。"《左传·昭公二十六年》："公厚敛焉，陈氏厚施焉，民归之矣。"敛 *ro̱ms，力验切，"聚也"。《诗经·硕鼠》传："国人刺其君重敛蚕食于民。"《释文》："敛，吕验反。"《左传·成公十八年》："薄赋敛，宥罪戾。"《释文》："敛，力验反。"《周礼·天官·冢宰》:“凡税敛,掌事者受法焉。”《释文》:“敛,力验反。”

理 * re̱^{B},良士切,《广韵》:“料理。”(《广韵》:“治,理也。”)《韩非子·和氏》:“王乃使玉人理其璞而得宝焉。”《管子·霸言》:“理世不在善攻,霸王不在成曲。”《淮南子·精神训》:“理情性,治心术。” 吏 * re̱s,力置切,《广韵》:“《说文》曰:治人者也。”《左传·僖公十七年》:“齐桓公卒,易牙入,与寺人貂因内宠以杀群吏。”

处 * tha̱^{B},昌与切,《广韵》:“居也,止也。” 处 * tha̱s,昌据切。《广韵》:“处所也。”

伛 * o̱^{B},于武切,《广韵》:“不伸也,尪也,荀卿子曰周公伛背。”《礼记·问丧》:“秃者不免,伛者不袒,跛者不踊,非不悲也。”《释文》:“伛,於缕反,一音纡矩反。”《左传·昭公七年》:“一命而偻,再命而伛,三命而俯。”《释文》:“伛,纡羽反。”妪 * o̱s,衣遇切,《广韵》:“老妪也。”《礼记·乐记》:“羽者妪伏,毛者孕鬻。”郑注:“体曰妪,屈生曰区。”《释文》:“妪,於具反,徐於甫反。”《韩非子·外储说右上》:“皆有薄媪之决蔡妪也。”《史记·高祖本纪》:“后人来至蛇所,有一老妪夜哭。”

树 * do̱^{B},臣庾切,《广韵》:“扶树。”树 * do̱s,常句切,《广韵》:“木总名也。”

数 * sro̱^{B},所矩切,《广韵》:“《说文》计也。”数 * sro̱s,色句切,《广韵》:“筭数。”

巧 * kh/r/ɯ^{B},苦绞切,《广韵》:“能也,善也。” 巧 * kh/r/ɯs,苦教切,《广韵》:“巧伪。”《群经音辨》:“善功曰巧,苦绞切;伪功曰巧,苦效切。”《礼记·月令》:“毋或作为淫巧以荡上心。”《释文》:“巧,如字,又苦孝反。”《集韵》:“巧,口教切,诈也。”《庄子·人间世》:“大至则多奇巧。”《释文》:“巧,如字,又苦孝反。”

坐 * ɖor^{B},徂果切,《说文》:“止也。”座 * ɖors,徂卧切,《广韵》:“床座。”

舍 * sa̱^{B},书冶切,《广韵》:“止息。”舍 * sa̱s,始夜切,《广韵》:“屋也。”

久 * qe̱^{B},举有切,《广韵》:“长久也。”《孟子·公孙丑上》:“天下归殷久矣,久则难变也。”《孟子·公孙丑上》:“可以久则久。”柩 * ɢe̱s,巨救切,《广韵》:“尸柩,《礼》注曰:在床曰尸,在棺曰柩。”《释文》:“柩,音旧。《白虎通义》云:究也,久也。”

守*xu̲^{B}，书九切，《广韵》："主守。"《左传·昭公二十年》："山林之木，衡鹿守之；泽之萑蒲，舟鲛守之；薮之薪蒸，虞候守之，海之盐蜃，祈望守之。"《左传·僖公六年》："晋侯使贾华伐屈，夷吾不能守。"守*xu̲s，舒救切，《广韵》："太守。"《说文》："守官也。从宀从寸。寺府之事者。"《左传·僖公二十四年》："居者为社稷之守，行者为羁绁之仆，其亦可也。"《释文》："守，手又反。"《左传·成公元年》："冬，臧宣叔令修赋缮完，具守备。"《释文》："守，手又反。"《左传·襄公九年》："巡丈城，缮守备。"《释文》："守，手又反。"

聚*ȡo̲^{B}，慈庾切，《说文》："会也。"聚*ȡo̲s，从遇切，《集韵》："《说文》会也，邑落云聚，或从邑。"《左传·襄公九年》："输积聚以贷。"《释文》："聚，才住反。"《左传·昭公二十年》："斩刈民力，输掠其聚。"《释文》："聚，才住反。"《左传·成公十三年》："我是以有辅氏之聚。"《释文》："聚，才喻反。"辏*ȶhos，仓奏切，《广韵》："辐辏。"《汉书·叔孙通传》："吏人人奉职，四方辐辏，安有反者！"注："辏，聚也，言车辐聚于毂也。字或作凑，并音千豆反。"凑*ȶhos，仓奏切，《广韵》：仓奏切，"水会也"。《说文》："凑，水上人所会也。"段注："引申为凡聚集之称。"《逸周书·作洛》："以为天下之大凑。"

委*o̲r^{B}，於诡切，《广韵》："委曲也，亦委积。"《庄子·养生主》："谍然已解，如土委地。"《孟子·公孙丑下》："委而去之，是地利不如人和也。"委*o̲rs，於伪切，《集韵》："委积，牢米薪蒭之总名。"《周礼·地官·司徒》："掌邦之委积，以待施惠。乡里之委积，以恤民之艰厄；门关之委积，以养老孤。"《周礼·地官·司徒》："巡其道修，庀其委积。"

采*ȶhe^{B}，仓宰切，《广韵》："取也。"菜*ȶhes，仓代切，《广韵》："草可食者皆名菜。"

在*ȡe^{B}，昨宰切，《广韵》："居也，存也。"在*ȡes，昨代切，《广韵》："所在。"

引*zi̲n^{B}，余忍切，《广韵》："《尔雅》云：长也。《说文》曰：开弓也。"（《广韵》："牵，引也。"《广韵》："挽，引也。"）引*zi̲ns，羊晋切（《广韵》无释义）。《集韵》："引，羊进切，牵东绋也。"《荀子·王霸》："绵绵常以结引驰外为务。"注："引读为靷。靷，引轴之物。"《礼记·檀弓下》："吊于葬者必执引。"《释文》："引音胤，车索。"字后写作"靷"。靷，羊晋切，《广韵》："引轴。"《左传·哀公二年》："我两靷将绝，吾能止之。"《释文》："靷，以刃反。"

引 *zi̱n^{B}，余忍切，见上。《诗经·楚茨》："子子孙孙，勿替引之。"传："引，长也。"《礼记·檀弓上》："丧服，兄弟之子犹子也，盖引而进之也。"胤 *zi̱ns，羊晋切，《广韵》："继也，嗣也。"《说文》："胤，子孙相承续也。"《尔雅》："胤，继也。"《左传·隐公十一年》："夫行，大岳之胤也。"

擥 *ram^{B}，盧敢切，《广韵》："手擥取。"《说文》："擥，撮持也。"擥，字多写作"揽"。《释名》："揽，敛也，敛置手中也。"《管子·弟子职》："饭必奉揽，羹不以手。"《汉书·刑法志》："总揽英雄，以诛秦、项。"缆 *rams，卢瞰切，《广韵》："维舟。《吴书》曰：甘宁常以缯锦维舟，去辄割弃以示奢。"《六书故》："缆，率索之以揽结者也。今俗谓维引舟索为缆。"

辨 *bra̱n^{B}，符蹇切，《广韵》："别也。《说文》：判也。"《说文》："辨，判也。"《礼记·内则》："为宫室，辨外内。"《左传·成公十八年》："周子有兄而无慧，不能辨菽麦。"《左传·昭公元年》："男女辨姓，礼之大司也。"辩 *bra̱n^{B}，符蹇切，《广韵》："别也，理也，慧也。《说文》治也。"《荀子·劝学》："不隆礼，虽察辩，散儒也。"瓣 *bra̱ns，蒲苋切，《广韵》："瓜瓠瓣也。"（瓣归裥韵是口语读音）《说文》："瓣，瓜中实。"《尔雅》："瓠栖，瓣。"

扁 *pen^{B}，补典切，《集韵》："一曰不圆貌。"《诗经·白华》："有扁斯石，履之卑兮。"《释文》："扁，边显反，又必浅反。"匾 *pen^{B}，方典切，《广韵》："匾匾，薄也。"蝙 *pen，布玄切，《广韵》："蝙蝠，又名伏翼。"《说文》："蝠，蝙蝠，服翼也。"《方言》："蝙蝠，自关而东谓之服翼，或谓之飞鼠，或谓之老鼠。""蝠"即"服翼"之合音。扁 *phen，芳连切，《广韵》："小舟。"《说苑·杂言》："今子持楫乘扁舟，处广水之中。"《史记·货殖列传》："乃乘扁舟浮于江湖。"远远看去，如同漂在水上的一枚树叶，故曰"一叶扁舟"。片 *phens，普面切，《广韵》："半也，判也，析木也。"《论语·颜渊》："片言可以折狱者，其由也与？"

卷 *ko̱n^{B}，居转切，《广韵》："卷舒。"卷 *ko̱ns，居倦切，《广韵》："又书卷。"

卷 *ko̱n^{B}，居转切，《广韵》："卷舒。"桊 *ko̱ns，居倦切，《广韵》："牛拘。"

断 *don^{B}，徒管切，《广韵》："绝也。"段 *dons，徒玩切，《广韵》："分段也。"

挽 *ma̱n^{B}，无远切，《广韵》："引也。"輓 *ma̱ns，无贩切，《广韵》："輓车也，本亦作挽。"

饭 * ba̱n^{B}，扶晚切，《广韵》：“餐饭。”《论语 · 述而》：“饭疏食饮水，曲肱而枕之，乐亦在其中矣。”《庄子 · 田子方》：“百里奚爵禄不入于心，故饭牛而牛肥，使秦穆公忘其贱，与之政也。”饭 * ba̱ns，符方切，《广韵》：“《书》云：黄帝始炊谷为饭。”

偃 * ʔa̱n^{B}，于幰切，《广韵》：“偃仰，又息也。”《说文》：“偃，僵也。”《诗经 · 北山》：“或息偃在床。”《论语 · 颜渊》：“草上之风，必偃。”《荀子 · 非相》：“与世偃仰。”引申为停止。《尚书 · 武成》：“乃偃武修文，归马于华山之阳。”《国语 · 吴语》：“两君偃兵接好，日中为期。”河流壅堵，则河水不动。堰 * ʔa̱n^{B}，于幰切，《广韵》：“壅水也。”堰 * ʔa̱ns，于扇切，《广韵》：“堰埭。”字本只作“偃”。《左传 · 襄公二十五年》：“规偃猪。”《释文》：“偃，于建反。”

尽 * ȡi̱n^{B}，慈忍切，《广韵》：“竭也，终也。”烬 * ȡi̱ns 疾刃切，《广韵》：“烛余。”

斩 * ȶ/r/am^{B}，侧减切，见下。斩由砍断引申为断绝等意义。《孟子 · 离娄下》：“君子之泽五世而斩，小人之泽五世而斩。”壍 * ȶha̱ms，七艳切，《广韵》：“坑也，绕城水也。”字本写作“堑”。《说文》：“堑，坑也。从土斩声。”《墨子 · 备城门》：“堑中深丈五，广比扇，堑长以力为度，堑之末为之县，可容一人所。”《史记 · 项羽本纪》：“汉王复入壁，深堑而自守。”

斩 * ȶram^{B}，侧减切，《广韵》：“《周礼》云：秋官掌戮掌斩。”《礼记 · 檀弓下》：“虞人致百祀之木，可以为棺椁者斩之。”《庄子 · 人间世》：“拱把而上者，求狙猴之杙者斩之；三围四围，求高名之丽者斩之；七围八围，贵人富商之家求椫傍者斩之。”椠 * ȡam^{B}，才敢切，《广韵》：“削版牍。”椠 ȡa̱ms，慈染切，《广韵》：“《说文》曰：牍朴也。”椠 * ȶha̱ms，七艳切，《广韵》：“插也。《论衡》曰：断木为椠。《释名》云：椠版长三尺者也，椠渐也，言渐渐然长也。”《论衡 · 量知》：“断木为椠，枏之为板，力加刮削，乃成奏牍。”椠的语源当为“斩”。

转 * tro̱n^{B}，陟兖切，《广韵》：“运也。”传 * tro̱ns，知恋切，《广韵》：“邮马。”

裹 * kor^{B}，古火切，《广韵》：“苞裹，又缠也。”《说文》：“裹，缠也。”《诗经 · 公刘》：“乃裹糇粮，于橐于囊。”《释文》：“裹音果。”《庄子 · 大宗师》：“裹饭而往食之。”《释文》：“裹音果。”《庄子 · 说剑》：“包以四夷，裹以四时。”《释文》：“裹音果。”裹 * kors，古卧切，《广韵》：“包也。”《管子 · 宙合》：

“合络天地，以为一裹。”

把 *pra[B]，博下切，《广韵》：“持也，执也。”《说文》：“把，握也。”《孟子·告子上》注：“拱，合两手也；把，以一手把之也。”《史记·殷本纪》：“周公旦把大钺。”弝 *pras，必驾切，《广韵》：“弓弝。”字本作“把”。《礼记·曲礼上》：“左手承弣。”注：“弣，把中。”《释文》：“把，音霸，手执处也。”

也有个别名词派生出名词的例子，如 * kra̠ŋ[B]“景”（“影”的本字）和 * kra̠ŋ[C]“镜”。很显然，动词读上声，派生的名词读去声。动词和名词之间的词性改变通过上声和去声交替来实现。有一点需要注意，动词是根词，而名词是派生词。这跟动词现行体和既行体的时间先后以及因果关系正好一致。读去声的名词来自动词的既行体，那么读上声的动词应该是动词的现行体。我们在上一章中已经提到，动词现行体和既行体的语法功能有明显的差别：现行体充当句子的谓语，而既行体往往充当句子的定语或状语。这些通过声调交替由动词变来的语词（形容词或副词）一个显著的语法特点就是修饰或限定名词或动词。我们发现，上声和去声交替不仅可以实现动词转化为名词，还可以使动词变成形容词或者副词。

三

乳 *no̠[B]，而主切，《广韵》：“柔也。”《说文》：“乳，人及鸟生子曰乳，兽曰产。”《左传·宣公四年》：“虎乳之。”《释文》：“乳，如主反。”《吕氏春秋·音初》：“主人方乳。”乳 *no̠s，如住切（《经典释文》）。《群经音辨》：“乳，生子也，而主切；谓饲子曰乳，而遇切。”《公羊传·庄公十二年》注：“犹乳犬攫虎、伏鸡搏狸，精诚之至也。”《释文》：“乳，如住反。”《庄子·盗跖》：“声如乳虎。”《释文》：“乳，如树反。”孺 *no̠s，而遇切，《广韵》：“稚也。”《说文》曰：乳子也。《左传·僖公十五年》：“征缮以辅孺子。”《释文》：“孺，如喻反。”《左传·昭公十六年》：“孺子善哉，吾有望矣。”《释文》：“孺，如住反。”

比 *pi̠r[B]，卑履切，《广韵》：“校也，并也。”《诗经·谷风》：“既生既育，比予于毒。”《左传·桓公十五年》：“人尽夫也，父一而已，胡可比也？”《礼记·曲礼上》：“不胜丧，乃比于不慈不孝。”比 *bi̠rs，毗至切，《广韵》：“近也，又阿党也。"《说文》:"比,密也。"《左传·昭公元年》:"吾兄弟比以安,龙也可使无吠。"《释文》:"比,毗志反。"《庄子·齐物论》:"地籁则众窍是已,人籁则比竹是已 。"《释文》:"比,毗志反,又必履反,李扶必反。"《论语·为政》:"君子周而不比,小人比而不周。"《释文》:"比,毗志反。"

已 *ze̱^{B},羊已切,《广韵》:"止也,此也,甚也,讫也。"《左传·成公二年》:"众之不可已也。"《论语·子罕》:"凤鸟不至,河不出图,吾已矣夫。"《诗经·风雨》:"风雨如晦,鸡鸣不已。"已 *ze̱s,羊吏切,《广韵》:"事过语辞。"《左传·桓公二年》:"已杀孔父而弑殇公。"《左传·成公十一年》:"已不能庇其伉俪而亡之,又不能字人之孤而杀之。"

禦 *ŋa̱^{B},鱼巨切,《广韵》:"禁也,止也,应也,当也。"《左传·昭公六年》:"惧民之有争心也,犹不可禁禦。"(篽,鱼巨切,《广韵》:"《说文》曰:禁苑也。"籞,鱼巨切,《广韵》:"上同(篽),又池水中编竹篱养鱼。"圄,鱼巨切,《广韵》:"囹圄,周狱名。"《礼记·月令》:"命有司省囹圄。"注:"囹圄,所以禁守系者。"《左传·宣公四年》:"圄伯嬴于轑阳而杀之。"注:"圄,囚也。"《释文》:"圄,吾吕反。"敔,鱼巨切,《广韵》:"柷敔,乐器。《释名》云:敔,衙也;衙,止也,所以止乐也。"圉,鱼巨切,《广韵》:"养马。"《礼记·檀弓上》:"圉人浴马,有流矢在白肉。"注:"圉人,掌养马者。"《尔雅》:"御,圉,禁也。")字也写作"御",音同。《左传·襄公四年》:"季孙不御。"注:"御,止也。"《释文》:"御,鱼吕反。"御 *ŋa̱s,牛倨切,《广韵》:"理也,侍也,进也,使也。"《独断》:"御者,进也。凡衣服加于身,饮食入于口,妃妾接于寝,皆曰御。"《礼记·昏义》:"天子后立六宫,三夫人,九嫔,二十七世妇,八十一御妻。"《史记·平准书》:"出御府禁藏以赡之。"

煮 *ta̱^{B},章与切,《说文》:"亨也。"《管子·地数》:"君伐菹薪,煮泲水为盐。"《礼记·丧大记》:"管人受沐,乃煮之。"《周礼·天官·冢宰》:"凡齐事,煮盐以待戒令。"《周礼·冬官·考工记》:"煮胶欲孰,而水火相得。"庶 *ta̱s,章恕切,《广韵》:"周礼有庶氏,掌除毒虫。"《周礼·秋官·司寇》:"庶氏,下士一人,徒四人。"注:"庶读如药煮之煮,驱除毒蛊之言。"疏:"庶读如药煮之煮者,俗读意取以药煮去病去毒蛊亦如是。"

沮 *ɖa̱^{B},慈吕切,《广韵》:"止也。"《左传·宣公十七年》:"故不出而使四子来,左右或沮之。"注:"沮,止也。"《释文》:"沮,在吕反。"《左传·宣公十七年》:“君子如怒,乱庶遄沮。”注:“沮,止也。”《释文》:“沮,子预反。”沮 *ȶa̱s,将预切,《广韵》:“沮洳,渐湿。”《诗经·汾沮洳》:“彼汾沮洳,言采其莫。”(藏语 na-ba“沮洳地”、na-mo“草原、牧场”正是“洳”的同源关系词。)传:“沮洳,其渐洳者。”

忍 *nɯ̱n^{B},而轸切,《广韵》:“强也,有所含忍。”《左传·僖公二十四年》:“今天子不忍小忿,以弃郑亲。”《左传·襄公二十二年》:“弃父事雠,吾弗忍也。”《论语·八佾》:“是可忍也,孰不可忍也?”韧 *nɯ̱ns,而振切,《广韵》:“柔韧,亦与肕同。”《说文》:“韧,柔而固也。”《管子·制分》:“凡用兵者,攻坚则韧,乘瑕则神。”字也作“肕”。肕 *nɯ̱ns,而振切,《广韵》:“牢肕。”《管子·心术下》:“筋肕而骨强。”字也作“忍”。《诗经·抑》:“荏染柔木,言缗之丝。”郑笺:“柔忍之木荏染然。”《释文》:“忍音刃,本亦作刃。”《周礼·地官·司徒》注:“服与耜宜用稚材,尚柔忍也。”《释文》:“忍音刃。”

静 *ȡi̱ŋ^{B},疾郢切,《广韵》:“安也,谋也,和也,息也。”《论语·雍也》:“知者动,仁者静。”《庄子·在宥》:“其居也渊而静,其动也县而天。”《礼记·乐记》:“人生而静,天之性也;感于物而动,性之欲也。”也可以将施事者让渡给客体。《左传·成公十三年》:“文公恐惧,绥静诸侯。”竫 *ȡi̱ŋ^{B},疾郢切,《广韵》:“停安。”《说文》:“竫,亭安也。”《吕氏春秋·贵因》:“竫立安坐而至者,因其械也。”靖 *ȡi̱ŋ^{B},疾郢切,《说文》:“立竫也。”《诗经·我将》:“日靖四方。”笺:“靖,治也。”《诗经·菀柳》:“俾予靖之。”传:“靖,治。”《诗经·召旻》:“实靖夷我邦。”《左传·僖公九年》:“君务靖乱。”《左传·文公十八年》:“使乐吕为司寇,以靖国人。”净 *ȡi̱ŋs,疾政切,《广韵》:“无垢也。”《说文》作“瀞”,“无七后秽也。”多为清静。《吕氏春秋·任数》:“凡应之理,清净公素,而正始卒。”《说苑·君道》:“人君之道清净无为。”

展 *tra̱n^{B},知演切,《广韵》:“舒也。”《说文》:“展,转也。”《庄子·盗跖》:“盗跖大怒,两展其足,案剑瞋目,声如乳虎。”《左传·成公十六年》:“缮甲兵,展车马,鸡鸣而食,唯命是听。”《左传·襄公三十一年》:“百官之属,各展其物。”展 *tra̱ns,陟扇切,《广韵》:“《周礼》:王后之六服,其一曰展衣。”《周礼·天官·冢宰》:“内司服,掌王后之六服;袆衣、揄狄、阙狄、鞠衣、展衣、缘衣、素沙。”注:“展衣,白衣也。”《释文》:“展,陟扇反。”

衍 *ja̱n^{B},以浅切,《广韵》:“达也。《字统》云:水朝宗于海,故从水行。”

《墨子·非攻中》:“广衍数于万,不胜而辟。”《管子·八观》:“荐草多衍,则六畜易繁也。”《史记·河渠书》:“然河菑衍溢,害中国也尤甚。”衍 * ja̱ns,予线切,《广韵》:“溢也,丰也。”《诗经·椒聊》:“椒聊之实,蕃衍盈升。”《诗经·伐木》:“伐木于阪,酾酒有衍。”《荀子·赋》:“仁人绌约,暴人衍矣。”《国语·周语上》:“犹其原隰之有衍沃也。”注:“下平曰衍。”

遣 * khe̱n^{B},去演切,《广韵》:“送也,纵也。”《左传·哀公十六年》:“夜半而遣之。”《韩非子·十过》:“夜遣孟谈入晋阳以报二君之反于襄子。”《吕氏春秋·似顺》:“田成子泣而遣之。”遣 * khe̱ns,去战切,《广韵》:“人臣赐车马曰遣车。”《礼记·檀弓下》:“晏子一狐裘三十年,遣车一乘,及墓而反。”《释文》:“遣,弃战反。”《礼记·杂记上》:“遣车视牢具。”《释文》:“遣,弃战反。”《周礼·春官·宗伯》:“大丧,饰遣车。”《释文》:“遣,弃战反。”

践 * ɖa̱n^{B},慈演切,《广韵》:“蹋践。”《论语·先进》:“不践迹,亦不入于室。”《礼记·曲礼上》:“毋践屦,毋踖席。”《庄子·天运》:“及其已陈也,行者践其首脊,苏者取而爨之而已。”《庄子·马蹄》:“马,蹄可以践霜雪,毛可以御风寒。”贱 * ɖa̱ns,才线切,《广韵》:“轻贱。”《左传·宣公三年》:“初,郑文公有贱妾,曰燕姞。”《论语·里仁》:“贫与贱是人之所恶也。”《庄子·山木》:“其一人美,其一人恶,恶者贵而美者贱。”

往 * ɢa̱ŋ^{B},于两切,《广韵》:“之也。”《诗经·子衿》:“纵我不往,子宁不嗣音?”《左传·隐公元年》:“(公子)豫请往,公弗许。”《孟子·梁惠王上》:“彼陷溺其民,王往而征之,夫谁与王敌?”迋 * ɢa̱ŋs,于放切,《广韵》:“往也,劳也。”《说文》:“迋,往也。”《左传·襄公二十八年》:“君使子展迋劳于东门之外。”《释文》:“迋,于况反。”《左传·襄公三十一年》:“印段迋劳于棐林。”《释文》:“迋,于况反。”

警 * kri̱ŋ^{B},居影切,《广韵》:“寤也。”《说文》:“警,戒也。从言从敬,敬亦声。”《左传·庄公三十年》:“王以警于夷。”注:“以警惧夷狄。”《释文》:“警,音景,戒惧也。”《左传·昭公十三年》:“而不警边,且不修备。”《释文》:“警,音景。”敬 * kri̱ŋs,居庆切,《广韵》:“恭也,肃也,慎也”。《论语·八佾》:“居上不宽,为礼不敬,临丧不哀,吾何以观之哉?”王力(1982:320—321)列“警、敬”为同源词。《论语·子路》:“居处恭,执事敬,与人忠。”

有 * ʁe̱^{B},云久切,《广韵》:“有无。”《说文》:“有,不宜有也。”《诗经·樛木》:“南有樛木,葛藟萦之。”《论语·学而》:“行有余力,则以学文。”又 *ʁe̠s,于救切,《广韵》:“又犹更也。”《诗经·南山》:“既曰归止,曷又怀止。”《诗经·缁衣》:“缁衣之宜兮,敝予又改为兮。”字本只作有。《经传释词》卷三:“有,犹又也。《易·蛊》彖传:终则有始。言终则又始也。《晋语》:德广贤至,有何患矣。言又何患也。”《诗经·终风》:“终风且曀,不日有曀。”笺:“有,又也。”有,尤救切,《集韵》:“复也,通作又。”

拱 *ko̠ŋ^{B},居悚切,《广韵》:“手抱也,又敛手也。”《集韵》:“甚,时鸩切,过也。”《左传·僖公三十二年》:“中寿,尔墓之木拱矣。”拲 *ko̠ŋ^{B},居悚切,《广韵》:“两手共械。《周礼》云:上罪梏拲而桎。”《周礼·秋官·司寇》:“凡囚者,上罪梏拲而桎。”《说文》:“拲,两手同械也。从手从共,共亦声。《周礼》:上辠,梏拲而桎。”巩 *ko̠ŋ^{B},居悚切,《广韵》:“抱持。《说文》:擁也。”巩 *ko̠ŋ^{B},居悚切,《广韵》:“抱也。《说文》作巩。”共 *go̠ŋs,渠用切,《广韵》:“同也,皆也。”《左传·成公四年》:“寡君与其二三臣,共听两君之所欲,成其可知也。”

守 *xu̠^{B},书九切,《广韵》:“主守。”《左传·桓公十七年》:“疆场之事,慎守其一,而备其不虞。”《左传·僖公六年》:“夷吾不能守,盟而行。”守 *xu̠s,舒救切,《广韵》:“太守。”《群经音辨》:“守,保也,式帚切;谓保曰守,式救切。”《礼记·玉藻》:“诸侯之于天子曰某土之守臣某。”《释文》:“守,手又反。”《礼记·少仪》:“守犬田犬则授擯者。”《释文》:“守,手又反,又如字。”《左传·昭十六年》:“非官府之守器也。”《释文》:“守,手又反。”

比 *pi̠r^{B},畀履切,《广韵》:“校也,并也。”《论语·述而》:“窃比于我老彭。”《孟子·滕文公上》:“子比而同之,是乱天下也。”比 *pi̠rs,必至切,《广韵》:“近也,并也。”《左传·庄公十二年》:“比及宋,手足皆见。宋人皆醢之。”《释文》:“比,必利反。”

走 *ʦo^{B},子苟切,《广韵》:“趋也。”《左传·襄公十八年》:“首队于前,跪而戴之,奉之以走。”《左传·僖公五年》:“踰垣而走。”《庄子·德充符》:“皆弃之而走。”骤 *ɖo̠s,锄佑切,《广韵》:“马疾步也,奔也。”《左传·宣公二年》:“宣子骤谏。”《国语·楚语上》:“乃骤见左史。”《战国策·楚策一》:“国贫而骤举兵,此危亡之术也。”

甚 *du̠m^{B},常枕切,《广韵》:“剧过也。《说文》曰:尤安乐也。”《论语·卫灵公》:“民之于仁也,甚于水火。”《礼记·表记》:“虽有过,其不甚矣。”《庄子·胠箧》:“甚矣,夫好知之乱天下也。”甚 *du̲ms,时鸩切,《广韵》:“太过。”《集韵》:“甚,时鸩切,过也。”《左传·成公二年》:“善郑皇戌,甚爱此子。”《孟子·梁惠王下》:“齐人将筑薛,吾甚恐。”

染 *no̲m^{B},而琰切,《广韵》:“染色。”《说文》:“染,以缯染为色。”《墨子·所染》:“染于苍则苍,染于黄则黄。”《韩非子·十过》:“禹作为祭器,墨染其外,而朱画其内。”《左传·宣公四年》:“子公怒,染指于鼎,尝之而出。”《释文》:“染,如琰反。”染 *no̲ms,而艳切,《集韵》:“渍色也。”《周礼·天官·冢宰》:“染人,下士二人。”《释文》:“染,如艳反,又而险反。”

混 *gun^{B},胡本切,《广韵》:“混流,一曰混沌,阴阳未分。”《道德经》:“此三者不可致诘,故混而为一。”又《道德经》:“有物混成,先天地生。”《管子·侈靡》:“佁尧之时,混吾之美在下,其道非独出人也。”注:“混,同也。”也作“掍”。掍 *gun^{B},胡本切,《广韵》:“掍同。”《说文》:“掍,同也。”《方言》:“掍,同也。”字也写作“浑”。《法言》:“合则浑,离则散。”《道德经》:“为天下浑其心。”浑 *gun,户昆切,《广韵》:“浑浊。”《道德经》:“浑兮其若浊。”溷 *guns,胡困切,《广韵》:“浊也。”《史记·屈原贾生列传》:“世溷不吾知,心不可谓兮。”《汉书·五行志中之上》:“乱服共坐,溷肴亡别。”圂 *guns,胡困切,《广韵》:“厕也,一云豕所居也。”《说文》:“圂,豕厕也。”《墨子·备城门》:“五十步一厕,与下同圂。”

少 *çɯ̲^{B},书沼切,《广韵》:“不多也。”《说文》:“少,不多也。”段注:“不多则小。故古少小互训通用。”《左传·僖公十五年》:“师少于我,斗士倍我。”《孟子·梁惠王上》:“邻国之民不加少,寡人之民不加多。”《庄子·山木》:“其民愚而朴,少私而寡欲。”少 *çɯ̲s,失照切,《广韵》:“幼少。”《左传·隐公元年》:“太子少。”《释文》:“少,诗照反。”《左传·桓公六年》:“随人使少师董成。”《释文》:“少,诗照反。”《左传·宣公十二年》:“楚少宰如晋师。”《释文》:“少,诗照反。”《左传·襄公十九年》:“夙沙卫为少傅。”

久 *qe̲^{B},举有切,《广韵》:“长久也。”《诗经·旄丘》:“何其久也,必有以也。”《左传·桓公二年》:“本既弱矣,其能久乎?”《左传·僖公二十二年》:“天之弃商久矣。”《论语·述而》:“久矣,吾不复梦见周公。”旧 *ɢe̲s,巨救切,《广韵》:“故也。”《诗经·文王》:“周虽旧邦,其命维新。”《诗经·我行其野》:“不思旧姻,求尔新特。”《左传·桓公二年》:“公及戎盟于唐,修旧好也。”《论语·公冶长》:“旧令尹之政,必以告新令尹。”

近*gɯ̱n^{B},其谨切,《广韵》:“几也。”《尔雅》:“几,近也。”《左传·文公六年》:“秦大而近,足以为援。”《庄子·人间世》:“近则必相靡以信,远则必忠之以言。”《左传·襄公二十六年》:“恶之不敢远,好之不敢近。”《论语·阳货》:“唯女子与小人为难养也,近之则不孙,远之则怨。”远近、长短、多少、大小意义相通。此音之意义多指少。谨*kɯ̱n^{B},居隐切,《广韵》:“慎也。”杨树达(1983:14):“堇声之字多含寡少之义。谨从言堇声者,盖谓寡言也。盖多言多败,慎者必自寡言始。”《礼记·缁衣》:“则民谨于言而慎于行。”《论语·学而》:“入则孝,出则弟,谨而信。”馑*gɯ̱ns,渠遴切,《广韵》:“无谷曰饥,无菜曰馑。”《论语·先进》:“加之以师旅,因之以饥馑。”《左传·昭公元年》:“虽有饥馑,必有丰年。”《韩非子·六反》:“虽犯军旅之难,饥馑之患,温衣美食者,必是家也。”仅*gɯ̱ns,渠遴切,《广韵》:“余也,才也,劣也,少也。”《庄子·人间世》:“方今之时,仅免刑焉。”《韩非子·内储说上》:“仅可以行耳。”《管子·小问》:“仅能制于四海之内矣。”

四

根词可以是及物动词,也可以是不及物动词,而派生词却是形容词或者副词。形容词既可以作修饰名词的定语,也可以作句子里的谓语。因而,形容词也往往被称作静态动词。依据其功能不同,还可以分为静态动词(stative verbs)和形容词(adjectives)。两者在语音形式上并不完全相同。静态动词读上声,而形容词读去声。典型的例子,如“少$_{\text{书沼切}}$”跟“少$_{\text{式照切}}$”、“久”和“旧”。前者可以充当句子的谓语,而后者一般不充当句子的谓语,比如“久”和“旧”。我们可以说“久矣”,但不能说“旧矣”。“久矣”《左传》共见28次,而“旧矣”不见一例。“久”表示时间长久,“旧”则指时间已经长久。因而,“旧”可以修饰名词,而“久”一般不修饰名词。可以说“旧人”,但不能说“久人”,如《尚书·大诰》:“尔惟旧人。”同样,“少$_{\text{书沼切}}$”和“少$_{\text{式照切}}$”也存在着明显的差别。修饰名词的“少”一律音“诗照切”,如“少师”“少伯”“少宰”“少傅”,等等,跟名词“少”音“诗照切”相同。《左传·隐公五年》:

“昭文章，明贵贱，辨等列，顺少长。”《释文》：“少，诗照切。”《论语·季氏》：“少之时，血气未定。”《释文》：“少，诗照反。”足见，静态动词和形容词形式上有区别。

> 解 *kri^B，佳买切，《广韵》：“脱也，散也。”《墨子·公输》：“子墨子解带为城。”《礼记·曲礼上》：“解屦不敢当阶。”懈 *kris，古隘切，《广韵》：“懒也，怠也。”《荀子·君道》：“以礼侍君，忠顺而不懈。”字本只作“解”。《诗经·烝民》：“夙夜匪解，以事一人。”《释文》：“解音小解。”《左传·成公二年》：“《诗》曰：不解于位，民之攸塈。”《释文》：“解，佳卖反。”
>
> 卷 *ko̱n^B，居转切，《广韵》：“卷舒。《说文》曰：膝曲也。”《诗经·邶风·柏舟》：“我心匪席，不可卷也。”《释文》：“卷，眷勉反。”字也作“捲”。捲 *ko̱n^B，居转切，《广韵》：“捲衣。”《仪礼·燕礼》：“司宫兼捲重席。”《淮南子·兵略训》：“云彻席捲，方数千里。”倦 *go̱ns，渠卷切，《广韵》：“疲也，厌也，懈也。”《论语·述而》：“诲人不倦。”《孟子·公孙丑上》：“我学不厌而教不倦也。”《礼记·坊记》：“从命不忿，微谏不倦，劳而不怨。”

直接反映动词既行体与现行体差别的例子并不多。因为，对动词既行体、现行体的考察离不开具体的语境，而记录上古汉语的文字又不是记音文字，我们自然难以在文字形式中找到动词既行体与现行体语音形式对立的大量证据。没有后代韵书的记音，我们根本不知道一个文字有那么多个语音形式，而不同形式之间的转换反映了词汇和语法意义。因而，我们需要仔细地从上古汉语留给我们的文字形式中寻找证据，任何一个文字形式都可能包含我们以往所不曾熟悉的语法意义。这显然是一件极其艰苦而又繁杂的工作。动词既行体跟名词、形容词、副词同形。读上声的动词，通过声调交替，派生出读去声的名词、形容词、副词。我们从词汇派生关系中可以确定，上古汉语动词有现行体和既行体的差别。其中上声是动词现行体的标记，而去声是动词既行体的标记，即动词通过声调交替由现行体变成既行体。既然动词既行体上古汉语带 *-s 后缀，那么现行体也应该第一个与 *-s 后缀对立的后缀。这个后缀应该是奥德里古尔（1954）假设 *-ʔ，后失落变成了中古汉语的上声。随着声调的产生，上声与去声交替就成了现行体与既行体交换的手段。

第四节 施事动词

一

视 $^{*}gi̠r^{B}$,承矢切,《广韵》:“瞻也。”《说文》:“视,瞻也。”《左传·庄公十年》:“下视其辙。”《左传·僖公十五年》:“晋侯逆秦师,使韩简视师。”《孟子·公孙丑上》:“其子趋而往视之,苗则槁矣。”示 $^{*}gi̠rs$,神至切,《广韵》:“垂示。”《玉篇》:“示,语也,以事告人曰示也。”《道德经》:“国之利器,不可以示人。”《庄子·应帝王》:“乡吾示之以地文。”字也写作“视”。《诗经·鹿鸣》:“视民不恌,君子是则是效。”笺:“视,古示字。”疏:“古之字,以目视物,以物示人,同作视字。后世而作字异,目视物作示旁见,示人物作单示字,由是经传之中,视与示字多杂乱。”《释文》:“视音示。”《汉书·周勃传》:“指视我。”师古曰:“视读曰示。”《汉书·食货志下》:“视以俭节。”注:“视读曰示。”

王力(1982:424)云:“‘视’是看,‘示’是使看。”王力的这一观点,谢质彬、黄坤尧等都有过评论,我们就不再重复了。“视”和“示”本为一字,后分化为二。俞敏(1984)说:“最后分配定了:‘示’记使动,‘视’记自动。”实际上,唐孔颖达早就已经比较准确地解释了两者的不同:动词“视”是“以目视物”,而动词“示”是“以物示人”。“故昭令德以示子孙。”(《左传·桓公二年》)动词“示”极其常见的组合是“以示”。《左传》一书中“以示”共出现22次。

“于是乎伐原以示之信。”(《左传·僖公二十七年》)

享以训共俭,宴以示慈惠。(《左传·成公十二年》)

而暴灭宗周,以宣示其侈。(《左传·昭公九年》)

诸侯不可以不示威。(《左传・昭公十三年》)

动词“视”的施事者一定是“能视”的生命体,而上述句子中“示”却不是“能视”的生命体。很显然,不能用使动、自动解释“视”和“示”。动词“视”和“示”的关系等同动词“见$_{\text{古电切}}$”和“见$_{\text{胡甸切}}$”或“受”和“授”的关系。“七月流火,九月授衣。”(《诗经・七月》)“郑伯将伐许,五月甲辰,授兵于大宫。”(《左传・隐公十一年》)“齐侯朝于晋,将授玉。”(《左传・成公三年》)“受”为及物动词,依照陈承泽不及物动词和及物动词的划分标准,不可以构成使动用法。“郑伯授兵于大宫”,说话者不需要指明“兵”“授”给谁,而是突出兵是“授”的受事者。这跟“风吹草低见牛羊”中突出“牛羊”是受事者相同。这跟使动用法中突出主语致使宾语实施这一动作行为有明显的不同。“齐侯朝于晋,将授玉。”(《左传・成公三年》)倘若是使动用法,岂非“使玉受”?很显然,这不成话。

受* d$\underline{u}^{B}$,殖酉切,《说文》:“相付也。”王筠曰:“手部授,人部付,皆曰‘予也’。今以付说受,则是受授同字矣。”《左传・僖公二十三年》:“稽首,受而载之。”《论语・乡党》:“康子馈药,拜而受之。”授* d$\underline{u}$s,承呪切,《说文》:“付也。”《左传・僖公二十四年》:“子犯以璧授公子。”《左传・成公六年》:“郑伯如晋拜成,子游相,授玉于东楹之东。”《左传・昭公十八年》:“子产授兵登陴。”《庄子・德充符》:“寡人丑乎,卒授之国。”

动词“受”和“授”之间的关系,我们上一章中已经有过充分的论述,它们彼此之间是施事动词和受事动词之间的关系。“受”往往是只带直接宾语的及物动词,而动词“授”往往是既带直接宾语又带间接宾语的双及物动词。“邾子执玉,高其容仰;公受玉,卑其容俯。”(《左传・定公十五年》)“受玉”不可以扩张为“受之以玉”,而“授玉”则可以扩张为“授之以玉”。“袒而示之背。”(《左传・庄公八年》)此句或可以勉强解释为“使……视”,但下一句用致使来解释就困难了。“叛而不讨,何以示威;服而不柔,何以示怀;非威非怀,何以示德。”(《左传・文公七年》)(《左传・成公十二年》:“宴以示慈惠。”)动词“示”的宾语绝不是施事者,即不能解释为“使……视”。“视”是一个单及物动词,而“示”一般是一个双及物动词。“示之背”和“示威”的差别仅在于前者相对于后者引入了一个动作行为的施事者，而受事者则都是内在的。“示”是“视”的派生形式。就“视”而言，“视”的施事者是主体，而“示”的施事者却可以是非主体。“示之背”中的作者是“之”，而“示威”中的作者则是外置的第三者，即将施事者让渡给外置的第三者。“视”和“示”的关系就是施事动词和受事动词的关系。

二

买*mri^{B}，莫蟹切，《广韵》：“《说文》市也。”《左传·昭公元年》：“买妾不知其姓，则卜之。”《庄子·逍遥游》：“客闻之，请买其方百金。”《韩非子·内储说上》：“卫嗣君闻之，使人请以五十金买之。”卖*mris，莫懈切，《说文》：“出物货也。”《左传·昭公二十四年》：“拘得玉者，取其玉，将卖之。”《韩非子·说林下》：“有与悍者邻，欲卖宅而避之。”

饮*ʔu̲m^{B}，於锦切，《广韵》：“《说文》曰：歠也。”《诗经·叔于田》：“叔于狩，巷无饮酒。岂无饮酒，不如叔也。”《左传·宣公十年》：“饮酒于夏氏。”《论语·述而》：“饭疏食饮水，曲肱而枕之，乐亦在其中矣。”饮*ʔu̲ms，於禁切。《左传·僖公二十七年》：“国老皆贺文子，文子饮之酒。”《释文》：“饮，於鸩反。”《左传·庄公十二年》：“使妇人饮之酒，而以犀革裹之。”《释文》：“饮，於鸩反。”《左传·庄公二十二年》：“饮桓公酒。”《释文》：“饮，於鸩反。”《左传·宣公二年》：“晋侯饮赵盾酒。”《释文》：“饮，於鸩反。”《左传·宣公十一年》：“子重将左，子反将右，将饮马于河。”《释文》：“饮，於鸩反。”

噉*dam^{B}，徒敢切，《广韵》：“噉食，或作啖。”《前汉纪·孝平皇帝纪》：“故能噉人，亦为人所噉。”《墨子·鲁问》：“楚之南有啖人之国者桥，其国之长子生，则鲜而食之，谓之宜弟。”啖*dams，徒滥切，《广韵》：“噉也，食也。”《史记·项羽本纪》：“（樊哙）拔剑切而啖之。”索隐：“啖，徒览反，凡以食喂人则去声，自食则上声。”

假*kra^{B}，古雅切，《广韵》：“借也。”《左传·桓公元年》：“郑伯以璧假许田。”《左传·僖公二年》：“乃使荀息假道于虞。”《孟子·尽心上》：“久假而不归，恶知其非有也。”《庄子·天运》：“古之至人，假道于仁，托宿于义。”假*kras，古讶切，《广韵》：“借也，至也。”《群经音辨》：“假，借也，大也，工马切；假，与也，古讶切。”《左传·庄公十八年》：“不以礼假人。”注：“侯而与公同赐，是借人礼。”孔疏：“假借同义。取者，假读上声，借为入声；与者，假借皆为去声。”《左传·僖公二十八年》：“天假之年，而除其害。”

禀*prim^{B}，笔锦切，《广韵》：“供谷，又与也。”《左传·襄公九年》：“韩厥老矣，知罃禀焉以为政。”《国语·晋语七》：“抑人之有元君，将禀命焉。”注：“禀，受也。”禀*prims，逋鸩切，《集韵》：“受也。”《说文》：“禀，赐谷也。”（藏语ɦ-brim-pa，既事式为brms-pa，意为“散发、配给、分配、献上”，和上古汉语的“禀”同源。）《墨子·七患》：“饥则尽无禄，禀食而已矣。”《国语·楚语上》：“王言以出令也，若不言，是无所禀令也。”

主体是施事者是常态。因而，当主体是施事者时，动词不需要附加标记。当主体不是动作或行为的施事者时，动词标上标记，即由非去声变成去声。“买”的施事者是主体。当“买”的施事者是客体或者外置的第三者时，需要附加去声标记（*-s后缀）成了“卖”，即“卖”是客体或外置的第三者在“买”。这种语音变异可以在平声（入声）和去声之间进行，也可以在上声和去声之间进行。平声（入声）是无标记语音形式。那么，上声可以定义为施事动词标记。

柬*kran^{B}，古限切，《广韵》：“分别也。”《说文》：“柬，分别简之也。”《尔雅》：“柬，择也。”《荀子·修身》：“安燕而血气不衰，柬理也。”注：“柬与简同，言柬择事理所宜而不务骄逸。”字后作“拣”。拣*kran^{B}，古限切，《广韵》：“拣择。”字多作“简”，音同。《左传·襄公二十一年》：“简兵搜乘。”注：“简，择也。”《礼记·王制》：“简不肖以绌恶。”注：“简，差择也。”谏*krans，古晏切，《广韵》：“谏诤，直言以悟人也。”字书《急就篇》王应麟补注：“言柬为谏。柬者，分别也，能分别善恶以陈于君也。”《论语·微子》：“往者不可谏也，来者犹可追也。”“往者不可谏”即“往者不可拣”。已成事实，已经没了选择，故《汉书·梅福传》改为“往者不可及，来者犹可追”。《论语·八佾》：“成事不说，遂事不谏，既往不咎。”《左传·庄公十九年》：“鬻拳强谏楚子，楚子弗从。”也写作“简”。《左传·成公八年》：“犹之未远，是用大简。”注：“简，谏也。”

使*sre^{B}，疏士切，《广韵》：“役也，令也。”《左传·隐公元年》：“天王使宰咺来归惠公、仲子之赗。”《左传·隐公七年》：“齐侯使其弟年来聘。”《庄子·逍遥游》：“越有难，吴王使之将。”《论语·雍也》：“季氏使闵子骞为费宰。”使*sres，疏吏切。《庄子·人间世》：“叶公子高将使于齐。”《释文》：“使，所吏反。”《庄子·德充符》：“丘也，尝使于楚矣，适见㹠子食于其死母者。”《释文》：“使，音所吏反。”《论语·雍也》：“子华使于齐。”《释文》：“使，所吏反。”《论语·子路》：“使于四方，不能专对。”《释文》：“使，所吏反。”

比*pir^{B}，卑履切，《广韵》：“校也，并也。”《孟子·滕文公上》：“子比而同之，是乱天下也。”《庄子·大宗师》：“乘东维，骑箕尾，而比于列星。”《庄子·人间世》：“若将比予于文木邪？”比*birs，毗至切，《广韵》：“近也。”《尔雅》：“比，俌也。”注：“俌犹辅。”《释文》：“比，毗志反。”《左传·僖公二十二年》：“协比其邻，昏姻孔云。”《释文》：“比，毗志反。”《周礼·天官·冢宰》：“听政役以比居。”《释文》：“比，毗志反。”

扫*s-ȶu^{B}，苏老切，《广韵》：“扫除。”《诗经·山有枢》：“子有廷内，弗洒弗埽。”《诗经·墙有茨》：“墙有茨，不可埽也。”传：“欲扫去之。”《礼记·郊特牲》：“扫地而祭。”《礼记·少仪》：“怠则张而相之，废则扫而更之。”《礼记·曾子问》：“父没而冠，则已冠扫地而祭于祢。”埽*s-ȶus，苏到切，《广韵》：“扫洒，《说文》：弃也。”《集韵》：“扫，先到切，拚除也。”《礼记·曾子问》：“彻馔而扫，即位而哭。”《释文》：“埽，悉报反。”《礼记·内则》：“鸡初鸣，咸盥漱，衣服，敛枕簟，洒扫室堂及庭，布席，各从其事。”《释文》：“扫，苏报反。”《仪礼·既夕礼》：“疾病，外内皆扫。”《释文》：“埽，素到反。”《仪礼·有司彻》：“有司彻，扫堂。”《释文》：“埽，索到反。”

舍*sa^{B}，书冶切，《广韵》：“止息。”《诗经·何人斯》：“尔之安行，亦不遑舍。”《左传·僖公二十九年》：“介葛卢来朝，舍于昌衍之上。”《庄子·山木》：“夫子出于山，舍于故人之家。”引申为止息、停止。《论语·子罕》：“逝者如斯夫，不舍昼夜。”再引申为舍弃。《诗经·羔裘》：“彼其之子，舍命不渝。”《左传·隐公三年》：“先君舍与夷而立寡人。”《孟子·梁惠王下》：“吾何以识其不才而舍之？”字后也作“捨”。捨*sa^{B}，书冶切，《广韵》：“释也。”《管子·内业》：“得之而勿捨。”引申为赦免。舍*sas，始夜切，《广韵》：“屋也。”《尔雅》：“废、程、赦，舍也。”《诗经·雨无正》：“舍彼有罪，既伏其辜。”《释文》：“舍，音赦，一音舍。”《左传·文公十八年》：“告之则顽，舍之则嚚。”

《释文》:“舍,音赦。”《左传·桓公二年》:“舍爵策勋焉。”《释文》:“舍,音赦,置也。”

有些去声读音是经师破读,并非本身有这一读音,如“舍”。陆德明以为通“赦”而注音“赦”。实际上,“赦免、释放”等意义不过是“舍”本义的引申以及再引申。不过,经师将非去声破读成去声,只是将去声的语法意义进行了类推。去声和非去声的差别正是受事动词和施事动词之间的差别,尽管施事动词往往不附加标记,即以平声的形式出现。“孟子想见梁惠王,梁惠王答应接见孟子。”两者融合就成了“孟子见梁惠王”。施事动词的施事者是主体,受事动词的施事者可以是客体,也可以是外置的第三者。说话者使用受事动词,只是将说话的焦点集中在受事者上。至于动作行为的施事者,不是话语的焦点。

奉 *bo̲ŋ^{B},扶陇切,《广韵》:“与也,献也,禄也。”《说文》:“奉,承也。”《左传·襄公二十八年》:“奉龟而泣。”《释文》:“奉,芳勇反。”《礼记·曲礼上》:“两手奉长者之手。”《释文》:“手奉,芳勇切,又扶恭切,下及注‘奉扃’‘奉席’‘奉箕’皆同。”后字作“捧”。朱骏声:“捧当为奉之或体。”捧 * pho̲ŋ^{B},敷奉切,《广韵》:“两手承也。”奉 * bo̲ŋs,扶用反(《释文》)。《左传·僖公三十三年》:“秦违蹇叔,而以贪勤民,天奉我也。”注:“奉,与也。”《释文》:“奉,扶用切。”《庄子·说剑》:“太子乃使人以千金奉庄子。”

解 *kri^{B},佳买切,《广韵》:“脱也,散也。”《礼记·曲礼》:“解屦不敢当阶。”《墨子·公输》:“子墨子解带为城,以牒为械。”《韩非子·说林下》:“天雨,解素衣,衣缁衣而反,其狗不知而吠之。”解 * kris,古隘切,《广韵》:“除也。”《集韵》:“解,居隘切,除也,一曰闻上也。”《公羊传·隐公四年》注:“巫者,事鬼神祷解以治病请福者也。”《释文》:“解,古卖反,又古买反。”《庄子·人间世》:“故解之以牛之白颡者,与豚之亢鼻者,与人有痔病者,不可以适河。”《释文》:“解,徐古卖反,又佳买反,向古邂反。”

委 *ʔo̲r^{B},於诡切,《广韵》:“委曲也,亦委积,又属也,任也。”《左传·成公二年》:“王使委于三吏。”注:“委,属也。”《左传·文公六年》:“委之常秩。”注:“委,任也。”《孟子·滕文公上》:“其亲死,则举而委之于壑。”萎 *ʔo̲rs,於伪切,《广韵》:“萎牛。”《说文》:“萎,饭牛也。”字也作“餧”。餧

*ʔo̠rs，於伪切，《广韵》："饭也。"《礼记·月令》："餧兽之药，毋出九门。"《释文》："餧，於伪反。"字本只作"委"。《公羊传·昭公二十五年》："且夫牛马维娄，委已者也。"注："委食已者。"《释文》："委，於伪反，注同。"

剖*pho^{B}，普后切，《广韵》："判也，破也。"《说文》："剖，判也。"《左传·襄公十四年》："与女剖分而食之。"《释文》："剖，普口反。"《庄子·逍遥游》："剖之以为瓢，则瓠落无所容。"《释文》："剖，普口反。"掊*pos，方垢切，《广韵》："击也。"《庄子·逍遥游》："吾为其无用而掊之。"《释文》："掊，徐方垢反，司马云：击也。"《庄子·胠箧》："掊斗折衡而民不争。"《释文》："掊，普口反，徐方垢反。"《庄子·知北游》："汝齐戒，疏瀹而心，澡雪而精神，掊击而知。"《释文》："掊，普口反，徐方垢反。"

断*ton^{B}，都管切，《广韵》："断绝。"《说文》："断，截也。"《左传·襄公十八年》："大子抽剑断鞅。"《释文》："断音短。"《易·系辞下》："断木为杵，掘地为臼。"《释文》："断，丁缓切，断绝。"断*tons，丁贯切，《广韵》："决断。"《周礼·春官·司寇》："断狱弊讼，致邦令。"《释文》："断，丁乱反。"《周礼·地官·司徒》："凡万民之不服教而有狱讼者，与有地治者听而断之。"《释文》："断，丁乱反。"《易·系辞上》："以断天下之疑。"《释文》："断，丁乱反。"《国语·鲁语上》："余听狱，虽不能察，必以情断之。"

取*ƫho̠^{B}，七庾切，《广韵》："收也，受也。"《说文》："取，捕取也。"《诗经·七月》："取彼狐狸，为公子裘。"《左传·僖公二十五年》："王入于王城，取大叔于温。"《左传·僖公二十二年》："取郑二姬以归。"娶*ƫho̠s，七句切，《广韵》："《说文》曰：取妇也。"《左传·隐公元年》："初，郑武公娶于申，曰武姜。"《孟子·万章上》："娶妻如之何？必告父母。"《庄子·德充符》："娶妻者止于外，不得复使。"字本只作"取"。《诗经·南山》："取妻如之何？必告父母。"《释文》："取，七喻反。"《诗经·伐柯》："取妻如何？匪媒不得。"

动词"取"的受事者是可取之物，是一个开放的集合；而动词"娶"的受事者却是一个封闭的集合，固定于"妻"。因而，"娶"的受事者"妻"可以省略。"莒子娶于向，向姜不安莒而归。"（《左传·隐公二年》）"娶"不能换成"取"。"（卫宣公）为之娶于齐而美，公取之。"（《左传·桓公十六》）"娶"和"取"同时出现，两者差别明显。"娶"隐含了一个特定的对象"妻"。因而，同一句中可以说"而美"，即

“美”的当事者是“妻”。“取”的施事者是“公”,受事者是“之”。很显然,改变动词的语音形式为了区别受事者,由自主动词变成非自主动词。

反*pa̱n^{B},府远切,《广韵》:“反复,又不顺也。”《说文》:“反,覆也。”《左传·僖公二十四年》:“沐则心覆,心覆则图反,宜吾不得见也。”《孟子·梁惠王上》:“夫我乃行之,反而求之,不得吾心。”《孟子·公孙丑上》:“以齐王,由反手也。”《左传·僖公二十三年》:“夫子必反其国。”《庄子·逍遥游》:“适莽苍者三餐而反,腹犹果然。”字作“返”。返*pa̱n^{B},府远切,《广韵》:“还也。”《韩非子·外储说左上》:“今返而御。”贩*pa̱ns,方愿切,《广韵》:“买贱卖贵也。”《韩非子·内储说下》:“昭奚恤令吏执贩茅者而问之,果烧也。”《淮南子·泛论训》:“郑贾人弦高将西贩牛。”《史记·平准书》:“今弘羊令吏坐市列肆,贩物求利。”

走*ȶo^{B},子苟切,《广韵》:“趋也。”《说文》:“走,趋也。”《释名》:“疾趋曰走;走,奏也,促有所奏至也。”《左传·昭公十七年》:“瞽奏鼓,啬夫驰,庶人走。”《左传·昭公三十一年》:“苟跣掩耳而走。”奏*ȶos,则候切,《广韵》:“进也。”《说文》:“奏,进也。”《诗经·六月》:“薄伐猃狁,以奏肤公。”《诗经·宾之初筵》:“其湛曰乐,各奏尔能。”《庄子·养生主》:“奏刀騞然,莫不中音。”《淮南子·道应训》:“先生皆善之,奏之惠王。”

圉*ŋa̱^{B},鱼巨切,《广韵》:“养马。”《说文》:“圉,囹圄,所以拘罪人。从幸从口。一曰圉,垂也。一曰圉人,掌马者。”《尔雅》:“禦,圉,禁也。”《庄子·缮性》:“寄之,其来不可圉,其去不可止。”《释文》:“圉,鱼吕反,本又作禦。”禦*ŋa̱^{B},鱼巨切,《广韵》:“禁也,止也。”《庄子·知北游》:“哀乐之来,吾不能禦,其去弗能止。”《孟子·尽心下》:“古之为关也,将以禦暴。”驭*ŋa̱s,牛倨切,《广韵》:“使马也。”《荀子·王霸》:“造父者,善服驭者也。”《管子·形势解》:“造父,善驭马者也。”御*ŋa̱s,牛倨切,《广韵》:“理也,侍也,进也,使也。”《说文》:“御,使马也。”《释名》:“尊者所勒御,如御牛马然也。”《左传·闵公二年》:“狐突御戎。”《庄子·逍遥游》:“夫列子御风而行。”《韩非子·奸劫弑臣》:“人主无法术以御其臣。”

施事动词是施事者所施的动作行为。就句法功能而言,施事动词可以是带直接宾语的及物动词,也可以是不带直接宾语的不及物动词。受事动词是施事动词的派生形式,明确受事者并与受事者的联系。受事动词一定是及物动词,尽管有时受事动词也可以不出现形式上的宾语,如“娶”。“郑武公娶于申,曰武姜。”(《左传·隐公元年》)受事动词作谓语时,作者可以是受事者,也可以是外置的第三者,跟施事动词的施事者一定是主体很不同。

三

学*gruk,胡觉切,《广韵》:“《说文》:与‘敩’同,觉悟也。敩,今音效。”《左传·襄公十四年》:“尹公佗学射于庾公差,庾公差学射于公孙丁。”《左传·昭公十七年》:“仲尼闻之,见于郯子而学之。”敩*gruk-s,胡教切,《广韵》:“学也,《书》曰:惟学敩半。”字本只作“学”。《礼记·学记》:“《兑命》曰:学学半。”《释文》:“学学,上胡孝反,下如字。”

食*jek,乘力切,《广韵》:“饮食。”《诗经·七月》:“七月食瓜,八月断壶。”《左传·宣公十五年》:“敝邑易子而食,析骸以爨。”飤*jek-s,祥吏切,《广韵》:“食也。”字本只写作食。《诗经·七月》:“采荼薪樗,食我农夫。”《释文》:“食,音嗣。”《左传·桓公六年》:“卜士负之,士妻食之。”《释文》:“食音嗣。”《左传·宣公二年》:“将战,华元杀羊食士。”《释文》:“食音嗣。”《左传·文公十八年》:“功以食民。”《释文》:“食音嗣。”

受事动词依赖于施事动词而存在。有受事动词,一定有与之相对的施事动词,有施事动词,未必一定有受事动词。受事动词标注了-s 后缀(中古汉语读去声),而施事动词却可以是零形式。剔除入声,施事动词可以是平声,也可以是上声。平声是一个无标记形式。那么,上声就是施事动词的标记,即在受事动词有标记的情况下,施事动词可以不加标记。

负*$b\underline{e}^{B}$,房久切,《广韵》:“担也,荷也,又受贷不偿曰负,背恩忘德曰负也。”《左传·成公十年》:“小臣有晨梦负公以登天。”《孟子·滕文公上》:“陈良之徒陈相与其弟辛,负耒耜而自宋之滕。”这一意义来自“背”。《释名》："负，背也，置项背也。"《礼记·明堂位》："昔者周公朝诸侯于明堂之位，天子负斧依南乡而立。"注："负之言偝也。"《释文》："偝，本又作背，音倍。"《庄子·逍遥游》："背负青天而莫之夭阏者，而后乃今将图南。"《孟子·尽心下》："虎负嵎，莫之敢撄。"由背靠就是背对，字作"偝"。偝，蒲昧切，《广韵》："向偝。"《礼记·投壶》："毋偝立，毋逾言。"字本只作"背"。《荀子·解蔽》："背而走，比至其家，失气而死。"引申为背叛、背弃。《史记·高祖本纪》："负约，更立沛公为汉王。"字也作"偝"。《礼记·坊记》："示民不偝也。"字本作"背"。背，蒲昧切，《广韵》："弃背。"《左传·桓公七年》："既而背之。"《释文》："背音佩。"《左传·文公七年》："乃背先蔑而立灵公。"《释文》："背音佩。"《左传·僖公十四年》："背施无亲。"《释文》："背音佩。"

可见，"负"就是"背"。去声跟入声关系密切，而上声跟入声关系疏远。但是，也有少许带-k 韵尾的入声词，韵尾弱化而并入上声。"负"应该就是其中一例。"背叛"一词，《左传》只用"背"记录，而《史记》用"负"或"倍"记录。可见，韵尾早就已经弱化。《左传·桓公九年》："以战而北。"注："北，走也。"《说文》："兽足蹂地也。"《释文》："北，如字，一音佩。"《荀子·议兵》："遇敌处战则必北。"此意义就是"负"。《孙子兵法·谋攻》："不知彼而知己，一胜一负。"《韩非子·喻老》："两者战于胸中，未知胜负。"辅音清浊交替、元音松紧交替都可以改变一个语词的词性。"负"更早的语音形式应该是 * be̠k，后弱化为 * be̠ ʔ。

柔 * nu̠，耳由切，《广韵》："顺也。"《诗经·硕人》："手如柔荑，肤如凝脂。"《礼记·曲礼下》："豚曰腯肥，羊曰柔毛。"《庄子·天运》："其声能短能长，能柔能刚。"楺 * nu̠^{B}，人九切，《广韵》："屈木。煣，上同。"《战国策·秦策三》："三人成虎，十夫楺椎。"《汉书·食货志上》："斫木为耜，煣木为耒。"也作"輮"，音同。《荀子·劝学》："木直中绳，輮以为轮，其曲中规，虽有槁暴，不复挺者，輮使之然也。"蹂 * nu̠^{B}，人九切，《广韵》："践也。"《说文》："兽足蹂地也。"《诗经·生民》："或舂或揄，或簸或蹂。"《史记·项羽本纪》："余骑相蹂践争项王，相杀者数十人。"

丛 * ɖoŋ，徂红切，《广韵》："聚也。"《说文》："丛，聚也。"《周礼·地官·司徒》："其植物宜丛物。"《淮南子·俶真训》："夫鸟飞千仞之上，兽走丛薄之中，祸犹及之。”《慧琳音义》卷二：“木丛生曰丛。”《庄子·天运》：“故若混逐丛生，林乐而无形。”《吕氏春秋·怀宠》：“问其丛社大祠，民之所不欲废者而复兴之。”总 *ȶoŋ^{B}，作孔切，《广韵》：“聚束也。”《说文》：“总，聚束也。”王筠句读：“总，谓聚而束之也。”《诗经·长发》：“百禄是总。”陈奂传疏：“总，亦聚也。”《左传·僖公七年》：“若总其罪人以临之，郑有辞矣，何惧？”

邕 *o̲ŋ，於容切，《广韵》引《说文》：“四方有水自邕成池者是也。”段注：“引申之，凡四面有水皆曰邕。”《汉书·王莽传中》：“邕泾水不流，毁而北行。”注：“邕读曰壅。”也写作“雍”。雍 *o̲ŋ，於容切，《广韵》引《水经》：“四方有水曰雍。”《淮南子·主术训》：“守官者雍遏而不进。”《汉书·景十三王传》：“今臣雍阏不得闻。”注：“雍读曰壅。雍，塞也。”壅 *o̲ŋ，於容切，《广韵》：“塞。”《荀子·成相》：“上壅蔽，失辅埶，任用谗夫不能制。”《韩非子·内储说下》：“内外为用则人主壅。”壅 *o̲ŋ^{B}，於陇切，《广韵》：“壅塥，亦塞也，障也。”《左传·襄公十一年》：“毋壅利，毋保奸。”《释文》：“壅，於勇反。”《左传·宣公十二年》：“众散为弱，川壅为泽。”注：“坎为川，今变为兑，兑为泽，是川见壅。”《释文》：“壅，於勇反。”《左传·成公十二年》：“交贽往来，道路无壅。”《释文》：“壅，於勇反。”写作“拥”。《礼记·内则》：“女子出门，必拥蔽其面。”注：“拥犹障也。”《韩非子·内储说下》：“君操之以制臣，臣得之以拥主。”拥 *o̲ŋ^{B}，於陇切，《广韵》：“手拥。”《说文》：“拥，抱也。”《庄子·知北游》：“神农隐几拥杖而起。”《史记·齐太公世家》：“公拥柱而歌。”

尸 *si̲r，式之切，《广韵》：“陈也。”《白虎通·崩薨》：“尸之为言失也，陈也。”《诗经·祈父》：“胡转予于恤，有母之尸饔。”《国语·晋语八》：“其身尸于朝，其宗灭于绛。”《论语·乡党》：“寝不尸，居不容。”矢 *si̲r^{B}，式视切，《广韵》：“陈也。”《尔雅》：“矢，陈也。”《左传·隐公五年》：“公矢鱼于棠。”《诗经·江汉》：“矢其文德，洽此四国。”传：“矢，施也。”

卷 *go̲n，巨员切，《广韵》：“曲也。”《说文》：“卷，𠨱曲也。”段玉裁注：“引申为凡曲之偁。”《诗经·都人士》：“彼君子女，卷发如虿。”《释文》：“卷音权。”《诗经·卷阿》：“有卷者阿，飘风自南。”传：“卷，曲也。”《释文》：“卷音权。”《诗经·泽陂》：“有美一人，硕大且卷。”《释文》：“卷，其员切。”《庄子·逍遥游》：“其小枝卷曲而不中规矩。”

觠，巨员切，《广韵》：“曲角。”

蜷，巨员切，《广韵》：“蜷局不行。”

婘，巨员切，《广韵》：“美貌。”

䟰，巨员切，《广韵》：“曲脊行也。”

痽，巨员切，《广韵》：“手屈病也。”

齤，巨员切，《广韵》：“齿曲。”

弮，巨员切，《广韵》：“弓曲。”

鬈，巨员切，《广韵》：“发好也，又胡人发也。”

䠻，巨员切，《广韵》：“曲走貌。”

蜷，巨员切，《广韵》：“虫形诘屈。”

这些都是“卷”字的后起不同形式的书写文字。用一个“卷”字已经足够，只是古人觉得意义不一样，于是造了这些稀奇古怪的文字。

拳* go̱n，巨员切，《广韵》：“屈手也。”《说文》：“拳，手也。”段玉裁注：“卷之为拳。”朱骏声：“张之为掌，卷之为拳。”《庄子·人间世》：“擎、跽、曲拳，人臣之礼也。”也为“卷”。《庄子·人间世》：“仰而视其细枝，则拳曲而不可以为栋梁。”卷* ko̱n^{B}，居转切，《广韵》：“卷舒。”《论语·卫灵公》：“邦无道，则可卷而怀之。”《诗经·邶风·柏舟》：“我心匪席，不可卷也。”《释文》：“卷，眷勉反。”《战国策·赵策三》：“寡人使卷甲而趋之，何如？”卷，后字也作“捲”。捲，居转切，《广韵》：“捲衣。”《淮南子·兵略训》：“云彻席捲，方数千里。”（卷* ko̱ns，居倦切，《说文》“篇”段玉裁注：“古曰篇，汉曰卷。卷者，可卷也。”圈* go̱n^{B}，求晚切，《广韵》：“兽阑。”圈，《说文》：“养畜之闲也。”《庄子·齐物论》：“似圈，似臼。”《释文》：“似圈：起权反，郭音权，杯圈也。徐其阮反，言如羊豕之阑圈也。”《史记·封禅书》：“其西则唐中，数十里虎圈。”）

比* bi̱r，房脂切，《广韵》：“并也。”《尔雅》：“比，俌也。”《史记·汲郑列传》：“家人失火，屋比延烧，不足忧也。”《汉书·孙宝传》：“祭灶请比邻。”字作“毗”。𣬈* bi̱r，房脂切，《广韵》：“《说文》曰：人脐也，今作毗，通为𣬈辅之毗。”《庄子·在宥》：“大喜邪，毗于阳。大怒邪，毗于阴。”比* pi̱r^{B}，卑履切，《广韵》：“校也，并也。”《孟子·公孙丑上》：“尔何曾比予于管仲？”《庄子·人间世》：“女将恶乎比予哉？若将比予于文木邪？”《韩非子·奸劫弑臣》：

“夫世愚学之人比有术之士也，犹蚁垤之比大陵也，其相去远矣。”

由*zu̲，以周切，《广韵》：“从也，经也，行也。”《论语·雍也》：“有澹台灭明者，行不由径。”《孟子·滕文公下》：“不由其道而往者，与钻穴隙之类也。”《孟子·万章下》：“惟君子能由是路，出入是门也。”诱*zu̲^{B}，与久切，《广韵》：“导也，引也，教也，进也。”《诗经·野有死麇》：“有女怀春，吉士诱之。”《论语·子罕》：“夫子循循然善诱人，博我以文，约我以礼。”《左传·桓公六年》：“楚之羸，其诱我也。”《韩非子·解老》：“邪心诱于可欲。”

潴*tra̲，陟鱼切，《广韵》：“水所停也。”《说文》：“潴，水所亭也。”字本作“猪”。《礼记·檀弓下》：“坏其室，洿其宫而猪焉。”《汉书·地理志上》：“大野既猪，东原厎平。”字也写作“都”。《史记·夏本纪》：“大野既都，东原厎平。”集解引孔安国：“水所停曰都。”贮*tra̲^{B}，丁吕切，《广韵》：“居也，积也。”《吕氏春秋·乐成》：“我有衣冠，而子产贮之。”

伸*si̲n，失人切，《广韵》：“舒也。”《礼记·乐记》：“执其干戚，习其俯仰诎伸。”《庄子·秋水》：“蹢躅而屈伸，反要而语极。”《荀子·仲尼》：“故君子时诎则诎，时伸则伸也。”字也作信。《易·系辞下》：“尺蠖之屈，以求信也。”《释文》：“信本又作伸，同音申。”《荀子·不苟》：“此言君子能以义屈信变应故也。”引*zi̲n^{B}，余忍切，《广韵》：“《尔雅》云：长也。《说文》曰：开弓也。”《左传·成公十三年》：“我君景公，引领西望。”《孟子·梁惠王上》：“天下之民皆引领而望之矣。”《庄子·田子方》：“列御寇为伯昏无人射，引之盈贯。”《韩非子·外储说左下》：“狐乃引弓送而射之。”《周礼·冬官·考工记》：“引而信之，欲其直也。”

烝*te̲ŋ，煮仍切，《广韵》：“《说文》曰：火气上行也。”《墨子·节用中》：“下润湿，上熏烝。”《韩非子·难一》：“易牙烝其首子而进之。”引申之，为进献。《诗经·丰年》：“烝畀祖妣，以洽百礼。”笺：“烝，进。”字也作“蒸”。《淮南子·原道训》：“风兴云蒸。”《韩非子·十过》：“易牙蒸其子首而进之。”《韩诗外传》卷五：“蒸畀祖妣，以洽百礼。”拯*te̲ŋ^{B}，音蒸上声，《广韵》：“救也，助也。”《孟子·梁惠王下》：“民以为将拯己于水火之中也。”《庄子·达生》：“见一丈夫游之，以为有苦而欲死也，使弟子并流而拯之。”

就中古汉语的语音形式来看，音上声的动词通过声调交替派生出一个音去声的动词。前者是施事动词，而后者是受事动词。“买”是主体“买”，“卖”是受事者被“买”，至于最终是谁“买”不是说话者考虑的内容。受事动词有一股将受事者向外推的力量。因而，去声引申出施与指向的意义，继而成了及物动词的标记。上声可以跟平声交替。“烝”是施事者“向上”，“拯”是施事者“向上拉”。无论是“向上”还是“向上拉”，施事者都是主体。和平声相配的动词，一些有致使意义，如“蒸”和“拯”，但不能认为上声有使动功能。动词标注一个上声标记，只是更加突出动词的施事性，即主体是动作的作者。受事动词的去声（-s 后缀）表示向外的施予指向，与之相对，施事动词的上声（-ʔ后缀）则表示向内的施予指向或无明确的施予指向，如动词“买”与“卖”。因而，向内或无明确施予指向的动词可以不附加施予指向标记。于是，平声、入声与去声交替构成施事动词与受事动词。

第五节　内动词

一

考察上古汉语的词汇系统，我们不难发现，语词的类型与声调有某种内在的联系。亲属称谓词、肢体名词、代词（疑问代词除外）普遍选择上声，而绝少选择去声。此外，上古汉语的形容词也趋向选择上声，而很少选择去声。这跟副词选择去声刚好对立。关于这一语音现象，我们不能简单地认为是一种偶然的巧合，而是由上古汉语形容词本身的性质所决定。

孔 *khoŋ^{B}，康董切，《广韵》：“甚也。”

冗 *no̱ŋ^{B}，而陇切，《广韵》：“冗散也。”《说文》：“冗，散也。”

重 *dro̱ŋ^{B}，直陇切，《广韵》：“多也，厚也，善也，慎也。”

勇 *zo̱ŋ^{B}，余陇切，《广韵》：“猛也。”

渳 *mi̱^{B}，绵婢切，《广韵》：“水貌。”

侈*tha̱r^{B}，尺氏切，《广韵》："奢也，泰也，大也。"

美*mi̱r^{B}，无鄙切，《广韵》："好色。"

喜*xe̱^{B}，虚里切，《广韵》："喜乐。"

伟*ʁɯ̱r^{B}，于鬼切，《广韵》："大也。"

巨*ga̱^{B}，其吕切，《广韵》："大也。"

武*ma̱^{B}，文甫切，《玉篇》："健也，一曰威也，断也。"

鲁*la^{B}，郎古切，《广韵》："钝也。"

粗*ʦha^{B}，徂古切，《广韵》："麤也，略也。"

苦*kha^{B}，康杜切，《广韵》："麤也，勤也，患也。"

普*pha^{B}，滂古切，《广韵》："博也，大也，遍也。"

泚*ʦhi^{B}，千礼切，《广韵》："水清也。"

凯*khɯr^{B}，苦亥切，《广韵》："乐也，康也。"

怠*ze^{B}，徒亥切，《广韵》："懈怠。"

殆*ze^{B}，徒亥切，《广韵》："危也，近也。"

㐱*ti̱n^{B}，章忍切，《广韵》："《说文》曰：稠发也，引《诗》曰：㐱发如云。亦作鬒。"

紧*ki̱n^{B}，居忍切，《广韵》："纫急也。"

窘*gu̱n^{B}，渠殒切，《广韵》："急迫也。"

谨*kɯ̱n^{B}，居隐切，《广韵》："絜也，慎也。"

近*gɯ̱n^{B}，其谨切，《广韵》："迫也，几也。"

远*ɢo̱n^{B}，云阮切，《广韵》："遥远也。"

宛*ʔo̱n^{B}，於阮切，《广韵》："宛然。"

很*gɯn^{B}，胡垦切，《广韵》："很戾也，俗作狠。"

旱*gan^{B}，胡笴切，《广韵》："不雨。"

亶*tan^{B}，多旱切，《广韵》："信也，厚也，大也，多也，谷也。"

坦*than^{B}，他但切，《广韵》："平也，安也，明也，宽也。"

散*çan^{B}，苏旱切，《广韵》："散诞。"

懒*lan^{B}，落旱切，《广韵》："惰也。"

罕*khan^{B}，呼旱切，《广韵》："希也。"

缓*ʁan^{B}，胡管切，《广韵》："舒也。"

短 * ton^{B}，都管切，《广韵》："促也，不长也。"

暖 * non^{B}，乃管切，《广韵》："《说文》曰：温也。"

满 * mon^{B}，莫旱切，《广韵》："盈也，充也。"

鲜 * ça̲n^{B}，息浅切，《广韵》："少也。"

浅 * ʈha̲n^{B}，七演切，《广韵》："不深也。"

善 * da̲n^{B}，常演切，《广韵》："良也，大也，佳也。"

软 * no̲n^{B}，而兖切，《广韵》："柔也。"

皎 * k/r/ɯ^{B}，古了切，《说文》："月之白也。"

杳 * ʔɯ^{B}，乌皎切，《广韵》："冥也，深也，宽也。"

小 * çɯ，私兆切，《广韵》："微也。"

少 * çɯ̲^{B}，书沼切，《广韵》："不多也。"

老 * lu^{B}，卢晧切，《广韵》："耆老。"

好 * xu^{B}，呼晧切，《广韵》："善也，美也。"

妥 * snur^{B}，他果切，《广韵》："安也。"

爽 * sra̲ŋ^{B}，疏两切，《广韵》："明也，差也，烈也，猛也，贵也。"

敞 * tha̲ŋ^{B}，昌两切，《广韵》："高也。"

枉 * qa̲ŋ^{B}，纡往切，《广韵》："邪曲也。"

广 * qaŋ^{B}，古晃切，《广韵》："大也，阔也。"

朗 * raŋ^{B}，卢党切，《广韵》："明也。"

梗 * kraŋ^{B}，古杏切，《广韵》："梗直也。"

永 * ʁra̲ŋ^{B}，于憬切，《广韵》："长也，引也，远也，遐也。"

猛 * mraŋ^{B}，莫幸切，《广韵》："勇猛，又严也，害也，恶也。"

冷 * riŋ^{B}，鲁打切，《广韵》："寒也。"

耿 * qriŋ^{B}，古幸切，《广韵》："耿介也，又耿耿不安也。"

幸 * griŋ^{B}，胡耿切，《广韵》："吉而免凶也。"

静 * ɖi̲ŋ^{B}，疾郢切，《广韵》："安也，谋也，和也，息也。"

整 * ti̲ŋ^{B}，之郢切，《广韵》："正也，齐也。"

迥 * ɢiŋ^{B}，户顶切，《广韵》："远也。"

炯 * ɢiŋ^{B}，户顶切，《广韵》："光也，明也。"

久 * qe̲^{B}，举有切，《广韵》："长久也。"

形容词选择上声的语音特征非常明显，虽然不能说上古汉语的形容词一定要读上声。相反，上古汉语常用的形容词很少选择去声，如同亲属称谓词、肢体名词绝少选择去声一样。这或说明了原生型形容词在其语音形式的选择上有其内在的必然性。这不仅在于形容词彼此之间在构词上的一致性，更重要的有相当一部分形容词有读去声的同族动词存在。

二

重 *dro̱ŋ^{B}，直陇切，《广韵》："多也，厚也。"《说文》："重，厚也。"《论语·泰伯》："士不可以不弘毅，任重而道远。"《孟子·梁惠王上》："权，然后知轻重；度，然后知长短。"《韩非子·有度》："主不可欺以天下之轻重。"重 *dro̱ŋs，柱用切，《广韵》："更为也。"《左传·成公十二年》："贶之以大礼，重之以备乐。"《释文》："重，直用反。"《左传·昭公八年》："舜重之以明德。"《释文》："重，直用反。"《左传·襄公四年》："武不可重。"《释文》："重，直用反。"

善 *da̱n^{B}，常演切，《广韵》："良也。"《说文》："善，吉也。"《左传·隐公六年》："善不可失，恶不可长。"《论语·述而》："善人，吾不得见之矣。"《庄子·养生主》："神虽王，不善也。"缮 *da̱ns，时战切，《广韵》："补也。"《左传·隐公元年》："大叔完聚，缮甲兵，具卒乘。"《释文》："缮，市战反，善也。"《庄子·缮性》："缮性于俗。"《释文》："缮，善战反，崔云治也，或云善也。"《礼记·月令》："缮囹圄，具桎梏。"《释文》："缮，市战反。"

喜 *xe̱^{B}，虚里切，《广韵》："喜乐。"《诗经·风雨》："既见君子，云胡不喜。"《左传·宣公九年》："国人皆喜，唯子良忧。"《左传·宣公十二年》："有喜而忧，如有忧而喜乎？"《论语·公冶长》："子路闻之喜。"憙 *xe̱s，许记切，《广韵》："好也。"《说文》："憙，说也。"字本只作"喜"。《庄子·让王》："昔者神农之有天下也，时祀尽敬而不祈喜。"《释文》："喜，如字，徐许记反。"《庄子·说剑》："昔赵文王喜剑。"《释文》："喜，许纪反。"

苦 *kha^{B}，康杜切，《广韵》："粗也，勤也，患也。"《诗经·谷风》："谁谓荼苦，其甘如荠。”引申之，为勤苦、痛苦等。《诗经·凯风》：“有子七人，母氏劳苦。”《左传·昭公三十年》：“视民如子，辛苦同之。”苦*khas，苦故切，《广韵》：“困也。”《吕氏春秋·首时》：“王季历困而死，文王苦之。”《史记·陈涉世家》：“天下苦秦久矣。”

近*gɯ̱n^{B}，其谨切，《广韵》：“迫也，几也。”《左传·庄公十九年》：“边伯之宫，近于王宫。”《左传·文公六年》：“秦大而近，足以为援。”近*gɯ̱ns，巨靳切，《广韵》：“附也。”《说文》：“近，附也。”《群经音辨》：“相邻曰近，巨隐切；相亲曰近，巨刃切。”《左传·襄公二十六年》：“恶之不敢远，好之不敢近。”《释文》：“近，附近之近。”《论语·阳货》：“近之则不孙，远之则怨。”《释文》：“近，附近之近。”《礼记·礼器》：“礼之近人情者，非其至者也。”《释文》：“近，附近之近。”《易·剥》：“剥床以肤，切近灾也。”《释文》：“如字，徐巨靳反。”《左传·昭公二年》：“敬慎威仪，以近有德。”《释文》：“近，附近之近。”《集韵》：“近，巨靳切，《说文》附也。”

远*ɢo̱n^{B}，云阮切，《广韵》：“遥远也。”《说文》：“远，辽也。”《诗经·燕燕》：“之子于归，远送于野。”《左传·僖公三十二年》：“师劳力竭，远主备之，无乃不可乎？”《论语·学而》：“有朋自远方来，不亦乐乎？”远*ɢo̱ns，于愿切，《广韵》：“离也。”《左传·文公十五年》：“远礼不如死。”《释文》：“远，于万反。”《左传·襄公二十六年》：“小人之事君子也，恶之不敢远，好之不敢近。”《释文》：“远，于万反。”《论语·阳货》：“近之则不孙，远之则怨。”《释文》：“远，于万反。”《吕氏春秋·知接》：“愿君之远易牙。”注：“远，犹疏也。”

散*çan^{B}，苏旱切，《广韵》：“散诞。《说文》作椒，分离也。”《群经音辨》：“散，分也，苏亶切；分布曰散，苏岸切。”《庄子·人间世》：“勿言之矣，散木也。”《释文》：“散，悉但反，徐悉旦反。”《周礼·天官·冢宰》：“共其苦盐、散盐。”《释文》：“散，悉但反。”《墨子·非儒下》：“散人！焉知良儒？”散*çans，苏旰切，《广韵》：“分离也，布也。《说文》作椒，分离也；散，杂肉也。今通作散。”《左传·宣公十二年》：“众散为弱，川壅为泽。”《庄子·胠箧》：“灭文章，散五采，胶离朱之目，而天下始人含其明矣。”

眇*mɯ^{B}，亡沼切，《广韵》：“《说文》曰：一目小也。”《庄子·庚桑楚》：“夫全其形生之人，藏其身也，不厌深眇而已矣。”《庄子·德充符》：“眇乎小哉！”《管子·水地》：“察于微眇。”字也写作“渺”，音同。《管子·内业》：“渺渺乎，如穷无极。”妙 * mɯs，弥笑切，《广韵》：“好也。”《庄子 · 齐物论》：“夫子以为孟浪之言，而我以为妙道之行也。”《韩非子 · 五蠹》：“所谓智者，微妙之言也。微妙之言，上智之所难知也。”

好 * xu^{B}，呼浩切，《广韵》：“美也。”《说文》：“好，美也。”段玉裁注：“本谓女子，引申为凡美之称。凡物之好恶，引申为人情之好恶。”《战国策 · 赵策三》：“鬼侯有子而好，故入之于纣。”好 * xus，呼到切，《广韵》：“爱好也。”《诗经 · 有杕》：“中心好之，曷饮食之。”《释文》：“好，呼报反。”《左传 · 僖公十五年》：“好我者劝，恶我者惧，庶有益乎？”《释文》：“好，呼报反。”《礼记 · 大学》：“如恶恶臭，如好好色。”《释文》：“好好，上呼报反，下如字。”

广 * qaŋ^{B}，古晃切，《广韵》：“大也。”《诗经 · 汉广》：“汉之广矣，不可泳思。”《庄子 · 知北游》：“天不得不高，地不得不广。”《孟子 · 滕文公下》：“居天下之广居，立天下之正位，行天下之大道。”广 * qaŋs，古旷切，《释文》：“度广狭曰广。”《左传 · 哀公元年》：“广丈，高倍。”《释文》：“广，古旷反。”《周礼 · 天官 · 冢宰》：“共夷盘冰。”注：“广八尺长三尺深三尺。”《释文》：“度广狭曰广，光旷反。”旷 * qhaŋs，苦谤切，《广韵》：“久也。”《吕氏春秋 · 无义》：“以义动则无旷事矣。”注：“旷，废也。”《孟子 · 离娄上》：“旷安宅而弗居。”

永 * ʁra̱ŋ^{B}，于憬切，《广韵》：“长也，引也，远也，遐也。”《说文》：“永，长也……《诗》曰：江之永矣。”《诗经 · 汉广》：“江之永矣，不可方思。”《诗经 · 泉水》：“我思肥泉，兹之永叹。”咏 * ʁra̱ŋs，为命切，《广韵》：“歌也。”《汉书 · 礼乐志》：“诗言志，歌咏言，声依咏，律和声，八音克谐。”注：“咏，永也。永，长也，歌所以长言之。”《礼记 · 乐记》：“歌詠其声也，舞动其容也。”《释文》：“詠音咏。”《论语 · 先进》：“风乎舞雩，咏而归。”

整 * ti̱ŋ^{B}，之郢切，《广韵》：“正也，齐也。”《诗经 · 六月》：“猃狁匪茹，整居焦获。”《左传 · 隐公九年》：“戎轻而不整，贪而无亲。”《左传 · 僖公三十年》：“以乱易整，不武。”《管子 · 弟子职》：“颜色整齐。”正 * ti̱ŋs，之盛切，《广韵》：“当也，长也，定也，平也。”《左传 · 隐公十一年》：“政以治民，刑以正邪。”《孟子 · 万章上》：“吾未闻枉己而正人者也，况辱己以正天下者乎？”《论语 · 子路》：“不能正其身，如正人何？”

厚 * go^{B}，胡口切，《广韵》：“厚薄，又重也，广也。”《左传 · 隐公元年》：“可矣，厚将得众。”《左传 · 僖公三十年》：“邻之厚，君之薄也。”厚 * gos，胡遘切，《广韵》："厚薄。"《集韵》："厚，下遘切，厚薄。"《礼记·檀弓上》："水兕革棺被之，其厚三寸。"《释文》："厚，胡豆反。"

后 *go^{B}，胡口切，《广韵》："先后也。"《诗经·江有汜》："不我以，其后也悔。……不我与，其后也处。"《易·坤》："君子有攸往，先迷后得主。"后 *gos，胡遘切，《广韵》："《方言》云：先后犹娣姒。"《左传·襄公七年》："寡君未尝后卫君。"《释文》："后，如字，徐胡豆反。"《仪礼·聘礼》注："凡君与宾入门，宾必后君。"《释文》："后，户豆反，又如字。"《诗经·车邻》笺："其徒自使老，言将后宠禄也。"《释文》："后，胡豆反，又如字。"

三

这些读去声的动词，其去声应该不来自上古汉语的 *-s 后缀，而是去声产生后的语法类推，个别甚至可能是经师为了别义而故意变音。不过，彼此之间的语法关系很整齐，形容词读上声，动词（也有形容词的实例）读去声。那么，黏附在形容词身上的上声并不是不可分离的组成部件，而是表明形容词性质的标签。这个标签根据需要随时可以更换。形容词，"所以肖事物之形者"，作谓语时其性质极其接近施事动词，表陈述或描写主体。我们发现，不及物动词有跟形容词相同的语音选择，即在上声、去声两个声调中选择上声而不是去声。

动 *doŋ^{B}，徒总切，《广韵》："躁也，出也，作也，摇也。"

肿 *to̱ŋ^{B}，之陇切，《广韵》："疾也。《说文》：痈也。"

踊 *zo̱ŋ^{B}，余陇切，《广韵》："跳也。"《左传·宣公十八年》："即位哭，三踊而出。"《左传·成公十年》："晋侯梦大厉，被发及地，搏膺而踊。"《庄子·大宗师》："金踊跃曰：我且必为镆铘。"涌 *zo̱ŋ^{B}，余陇切，《广韵》："涌泉。"《说文》："涌，滕也。"《左传·庄公十八年》："阎敖游涌而逸，楚子杀之。"《史记·司马相如列传》："醴泉涌于清室，通川过乎中庭。"

悚 *ɕo̱ŋ^{B}，息拱切，《广韵》："怖也。"《韩非子·内储说上》："乃悚惧其所也。"字也写作"愯"。愯 *ɕo̱ŋ^{B}，息拱切，《广韵》："惊也。"《说文》："愯，惊也。从心从声。读若悚。"也作"竦"。竦 *ɕo̱ŋ^{B}，息拱切，《广韵》："敬也。"《诗经·长发》:“不震不动、不戁不竦。”《荀子·君道》:“夫无礼则恐惧而自竦也。”《韩非子·主道》:“明君无为于上,群臣竦惧乎下。”也写作“愯”。愯 *ço̱ŋ^{B},息拱切,《广韵》:“惧也,亦作㩳。”《说文》:“愯:惧也。《春秋传》曰:驷氏愯。”《左传·昭公十九年》:“驷氏耸。”注:“耸,惧也。”《释文》:“耸,息勇反。”也写作“耸”。耸 *ço̱ŋ^{B},《广韵》息拱切,音同。《方言》:“耸,悚也。”《左传·成公十四年》:“大夫闻之,无不耸惧。”《释文》:“耸,息勇反。”

讲 *k/r/oŋ^{B},古项切,《广韵》:“《说文》曰:和解也。”

跪 *go̱r^{B},渠委切,《广韵》:“跽跪。”

企 *khi̱^{B},丘弭切,《广韵》:“企望也。”

死 *sir^{B},息姊切,《广韵》:“《说文》曰:澌也,人所离也。”

唯 *ɢu̱r^{B},以水切,《广韵》:“诺也。”

止 *te̱^{B},诸市切,《广韵》:“停也,足也,息也,待也,留也。”

已 *ze̱^{B},羊已切,《广韵》:“止也,甚也,讫也。”

始 *se̱^{B},诗止切,《广韵》:“初也。”

起 *khe̱^{B},墟里切,《广韵》:“兴也,作也,立也,发也。”

伫 *dra̱^{B},直吕切,《广韵》:“久立也。”

舞 *ma̱^{B},文甫切,《广韵》:“歌舞。”

怒 *na^{B},奴古切,《广韵》:“恚也。”

递 *zir^{B},徒礼切,《广韵》:“更代也。”

徯 *gi^{B},胡礼切,《广韵》:“待也。”

骇 *gre^{B},侯楷切,《广韵》:“惊也。”

馁 *nur^{B},奴罪切,《广韵》:“饥也,一曰鱼败曰馁。”

忍 *nɯ̱n^{B},而轸切,《广韵》:“强也,有所含忍。”

陨 *ɢɯ̱n^{B},于敏切,《广韵》:“坠也,落也。”

蠢 *thu̱n^{B},尺尹切,《广韵》:“出也。《尔雅》云:作也,动也。”

忿 *phu̱n^{B},敷粉切,《广韵》:“怒也。”

偃 *ʔa̱n^{B},於幰切,《广韵》:“偃仰,又息也。《说文》:僵也。”

返 *pa̱n^{B},府远切,《广韵》:“还也。”

这种不及物动词甚多,我们就不再一一列举了。不及物动词作谓语时,主体可以将施事者让渡给客体。于是,不及物动词也就成了带宾语的及物动词。“故使止子玉曰:毋死。不及。止子西,子西缢而县绝,王使适至,遂止之。”(《左传·文公十年》)动词“止”本是一个不及物动词,但主体将施事者让渡给了客体“之”。于是,“止”带上宾语成了形式上的及物动词。很多不及物动词就是通过让渡变成了及物动词。考察上声和去声的动词,我们不难发现,读上声的动词,跟读去声的动词很不一样,大部分是不及物动词。而且,就经师的注音来看,当不及物动词变成及物动词时,其声调也跟着由上声改为去声。

语 *ŋa̠^{B},鱼巨切,《广韵》:“论也。”《说文》:“语,论也。”《诗经·斯干》:“爰居爰处,爰笑爰语。”《论语·乡党》:“食不语,寝不言。”《左传·襄公二十六年》:“左师闻之,聒而与之语。”《礼记·文王世子》:“既歌而语。”语 *ŋa̠s,牛据切,《广韵》:“说也,告也。”《左传·隐公元年》:“公语之故,且告之悔。”《释文》:“语,鱼据反。”《左传·成公九年》:“公语范文子。”《释文》:“语,鱼据反。”《论语·阳货》:“吾语女。”《释文》:“语,鱼据反。”

雨 *ʁa̠^{B},王矩切,《说文》:“水从云下也。”《诗经·蝃蝀》:“朝隮于西,崇朝其雨。”《诗经·谷风》:“习习谷风,以阴以雨。”雨 *ʁa̠s,王遇切。《诗经·北风》:“北风其凉,雨雪其雱。”《释文》:“雨,于付反。”《诗经·采薇》:“今我来思,雨雪霏霏。”《释文》:“雨,于付反。”《诗经·大田》:“兴雨祁祁,雨我公田,遂及我私。”《释文》:“雨我,于付反。”

与 *ja̠^{B},余吕切,《广韵》:“善也,待也。《说文》曰:党与也。”《礼记·礼运》:“诸侯以礼相与,大夫以法相序。”《庄子·大宗师》:“鱼相与处于陆,相呴以湿,相濡以沫,不如相忘于江湖。”《管子·八观》:“请谒得于上,则党与成于下。”与 *ja̠s,羊洳切,《广韵》:“参与也。”《左传·僖公三十二年》:“蹇叔之子与师。”《管子·山权数》:“不与师旅之事。”引申之,有帮助等意义。《战国策·齐策一》:“君不与胜者而与不胜者,何故也?”

聚 *ȡo̠^{B},慈庾切,《广韵》:“共也,敛也。《说文》:会也,邑落云聚。”《左传·文公十六年》:“麇人率百濮聚于选,将伐楚。”《左传·成公十六年》:“皆聚于中军矣。”《左传·襄公二十四年》:“夫诸侯之贿聚于公室。”也为及物动词。《左传·襄公二十八年》:“聚其族焉而居之。”《庄子·逍遥游》:“适千里者三月聚粮。”《礼记·月令》:“毋聚大众,毋置城郭。”凑 *ȶhos,仓奏切,

《广韵》:“水会也,聚也。”《说文》:“凑,水上人所会也。”《韩非子·有度》:“朝廷群下,直凑单微,不敢相逾越。”《公羊传·昭公三十一年》:“贼至,凑公寝而弑之。”《淮南子·原道训》:“草木注根,鱼鳖凑渊。”《战国策·燕策一》:“剧辛自赵往,士争凑燕。”《汉书·扬雄传上》:“上乃帅群臣横大河,凑汾阴。”聚 deo̱s,才句切,《广韵》无释义。《集韵》:“聚,从遇切,《说文》会也。”以《经典释文》的注意,名词音去声。《左传·成公三年》:“我是以有辅氏之聚。”《释文》:“聚,才喻反。”埾,从遇切,《集韵》:“土积也。”冣,从遇切,《集韵》:“《说文》积也。”《史记·殷本纪》:“大冣乐戏于沙丘。”集解:“徐广曰:冣,一作聚。”《汉书·郊礼志上》:“冣居齐东北隅。”宋祁:“新本冣作聚。”

走 * ʈo^{B},子苟切,《说文》:“趋也。”《左传·隐公十一年》:“颍考叔挟辀以走,子都拔棘以逐之。”《左传·庄公八年》:“走出,遇贼于门,劫而束之。”走 * ʈos,则候切,《广韵》:“《释名》:疾趋曰走。”《释名》:“疾趋曰走。走,奏也,促有所奏至也。”《孟子·离娄上》:“犹水之就下、兽之走圹也。”音义:“走音奏。”《史记·项羽本纪》:“长史欣恐,还走其军,不敢出故道。”正义:“走音奏。”《淮南子·说林训》:“渔者走渊,木者走山。”高诱注:“走读奏记之奏。”《汉书·高帝纪上》:“从间道走军。”注引服虔:“走音奏。”

伫 * dra̱^{B},直吕切,《广韵》:“久立也。竚,上同。”《说文》:“伫,久立也。”《楚辞·燕燕》:“瞻望弗及,伫立以泣。”《诗经·离骚》:“悔相道之不察兮,延伫乎吾将反。”《楚辞·九歌·大司命》:“结桂枝兮延竚,羌愈思兮愁人。”著 * tra̱s,陟虑切,《广韵》:“处也。”《韩非子·外储说右上》:“宋人有酤酒者,升概甚平,遇客甚谨,为酒甚美,县帜甚高。”《左传·昭公二十九年》:“以铸刑鼎,著范宣子所谓刑书焉。”《吕氏春秋·知化》:“抉其目,著之东门。”

骇 * gre^{B},侯楷切,《广韵》:“惊也。”《左传·昭公十九年》:“今宫室无量,民人日骇。”《左传·定公十年》:“郈人大骇。”《庄子·在宥》:“施及三王而天下大骇矣。”《韩非子·内储说上》:“人见蛇则惊骇,见蠋则毛起。”戒 * kres,古拜切,《广韵》:“慎也,具也,备也,警也。”《左传·文公十二年》:“秦行人夜戒晋师。”《左传·成公十五年》:“伯宗每朝,其妻必戒之。”《左传·襄公十四年》:“卫献公戒孙文子。”字后也写作诫。诫 kres,古拜切,《广韵》:“言警也。”《说文》:“诫,敕也。”《墨子·号令》:“必时素诫之。”

燎 * rɯ̱^{B},力小切,《广韵》:“《说文》曰:放火也。《左传》云:若火之燎于原。”《左传·隐公六年》：“恶之易也，如火之燎于原。”燎*rɯ̠s，力照切，《广韵》：“照也，一曰宵田，又放火也。”《说文》：“燎，放火也。”《诗经·旱麓》：“瑟彼柞棫，民所燎矣。”《释文》：“燎，力召反，又力吊反。《说文》作尞，一云柴祭天也，又云燎放火也。《字林》同尞，力召反，燎音力小反。”《史记·封禅书》：“已祠，胙余皆燎之。”

倒*tɯ^{B}，都晧切，《广韵》：“仆也。”《说文》：“倒，仆也。”《吕氏春秋·用民》：“宋人有取道者，其马不进，倒而投之鸂水。又复取道，其马不进，又倒而投之鸂水。”倒*tɯs，都导切，《广韵》：“倒悬。”《诗经·东方未明》：“东方未明，颠倒衣裳。颠之倒之，自公召之。”《左传·宣公二年》：“郑人入于井，倒戟而出之。”《左传·宣公二年》：“倒戟以御公徒而免之。”《吕氏春秋·原乱》：“倒戈弛弓，示天下不用兵。”

仰*ŋa̠ŋ^{B}，鱼两切，《广韵》：“偃仰也。《说文》举也。”《诗经·北山》：“或栖迟偃仰，或王事鞅掌。”《左传·定公十五年》：“邾子执玉高，其容仰；公受玉卑，其容俯。”引申为敬仰等。《左传·襄公十四年》：“仰之如日月，敬之如神明，畏之如雷霆。”《孟子·公孙丑下》：“及其更也，民皆仰之。”仰*ŋa̠ŋs，鱼向切，《集韵》：“《广雅》：恃也。”《左传·襄公十九年》：“小国之仰大国也，如百谷之仰膏雨焉。”《释文》：“仰，如字，徐五亮反。”

上*da̠ŋ^{B}，时掌切，《广韵》：“登也，升也。”《礼记·曲礼上》：“客从之，拾级聚足，连步以上。”《释文》：“上，时掌反。”《礼记·曲礼上》：“从长者而上丘陵。”《释文》：“上，时掌反。”《易·需》：“云上于天。”《释文》：“上，时掌反。”上*da̠ŋs，时亮切，《广韵》：“君也，犹天子也。”《论语·学而》：“其为人也孝弟，而好犯上者，鲜矣。”《论语·子张》：“上失其道，民散久矣。”尚*da̠ŋs，时亮切，《广雅》：“上也。”《孟子·滕文公上》：“草尚之风必偃。”《论语·阳货》：“君子尚勇乎？”《左传·襄公十三年》：“君子尚能而让其下，小人农力以事其上。”《庄子·天道》：“宗庙尚亲，朝廷尚尊，乡党尚齿，行事尚贤，大道之序也。”字也作赏。《荀子·王霸》：“赏贤使能以次之，爵服赏庆以申重之。”注：“赏当为尚。”

恐*kho̠ŋ^{B}，丘陇切，《广韵》：“惧也。”《说文》：“恐，惧也。”《诗经·谷风》：“将恐将惧，维予与女。”《释文》：“恐，丘勇反。”《左传·成公十三年》：“文公恐惧。”《释文》：“恐，曲勇反。”《左传·信公二十六年》：“小人恐矣。”

《释文》:“恐,丘勇反。”恐 * khoŋs,区用切,《广韵》:“疑也。”《群经音辨》:“惧之急曰恐,丘陇切;缓曰恐,丘用切。”《论语·季氏》:“吾恐季孙之忧不在于颛臾,而在萧墙之内也。”《论语·子张》:“致远恐泥。”《左传·襄公二十五年》:“非恶富也,恐失富也。”《左传·襄公三十一年》:“恐燥湿之不时。”

很清楚,读上声的动词不及物(无指向),而读去声的动词及物(有指向)。这跟前面讨论过的形容词与动词采用的语音形式相同:形容词读上声,而派生的动词读去声。去声(* -s 后缀)本是受事动词的标记,后延伸出施与指向的意义,再由施与指向渐渐成了及物动词的标记。上声本是施事动词的标记,跟受事动词的标记去声相对。因去声变成了及物动词的标记,上声跟着去声成了不及物动词的标记。不过,我们不能因此说读上声的一定是不及物动词。附加 * -ʔ后缀(读上声)只是标明跟受事动词相对,向内或无明确的施予指向。

死 * sir[B],息姊切,《广韵》:“《说文》曰:澌也,人所离也。”《诗经·相鼠》:“人而无礼,胡不遄死。”《左传·庄公八年》:“伏公而出,斗,死于门中,石之纷如死于阶下。”《论语·泰伯》:“鸟之将死,其鸣也哀;人之将死,其言也善。”也为名词。《左传·哀公十六年》:“其徒微之,生拘石乞,而问白公之死焉。”《吕氏春秋·离谓》:“洧水甚大,郑之富人有溺者。人得其死者。富人请赎之,其人求金甚多,以告邓析。”屍 * sir,式脂切,《广韵》:“《礼记》曰:在床曰屍,在棺曰柩。”(《小尔雅》:“空棺谓之椋,有屍谓之柩。”)《管子·小匡》:“君何不杀而受之其屍。”字通写作“尸”。尸 * sir,式脂切,《广韵》:“主也,陈也。”《说文》:“肆,极陈也。”《说文》:“肆,极陈也。”《礼记·曲礼下》:“在床曰尸,在棺曰柩。”《白虎通义·崩薨》:“尸之为言失也,陈也,失气亡神,形体独陈。”《左传·隐公元年》:“赠死不及尸。”注:“尸,未葬之通称也。”《庄子·大宗师》:“临尸而歌。”

尸 * sir,式脂切,《说文》:“陈也。”《左传·僖公二十八年》:“曹人尸诸城上。”注:“磔晋死人于城上。”《左传·桓公十六年》:“祭仲杀雍纠,尸诸周氏之汪。”注:“杀而暴其尸以示戮也。”《左传·襄公二十七年》:“杀宁喜及右宰谷,尸诸朝。”注:“陈其尸于朝。”《左传·成公十七年》:“一朝而尸三卿。”(《韩非子·内储说下》:“吾一朝而夷三卿。”《春秋繁露·王道》:“一朝而杀大臣三人。”）肆*si̠rs，息利切，《广韵》：“陈也。”《说文》：“肆，极陈也。”《礼记·月令》：“命有司省囹圄，去桎梏，毋肆掠，止狱讼。”注：“肆谓死刑暴尸也，《周礼》曰肆之三日。”《周礼·秋官·司寇》：“协日刑杀，肆之三日。”注：“尸之三日。”《论语·宪问》：“吾力犹能肆诸市朝。”

“死”是不及物动词，无施予指向，“尸”是名词和及物动词，而及物动词“尸”又可以写作“肆”。肆，《说文》：“极陈也，从长隶声。”“隶”声字是一个本与阴声不通的去声集合。肆，息七切，《集韵》：“放也。”（《广韵》：“失，式质切，纵也。”）《公羊传·庄公二十二年》：“王正月，肆大省。肆者何？跌也。”《释文》：“肆，音四，本或作佚。跌，大结反，过度也。”依照谐声关系，“肆”本音*si̠ts。可见，语音演变之后，古人用“肆”记录及物动词“尸”。如此，我们可以确定，上声不是语词“死”的词根，而是黏附上去的表示不及物动词的记号。

四

包*pru，布交切，《说文》：“象人怀妊。”段玉裁注：“引申之为凡外裹之称。”《诗经·野有死麕》：“野有死麕，白茅包之。”传：“包，裹也。”《左传·昭公元年》：“无乃包藏祸心以图之。”字也作“饱”。《周礼·春官·宗伯》：“共匰主及道布及蒩馆。”注：“书或为蒩馆，或为租饱。或曰：租，饱茅裹肉也。”《释文》：“饱，音包。”《群经音辨》：“饱，厌也，博巧切；饱，裹也，音苞。”饱*pru^{B}，博巧切，《说文》：“厌也。”《诗经·楚茨》：“既醉既饱，小大稽首。”《诗经·权舆》：“今也每食不饱。”《孟子·梁惠王上》：“乐岁终身饱。”

钟*to̠ŋ，职容切，《玉篇》：“聚也。”《左传·昭公二十八年》：“而天钟美于是。”注：“钟，聚也。”《左传·昭公二十一年》：“天子省风以作乐，器以钟之。”注：“钟，聚也。”《国语·周语下》：“陂塘污庳，以钟其美。”肿*to̠ŋ^{B}，之陇切，《广韵》：“疾也。《说文》痈也。《释名》云：肿，钟也，寒热气钟聚也。”《左传·定公十年》：“公闭门而泣之，目尽肿。”《管子·地数》：“恶食无盐则肿。”《史记·扁鹊仓公列传》：“病见寒气则遗溺，使人腹肿。”

重*dro̠ŋ，直容切，《广韵》：“复也，迭也。”《左传·成公二年》：“益车马，始用殉，重器备。”注：“重犹多也。”《释文》：“重，直恭反。”《左传·襄公二十三年》：“臧孙命北面重席。”《释文》：“重，直恭反。”重 *dro̱ŋ^{B}，直陇切，《广韵》：“多也，厚也。”《左传·宣公三年》：“楚子问鼎之大小轻重焉。”《左传·襄公二十一年》：“罪重于郊甸。”

多 *tar，得何切，《广韵》：“众也，重也。”《诗经·邶风·柏舟》：“觏闵既多，受侮不少。”《左传·庄公十七年》：“冬，多麋。”《左传·僖公五年》：“病而乞盟，所丧多矣。”《孟子·梁惠王上》：“邻国之民不加少，寡人之民不加多。”侈 *tha̱r^{B}，尺氏切，《广韵》：“奢也，泰也，大也。”《周礼·冬官·考工记》：“栈车欲弇，饰车多侈。”《左传·庄公二十四年》：“俭，德之共也；侈，恶之大也。”《左传·襄公二十九年》：“子容专，司徒侈，皆亡家之主也。”

施 *sa̱r，式支切，《说文》：“旗貌。”徐锴：“旗之逶迤。”段玉裁注改为“旗旖施也”。《诗经·丘中有麻》：“彼留子嗟，将其来施施。”笺：“施施，舒行。”《释文》：“施，如字。”《孟子·离娄下》：“而良人未之知也，施施从外来，骄其妻妾。”赵注：“施施，犹扁扁，喜悦之貌。”弛 *sa̱r^{B}，施是切，《广韵》：“释也。《说文》云：弓解也。”《左传·襄公十八年》：“乃弛弓而自后缚之。”《礼记·杂记下》：“一张一弛，文武之道也。”

僖 *xe̱，许其切，《广韵》：“乐也。”《说文》：“僖，乐也。”“僖”用于谥。《逸周书·谥法解》：“有过为僖。”熙 *xe̱，许其切，《广韵》：“和也。”《荀子·儒效》：“熙熙兮其乐人之臧也。”注：“熙熙和乐之貌。”《道德经》：“众人熙熙，如享太牢，如春登台。”引申之，为嬉戏。《庄子·马蹄》：“含哺而熙，鼓腹而游。”字作“嬉”。嬉 *xe̱，许其切，《广韵》：“美也，一曰游也。”《史记·律书》：“游敖嬉戏如小儿状。”喜 *xe̱^{B}，虚里切，《广韵》：“喜乐。”《诗经·风雨》：“既见君子，云胡不喜。”《左传·宣公九年》：“郑伯败楚师于柳棼，国人皆喜，唯子良忧。”《左传·僖公二十八年》：“叔孙将沐，闻君至，喜。”

宽 *khon，苦官切，《广韵》：“爱也，裕也，缓也。”《诗经·淇奥》：“宽兮绰兮，猗重较兮。”《左传·成公九年》：“勤以抚之，宽以待之。”《左传·昭公二十年》：“政宽则民慢，慢则纠之以猛，猛则民残，残则施之以宽，宽以济猛，猛以济宽，政是以和。”款 *khon^{B}，苦管切，《广韵》：“诚也，叩也。”《说文》：“款，意有所欲也。”段玉裁：“古款与窾通用。窾者，空也。款亦训空。”《尔雅》：“鼎款足者谓之鬲。”疏：“款，阔也。”《释文》：“款本或作窾，苦管反。”《庄子·达生》:"款启寡闻之民也。"注:"款,空也。"引申为诚恳。《广雅》:"款,减也。"《史记·司马相如列传》:"修礼地祇,谒款天神。"集解:"款,诚也。"《汉书·王莽传上》:"非有款诚,岂可虚致?"

消 *çɯ̱,相邀切,《广韵》:"灭也,尽也,息也。"《庄子·齐物论》:"其杀如秋冬,以言其日消也。"《庄子·秋水》:"消息盈虚,终则有始。"《礼记·月令》:"时雪不降,冰冻消释。"《管子·轻重乙》:"泲水之盐以日消。"小 *çɯ^{B},私兆切,《广韵》:"微也。"《左传·隐公元年》:"中,五之一;小,九之一。"《左传·桓公二年》:"国家之立也,本大而末小,是以能固。"《庄子·逍遥游》:"其大本拥肿而不中绳墨,其小枝卷曲而不中规矩。"

休 *xu̱,许尤切,《广韵》:"美也,善也,庆也,息也。"《诗经·江汉》:"虎拜稽首,对扬王休。"笺:"休,美。"《诗经·访落》:"休矣皇考,以保明其身。"《国语·周语下》:"为晋休戚。"注:"休,喜也。"《国语·楚语下》:"以告遍至,则无不受休。"好 *xu^{B},呼晧切,《广韵》:"善也,美也。"《说文》:"好,美也。"《诗经·关雎》:"窈窕淑女,君子好逑。"

长 *dra̱ŋ,直良切,《广韵》:"久也,远也,常也,永也。"《孟子·梁惠王上》:"度,然后知长短。"《庄子·骈拇》:"鹤胫虽长,断之则悲。"《吕氏春秋·用众》:"善学者,假人之长以补其短。"长 *tra̱ŋ^{B},知丈切,《广韵》:"大也。"《孟子·公孙丑上》:"助之长者,揠苗者也。"《庄子·马蹄》:"禽兽成群,草木遂长。"《吕氏春秋·圜道》:"萌而生,生而长,长而大。"

上声不但跟去声交替,也跟平声交替,甚至平、上、去一起组成一个词族。《广韵》好些字平声、上声异读而没有意义上的差别。显然,我们不能说上声仅仅只是一个无意义差别的变体。但是,我们可以说这些跟去声或者平声交替的上声是黏附上去的记号。如"长",仅声母辅音清浊交替已经足以区别形容词"长"和动词"长",并不需要再标上上声这个记号。黏附上声这一记号,只是标明"长"是一个不及物动词而已,与平声的同族词"张"相对。

第六节　自主动词

一

施事动词的施事者是主体，受事动词的施事者是受事者或外置的第三者。对动作行为的控制度而言，施事动词的控制度相对较强，受事动词的控制度则较弱。自主指说话者主观上可以控制或自愿的动作行为，非自主则指说话者主观上无法控制或不自愿的动词行为或他者行为。因而，施事动词跟受事动词的关系也可以算是自主动词跟非自主动词的关系。

自主动词和非自主动词并不一一匹配，只有一小部分动词才可以既是自主动词，也是非自主动词。一个说话者可以控制或自愿的动作行为，在某些特殊情况下，会变成一个说话者无法控制或不自愿的动作行为，从自主动词变成非自主动词，比如“取”。“取”和“娶”是施事动词跟受事动词的关系，但也可以算是自主动词跟非自主的关系。“取”是一个说话者可以控制或自愿的动作行为。但是，当所取的对象是“妻”时，就成了说话者无法控制或不自愿的动作行为，因为在封建时代，父母之命，媒妁之言，“娶”与“不娶”说话者都无法控制。

二

非自主动词的构成，主要通过非去声和去声交替来实现。一个非去声动词改成去声就成了非自主动词。非自主动词的构成方式跟动词既行体的构成方式相同，即非自主动词和动词的既行体相同，也跟受事动词相同。动作完成也就没了动作性，说话者自然不能控制动作产生的结果或形成的状态。“往者不可谏，来者犹可追。”木已成舟，只能接受事实。上古汉语中，这种通过上声和去声交替实现自主动词和非自主动词彼此间转换的例子不少。

取 *ȶho̱^{B},七庾切,《说文》:“捕取也。”《诗经·七月》:“取彼狐狸,为公子裘。”《诗经·伐檀》:“不稼不穑,胡取禾三百亿兮。”娶 *ȶho̱s,七句切,《广韵》:“《说文》曰:取妇也。”《左传·隐公元年》:“初,郑武公娶于申,曰武姜。”《释文》:“娶,七住反。”字本只作“取”。《诗经·韩奕》:“韩侯取妻,汾王之甥。”《释文》:“取,七喻反,本亦作娶。”《诗经·衡门》:“岂其取妻,必齐之姜。”《释文》:“取,音娶。”《易·蒙》:“勿用取女。”《释文》:“取,七住反,本又作娶。”《易·姤》:“女壮,勿用取女。”《释文》:“取,七喻反。”

养 *jaŋ^{B},余两切,《广韵》:“育也。”《左传·哀公六年》:“僖子使子士之母养之。”《论语·阳货》:“唯女子与小人为难养也。”《荀子·礼论》:“不能养之。”养 *jaŋs,余亮切,《广韵》:“供养。”《说文》:“养,供养也。”《左传·襄公二年》:“妇养姑者也,亏姑以成妇,逆莫大焉。”《释文》:“养,徐余亮反。”《左传·文公十八年》:“事之如孝子之养父母也。”《释文》:“养,余亮反。”《论语·为政》:“今之孝者,是谓能养。”《释文》:“养,羊尚反。”

毁 *xo̱r^{B},许委切,《说文》:“缺也。”《孝经·开宗明义章》:“身体发肤,受之父母,不敢毁伤,孝之始也。”《释文》:“如字。《仓颉篇》云:毁,破也。《广雅》云:亏也。”《左传·庄公三十年》:“自毁其家,以纾楚国之难。”毁 *xo̱rs,况伪切,《广韵》:“男八岁女七岁而毁齿。”《群经音辨》:“坏佗曰毁,许委切;自坏曰毁,况伪切。”《周礼·秋官·司寇》:“凡有爵者与七十者,与未龀者,皆不为奴。”郑注:“龀,毁齿也。男八岁女七岁而毁齿。”《释文》:“况伪反,下同。”《说苑·辨物》:“男八月而生齿,八岁而毁齿。”

待 *de^{B},徒亥切,《广韵》:“待拟也,俟也。”《左传·隐公元年》:“子姑待之。”《左传·闵公元年》:“公次于郎以待之。”《论语·子路》:“卫君待子而为政,子将奚先?”《周礼·天官·冢宰》:“凡治,以典待邦国之治,以则待都鄙之治,以法待官府之治,以官成待万民之治,以礼待宾客之治。”侍 *de̱s,时吏切,《广韵》:“近也,从也,承也。”《说文》:“侍,承也。”《孝经·开宗明义章》:“仲尼居,曾子侍。”《释文》:“卑在尊者之侧曰侍。”《左传·宣公二年》:“臣侍君宴,过三爵,非礼也。”《论语·先进》:“冉有、公西华侍坐。”

坐 *ȡor^{B},徂果切,《广韵》:“《释名》云:坐,挫也,骨节挫屈也。”《论语·

乡党》:“席不正,不坐。”《论语·宪问》:“孔子与之坐而问焉。”《孟子·梁惠王上》:“王坐于堂上,有牵牛而过堂下者。”坐*ɖors,徂卧切,《广韵》:“被罪。”《左传·昭公二十三年》:“晋人使与邾大夫坐。”杜注:“坐,讼曲直。”《韩非子·和氏》:“商君教秦孝公以连什伍,设告坐之过。”《史记·平准书》:“赦吏民之坐盗铸金钱死者数十万人。”《左传·襄公二十三年》:“乐王鲋侍坐于范宣子。”《释名》:“坐,如字,一音才卧反。”《礼记·曲礼上》:“侍坐于先生,先生问焉,终则对。”《释文》:“坐,才卧反。”《礼记·乐记》:“宾牟贾侍坐于孔子。”《释文》:“坐,才卧反,又如字。”《礼记·文王世子》:“凡侍坐於大司成者,远近间三席,可以问。”《释文》:“坐,才卧反,又如字。”

乳*no̱^{B},而主切,《广韵》:“柔也。”《左传·宣公四年》:“虎乳之。”《释文》:“乳,如主反。”乳*no̱s,儒付切(《释文》)。《群经音辨》:“乳,生子也,耳主切;谓饲子曰乳,而遇切。”《说文》:“人及鸟生子曰乳,兽曰产。”《尚书·尧典》:“厥民析,鸟兽孳尾。”传:“乳化曰孳,交接曰尾。”《释文》:“乳,儒付反。”《礼记·曲礼下》:“不取麛卵。”注:“生乳之时,重伤其类。”《释文》:“乳,如注反。”《周礼·秋官·司寇》注:“又不生乳于圈槛也。”《释文》:“乳,而树反。”《礼记·月令》:“雉雊,鸡乳。”《释文》:“乳,如住反。”

吐*tha^{B},他鲁切,《广韵》:“口吐。”《诗经·烝民》:“柔则茹之,刚则吐之。”《左传·僖公五年》:“明德以荐馨香,神其吐之乎?”《庄子·在宥》:“堕尔形体,吐尔聪明。”吐*thas,汤故切,《广韵》:“欧也。”《说文》:“吐,写也。”《吕氏春秋·介立》:“两手据地而吐之。”《汉书·西域传上》:“令人身热无色,头痛呕吐。”《素问·刺疟》:“足少阴之疟,令人呕吐甚。”《左传·哀公二年》:“吾伏弢呕血。”注:“呕,吐也。”《释文》:“吐,他露反。”

写*ça̱^{B},悉姐切,《广韵》:“除也。”《说文》:“写,置物也。”《礼记·曲礼上》:“器之溉者不写,其余皆写。”引申为倾诉。《广雅》:“写,除也。”《诗经·泉水》:“驾言出游,以写我忧。”传:“写,除也。”《诗经·竹竿》:“驾言出游,以写我忧。”《管子·白心》:“卧名利者写生危。”注:“写,除也。”泻*ça̱s,司夜切,《广韵》:“吐泻。”《说文》:“吐,泻也。”段玉裁注:“俗做泻者,写之俗字。”《广雅》:“吐,泻也。”《史记·扁鹊仓公列传》:“车步广志,以适筋骨肉血脉,以泻气。”《释名》:“吐,泻也,故扬豫以东谓泻为吐也。”

袒*dan^{B},徒旱切,《广韵》:“袒裼。”《左传·庄公八年》:“袒而示之背。”

《释文》:“袒,音但。”《孟子·公孙丑上》:“虽袒裼裸裎于我侧,尔焉能浼我哉?”《韩非子·十过》:“曹君袒裼而观之。”《史记·陈涉世家》:“袒右,称大楚。”袒*drans,丈雁切,《广韵》:“衣缝解也。”《说文》:“袒,衣缝解也。”字也作“绽”。《礼记·内则》:“衣裳绽裂,纫箴请补缀。”注:“绽,犹解也。”《释文》:“绽,字或作袒,直苋反,徐治见反。”

请ʨhi̱ŋ^{B},七静切,《广韵》:“乞也,求也,问也,谒也。”《左传·隐公元年》:“亟请于武公,公弗许。及庄公即位,为之请制。”《群经音辨》:“请,告也,七井切;请,问也,音情,昏礼请期。”请*ʥi̱ŋ,疾盈切,《广韵》:“受也。”《礼记·昏义》:“昏礼纳采、问名、纳吉、纳征、请期,皆主人筵几于庙,而拜迎于门外。”《释文》:“请,徐音情,又如字。”《左传·襄公二十四年》:“楚子使薳启强如齐聘,且请期。”请*ʥi̱ŋs,疾政切,《广韵》:“延请,亦朝请。”《说文》:“请,谒也。”段注:“春朝秋覲,汉改为春朝秋请。”《史记·魏其武安侯列传》:“太后除窦婴门籍,不得入朝请。”正义:“请,才性反。”《史记·陈丞相世家》:“杜门竟不朝请。”《汉书·宣帝纪》:“时会朝请,舍长安尚冠里。”注:“请音才姓反。”

敛*ro̱m^{B},良冉切,《广韵》:“收也。”《论语·先进》:“求也为之聚敛而附益之。”《礼记·月令》:“乃命有司,趣民收敛。”殓*ro̱ms,力验切,《广韵》:“殡殓。”《晏子春秋·谏下》:“公殓之以服,葬之以士礼焉。”本只作敛。《左传·僖公三十三年》:“文夫人敛,而葬之郐城之下。”《释文》:“敛,力艳反。”《左传·襄公五年》:“季文子卒,大夫入敛。”《释文》:“敛,力艳反。”《礼记·檀弓上》:“大事敛用昏。”《释文》:“敛,力验反。”

奉*bo̱ŋ^{B},扶陇切,《广韵》:“与也,献也,禄也。”《礼记·檀弓下》:“黔敖左奉食,右执饮。”《左传·庄公二十二年》:“奉之以玉帛,天地之美具焉。”《左传·隐公元年》:“是以隐公立而奉之。”奉*bo̱ŋs,房用切(《集韵》)。《左传·僖公三十三年》:“秦违蹇叔而以贪勤民,天奉我也。”注:“奉,与也。”《释文》:“奉,扶用反。”《左传·哀公二十四年》:“天奉多矣。”

读去声的为非自主动词,比如“毁”。周法高(1962)认为“毁$_{况伪切}$”是“毁$_{许委切}$”的使动式,显然不明白汉语的动词分自主和非自主。“毁齿”不是施事者主动要毁掉牙齿,而是牙齿自己到这个年龄要毁掉。牙齿毁掉或不毁掉是说话者所无法控制的。“身体发肤受之父母，不敢毁伤。”（《孝经·开宗明义章》）《释文》：“毁，如字。”只有“毁齿”意义，《释文》才注音去声。后来的注释家以及近代学者不明白动词分自主与非自主，在“毁”字读音的处理上多混乱。周祖谟（1966：101）以自毁和毁他来解释“毁”之上声和去声两读，也误。

三

怒*na^B，奴古切，《广韵》：“恚也。”怒*nas，乃故切，《广韵》：“恚也。”

忿*phu̲n^B，敷粉切，《广韵》：“怒也。”忿*phu̲ns，匹问切，《广韵》：“怒也。”

醒*çiŋ^B，苏挺切，《广韵》：“醉歇也。”醒*çiŋs，苏佞切，《广韵》：“酒醒。”

祷*tu^B，都晧切，《广韵》：“请也，求福也。”祷*tus，都导切，《广韵》：“祭也，请也。”

自主动词和非自主动词没有绝对的界线。自主动词可以变成非自主动词，而非自主动词也可以变成自主动词，比如“呕”。“吾伏弢呕血。”（《左传·哀公二年》）“呕”就是一个非自主动词。“譬如饱食而呕之，其不惟肌肤无益，而于志亦戾矣。”（《韩诗外传》卷九）这里的“呕”是自主动词。“死”是非自主动词，但也可以转化为自主动词。“然子死晋国，子孙必得志于宋。”（《左传·定公六年》）“我能死，尔能报。”（《左传·昭公二十二年》）“死”就是自主动词。“死”在《广韵》中只有上声一读。《诗经》中的“死”入韵三见，一与平声“偕”押韵，两与上声“体”“礼”押韵，而与上声押韵用的就是自主动词。

采葑采菲，无以下体。德音莫违，及尔同死。（《诗经·谷风》）

相鼠有体，人而无礼。人而无礼，胡不遄死。（《诗经·相鼠》）

予弟行役，夙夜必偕。上慎旃哉，犹来无死。（《诗经·陟岵》）

第七章　后缀

第一节　后缀 * -t

一

藏语和许多其他藏缅语族语言一样，自动词和使动词对立，而表示这种对立的语法形式十分复杂。不过，动词词根附加 s-前缀是藏语使动词诸种形式中最为典型的形式。除此之外，藏语的使动词还可以附加-d 后缀构成。

bji-ba	毛发脱落、剥落	ɦúbjid-pa	擦去、侵蚀
sba-ba	秘密、隐秘	sbed-pa	隐匿、暗藏、掩盖
skje-ba	发生、产出	skjed-pa	发动、使之发生
bgo-ba	瓜分、划分	bgod-pa	划分、分割、分摊
ɦbje-ba	开、启、散、离	ɦbjed-pa	揭开、分开、剖析
ɦgje-ba	离、散、分开	ɦgjed-pa	分离、散开、扩散、散发
tɕ-po	弯曲	tɕ-pa	转，掉头
rgju-ba	走、流动、去	rgjud-pa	贯穿、穿过
nu-ba	吮吸	nud-pa	哺乳
skjo-ba	悲伤、哀痛	skjod-pa	使不安、使焦虑

藏语附加-d 后缀构成使动词，在藏缅语中并不是孤立的语言现象。本尼迪克特指出，后缀-t 在一些词语中显然是表示致使或命令的意思，且克钦语也有致使后缀-t，如克钦语 mədit“弄湿、淋湿”<mədi“潮湿的、湿的”；克钦语 mənit“因……

发笑”<məni“笑”。这说明藏语-d 后缀是对原始藏缅语使动后缀的继承，而不是藏语的一种创造。

本尼迪克特也指出，在一些例子中，这类后缀的精确作用无法捉摸，如 ɦkhru-ba～ɦkhrud-pa“沐浴、洗涤”、gtçi-ba ～gtçid-pa“小便”、rko-ba～rkod-pa“挖、刻”，等等。这种不可精确捉摸的-d 后缀实际上正说明了-d 后缀的功能正在渐渐丧失之中，以至于某一些词中这个-d 后缀仅仅只是语音变体，而不再起语法意义上的构形作用了。此外，藏缅语中也有语言，比如孙宏开所列举的林布语，就通过附加-s 后缀来实现使动。孙宏开认为林布语的使动后缀-s 是原始藏缅语使动 * s-前缀后移的结果。不过，这种构形语素的移动在语言演变过程中比较少见。除了 * s-前缀，我们还没有发现原始藏缅语的哪一个前缀在发展过程后移而成了后缀。因而，我们怀疑林布语、羌语的使动后缀和原始藏缅语的使动 * s-前缀尽管语音形式相同，但两者之间或没有发生学上的联系，即林布语的使动后缀-s 另有来源，尽管和藏缅语其他语言的 * s-前缀语音形式上完全相同。林布语的使动后缀-s 使人联系上藏语的使动后缀-d。词缀 s 在发展过程中有排挤和取代其他词缀的趋势，不论是前缀还是后缀。

藏语的-s 是一个名词后缀，使动词改变词性成名词。我们前面已经提到，来自动词的既行体。这是藏语-s 后缀的最主要的语法意义之一。同样，-n 也是藏语的名词后缀，使动词转化为名词。此外，藏语后缀-d 也有同样的功能，本尼迪克特指出，藏语后缀-d 经常出现在由动词派生的名词中，如：

rŋa-ba	老、衰老、枯槁	rŋad-po	老翁、年老者、老人
ŋu-ba	哭泣	ŋud-mo	嚎啕、哭诉、嚎啕哭声
na-ba	患病、发痛	nad	病、疾病
blu-ba	赎买、用财物等购买	blud-pa	赎金
lu-ba	咳、吐	lud-pa	痰
lta-ba	观看、瞻仰	ltad-mo	供观赏的热闹景象

有时-d 跟-s 互写，例如 blud-pa 亦作 blus-ma。不过，后缀-d 和-s 并存的例子中，两者意义有差异。例如 rgad-po 指“老翁、年老者、老人”，而 rgas-po 指“容颜苍老者”，ltad-mo 指“供观赏的景象”，而 ltas 指“奇怪的迹象、征兆”。可见，词缀-d 和-s、-n 一样，都可以使动词转化为名词，而且不应该是同一个语素的变体。因此，我们不能认为这些由动词转化来的名词中的-s 后缀是由-d 后缀演变来的，或

者-d 后缀是由-s 后缀演变来的。当然,藏语的-s 后缀也会在某一种语音条件下演变成-d,比如附加在-r、-l、-n 之后的-s 曾经演变成了-d,最后脱落。有时前缀也是如此,比如 ɦ-khrug-pa"混乱",除了 s-krug-pa 一体,其使动词还有 d-krug-pa"搅拌、翻搅、使……乱"一体。更不用说,藏语还有具有相似功能的-n 后缀存在。因而,我们只能认为藏语曾经存在过两个语法意义相似的名词 *-s 后缀和 *-d,尽管两者之间原来可能还有意义上的差异。基于动词附加-d 后缀而转化来的名词数量极其有限,而由动词附加-s 后缀转化来的名词数量庞大这一事实,我们有理由认为藏语存在这两个功能相似的构词后缀-d 和-s,后由于语法的类推作用,原来由附加动词之后的-d 后缀后被由附加-s 后缀代替了。

ɦdu-ba	会合、聚集、自然结合	sdud-pa	集、聚、汇集、招收
na-ba	患病、发痛	snad-pa	受伤、损害、衰损
ɦgro-ba	行走、往来、去来	skrod-pa	驱逐、流放

词根附加前缀 s-是藏语使动词构成的规则,而附加-d 后缀则是这一语法规则的例外。我们推测这一规则的例外也是语法类推的结果。因而,藏语中一些动词的使动形式既附加 s-前缀又附加-d 后缀,如上面这些例子。附加 s-前缀或附加-d 后缀都已经足以构成动词的使动形式。这种既附加 s-前缀又附加-d 后缀的构成动词使动形式或可以说明 s-前缀在某一时间势力十分强大,甚至扩展到由附加-d 后缀的使动词中,又因为作为前缀-d 的使动意义在不断地衰弱之中,以致人们已经不十分清楚-d 后缀的语法意义了。

二

上古汉语有致使意义的动词前缀 *s-,只是这个前缀或失落或跟词根融合成了语词不可分离的组成部分。这一点我们在第二章已经详细讨论过,就不再重复。上古汉语也有致使意义的动词后缀 *-t(藏语没有清塞音韵尾-t)。同样,这个动词后缀 *-t 跟词根融合成了语词的组成部分。

无 *ma̱,武夫切,《广韵》:"有无也。"《左传·宣公二年》:"人谁无过,过而能改,善莫大焉。"《左传·成公三年》:"无怨无德,不知所报。"(字也写作

“亡”。《论语·颜渊》:“人皆有兄弟,我独亡。”疏:“亡,无也。”)《论语·八佾》:“夷狄之有君,不如诸夏之亡也。”何注:“亡,无也。”蔑*mat,莫结切,《广韵》:“无也。”《诗经·板》:“丧乱蔑资。”传:“蔑,无也。”《易·剥》:“剥床以足,蔑贞,凶。”注:“蔑,犹削也。剥床之足,灭下之道也。下道始灭,刚陨柔长则正削而凶来也。”灭*mat,亡列切,《广韵》:“尽也,绝也。”《左传·隐公六年》:“恶之易也,如火之燎于原,不可乡迩,其犹可扑灭。”《左传·庄公六年》:“楚复伐邓,灭之。”《礼记·乐记》:“灭天理而穷人欲者也。”

两者比较,我们就会发现,“灭”仅仅比“无”多了一个辅音*-t。谐声系统中,鱼部和曷部(传统月部的一部分)界线清晰,彼此没有谐声关系。可见,韵尾-t早就已经成了“灭”不可分离的组成部分,不再像后缀*-s那样有构词活力。但是,跟“无”和“灭”相平行的例子不少。

洿*ʔa,哀都切,《说文》:“浊水不流也。”污,哀都切,《广韵》:“上同(洿)。”《左传·隐公三年》:“潢污行潦之水,可荐于鬼神。”注:“水不流谓之污。”《淮南子·精神训》:“决洿而注之江,洿水弗乐也。”污的本义是“水不流”,而不是浊水不流。“水不流”则浊,因而引申为浊。《国语·周语下》:“犹塞川原而为潢污也。”《孟子·梁惠王上》:“数罟不入洿池,鱼鳖不可胜食也。”污,所指的都是“水不流”。淤*ʔa,央居切,《广韵》:“淤泥。”《汉书·沟洫志》:“旱则淤绝,水则为败。”阏*ʔat,乌葛切,《广韵》:“止也,塞也。”《说文》:“遮拥也。”《庄子·逍遥游》:“背负青天而莫之夭阏者,而后乃今将图南。”《释文》:“阏,徐於葛反,一音谒。司马云止也,李云塞也。”遏*ʔat,乌葛切,《广韵》:“遮也,绝也,止也。”《尔雅》:“遏,止也。”《诗经·民劳》:“式遏寇虐,无俾民忧 。”《易·大有》:“君子以遏恶扬善。”《管子·正》:“刑以弊之,政以命之,法以遏之,德以养之。”

辜*ka,古胡切,《尔雅》:“罪也。”郭注:“辜,刑罪。”《周礼·秋官·司寇》:“杀王之亲者,辜之。”注:“辜之言枯也,谓磔之。”《周礼·春官·宗伯》:“以狸沈祭山林川泽,以副辜祭四方百物。”《韩非子·内储说上》:“丽水之中生金,人多窃采金,采金之禁,得而辄辜磔于市。”《庄子·则阳》:“至齐,见辜人焉。”字也作“枯”。《荀子·正论》:“斩断枯磔。”注:“枯,弃市暴尸也。”割*kat，古达切，《广韵》：“剥也，害也，断也，截也。”《尔雅》：“割，裂也。”《论语·阳货》：“割鸡焉用牛刀。”《左传·庄公三十二年》：“割臂盟公，生子般焉。”《庄子·盗跖》：“介之推至忠也，自割其股以食文公。”《战国策·秦策四》：“三国之兵深矣，寡人欲割河东而讲。”

渝*zo̠，羊朱切，《广韵》：“渝变也。”《说文》：“渝，变污也。”段玉裁注：“《释言》曰：‘渝，变也。’《郑风》传、虞翻注《易》、杜注《左传》皆同。”《诗经·羔裘》：“彼其之子，舍命不渝。”《左传·隐公六年》：“郑人来渝平，更成也。”注：“渝，变也。”《左传·桓公元年》：“渝盟无享国。”注：“渝，变也。”夺*zot，徒活切，《广雅》：“易也。”《论语·子罕》：“三军可以夺帅，匹夫不可以夺志。”《礼记·缁衣》：“是以生则不可夺志，死则不可夺名。”《吕氏春秋·诚廉》：“石可破也，而不可夺坚；丹可磨也，而不可夺赤。”

聚*ȡo̠，慈庾切，《广韵》：“敛也。”《说文》：“聚，会也。”《左传·文公十六年》：“麇人率百濮聚于选，将伐楚。”《易·系辞上》：“方以类聚，物以群分。”《庄子·知北游》：“人之生，气之聚也，聚则为生，散则为死。”凑*ȶhos，仓奏切，《广韵》：“水会也，徐采会反，徐采会反，司马云司马云聚也。”《韩非子·扬权》：“是非辐凑，上不与构。”《淮南子·原道训》：“草木注根，鱼鳖凑渊。”《淮南子·主术训》：“是非辐凑而为之毂。”字也作辏。辏*ȶhos，仓奏切，《广韵》：“辐辏，亦作凑。”《史记·刘敬叔孙通列传》：“使人人奉职，四方辐辏。”最*ȶots，祖外切，《说文》：“积也。”《庄子·德充符》：“以其心得其常心，物何为最之哉？”《释文》：“最，徂会反，徐采会反，司马云聚也。”《管子·禁藏》：“冬收五藏，最万物，所以内作民也。”注：“最，聚。”“最”实际就是“撮”，加“手”强调其动作性，《庄子·秋水》：“鸱鸺夜撮蚤，察毫末。”释文：“撮，崔本作最，《淮南》作聚。”撮*ȶhot，仓括切，《说文》：“三指撮也。”《汉书·艺文志》：“向辄条其篇目，撮其指意，录而奏之。”《诗经·都人士》：“彼都人士，台笠缁撮。”传：“缁撮，缁布冠也。”《释文》：“撮，七活反。”后作“襊”。襊*ȶhot，仓括切，《广韵》：“缁布冠，《诗》作撮。”也作緅。緅*ȶot，子括切，《广韵》：“结緅也。”

遘*kos，古候切，《广韵》：“遇也。”《说文》：“遘，遇也。”《易·杂卦》：“遘遇也，柔遇刚也。”《尚书·金縢》：“惟尔元孙某，遘厉虐疾。”覯*kos，古候切，《广韵》：“见也。”《诗经·草虫》：“亦既见止，亦既覯止，我心则降。”传：“覯，遇。"《诗经·邶风·柏舟》:"覯闵既多,受侮不少。"姤*kos,古候切,《广韵》:"卦名。姤,遇也,又偶也。"逅*gos,胡遘切,《广韵》:"邂逅。"佸*kot,古活切,《说文》:"会也。"《诗经·君子于役》:"曷其有佸?"括*kot,古活切,《广韵》:"检也,结也,至也。"《仪礼·聘礼》:"出,袒括发。"疏:"括发袒于殡东。"《庄子·寓言》:"向也括而今被发,向也坐而今也起。"《新书·过秦上》:"囊括四海之意,并吞八荒之心。"

驻*tro̱s,中句切,《广韵》:"止马。"《说文》:"驻,马立也。"《一切经音义》:"驻,古文作住、尌、侸、逗四形。"逗*dos,田候切,《广韵》:"逗遛,又住也,止也。"《说文》:"逗,止也。"住*dro̱s,持遇切,《广韵》:"止也。"辍*tro̱t,陟劣切,《广韵》:"止也,已也。"《尔雅》:"辍,已也。"《礼记·曲礼下》:"辍朝而顾。"注:"辍,犹止也。"《释文》:"辍,竹劣反。"《管子·戒》:"公辍射援绥而乘。"《汉书·扬雄传下》:"匠石辍斤而不敢妄斫。"

搂*ro,落侯切,《广韵》:"探取。"《说文》:"搂,曳聚也。"《尔雅》:"搂,聚也。"《孟子·告子下》:"五霸者,搂诸侯以伐诸侯者也。"捋*rot,郎括切,《广韵》:"手捋也,取也,或作寽。"《说文》:"捋,取易也。"段玉裁注:"《诗》'薄言捋之''捋采其刘',传曰:'捋,取也。'此捋之本义也。"《诗经·桑柔》:"捋采其刘,瘼此下民。"《释文》:"捋,力活反。"

竖*do̱,臣庾切,《广韵》:"童仆之未冠者。"《荀子·大略》:"衣则竖褐不完。"注:"童仆之褐,亦短褐也。"字也作"裋"。《方言》:"其短小者谓之裋褕。"《史记·秦始皇本纪》:"夫寒者利裋褐而饥者甘糟糠。"集解引徐广:"一作短,小襦也,音竖。"《荀子·仲尼》:"仲尼之门,五尺之竖子,言羞称乎五伯。"《吕氏春秋·重己》:"使五尺竖子引其棬,而牛恣所以之。"《左传·成公十年》:"公梦疾为二竖子。"侏*to̱,章俱切,《广韵》:"侏儒,短人。"字本只作"朱"。《广雅》:"朱儒,短也。"《左传·襄公四年》:"我君小子,朱儒是使,朱儒朱儒,使我败于邾。"短*ton,都管切,《广韵》:"不长也。"《说文》:"短,有所长短,以矢为正。从矢,豆声。"《左传·僖公四年》:"筮短龟长,不如从长。"《孟子·梁惠王上》:"度,然后知长短。"剟*tot,丁括切,《广韵》:"削也。"《方言》:"剟,短也。"剟,使……短,引申为削、裁等。《说文》:"剟,刊也。"剟,《广雅》:"削也。"《商子·定分篇》:"有敢剟定法令,损益一字以上,罪死不赦。"《汉书·贾谊传》:"盗者剟寝户之帘。"字也作"掇"。《庄子·秋水》:“遥而不闷,掇而不跂。”注:“掇,短也。”《汉书·王嘉传》:“掇去宋弘,更言因董贤以闻。”注:“掇读曰剟。剟,削也,削去其名也。”字也作“叕”。《淮南子·人间训》:“圣人之思修,愚人之思叕。”注:“叕,短也。”

樛*kru̱,居虯切,《广韵》:“《说文》曰:下句曰樛。《诗》曰:南有樛木。传云:木下曲也。”《尔雅》:“木下句曰朻。”释文:“朻,本又作樛。”《诗经·樛木》:“南有樛木,葛藟累之。”传:“木下曲曰樛。”屈*khu̱t,区勿切,《广韵》:“拗曲。”《孟子·滕文公下》:“富贵不能淫,贫贱不能移,威武不能屈。”《庄子·马蹄》:“屈折礼乐以匡天下之形,县跂仁义以慰天下之心。”《释文》:“屈折肢体为礼乐也。”字也作“诎”。《广雅》:“诎,折也。”《荀子·劝学》:“若挈裘领,诎五指而顿之,顺者不可胜数也。”引申为屈服。《荀子·王霸》:“南足以破楚,西足以诎秦。”《韩非子·难势》:“贤人而诎于不肖者,则权轻位卑也。”

由*zu̱,以周切,《广韵》:“从也,经也,行也。”《论语·雍也》:“谁能出不由户,何莫由斯道也。”《孟子·万章下》:“惟君子能由是路,出入是门也。”《荀子·正论》:“未有知其所由来者。”字也作“繇”。《说文》:“繇,随从也。”《尔雅》:“繇,道也。”述*zu̱t,食聿切,《说文》:“循也。”《礼记·中庸》:“父作之,子述之。”《商君书·靳令》:“圣君独有之,故能述仁义于天下。”《孟子·梁惠王下》:“诸侯朝天子曰述职。述职者,述所职也。”

裁*ɖe,昨哉切,《广韵》:“裁衣。”《说文》:“裁,制衣也。”《论语·公冶长》:“不知所以裁之。”《国语·吴语》:“救其不足,裁其有余。”《韩非子·解老》:“凡物之有形者易裁也,易割也。”截*ɖet,昨结切,《广韵》:“断也。”《说文》:“截,断也。”《诗经·常武》:“截彼淮浦,王师之所。”笺:“就王师而断之。”《吕氏春秋·过理》:“截涉者胫而视其髓。”

显然,*-t不单是一个辅音韵尾,也是一个词缀。谐声系统中,甲类韵和乙类韵有清晰的界线,只有乙类韵中以鼻音-n收尾的字偶尔跟甲类韵中的以零辅音收尾的字谐声。乙类韵内部,阴、阳、入三者之间的谐声界线也很清晰,只是鼻音韵尾-n和塞音韵尾-t之间的谐声事例相对多一些,如“旦”声字。可见,*-t后缀通过跟其他韵尾交替构成新词。

述	食聿切	《说文》:循也	循	详遵切	《说文》:行顺也
郁	纡物切	《诗经·秦风》传:积也	蕴	於云切	《广韵》:蕴积也
郁	纡物切	《尔雅》:(热)气也	温	乌浑切	《广韵》:暖也
遏	乌葛切	《尔雅》:止也	按	乌旰切	《广韵》:抑也,止也
讦	居竭切	《广韵》:面斥人以言	干	古寒切	《广韵》:犯也,触也
昒	呼骨切	《广韵》:尚冥也	昏	呼昆切	《说文》:日冥也
阔	苦栝切	《广韵》:广也	宽	苦官切	《说文》:屋宽大也
爇	如劣切	《广韵》:烧也	然	如延切	《说文》:烧也
别	方别切	《广韵》:分别	辨	符蹇切	《广韵》:别也
羯	居竭切	《说文》:羊羖犗也	犍	居言切	《广韵》:犗牛
怛	当割切	《广雅》:惊也	惮	徒案切	《广韵》:难也,又忌恶也
越	王伐切	《广韵》:远也	远	云阮切	《广韵》:遥远也
檠	桑割切	《说文》:糂檠,散之也	散	苏旰切	《广韵》:分离也,布也
截	昨结切	《广韵》:断也	剪	即浅切	《广韵》:截也
噎	乌结切	《广韵》:食塞,又作咽	咽	乌前切	《广韵》:咽喉
渴	渠列切	《广韵》:水尽也	乾	古寒切	《集韵》:燥也
曰	王伐切	《广韵》:辞也	爰	雨元切	《诗经·硕鼠》笺:曰也

塞音韵尾 *-t 可以跟鼻音韵尾 *-n 交替,而且这种交替不单单是语音演变,尽管存在着这种音变,尤其是声母为鼻辅音的时候极容易使塞音韵尾鼻化。同样,上古汉语的 *-n 后缀也可以通过跟其他韵尾交替构成新词。于是,相同词根组成一个成员众多的词族,比如下面这个意义为"干枯"的词族。

枯 *kha,苦胡切,《广韵》:"枯朽也。"《说文》:"枯,槁也。"《礼记·月令》:"孟夏……行冬令,则草木早枯。"《荀子·劝学》:"玉在山而草木润,渊生珠而崖不枯。"《道德经》:"草木之生也柔脆,其死也枯槁。"干 *kan,古寒切,《集韵》:"燥也。"《诗经·中谷有蓷》:"中谷有蓷,暵其干矣。"《吕氏春秋·应同》:"干泽涸渔,则龟龙不往。"《庄子·田子方》:"老聃新沐,方将被发而干。"渴 *khat,苦曷切,《广韵》:"饥渴。"《诗经·君子于役》:"君子于役,苟无饥渴。"《诗经·采薇》:"忧心烈烈,载饥载渴。"渴 *g̱at,渠列切,《广韵》:"水尽也。"《说文》:"渴,尽也。"段玉裁注:"渴、竭古今字,古水竭字多用渴。"《周礼·地官·司徒》:"渴泽用鹿。"《左传·成公五年》:"故山崩川竭，君为之不举。”《国语·周语上》：“昔伊、洛竭而夏亡。”注：“竭，涸也。”《礼记·月令》：“毋竭川泽，毋漉陂池，毋焚山林。”《吕氏春秋·义赏》：“竭泽而渔，岂不获得？而明年无鱼。”涸* gak，下各切，《广韵》：“水竭也。”涸，《说文》：“渴也。”《庄子·大宗师》：“泉涸，鱼相与处于陆。”《韩非子·说林上》：“泽涸，蛇将徙。”《吕氏春秋·八月纪》：“杀气浸盛，阳气日衰，水始涸。”

比	卑履切	《广韵》：并也。	比	毗必切	《广韵》：比次。
尼	女夷切	《广韵》：和也。	昵	尼质切	《广韵》：近也。
祈	渠希切	《广韵》：求也。	乞	去讫切	《广韵》：求也。
剐	古瓦切	《广韵》：剔人肉置其骨。	刮	古刷切	《广韵》：刮削。
离	吕支切	《广韵》：近曰离，远曰别。	列	良辥切	《说文》：分解也。

甲类韵、乙类韵之间有一条很难逾越的鸿沟，乙类韵内部虽然没有像跟甲类韵那样不可逾越，但彼此之间的界线还是非常清晰的，尤其是阴声和入声之间。谐声系统中，乙类的阴声一般不跟入声谐声。这跟去声和非去声广泛谐声很不同。不过，两者也可以组成同族词，虽然这种同族词相对于韵尾-t 和-n 交替组成的同族词要少。这说明上古汉语* -t 后缀早就已经失去了构词能力。

二

咮* t/l/o̲，张流切，《广韵》：“曲喙。”《说文》：“咮，鸟口也，从口朱声。”从“朱”声不当读入犬韵。《集韵》：“咮，钟输切，《说文》鸟口也。”《广韵》：“咮，章俱切，耆咮，多音貌。”此音当为“咮”的本音。《左传·哀公二十六年》：“已为鸟而集于其上，咮加于南门，尾加于桐门。”《诗经·候人》：“维鹈在梁，不濡其咮。”啜* tho̲t，姝雪切，《广韵》：“《说文》曰：尝也。《尔雅》云：茹也。《礼》曰：啜菽饮水。”《说文》：“啜，尝也。一说喙也。”《尔雅》：“啜，茹也。”《礼记·檀弓下》：“啜菽饮水尽其欢，斯之谓孝。”《释文》：“啜，昌劣反。”《荀子·非相》：“然而君子啜其羹，食其胾。”《韩非子·说林上》：“中山之君烹其子而遗之羹，乐羊坐于幕下而啜之。”

通过对同族词的考察，可以确定 *-t 是一个动词后缀，也是一个致使意义的动词后缀，尽管 *-t 可能还有其他语法意义。藏语-d 后缀，随着其语法形态功能的衰弱，如同本尼迪克特所说，其精确作用已经无法捉摸了。上古汉语也有跟藏语相似的情况。更值得注意的是，由于 *-t 后缀构词功能的弱化，个别字后代读音甚至在使动和非使动上出现混乱，如“去”。

去 *kh$\underline{a}^{B}$，羌举切，《广韵》：“除也。”《左传·隐公六年》：“为国家者，见恶如农夫之务去草焉。”《释文》：“去，起吕反。”祛 *kh$\underline{a}$，丘於切，《集韵》：“禳却也。”《广雅》：“祛，去也。”《左传·桓公八年》：“天去其疾矣。”《释文》：“去，起吕反。”《左传·闵公元年》：“不去庆父，鲁难未已。”《释文》：“去，起吕反。”祛 *kh$\underline{a}$，丘於切，《集韵》：“禳却也。”《广雅》：“祛，去也。”去 *kh$\underline{a}$s，丘倨切，《广韵》：“离也。”《左传·宣公十五年》：“楚师将去宋，申犀稽首于王之马前。”《孟子·梁惠王下》：“昔者大王居邠，狄人侵之，去之岐山之下居焉。”朅 *kh$\underline{a}$t，丘竭切，《广韵》：“《说文》去也。”《说文》：“朅，去也。”《吕氏春秋·士容》：“富贵弗就而贫贱弗朅。”《楚辞·九辩》：“车既驾兮朅而归，不得见兮心伤悲。”《淮南子·说山训》：“以束薪为鬼，朅而走。”

王力（1982：134—135）：“来去的‘去’旧读去声，是内动词，与‘朅’同义。‘祛’是此种‘去’的使动词。”依据上古汉语的构词规则，使动词形式应该读去声，而“去”却相反。“朅”是“离去”的“去”的异体字。藏缅语的一些-s 韵尾变成了-t 韵尾，而汉语的 *-t 韵尾就有来自 *-s 韵尾，如藏缅语的 *s-nis“七”和汉语的 *s-n$\underline{i}$t“七”。“旱既太甚，黾勉畏去。胡宁瘨我以旱，憯不知其故。”（《诗经·云汉》）“离去”的“去”押去声韵。如此看来，“离去”的“去”本读去声。我们前面已经讨论过，此为不得不做的非自主行为。

第二节　后缀*-n

一

上古汉语甲类韵部和乙类韵部的谐声界线非常清晰，但是甲类韵部中的阴声韵偶尔可以跟乙类韵部中的阳声韵谐声，即鼻音韵尾*-n跟零辅音韵尾可以共同组成一个谐声集合。谐声系统中，具有这种谐声关系的事例不多，但非常可靠。

媪*ʔu^{B}，乌晧切，《说文》："母老偁也。从女昷声，读若奥。"
短*ton^{B}，都管切，《说文》："有所长短，以矢为正。从矢豆声。"
煗*non^{B}，乃管切，《说文》："温也。从火耎声。"
畽*thon^{B}，吐缓切，《说文》："禽兽所践处也。从田童声。"

乙类韵部中的阳声韵可以跟入声韵谐声，也可以跟阴声韵谐声，尽管这种谐声不是很普遍。如同同部位辅音清浊谐声，鼻音韵尾-n 通过跟非鼻音-n 韵尾交替组成谐声关系，而甲类韵部中的阴声韵应该看成是带零辅音韵尾的韵部，即鼻音韵尾-n 和零辅音韵尾交替。

挥*khu̱r，许归切，《说文》："奋也。从手军声。"
祈*gɯ̱r，渠希切，《说文》："求福也。从示斤声。"
傩*nar，诺何切，《说文》："行人节也。从人难声。"
篅*do̱r，是为切，《说文》："以判竹圜以盛谷也。从竹端声。"
皤*par，博禾切，《说文》："老人白也。从白番声。"

阳声韵跟入声韵谐声，也跟阴声韵谐声。上古汉语的鼻音韵尾-n 和塞音韵尾-t 是区别意义的音位，而且两者组成有意义差别的同族词。显然，它们之间的谐声不是历时音变，尽管某个别语词确实因音变而出现韵尾变异。那么，乙类韵的阳声和阴声的谐声也不应该解释为音变。这种谐声反映了上古汉语的一种形态手段，即鼻音韵尾 * -n 跟流音韵尾 * -r 交替构词。

bɕafi-ba	屠宰	bɕan-pa	屠夫
rku-ba	偷	rkun-po	小偷
gtɕu-ba	拧、绞	tɕhun-po	捆、束
ʑu-ba	熔化	ʑun-ma	熔液
bgo-ba	穿戴	gjon-pa	衣服
smjo-ba	疯	smjon-pa	疯子
skji-ba	借贷	skjin-pa	偿还物
gtɕi-ba	解小便	gtɕin-pa	小便
rga-ba	衰老	rgan-po	老人
rdzu-ba	假装	rdzun	假话
rgju-ba	走、去	rgjun	连续
bɕu-ba	剥皮	ɕun-pa	皮、壳

书面藏语动词变名词，最常见的语法手段是附加 * -s 后缀。书面藏语的 * -s 后缀可以附加在元音之后，也可以附加在辅音之后，其中附加在流音-r/-l 之后的 * -s 后缀变成-d。书面藏语动词变名词还可以有-d 和-n 后缀。本尼迪克特(1984:103—104)提到了藏缅语的名词后缀-n，但没有展开进一步的讨论。跟-s 后缀不同，书面藏语的-d/-n 不能附加在辅音上。

gtɕod-pa	切割	tɕhan-pa	剪刀片
sdud-pa	聚集	dun-sa	会场
gud-pa	衰退	gun-po	哀败
tshad-pa	计量	tshan	分量、度量
rmod-pa	挖地	rmon-pa	耕作
rgjud-pa	连贯	rgjun	相续

动词以塞音-d 收尾，名词以鼻音-n 收尾。很显然，通过韵尾-d 和-n 的交替，书面藏语将动词变成名词。上述书面藏语这些同族词的语音关系等同于汉语乙类韵部入声韵和阳声韵之间的语音关系。从书面藏语看，乙类韵部阴声、入声、阳声谐声也应该是韵尾交替。上古汉语的 * -r、* -t、* -n 都不是纯粹的辅音韵尾，而

是兼具构词作用的词缀，只因出现在语词的末尾，我们称之为后缀。但跟普通的后缀不同，它们不能出现在辅音韵尾之后。

二

斯*çi̱，息移切，《说文》："析也。"《诗经·墓门》："墓门有棘，斧以斯之。"《庄子·则阳》："斯而析之，精至于无伦，大至于不可围。"析*çik，先击切，《说文》："破木也。"《诗经·南山》："析薪如之何？匪斧不克。"《诗经·小弁》："伐木掎矣，析薪杝矣。"《左传·宣公十五年》："敝邑易子而食，析骸以爨。"薪*çi̱n，息邻切，《广韵》："柴也。"《集韵》："大木可析谓之薪。"《诗经·汉广》："翘翘错薪，言刈其楚。"《礼记·月令》："乃命四监收秩薪柴，以共郊庙及百祀之薪燎。"注："大者可析谓之薪。"《周礼·地官·司徒》："掌敛野之赋，敛薪刍。"注："大木曰薪。"《诗经·车舝》："陟彼高冈，析其柞薪。"

赭*ta̱^{B}，章也切，《广韵》："赤土也。"《说文》："赭，赤土也。"《诗经·简兮》："赫如渥赭，公言锡爵。"《释文》："赭，音者，丹也。"《管子·地数》："上有赭者，下有铁。"《史记·秦始皇本纪》："使刑徒三千人皆伐湘山树，赭其山。"丹*tan，都寒切，《广韵》："赤也。《说文》曰：巴越之赤石也。"《诗经·终南》："颜如渥丹，其君也哉。"《庄子·盗跖》："唇如激丹，齿如齐贝。"《管子·小称》："丹青在山，民知而取之；美珠在渊，民知而取之。"

睹*ta^{B}，当古切，《广韵》："诘朝欲明。"《说文》："睹，旦明也。"朱骏声："字也作曙。"曙*da̱s，常恕切，《广韵》："晓也。"《说文》新附："曙，晓也。"《集韵》："曙，常恕切，晓也。"《吕氏春秋·重己》："论其安危，一曙失之，终身不复得。"注："曙，明日也。"旦*tans，得按切，《广韵》："明也。"《说文》："旦，明也。"《庄子·齐物论》："梦饮酒者，旦而哭泣；梦哭泣者，旦而田猎。"《礼记·檀弓上》："幸而至于旦，请敬易之。"

语*ŋa̱^{B}，鱼巨切，《说文》："论也。"《诗经·斯干》："爰居爰处，爰笑爰语。"《左传·襄公二十六年》："令尹子木与之语。"也为及物动词。《左传·隐公元年》："公语之故，且告之悔。"《论语·阳货》："吾语女。"言*ŋa̱n，语轩切，《广韵》："言语也。《字林》云：直言曰言，答难曰语。"《诗经·墙有茨》：

“中冓之言,不可道也。”《诗经·将仲子》:“父母之言,亦可畏也。”《左传·僖公十年》:“币重而言甘,诱我也。”《左传·襄公二十七年》:“志以发言,言以出信,信以立志。”也用作动词。《左传·桓公六年》:“斗伯比言于楚子曰:吾不得志于汉东也,我则使然。”《论语·八佾》:“夏礼,吾能言之,杞不足征也。”《论语·先进》:“夫人不言,言必有中。”

贮*tra̱,直鱼切,《广韵》:“居也,积也。”《管子·大匡》:“毋曲堤,毋贮粟。”《吕氏春秋·乐成》:“我有衣冠,而子产贮之。”储*dra̱,直鱼切,《广韵》:“储副。”《文选·左思〈咏史〉》注引《说文》:“储,蓄也。”《韩非子·十过》:“仓无积粟,府无储钱。”廛*dra̱n,直连切,《说文》:“一亩半,一家之居。”《周礼·地官·司徒》郑注引郑司农:“廛,谓市中之地,未有肆而可居畜藏货物者也。”《孟子·滕文公上》:“愿受一廛而为氓。”

稣*ça,素姑切,《广韵》:“息也,舒悦也,死而更生也。”《广雅》:“稣,生也。”字通作“苏”,音同。《左传·襄公十年》:“队,则又县之,苏而复上者三。”《管子·法禁》:“故莫敢超等踰官,渔利苏功,以取顺其君。”鲜*ça̱n,相然切,《说文》:“鲜鱼也。”《道德经》:“治大国若烹小鲜。”《礼记·内则》:“冬宜鲜羽。”注:“生鱼也。”《左传·襄公三十年》:“唯君用鲜。”注:“鲜,野兽。”《左传·宣公十二年》:“兽人无乃不给于鲜。”注:“新杀为鲜。”

瘏*da,同都切,《广韵》:“病也。”《说文》:“瘏,病也,《诗》曰:我马瘏矣。”《诗经·卷耳》:“我马瘏矣,我仆痡矣。”传:“瘏,病也。”《释文》:“瘏音涂,本又作屠。”《诗经·鸱鸮》:“予口卒瘏。”传:“瘏,病也。”瘅*dan,徒干切,《广韵》:“风在手足病。”《山海经·西山经》:“是可以御凶,服之已瘅。”《左传·襄公十九年》:“荀偃瘅疽,生疡于头。”

拒*ga̱^{B},其吕切,《广韵》:“(拒)捍也,又格也,违也。”字《说文》作“岠”。岠*ga̱^{B},其吕切,《说文》:“止也。”段玉裁注:“岠即拒也。”《论语·子张》:“可者与之,其不可者拒之。”《荀子·君道》:“将内以固城,外以拒难。”《国语·晋语一》:“其进者壅塞,其退者拒违。”干*kan,古寒切,《广韵》:“犯也,触也。”《说文》:“干,犯也。”《方言》:“盾,自关而东或谓之瞂,或谓之干,关西谓之盾。”《诗经·公刘》:“弓矢斯张,干戈戚扬,爰方启行。”笺:“干,盾也。”《诗经·时迈》:“载戢干戈,载櫜弓矢。”

聚*ɖo̱^{B},慈庾切,《广韵》:“共也,敛也。”《说文》:“聚,会也。”《左传·襄公二十四年》:“夫诸侯之贿聚于公室,则诸侯贰。”聚 *ȡo̱s,秦雨切,《说文》:“邑落曰聚。”《史记·秦本纪》:“并诸小乡聚,集为大县,县一令,四十一县。”正义:“聚,犹村落之类。”《说苑·权谋》:“乡聚里中人哀而救之。”𠦝 *ȶon^{B},作管切,《广韵》:“五百家也,又五乡为𠦝。《周礼》曰:四里为𠦝,五𠦝为鄙。”《周礼·地官·司徒》:“𠦝长,每𠦝中士一人。”

伛 *ʔo̱^{B},於武切,《广韵》:“枉也。”《说文》:“伛,偻也。”《左传·昭公七年》:“一命而偻,再命而伛,三命而俯。”《庄子·列御寇》:“一命而伛,再命而偻,三命而俯。”《礼记·问丧》:“然则秃者不免,伛者不袒,跛者不踊,非不悲也。”冤 *ʔo̱n,於袁切,《广韵》:“屈也,枉也,曲也。”《说文》:“冤,屈也。”《管子·形势解》:“冤暴之令,加于百姓。”《墨子·天志中》:“诸侯之冤不兴矣,边境兵甲不作矣。”《史记·平准书》:“家岂有冤,欲言事乎?”

孤 *qa,古胡切,《广韵》:“孤子。”《左传·文公十八年》:“不分孤寡,不恤穷匮。”《论语·里仁》:“德不孤,必有邻。”《孟子·梁惠王下》:“老而无妻曰鳏,老而无夫曰寡,老而无子曰独,幼而无父曰孤。”寡 *q/r/a^{B},古瓦切,《广韵》:“鳏寡。”《论语·为政》:“多闻阙疑,慎言其余,则寡尤。”《孟子·梁惠王上》:“然则小固不可以敌大,寡固不可以敌众,弱固不可以敌强。”鳏 *q/r/an,古顽切,《广韵》:“鳏寡。”《墨子·兼爱中》:“不为大国侮小国,不为众庶侮鳏寡。”《管子·五辅》:“养长老,慈幼孤,恤鳏寡。”

余 *za̱,以诸切,《广韵》:“饶也。”《左传·成公二年》:“欲勇者,贾余余勇。”《论语·学而》:“行有余力,则以学文。”《孟子·公孙丑下》:“七百有余岁矣。”《庄子·骈拇》:“二者或有余于数,或不足于数,其于忧一也。”羡 *za̱n,似面切,《广韵》:“又余也。”《诗经·十月之交》:“四方有羡,我独居忧。”《周礼·地官·司徒》:“凡起徒役,毋过家一人,以其余为羡。”《孟子·滕文公下》:“以羡补不足,则农有余粟,女有余布。”

题 *di,杜奚切,《说文》:“额也。”《礼记·王制》:“南方曰蛮,雕题交趾,有不火食者矣。”《韩非子·解老》:“是黑牛也而白题。”也用作动词。《左传·襄公十年》:“舞师题以旌夏。”注:“题,识也,以大旌表识其行列。”《韩非子·和氏》:“悲夫宝玉而题之以石,贞士而名之以诳。”颠 *tin,都年切,《广韵》:“顶也。”《说文》:“颠,顶也。”《诗经·车邻》:“有车邻邻,有马白颠。”《韩非子·奸劫弑臣》:“是犹上高陵之颠,堕峻溪之下而求生,必不几矣。”字后作“巅”。巅*tin,都年切,《广韵》:“山顶也。”《诗经·采苓》:“采苓采苓,首阳之巅。”《史记·封禅书》:“乃令人上石立之泰山巅。”

三

根词偶尔也可以是名词,如上述例子中的“题”。我们不将*-n看成是后缀,根词也可以带其他辅音韵尾,如“窾”和“空”。显然,构词方法不是黏着而是交替,即用新的韵尾替换根词的韵尾。因而,上古汉语中,*-n韵尾可以跟*-t韵尾交替,也可以跟*-r韵尾交替。

牝	扶履切		牝	毗忍切	《广韵》:牝牡。
卵	郎果切		卵	卢管切	《说文》:凡物无乳者卵生。
笴	古我切	《广韵》:箭茎也。	笴	古旱切	《广韵》:箭笴。
篅	是为切	《广韵》:盛谷圆笆。	篅	市缘切	《说文》:以判竹圜以盛谷也。
番	补过切	《广韵》:兽足。	番	附袁切	《说文》:兽足谓之番。
嫷	即移切	《广韵》:女嫷,星名。	嫷	即浅切	《广韵》:明星。
洗	先礼切	《广韵》:洗浴。	洗	苏典切	《广韵》:姑洗,律名。
寅	以脂切	《广韵》:敬也,亦辰名。	寅	翼真切	《广韵》:辰名。
蔩	以脂切	《广韵》:菟爪。	蔩	翼真切	《广韵》:菟爪。
贲	彼义切	《广韵》:卦名。	贲	博昆切	《广韵》:勇(士)也。

乙类韵部阳声韵可以跟阴声韵谐声,少许字在《广韵》中有阴声、阳声异读。这少许有阴声和阳声两个语音形式的语词中,阳声形式大抵是名词。这跟前面所举的例子中阳声形式是名词一致。可见,这种阴声、阳声异读不是音变的结果,而是韵尾交替的结果。(辅音韵尾交替南岛语常见。)乙类韵部中有不少这种通过韵尾交替组成的同族词,试看下面这些例子。

鹅	五何切	《说文》:鴚鹅也。	雁	五晏切	《说文》:雁鸟也。
饑	居依切	《广韵》:谷不熟。	馑	渠遴切	《广韵》:无谷曰饑,无菜曰馑。
堆	都回切	《广韵》:聚土。	墩	都昆切	《广韵》:平地有堆。
坡	滂禾切	《广韵》:坡坂。	坂	府远切	《说文》:坡者曰坂。
圻	渠希切	《广韵》:曲岸。	圻	语斤切	《广韵》:圻堮,又岸也。
鍦	式支切	《广韵》:短矛。	鋋	以然切	《广韵》:小矛。

皤*par，博禾切，《广韵》："老人白貌。"皤*bar，薄波切，《广韵》："老人白也。"《周易·贲卦》："贲如皤如，白马翰如。"《释文》："皤，白波反。"蘩*ba̱n，附袁切，《广韵》："皤蒿。"《诗经·采蘩》："于以采蘩，于沼于沚。"传："蘩，皤蒿。"《释文》："皤，薄波反，白也。"《诗经·七月》："春日迟迟，采蘩祁祁。"传："蘩，白蒿也。"《左传·隐公三年》："苹蘩薀藻之菜。"

显然，通过鼻音韵尾*-n和流音韵尾*-r交替组成一对同族词。带非鼻音-n的可以是名词，也可以不是名词，而带鼻音-n韵尾的是名词。这在鼻音韵尾*-n和零辅音韵尾交替组成的同族词中表现得非常清楚。*-n后缀偶尔也派生出代词。上古汉语的代词绝大部分为阴声韵（包括乙类韵部），而阳声韵只有几个，其中"言""然""安"为鼻音韵尾*-n。

吾*ŋa，五乎切，《广韵》："我也。"《左传·隐公五年》："吾将略地焉。"《左传·桓公六年》："吾不得志于汉东也，我则使然。我张吾三军而被吾甲兵，以武临之，彼则惧而协以谋我。"《庄子·齐物论》："今者吾丧我，汝知之乎？"言*ŋa̱n，语轩切，《尔雅》："我也。"《诗经·葛覃》："言告师氏，言告言归。"传："言，我也。"《诗经·汉广》："翘翘错薪，言刈其楚。之子于归，言秣其马。""言"仅见于《诗经》，而《诗经》无"吾"。

如*na̱，人诸切，《广韵》："若也。"《诗经·旄丘》："褎如充耳。"《易·屯》："屯如邅如，乘马班如。"《易·贲》："贲如皤如，白马翰如。"《论语·述而》："子之燕居，申申如也，夭夭如也。"然*na̱n，如延切，《广韵》："又如也，是也。"《诗经·终风》："终风且霾，惠然肯来。"《孟子·梁惠王上》："天油然作云，沛然下雨，则苗浡然兴之矣。"

乌*a，哀都切，《广韵》："安也，语辞也。"《吕氏春秋·明理》："故乱世之主，乌闻至乐？"《史记·司马相如列传》："乌有先生者，乌有此事也。"字写作"恶"。恶*a，哀都切，《广韵》："安也。"《孟子·梁惠王上》："以小易大，彼恶知之？"《庄子·齐物论》："既与若同矣，恶能正之？"《荀子·劝学》："学恶乎始？恶乎终？"安*an，乌寒切。《左传·僖公十四年》："皮之不存，毛将安傅？"《国语·周语中》："余安能知之？"焉*a̱n，谒言切，《广韵》："安也。"《诗经·伯兮》:"焉得谖草,言树之背。"

语词的语音形式一直处于从简单到复杂、从复杂到简单的平衡中。保持区别决定了语词应该选择什么语音形式。疑问代词"乌"显然来自疑问语气词*a,而"安"是"乌"的繁化形式。《庄子》既有"乌(恶)",也有"安"。可见,"安"是"乌"的变体,由词根*a通过韵尾交替(鼻音韵尾*-n和零辅音韵尾交替)构成。

恺	苦亥切	《广韵》:乐也,康也	欣	许斤切	《广韵》:喜也
幾	渠希切	《广韵》:近也	近	其谨切	《广韵》:迫也,几也

短*ton^{B},都管切,《说文》:"有所长短,以矢为正。从矢豆声。"

冱*gas,胡误切,《广韵》:"寒凝也。"《庄子·齐物论》:"大泽焚而不能热,河汉冱而不能寒。"《管子·内业》:"大摄,骨枯而血冱。"寒*gan,胡安切,《说文》:"冻也。"《左传·僖公五年》:"谚所谓辅车相依、唇亡齿寒者,其虞虢之谓也。"《左传·哀公十二年》:"若可寻也,亦可寒也。"《论语·子罕》:"岁寒,然后知松柏之后雕也。"《左传·襄公十七年》:"吾侪小人,皆有阖庐,以辟燥湿寒暑。"《庄子·马蹄》:"蹄可以践霜雪,毛可以御风寒。"

琱*tu,都聊切,《广韵》:"琱琢。"《荀子·君道》:"琱琢刻镂,皆有等差。"字也写作"雕",音同。雕,《广韵》:"雕刻,亦作雕。"《论语·公冶长》:"朽木不可雕也。"《庄子·天道》:"刻雕众形而不为朽。"《左传·宣公二年》:"厚敛以雕墙。"《孟子·梁惠王下》:"今有璞玉于此,虽万镒,必使玉人雕琢之。"弴*tu,都聊切,《广韵》:"天子弓也。《说文》曰:画弓也。《诗》又作敦。"《诗经·行苇》:"敦弓既坚。"传:"敦弓,画弓也,天子敦弓。"《释文》:"敦音雕,徐又都雷反。"《诗经·有客》:"有萋有且,敦琢其旅。"《释文》:"敦,都回反,徐又音雕。"弴*tun,都昆切,《广韵》:"画弓也,天子弴弓。"

迂*ʁa̱,羽俱切,《广韵》:"远也,曲也。"《论语·子路》:"有是哉,子之迂也。"《庄子·天道》:"夫兼爱,不亦迂乎。"《管子·度地》:"乃迂其道而远之,以势行之。"远*ʁa̱n^{B},云阮切,《广韵》:"遥远也。"《诗经·雄雉》:"道之云远,曷云能来。"《左传·襄公八年》:"楚师辽远,粮食将尽,必将速归。"《论语·学而》:"有朋自远方来,不亦乐乎?"

懦*no̱,人朱切,《广韵》:"弱也。"愞*nons,奴乱切,《广韵》:"偄弱也。"

《左传·僖公二年》:“宫之奇之为人也,懦而不能强谏。”注:“懦,弱也。”《释文》:“懦,本又作愞,乃乱反。”《左传·襄公三十年》:“韩子懦弱,大夫多贪。”《释文》:“懦,乃乱反。”《左传·昭公二十年》:“水懦弱,民狎而翫之,则多死焉。”《释文》:“懦,乃乱、乃卧二反,一音儒。” 软 *no̱n^B,而兖切,《广韵》:“柔也。”《战国策·楚策四》:“李园,软弱人也。”《史记·货殖列传》:“若至家贫亲老,妻子软弱,岁时无以祭祀进醵。”

形容词表示人或事物的性状、特征或属性。因而,形容词与名词往往同形,既可以是形容词,也可以是名词。鼻音韵尾 *-n 通过跟其他韵尾交替派生出名词,也可以派生出形容词。这一点跟书面藏语相同。藏语的-n 是一个名词后缀,也是形容词后缀,如 drod“热力”和 dron“温热、温暖”。跟藏语一样,上古汉语中这种通过韵尾交替而派生出来的形容词不是很多。

第三节　后缀 * -k

一

终风且霾,惠然肯来。莫往莫来,悠悠我思。(《诗经·终风》)

瞻彼日月,悠悠我思。道之云远,曷云能来。(《诗经·雄雉》)

日之夕矣,羊牛下来。君子于役,如之何勿思。(《诗经·君子于役》)

青青子佩,悠悠我思。纵我不往,子宁不来。(《诗经·子衿》)

忧心孔疚,我行不来。(《诗经·采薇》)

尔酒既旨,尔殽既时。岂伊异人,兄弟具来。(《诗经·頍弁》)

东人之子,职劳不来。西人之子,粲粲衣服。(《诗经·大东》)

经始勿亟,庶民子来。(《诗经·灵台》)

王犹允塞,徐方既来。(《诗经·常武》)

来,《诗经》一韵阴声之部,一韵入声职部。王力(1985)曾经推测“来”有平、入两读。来,落哀切,《广韵》:“至也。”《说文》:“来,周所受瑞麦来麰。”“来”和“麦”之间的不同仅仅在于后者附加有表动植物名词的前缀 m-而已。“来”为平声,而“麦”为入声。这说明“来”上古汉语有入声一读。徕,洛代切,《广韵》:“劳也。勑,上同。”字本只作“来”。《诗经·大东》:“东人之子,职劳不来。”传:“来,勤也。”《释文》:“来音赉。”“劳来”的“来”在《诗经》中正跟入声押韵。《孟子·滕文公上》:“劳之来之,匡之直之,辅之翼之,使自得之,又从而振德之。”“来、直、得、德”押韵,正和《诗经》“来”的押韵情况完全相同。

二

参差荇菜,左右芼之;窈窕淑女,钟鼓乐之。(《诗经·关雎》)

无弃尔辅,员于尔辐。屡顾尔仆,不输尔载。(《诗经·正月》)

其绳则直,缩版以载,作庙翼翼。(《诗经·绵》)

清酒既载,骍牡既备。以享以祀,以介景福。(《诗经·旱麓》)

人之齐圣,饮酒温克。彼昏不知,壹醉日富。各敬尔仪,天命不又。(《诗经·小宛》)

乐具入奏,以绥后禄。(《诗经·楚茨》)

三爵不识,矧敢多又。(《诗经·宾之初筵》)

毋教猱升木,如涂涂附。君子有徽猷,小人与属。(《诗经·角弓》)

肆筵设席,授几有缉御。(《诗经·行苇》)

诲尔谆谆,听我藐藐。匪用为教,覆用为虐。借曰未知,亦聿既耄。(《诗经·抑》)

匪我言耄,尔用忧谑。多将熇熇,不可救药。(《诗经·板》)

亹亹申伯,王缵之事。于邑于谢,南国是式。(《诗经·崧高》)

妇无公事,休其蚕织。(《诗经·瞻卬》)

天子是若,明命使赋。(《诗经·烝民》)

王力(1980:161—162):“若就收-k 的入声来说,问题就更加复杂了;这些入声韵部独立以后,阴声和入声互押的情形更多了。考古派之所以不敢把收-k 的韵部独立起来,就是由于考虑到这种交叉的情形。”《诗经》阴声和入声界线实际很清晰,尽管可以押韵。仔细考察《诗经》的押韵,就会发现这种阴入押韵,最主要的是去声和入声押韵(上声偶尔也可以跟入声押韵)。这跟前面所举的“来”一样,上古跟入声押韵而中古读去声。

贻我来牟,帝命率育。(《诗经·思文》)

于皇来牟,将受厥明。(《诗经·臣工》)

我行其野,芃芃其麦。控于大邦,谁因谁极。(《诗经·载驰》)

硕鼠硕鼠,无食我麦。三岁贯女,莫我肯德。(《诗经·硕鼠》)

麦,莫获切,《广韵》:“《白虎通义》云:麦,金也,金王而生,火王而死。”甲骨文“麦”从“又”持“来”,可以确定跟“来”同族。“麦”只跟入声职部押韵,而“来”可以跟阴声之部押韵,也可以跟入声职部押韵。将《诗经》押韵和词源结合在一起,我们只能承认“来”在上古汉语中应该有一个 * k 韵尾形式。这样《诗经》押韵就显整齐,否则难以解释为何-ak 可以和 as 押韵(《诗经》* -at 不能跟 * as 押韵),而其同根词“麦”是一个带 * -k 韵尾的入声词且《诗经》中只跟入声押韵。

上古汉语的 * -k 在中古汉语中大抵得以保存,只有极小一部分弱化为声门音-ʔ,最后失落并入了上声。因而,不能用弱化去解释为何跟由-s 韵尾而来的 * -h 合流变成中古汉语的去声。合理的解释应该是语法类推的结果。因 * -s 后缀和 * -k 后缀意义相似,上古汉语的 * -k 后缀纷纷被-s 后缀替换,而中古汉语并入去声。这样就可以解释为何阴声可以和入声谐声,两者又可以组成同族词。也就是说,上古汉语的 * -ak 先被替换成 * as,中古汉语时期再并入去声。

三

忤 *ŋas,五故切,《广韵》:“逆也。啎,上同。”《韩非子·难言》:“且至言忤于耳而倒于心,非贤圣莫能听。”《庄子·刻意》:“无所于忤,虚之至也。”

《说文》:“啎,逆也。”《汉书·酷吏传》:“自郡吏以下皆畏避之,莫敢与啎。”字也作“寤”。《左传·隐公元年》:“庄公寤生,惊姜氏,故名曰寤生。”《释文》:“寤,五故反。”逆*ŋa̱k,宜戟切,《广韵》:“乱也。”《左传·僖公十二年》:“往践乃职,无逆朕命。”《庄子·天运》:“文王顺纣而不敢逆,武王逆纣而不肯顺。”《孟子·滕文公下》:“当尧之时,水逆行,泛滥于中国。”

迕*ŋas,五故切,《广韵》:“遇也。遻,上同。”《新书·匈奴》:“其贵人之见单于,犹迕虎狼也。”《庄子·天道》:“迕道而说者,人之所治也。”迓*ŋas,吾驾切,《广韵》:“迎也。”《左传·成公十三年》:“迓晋侯于新楚。”《韩非子·外储说右上》:“或令孺子怀钱挈壶瓮而往酤,而狗迓而龁之。”字又写作“御”。《诗经·鹊巢》:“之子于归,百两御之。”郑笺:“御,迎也。”《释文》:“御,五嫁反,本亦作讶,又作迓。”逆*ŋa̱k,宜戟切,《广韵》:“迎也。”《左传·隐公二年》:“纪裂繻来逆女,卿为君逆也。”《左传·隐公四年》:“卫人逆公子晋于邢。”《礼记·丧大记》:“不逆于门外。”遌*ŋak,五各切,《广韵》:“心不欲见而见曰遌。”《说文》:“遌,相遇惊也。”《庄子·达生》:“是故遻物而不慴。”《释文》:“遻音悟,郭音愕。《尔雅》云:遻,忤也。”愕*ŋak,五各切,《广韵》:“惊也。”《史记·项羽本纪》:“见使者,详惊愕。”

固*kas,古暮切,《广韵》:“坚也。”《诗经·天保》:“天保定尔,亦孔之固。”《左传·桓公二年》:“本大而末小,是以能固。”《论语·季氏》:“今夫颛臾,固而近于费。”锢*kas,古暮切,《广韵》:“锢铸,又禁锢也,亦铸塞也。”《墨子·备城门》:“门植关必环锢,以锢金若铁鍱之。”《左传·成公二年》:“子反请以重币锢之。”注:“禁锢勿令仕。”《战国策·韩策一》:“今四国锢之,而无所入矣。”涸*kas,古暮切,《广韵》:“凝也,闭也。”《集韵》:“涸,古慕切,凝也。”涸*gas,胡故切,《集韵》:“水竭。”涸*gak,下各切,《广韵》:“水竭也。”《庄子·天运》:“泉涸,鱼相与处于陆。”《管子·内业》:“渊之不涸,四体乃固,泉之不竭,九窍遂通。”《吕氏春秋·八月纪》:“阳气日衰,水始涸。”

注*to̱s,之戍切,《广韵》:“灌注也,又注记也。”《左传·成公十六年》:“有韎韦之跗注。”注:“跗注,戎服若袴而属于跗。”《释文》:“注,之树反。”《左传·襄公二十三年》:“乐射之不中,又注。”注:“注,属矢于弦也。”属*to̱k,之欲切,《说文》:“连也。”《左传·定公十四年》:“使罪人三行,属剑于颈。”《左传·成公二年》:“先入,必属耳目焉。”

导*zus，徒到切，《广韵》：“引也。”《说文》：“导，引也。”《管子·君臣上》：“道也者，上之所以导民也。”《孟子·尽心上》：“教之树畜，导其妻子，使养其老。”《荀子·儒效》：“教诲开导成王，使谕于道。”诱*zu̲^{B}，与久切，《广韵》：“导也，引也，教也。”《诗经·野有死麇》：“有女怀春，吉士诱之。”《论语·子罕》：“夫子循循然善诱人。”《墨子·尚贤下》：“我赏因而诱之矣。”迪*zuk，徒历切，“道也。”《说文》：“迪，道也。”徐锴系传：“为引道之道也。”《玉篇》：“迪，导也。”《诗经·桑柔》：“维此良人，弗求弗迪。”

莳*de̲s，时吏切，《广韵》：“种莳。”《说文》：“莳，更别种也。”字本只作时。《尚书·舜典》：“播时百谷。”郑注：“时，读曰莳。”《晏子春秋·谏篇》：“民尽得种时。”注：“时读曰莳。”植*de̲k，常职切，《广韵》：“种植也。”《广雅》：“植，种也。”《吕氏春秋·乐成》：“我有田畴，子产植之。”字也作“殖”，音同。《左传·襄公三十年》：“我有田畴，子产殖之。”《释文》：“殖，时力反。”《国语·郑语》：“(周)弃能播殖百谷。”

捕*bas，薄故切，《广韵》：“捉也。”《庄子·秋水》：“骐骥骅骝，一日而驰千里，捕鼠不如狸狌。”《韩非子·外储说左上》：“曾子欲捕彘杀之。”《管子·问》：“所捕盗贼除人害者几何矣?”搏*pak，补各切，《说文》：“索持也。”《诗经·车攻》：“建旐设旄，搏兽于敖。”《礼记·月令》：“慎罪邪，务搏执。”《孟子·离娄下》：“有故而去，则君搏执之。”《周礼·地官·司徒》：“司稽，掌巡市，而察其犯禁者与其不物者而搏之。”

报*pus，博耗切，《广韵》：“报告。”《诗经·木瓜》：“投我以木瓜，报之以琼琚。”《诗经·女曰鸡鸣》：“知子之好之，杂佩以报之。”《左传·隐公五年》：“郑人侵卫牧，以报东门之役。”引申指报告、答复。《庄子·应帝王》：“列子追之不及，反以报壶子。”《韩非子·内储说上》：“韩昭侯使骑于县，使者报。”复*bu̲k，房六切，《广韵》：“行故道也。”字通写作“復”。复*bu̲k，房六切，《广韵》：“返也。”《说文》：“复，往来也。”《左传·桓公五年》：“淳于公如曹，度其国危，遂不复。”《左传·僖公四年》：“昭王南征而不复，寡人是问。”《论语·学而》：“信近于义，言可复也。”也可以将陈述对象让渡给客体。《吕氏春秋·慎大》：“欲复盘庚之政。”《礼记·乐记》：“使之行商容而复其位。”引申之，指回复、回答。《左传·成公二年》：“若苟有以借口，而复于寡君。”注：“复，白也。”《左传·僖公十五年》：“复曰：师少于我，斗士倍我。”《孟子·梁惠王上》:“有复于王者曰:吾力足以举百钧。”

提*dis,大计切,《集韵》:“掷也,《史记》‘以冒絮提文帝’。”《史记·绛侯周勃世家》:“太后以冒絮提文帝。”集解引徐广:“提音弟。”《史记·刺客列传》:“是时侍医夏无且以其所奉药囊提荆轲也。”正义:“提,侄帝反。”《史记·吴王濞列传》:“皇太子引博局提吴太子,杀之。”索隐:“提音啼,又音底,又音弟。”擿*drik,直炙切,《广韵》:“投也。”《庄子·胠箧》:“擿玉毁珠,小盗不起。”《史记·刺客列传》:“乃引其匕首以擿秦王,不中。”

晦*smes,荒内切,《广韵》:“冥也,又月尽也。”《说文》:“晦,月尽也。”《左传·僖公十五年》:“晦,震夷伯之庙。”《诗经·风雨》:“风雨如晦,鸡鸣不已。”《荀子·赋》:“列星殒坠,旦暮晦盲。”黑*smek,呼北切,《广韵》:“北方色。”《诗经·北风》:“莫赤匪狐,莫黑匪乌。”《荀子·劝学》:“蓬生麻中,不扶而直;白沙在涅,与之俱黑。”

豫*zas,羊洳切,《广韵》:“逸也,安也。”《尔雅》:“豫,乐也。”《诗经·白驹》:“尔公尔侯,逸豫无期。”《孟子·梁惠王下》:“吾王不豫,吾何以助?”《庄子·应帝王》:“汝鄙人也,何问之不豫也!”怿*zak,羊益切,《广韵》:“悦也,乐也。”《诗经·頍弁》:“既见君子,庶几说怿。”《诗经·那》:“我有嘉客,亦不夷怿。”《史记·田敬仲完世家》:“梁惠王惭,不怿而去。”《史记·仲尼弟子列传》:“子贡惭,不怿而去。”

惧*Gas,其遇切,《广韵》:“怖惧。”《诗经·谷风》:“将恐将惧,维予与女。”《左传·隐公十一年》:“羽父惧,反谮公于桓公。”《左传·桓公六年》:“随侯惧而修政。”《庄子·齐物论》:“木处则惴栗恂惧。”瞿*qak,居缚切,《说文》:“一曰视遽貌。”《周易·震卦》:“震索索,视瞿瞿,征凶。”《晏子春秋·谏篇》:“公瞿然曰:从寡人始。”字后作“戄”。戄*Gak,具籰切,《广韵》:“大视。”《说苑·敬慎》:“于是戄然大恐。”

勮*gras,其据切,《广韵》:“勤务也,又惧也,疾也。”《说文》:“勮,务也。”段玉裁注:“务者,趣也。用力尤甚者。”遽*gras,其据切,《广韵》:“急也,疾也,亦战栗也,窘也,卒(猝)也。”《礼记·檀弓上》:“丧事虽遽,不陵节;吉事虽止,不怠。”劇*grak,奇逆切,《广韵》:“增也,一曰艰也。”《说文》:“劇,尤甚也。”《韩非子·内储说上》:“然上党之安乐,其处甚劇,臣恐弛之而不听,奈何?”《史记·平准书》:“作业劇而财匮。”

趣 *ƫho̱s，七句切，《广韵》："趣向。"《说文》："趣，疾也。"《诗经·棫朴》："济济辟王，左右趣之。"传："趣，趍也。"《释文》："趣，七喻反。"《礼记·月令》："乃命有司，趣民收敛。"《释文》："趣，七住反，本又作趋，又七绿反。"《周礼·地官·司徒》："趋其稼事而赏罚之。"《释文》："趋本又作趣，音促。"促 *ƫho̱k，七玉切，《广韵》："速也，迫也。《说文》："促，迫也。""

噍 *ᶁɯ̱s，才笑切，《广韵》："嚼也。"《说文》："嚼，噍或从爵。"《说文》："嚼，噍或从爵。"《说文》："噍，啮也。"《礼记·少仪》："数噍毋为口容。"《释文》："噍，字又作嚼，子笑反，又在笑反。"嚼 *ᶁɯ̱k，在爵切，《广韵》："噬嚼也。"《说文》："嚼，噍或从爵"《史记·游侠列传》："解姊子负解之势，与人饮，使之嚼。"

著 *tra̱s，陟虑切，《广韵》："明也，处也。"《吕氏春秋·情欲》："故使庄王功迹著乎竹帛，传乎后世。"《韩非子·外储说右上》："县帜甚高著。"《说苑·正谏》："抉吾眼著之吴东门，以观越寇之灭吴也。"《礼记·大学》："掩其不善，而著其善。"著 *tra̱k，张略切，《广韵》："服衣于身。"《吕氏春秋·士节》："著衣冠，令其友操剑奉笥而从。"著 dra̱k，直略切，《广韵》："附也。"

四

上古汉语少许以塞音-k 收尾的入声词，韵尾-k 弱化为声门音-ʔ，中古汉语并入上声，如若和汝。大部分语词保留了塞音韵尾-k。显然，上述语词不能用音变解释。入声中古汉语仍然有塞音韵尾-k，而去声已经没有辅音韵尾。因而，上述同族词只能是交替，而且是音质音位的交替，即塞音韵尾-k 和擦音韵尾-s 交替。我们不能为这些去声语词构拟一个 *-ks 复辅音韵尾。因为，这些字大抵跟阴声字谐声而不是跟入声字谐声。这种交替，可以用 *-s 韵尾去交替 *-k 韵尾，也可以用 *-k 韵尾去交替 *-s 韵尾。如同 *-t/-n，上古汉语的 *-k 也是一个可交替辅音韵尾，即中古汉语的-k 韵尾有一部分是原生韵尾，有一部分是派生韵尾。

消 *çɯ̱，相邀切，《广韵》："灭也，尽也，息也。"《说文》："消，尽也。"段玉裁注："未尽而将尽也。"《孟子·滕文公下》："鸟兽之害人者消，然后人得平土而居之。"《吕氏春秋·十二月纪》:"时雪不降,冰冻消释。"削*çɯ̱k,息约切,《广韵》:"刻削。"《说文》:"削,一曰析也。从刀肖声。"《诗经·桑柔》:"为谋为毖,乱况斯削。"《孟子·离娄上》:"不甚,则身危国削。"《孟子·告子下》:"再不朝,则削其地。"

谐声系统中,"肖"声字是一个阴声集合,而"削"是一个例外。显然,"削"通过跟零辅音韵尾交替而增生了一个塞音韵尾*-k。"马四足,是谓天;落马首,穿牛鼻,是谓人。"(《庄子·秋水》)"消"是天的行为,"削"是人的行为。前者是变化动词,而后者是行为动词。就"削"来看,*-k应该是外力的标记。

勠*ru̱,力求切,《广韵》:"并力也。"《说文》:"勠,勠力,并力也。"段玉裁注:"古书多有误作戮者。"勠*ru̱s,力救切,《广韵》:"并力。"勠*ru̱k,力竹切,《广韵》:"勠力,并力也。"《左传·成公十三年》:"戮力同心。"《国语·齐语》:"以约誓于上下庶神,与诸侯戮力同心。"

刘*ru̱,力求切,《广韵》:"杀也。"《尚书·君奭》:"咸刘厥敌。"戮*ru̱k,力竹切,《广韵》:"刑戮。"《说文》:"戮,杀也。"《左传·文公六年》:"贾季戮臾骈,臾骈之人欲尽杀贾氏以报焉。"《左传·成公二年》:"人不难以死免其君,我戮之不祥。"

鸠*ku̱,居求切,《广韵》:"又聚也。"《尔雅》:"鸠,聚也。"《左传·隐公八年》:"君释三国之图,以鸠其民。"臼*ku̱k,居六切,《广韵》:"两手奉物。"字也作"匊"。匊*ku̱k,居六切,《广韵》:"物在手。"《说文》:"匊,在手曰匊。"也作"掬"。掬*ku̱k,居六切,《说文》:"撮也。"《左传·宣公十二年》:"中军下军争舟,舟中之指可掬也。"

斯*çi,息移切,《说文》:"析也。"《诗经·墓门》:"墓门有棘,斧以斯之。"析*çik,先击切,《说文》:"破木也。"《诗经·车舝》:"陟彼高冈,析其柞薪。"《左传·昭公七年》:"其父析薪,其子弗克负荷。"《管子·参患》:"主人易子而食之,析骸而爨之。"

纾*sa̱,伤鱼切,《广韵》:"缓也。"《说文》:"纾,缓也。"《左传·庄公三十年》:"自毁其家,以纾楚国之难。"《左传·成公三年》:"二国图其社稷,而求纾其民。"舒*sa̱,伤鱼切,《广韵》:"缓也,伸也。"《说文》:"舒,伸也。"《诗经·江汉》:"匪安匪舒,淮夷来铺。"《韩非子·十过》:"延颈而鸣,舒翼而舞。"释 *sa̱k,施只切,《广韵》:"舍也,解也,散也。"《左传·僖公六年》:"武王亲释其缚。"《荀子·大略》:"释箕子之囚。"《韩非子·十过》:"君乃释戈趣驾而归。"《礼记·檀弓下》:"不释服而往,遂以禭之。"

敲 *khrɯ,口交切,《广韵》:"击头也。"敲 *khrɯs,苦教切,《广韵》:"击也。"《史记·陈涉世家》:"执敲朴以鞭笞天下。"索隐引臣瓒:"短曰敲,长曰朴。"《文选·过秦论》:"执敲朴以鞭笞天下。"注:"臣瓒以为短曰敲、长曰朴。《说文》曰:敲,击也。苦交切。"《汉书·陈胜项籍传》:"执敲扑以鞭笞天下。"注:"邓展曰:'敲,短杖也,扑,捶也。'师古曰:'敲音苦交反。'"毃 *khrɯk,苦角切,《广韵》:"毃打头。"《左传·定公二年》:"夺之杖以敲之。"《释文》:"敲,苦孝反,又苦学反。《说文》作毃,云击头也。《字林》同。"

熇 *khɯ^B,苦浩切,《广韵》:"火干。"字本作"熇"。《集韵》:"熇,苦浩切,燥也。"《说文》:"熇,火热也。"槁 *khɯ^B,苦浩切,《广韵》:"木枯也。"《孟子·公孙丑上》:"其子趋而往视之,苗则槁矣。"《庄子·齐物论》:"形固可使如槁木,而心固可使如死灰乎?"《庄子·庚桑楚》:"身若槁木之枝而心若死灰。"《韩非子·说疑》:"或槁死于草木,或饥饿于山谷,或沉溺于水泉。"熇 *khɯk,火酷切,《广韵》:"热也。"《诗经·板》:"多将熇熇,不可救药。"传:"熇熇然,炽盛也。"《释文》:"熇,徐许酷反,沈又许各反,《说文》云火热也。"

枖 *ɯ̱,於乔切,《广韵》:"《说文》云:木盛貌,《诗》云:桃之枖枖。本亦作夭。"《诗经·桃夭》:"桃之夭夭,灼灼其华。"传:"夭夭,其少壮也。"《诗经·隰有苌楚》:"夭之沃沃,乐子之无知。"传:"夭,少也。"(夭 *ɯ^B,乌晧切,《广韵》:"《礼》曰不殀夭。"《礼记·月令》:"行春令,则胎夭多伤。"注:"夭,少长也。"《释文》:"夭,乌老反。")沃 *ɯk,郁缚切,《集韵》:"茂皃,《诗》其叶沃若,徐邈读。"《诗经·氓》:"桑之未落,其叶沃若。"传:"沃若犹沃沃然。"《释文》:"沃,如字(乌酷切),徐於缚反。"《诗经·隰桑》:"隰桑有阿,其叶有沃。"《释文》:"沃,乌酷反。"《诗经·隰有苌楚》:"夭之沃沃。"传:"沃沃,壮佼也。"也指肥美。《左传·成公六年》:"沃饶而近盬。"

上古汉语的 *-k 韵尾也可以通过跟零辅音韵尾交替而组成同族词。不过,这种语法手段早就已经成了化石。去声固然广泛跟入声谐声,但不是辅音韵尾交替的结果。去声跟入声谐声就不再跟平声谐声，跟平声谐声就不再跟入声谐声。两者有非常清晰的界线。平声一般不跟入声谐声，而跟入声组成的同族词也很少。“斯”在先秦时期已经罕见动词用法。可见，同族词相互竞争中，“斯”早就已经被“析”兼并，即*-k 后缀的功能已经式微。

五

无*ma̱，武夫切，《广韵》：“有无也。”《诗经·行露》：“谁谓雀无角，何以穿我屋。”《左传·闵公二年》：“无德而禄，殃也。”《论语·为政》：“人而无信，不知其可也。”（字也写作“亡”。无，微夫切，《集韵》：“《说文》亡也，或作亡。”《论语·八佾》：“夷狄之有君，不如诸夏之亡也。”注：“亡，无也。”）莫*mak，慕各切，《广韵》：“无也。”《诗经·殷其雷》：“何斯违斯，莫敢或遑。”《诗经·凯风》：“有子七人，莫慰母心。”《左传·庄公十九年》：“吾惧君以兵，罪莫大焉。”《左传·僖公二十三年》：“有人而校，罪莫大焉。”

王力（1982：178—179）列“无”“莫”为同源词。显然，语词*mak“莫”通过跟零韵尾交替添加一个韵尾*-k。“无”是动词，而“莫”是名词（无定代词）。“莫不尽力以从上命。”（《左传·成公十六年》）由此看来，上古汉语的韵尾*-k 既是一个动词后缀，也是名词后缀。上古汉语有些名词有两个形式。

蹄*di，杜奚切，《广韵》：“足也。”《说文》：“蹄，足也。”《庄子·马蹄》：“马蹄可以践霜雪。”《释文》：“蹄音提，司马云：马足甲也。”《孟子·滕文公上》：“兽蹄鸟迹之道，交于中国。”蹄*dis，大计切，《集韵》：“《说文》躗也。”《群经音辨》：“蹄，曾足也，杜奚切；足相躗田蹄，大计切。”《韩非子·说林下》：“三抚其尻而弓不踶。”蹢*tik，都历切，《广韵》：“蹄也，《诗》云有豕白蹢。”《说文》：“蹢，蹄也。”《诗经·渐渐之石》：“有豕白蹢，烝涉波矣。”《释文》：“蹢，音的，蹄也。”

如*na̱，人诸切，《广韵》：“若也。”《诗经·简兮》：“赫如渥赭，公言锡爵。”《诗经·君子偕老》：“展如之人兮，邦之媛也。”《易·贲》：“贲如濡如，永贞吉。”《论语·乡党》:“孔子于乡党,恂恂如也。”若*na̱k,而灼切,《广韵》:“如也。”《诗经·氓》:“桑之未落,其叶沃若。”《易·观》:“盥而不荐,有孚颙若。”《易·离》:“出涕沱若,戚嗟若,吉。”

苴*ȶa̱,子鱼切,《广韵》:“苞苴。”苴*ȶha̱,七余切,《广韵》:“履中藉。”苴*ȶa̱s,子与切,《广韵》:“履中草。”“苴”《广韵》有三个读音。《说文》:“苴,履中草。”段玉裁注:“引申为苞苴。且,荐也。此形声包会意。”且*ȶa̱,子鱼切,《广韵》:“《说文》荐也。”《礼记·曲礼上》:“凡以弓剑、苞苴、箪笥问人者,操以受命,如使之容。”《释文》:“苴,子余反,藉也。”《仪礼·士虞礼》:“苴刌茅,长五寸,束之。”注:“苴,犹藉也。”《释文》:“苴,子徐反,刘子都反。”藉*ȡa̱k,秦昔切,《说文》:“祭藉也。”《礼记·曲礼下》:“执玉,其有藉者则裼;无藉者则袭。”《墨子·备城门》:“藉莫长八尺,广七尺。”

骸*g/l/e,户皆切,《广韵》:“骸骨。”《广雅》:“骸,骨也。”《左传·宣公十五年》:“敝邑易子而食,析骸以爨。”《释文》:“骸,户皆反。本又作骨,《公羊传》作骸。何休注云:骸,骨也。”《庄子·逍遥游》:“岂唯形骸有聋盲哉?”核*g/l/ek,下革切,《广韵》:“果中核。”《礼记·曲礼上》:“赐果于君前,其有核者怀其核。”《释文》:“核,户革反。”《礼记·玉藻》:“食枣桃李,弗致于核。”《释文》:“核,行隔反。”覈*g/l/ek,下革切,《广韵》:“实也。”《说文》:“覈,实也。”段玉裁注:“凡有骨之称也。”《说文》:“骨,肉之覈也。”《周礼·地官·司徒》:“其植物宜覈物。”注:“覈物,梅李之属。”《释文》:“覈,音核。”

招*tɯ̱,止遥切。《吕氏春秋·本生》:“万人操弓,共射一招,招无不中。”注:“招,准的也。”又《吕氏春秋·别类》:“射招者欲其中小也,射兽者欲其中大也。”注:“招,准艺也。”《战国策·魏策二》:“今我讲难于秦兵为招质。”又《战国策·楚策四》:“将加己乎十仞之上,以其类为招。”的*tɯk,都历切,《广韵》:“指的。”《荀子·劝学》:“是故质的张,而弓矢至焉。”《韩非子·说林下》:“羿执鞅持扞,操弓关机,越人争为持的。”

煤*me,莫杯切,《广韵》:“炱煤。”《玉篇》:“煤,炱煤。”《吕氏春秋·任数》:“向者煤炱入甑中,弃食不祥,回攫而饭之。”注:“煤炱,烟尘之煤也。”墨*mek,莫北切,《广韵》:“笔墨。”《说文》:“墨,书墨也。”《庄子·田子方》:“舐笔和墨,在外者半。”

燋*ȶɯ̱,即消切,《说文》:“所以然持火也。”《礼记·少仪》:“凡饮酒为献主者，执烛抱燋。”注：“未爇曰燋。”《释文》：“燋，侧角反，又子约反，又音在遥反。”《周礼·春官·宗伯》：“掌共燋契，以待卜事。”注：“燋谓炬，其存火。”燋 *ʈɯ̱k，即略切，《广韵》：“火未然也。”爝 *ʈɯ̱k，即略切，《广韵》：“炬火。《庄子》云：日月出矣，而爝火不息。”《庄子·逍遥游》：“日月出矣，而爝火不息，其于光也，不亦难乎。”《释文》：“爝，本亦作燋，音爵，郭祖缴反。”《吕氏春秋·举难》：“爝火甚盛，从者甚众。”

浒 *sŋa，呼古切，《广韵》：“水岸。”《说文》：“汻，水厓也。”《诗经·江汉》：“江汉之浒，王命召虎，式辟四方，彻我疆土。”笺：“浒，水涯也。”《诗经·葛藟》：“绵绵葛藟，在河之浒。”传：“水厓曰浒。”《诗经·绵》：“率西水浒，至于岐下。”传：“浒，水厓也。”咢 *ŋak，五各切，《说文》：“刀剑刃也。”字只作“咢”。《汉书·王褒传》：“清水焠其锋，越砥敛其咢。”字也写作“锷”。锷 *ŋak，五各切，《广韵》：“剑端。”《庄子·说剑》：“天子之剑，以燕溪、石城为锋，齐岱为锷。”《文选·圣主得贤臣颂》：“清水淬其锋，越砥敛其锷。”

头 *do，度侯切，《广韵》：“《说文》云：头，首也。”《礼记·曲礼上》：“居丧之礼，头有创则沐，身有疡则浴。”《庄子·在宥》：“鸿蒙拊髀雀跃掉头。”《荀子·议兵》：“若手臂之扞头目而覆胸腹也。”髑 *dok，徒谷切，《广韵》：“髑髅。顕，上同。”《说文》：“髑：髑髅，顶也。”《庄子·至乐》：“庄子之楚，见空髑髅。……于是语卒，援髑髅枕而卧。”

窬 *zo̱，羊朱切，《广韵》：“门边小窦，又穿窬也。”《说文》：“窬，穿木户也。”（窬 *zo，度侯切，《广韵》：“穿也。”）《礼记·儒行》：“环堵之室，筚门圭窬，蓬户瓮牖。”注：“圭窬门旁窬也，穿墙为之，如圭矣。”《释文》：“窬，徐音豆，《说文》云：穿木户也，郭璞《三苍解诂》云门旁小窬也，音臾。《左传》作窦，杜预云：圭窦小户也。”《论语·阳货》：“譬诸小人，其犹穿窬之盗也与？”俞 *zo̱，羊朱切，《说文》：“空中木为舟也。”《淮南子·泛论训》：“乃为窬木方版，以为舟航。”注：“窬，空也。”段玉裁《说文》注：“窬同俞。凡穿窬、厕牏皆取义于俞。”《淮南子·泰族训》：“埏埴而为器，窬木而为舟。”由“洞”引申之，为“窥视”。《广韵》：“闟，羊朱切，窥也。”字也作“窬”。《盐铁论·力耕》：“内怀窥窬而心不怍。”《文选·褚渊碑文》：“桂阳失图窥窬神器。”注：“窬与觎同。”觎 *zo̱，羊朱切，《广韵》：“觊觎，欲得。”《左传·桓公二年》：“是以民服事其上而下无觊觎。”《释文》：“觎，羊朱反，《字林》羊住反，《说文》云欲也。”《左传·襄公十五年》:“能官人,则民无觎心。”《释文》:“觎,羊朱反,徐音喻。”窬*zos,田候切,《广韵》:“《礼》曰荜门圭窬。”窦*zoks,田候切,《广韵》:“空也,穴也,水窦也。”《说文》:“窦,空也。”段玉裁注:“空、孔古今语。凡孔皆谓之窦。古亦借渎为之。”《左传·襄公十年》:“筚门闺窦之人,而皆陵其上,其难为上矣。”《左传·哀公元年》:“后缗方娠,逃出自窦。”渎*zok,徒谷切,《广韵》:“《说文》曰:沟也,一曰邑中沟。”《左传·襄公三十年》:“自墓门之渎入。”《释文》:“渎,徐音豆。”

零辅音韵尾和塞音韵尾*-k交替可以构成一个语词的两个形式,也可以构成两个意义稍有不同的语词。可见,上古汉语*-k后缀的意义早就已经弱化,以至于无法区别两个形式之间的意义差别,如“蹄”和“蹢”。然而,我们可以确定*-k曾经是一个名词后缀。因而,谐声系统中,与零辅音韵尾间或谐声。通过跟零辅音韵尾交替,*-k后缀可以让动词或形容词改变词性而成为名词。

有*ʁe̱^{B},云久切,《广韵》:“有无。”《诗经·鹊巢》:“维鹊有巢,维鸠居之。”《左传·隐公元年》:“仲子生而有文在其手,曰为鲁夫人。”《孟子·滕文公下》:“今有人日攘其邻之鸡者。”《庄子·人间世》:“有人于此,其德天杀。”或*ʁek,胡国切,《广韵》:“不定也。”《小尔雅》:“或,有也。”《诗经·鸱鸮》:“今女下民,或敢侮予。”《左传·僖公二十八年》:“或诉元咺于卫侯。”《论语·八佾》:“或问禘之说。”《韩非子·说林上》:“鲁穆公使众公子或宦于晋,或宦于荆。”《庄子·逍遥游》:“能不龟手一也,或以封,或不免于洴澼絖。”

聚*ɖo̱^{B},慈庾切,《说文》:“会也。”《左传·文公十六年》:“麇人率百濮聚于选。”《庄子·天运》:“聚弟子游居寝卧其下。”《庄子·知北游》:“人之生,气之聚也,聚则为生,散则为死。”《礼记·檀弓下》:“聚国族于斯。”族*ɖok,昨木切,《广韵》:“宗族。”《诗经·麟之趾》:“麟之角,振振公族。”《左传·僖公五年》:“宫之奇以其族行。”《左传·僖公二十四年》:“纠合宗族于成周。”《论语·子路》:“宗族称孝焉,乡党称弟焉。”也类转为动词。《庄子·在宥》:“云气不待族而雨,草木不待黄而落。”

柔*nu̱,耳由切,《广韵》:“顺也。”《诗经·硕人》:“手如柔荑,肤如凝脂。”《诗经·烝民》:“人亦有言:柔则茹之,刚则吐之。”《左传·文公十年》:“刚亦不吐,柔亦不茹。”《庄子·天运》:“其声能短能长,能柔能刚。”肉

*nu̲k，如六切，《广韵》："骨肉。"《释名》："肉，柔也。"《说文》段玉裁注："人曰肌，鸟兽曰肉。"《左传·隐公五年》："鸟兽之肉，不登于俎。"《左传·宣公十二年》："郑伯肉袒牵羊以逆。"《庄子·徐无鬼》："羊肉不慕蚁，蚁慕羊肉，羊肉羶也。"《庄子·至乐》："吾使司命复生子形，为子骨肉肌肤。"

句*ko，古侯切，《说文》："曲也。"段玉裁注："凡曲折之物，侈为倨，敛为句。"《周礼·冬官·考工记》："句兵欲无弹，刺兵欲无蜎。"《庄子·田子方》："儒者冠圜冠者，知天时；履句屦者，知地形。"曲*kho̲k，丘玉切，《说文》："象器曲受物之形也。或说曲，蚕薄也。"《诗经·汾沮洳》："彼汾一曲，言采其藚。"《左传·文公十二年》："晋人、秦人战于河曲。"《荀子·非相》："乡曲之儇子，莫不美丽姚冶。"《礼记·月令》："具曲植籧筐。"注："曲，簿也。"《史记·绛侯周勃世家》："勃以织薄曲为生。"段玉裁《说文》注："引申之，为凡委曲之称。又乐章为曲，谓音宛曲而成章也。"《诗经·小戎》："在其板屋，乱我心曲。"笺："心曲，心之委曲也。"《史记·周本纪》："瞽献曲，史献书。"《新序·杂事》："其曲弥高者，其和弥寡。"

祷*tu^{B}，都皓切，《广韵》："请也，求福也。"《说文》："祷，告事求福也。"《左传·襄公十八年》："献子以朱丝系玉二谷而祷。"《释文》："祷，丁老反，一音丁报反。"《诗经·吉日》："吉日维戊，既伯既祷。"《释文》："祷，丁老反。"《论语·八佾》："获罪于天，无所祷也。"《释文》："祷，丁老反，一音都报反。"祝*tu̲k，之六切，《广韵》："巫祝。"《说文》："祝，祭主赞词者。"《周礼·春官·宗伯》："大祝掌六祝之辞，以事鬼神示。"《庄子·人间世》："此皆巫祝以知之矣。"《礼记·月令》："乃命宰祝，循行牺牲。"《韩非子·显学》："今巫祝之祝人曰：使若千秋万岁。"

颢*gɯ^{B}，胡老切，《广韵》："《说文》曰：白貌。《楚词》曰：天白颢颢。商山四颢，白首人也。今或作皓。"《吕氏春秋·有始》："东方曰苍天……北方曰玄天……西方曰颢天……南方曰炎天。"字也作皜。皜*gɯ^{B}，下老切，《集韵》："白貌。"《孟子·滕文公上》："皜皜乎不可尚已。"注："皜皜，白甚也。"翯*gɯ^{B}，下老切，《集韵》："素羽。"《说文》："翯，鸟白肥泽貌，从羽高声。《诗》云：白鸟翯翯。"《诗经·灵台》："白鸟翯翯。"缟*kɯ^{B}，古老切，《广韵》："素也。"《礼记·玉藻》："缟冠玄武，子姓之冠也。"暠*kɯ^{E}，古老切，《广韵》："明白也。"《汉书·司马相如传》："暠然白首戴胜而穴处兮。"鹤*gɯk，下各切，《广韵》："似鹄长喙。《左传》云：卫懿公好鹤有乘轩者。"《诗经·鹤鸣》:“鹤鸣于九皋,声闻于野。”

皓*gu^{B},胡老切,《广韵》:“光也,明也,日出貌也。”字通作“皓”。皓,《小尔雅》:“白也。”《诗经·扬之水》:“扬之水,白石皓皓。”《诗经·月出》:“月出皓兮,佼人劉兮。”《韩非子·扬权》:“曼理皓齿,说情而捐精。”鹄*guk,胡沃切,《广韵》:“鸟名。”《孟子·告子上》:“一人虽听之,一心以为有鸿鹄将至,思援弓缴而射之。”《庄子·天运》:“夫鹄不日浴而白,乌不日黔而黑。”《庄子·庚桑楚》:“越鸡不能伏鹄卵,鲁鸡固能矣。”

附*bo̠s,符遇切,《广韵》:“寄附。”《诗经·角弓》:“毋教猱升木,如涂涂附。”《左传·襄公十四年》:“札虽不才,愿附于子臧。”《论语·先进》:“季氏富于周公,而求也为之聚敛而附益之。”《孟子·万章下》:“附于诸侯,曰附庸。”字也作坿。坿*bo̠s,符遇切,《广韵》:“《说文》益也。”《说文》:“坿,益也。”段注:“今附行而坿废矣。”《吕氏春秋·七月纪》:“修宫室,坿墙垣,补城郭。”高注:“坿,读如符。坿,犹培也。”《吕氏春秋·十月纪》:“坿城郭。”注:“坿,益也。”仆*bok,蒲木切,《广韵》:“侍从人也。”(仆*bok,蒲沃切,《广韵》:“僮仆。《说文》曰:给事者也。”)《说文》:“仆,给事者。”段玉裁注:“《大雅》芃芃棫朴。毛曰:朴,枹木也。《考工记》朴属。此皆取附箸之义。字当作仆。”(《周礼·冬官·考工记》:“欲其朴属而微至。”注:“朴属,犹附着。”《释文》:“朴,普剥反,刘音仆,一音扶禄反。”)《礼记·礼运》:“仕于公曰臣,仕于家曰仆。”《诗经·正月》:“民之无辜,并其臣仆。”《诗经·既醉》:“君子万年,景命有仆。”传:“仆,附也。”

从上面例子中,我们也可以看出,在上古汉语中,后缀*-k 也有转化的功能。从实际情况看,上古汉语后缀*-k 的作用隐晦,而后缀*-s 的作用明显。原有的后缀*-k 看来被新起的后缀*-s 渐渐替换了。俞敏通过对《易·上经》《大盂鼎》等材料的声调统计,发现《易·上经》中去声只占 17%,《大盂鼎》19%,《洛诰》15%。中古汉语去声数量仅仅次于平声,但多于入声和上声。因而,俞敏认为“此六朝经师多借去声分新语、新义之故也”。我们虽然并不赞同俞敏去声是六朝经师所创的观点,但是得承认,上古汉语到中古汉语的演变过程中确实存在后缀*-s 在起着语法上的类推作用,产生了大量的去声字。

参考文献

A.G.Houdricourt:《越南语声调的起源》,冯蒸翻译,《民族语文研究情报资料集》1986,7。

Andrew Spencer:*Morphological Theory*,Blackwell Pubishers Ltd,1991。

Andrew Spencer & Arnold M Zwicky:《形态学研究指南》,北京大学出版社,2007 年。

白兆麟:《简明训诂学》,浙江教育出版社,1984 年。

包拟古:《原始汉语与汉藏语》,潘悟云、冯蒸翻译,中华书局,1995 年。

Benedict,P.K,1972,Sino-Tibetan: *A Conspectus Cambridge University Press*,中译本,乐赛月、罗美珍翻译《汉藏语言概论》,中国社会科学院民族所语言室,1984 年。

Benedict, P. K, 1976, Sino-Tibetan: Another Look Journal of the American Oriental Society.

Bord Michailovsky, 1985, Tibeto-Burman dental suffixes: evidence from Limbu (Nepal). *Linguistics of the Sino-Tibetan Area, the state of the art. Papers presented to Paul K. Benedict for his* 71*st birthday. Pacific Linguistics*, series C no. 87, Canberra .

陈承泽:《国文法草创》,商务印书馆,1982 年。

曹志耘:《南部吴语的小称》,《语言研究》,2001,3。

笪远毅:《古汉语复辅音声母[ml-]考》,《语言研究集刊》(1),复旦大学出版社,1987 年。

戴庆厦:《载瓦语使动范畴的形态变化》,《民族语文》,1981 年。

戴维 · 克里斯特尔:《现代汉语学词典》,商务印书馆,2000 年。

多杰东智:《安多藏语自主非自主动词与格的关系》,《中央民族大学学报(哲社版)》,2004,4。

丁邦新:《上古阴声字具辅音韵尾说补证》,《丁邦新语言学论文集》,商务印书馆,1998 年。

丁邦新:《汉语声调源于韵尾说之检讨》,《丁邦新语言学论文集》,商务印书馆,1998 年。

丁邦新:《上古汉语的构词问题——评 Laurent Sagart: the Roots of Old Chinese》,《语言学论丛》第二十六辑,商务印书馆,2002 年。

董治安主编:《诗经词典》,山东教育出版社,1989 年。

董同龢:《上古音表稿》,《史语所集刊》单刊甲种之廿一,台北,1967 年。

Downer, G. B.: Derivation by Tone Change in Classical Chinese Bulletin of the School of Oriental and African Studies ,1959,22.

杜若明:《藏缅语动词使动范畴的历史演变》,《语言研究》,1990,1。

冯　英:《汉语声调与形态》,《云南师范大学学报》,1995,6。

冯　英:《关于声调与形态的再认识》,《南开语言学刊》,南开大学出版社,2004 年。

冯　蒸:《汉语音韵学论文集》,首都师范大学出版社,1997 年。

傅爱兰、杨将领:《也谈独龙语的使动词》,《中国民族语言论丛》,云南民族出版社,1997 年。

高本汉:《中国音韵学研究》,商务印书馆,1995 年。

高本汉:《修订汉文典》,潘悟云等译,上海辞书出版社,1997 年。

高启沃:《古籍通假字选释》,安徽教育出版社,1984 年。

高小方:《论古代汉语中"非支配关系的动宾结构"》,《古汉语研究》,2000,2。

格桑居冕:《藏语动词的使动范畴》,《民族语文》,1982,5。

龚煌城:《从汉藏语的比较看上古汉语的词头问题》,《语言暨语言学》,2000,1.2。

龚煌城:《上古汉语与原始汉藏语带 r 与 l 复声母的重构》,《台大文史哲学报》,2001,54。

龚煌城:《汉藏语研究论文集》,北京大学出版社,2004 年。

〔汉〕司马迁:《史记》,中华书局,1959 年。

〔汉〕班　固:《汉书》,中华书局,1962 年。

何九盈:《古无去声补证》,《语言文字学术论文集》,知识出版社,1989 年。

何宁:《淮南子集释》,中华书局,1998 年。

胡继明:《广雅疏证同源词研究》,巴蜀书社,2003 年。

黄坤尧:《经典释文动词异读新探》,学生书局,1992 年。

黄坤尧:《音义阐微》,上海古籍出版社,1997 年。

黄布凡:《古藏语动词的形态》,《民族语文》,1981,3。

黄布凡:《〈尚书〉四篇古藏文译文的初步研究》,《语言研究(创刊号)》,1981 年。

黄布凡主编:《藏缅语族语言词汇》,中央民族大学出版社,1992 年。

黄布凡:《藏缅语的情态范畴》,《民族语文》,1991,2。

黄布凡:《羌语构词词缀的某些特征》,《民族语文》,2002,6。

黄布凡:《原始藏缅语动词使动前缀 * s-的遗迹》,《南开语言学刊》,2004,2。

黄金贵:《评王力的同源词与同义词关系论》,《浙江大学学报(人文社会科学版)》,2003,3。

黄树先:《试论古代汉语动物词前缀》,《语言研究》,1993,2。

黄树先:《汉缅语比较研究》,华中科技大学出版社,2003 年。

黄树先:《汉语核心词探索》,华中师范大学出版社,2010 年。

黄　行:《藏语动词语法范畴的相互制约作用》,《民族语文》,1997,6。

黄玉顺:《中国传统的"他者"意识》,《中国哲学史》,2003,2。

J.A.Matisoff: *Handbook of Tibeto-Burman*, U.C .Press, 2003。

Jerome Packard: *The Morphology of Chinese*, Cambridge University Press, 2000.

江　荻:《藏语拉萨话现在时的标记及功能》,《民族语文》,1999,5。

江　荻:《藏语语音史》,民族出版社,2002 年。

江　荻:《汉藏语言演化的历史音变模型》,民族出版社,2002 年。

蒋绍愚:《古汉语词汇纲要》,北京大学出版社,1989 年。

蒋天枢:《释〈说文〉干支篇》,载《语言文字研究专辑》(下),上海古籍出版社,1986 年。

金　鹏:《论藏语拉萨口语动词的特点与语法结构的关系》,《民族语文》,1979,3。

金　鹏:《汉语和藏语的词汇结构以及形态的比较》,《民族语文》,1986,3。

金　鹏:《藏语动词屈折形态向黏着形态的转变》,《中国藏学》,1988,1。

金　鹏:《金鹏民族研究文集》,民族出版社,2002 年。

金理新:《汉藏语的肢体和动物名词 * s-前缀》,《温州师范学院学报》,

1998,4。

金理新:《汉藏语的名词后缀-n》,《民族语文》,1998,1。

金理新:《汉藏语中两个性质不同的 * -g 韵尾》,《民族语文》,1998。

金理新:《汉藏语的肢体名词 * m-前缀》,《温州师范学院学报》,1999,1。

金理新:《古汉字与古汉语的音节》,《语文研究》,1999,3。

金理新:《上古汉语舌尖塞辅音以及相关的前缀》,南京大学硕士毕业论文,未刊,1995 年。

金理新:《论形态在确定汉藏同源词中的重要意义》,《民族语文》,2000,3。

金理新:《汉语的 * -l-中缀》,《温州师范学院学报(哲学社会科学版)》,2001,6。

金理新:《构词前缀 * m-与苗瑶语的鼻冠音》,《语言研究》,2003,4。

金理新:《汉藏语的使动词后缀 * -d》,《民族语文》,2004,2。

金理新:《受格动词后缀 * -s》,《温州师范学院学报(哲学社会科学版)》,2005,6。

金理新:《上古汉语 * m-前缀的意义》,《语言研究》,2005,3。

金理新:《汉藏语的既行体后缀 * -s》,《民族语文》,2005,2。

金理新:《上古汉语形态研究》,黄山书社,2006 年。

金理新:《汉藏语系核心词》,民族出版社,2012 年。

金理新:《上古音略》,黄山书社,2013 年。

柯蔚南:《藏语动词的形态变化》,《民族语文研究情报资料集》,1984,3。

Laurent Sagart:*The Roots of Old Chinese*,John Benjamins,1999.

黎翔凤:《管子校注》,中华书局,2004 年。

李方桂:*Phonetic Influences Of The Tibetan Prefixes Upon The Roots Initianls* ,《历史语言研究所集刊》,1933,4。

李方桂:《藏文前缀音对于声母的影响》,冯蒸翻译,收在《汉语音韵学论文集》,首都师范大学出版社,1997 年。

李方桂:*Some Old Chinese loan words in the Tai languages Harvard-Yenching Journal of Asiatic Studies*,1945,8。

李方桂:《上古音研究》,商务印书馆,1980 年。

李海霞:《汉语动物命名研究》,巴蜀书社,2002 年。

李　瑛:《施事宾语句的结构类型及动词特点》,《沈阳师范学院学报(社哲版)》,1998,1。

李　玉:《汉语同源词词群考》,《广西师范大学学报(哲学社会科学版)》,2003,1。

刘钧杰:《同源字典补》,商务印书馆,1999 年。

刘钧杰:《同源字再补》,语文出版社,1999 年。

刘文典:《淮南鸿烈集解》,中华书局,1997 年。

刘又辛:《论假借》,《罗常培纪念论文集》,商务印书馆,1984 年。

陆志韦:《陆志韦语言学著作集》,中华书局,1985 年。

陆宗达:《说文解字通论》,北京出版社,1981 年。

马建忠:《马氏文通》,商务印书馆,2000 年。

马庆株:《自主动词和非自主动词》,《中国语言学报》,商务印书馆,1988 年。

马庆株:《语音和语法的关系》,收在《中国语言学的新拓展》,香港城市大学出版社,1999 年。

马学良(主编):《汉藏语言概论》,北京大学出版社,1991 年。

马学良:《普通语言学》,中央民族大学出版社,1997 年。

梅祖麟:《四声别义中的时间层次》,《中国语文》,1980,6。

梅祖麟:《说上声》,《清华学报》新十四卷一、二期合刊,1982。

梅祖麟:《内部拟构汉语三例》,《中国语文》,1988,3。

梅祖麟:《上古汉语 * s-前缀的构词功能》,中央研究院,第二届国际学术会议论文集,1989 年。

梅祖麟:《汉藏语的“岁、越”“还(旋)、圆”及其相关问题》,《中国语文》,1992,5。

梅祖麟:《上古汉语动词浊清别义的来源——再论原始汉藏语 * s-前缀的使动化构词功用》,《民族语文》,2008,3。

Miller, R A: *The Sino-Tibetan Hypothesis Bulletin of the Institute of History and Philology*, Academia Sinica , 1988, 2。

潘悟云:《汉语历史音韵学》,上海教育出版社,2001 年。

潘悟云:《非喻四归定说》,《温州师专学报》,1984,1。

潘悟云:《谐声现象的重新解释》,《温州师范学院学报》,1987,4。

潘悟云:《中古汉语擦音的上古来源》,《温州师范学院学报》,1990,4。

潘悟云:《喉音考》,《民族语文》,1997,5。

潘悟云:《汉藏语中的次要音节》,载《中国语言学的新拓展》,香港城市大学,1999 年。

潘悟云:《上古汉语使动词的屈折形式》,《温州师范学院学报》,1991,2。

潘悟云:《流音考》,《东方语言与文化》,东方出版中心,2002 年。

彭利贞:《论使动语义的语法表现层次》,《杭州大学学报》,1996,4。

P H Matthews:*Mophology*, Cambridge University Press ,1974.

Pulleyblank,Edwin:*Some new hypotheses concerning word families in Old Chinese Journal of Chinese Linguistics*,1973,1.

〔清〕段玉裁:《说文解字注》,上海古籍出版社,1981 年。

〔清〕郭庆藩:《庄子集释》,中华书局,1961 年。

〔清〕郝懿行:《尔雅义疏》,北京市中国书店,1982 年。

〔清〕钱　绎:《方言笺疏》,中华书局,2013 年。

〔清〕阮　元:《十三经注疏》,中华书局,1980 年。

〔清〕孙贻让:《墨子间诂》,中华书局,1986 年。

〔清〕王先慎:《韩非子集释》,中华书局,1998 年。

〔清〕王先谦:《释名疏正补》,上海古籍出版社,1984 年。

〔清〕王先谦:《荀子集解》,中华书局,1988 年。

〔清〕王　筠:《说文句读》,上海古籍出版社,1983 年。

〔清〕张志聪:《黄帝内经集注》,浙江古籍出版社,2002 年。

〔清〕王念孙:《广雅疏证》,中华书局,1983 年。

〔清〕朱骏声:《说文通训定声》,中华书局,1981 年。

屈承熹:《"及物性"及其在汉语中的增减机制》,《语言学问题集刊》,吉林人民出版社,2001 年。

Robert Shafer:*Introduction to Sino-Tibetan*,Otto Harrassowitz,1974.

邵荣芬:《试论上古音中的常船两声母》,载《罗常培纪念文集》,商务印书馆,1984 年。

邵荣芬:《匣母字上古一分为二试析》,《语言研究》,1991,1。

沈兼士:《广韵声系》,中华书局,1985 年。

Stephan V Beyer: *The Classical Tibetan Language*, State University of New York Press, 1992.

Stuart N Wolfenden: *Outlines of Tibeto-Burman Linguistic Morphology*, The Royal Asiatic Society, 1929.

舒志武:《上古汉语 s-前缀功能探索》,《中南民族学院学报》,1988,6。

孙宏开:《论藏缅语的语法形式》,《民族语文》,1996,2。

孙宏开:《论藏缅语动词的使动语法范畴》,《民族语文》,1998,6。

汤延池:《汉语复合动词的使动与启动交替》,《第七届中国境内语言暨语言学国际讨论论文集》,台湾中正大学语言学研究所,2000 年。

〔唐〕陆德明:《经典释文》,中华书局,1983 年。

唐钰明:《古汉语"动+之+名"的结构的变换分析》,《中国语文》,1991,5。

王克仲:《古汉语词类活用》,湖南人民出版社,1989 年。

王俊毅:《及物动词与不及物动词分类考察》,《语言教学与研究》,2001,5。

王　力:《古汉语非使动词和使动词的配对》,《中华文史论丛》,1965,6 。

王　力:《上古汉语入声和阴声的分野及收声》,《语言学研究与批判》,1960,2。

王　力:《汉语滋生词的语法分析》,《语言学论丛》,1980,6。

王　力:《汉语史稿(中)》,中华书局,1980 年。

王　力:《龙虫并雕斋文集》(一)(二)(三),中华书局,1980 年。

王　力:《同源字典》,商务印书馆,1982 年。

汪启明:《先秦两汉齐语研究》,巴蜀书社,1998 年。

王卫峰:《上古汉语词汇派生研究》,百家出版社,2002 年。

王延林:《常用古文字字典》,上海书画出版社,1987 年。

王玉婷:《〈经典释文〉异读音义规律研究》,中国社会科学出版社,2014 年。

魏德胜:《睡虎地秦墓竹简·词汇研究》,华夏出版社,2003 年。

William H Baxter(白一平): *A Handbook of Old Chinese Phonology*, Mouton de Druyter Orientaliste Paul Geuther, 1992.

温中兰:《名词"动用":一种活跃的构词方法》,《宁波教育学院学报》,1999,1。

吴安其:《汉藏语的使动和既行体前缀的残存与同源的动词词根》,《民族语文》,1997,6。

吴安其:《与亲属语相近的上古汉语的使动形态》,《民族语文》,1996,6。

吴安其:《上古汉语的韵尾和声调的起源》,《民族语文》,2001,2。

向宗鲁:《说苑校证》,中华书局,1987 年。

徐　丹:《先秦汉初汉语里动词的指向》,《语言学论丛(第二十九辑)》,商务印书馆,2004 年。

许维遹:《吕氏春秋集释》,北京市中国书店,1985 年。

徐世璇:《汉藏语的语言屈折构词现象》,《民族语文》,1996,3。

徐世璇:《汉藏语言的派生构词方式分析》,《民族语文》,1999,4。

徐悉艰:《景颇语的使动范畴》,《民族语文》,1984,1。

薛凤生:《古汉语中的主语省略与所谓的被动句型》,《中国语言学论丛(第一辑)》,1997。

谢质彬:《古代汉语中的“双向动词”》,《南开学报(哲社版)》,1988,1。

谢质彬:《古代汉语反宾为主的句法及外动词的被动用法》,《古汉语研究》,1996,2。

雅洪托夫:《汉语史论集》,唐作藩、胡双宝选编,北京大学出版社,1986 年。

严学窘:《原始汉语韵尾后缀 *-s 试探》,《华中师范学院学报》,1979,1。

严学窘:《论汉语同族词内部屈折的变换模式》,《中国语文》,1979,2。

严学窘:《原始汉语词尾后缀 *-s 消失的遗迹》,第十四届国际汉藏语言学会论文,1981 年。

杨伯俊:《论语译注》,中华书局,1980 年。

杨树达:《积微居小学金石论丛》,中华书局,1983 年。

杨树达:《积微居小学述林》,中华书局,1983 年。

杨秀芳:《从汉语史观点看“解”的音义和语法性质》,《语言暨语言学》,2001,2。

殷寄明:《汉语源义初探》,学林出版社,1998 年。

殷寄明:《论同源词的语音亲缘关系类型》,《复旦大学学报(社会科学版)》,1998,2。

殷国光:《关于〈庄子〉动词配价研究的若干问题》,《语言暨语言研究》,2003,4。

俞　敏:《中国语文论文选》,光生馆,东京,1984 年。

俞　敏:《俞敏语言学论文集》,商务印书馆,1999 年。

喻世长:《邪-喻相通和动-名相转》,《语言暨音韵学研究》第二辑,中华书局,1986 年。

于省吾:《甲骨文字释林》,中华书局,1979 年。

袁明君:《非自主动词的分类补议》,《语言暨中国语文》,1998,4。

张洪明:《"江""河"考》,《语言暨语言研究集刊》第一辑,复旦大学出版社,1987 年。

张　琨、张谢蓓蒂:《汉语 * s-鼻音声母》,"中央研究院"《历史语言研究所集刊》,1976,47,4。

张琨:《汉语音韵史论文集》,联经出版公司,台北,1987 年。

张济川:《藏语的使动、时式、自主范畴》,《语言暨民族语文》,1989,2。

张力伟:《语根论》,《沉兼士诞生一百周年纪念论文集》,紫禁城出版社,1990 年。

张文国:《古汉语的名动词类转变及其发展》,中华书局,2005 年。

张希峰:《同源词族考》,巴蜀书社,1999 年。

张希峰:《同源词续考》,巴蜀书社,2000 年。

张希峰:《同源词三考》,北京语言大学出版社,2004 年。

赵元任:《语言问题》,商务印书馆,1980 年。

赵元任:《北京、苏州、常州语助词的研究》,《清华学报》,第三卷,第 2 期,1926。

张永言:《关于词的"内部形式"》,《语言研究》,创刊号,1981。

郑张尚芳:《上古汉语的 s-头》,《温州师范学院学报》,1990,4。

郑张尚芳:《上古入声韵尾的清浊问题》,《语言研究》,1990,1。

郑张尚芳:《汉语声调平仄之分与上声去声的起源》,《语言研究》增刊,1994。

郑张尚芳:《上古音研究十年回顾与展望(一)》,《古汉语研究》,1998,4。

郑张尚芳:《上古音研究十年回顾与展望(二)》,《古汉语研究》,1999,1。

郑张尚芳:《上古音系》,上海教育出版社,2003 年。

郑张尚芳:《郑张尚芳语言学论文集》,中华书局,2012 年。

中华书局编辑部(编):《汉魏古注十三经》,中华书局,1998 年。

周法高:《中国古代语法 · 构词编》,史语所专刊,1962 年。

周法高:《中国古代语法 · 称代编》,中华书局,1990 年。

周季文:《论藏语动词》,《中国藏学》,2002,2。

周祖谟:《广韵校本》,中华书局,1960 年。

周祖谟:《问学集》,中华书局,1966 年。

周祖谟:《汉代竹书与帛书的通假字与古音的考订》,《音韵研究(第一辑)》,中华书局,1984 年。

朱德熙:《语法讲义》,商务印书馆,1982 年。

朱德熙:《语法问答》,商务印书馆,1985 年。

朱晓农:《亲密与高调》,《当代语言学》,2003,3。